文獻通考

〔宋〕馬端臨 著
上海師範大學古籍研究所
華東師範大學古籍研究所 點校

第六册

王禮

中華書局

卷一百十一　王禮考六

君臣冠冕服章

上古衣毛帽皮，後代聖人見鳥獸冠角，乃作冠纓。黃帝造旒冕，始用布帛，冕者，冠之有旒。唐虞以上，冠布無緌。緌，纓飾。

郊特牲：太古冠布，齋則緇之其緌也。孔子曰：「吾未之聞也，太古無飾，非時人緌也。雜記曰：「大白緇布之冠不緌（一）。」大白即上古白布冠（二），今喪冠也。齋則緇之者，鬼神尚幽闇也。唐虞以上曰太古。疏：太古之時，其冠唯用白布，常所冠也。若其齋戒則染之爲緇，今始冠，重古先冠之也。冠而敝之可也。」此重古而冠之耳。三代改制，齋冠不復用也。以白布冠質以爲喪冠也。疏言：緇布之冠，初加暫用冠之，罷冠則敝棄之可也。以其古之齊冠（三），後世不復用也。周氏曰：緇布冠加之以緌。孔子以爲吾未之聞，然非天子不議禮，雖孔子亦不得不從當世之所尚，則冠之加緌雖非禮，但冠而棄之可也。故曰冠而敝之，敝有棄意。

黃帝作冕，垂旒，目不邪視也。充纊，示不聽讒言也。事出世本。虞書：帝曰：「予欲觀古人之象，日、月、星辰、山、龍、華蟲作會，宗彝、藻、火、粉米、黼、黻絺繡，以五采彰施於五色，作服，汝明。」日、月、星辰，取其照臨也；山取其鎮，龍取其變，華蟲雉取其文。會，繪也。宗彝，虎、蜼，取其孝。藻，水草，取其潔。火，取其明。粉米，白米，取其養。黼若斧形，取其斷。黻爲兩巳相背，取其辨。絺，鄭氏讀爲黹，紩以爲繡也。日月至華蟲六者繪之於衣，宗彝至黼黻六者繡於裳，所謂十二章也。衣之六章，其序自上而下；裳之六章，其序自下而上。采者，青、黄、赤、白、黑也。色者，言施之於繒帛也。繪於衣，繡於裳，皆雜施五采以爲色也。汝當明大小尊卑之等差也。

有虞氏皇而祭，深衣而養老；夏后氏收而祭，燕衣而養老；殷人冔而祭，縞衣而養老；周人冕而祭，玄衣而養老。皇，冕屬也，畫羽飾焉。凡冕屬其服皆玄上纁下，有虞氏十二章，周九章，夏、殷未聞。凡養老之服，皆其時與群臣燕之服。有虞氏質，深衣而已。夏而改之，尚黑而黑衣裳；殷尚白而縞衣裳；周則兼用之，玄衣，素服，其冠則毋追、章甫、委貌也。諸侯以天子之燕服爲朝服。燕禮曰：「燕，朝服。」服是服也。王者之後，亦以燕服爲之。魯季康子朝服以縞，僭宋之禮也。天子皮弁以日視朝也。質其冠，未聞。郊特牲言，大白布冠。則虞氏或用白布冠也。正義曰：深衣謂白布衣，故言。馬氏曰：在祭祀則言冠不言衣，言冠則知有其衣，故虞十二章，周九章，推此則二代可知矣。在養老則言衣不言冠，言衣則知有冠，故毋追，夏后氏之道也。章甫，殷道也；委貌，周道也。推此則有虞氏可知。委貌，周道也；章甫，殷道也；毋追，夏后氏之道也。周弁、殷冔、夏收，三王共皮弁素積。委，猶安也，言所以安正容貌。章，明也，殷質，言所以表明丈夫也。毋，發聲也。追，猶推也。夏后氏質，以其形名之。其制之異同未聞。弁名出於槃，槃，大也，所以言自光大也。冔名出於幠。幠，覆也，所以自覆飾也。收，言所以收斂髮也，其制之異，亦未聞。

通典：「有虞氏皇而祭，其制無文，蓋爵弁之類。夏后氏因之，曰收，純黑，前小後大。殷因之，曰冔，黑而微白，前大後小。周因制爵弁，爵弁，冕之次。赤而微黑，如爵頭然，前小後大。三代以來，皆廣八寸，長尺二寸，如冕無旒，皆三十升布爲之。士冠禮三加，成人服之。」

陳氏禮書曰：「鄭氏曰：皇，冕屬，畫羽飾焉。周禮掌次之皇邸，樂章之皇舞，皆以鳳凰之羽爲之，則皇冕畫羽飾可知也。王制，以皇、收、冔，對冕言之。又孔子稱禹致美乎黻冕，詩稱商之孫子，常服黼冔，黼冔云者，所謂猶黼冕也。然郊特牲與冠禮記云周弁、商冔、夏收，又以收、冔對弁言之。夫三王共皮弁素積，夏商而上，非無弁也，然世之文質，煩簡不同，故夏、商之用冕者，周或用弁而已。」

又曰：「周禮有韋弁，無爵弁。書：二人雀弁。儀禮禮記有爵弁，無韋弁，士之服止於爵弁。而荀卿則曰：士韋弁。孔安國則曰：雀，韋弁也。則爵弁即韋弁耳。」又曰：「古文弁象形，則其制上銳，如合手然，非如冕也。韋，其質也；爵，其色也。士冠禮：再加皮弁，三加爵弁，而以爵弁爲尊。聘禮：主卿贊禮，服皮弁，及歸饔餼，服韋弁，而以韋爲敬。韎色赤，爵色亦，赤亦即一物耳。」

楊氏曰：「愚按冕弁之制，上得以兼下，下不得以兼上，故爵弁、皮弁、冠弁之服，爲上下之通用。冠弁，委貌也。」又曰：「玄冠而其服又分爲二，朝服也，玄端也，而玄端之用爲尤多。以祭服言之，大夫爵弁而祭於己，士爵弁而祭於公，此以爵弁爲祭服也。少牢：主人朝服筮日，朝服以祭。特牲：玄端筮日，朝服以祭。此以朝服、玄端爲祭服也。惟皮弁之服，不爲祭服。然祭義：君皮弁素積，朔月，月半巡牲，是致敬於祭牲而用皮弁之禮也。祭義：君皮弁素積，卜三宮之夫人、世婦，使入於蠶室，是致敬於祭服而用皮弁之禮也。大學：始教皮弁祭菜，是致敬於祭菜，而用皮弁之禮也。及按春官司服，士之服自皮弁以下如大夫之服。以儀禮士冠、士喪考之，則皮弁之上有爵弁，以司服考之，則皮弁之上有韋弁，今特云士之服自皮弁而下何也？皮弁之用，多於爵弁、韋弁也。蓋人爲者多變，自然者不易，皮弁因其自然而已。此所以三王共皮弁素積，而周天子至士共用之也。

按：周以前冠冕衣裳之制，其詳不可得而聞。所可考者，惟虞書言服章，戴記言冠制耳。然冠之制有三：曰冕，曰弁，曰冠。冕者朝祭之服，所謂十二旒，九旒而下是也，惟有位者得服之。弁亞於冕，所謂周弁、殷冔、夏收是也。冠亞於弁，所謂委貌、章甫、毋追是也。弁與冠，自天子至於士，皆得服之。冕始於黄帝，至有虞氏以爲祭服。所謂皇而祭。夏殷之祭，則用弁，蓋未以弁爲殺於冕也。至周而等級始嚴，故大夫雖可以服冕，而私家之祭不得用之，天子不妨服弁，而雖小祀必以冕，蓋冕、弁之尊卑始分矣。然弁有二：曰皮弁，以白鹿皮爲之，其制最古；曰爵弁，則其制下員上方，如冕而無旒。古者冠禮三加，始緇布冠，次皮弁，次爵弁，皆士服也。大夫則服冕矣。古者雖重冠禮，而於服章之際，視之彌重，故雖天子之元子始冠，亦服士之冠，至爵弁而止，而不敢僭用冕，所謂天下無生而貴者，其嚴如此。

又按：冕則卿大夫以上服之，而可以兼服弁，弁，則士以下服之，而不可以僭服冕，固也。然冕服之用，非惟位有尊卑，不可躐服，而事有大小，亦不可以例服，故天子之冕以之奉祀，其次則初即位服之。伊尹以冕服奉太甲，康王「麻冕黼裳」是也。納后妃服之，「冕而親迎」是也。養老服之，「冕而總干」是也。躬耕籍田服之，「冕而朱紘躬秉耒」是也。至於日視朝等事，則服皮弁而已。卿大夫之冕，則以之朝王及助祭，其次則受遺奉册服之，「卿士、邦君，麻冕蟻裳」，「一人冕執劉」，「一人冕執鉞」之類是也。至其私家，則雖奉祀，亦服皮弁而已。蓋於其所不當服也，則雖天子之視朝，卿大夫之奉祀，亦不果服；於其所當服也，則雖服之以總干，服之以秉耒，服之以執劉、執鉞，亦無嫌也，適禮之宜而已。

周官司服掌王之吉凶衣服，辨其名物與其用事。用事，祭祀、視朝、甸、凶弔之事，衣服各有所用。王之吉服，祀昊天上帝，則服大裘而冕，祀五帝，亦如之。大裘，羊裘。冕者首飾，尊也，祀天，尚質。正義曰：「六服，服雖不同，首同用冕也。」享先王，則袞冕；袞，卷龍衣也。虞時冕服十二章，自日、月至黼、黻，王者相變。至周而以日、月、星辰畫於旌旗，所謂三辰旂旗，昭其明也。而冕服九章，登龍於山，登火於宗彝，尊其神明也。袞之衣五章，裳四，章凡九。享先公饗射，則鷩冕，先公，謂后稷之後，大王之前，不窋至諸盩。饗射，享食賓客與諸侯射也〔四〕。鷩，裨衣也。九章：初一曰龍，次二曰山，次三曰華蟲，次四曰火，次五曰宗彝，皆畫以爲繪；次六曰藻，次七曰粉米，次八曰黼，次九曰黻，皆絺以爲繡。袞則九章備。鷩冕無龍、山，畫始雉〔五〕，其衣三章，裳四章，凡七也。正義曰：「此無正文，並鄭以意解之。」祀四望山川，則毳冕，毳冕，其衣罽衣。玄謂毳畫虎蜼，謂宗彝也。其衣三章，裳二章，凡五章也。祭社稷五祀，則希冕，希刺粉米，無畫。其衣一章，裳二章，凡三。祭群小祀，則玄冕。其衣無文，裳刺黻而已。冕服皆玄衣纁裳。凡兵事，韋弁服，韋弁以韎韋爲弁，又以爲衣裳。春秋傳：晉郤至衣韎之跗注是也。正義曰：「韋弁即蒨染，謂赤色也，以赤色韋爲弁，衣裳亦以韎，皆赤色。」眂朝，則皮弁服。視朝，視内外朝之事。皮弁之服，十五升，白衣積素以爲裳，王受諸侯朝覲於廟，則用袞冕。凡甸，冠弁服，甸，田獵也。冠弁委貌，其服緇布衣，亦積素以爲裳，諸侯以爲視朝之服。凡凶事，服弁服，服弁，喪冠也。其服斬縗，齊縗。正義：「服弁注云，喪冠，色未詳。」凡弔事，弁絰服。弁絰者，如爵弁而素，加環絰。正義曰：「如爵弁者，爵弁之形以木爲體，廣八寸，長尺六寸，以三十升布染爲爵頭色〔六〕，赤多黑少，今爲弁絰之弁，其體亦然。但不可爵色之布，而用素爲之。加環絰者，凡絰皆兩股絞之，今以麻爲體，又以一股麻爲體，糾而横纏之如環，然加於素弁之上。」大札、大荒、大烖，素服。大札，疫疾也。大荒，饑饉也。大烖，水火爲災。君臣素服縞冠，若晉伯宗哭梁山之崩。公之服，自袞冕而下，如王之服；侯伯之服，自鷩冕而下，如公之服；子男之服，自毳冕而下，如侯伯之服；孤之服，自希冕而下，如子男之服；卿大夫之服，自玄冕而下，如孤之服；士之服，自皮弁而下，如大夫之服。其齋服，有玄端素端。自公之衮冕，至卿大夫之玄冕，皆其朝聘天子及助祭之服。諸侯非二王後，其餘皆玄冕而祭於己。雜記曰：大夫冕而祭於公，弁而祭於己；士弁而祭於公，冠而祭於己。」大夫爵弁，自祭家廟唯孤耳，其餘皆玄冠與士同。玄冠自祭其廟者，其服朝服玄端。諸侯之自相朝聘，皆皮弁服，此天子日視朝之服。士齋有素端者，亦爲札、荒有所禱請變素服，言素端者，明異制。鄭司農云：衣有襦裳者爲端。玄謂端者取其正也。士之衣袂皆二尺二寸而屬幅，是廣袤等也，其袪尺二寸〔七〕，大夫已上侈之。侈之者，蓋半而益一，則其袂三尺三寸，袪尺八寸。正義曰：「魯祭服亦得與天子同，然唯在文王周公廟中得用衮冕，其二王後惟祭受命王得用衮冕，其餘廟亦用玄冕也。」雜記曰「大夫冕而祭於公」，至「玄冠與士同」者，諸侯除孤用爵弁之外，卿大夫皆用玄冠，與士同。故少牢是上大夫祭，用玄冠朝服；特牲是士禮，用玄冠玄端，是其餘皆玄冠與士同也〔八〕。云諸侯之自相朝聘，皆皮弁服者〔九〕，欲見此經上服惟施於入天子廟，不得入諸侯廟之意，必知諸侯自相朝聘用皮弁者，見聘禮「主君及賓皆皮弁」。諸侯相朝，其服雖無文，聘禮「主君待聘者皮弁」，明待諸侯朝亦皮弁可知。云此天子日視朝之服者〔一〇〕，此解皮弁非諸侯常服之物，惟於朝聘乃服之意也。

林氏曰：「黄帝始備衣裳之制，舜觀古人之象，繪日、月、星辰、山、龍、華蟲於衣，繡宗彝、藻、火、粉米、黼、黻於裳，以法乾坤，以昭象物，所以彰天子之盛德，能備此十二物者也，使服者當須有是服之盛德焉。繪以三辰，所以則天之明，尤爲君德之光。自黄帝以來，歷代之制，莫不然也。周人特備以旒繅之數爾。周禮乃無十二章之文，司服惟有衮冕至玄冕，説者謂周登三辰於旗，冕服惟有九章。嗚呼！何説之異也？自堯舜至於三代，文物日以盛，名分日以嚴，儀章日以著，夫子於四代禮樂，特曰服周之冕，取其文之備，尊卑之有辨也。何得至周反去三辰之飾文乃不足乎？蓋不過據左氏三辰旂旗之文，左氏謂旗有三辰，何嘗謂衣無三辰邪，豈有王者象三辰之明，歷代皆飾於衣，周人特飾於旗，有何意乎？況又謂上公冕服九章，而王服亦九章，將何所別？周公制禮防亂，萬世乃至於無別與。郊特牲曰：『祭之日，王被衮以象天』，則十二章備矣。鄭氏曰：『謂有日、月、星辰之章，此魯禮也。』夫被衮以象天，周制固然也，何魯之足云，豈有周制止九章，魯乃加以十二章之禮乎？」

宋兩朝輿服志：皇祐三年，詔問冠韋弁何服，所執何玉？太常禮院奏謂：「周禮司服『凡兵事韋弁服』。釋之者曰：『韋弁以韎韋爲弁。又以爲衣裳，春秋傳晉郤至衣韎韋之跗注是也。』今伍伯緹衣，古兵服之遺色。孔穎達以韎蒨染，謂以赤色韋爲弁。杜佑通典：『韋弁之制，晉以韋爲之，頂少尖。宋因之，爲車駕親戎、中外戒嚴之服。後周巡兵即戎則服之。自此以來，無復其制。』三禮圖：『韋弁服，王及諸侯、卿大夫之兵服，天子亦以五采玉十二飾之。』詳此，則韋弁服蓋天子、諸侯、卿大夫臨戎所通服。古者非祭祀、朝聘、會同不執玉，今韋弁既爲戎服，於經無執玉之文，而三禮圖繪爲執玉，斯一時之誤，不足爲據也。」

弁師弁者，古冠之大稱。掌王之五冕，皆玄冕，朱裏延紐。冕服有六，而言五冕者，大裘之冕，蓋無旒，不聯數也。延，冕之覆在上，是以名焉。紐，小鼻，在武上，笄所貫也。疏曰：云皆玄冕者，古者績麻三十升布染之〔一二〕，上以玄，下以朱衣之。於冕之上下云延者即是上玄，云紐者綴於冕兩傍垂之〔一三〕。武兩傍作孔，以笄貫之，使得其牢固也。凡冕體，周禮無文，叔孫通作漢禮器，用度取法於周。案彼文，凡冕以版廣八寸，長尺六寸，上玄下朱，覆之，乃以五采繅繩貫五采玉垂於延前後，謂之邃延。故玉藻云，「天子玉藻，前後邃延，龍卷以祭」是也。又曰：「爵弁前後平則得弁稱，冕則前低一寸得冕名，冕則俛也。」五采繅，十有二就，皆五采玉十有二，玉笄朱紘。繅音早。　繅，雜文之名也，合五采絲爲之。繩垂於延之前後各十二〔一三〕，所謂邃延也。就，成也，繩之每一匝而貫五采玉。十二斿，則十二玉也，每就間蓋一寸。朱紘，以朱組爲紘也。紘一條屬兩端於武，繅不言皆，有不皆者，此爲袞衣之冕，十二斿則用玉二百八十八；鷩衣之冕，繅九斿，用玉二百一十六；毳衣之冕，七斿，用玉百六十八；希衣之冕，五斿，用玉百二十；玄衣之冕，三斿，用玉七十二。斿音留。疏曰：云紘一條屬兩端於武者，謂以一條紘先屬一頭於左旁笄上，以一頭繞於頤下，至句上於右相笄上繞之〔一四〕，是以鄭注士冠禮云，有笄者屈組以爲紘，垂爲飾；無笄者纓而結其絛。彼有笄，據皮弁、爵弁。此五冕皆有笄，與彼同。此言屬於武者，據笄貫武，故以武言之，其實在笄。云繅不言皆，有不皆者，謂王之五冕，繅則有十二、有九、有七、有五、有三，其玉旒皆十二，故繅不言皆〔一五〕；有不皆者，則九旒已下是也。玉言皆，則五冕旒皆十二玉也。此經十二旒，據袞冕而言，是以鄭云此爲袞衣之冕，以其十二旒，旒各十二玉，前後二十四旒，故用二百八十八玉，已下計可知。

諸侯之繅旒九就，瑉玉三采，其餘如王之事。繅斿皆就，玉瑱玉笄。「瑉」本又作「珉」，亡貧反。瑱，吐練反。「侯」當爲「公」字之誤也。三采，朱、白、蒼也。其餘謂延紐，皆玄覆朱裏，與王同也，出此則異。繅斿皆就，皆三采也。每繅九成，則九旒也。公之冕用玉百六十二。玉瑱，塞耳者，故書「珉」作「璑」。鄭司農云：「繅當爲藻。繅，古字也；藻，今字也，同物同音〔一六〕。璑，惡玉名。璑音無。疏曰：「諸公云繅九就，又云繅斿皆就作文〔一七〕，與上言繅十有二就，皆五采玉，十有二繅玉，別文則繅有差降，玉無差降，此諸公繅玉同文〔一八〕，則唯有一冕而已。故鄭注一冕爲九旒〔一九〕，旒各九玉，據冕九旒，不別計鷩冕已下，以其一冕而已冠五服也〔二〇〕。已下侯、伯、子、男亦皆一冕冠數服也。王不言玉瑱，於此言之者，王與諸侯互見爲義，是以王言玄冕朱裏延紐及朱紘，明諸侯亦有之。諸公言玉瑱，明王亦有之，是其互有也。」又曰：「知三采朱、白、蒼者，聘禮記『公、侯、伯繅藉三采朱、白、蒼』，故知也。云出此則異者，異謂天子朱紘，諸侯當青組紘之等，不得與王同也。」

王之皮弁，會五采玉璂，象邸玉笄〔二一〕。鄭司農云：「會，謂以五采束髮。」玄謂會，縫中也。璂讀如綦。綦，結也。皮弁之縫中，每貫結五采玉十二以爲飾，謂之綦。詩云「會弁如星」，又曰「其弁伊綦」。邸，下抵也。以象骨爲之。疏曰：「會取會聚之義，故爲縫中。天子以十二爲節，約同冕旒也。

弁之縫中，飾之以玉，皪皪而處，狀似星，故曰『會弁如星』。云邸下抵也者，謂爲弁内頂上以象骨爲抵。」王之弁經，弁而加環經〔二二〕。諸侯及孤卿大夫之冕，韋弁、皮弁、弁經〔二三〕，各以其等爲之，而掌其禁令。各以其等繅斿玉璂，如其命數也。冕則侯、伯繅七就，用玉九十八；子、男繅五就，用玉五十。繅玉皆三采。孤繅四就，用玉三十二；三命之卿，繅三就，用玉十八；再命之大夫，藻再就，用玉八。藻玉皆朱、綠。韋弁、皮弁，則侯、伯璂飾七，子、男璂飾五。玉亦三采，孤則璂飾四；三命之卿璂飾三，再命之大夫璂飾二。玉亦二采。一命之大夫冕而無旒，士變冕爲爵弁〔二四〕，其韋弁、皮弁之會無結飾，禁令者不得相僭逾也。」疏曰：「云一命之大夫冕而無旒者，凡冕旒所以爲文飾，一命若有，則止一旒一玉而已，非華美爵弁之制。如冕而無旒，則一命之冕與爵弁不殊得謂之冕者，蓋弁則前後平，冕則前低一寸餘。」

陳氏曰：「司服之服六而弁師之冕五者，大裘、衮衣同冕，猶后首服同副也。」

又曰：「弁師：『王之五冕皆朱紘。』禮記：『天子爲藉，冕而朱紘；諸侯爲藉，冕而青紘。』士冠禮：『緇布冠〔二五〕、青組纓、皮弁笄、爵弁笄、緇組紘纁邊。』蓋朱者正陽之色，天子以爲紘；青者少陽之色，諸侯以爲紘；緇者陰之色，而士以爲紘；卿大夫冕弁之紘，無所經見。禮器曰：『管仲鏤簋朱紘，君子以爲濫。』鄭氏謂『大夫、士當緇組紘纁邊』，理或然也。一組繫於左笄，遶頤而上，屬於右笄，垂餘以爲飾，謂之紘〔二六〕。」又曰：「冕約之以武，設之以紐，貫之以笄，固之以紘。」

又曰：「瑱以充耳，紞以垂瑱。周官弁師：『王之五冕皆玉瑱。』詩於衛夫人言『玉之瑱也』，於衛武公言『充耳琇瑩』，於衛之臣子言『褎如充耳』〔二七〕，齊詩言充耳以素、以青、以黄，尚之以瓊華、瓊瑩、瓊英。則瑱不特施於男子也，婦人亦有之；不特施於冕也，弁亦有之。故詩言『充耳琇瑩』，繼之以『會弁如星』。喪禮『士無冕而瑱用白纊』，則弁亦有之可知也。士瑱用白纊，即詩所謂『充耳以素』者也。人君用黈纊，即詩所謂『充耳以黃』者也。毛氏以『充耳以素』爲士之服，『充耳以青』爲卿大夫之服，『充耳以黃』爲人君之服，其説是也。春秋傳曰：『縳之如一瑱』，則縳纊以爲瑱，自古然也。其制蓋皆玄紞以垂之，瓊玉以承之。承之，詩所謂尚之也。檀弓小祥用角瑱。楚語曰：『巴浦之犀犛兕象，其可盡乎！』其又以規爲瑱〔二八〕，則古者之瑱，亦以象與角爲之。」

又曰：「周官追師『掌王后之首服，爲副、編、次、追、衡、笄。』左傳曰：『衡紞紘綖，昭其度也。』鄭司農曰：『衡，維持冠者〔二九〕。』鄭康成曰：『王后之衡、笄，皆玉爲之。惟祭服有衡，垂於副之兩旁當耳，其下以紞垂瑱。』孔穎達曰：『婦人首服有衡，則男子首服亦然。王后之衡以玉，則天子之衡亦玉〔三〇〕，諸侯以下未聞。』然則左傳言衡，則繼以紞。弁師士冠禮言笄，則繼以紘。」

朱子曰：「禮家載祀先王服衮冕，祀先公服鷩冕。諸侯之服，蓋雖上祀先公以天子之禮，然不敢以天子之服臨其先公。但鷩冕旒玉，與諸侯不同。天子之旒十二玉，蓋雖與諸侯同是九旒，但天子九旒十二玉，諸侯九旒九玉耳。」

楊氏曰：「愚按六服而冕，注説恐未安，當從陳氏大裘、衮衣同冕之説。蓋祀天、祀先王皆十二旒，旒十二玉；祀先公鷩冕則九旒，旒十二玉；祀四望山川，毳冕則七旒，旒十二玉。禮有輕重，則繅旒有隆殺。惟祀天、祀先王皆致其隆，不容有所輕重也。」

按：先儒疑服有六而冕止於五，遂謂大裘、衮衣二服而同冕。然按郊特牲「祭之日，王被衮以象天」，玉藻「天子龍卷以祭」，家語曰「郊之日，天子大裘以黼之被裘象天，既至泰壇，王脱裘矣，服袞以臨，燔柴戴冕璪，十有二旒，則天數也。」陳祥道以爲王之祀天，内服大裘，外被龍袞。龍袞，所以襲大裘也。然則祭天之服亦龍袞，特内襲大裘，而宗廟之祭則龍袞内無裘，故以大裘而冕。在袞冕之前，非謂袞冕之上復有大裘之服也。蓋大裘、袞衣不可分而爲二服，而服與冕皆五，未嘗有六服矣。禮家又謂大裘之冕無旒，如此則是以大裘爲一服，無旒者爲一冕，是有六服，亦有六冕。然冕之無旒者，乃一命之服，蓋子、男之國爲大夫者服之，其秩至卑，以天子祀天之冕，而下同於子、男之大夫，可乎？其義不通矣。

天子玉藻，十有二旒，前後邃延，龍卷以祭。祭先王之服，雜采曰藻。天子以五采藻爲旒，旒十有二。前後邃延者，言皆出冕前後而垂也，天子齊肩。延，冕上覆也，玄表纁裏。龍卷，畫龍於衣，或作袞。疏曰：藻謂雜采之絲繩以貫於玉，以玉飾藻，故云玉藻。前後各十二旒。垂而深邃，以延覆冕上〔三一〕。卷謂卷曲，畫此龍形。云「天子齊肩」者，以天子之旒十二就，每一就貫以玉〔三二〕，就間相去一寸，則旒長尺二寸，故垂而齊肩。言天子齊肩，則諸侯以下各有差降，則九玉者九寸，七玉者七寸，以下各依旒數垂而長短爲差。旒垂五采玉，依飾射侯之次，從上而下，初以朱，次白，次蒼，次黄，次玄。五采玉既貫遍〔三三〕，周而復始。其三采者，先朱，次白，次蒼。二色者先朱後緑。皇氏、沈氏並爲此説。今依用焉。後至漢明帝時，用曹褒之説，皆用白旒珠，與古異也。云「延冕上覆也」者〔三四〕，用三十升之布染之爲玄，覆於冕上，出而前後，冕謂以板爲之，以延覆上，故云「延冕上覆也」。但延之與板相着爲一，延覆在上，故云「延冕」也。

玄端而朝日於東門之外，聽朔於南門之外，端當爲冕。玄衣而冕，冕服之下朝日，春分之時也。東門、南門，謂國門也。天子廟及路寢，皆如明堂，在國之陽，每月就其時之堂而聽朔焉。卒事，反宿路寢，亦如之。閏月，聽其朔於明堂門中，還處寢門。終月凡聽朔，必以特牲告其帝及神，配以文王、武王。疏曰：案下諸侯皮弁聽朔，朝服視朝，是視朝之服，卑於聽朔，聽朔大，視朝小，故知端當爲冕。玄冕祭小祀，日月爲中祀，而用之者，以天神尚質。魯語云：大采朝日，少采夕月〔三五〕，韋昭注：大采，謂玄冕也。春分日長，故於其日朝之〔三六〕。皮弁以日視朝，遂以食。日中而餕，卒食，玄端而居。天子服玄端，燕居也。疏曰：「遂以食者，既著皮弁視朝，遂以皮弁而朝食，所以敬養身體，故著朝服。至日中之時，還著皮弁，而餕朝之餘食。沙隨程氏曰：「先儒相傳謂前旒蔽明，黈纊塞聰，亦習之誤。此獨祭祀之衮冕爲然，欲其專精神以享也。君視朝則皮弁服，何旒纊之有哉？」諸侯玄端以祭，祭先君也。端亦當爲冕，諸侯祭宗廟之服，唯魯與天子同。裨冕以朝。朝天子也。裨冕，公衮，侯伯鷩，子男毳也。皮弁以聽朔於太廟。皮弁，下天子也。朝服以日視朝於内朝，朝服，冠玄端素裳也。此内朝路寢門外之正朝也，天子、諸侯皆三朝。朝，辨色始入，群臣也。入，入應門也。辨，猶正也，別也。君日出而視之，退適路寢聽政，使人視大夫。大夫退，然後適小寢，釋服。小寢，燕寢也。釋服，釋玄端。又朝服以食，特牲三俎，祭肺，食，必復朝服，所以敬養身也。三俎：豕、魚、腊。夕深衣，祭牢肉。祭牢肉，異於始殺也。天子言日中，諸侯言夕；天子言餕，諸侯言牢肉，互相挾。正義曰：玄端賤於皮弁，下文皮弁聽朔於太廟，不應玄端以祭先君，故知此端亦當爲冕。覲禮云：「侯氏裨冕。」鄭注：「裨之爲言埤也。天子六服，大裘爲上，其餘爲裨，故總云裨冕。」王制云：「周人玄衣而養老。」注云：「玄衣素裳，天子之燕服，爲諸侯朝服。」彼注云玄衣，則此玄端也。若以素爲裳〔三七〕，則是朝服，此皆爲玄端。

周禮司服：「其齋服有玄端素端。」注見前。內則曰：子事父母，冠，緌，纓，端，韠，紳。端，玄端，士服也。

玉藻：天子玄端而朝日於東門之外，端，當爲冕。卒食，玄端而居。諸侯玄端以祭。端，亦當爲冕。朝，玄端；夕，深衣。謂大夫士也。無君者不二采。大夫去位，宜服玄端素衣。小記：除殤之喪者，其祭也必玄。冠玄端黃裳而祭，不朝服，未純吉也，於成人爲釋禫之服。樂記：魏文侯問於子夏曰：「吾端冕而聽古樂，則唯恐臥。」端，玄衣也。

雜記曰：端衰、喪車皆無等。喪者衣衰，及所乘之車，貴賤同衣衰。言端者玄端，吉時常服，喪之衣衰當如之。子羔之襲素端一，公襲卷衣一，玄端一。儀禮：士冠緇布冠，玄端，玄裳，黃裳、雜裳可也。緇帶爵韠。此暮夕於朝之服，玄端則朝服之衣易其裳耳，上士玄裳，中士黃裳，下士雜裳。賓如主人服，贊者玄端，從之。冠者既冠，乃易服。服玄冠，玄端爵韠，見於君，見於鄉大夫、鄉先生。易服不朝服者〔三八〕，非朝士也。特牲饋食禮：主人冠玄端。論語：公西華曰：「宗廟之事，如會同，端章甫，願爲小相焉。」荀卿曰：「端衣玄裳，絻而乘路，志不在於食葷。」大戴禮曰：「武王端冕而受丹書。」左氏：劉定公曰：吾端委以治民，臨諸侯，禹之力也。晏平仲端委以立於虎門。晉語：董安于曰：臣端委以隨宰人。周語曰：晉侯端委以入武宮。韋昭曰：此士服也。諸侯之子，未受爵命，服士服也。穀梁曰：免牲者爲之緇衣纁裳，有司玄端奉迎，至於南郊。僖三十一年〔三九〕。吳夷狄之國也，被髮文身，欲因魯而請冠端而襲。襲，衣冠。端，玄端。鄭氏釋士冠禮，謂爵弁純衣，絲衣也，餘衣皆用布，惟冕與爵弁用絲耳。賈公彥曰：此據朝服、皮弁服、玄端服及深衣、長衣之等，皆布爲之。是以雜記云朝服十五升布。玄端，亦朝服之類。皮弁，亦是天子朝服。深衣或名麻衣，故知用布也。

陳氏禮書曰：「司服言及諸侯、孤、卿大夫、士之服，而繼之以其齋服，有玄端、素端，則玄端、素端非特士之齋服而已。鄭氏曰：『端者，取其正也。士之衣袂皆二尺二寸，而屬幅，是廣袤等也。其袪尺二寸，大夫以上侈之。侈之者，蓋半而益一，則其袂三尺三寸，袪尺八寸。然謂之端，則衣袂與袪廣袤等矣。』無大夫、士之辨也。果士之袪殺於袂尺，非端也。大夫之袪侈，以半而益一，亦非端也。深衣之袂圜〔四〇〕，長衣之袪長，弔祭及餘衣之袪侈。司服：「凡弔事，弁絰服。」雜記：「凡弁絰服，其衰侈。」少牢：「主婦衣宵衣侈袂。」儒行曰：「孔子衣逢掖之衣。」荀卿曰：「其衣逢。」則玄端之袂端可知矣。古者，端衣或施之於冕，或施之於冠。大戴記曰：武王端冕而受丹書。樂記曰：魏文侯端冕而聽古樂。荀卿曰：端衣玄裳，絻而乘路。此施於冕者也。冠禮：冠者玄端、緇布冠。既冠，易服，服玄冠、玄端。特牲禮：主人冠端玄。內則：子事父母，冠，緌、纓、端、韠、紳〔四一〕。劉定公曰：「吾端委以治民。」董安于曰：臣端委以隨宰人。公西華曰：宗廟之事，如會同，端章甫。以至晉侯端委以入武宮，晏平仲端委以立於虎門，此施之於冠者也。蓋玄端，齋服也，諸侯與士以爲祭服。玉藻「玄端以祭」，特牲「冠端玄」是也。大夫、士以爲私朝之服，玉藻「朝玄端」是也。天子至士，亦以爲燕服。玉藻「天子卒食，玄端而居」，內則「事父母，端韠」是也。然則端衣所用，固不一矣。記曰齋之玄也，以陰幽思也，故祭之。冕服皆玄，齋之端衣，亦玄。若夫朝服，天子以素，諸侯以緇，未聞以玄端也。儀禮大夫祭以朝服，士祭以玄端。冠禮主人朝服，既冠，冠者服玄端。雜記：公襲朝服一，玄端一。禭禮，自西階受朝服，自堂受玄端。則朝玄端異矣。玄端，皆玄裳，或黃裳、雜裳可也，鄭氏曰：「上士玄裳，中士黃裳，下士雜裳。雜裳前玄後黃〔四二〕。」荀卿曰：「端衣玄裳，絻而乘路，志不在於食葷。」蓋齋則衣裳皆玄，非齋則裳不必玄。未聞以素裳也。鄭氏釋儀禮謂：玄端即朝服之衣，易其裳耳。釋玉藻曰：朝服冠玄端素裳，此說無據。服玄端者，冠則緇布冠，齋則玄冠，特天子齋用冕，燕則玄冠而已。然齋或用素端，則其冠不玄矣。鄭氏曰素端，爲禮荒有所禱請是也〔四三〕。」

又曰：「玄端，齋服也，天子以爲燕服，士以爲祭服，大夫、士以爲私朝之服，或以事親，或以擯相，或既冠則服之以見鄉大夫、鄉先生。凡書、傳所謂委貌者，即此玄端委貌也。如『晉侯端委以入武宮，劉定公曰吾端委以治民、臨諸侯，晏平仲端委以立於虎門之外』是也。則玄端之所用，爲尤多矣。」

朱子曰：「不學雜服，不能安禮。鄭注謂『以服爲皮弁冕服』，其説恐是。蓋古人服各有等降，若理會得雜裳，則於禮亦是思過半矣。且如冕服是天子祭服，皮弁是天子朝服。諸侯助祭於天子則服冕服，自祭於其廟則服玄冕；大夫助祭於諸侯則服玄冕，自祭於其廟則服皮弁。又如天子常服則服皮弁，朔旦則服玄冕，無旒之冕也。諸侯常朝則服朝服，玄衣素裳。朔旦則服皮弁，大夫私朝亦用玄端，夕深衣，士則玄端以祭，上士玄裳，中士黄裳，下士雜裳。前後玄黄。庶人深衣。」

古者深衣，蓋有制度，以應規矩，繩權衡，聖人制事，必有法度。短毋見膚，衣取蔽也。長毋被土，爲污辱也。續衽鉤邊，續，猶屬也。衽，在裳旁者也。屬連之不殊裳前後。鉤邊，若今曲裾也。續或爲袼〔四四〕。要縫半下。三分要中，減一以益下，下宜寬也。要或爲優。袼之高下，可以運肘，肘不能出入袼衣。袂，當掖之縫也。袂之長短，反詘之及肘，袂屬幅於衣，詘而至肘，當臂中爲節，臂骨上下各尺二寸，則袂肘以前尺二寸肘或爲腕。帶，下毋厭髀，上毋厭脅，當無骨者。當骨緩急，難爲中也。制十有二幅，以應十有二月，裳六幅，幅分之以爲上下之殺。袂圜以應規，謂胡下也。圜音圓，胡下下垂曰胡〔四五〕。曲袷如矩以應方，袷，交領也。古者方領，如今小兒衣領。○司馬公曰：「方領如孔所言，似三代以前人反如今服，上領衣但方裁之耳。」案上領衣本出胡服，須用結紐乃可服，不知古人有此否也。鄭注周禮：袷狀如著横衘之繣潔於項。顔師古注漢書：繣者，結礙也。潔，繞也，蓋爲結紐而繞項也，然則古亦有結紐也。繣音獲。潔音結。漢時小兒衣服既不可見，而後漢馬援傳「朱勃衣方領，能矩步」，註引前書音義曰：「頸下施衿領正方，學者之服也。」如此，則自於頸下，别施一衿映所交領使之方正，今朝服有方心曲領，以白羅爲之，方二寸許，綴於圜領之上，以繫於頸後結之，或者袷之遺象歟？又今小兒疊方幅繫於頸下謂之涎衣，與鄭説頗相符，然事當闕疑，未可決從也。後漢儒林傳曰：「服方領，習矩步者，委蛇乎其中。」註：「方領，直領也。」春秋傳：「叔向曰：衣有襘。」杜曰：「襘，領會也，工外反。」曲禮曰：「視不上於袷。」鄭曰：「袷，交領也。」然則領之交會處自方即謂袷，疑更無他物，今且從之，以從簡易。負繩及踝以應直，繩，謂裻與後幅相當之縫也。踝，跟也。○正義曰：「衣之背縫及裳之背縫，上下相當，如繩之正直，故云負繩，非謂實負繩也。」下齊如權衡以應平，齊，緝。故規者，行舉手以爲容。行舉手謂揖遜〔四六〕。負繩抱方者，以直其正〔四七〕，方其義也，故易曰「坤，六二之動」，直以方也。下齊如權衡者，以安志而平心也。心平志安，行乃正；或低或昂，則心有異志者歟。五法已施，故聖人服之。言非法不服也。故規矩取其無私，繩取其直，權衡取其平，故先王貴之，故可以爲文，可以爲武，可以擯相，可以治軍旅，完且弗費，善衣之次也。完且弗費，言可善衣而易有也。深衣者用十五升布〔四八〕，鍛濯灰治純之以采。善衣，朝祭之服也。自士以上，深衣爲之次。庶人吉服，深衣而已。正義曰：可善衣而易有也，謂其完牢乃可於善事衣著，故庶人服之以完牢故也。而易有者，以白布爲之，不須黼黻錦繡之屬。云自士以上深衣爲之次者。案玉藻「諸侯夕深衣，祭牢肉」。又「大夫士朝玄端，夕深衣」〔四九〕，是深衣爲朝祭之次服也〔五〇〕。諸侯之下，自深衣以後，其别更無所謂餘服，故知是爲庶人之吉服也。且父母、大父母，衣純以繢；具父母，衣純以青；如孤子，衣純以素，尊者存，以多飾爲孝。繢，畫文也。三十以下，無父稱孤。純袂、緣、純邊，廣各寸半。純，謂緣之也。緣袂，謂其口也〔五一〕，緣裼也。緣邊，衣裳之側，廣各寸半，則表裏共三寸矣，唯袷廣二寸。

陸氏曰：「名曰深衣者，謂連衣裳而純之以采也。有表則謂之中衣，以素純則曰長衣。正義曰：長衣、中衣及深衣，其制度同。玉藻云長、中繼揜尺，若深衣則緣而已。諸侯、大夫爲夕服，庶人吉服，皆著之在表也。其中衣則在朝服、祭服、喪祭之下，餘服則上衣下不相連。此深衣衣裳相連，被體深邃，故謂之深衣。」

藍田吕氏曰：「深衣之用，上下不嫌同名，吉凶不嫌同制，男女不嫌同服。諸侯朝朝服，夕深衣；大夫、士朝玄端，夕深衣；庶人衣吉服、深衣而已。此上下之同也。有虞氏深衣而養老，諸侯、大夫夕皆深衣，將軍文子除喪而受越人弔，練冠深衣。親迎女在塗，壻之父母死，深衣縞總以趨喪。此吉凶男女之同也。蓋深衣者，簡便之服，雖不經見，推其義類，則非朝祭皆可服之，故曰可以爲文，可以爲武，可以擯相，可以治軍旅也。」

按：三代時衣服之制，其可考見者雖不一，然除冕服之外，惟玄端、深衣二者其用最廣。玄端則自天子至士皆可服之，深衣則自天子至庶人皆可服之，蓋玄端者，國家之命服也；深衣者，聖賢之法服也。然玄端雖曰命服，而本無等級，非若冕弁之服，上下截然者之比。故天子服之而不卑，士服之而不爲僭。至於深衣，則裁制縫衽，動合禮法，故賤者可服，貴者亦可服；朝廷可服，燕私亦可服。天子服之以養老，諸侯服之以祭膳，卿、大夫、士服之以夕視私朝，庶人服之以賓祭，蓋亦未嘗有等級也。古人衣服之制不復存，獨深衣則戴記言之甚備。然其制雖具存，而後世苟有服之者，非以詭異貽譏，則以儒緩取哂，雖康節大賢，亦有今人不敢服古衣之説。司馬温公必居獨樂園而後服之，吕滎陽、朱文公必休致而後服之，然則三君子當居官涖職見用於世之時，亦不敢服此，以取駭於俗觀也。蓋例以物外高人之野服視之矣，可勝喞哉！

右衣冠之制。

有虞氏服韍，夏后氏山，殷火，周龍章。韍或作黻，音弗。韍，冕服之韠也。舜始作之，以尊祭服。禹、湯至周，增以畫文，後王彌飾也。山取其仁可仰，火取其明，龍取其變化，天子備焉。諸侯火而下，卿大夫山〔五二〕，士韎韋而已。韎，莫拜反。疏曰：「士冠禮〔五三〕，士韎韐，是士無飾，推此即尊者飾多有此四等，天子至士亦爲四等，故知卿大夫加山，諸侯加火，天子加龍。」韠，君朱，大夫素，士爵韋。韠音必。此玄端服之韠也。韠之言蔽也，凡韠，以韋爲之，必象裳色。則天子、諸侯玄端朱裳，大夫素裳，唯士玄裳、黃裳、雜裳也。皮弁服皆素韠〔五四〕。疏曰：「知此玄端服之韠也者，案士冠禮，玄端、玄裳、黃裳、雜裳，爵韠，謂士玄端之韠。此云士爵韋〔五五〕，故知玄端之韠也。云皮弁服皆素韠者〔五六〕，案士冠禮，皮弁服、素韠。云皆者，君與大夫、士皮弁皆然，故云皆也。」圜，殺，直，目韠制。圜音圓。疏曰：「經云圜，則下文大夫前方後挫角則圜也。經云殺，則下文公、侯前後方則殺也。經云直，則下文天子直，是目韠制也。」天子直，四角直，無圜、殺。公侯前後方，殺四角，使之方，變於天子也。所殺者去上下各五寸。疏曰：「云所殺者去上下各五寸者，案雜記云『韠會去上五寸』，是上去五寸。又云『紕以爵韋六寸，不至下五寸』，是去下五寸。」大夫前方，後挫角，圓其上角，變於君也。韠以下爲前，以上爲後。挫，作卧反。士前後正，士賤，與君同，不嫌也。正、直、方之間語也。天子之士則直，諸侯之士則方。疏曰：「正謂不衺也，直而不衺謂之正方〔五七〕，而不衺亦謂之正，故云正、直、方之間語也。」韠，下廣二尺，上廣一尺，長三尺，其頸五寸，肩革帶，博二寸。頸五寸，亦謂廣也。頸，中央；肩，兩角。皆上接革帶以繫之。肩與革帶廣同〔五八〕。凡佩，繫於革帶。玉藻、雜記「韠長三尺，下廣二尺，上廣一尺，會去上五寸，紕以爵韋六寸，不至下五寸，純以素，紃以五采。」注曰：「會，謂上領〔五九〕，縫也。領之所用，蓋與紕同。在旁曰紕，在下曰純。素，生帛也。紕六寸者，中執之，表裏各三寸也。純、紕所不至者五寸，與會去上同。紃，施諸縫中，若今時絛也。」疏曰：「韠長三尺，與紳齊也。下廣上狹，象天地數也。會，謂韠之領縫也。此縫去韠上畔廣五寸，紕以爵韋六寸者，謂會縫之下兩旁縫以爵韋，闊六寸，倒攝之，兩廂各三寸也。不至下五寸者，謂紕韠之兩邊不至韠之下畔闊五寸。純以素者，素謂生帛，謂紕所不至之處，横純之以生帛，此帛上下亦闊五寸。紃條者，謂五采之絛，置於諸縫之中。」一命緼韍幽衡。再命赤韍幽衡。三命赤韍葱衡。此玄冕爵弁服之韠，尊祭服異其名耳。韍之言亦蔽也。緼，赤黄之間色，所謂韎也。衡，注見後佩玉條。周禮：「公、侯、伯之卿三命，其大夫再命，其士一命。子、男之卿再命，其大夫一命，其士不命。」疏曰：「以上經云君朱，大夫素，士爵韋，是玄端服之韠，故云此玄冕爵弁服之韠，言異於上也。此據有孤之國，以卿大夫雖三命、再命，皆著玄冕。若無孤之國，則三命、再命之卿大夫，皆著絺冕，不得爲玄冕也〔六〇〕。爵弁，則士所服。云一命緼韍者，一命公、侯、伯之士〔六一〕。士冠禮〔六二〕『弁韎韐』，此緼韍則當彼韎韐。毛詩云『韎韐，茅蒐』，茅蒐則蒨草也，以蒨染之，其色淺赤，則緼爲赤黄之間色。」

陳氏禮書曰：「韠之作也在衣之先，其服也在衣之後，其色則視裳而已。禮記言『君朱、大夫素、士爵韋』者，祭服之韠也。蓋君祭以冕服，冕服玄衣纁裳，故朱韠；大夫祭以朝服，緇衣素裳，故素韠；士祭以玄端，玄裳、黄裳、雜裳可也，故爵韠。周官典命『公、侯、伯之士一命』，而士之助祭以爵弁，弁而祭於公。爵弁纁裳故緼韍，緼，赤黄之間色。所謂『一命緼韍』是也。『公、侯、伯之卿三命，大夫再命』，而卿大夫助祭聘王以玄冕，司服：孤之服自希冕而下，鄭氏以爲卿大夫之服；自玄冕而下，鄭氏以爲助祭聘王之服，蓋孤希冕祭於公，弁而祭於己；卿大夫玄冕祭於公冠而祭於己。玄冕纁裳，故赤韍，所謂『再命、三命赤韍』是也。韠之爲物，以其茀前則曰韍，以其一巾足矣，故曰韠，以色則曰緼，以緼質則曰韎韐。古人謂蒨爲茅蒐，讀茅蒐爲韎韐。考之士冠禮，於皮弁玄端皆言韠，特於爵弁言韎韐。詩於素韠，言韠於朱芾〔六三〕、赤芾乃言芾。是韠者芾之通稱，而芾與韎韐異其名，所以尊祭服也。君韠雖以朱，而諸侯朝王亦赤芾，詩曰：『赤芾在股〔六四〕，赤芾金舄』是也。士雖以爵，凡君子之齋服皆爵韠。記曰『齋則績結佩而爵韠』是也。采芑言方叔之將兵，韍亦以朱，瞻彼洛矣言作六師而韍以韎韐者，蓋兵事韋弁服、纁裳，故貴者以朱芾，卑者以韎韐。韎韐，即所謂緼韍。韠長三尺〔六五〕，所以象三才；頸五寸，所以象五行。下廣二尺，象地也；上廣一尺，象天也。會去上五寸，紕以爵韋六寸，不至下五寸，純以素，紃以五采。會，猶書所謂作會也。紕，裨其上與旁也；純，緣其下也。去會與純合五寸，則其中餘二尺也。紕六寸，則表裏各三寸也。天子之韠直，其會龍、火與山；諸侯，前後方〔六六〕，其會，火以下；大夫，前方後挫角〔六七〕，其會，山而已。鄭氏謂山取其仁，火取其明，龍取其變，天子備焉。諸侯火而下，卿大夫山，士韎韋。以禮推之，周人多以近世之禮待貴者，遠世之禮待卑者，則鄭氏之説是也。周以虞庠爲小學，以夏序、商學爲太學，以商人棺槨葬長殤〔六八〕，以夏之堲周葬中殤，以虞氏之瓦棺葬無服之殤，皆待卑者以質略也。然韠自頸肩而下則其身也〔六九〕。鄭氏以其身之五寸爲領，而會爲領縫，是肩在領上矣。衣之上韠〔七〇〕，猶尊上玄酒，俎上生魚也。鄭氏謂衣之上韠者，執事以蔽裳爲敬，與不忘其本之説戾矣。古者喪服用韠，無所經見。詩曰：『庶見素韠』，是祥祭有韠也。劉熙曰：『韠以蔽前』，婦人蔽膝，亦如之。唐志：『婦人蔽膝，皆如其夫』，是婦人有韠也。荀子曰：『共艾畢』，説者曰『蒼白之韋』，是罪人有韠也。及戰國連兵，韍非兵飾，去之。明帝復制韍，天子赤皮蔽膝。魏晉以來，用絳紗爲之，故字或作紱。」徐廣車儀制云。

楊氏曰：「愚按儀禮：『士皮弁素韠，朝服緇韠，玄端爵韠，爵弁韎韐。』士冠：『筮於廟門，主人朝服緇帶素韠。』又云冠禮『三加爵弁韎韐』，鄭注云：『韎韐，緼韍也。士緼韍而幽衡合韋爲之，士染以茅蒐，因以名焉。』今齊人名蒨爲韎韐。韍之制似韠。又按：周官典命：『一命緼韍』，蓋公、侯、伯之士一命，而士之助祭以爵弁纁裳，故緼韍。緼，赤黄之間色也。左氏傳：『衮冕黻珽』，疏云黻韠，制同而名異。鄭玄詩箋云：『芾，太古蔽膝之象也。』冕服謂之芾，其他服謂之韠。』

右韠。

天子素帶朱裏，終辟；謂大帶也。而素帶，終辟；大夫素帶，辟垂；士練帶，率下辟〔七一〕。辟，依注爲裨，婢支反。率音律。而素帶終辟，謂諸侯也。諸侯不朱裏，合素爲之，下天子也。大夫亦如之。率，繂也。士以下皆裨不合而繂積〔七二〕，如今作幧頭爲之也。辟讀如裨冕之裨。冕之裨，謂以繒采飾其側，人君充之。大夫裨其紐及末，士裨其末而已。幧，七曹反。疏曰：「天子素帶朱裏者，以素爲帶，用朱爲裏。終辟，辟而裨也。終，竟。帶身在要及垂皆裨，故云終辟。諸侯以素爲帶，不以朱爲裏，亦用朱緑終辟〔七三〕，大夫亦素爲帶，不終裨，但以玄華裨其身之兩旁及屈垂者。士練帶率下辟者，士用熟帛練爲帶，其帶用單帛，兩邊繂而已。繂，謂緶緝也。下裨者，但士帶垂者必反屈嚮上，又垂而下〔七四〕，大夫則總，皆裨之。士則用緇，唯裨嚮下垂者。」並紐約用組，三寸，長齊於帶。紳長，制：士三尺，有司二尺有五寸。子游曰：「三分帶下，紳居二焉〔七五〕。」紳韠結三齊。三寸，謂約帶紐組之廣也。長齊於帶，與紳齊也。紳，帶之垂者也，言其屈而重也。論語曰：「子張書諸紳。」有司，府史之屬也，三分帶下而長三尺，則帶高於紳也。結，約餘也。疏曰：「記者引子游之言，以證紳之長短，人長八尺，大帶之下四尺五寸，分爲三分，紳居二分焉，紳長三尺也。」革帶，博二寸；玉藻。革帶博二寸，其説見上文韠制。大夫大帶四寸。雜帶，君朱緑，大夫玄華，士緇辟，二寸，再繚四寸。凡帶，有率，無箴功。雜，猶飾也，即上之裨也〔七六〕。君裨帶：上以朱，下以緑終之；大夫裨垂，外以玄，内以華。華，黄色也。士裨垂之下，外内皆以緇，是謂緇帶〔七七〕；大夫以上以素，皆廣四寸；士以練，廣二寸，再繚之。凡帶，有司之帶也，亦繂之，如士帶矣。無箴功，則不裨之士，雖繂帶裨，亦用箴功。楊氏曰：「禮『士練帶，率下辟。』士冠『主人朝服緇帶，冠者爵、皮弁、緇布冠，皆緇帶』。則士帶皆練，而皆飾以緇也。」

陳氏禮書曰：「古者革帶、大帶皆謂之鞶，內則所謂『男鞶革帶』也。春秋傳所謂『鞶厲大帶』也。易言『鞶帶』，揚子言『鞶帨』，以至許慎、服虔、杜預之徒，皆以鞶爲帶，特鄭氏以男鞶革爲盛帨之囊，誤也。詩言『垂帶而厲』，毛萇、杜預之徒，皆以厲爲帶之垂者。特鄭氏以而厲爲如裂，亦誤也。辟，猶冠裳之辟積也；率，縫合之也。天子、諸侯大帶終辟，則竟帶之身辟之，大夫辟其垂，士辟其下而已。雜，飾也。飾帶，君朱綠，大夫玄華，士緇，故儀禮士冠『主人朝服緇帶，冠者爵弁、皮弁、緇布冠，皆緇帶』，則士帶練而飾以緇也。『士辟下二寸』，則所辟其下端二寸也。『再繚四寸』，則結處再繚屈之四寸也。天子至士，帶皆合帛爲之，或以素，或以練；或終辟，或辟垂，或辟下。其飾或朱綠，或玄華。蓋素得於自然，練成於人功。終辟，則所積者備；辟垂、辟下，則所積者少。朱者正陽之色，綠者少陽之雜，禮器：「冕，朱、綠藻。」雜記：「公襲朱、綠帶。」聘禮：「問諸侯，朱、綠繅。」皆取正色〔七八〕。玄與緇者陰之體，華者文之成。天子體陽而兼乎下，故朱裏而裨以朱綠；諸侯雖體陽而不兼乎上，故飾以朱綠而不朱裏；大夫體陰而有文，故飾以玄華；士則體陰而已，故飾以緇。然於大夫言帶廣四寸，則其上可知，而士不必四寸也；於士言紳三尺，則其上可知，而有司止於二尺五寸也。凡帶有率，無箴功，則帶繂而已，無刺繡之功也；以至並紐，約紐三寸〔七九〕，再繚四寸，紳韠結三齊，皆天子至士所同也。夫所束長於飾，則失之太拘；所飾長於束，則失之太文。紳韠結三齊，叔向曰：「衣有繪，帶有結〔八〇〕。」然後爲稱。則有司之約韠，蓋亦二尺五寸歟。古者於物言華，則五色備矣；書云：「華蟲華玉。」於文稱凡，則衆禮該矣。鄭氏以華爲黄，以凡帶爲有司之帶，以率爲士與有司之帶，以辟爲裨，以二寸爲士帶廣，以至大夫以上用合帛，士以下裨而不合，皆非經據之論也。」

又曰：「内則曰，『男鞶革』。莊子曰：『帶死牛之脅。』玉藻曰：『革帶博二寸。』士喪禮『韐帶搢笏。』鄭氏曰：『韐帶用革笏〔八一〕，插於帶之右旁。』然則革帶其博二寸，其用以繫佩韍，然後加以大帶，而佩繫於革帶，笏搢於二帶之間矣。晉語：『寺人勃鞮曰，乾時之役，申孫之矢，集於桓鈎。鈎近於袪，而無怨言。』則革帶有鈎以拘之，後世謂之鈎鰈。丑列切。阮諶云：『鰈，螳螂鈎〔八二〕，以相拘帶，謂之鈎鰈。』唐以玉爲鈎鰈，與古異矣。然革帶用於吉而已，荀卿曰『縉紳而無鈎帶』是也。古者裼衣象裘色，韠屨象裳色，而革帶與韠，其用相因，則革帶豈亦與韠同色歟。」

右帶。

天子佩白玉而玄組綬，公侯佩山玄玉而朱組綬，大夫佩水蒼玉而純組綬，世子佩瑜玉而綦組綬，士佩瓀玟而緼組綬。玉有山玄水蒼者，視其文色所似也。綬者，所以貫佩玉相承受者也〔八三〕。純當爲緇，古文緇字或作絲旁才。綦，文，雜色也。緼，赤黄。純讀爲緇，側其反〔八四〕。瑜，羊朱反。綦音其。瓀，而兖反。玟，武巾反，字又作玫〔八五〕，同。緼，音温。疏曰：「玉色似山之玄而雜有文，似水之蒼而雜有文，故云文色所似。但尊者玉色純，公侯以下玉色漸雜，而世子及士唯論玉質，不明玉色，則玉色不定也。瑜是玉之美者，故世子佩之；瓀玟，石次玉者，賤〔八六〕，故士佩之。」一命緼韍幽衡，再命赤韍幽衡，三命赤韍葱衡。緼韍注見上韍條。衡，佩玉之衡也。幽讀爲黝，黑謂之黝，青謂之葱。韋昭曰：「衡似磬而小。」孔穎達曰：「佩玉上繫於衡，下垂三道，穿以蠙珠，前、後，下端垂以璜，中央下端垂以衝牙。」褑，佩之衿也。鄭氏謂：「凡佩，繫於革帶。」則繫於革帶者褑也。璜肉倍好謂之璧，半璧謂之璜。大戴記曰：「下有雙璜，璜居前後，而牙衝之，然後有宮、角、徵、羽之音。」衝牙，玉藻曰：「佩玉有衝牙。」鄭氏謂「居中央以爲前後觸」。琚瑀，說文曰：「琚，佩玉名。瑀，玫石似玉也。」大戴記曰：「上有雙衡，下有雙璜，衝牙蠙珠，以納其間，琚瑀以雜之。」注曰：「玭珠納於衡璜之間。玭亦作蠙，總曰玭珠，而赤者曰琚，白者曰瑀。」左氏。詩傳曰：「雜佩者珩、璜、琚、瑀、衝牙之類，則居中央而璜瑀爲之也。」纂要曰：「琚、瑀則在佩玉之中間。」禮記曰：「行步有環佩之聲。」又「孔子佩象環，衛南子環佩璆然。魯昭公賜仲環而佩之。」漢制：縌綬之間，得施之玉環鐍，蓋古者佩玉則有環。

古之君子必佩玉，君子，士以上。右徵角，左宮羽〔八七〕，玉聲所中也。徵角在右，事也，民也，可以勞；宮羽在左，君也，物也，宜逸。趨以采齊，路門外之樂節也〔八八〕，門外謂之趨〔八九〕。齊，當作楚薺之薺，采薺，詩名。行以肆夏登堂之樂節。周還中規，反行也，宜圜。折還中矩，曲行也，宜方。進則揖之，退則揚之，然後玉鏘鳴也，揖之謂小俛，見於前也；揚之謂小仰，見於後也。鏘，聲貌。故君子在車則聞鸞和之聲，行則鳴佩玉，是以非辟之心，無自入也。鸞在衡，和在式。自，由也。君在不佩玉，左結佩，右設佩，謂世子也。出所處而君在焉，則去德佩而設事佩，辟德而示即事也。結其左者，若於事有未能也。結者，結其綬不使鳴焉。居則設佩，謂所處而君不在焉。朝則結佩，朝於君亦結左。齊則綪結佩，而爵韠。綪，屈也。結又屈之思神靈，不在事也。爵韠者，齋服玄端。齊，側皆反。注同。綪，側耕反。凡帶必有佩玉，唯喪否。喪主於哀去飾也〔九〇〕。凡，謂天子以至於士〔九一〕。佩玉有衝牙。居中央，以前後觸也。君子無故，玉不去身，君子於玉比德焉。故謂喪與災眚。

陳氏禮書曰：「古之君子必佩玉，其制，上有折衡，下有雙璜，中有琚瑀，下有衝牙，貫之以組綬，納之以璸珠〔九二〕。而其色有白、蒼、赤之辨，其聲有角、徵、宮、羽之應，其象有仁、智、禮、樂、忠、信、道德之備，見禮記「君子比德於玉」。此所以非僻之心無自入也。」

又曰：「禮：『紳韠結三齊。』特佩綬之長無所經見。漢制，貴者綟長三尺二寸，卑者綟長三尺。古者之佩，蓋亦類此。」漢制曰：「綟者，佩緌也，謂之綟，以其貫玉相迎也。」

右佩。

笏，天子以球玉，諸侯以象，大夫以魚須文竹，士竹本，象可也。球，美玉也。文，猶飾也。大夫、士飾竹以爲笏，不敢與君並用純物也。正義曰：「大夫以魚須文竹者，文飾也，以鮫魚須飾竹而成文。士以竹爲本質，以象牙飾其邊緣，飾之可也。言可者，通許之辭。」見於天子，與射，無說笏，入太廟說笏，非禮也〔九三〕。言凡吉事，無所說笏也。太廟之中，唯君當事說笏也。小功不說笏，當事免則說之。免，悲哀哭痛之時〔九四〕，不在於記事也。小功輕不當事，可以搢笏也。既搢必盥，雖有執於朝，弗有盥矣。搢笏輒盥，爲必執事。凡有指畫於君前，用笏，造受命於君前，則書於笏。笏，畢用也，因飾焉。畢，盡也。疏曰：「謂事事盡用笏記之。因飾焉者，因其記事所須，以爲等級。」笏度，二尺有六寸，其中博三寸，其殺六分而去一。殺，猶杼也。天子杼上終葵首，諸侯不終葵首〔九五〕，大夫、士又杼其下首，廣二寸半。正義曰：「天子杼上，此云殺，故知殺猶杼也。云諸侯不終葵首者，以玉人云天子終葵首，故知諸侯不也。葵首，椎頭也。云大夫、士又杼其下者，以經特明云其中博三寸，明笏上下二首不博三寸。諸侯既南面之君同殺其上，大夫、士北面之臣宜俱殺其下也。」

天子搢珽，方正於天下也；此亦笏也，謂之珽，珽然無所屈也。或謂之大珪，長三尺。杼上終葵首，終葵首者，於杼上廣其首，方如椎頭，是謂無所屈，後則恒直。相玉書曰：「珽玉六寸，明自炤。」諸侯荼，前詘後直，讓於天子也；荼讀爲舒遲之舒。舒，懦者所畏在前也。詘，謂圜殺其首不爲椎頭，諸侯唯天子詘焉，是以謂笏爲荼。大夫前詘後詘，無所不讓也。大夫奉君命出入者也，上有天子，下有己君，又殺其下而圜。將適公所，史進象笏，書思、對、命。思，所思念，將以告君也。對，所以對君者也。

命，所受君命者也，書之於笏，備失忘也。年不順成，君衣布搢本。搢本，去珽、荼，佩士笏也。

荀卿曰：「天子御珽，諸侯御荼，大夫服笏。」

管子曰：「天子執玉笏以朝日。」釋名曰：「笏，忽也，君有命則書其上，備忽忘也。」

陳氏禮書曰：「天下之事，常修治於人之所慎，而廢弛於人之所忽。先王於是制爲之笏，或執或搢，而畢用之，使人稽其名以見其義，觀其制以思其德，庸有臨事而失者乎？天子之笏以玉，諸侯以象，大夫以魚須文竹，士竹本象可也。蓋玉，德之美；象，義之辨；竹，禮之節。天子尚德，諸侯貴義，大夫、士則循禮而已，此笏所以異也。魚須，文之也，竹本象也〔九六〕；竹本，象可也，竹本而象，飾之也。大夫近尊而其勢屈，士遠尊而其禮伸，此飾所以異也。禮，大夫沐稷，而君與士皆沐粱；大夫之臣曰私人，而君與士之臣皆曰私臣。大夫祭，則堂之上下共尊；而君與士，則堂下異尊。大夫內子拜尸西，而君與士之妻則北面。大夫之於主婦不致爵，而君與士則致爵。大夫嗣子不舉奠，而君與士之嗣則舉奠。大夫賓尸，尸酢主人乃設席，而君與士則先酢而設席。大夫前祭一日筮尸，而君與士則前祭三日筮尸。大夫祭之日視濯，而君與士則前祭一日視濯。凡此皆順而摭之之禮，則其飾笏以象，不亦可乎？天子之於天下，體無所屈，故珽必方正；諸侯之於天子，則謹度以臣之；於臣民，則制節以君之〔九七〕，故荼必前屈後直。大夫於其君則爲臣，於天子則爲陪臣，故笏必前屈後屈。士笏之制，無所經見。觀其制之以象〔九八〕，疑亦前屈後直歟。天子之朝，日執鎮珪，搢大珪，則所執者摯也，所搢者笏也。諸侯之朝，大夫之聘，蓋亦如此。則諸侯執命珪者必搢荼，大夫執聘珪者必搢笏，及其合瑞而授珪，則執其所搢而已，此所謂見於天子無説笏也。見天子也，入太廟也，射也，皆禮之不可忽者，故不説笏。小功，則禮可以勝情，故亦不説笏。當事而免，則事可以勝禮，故説之。小功不説笏，則大功以上説之可知。」

朱子語録曰：「今官員執笏，最無義理。笏者只在君前記事，恐事多，須以紙粘笏上，記其頭緒，或在君前不可以手指人物，便用笏指之。此笏常只插在腰間，不執在手中。夫子攝齊升堂，何曾手中有笏？攝者是畏謹，恐上階時踏着裳，有顛仆之患。執珪者自是贄見之物，只是捧至君前，不是如執笏，所以夫子執珪時，便足縮縮如有循，緣手中有珪，不得攝齊亦防顛仆。」

按：珪，鎮寶也；笏，服飾也。珪則執之以爲信，笏則執之以爲飾。晦庵言笏，只是君前記事指畫之具，不當執之於手。然古者天子亦有笏，豈亦藉此以記事指畫乎？蓋朝章之服飾也。但天子之笏以玉爲之，其制似珪，而天子與公、侯、伯之圭上鋭下方，其形類笏，故後人或誤以珪爲笏，然笏者非執則搢，不可須臾去身者也。若珪則天子以禮神，諸侯以朝見天子，不過於當事之時暫捧之而即奠之，不常執也。嘗見繪禮圖者，繪上公衮冕執桓珪在手，如秉笏之狀是矣。至卿大夫無珪璧，則端冕盛服而執所謂羔鴈者在手，殊爲可笑。蓋誤以珪爲笏，誤以鎮信之具爲服飾之具故也。所謂公執桓圭、至士執雉者，特言贄之等級耳。此執字，非必謂兩手捧之當心如執笏之狀也。又如大司馬振旅之時，王執路鼓，諸侯執賁鼓，此二鼓乃鼓中之至大者，師之耳目係焉。故王之與諸侯，自司其事而謂之執，豈亦以是二鼓者執之於手而如執圭之狀乎？

右笏。

屨人掌王及后之服屨，爲赤舄、黑舄、赤繶、黃繶、青句、素屨、葛屨。屨必連服言者，著服各有屨也。複下曰舄，禪下曰屨，古人言屨以通於複，今世言屨以通於禪。俗易語反。舄屨有絇、有繶、有純者，飾也。鄭司農云：赤繶、黃繶，以赤黃之絲爲下緣。士喪禮曰：「夏葛屨，冬皮屨，皆繶緇純。」禮家説繶，亦謂以采絲辮其下。玄謂凡屨舄各象其裳之色。士冠禮曰：「玄端黑屨，青絇繶純〔九九〕；素積白屨，緇絇繶純；爵弁纁屨，黑絇繶純。」是也。王吉服有九舄，有三等，赤舄爲上，冕服之舄也。詩云：「王錫韓侯，玄衮赤舄。」則諸侯與王同。下有白舄黑舄句，當爲絇聲之誤也。絇、繶、純同色。今云赤繶、黃繶、青絇，雜互言之。明舄屨衆多，反覆以見之。凡舄之飾，如繢之次。赤繶者，王黑舄之飾；青絇者，王白舄之飾。言繶必有絇、純，言鉤亦有繶、純，三者相將，王及后之赤舄皆黑飾。凡屨之飾如綉〔一〇〇〕，次也黃屨白飾，白屨黑飾，黑屨青飾。絇謂之拘，著舄屨之頭，以爲行戒。繶，縫中。紃，純緣也。天子、諸侯吉事皆舄，其餘唯服冕衣翟著舄耳〔一〇一〕。士爵弁纁屨，黑絇繶純，尊祭服之屨，飾從繢也〔一〇二〕。素屨者非純吉，有凶去飾者言葛屨，明有用皮時。正義：下，謂底也。重底者名曰舄，禪底者名曰底。古人，周人也。言屨以通於舄，故直言屨，下言舄。今人，漢人也。以複者爲屨，並禪者亦爲屨，俗易語反也。繶，牙底相接之縫，綴條於其中，絇屨頭以條爲鼻，純以條爲口緣。經不云純者，文略也。舄屨與裳俱在下，故與裳同色。素屨即下經散屨，大祥時除縗，杖後，身服素縞麻衣而著此素屨，去飾無繶絇純，故經不言繶絇純也。葛屨自赤舄以下，夏則用葛爲之，冬則皮爲之。在素屨下者，欲見素屨亦用葛與皮。赤舄者，男子冕服，婦人闕狄之舄。黑舄者，天子、諸侯玄端服之舄。赤繶以下曰繶，曰絇，以表見其舄。赤繶者，是天子、諸侯黑舄之飾；黃繶者，與婦人爲玄舄之飾；青鉤者，與王及諸侯爲白舄之飾。凡屨舄皆有絇繶純，三者相將，各舉其一，以互見也。辨外内命夫命婦之命屨、功屨、散屨。命夫之命屨纁屨，命婦之命屨黃屨，以下功屨，次命屨，於孤卿大夫則白屨黑屨也。嬪内子亦然。世婦命婦以黑屨爲功屨，女御士妻命屨而已。士及士妻謂再命，受服者散屨，亦謂去飾。正義曰：大夫以上衣冠則有命舄，無命屨。外命婦孤妻以下，内命九嬪以下，不得服舄。自鞠衣黃屨，展衣白屨，褖衣黑屨以下，以廣之矣。

陳氏禮書曰：「詩云：赤舄几几，玄衮赤舄，赤芾金舄。」周公及諸侯冕服之舄也。赤舄謂之金舄者，鄭氏謂金舄，黄朱色也。考之於禮，周尚赤，而灌尊黄彝，纁裳赤黄，馬黄朱，而諸侯之芾亦黄朱，鄭氏釋斯干詩曰：「芾，天子純朱，諸侯黄朱。」則舄用黄朱宜矣。唐制，以金飾屨。與鄭氏之所傳異也。」

右屨。

楊氏曰：「愚按屨人言王后之舄屨，惟有赤舄、黑舄，素屨、葛屨，其爲飾不過赤繶、黄繶、青約而已。鄭氏則以爲王之舄有三，赤、黑、白，后之舄有三，玄、白、黑。又有黄屨、白屨、黑屨之異，外、内命夫命婦之命屨，惟有功屨、散屨而已。鄭氏又有纁、黄、白、黑之屨，皆是經外推説，恐難據信。」

校勘記

〔一〕大白緇布之冠不緌　「緌」原作「綏」，據禮記正義郊特牲鄭注改。

〔二〕大白即上古白布冠　「太古」，禮記正義郊特牲鄭注作「上古」。

〔三〕以其古之齊冠　「其」字原脱，據禮記正義郊特牲孔疏補。

〔四〕饗射享食賓客與諸侯射也　「饗射」原脱，「食」原作「祀」，據周禮司服鄭注補改。

〔五〕畫始雉　「始」，周禮司服鄭注作「以」。

〔六〕以三十升布染爲爵頭色　「布染爲」原作「爲染布」，據周禮司服正義乙正。

〔七〕其袪尺二寸　「袪」原作「裕」，據周禮司服賈疏改。下同。

〔八〕是其餘皆玄冠與士同也　「其」字原脱，據周禮司服賈疏補。

〔九〕皆皮弁服者　「服」字原脱，據周禮司服賈疏補。

〔一〇〕此天子日視朝之服者　「日」字原脱，據周禮司服賈疏補。

〔一一〕布染之　「布」原作「升」，據周禮弁師賈疏改。

〔一二〕紐者綴於冕兩傍垂之　「冕」下原有「之」，據周禮弁師賈疏删。

〔一三〕繩垂於延之前後各十二　「延之」下原有「下」，據慎本、馮本及周禮弁師鄭注删。

〔一四〕至句上於右相笄上繞之　「句」原作「向」，「相」原作「屬」，據周禮弁師賈疏改。

〔一五〕故繅不言皆　「繅」字原脱，據周禮弁師賈疏補。

〔一六〕同物同音　「同物」原脱，據周禮弁師鄭注補。

〔一七〕又云繅斿皆就作文　「作」字原脱，據周禮弁師賈疏補。

〔一八〕此諸公繅玉同文　「文」字原脱，據周禮弁師賈疏補。

〔一九〕故鄭注一冕爲九旒　「注」，周禮弁師賈疏作「計」，似是。

〔二〇〕以其一冕而已冠五服也　「已」字原脱，據周禮弁師賈疏補。

〔二一〕象邸玉笄　「邸」原作「抵」，據慎本、馮本及周禮弁師改。下同。

〔二二〕王之弁經弁而加環經　以上九字原脱，據周禮弁師補。

〔二三〕韋弁皮弁弁經　「弁經」原脱，據周禮弁師補。

〔二四〕士變冕爲爵弁　「冕」字原脱，據周禮弁師鄭注補。

〔二五〕緇布冠　「布」原作「衣」，據禮書卷五綏改。
〔二六〕謂之紘　「之」下原有「二」，據禮書卷五綏删。
〔二七〕於衛之臣子言褎如充耳　禮書卷五瑱無「子」字。
〔二八〕其又以規爲瑱　此六字原脱，據禮書卷五瑱補。
〔二九〕衡維持冠者　「維」，禮書卷五衡作「繼」。
〔三〇〕則天子之衡亦玉　以上七字原脱，據禮書卷五衡補。
〔三一〕垂而深邃以延覆冕上　原「邃」下脱「以」，「延」下脱「覆冕上」，據禮記玉藻孔疏補。
〔三二〕每一就貫以玉　「貫」字原脱，據禮記玉藻孔疏補。
〔三三〕五采玉既貫遍　「貫」，禮記玉藻孔疏作「質」。
〔三四〕云延冕上覆也者　原「冕」下脱「上」，「覆」下脱「也」，據禮記玉藻孔疏補。
〔三五〕大采朝日少采夕月　「少采夕月」原作「故於日」，據禮記玉藻孔疏改。
〔三六〕春分日長故於其日朝之　「長」、「故」二字原脱，據禮記玉藻孔疏補。
〔三七〕若以素爲裳　「以」字原脱，據禮記玉藻孔疏補。
〔三八〕易服不朝服者　「易」原作「見」，據儀禮士冠禮鄭注改。
〔三九〕僖三十一年　「僖」原作「襄」，據穀梁補注卷一二僖公三十一年條改。
〔四〇〕深衣之袂圜　「袂」原作「祛」，據禮書卷四素端改。下同。
〔四一〕綏纓端韠紳　「端韠」，禮書卷四素端作「韎韠」。

〔四二〕雜裳前玄後黄　「雜裳」原脱，據禮書卷四素端補。
〔四三〕爲禮荒有所禱請是也　「禮」，禮書卷四素端作「札」。
〔四四〕續或爲袼　「袼」原作「俗」，據禮記深衣鄭注改。
〔四五〕胡下下垂曰胡　「胡」、下一「下」原脱，據禮記深衣鄭注補。
〔四六〕行舉手謂揖遜　「遜」，禮記深衣鄭注作「讓」。
〔四七〕以直其正　「正」，禮記深衣鄭注作「政」。
〔四八〕深衣者用十五升布　「者」字原脱，據禮記深衣鄭注補。
〔四九〕又大夫士朝玄端夕深衣　「又」原作「及」，據馮本、局本及禮記深衣孔疏改。
〔五〇〕是深衣爲朝祭之次服也　「祭」原作「服」，「服」字原脱，據禮記深衣孔疏補。
〔五一〕緣袂謂其口也　「也」字原脱，據禮記深衣鄭注補。
〔五二〕卿大夫山　「卿」原作「御」，據禮記深衣鄭注改。
〔五三〕士冠禮　「士」原作「飾」，據禮記玉藻孔疏改。
〔五四〕皮弁服皆素韠　「韠」原作「服」，據禮記玉藻鄭注改。
〔五五〕此云士爵韋　「士」字原脱，據禮記玉藻孔疏補。
〔五六〕云皮弁服皆素韠者　「云」原作「皆」，「皮」原作「素」，據禮記玉藻孔疏改。
〔五七〕直而不衺謂之正方　「正方」原倒置，據禮記玉藻孔疏乙正。
〔五八〕肩與革帶廣同　「與」字原脱，據禮記玉藻孔疏補。

〔五九〕會謂上領　「上領」原倒，據慎本及禮記玉藻孔疏乙正。
〔六〇〕不得爲玄冕也　「爲」，禮記玉藻孔疏作「唯」。
〔六一〕一命公侯伯之士　「士」原作「上」，據元本、慎本、馮本及禮記玉藻孔疏改。
〔六二〕士冠禮　「禮」字原脱，據禮記玉藻孔疏補。
〔六三〕言韠於朱芾　「言韠」原脱，據禮書卷二三韠補。
〔六四〕詩曰赤芾在股　「詩曰赤芾」四字原脱，據禮書卷二三韠補。
〔六五〕韠長三尺　「韠」字原脱，據禮書卷二三韠補。
〔六六〕諸侯前後方　「諸侯」，禮書卷二三韠作「公侯」。
〔六七〕大夫前方後挫角　「後」字原脱，據禮書卷二三韠補。
〔六八〕以商人棺槨葬長殤　「商」原作「成」，「葬」原作「喪」，據禮書卷二三韠改。
〔六九〕然韠自頸肩而下則其身也　「然韠」原脱，據禮書卷二三韠補。
〔七〇〕衣之上韠　「韠」原作「韋」，據禮書卷二三韠改。
〔七一〕士練帶率下辟　「辟」字原脱，據禮記玉藻補。
〔七二〕士以下皆禆不合而紣積　「禆」，禮記玉藻孔疏作「襌」。
〔七三〕亦用朱綠終辟　「終辟」，禮記玉藻孔疏作「終禆」。似是。
〔七四〕又垂而下　「又」原作「反」，據馮本、局本及禮記玉藻孔疏改。
〔七五〕三分帶下紳居二焉　「三」、「二」，禮記玉藻孔疏作「參」、「二」。似是。

〔七六〕即上之禆也　「之」字原脱，據禮記玉藻孔疏補。

〔七七〕是謂緇帶　「謂」原作「爲」，據禮記玉藻孔疏改。

〔七八〕皆取正色　「正」原作「陽」，據禮書卷一四素帶改。

〔七九〕以至並紐約紐三寸　下「紐」字，禮書卷一四素帶作「組」。

〔八〇〕衣有繪帶有結　「繪」原作「會」，據禮書卷一四素帶改。

〔八一〕士喪禮韐帶搢笏鄭氏曰韐帶用革笏　原脱「搢笏鄭氏曰韐帶」七字，據禮書卷一四素帶補。

〔八二〕阮諶云觟蝗螂鈎　「鈎」原作「相」，據禮書卷一四素帶改。

〔八三〕綬者所以貫佩玉相承受者也　「貫」原作「賁」，據禮記玉藻鄭注改。

〔八四〕純讀爲緇側其反　「側」原作「佩」，據禮記玉藻鄭注改。

〔八五〕玟武巾反字又作玫　「玫」，禮記玉藻鄭注作「砇」。

〔八六〕石次玉者賤　「者」字原脱，據禮記玉藻鄭注補。

〔八七〕左宫羽　「羽」，禮記玉藻作「月」。

〔八八〕路門外之樂節也　「也」原作「至」，據禮記玉藻鄭注改。

〔八九〕門外謂之趨　「門」上原有「應」，「門」下原脱「外」，據禮記玉藻鄭注删補。

〔九〇〕喪主於哀去飾也　「也」字原脱，據禮記玉藻鄭注補。

〔九一〕凡謂天子以至於士　「凡」原在「士」上，據禮記玉藻鄭注乙正。

〔九二〕納之以璸珠　「璸」，禮書卷一九佩作「蠙」。

〔九三〕入太廟説笏非禮也　「禮」，禮記玉藻作「古」。似是。

〔九四〕悲哀哭痛之時　「痛」，禮記玉藻鄭注作「踊」。

〔九五〕諸侯不終葵首　此句原脱，據禮記玉藻鄭注補。

〔九六〕竹本象也　此四字原脱，據禮書卷五一笏補。

〔九七〕於臣民則制節以君之　「節」，禮書卷五一笏作「度」。

〔九八〕觀其制之以象　「制」，禮書卷五一笏作「飾」。

〔九九〕士冠禮曰玄端黑屨青絇繶純　「士」原作「王」，「青」原作「赤」，據周禮屨人鄭注改。

〔一〇〇〕凡屨之飾如繡　「飾」原作「舄」，據周禮屨人鄭注改。

〔一〇一〕其餘唯服冕衣翟著舄耳　「著」上原有「者」，據周禮屨人鄭注删。

〔一〇二〕飾從繢也　「從」原作「也」，據周禮屨人鄭注改。

卷一百十二　王禮考七

君臣冠冕服章

秦滅禮學，郊社服用，皆以袀玄，以從冕旒，前後邃綖〔一〕。蔡邕獨斷曰：「袀，紺繒也〔二〕。」以水德尚袀。音均。

漢承秦敝，西京二百餘年，猶未能有所制立。

漢舊儀：「凡齋皆衣玄紺繒也。衣絳領袖緣、絝襪、涑革帶、鴻紺幘、長冠、絣青衣、幘領袖、絝襪白帶，求兩皁緣、衣軀裹霜幘衣。冬射獵，衣流黃；仲夏，衣黃。」

西漢，史不言朝祭服章之制，惟漢舊儀所載如此，然其説終不明白云。

文帝時，賈誼上疏曰：「今民賣僮者僮謂隸妾。爲之繡衣絲屨偏諸緣，服虔曰：「如牙條以作履緣。」師古曰：「偏諸，若今之織，成以爲要襻及褾領者也。古謂之車馬裙，其上爲乘車及騎從之象也。」內之閑中，閑，賣奴婢闌〔三〕。是古天子后服，所以廟而不宴者也，入廟則服之，宴處則不著，蓋貴之也。而庶人得以衣婢妾。白縠之表，薄紈之裏，緁以偏諸，晉灼曰：「以偏諸緁著衣也。」師古曰：「緁音妾，謂以偏諸緶著之也。緶音步千反。」美者黼繡，黼者，織爲斧形；繡者，刺爲衆文。是古天子之服，今富人大賈嘉會召客者以被墻。古者以奉一帝一后而節適，得其節而合宜。今庶人屋壁得爲帝服，倡優下賤得爲后飾，然而天下不屈者，殆未有也。且帝之身自衣皂綈，綈，厚繒也。而富民墻屋被文繡，天子之后以緣其領，庶人孽妾緣其履，此臣所謂舛也。」

宣帝時，魏相采易陰陽及明堂月令奏曰：「天子之義，必純取法天地，而觀於先聖。高皇帝所述書天子所服第八第八，天子衣服之制，於施行詔書第八〔四〕。曰『大謁者臣章受詔長樂宮』，曰：『令群臣議天子所服，以安治天下。』相國臣何、御史大夫臣昌蕭何、周昌。謹與將軍臣陵、王陵。太子太傅臣通叔孫通。等議：『春夏秋冬天子所服，當法天地之數，中得人和。故自天子王侯有土之君，下及兆民，能法天地，順四時，以治國家，身亡禍殃，年壽永究，是奉宗廟安天下之大禮也。臣請法之。中謁者趙堯舉春，應劭曰：「四時各舉所施行政事。」服虔曰：「主一時衣服禮物朝祭百事也。」李舜舉夏，兒湯舉秋，貢禹舉冬，高帝時自有一貢禹。四人各職一時。』大謁者襄章奏，制曰：『可。』」

按：西漢服章之制，於史無所考見。班固叙傳言漢初定，與民無禁。師古注，謂漢不設車旗衣服之禁。今觀賈誼所言可見。然魏相奏謂高皇帝書有天子所服第八，則服制未嘗無，其書相所奏，既不詳備，而史記無傳焉，蓋周之經制，歷春秋戰國數百年，典籍湮没不存。及七雄僭王，國自爲政，尤無所究詰。秦出自西戎，不習禮文之事，而其立意，大概欲是今而非古，尊己而卑人，故滅六國之後，獲其君之冠，則以賜侍人；獲其君之車，則以爲副車，又烏能參考損益，以復先王車旗衣服之制？漢初，用事者椎朴少文，不過盡遵秦規而已。」

後漢明帝永平二年春正月辛未，宗祀光武皇帝於明堂，帝及公卿列侯始服冠冕、衣裳、玉佩、絇屨以從事〔五〕。

漢官儀曰：「天子冠通天，諸侯王冠遠遊，三公、諸侯冠進賢三梁，卿、大夫、尚書、二千石、博士冠兩梁，二千石以下至小吏冠一梁。天子、公、卿、特進、諸侯祀天地明堂，皆冠平冕，天子十二旒，三公、九卿、諸侯七，其纓各如其綬色。」

永平二年初，詔有司采周官、禮記、尚書皋陶篇，天子冕服，從歐陽氏說。乘輿備文，日月十二章，刺繡文；三公、九卿、特進侯、朝侯、侍祠侯，從夏侯氏說。三公、諸侯用山龍九章，九卿以下用華蟲七章，皆備五采，大佩，赤舄絇履，以承大祭。冕皆廣七寸，長尺二寸，前圓後方，朱緑裏，玄上，前垂四寸，後垂三寸，繫白玉珠爲十二旒，蔡邕獨斷云「九旒」也。以其綬采色爲組纓。三公、諸侯七旒，青玉爲珠；卿大夫五旒，黑玉爲珠。皆有前無後，各以其綬采爲組纓〔六〕，旁垂黈纊。助天子郊天地，祀明堂則冠之〔七〕。衣裳玉佩備章采，其大佩則衡牙雙瑀璜皆以白玉，乘輿絡以白珠。公卿、諸侯以采絲，百官執事者，冠長冠，即劉氏冠也。以高祖所冠，故以爲祭服。皆祗服。五嶽、四瀆、山川、宗廟、社稷諸沾秩祠〔八〕，皆袀玄服，絳緣領袖爲中衣，絳袴襪〔九〕，示其赤心奉神也。其五郊迎氣，衣幘袴襪各如方色云。百官不執事者，各服長冠袀玄以從。大射禮於辟雍〔一〇〕，公卿諸侯大夫行禮者，冠委貌，衣玄端素裳。鄭玄曰：「端者取其正也。」鄭衆曰：「衣襦裳者爲端〔一一〕。」執事者冠布弁，衣緇麻衣，皁領袖，下素裳。若冠通天冠，服深衣之制，有袍，隨五時色。梁劉昭曰：「袍者，或曰周公抱成王宴居，故施袍。『孔子衣逢掖之衣。』逢掖其袖，合而逢大之〔一二〕，近今袍者也。今下至賤吏小史〔一三〕，皆通制袍，單衣，皁緣領袖中衣，爲朝服云。」

凡冠衣諸服，旒冕、長冠、委貌、皮弁、爵弁、建華、方山、巧士，衣裳文繡，赤舄，服名履，大佩，皆爲祭服，其餘悉爲常用朝服。唯長冠，諸王國謁者以爲常朝服云。宗廟以下，祠祀皆冠長冠，皁繒袍單衣，絳緣領袖中衣，絳絝袜，五郊各從其色焉。

東觀記：「永平二年正月，公卿議春南北郊〔一四〕，東平王蒼議曰：『高皇帝始受命創業，制長冠以入宗廟。光武受命中興，建明堂，立辟雍。陛下以聖明奉遵，以禮服龍衮，祭五帝。禮缺樂崩，久無祭天地冕服之制。接尊事神，潔齊盛服，敬之至也。日月星辰，山龍華藻，天王衮冕十有二旒，以則天數；旒有龍章日月，以備其文。今祭明堂宗廟，圓以法天，方以則地，服以華文，象其物宜，以降神，肅雝備思，博其類也。天地之禮，冕冠裳衣，宜如明堂之制。』」蓋古者君臣佩玉，尊卑有度，上有韍，韍如今蔽膝。貴賤有殊，佩所以章德，服之衷也。韍所以執事，禮之共也。故禮有其度，威儀之制，三代同之。五伯迭興，戰兵不息，佩非戰器，韍非兵旗，於是解去韍佩，留其繫璲，徐廣曰：「今名璲爲綖。」以章表之，故詩曰：「鞙鞙佩璲。」此之謂也。鞙鞙，佩玉貌。璲，瑞也。鄭玄箋曰：「佩璲者，以瑞玉爲佩，佩之鞙鞙然。」韍佩既廢，秦乃以采組連結於璲，光明章表，轉相結受，故謂之綬。漢承秦制，用而弗改，故加之以雙印佩刀之飾。至孝明皇帝乃爲大佩衝牙雙瑀璜皆以白玉，乘輿絡以白珠，公卿諸侯以采絲，其視冕旒爲祭服云。

魏氏多因漢法，其所損益之制，無聞。

通典按後漢志：「孝明皇帝永平二年，詔從歐陽、夏侯二家所說，制冕服。乘輿刺繡文，公卿以下織成文。」據晉志云：「魏明帝以公卿衮黼之飾，擬於至尊，多所減損，始制服刺繡，公卿織成。」未詳孰是。

晉受命，遵而無改。天子郊祀天地、明堂、宗廟，元會臨軒，黑介幘〔一五〕，通天冠，平冕。皂表〔一六〕，朱緑裏，廣七寸，長二尺二寸，加於通天冠上，前圓後方，垂白玉珠，十有二旒，以朱組爲纓，無緌。佩白玉，華珠黄大旒，綬黄赤縹紺上敷沼反，下右暗反。四綵〔一七〕。衣皂上，絳下，前三幅，後四幅，衣畫而裳繡，爲日、月、星辰、山、龍、華蟲、宗彝、藻、火、粉米、黼、黻之象，凡十二章。素帶廣四寸，朱裏，以朱緣裨音卑，服冕也。飾其側。中衣以絳緣其領袖。赤皮爲韍，絳袴袜，望發反。赤舄。未加玄服者，空頂介幘。其釋奠先聖，則皂紗袍，絳緣中衣，絳袴袜，黑舄。其臨軒，亦衮冕也。其朝服，通天冠高九寸，金博山顔，黑介幘，絳紗袍，皂緣中衣。其拜陵，黑介幘，單衣。其雜服，有青、赤、黄、白、緗、黑色，介幘，五色紗袍〔一八〕，五梁進賢冠，遠遊冠，平上幘武冠。其素服，白帢苦洽反。單衣。後漢以來，天子之冕，前後旒用真白玉珠。魏明帝好婦人之飾，改以珊瑚珠。晉初仍舊不改。及過江，服章多闕，而冕飾以翡翠、珊瑚、雜珠。侍中顧和奏：「舊禮，冕十二旒，用白玉珠。今美玉難得，不能備，可用白璇音旋。珠。」從之。

革帶，古之鞶帶也，謂之鞶革，文武衆官牧、守、丞、令下及騶、寺皆服之。其有囊綬，則以綴於革帶，其戎服則以皮絡帶代之。八座尚書荷紫，以生紫爲袷古洽反。囊，綴之服外，加於左肩。昔周公負成王，制此服衣，至今以爲朝服。或云漢時用盛音成。奏事，負之以行，未詳也。

袴褶之制，未詳所起。近世凡車駕親戎、中外戒嚴服之。服無定色，冠黑帽，綴紫褾〔一九〕，褾以繒爲之，長四寸，廣一寸，腰有絡帶以代鞶。中官紫褾，外官絳褾。又有纂嚴戎服而不綴褾，行留文武悉同。其畋獵巡幸，則惟從官戎服帶鞶革，文官不下纓，武官服冠。

漢制，一歲五郊，天子與執事者所服各如方色，百官不執事者服常服絳衣以從。魏祕書監秦静曰：「漢氏承秦，改六冕之制，但玄冠絳衣而已。」魏已來名爲五時朝服，又有四時朝服，又有朝服〔二〇〕，自皇太子已下隨官受給。百官雖服五時朝服，據今止給四時朝服，闕秋服。三年一易。

諸假印綬而官不給鞶囊者，得自具作，其但假印不假綬者，不得佩綬。鞶，古制也。漢世著鞶囊者，側在腰間〔二一〕，或謂之傍囊，或謂之綬囊，然則以紫囊盛綬也。或盛或散，各有其時。

笏，古者貴賤皆執笏，其有事則搢之於腰帶，所謂搢紳之士者，搢笏而垂紳帶也。紳垂長三尺。笏者，有事則書之，故常簪筆，今之白筆是其遺象。三臺、五省二品文官簪之，王、公、侯、伯、子、男、卿、尹及武官不簪，加内侍位者乃簪之。手版即古笏矣。尚書令、僕射、尚書手版頭復有白筆，以紫皮囊之，名曰笏。宋因之。

宋制平天冕服，不易舊法。更名韍曰蔽膝。未加玄服，釋奠先聖、視朝、拜陵等服，及雜色紗裙、武冠素服，並沿舊不改〔二二〕。王公助祭郊廟，章服降殺亦如之。其冠委貌者〔二三〕，衣黑而裳素，中衣以皂緣領袖〔二四〕。玄冠、韋弁、絳韋戎衣，復依漢法。袴褶因晉不易，腰有絡帶以代鞶革。中官紫褾，外官絳褾。又有纂嚴戎服，而不綴褾，行留文武悉同。畋獵巡幸，唯從官戎服，帶鞶革。文帝元嘉中〔二五〕，巡幸、蒐狩、救廟水火皆如之。

明帝泰始四年，詔曰：「車服之飾，象數是遵。故盛皇留範，列聖垂制。朕近改定〔二六〕，今修成六服，沿時變禮，所施之事，各有條叙，便可載之典章。朕以大冕純玉繅，玄衣黄裳，祀天宗明堂。又以法冕，玄衣絳裳，祀太廟，元正大會朝諸侯。又以飾冕，紫衣紅裳，小會宴饗〔二七〕，送諸侯、臨軒會王公。又以繡冕，朱衣裳，征伐、講武、校獵。又以紘冕，青衣裳，耕稼、享國子。又以通天冠，朱紗袍，爲聽政之服。」

泰始六年正月，有司奏：「被敕皇太子正冬朝賀，合著衮冕九章不〔二八〕？」儀曹郎邱仲起議：「按周禮，公自衮冕以下。鄭注：『衮冕以至卿大夫之玄冕，皆其朝聘天子之服也。』伏尋古之上公，尚得服之，皇太子以倅副之尊，率土瞻仰，愚謂宜式遵盛典，服衮九章以朝賀。」詔可。

齊因宋制平天冠服，不易舊法，郊廟臨朝所服也。舊衮服用織成，建武中，明帝以織太重，乃采畫爲之，如金飾銀薄，時亦謂爲天衣。通天冠服，絳紗袍，皂緣中衣，乘輿臨朝所服，臣下皆同。拜陵則黑介幘，服無定色。舉哀臨喪，白帢單衣〔二九〕，亦謂之素服。王公助祭，平冕服，山龍以下九章，卿七章，皆畫皂絳繒爲之。袴褶相因不改。

梁因齊制平天冠服，衣畫而裳繡，十二章。素帶朱裏，以朱緣裨飾其側。更名赤皮韍爲韠。或云韠之名，其來已久。餘同舊法。又有通天冠服，絳紗袍，皂緣中衣，黑舄〔三〇〕，是爲朝服，元正賀畢，還儲更衣，出所服也。其釋奠先聖，則皂紗袍，絳緣中衣，絳袴韈，黑舄。拜陵則箋布單衣。又有白帢單衣，以代古之疑縗。

天監三年，何佟之議：「公卿以下祭服〔三一〕，裏有中衣，即今中單也。後漢從夏侯氏說，祭服絳緣領袖爲中衣〔三二〕，絳袴襪，示其赤心奉神也。今中衣絳緣，足有所明，無俟於袴。既非聖法，謂不可施。」遂依議除之。

七年，周舍議：「按禮：『有虞氏皇而祭，深衣而養老。』鄭玄云，皇是畫鳳皇羽也。又按禮『如衮冕』〔三三〕，則衮是衣。有虞氏言皇，皇亦是衣，非冕。今衮服宜畫鳳皇，以示差降。」又王僧崇云：「尋冕服無鳳，應改爲翟。」又裳有圓花，於禮無礙，是畫飾如葩蔿耳。蔿音于美反。藻米黼黻，並乖古制，今請改正，並去圓花。」帝曰：「古文日月星辰〔三四〕，此以一辰攝三物也。山龍華蟲，又以一山攝三物也。藻火粉米，又以一藻攝三物也。是爲九章。今衮服畫龍，則宜畫鳳。孔安國云『華者，花也』，則爲花非疑。若一向畫翟，差降之文，復將安寄？」帝又曰：「禮：『王祀昊天，服大裘而冕。』大裘不存，其於質敬，恐未有盡。」五經博士陸瑋等並云：「王祀昊天服大裘，明諸臣禮不得同。自魏以來，皆用衮服。今請依古，更制大裘。」詔：可。瑋等又按：「鄭玄注司服云：『大裘，羔裘也』，既無所出，未爲可據。按六冕之服，皆玄上纁下。今宜以繒爲之，其制式如裘，其裳以纁，皆無文繡。」詔可。又制黑幘單衣，宴會服之。

九年，司馬筠等議云：「按玉藻：『諸侯玄冕以祭，裨冕以朝。』雜記又云：『大夫冕而祭於公，弁而祭於己。』今之尚書，上異公侯，下非卿士，止有朝衣，本無冕服。既從齋祭，不容同於在朝，宜依太常及博士諸齋官例，著皂衣〔三五〕，絳襈，中單，竹葉冠。」

陳因之。永定元年，武帝即位，徐陵白〔三六〕：「乘輿御服，皆採梁制。」帝曰：「今天下初定，務從節儉。應用繡、織成者，並可彩畫。」至文帝天嘉初，悉改易之。其皇太子絳紗袍，皁緣白紗中衣〔三七〕，白帶，大小會、祠廟、朔望、五日還朝，皆朝服，常還上宮則朱服。若釋奠，玄朝服〔三八〕，絳緣中單，絳袴襪，玄舄。侍祀，袞衣九章，白紗絳緣中單，絳繒韠，赤舄，絳韈。皇太子舊有五時朝服，自梁天監之後則朱服。諸王朝服，朱衣，絳紗袍，皁緣中衣，素帶，黑舄。若加餘官，則服其加官之服。開國公侯伯子男，並朝服，紗朱衣。若助祭郊廟，皆袞，玄上纁下，山龍以下九章，備五采，大佩，赤舄，絇履。餘文官朝服。武賁中郎將、羽林監，絳紗縠單衣。州刺史絳朝服。直閤將軍、諸殿主帥，朱衣，正直絳衫，從則裲襠衫〔三九〕。太子衛率、率更令丞，皁朝服。殿中將軍、員外將軍、州郡都尉司馬、中書、通事舍人〔四〇〕、太子通事等，並朱服。玄衣，赤幘，袴褶，太子二傅騎吏所服〔四一〕。武冠，絳褠，殿前威儀、武賁威儀〔四二〕、散給使、閤將、鼓吹士帥副、太子鹵簿戟吏所服。

後周設司服之官，掌皇帝十二服。祀昊天上帝，則蒼衣；五方上帝，各隨方色；朝日用青衣；祭皇地祇用黃衣；夕月用素衣；神州、社稷用玄衣；享先皇、加元服、納后、朝諸侯則象衣〔四三〕：十二章。享諸先帝，食三老五更，耕籍等，自龍以下，九章。祀星辰、視朔〔四四〕、大射、饗群臣等，八章。群祀、臨太學、入道法門、燕射、養庶老、適諸侯家，七章。其九章以下，衣重；袞、山、鷩，裳重黼黻：俱十有二等。通以升龍爲領褾。巡兵即戎，則韎韋爲衣裳。田獵則皮弁，白布衣而素裳也。

諸公之服九章，服之章數，隨冕而降其一。其八章以下，衣重藻粉米，裳重黼黻，俱九等，皆以山爲領褾。諸侯服八章，而下俱八等，皆以華蟲爲領褾。諸伯皆七章，而下俱七等，以火爲領褾。諸子服六章，俱六等，皆以宗彝爲領褾。諸男服五章，皆以藻爲領褾。三公之服有九，章有六，衣重藻與粉米，裳重黼黻。俱爲九等，皆以宗彝爲領褾。三孤之服有八，章有五，衣重藻與粉米，裳重黼黻，爲八等。公卿服有七，章有四，衣重粉米，裳重黼黻，爲七等。皆以粉米爲領褾。大夫之服有六，章有三，衣重粉米，裳重黼黻，爲六等。中大夫之服有五，章有三，衣重粉米，爲五等。下大夫服有四，章有三，衣重粉米，爲四等。士則祀弁、爵弁、玄冠服，皆玄衣；其裳，上士以玄，中士以黄，下士雜裳。謂前玄後黄。庶士玄冠服，其在官府史之屬，服緇衣裳〔四五〕。武帝初，服常冠，以皁紗全幅向後幞髮，仍裁爲四脚。

致堂胡氏曰：「君子大復古，重變古非泥於古也。以生人之具，皆古之聖人因時制宜，各有法象意義，不可以私智更改之也。用步卒，而車戰法亡；開阡陌，而井地法亡；建郡縣，而封建法亡；以日易月，而通喪之禮廢；從事鞍馬，而鑾軾之儀絶；參以胡服，而冕黻不復用；尚以盃案，而簋席不復施。大抵視便利爲安，日趨於苟簡，而聖王所作法象意義，不復可見。有天下者，以智力得之，凡所施設，是今而非古。如宣帝所謂漢家自有制度者，豈不可嘆之甚哉！以周家紗幞一事論之，此後世巾幘朝冠之所自始也。古者賓、祭、喪、燕、戎事，其冠皆各有所宜。紗幞既行，諸冠由此漸廢。紗而用漆，更爲兩帶上結，兩帶後垂，蓋自李唐以來而已然矣，此又四脚之變也。自是以後，則又以夫帶之垂者左右横之，而其頂則起後平前，方爲六角。若天子侍衛之近者，則又武其一脚，翹其一脚。稽之法象，果何所則？求之意義，果何所據？然而行之數百年，莫有以爲非也。至於總而簪弁，則屬之道家者流。非道家之得也，乃自老莊而後爲之徒者，其服變革未盡，猶有古士服之餘製焉耳。治天下者，莫大於禮，禮莫明於服，服莫重於冠。必欲盡善，其必考古而立制，夫亦何獨冠爲然哉！」

宣帝既傳位於太子，自稱天元皇帝。所居稱天臺，冕二十四旒，車服旗鼓，皆加於前王之數。既自比上帝，不欲群臣同己，常自帶綬及冠通天冠，加金附蟬，顧見侍臣弁上有金蟬及王公有綬者，並令去之。

隋高祖將改周制，下詔曰：「朕初受天命，赤雀來儀，兼姬周已還，於兹六代。三正迴復，五德相生，總以言之，並宜火色。垂衣已降，損益可知，尚色雖殊，常兼前代。其郊丘廟社，可依衮冕之儀，朝會衣裳，宜盡用赤。昔丹烏木運，姬有太白之旗，黄星土德〔四六〕，曹乘黑首之馬。在祀與戎，其尚恒異。今之戎服，皆可尚黄，在外常所著者，通用雜色。祭祀之服，須合禮經，宜集通儒詳議。」太子庶子、攝太常少卿裴政奏曰〔四七〕：「竊見後周制冕，加爲十二，既與前禮數乃不同，而色應五行，又非典故。謹按三代之冠，其名各别。六等之冕，承用區分，璪玉五采，隨班異飾，都無迎氣變色之文。唯月令者，起於秦代，乃有青旂赤玉〔四八〕，白駱黑衣，與四時而色變，全不言於弁冕。五時冕色，禮既無文，稽於正典，難以經證。且後魏以來，制度咸闕。天興之歲，草創繕修，所造車服，多參胡制。故魏收論之，稱爲違古，是也。周氏因襲，將爲故事，大象承統，咸取用之，輿輦衣冠，甚多迂怪。今皇隋革命，憲章前代，其魏周輦輅不合制者，已敕有司盡令除廢，然衣冠禮器，尚且兼行。乃有立夏衮衣，以赤爲質，迎秋平冕，用白成形，既越典章，須革其謬。謹按續漢書禮儀志云『立春之日，京都皆著青衣』，秋夏悉如其色。逮於魏晉，迎氣五郊，行禮之人，皆同此制。考尋故事，唯幘從衣色。今請冠及冕，色並用玄，唯應著幘者，任依漢晉。」制曰：「可。」

於是定令，采用東齊之法。乘輿衮冕，垂白珠十有二旒，以組爲纓，色如其綬，黈纊充耳，玉笄。玄衣，纁裳。衣，山、龍、華蟲、火、宗彝五章；裳，藻、粉米、黼、黻四章。衣重宗彝，裳重黼黻，爲十二等。衣褾、領織成升龍，白紗內單，黼領，青褾、襈、裾。革帶，玉鉤觻，大帶，素帶朱裏，紕其外，上以朱，下以綠。韍隨裳色，龍、火、山三章。鹿盧玉具劍，火珠鏢首。白玉雙佩，玄組。雙大綬，六采，玄黃赤白縹綠，純玄質，長二丈四尺，五百首，廣一尺；小雙綬，長二尺六寸，色同大綬，而首半之，間施三玉環。朱韈，赤舄，舄加金飾。祀圜丘、方澤、感帝、明堂、五郊、雩禓、封禪、朝日、夕月、宗廟、社稷、籍田、廟遺上將、征還飲至、加元服〔四九〕、納后、正月受朝及臨軒拜王公，則服之。通天冠，加金博山，附蟬，十二首，施珠翠，黑介幘，玉簪導。絳紗袍，深衣制〔五〇〕，白紗內單，皁領、褾、襈、裾，絳紗蔽膝，白假帶，方心曲領。其革帶、劍、佩、綬、舄，與上同。若未加玄服，則雙童髻，空頂黑介幘，雙玉導，加寶飾。朔日受朝、元會及冬會、諸祭還，則服之。武弁，金附蟬，平巾幘。餘服具服。講武、出征、四時蒐狩、大射、禡、類、宜社、賞祖、罰社、纂嚴，則服之。黑介幘，白紗單衣，烏皮履，拜陵則服之。白紗帽，白練裙襦，烏皮履，視朝、聽訟及宴見賓客，皆服之。白帢，白紗單衣，烏皮履，舉哀則服之。

程氏演繁露曰：「隋志：宋齊之間，天子宴私，著白高帽；士庶以烏；太子在上省則帽以烏紗，在永福省則白紗。隋時以白帢通爲慶弔之服，國子生亦服白紗巾也。晉著白接籬，竇苹酒譜曰：『接籬，巾也。』南齊垣崇祖守壽春，著白紗帽，肩輿上城，今人必以爲怪，古未有以白色爲忌也。郭林宗遇雨墊巾，李賢注云，周遷輿服雜事曰，巾以葛爲之，形如帢。帢，苦洽反。本居士野人所服，魏武造帢，其巾乃廢。今國子學生服焉，以白紗爲之，是其制皆不忌白也。樂府白紵歌曰：『質如輕雲色如銀，制以爲袍餘作巾。』袍以先驅巾拂塵。吴兢樂府要解：按舊史，白紵，吴地所出，則誠今之白紵。列子所謂『阿錫』，而西子之舞所謂『白紵紛紛鶴翎亂』者是也。今世人麗粧，必不肯以白紵爲衣，古今之變不同如此。唐六典：天子服有白紗帽，其下服如裙襦襪，皆以白；視朝、聽訟、燕見賓客，皆以進御，則猶存古制也。然其下注云，亦用烏紗。則知古制雖存，未必肯用，多以烏紗代之，則習見忌白久矣。世傳明皇幸蜀圖，山谷間老叟出望駕，有著白巾者，釋者曰服，諸葛武侯也。此不知古人不忌白也。」

皇太子衮服〔五一〕，玄衣，纁裳。衣，山、龍、華蟲、火、宗彝五章；裳，藻、粉米、黼、黻四章。織成爲之。白紗内單，黼領，青褾、襈、裾。革帶，金鉤䚢；大帶，素帶不朱裏，亦紕以朱緑。韍隨裳色，火、山二章。玉具劍，火珠鏢首。瑜玉雙佩，朱組。雙大綬，四綵，赤白縹紺，純朱質，長丈八尺，三百二十首，廣九寸；小雙綬，長二尺六寸，色同大綬。而首半之，間施二玉環。朱襪，赤舄，以金飾。侍從皇帝祭祀及謁廟、加元服、納妃，則服之。遠遊冠服，絳紗袍，白紗内單，皂領，褾、襈、裾〔五二〕，白假帶，方心曲領，絳紗蔽膝，韈，舄。其革帶、劍、佩、綬，與上同。謁廟、還宮、元日朔日入朝〔五三〕、釋奠，則服之。遠遊冠公服，絳紗單衣，革帶，金鉤䚢，假帶，方心。紛長六尺四寸，廣二寸四分，色同其綬。金縷鞶囊，韈，履。五日常朝，則服之。

衮冕服，九章，同皇太子。王、公、開國公初受册，執贄，入朝，祭祀，親迎，則服之。三公助祭者亦服之。鷩冕服，七章。衣，華蟲、火、宗彝三章；裳，藻、粉米、黼、黻四章。侯、伯初受册，執贄，入朝，祭祀、親迎，則服之。毳冕服，五章。衣，宗彝、藻、粉米三章；裳，黼、黻二章。子、男初受册，執贄，入朝，祭祀，親迎，則服之〔五四〕。絺冕服，三章。正三品以下，從五品以上，助祭則服之。自王公以下服章，皆繡爲之。祭服冕，皆簪導、青纊充耳。玄衣纁裳，白紗内單，黼領，絺冕以下，内單青領。青褾、襈、裾。革帶，鈎鰈，大帶，王、三公及公侯伯子男，素帶，不朱裏，皆紕其外〔五五〕，上以朱，下以緑。正三品以下，從五品以上〔五六〕，素帶，紕其垂，外以玄，内以黄。紐約皆用青組。朱韍，凡韍皆隨裳色，衮、鷩毳，火、山二章；絺，山一章。劍，珮，綬，韈，赤舄。爵弁服，從九品以上，助祭則服之。其制服，玄衣纁裳無章，白絹内單，青領、褾、襈、裾，革帶，大帶，練帶紕其垂，内外以緇。紐約皆用青組〔五七〕。爵韠，韈，赤履。白帢，白紗單衣，烏皮履，上下通服之。委貌冠，未冠則雙童髻，空頂黑介幘，皆深衣，青領，烏皮履。國子太學四門生服之〔五八〕。朝服，亦名具服。絳紗單衣，白紗内單，皂領、袖，皂襈，革帶，鈎鰈，假帶，曲領方心，絳紗蔽膝，韈，舄，綬，劍，珮。從五品以上，陪祭，朝饗，拜表，凡大事則服之。六品以下，從七品以上，去劍、珮、綬，餘並同。自餘公事，皆從公服。亦名從省服。絳紗單衣，革帶，鈎鰈，假帶，方心，韈，履，紛，鞶囊。從五品以上服之。絳褠衣公服，褠衣即單衣不垂胡也〔五九〕。袖狹，形直如褠内。餘同從省。流外五品以下，九品以上服之。

左右衛、左右武衛、左右武候大將軍、領左右大將軍，並武弁，絳朝服，劍，珮，綬。侍從則平巾幘，紫衫，大口袴褶。左右衞、左右武衞、左右武候將軍、領左右將軍、左右監門衞將軍、太子左右衞、左右宗衞、左右內等率〔六〇〕，左右監門郎將及諸副率，並武弁，絳朝服，劍，珮，綬。侍從則平巾幘，紫衫，大口袴。直閤將軍、直寢、直齋、太子直閤，武弁，絳朝服，劍，珮，綬。侍從則平巾幘，絳衫，大口袴褶〔六一〕。

隋文始服黄，百官常服，同於庶人，皆著黄袍。帝朝服，亦如之，惟以十三環爲異也。

致堂胡氏曰：「服章之設，所以辨上下，定民志也。莫卑乎民，莫尊乎天子，而服同一色，上下無所辨，民志何由定，僭亂由此而生矣！古之聖王，自奉儉約，惡衣菲食，而事天地、宗廟，臨朝廷百官，則等級分明，故冕十有二章，黻珽幅舄，衡紞紘綖，以昭其度；藻率鞞鞛，鞶厲遊纓，以昭其數。威嚴尊重，禮無與二。然後人主之勢隆，非廣己以造大，理當然也。故晏平仲爲大國之卿，一狐裘三十年，澣衣濯冠以朝，君子譏其隘，曰難乎其爲下也。隋文儉約，施之宮闈之中，燕私之用可也。與庶人同服，而坐乎廟朝，儉不中禮，不足以爲法矣。」

珽，天子之笏，長尺二寸，方而不折，以球玉爲之。笏度二尺有六寸，中博二寸，其殺六分去一。晉宋以來，謂之手版，此乃不經，今還謂之笏，以法古名。自西魏以降，五品以上通用象牙，六品以下兼用竹木。

煬帝時，師旅務殷，車駕多行幸，百官行從，唯服袴褶，而軍旅間不便。至大業六年後，詔從駕涉遠者，文武官等皆戎衣，貴賤異等，襯用五色。五品以上通著紫袍，六品以下兼用緋綠，吏胥以青，庶人以白，屠商以皁，士卒以黄。

唐制，天子之服十四：

大裘冕者，祀天地之服也。廣八寸，長一尺二寸，以板爲之，黑表〔六二〕，纁裏，無旒，金飾玉簪導，組帶爲纓，色如其綬，黈纊充耳。大裘，繒表，黑羔表爲緣，纁裏，黑領、褾、襟緣，朱裳，白紗中單，皂領、青褾、襈、裾，朱韈，赤舄。鹿盧玉具劍，火珠鏢首，白玉雙佩，黑組。大雙綬，黑質，黑、黄、赤、白、縹、緑爲純，以備天地四方之色。廣一尺，長二丈四尺，五百首。紛廣二寸四分，長六尺四寸，色如綬。又有小雙綬，長二尺六寸，色如大綬，而首半之，間施三玉環。革帶，以白皮爲之。以屬珮、綬、印章。鞶囊，亦曰鞶帶，博三寸半，加金鏤玉鉤鰈。大帶，以素爲之，以朱爲裏，在腰及垂皆有裨，上以朱錦，貴正色也，下以緑錦，賤間色也，博四寸。紐約，貴賤皆用青組，博三寸。韍以繒爲之，隨裳色，上廣一尺，以象天數，下廣二尺，以象地數，長三尺，朱質，畫龍、火、山三章，以象三才，其頸五寸，兩角有肩，廣二寸，以屬革帶。朝服謂之韠，冕服謂之韍。

衮冕者，踐阼、享廟、征還、遣將、飲至、加元服、納后、元日受朝賀、臨軒册拜王公之服也。廣一尺二寸，長二尺四寸，金飾玉簪導，垂白珠十二旒，朱絲組帶爲纓〔六三〕，色如綬。深青衣纁裳，十二章：日、月、星辰、山、龍、華蟲、火、宗彝八章在衣；藻、粉米、黼、黻四章在裳。衣畫，裳繡，以象天地之色也。自山、龍以下，每章一行爲等，每行十二。衣、褾、領，畫以升龍，白紗中單，黻領，青、褾、襈、裾，韍繡龍、山、火三章，舄加金飾。

鷩冕者，有事遠主之服也。八旒，七章：華蟲、火、宗彝三章在衣；藻、粉米、黼、黻在裳。

毳冕者，祭海岳之服也。七旒，五章：宗彝、藻、粉米在衣；黼、黻四章在裳〔六四〕。

絺冕者，祭社稷、饗先農之服也。六旒，三章：絺、粉米在衣；黼、黻在裳。

玄冕者，褙祭百神、朝日、夕月之服也。五旒，裳刺黼一章〔六五〕。自衮冕以下，其制一也。簪導、劍、珮、綬皆同。

通天冠者，冬至受朝賀、祭還、燕群臣、養老之服也。二十四梁，附蟬十二首，施朱翠、金博山，黑介幘，組纓翠緌，玉、犀簪導，絳紗袍，朱裏紅羅裳，白紗中單，朱領、褾、襈、裾，白裙、襦，絳紗蔽膝，白羅方心曲領，白韈，黑舄。白假帶，其制垂二條帛，以變祭服之大帶。天子未加元服，以空頂黑介幘，雙童髻，雙玉導，加寶飾。三品以上亦加寶飾，五品以上雙玉導，金飾，六品以下無飾。

緇布冠者，始冠之服也。天子五梁，三品以上三梁，五品以上二梁，九品以上一梁。

武弁者，講武、出征、蒐狩、大射、禡、類、宜社、賞祖、罰社、纂嚴之服也。有金附蟬，平巾幘。

弁服者，朔日受朝之服也。以鹿皮爲之，有攀以持髮，十有二琪，玉簪導，絳紗衣，素裳，白玉雙珮，革帶之後有鞶囊，以盛小雙綬，白韈，烏皮履。

黑介幘者，拜陵之服也。無飾，白紗單衣，白裙、襦，革帶〔六六〕、素韈，烏皮履。

白紗帽者，視朝、聽訟、宴見賓客之服也。以烏紗爲之，白裙、襦，白韈，烏皮履。

平巾幘者，乘馬之服也。金飾，玉簪導，冠支以玉，紫褶，白袴，玉具裝，珠寶鈿帶，有韡。

白帢者，臨喪之服也。白紗單衣，烏皮履。

皇太子之服六：

袞冕者，從祀、謁廟、加元服、納妃之服也。白珠九旒，紅絲組爲纓，犀簪導，青纊充耳。黑衣纁裳，凡九章：龍、山、華蟲、火、宗彝在衣，藻、粉米、黼、黻在裳。白紗中單，黼領，青褾、襈、裾。革帶金鉤䚢，大帶，瑜玉雙珮，朱組。雙大綬，朱質，赤、白、縹、紺爲純，長一丈八尺，廣九寸，三百二十首。黻隨裳色，有火、山二章。白韈，赤舄，朱履，加金塗銀釦飾。鹿盧玉具劍如天子。

遠遊冠者，謁廟、還宮、元日朔日入朝，釋奠之服也。以具服，遠遊冠三梁，加金博山，附蟬九首，施朱翠，黑介幘，髮纓翠緌，犀簪導，絳紗袍〔六七〕，紅裳，白紗中單，黑領、褾、襈、裾，白裙、襦，白假帶，方心曲領，絳紗蔽膝，白韈，赤舄。朔日入朝，通服袴褶。

公服者，五日常朝、元日冬至受朝之服也。遠遊冠，絳紗單衣，白裙、襦，革帶金鉤䚢，假帶，瑜玉雙珮〔六八〕，方心，紛，金縷鞶囊，純長六尺四寸〔六九〕，廣二寸四分，色如大綬。

烏紗帽者，視事及燕見賓客之服也。白裙、襦，烏皮履。

弁服者，朔望視事之服也。鹿皮爲之，犀簪導，組纓九琪，絳紗衣，素裳，革帶，鞶囊，小綬，雙珮。自具服以下，皆白韈，烏皮履。

平巾幘者，乘馬之服也。金飾，犀簪導，紫裙〔七〇〕，白袴，起梁珠寶鈿帶，韡。

進德冠者，亦乘馬之服也。九琪，加金飾，有袴褶，常服則有白裙、襦。

群臣之服二十有一：

衮冕者，一品之服也。九旒，青璂爲珠，貫三采玉，以組爲纓，色如其綬。青纊充耳，寶飾角簪導。青衣纁裳，九章：龍、山、華蟲、火、宗彝在衣，藻、粉米、黼、黻在裳，皆絳爲繡遍衣。白紗中單，黼領，青褾、襈、裾。朱襪，赤舄。革帶鉤艓，大帶，黻隨裳色。金寶玉飾劍鏢首，山玄玉珮。緑綟綬，緑質，緑、紫、黄、赤爲純，長一丈八尺，廣九寸，二百四十首。郊祀太尉攝事亦服之。

鷩冕者，二品之服也。八旒，青衣纁裳，七章：華蟲、火、宗彝在衣；藻、粉米、黼、黻在裳，銀裝劍，珮水蒼玉，紫綬，紫質〔七一〕，紫、黄、赤爲純，長一丈六尺，廣八寸，一百八十首。革帶之後有金鏤鞶囊，金飾劍，水蒼玉珮，朱韈，赤舄。

毳冕者，三品之服也。七旒，寶飾角簪導，五章：宗彝、藻、粉米在衣；黼、黻在裳。黼二章：山、火。紫綬如二品，金銀鏤鞶囊，金飾劍，水蒼玉佩，朱韈，赤舄。

絺冕者，四品之服也。六旒，三章：粉米在衣；黼、黻在裳，中單，青領。韍，山一章。銀縷鞶囊。自三品以下皆青綬，青質，青、白、紅爲純，長一丈四尺，廣七寸，一百四十首，金飾劍，水蒼玉佩，朱韈，赤舄。

玄冕者，五品之服也，以羅爲之，五旒，衣、韍無章，裳刺黻一章。角簪導，青衣纁裳，其服用紬。大帶及裨，外黑内黄，黑綬紺質，青紺爲純，長一丈二尺，廣六寸，一百二十首。象笏，上圓下方，六品以竹木，上挫下方。金飾劍，水蒼玉佩，朱韈，赤舄。三品以下私祭皆服之。

平冕者，郊廟武舞郎之服也。黑衣絳裳，革帶，烏皮履。

爵弁者，六品以下九品以上從祭之服也〔七二〕。以紬爲之，無旒，黑纓，角簪導，青衣纁裳，白紗中單，青領、褾、襈、裾，革帶鉤鰈，大帶及裨内外皆緇，爵韠，白韈，赤履。五品以上私祭皆服之。

武弁者，武官朝參、殿庭武舞郎、堂下鼓人、鼓吹按工之服也。有平巾幘，武舞緋絲布大褏〔七三〕，白練襤襠，螣蛇起梁帶，豹文大口袴，烏皮鞾。鼓人朱褠衣，革帶，烏皮履。鼓吹按工加白練襤襠。

弁服者，文官九品公事之服也。以鹿皮爲之，通用烏紗，牙簪導。纓：一品九璂，二品八璂，三品七璂，四品六璂，五品五璂，犀簪導，皆朱衣素裳，革帶，鞶囊，小綬，雙佩，白韈，烏皮履。六品以下去璂及鞶囊綬、佩。六品、七品緑衣，八品、九品青衣。

進賢冠者，文武朝參、三老五更之服也。黑介幘，青緌。紛長六尺四寸，廣四寸，色如其綬。三品以上三梁，五品以上兩梁，九品以上及國官一梁，六品以下私祭皆服之。侍中、中書令、左右散騎常侍有黄金璫，附蟬，貂尾。侍左者左珥，侍右者右珥。諸州大中正一梁，絳紗公服。殿庭文舞郎〔七四〕，黄紗袍，黑領、襈，白練襤襠，白布大口袴，革帶，烏皮履。

遠遊冠者，親王之服也。黑介幘，三梁，青緌，金鉤鰈大帶，金寶飾劍，玉鏢首，纁朱綬，朱質，赤、黄、縹、紺爲純，長一丈八尺，廣九寸，二百四十首。黄金璫，附蟬，諸王則否。

法冠者，御史大夫、中丞、御史之服也。一名解廌冠。

高山冠者，内侍省内謁者、親王司閤、謁者之服也。

委貌冠者，郊廟文舞郎之服也。有黑絲布大褏，白練領、褾，絳布大口袴，革帶，烏皮履。

却非冠者，亭長、門僕之服也。

平巾幘者，武官、衛官公事之服也。金飾，五品以上兼用玉，大口袴，烏皮鞾，白練裙、襦，起梁帶。陪大仗，有裲襠、螣蛇。朝集從事、州縣佐史、岳瀆祝史、外州品子、庶民任掌事者服之，有緋褶、大口袴，紫附褠。文武官騎馬服之，則去裲襠、螣蛇。袴褶之制：五品以上，細綾及羅爲之，六品以下，小綾爲之，三品以上紫，五品以上緋，七品以上緑，九品以上碧。裲襠之制：一當胸，一當背，短袖覆膊。螣蛇之制：以錦爲表，長八尺，中實以綿，象蛇形。起梁帶之制：三品以上，玉梁寶鈿，五品以上，金梁寶鈿，六品以下，金飾隱起而已。黑介幘者〔七五〕，國官視品、府佐謁府、國子太學四門生俊士參見之服也。簪導，白紗單衣，青襟、褾、領，革帶，烏皮履。朱冠者，冠則空頂黑介幘，雙童髻，去革帶。書筭律學生、州縣學生朝參，則服烏紗帽，白裙、襦，青領。未冠者童子髻〔七六〕。

介幘者，流外官、行署三品以下〔七七〕、登歌工人之服也。絳公服，以縵緋爲之，制如絳紗單衣，方心曲領，革帶鉤艓，假帶，襪，烏皮履。九品以上則絳褠衣，制如絳公服而狹，袖形直如溝，不垂，緋褶大口袴，紫附褠，去方心曲領、假帶。登歌工人，朱連裳，革帶，烏皮履。殿庭加白練褴襠。

平巾緑幘者，尚食局主膳、典膳局典食，大官署、食官署供膳、奉觶之服也。青絲布袴褶。羊車小史〔七八〕，五辮髻，紫碧腰襻，青耳屩。漏刻生、漏童，總角髻，皆青絲布袴褶。

具服者，五品以上陪祭、朝享、拜表，大事之服也。亦曰朝服。冠幘，纓，簪導，絳紗單衣，白紗中單，黑領、袖，黑褾、襈、裾，白裙、襦，革帶金鉤艓，假帶，曲領方心，絳紗蔽膝，白韈，烏皮舄，劍，紛，鞶囊，雙珮，雙綬。六品以下去劍、佩、綬，七品以上以白筆代簪，八品、九品去白筆，白紗中單，以履代舄。

從省服者，五品以上公事、朔望朝謁、見東宮之服也，亦曰公服。冠幘纓〔七九〕，簪導，絳紗單衣，白裙、襦，革帶鉤艓，假帶，方心，韈，履，紛，鞶囊，雙佩，烏皮履。六品以下去紛、鞶囊、雙佩。三品以上有公爵者，嫡子之婚，假絺冕。五品以上子孫，九品以上子，爵弁。庶人婚，假絳公服。

初，隋文帝聽朝之服，以赭黄文綾袍，烏紗帽，折上巾，六合鞾，與貴臣通服。唯天子之帶有十三鐶，文官又有平頭小様巾，百官常服同於庶人。

至唐高祖，以赭黄袍、巾帶爲常服。腰帶者，搢垂頭於下，名曰鉈尾，取順下之義。一品、二品銙以金，六品以上以犀，九品以上以銀，庶人以鐵。既而天子袍衫稍用赤、黄，遂禁臣民服。親王及三品、二王後，服大科綾羅，色用紫，飾以玉。五品以上服小科綾羅，色用朱，飾以金。六品以上服絲布、交梭、雙紃綾，色用黄。六品、七品服用緑，飾以銀。八品、九品服用青，飾以鍮石。勳官之服，隨其品而加佩刀、礪、紛、帨。流外官、庶人、部曲、奴婢，則服紬絹絁布，色用黄白，飾以鐵、銅。

太宗時，又命七品服龜甲雙巨十花綾，色用緑。九品服絲布雜綾，色用青。其後以紫爲三品之服，金玉帶銙十三；緋爲四品之服，金帶銙十一；淺緋爲五品之服，金帶銙十；深緑爲六品之服，淺緑爲七品之服，皆銀帶銙九；深青爲八品之服，淺青爲九品之服，皆鍮石帶銙八；黄爲流外及庶人之服，銅鐵帶銙七。

程氏演繁露曰：「韓退之詩：『不知官高卑，玉帶垂金魚。』若從國朝言之，則極品有不得兼者，然唐制不爾也。唐制：五品以上皆金帶，至三品則兼金玉帶。通鑑：『明皇開元初，敕百官所服帶，三品以上聽飾以玉。』是退之之客，皆三品之上，亦足詫矣。宋朝玉帶雖出特賜，須得閤門關子許服，方敢用以朝謁，則體益以重。然唐裴晉公得特賜，乃于闐玉也。暨病亟，具表返諸上方，其自占辭曰：『内府之珍，先朝所賜，既不合將歸地下，又不敢留在人間，謹以上進。』不知故事當進如隨身魚符之類邪？抑晉公自以意創此舉也？宋朝親王皆服玉帶，元豐中創造玉魚，賜嘉、岐二王，易去金魚不用。自此遂爲親王故事，又前世所未有者。」

按：此紫、緋、緑、青爲命服，昉於隋煬帝巡游之時，而其制遂定於唐，此史傳所紀也。然夏侯勝謂「士若明經取青紫如拾地芥」，揚子雲亦言「紆青拖紫，丹朱其轂」，則漢時青紫亦貴官之服。西漢服章之制無所考見，史言郊社祭服承秦制，用袀玄。袀，紺色也。東漢則百官之服，皆袀玄，不聞以青紫。如淳注雖有五時服至朝皂服皂衣。皂衣，即玄服也。豈服章雖用袀玄，而青紫乃其時貴官燕居之服，非微賤者所可服歟？

唐初，士人以棠苧襴衫爲上服，貴女功之始也。一命以黄，再命以黑，三命以纁，四命以緑，五命以紫。士服裋褐，庶人以白。中書令馬周上議：「禮無服衫之文，三代之制有深衣。請加襴、袖、褾、襈，爲士人上服。開骻者名曰缺骻衫，庶人服之。」又請：「裹頭者，左右各三襵，以象三才，重繫前脚，以象二儀。」詔皆從之。太尉長孫無忌又議：「服袍者下加襴，緋、紫、緑皆視其品，庶人以白。」

太宗嘗以幞頭起於後周，便武事者也。方天下偃兵，采古制爲翼善冠，自服之。又製進德冠以賜貴臣，玉璂，制如弁服，以金飾梁，花趺，三品以上加金絡，五品以上附山雲。自是元日、冬至、朔、望視朝，服翼善冠，衣白練裙襦。常服則有袴褶與平巾幘〔八〇〕，通用翼善冠。進德冠制如幞頭，皇太子乘馬則服進德冠，九璂，加金飾，犀簪導，亦有絝褶，燕服用紫。其後朔、望視朝，仍用弁服。

朱子語録：問：「幞頭所起？」曰：「亦不知所起，但諸家小説中班駁時見一二，如王彦輔塵史〔八一〕猶略言之。某少時，尚見唐時小説極多，今皆不復存矣。唐人幞頭，初止以紗爲之，後以軟，遂斫木作一山子在前襯，起名曰軍容頭。其説以爲起於魚朝恩，一時人争效之。其先，幞頭四角有脚，兩脚係向前，兩脚係向後。後來遂横兩脚，以鐵綫張之，然惟人主得裹此，世所畫唐明皇已裹兩脚者，但比今甚短，後來藩鎮遂亦僭用，想得士大夫，因此亦皆用之，但不知幾時展得如此長。五代時猶是，惟人君得裹兩脚者，然皆莫可考也。桐木山子相承用，至本朝遂易以藤織者，而以紗冒之，近時方易以漆紗。嘗見南溪沙漠一士夫家，尚收得上世所藏幞頭，猶是藤織坯子。唐製又有兩脚上下者，亦莫可曉。」又曰：「幞頭本是偃脚垂下，要束得緊。今却做長脚。」問：「横渠説唐莊宗取伶官幞頭帶之，後遂成例。」曰：「不是如此。莊宗在位，亦未能便化風俗，兼是伶人所帶，士大夫亦未肯帶之，見畫本唐明皇已帶長脚幞頭。或云藩鎮僭禮爲之，後遂爲此樣，或云乃是唐宦官要得常似新樣，故以鐵綫插帶中，又恐壞其帶，以桐木爲一幞頭骨子，常令幞頭高起如新，謂之軍容頭。後來士大夫學之，令匠人爲我斫個軍容頭來，蓋以木爲之，故謂之斫及。唐末宦者之禍，人皆以此爲讖。王彦輔塵史説得有來歷，恐是如此。後來覺得不安，到本朝時，又以藤做骨子，以紗糊其上，後又覺見不安，到仁宗時，方以漆紗爲之。」

高宗給五品以上隨身銀魚袋，以防召命之詐，出内必合之；三品以金飾袋。垂拱中，都督刺史始賜魚，天授二年，改佩魚皆爲龜〔八二〕。其後三品以上龜袋飾以金，四品以銀，五品以銅。龜袋始於魏，唐改魚袋，至武后改魚爲龜。

中宗初，罷龜袋，復給以魚，郡王、嗣王亦服金魚袋。景龍中，令特進佩魚。散官佩魚，自此始也。然員外試檢校官猶不佩魚。景雲中，詔衣紫者魚袋以金飾之，衣緋者以銀飾之。

開元初，駙馬都尉從五品者假紫金魚袋，都督、刺史品卑者假緋魚袋，五品以上檢、校、試、判官皆佩魚。中書令張嘉貞奏，致仕者佩魚終身。自是百官賞緋紫必兼魚袋〔八三〕，謂之章服，當時服朱紫佩魚者衆矣。

按炙轂子：「魚袋，古之算袋。魏文帝易以龜，取其先知歸順之義。唐改以魚袋，取其合魚符之義。自一品至六品以下皆佩。唐初，卿大夫殁，追取魚袋。永徽中，敕生平在官用爲褒飾，亡没追收，情所不忍。五品以下亡殁，隨身魚袋不追。」

顯慶元年，長孫無忌等曰：「武德初，撰衣服令，天子祀天地服大裘冕。按周郊被衮以象天，戴冕藻十有二旒，與大裘異。月令：孟冬，天子始裘以禦寒。若啓蟄祈穀、冬至報天，服裘可也。季夏迎氣，龍見而雩，如之何可服？故歷代唯服衮章。漢明帝始采周官〔八四〕、禮記制祀天地之服，天子備十二章，後魏、周、隋皆如之。伏請郊祀天地服衮冕，罷大裘。又新禮，皇帝祭社稷服絺冕，四旒，三章；祭日月服玄冕，三旒，衣無章。按令文〔八五〕，四品、五品之服也。三公亞獻皆服衮，孤卿服毳、鷩，是天子同於大夫，君少臣多，非禮之中。且天子十二爲節以法天，烏有四旒三章之服？若諸臣助祭，冕與王同，是貴賤無分也。若降王一等，則王服玄冕，群臣服爵弁，既屈天子，又貶公卿。周禮此文，久不用矣，猶祭祀之有尸侑，以君親而拜臣子，硩蔟、蟈氏之職，不通行者蓋多。故漢魏承用衮冕。今新禮親祭日月，服五品之服，請循歷代故事，諸祭皆用衮冕。」制曰：「可。」無忌等又曰：「禮，皇帝爲諸臣及五服親舉哀，素服，今服白袷，禮令乖舛。且白袷出近代，不可用。」乃改以素服。自是鷩冕以下，天子不復用，而白袷廢矣。

武后延載元年五月，内出繡袍，以賜文武三品以上官。

其袍文，仍各有炯誡〔八六〕。諸王則飾以磐龍及鹿〔八七〕，宰相飾以鳳池，尚書飾以對鴈，左右衛將軍飾以對麒麟，左右武威衛飾以對虎〔八八〕，左右鷹揚衛飾以對鷹，左右千牛衛飾以對牛，左右豹韜衛飾以對豹，左右玉鈐衛飾以對鶻〔八九〕，左右監門衛飾以對獅子，左右金吾衛飾以對豸。又銘其襟背〔九〇〕，各爲八字迴文。其詞曰：「忠正貞直，崇慶榮職。」「文昌翊政，勳彰慶陟。」「懿冲順彰，義忠慎光。」「廉正躬奉，謙感忠勇。」

玄宗開元四年二月制，軍將在陣，賞借緋紫，本是從戎鈌胯之服，一得之後，遂別造長袍，遞相倣效。又入蕃使，別敕借緋紫者〔九一〕，使迴合停。自今以後，衙内宜專定殿中侍御史糾察。

唐初，賞朱紫者服於軍中，其後軍將亦賞以假緋紫，有從戎鈌胯之服，不在軍者服長袍，或無官而冒衣緑，有詔殿中侍御史糾察。諸衛大將軍中郎以下給袍者皆易其繡文，千牛衛以瑞牛，左右衛以瑞馬，驍衛以虎，武衛以鷹，威衛以豹，領軍衛以白澤，金吾衛以辟邪。

八年，敕：諸笏，三品已上，前詘後直，五品以上，前詘後挫，並用象；九品以上，任用竹木，上挫下方。聽依品爵執笏〔九二〕。假版官者亦依此例。

張九齡傳：「九齡體弱〔九三〕，有蘊籍。故事，公卿皆搢笏於帶，而後乘馬。九齡獨常使人持之，因設笏囊，自九齡始。」

德宗貞元十五年，膳部郎中歸崇敬以百官朔、望朝服袴褶非古禮，上疏〔九四〕云：「按三代典禮，兩漢史籍，並無袴褶之制，亦未詳所起之由。隋代以來，始有服者，請罷之。」詔：「可。」

按：袴褶，魏晉以來，以爲車駕親戎，中外戒嚴之服。晉制雖有其說，而不言其制。然既曰戒嚴服之，必戎服也。至隋煬帝時，巡游無度，詔百官從行服褶袴，軍旅間不便，遂令改服戎衣爲紫、緋、緑、青之服。則所謂袴褶者，又似是褒衣長裾，非鞍馬征行所便者，與戒嚴之説不類。唐時以袴褶爲朝見之服，開元以來，屢敕百官朝參應服袴褶，而不服者令御史糾彈治罪。蓋以爲六品以下之通服，韵書訓褶爲袴，又爲袷也。然袴，裳也；袷，衣之交領也。則不知所謂袴褶者一物乎？二物乎？唐輿服志群臣服條内有緋褶大口袴，則似是二物。然不知所謂緋褶者衣乎？裳乎？當俟精識考古之士而訂之。

復考畢仲衍中書備對冕服條下袴褶注云：「紫、緋、緑各從本服，白綬，中單白羅，方心曲領，白綾袴，本品官導駕則騎而從之。」詳其説，所謂紫、緋、緑即後來之公服，而非祭服、朝服也。祭服青衣，朝服緋衣，不分紫、緋、緑三等。但所謂白綬者，今之公服所無，而中單白羅，方心曲領，後之衣公服者，亦未嘗服之。蓋古人盛服必有中單、冕弁，朝祭之服，皆有之，多以白爲之，而緣以朱繡之屬。意公服之初制，亦必有此。後來流傳既久，寖從簡便而朝服之，裏所衣者非中單，乃流俗不經之服，如所謂紫袍皂褶之類是也。」

校勘記

〔一〕前後邃綖　「綖」原作「延」，據通典卷五七禮一七改。
〔二〕袀紺繒也　「紺」字原脱，據通典卷五七禮一七補。
〔三〕閑賣奴婢闌　「闌」原作「門」，據漢書卷四八賈誼傳引服虔注改。
〔四〕於施行詔書第八　「書」字原脱，據漢書卷七四魏相傳引如淳注補。
〔五〕絇屨以從事　「從」，後漢書卷二明帝紀作「行」。
〔六〕各以其綬采爲組纓　「綬采」，通典卷五七禮一七作「色綬」。
〔七〕助天子郊天地祀明堂則冠之　「助天子」三字原脱，據通典卷五七禮一七補。
〔八〕社稷諸沾秩祠　「沾」原作「壇」，據通典卷六一禮二一改。
〔九〕絳袴襪　「袴」字原脱，據後漢書志三〇輿服下補。

〔一〇〕大射禮於辟雍　「禮」字原脱，據通典卷六一禮二一補。

〔一一〕衣襦裳者爲端　「者」字原脱，據通典卷六一禮二一補。

〔一二〕合而逢大之　「之」原作「似」，據後漢書志三〇輿服下改。

〔一三〕今下至賤更小史　「更」原作「吏」，據後漢書志三〇輿服下改。

〔一四〕公卿議春南北郊　「春」字原脱，據後漢書志三〇輿服下注引東觀書補。

〔一五〕黑介幘　「黑」字原脱，據晉書卷二五輿服志補。

〔一六〕皂表　「皂」上原有「冕」，據晉書卷二五輿服志删。

〔一七〕綬黄赤縹紺四綵　「縹紺」原倒，據晉書卷二五輿服志乙正。

〔一八〕五色紗袍　「紗」原作「絳」，據晉書卷二五輿服志改。

〔一九〕綴紫褾　「褾」，晉書卷二五輿服志作「摽」。下同。

〔二〇〕又有朝服　此句原脱，據晉書卷二五輿服志補。

〔二一〕側在腰間　「腰」原作「要」，據元本、慎本、馮本及晉書卷二五輿服志改。

〔二二〕並沿舊不改　「不改」原脱，據通典卷六一禮二一補。

〔二三〕其冠委貌者　「其」字原脱，據通典卷六一禮二一補。

〔二四〕中衣以皂緣領袖　「緣」字原脱，據宋書卷一八禮五補。

〔二五〕文帝元嘉中　「文帝」原脱，據通典卷六一禮二一補。

〔二六〕朕近改定　「朕」原作「服」，據宋書卷一八禮五改。

〔二七〕小會宴饗　「饗」原作「亭」，據宋書卷一八禮五改。

〔二八〕合著衮冕九章不　通典卷六一禮二一同原刊。宋書卷一八禮五「章」下有「衣」。

〔二九〕白帢單衣　「帢」原作「袷」，據南齊書卷一七輿服志改。下同。

〔三〇〕黑舄　「舄」字原脱，據慎本、馮本及隋書卷一一禮儀六補。

〔三一〕公卿以下祭服　「下」字原脱，據隋書卷一一禮儀六補。

〔三二〕祭服絳緣領袖爲中衣　「衣」字原脱，據隋書卷一一禮儀六補。

〔三三〕又按禮如衮冕　「如」原作「加」，據局本及通典卷六一禮二一改。

〔三四〕帝曰古文日月星辰　「文」字原脱，據隋書卷一一禮儀六補。

〔三五〕著皂衣　「皂」原作「白」，據隋書卷一一禮儀六改。

〔三六〕徐陵白　「白」原作「曰」，據慎本及隋書卷一一禮儀六改。

〔三七〕皂緣白紗中衣　「緣」原作「領」，據隋書卷一一禮儀六改。

〔三八〕若釋奠玄朝服　「玄朝服」原作「及朝」，據隋書卷一一禮儀六改。

〔三九〕從則裲襠衫　「裲」原作「襧」，據隋書卷一一禮儀六改。

〔四〇〕中書通事舍人　「書」字原脱，據隋書卷一一禮儀六補。

〔四一〕太子二傅騎吏所服　「騎吏」原脱，據隋書卷一一禮儀六補。

〔四二〕武賁威儀　「威儀」原脱，據隋書卷一一禮儀六補。

〔四三〕朝諸侯則象衣　「象衣」原脱，據隋書卷一一禮儀六補。

〔四四〕視朔　「朔」原作「朝」，據元本、慎本及隋書卷一一禮儀六改。

〔四五〕其在官府史之屬服緇衣裳　「史」原作「吏」，據馮本、局本及隋書卷一一禮儀六改。

〔四六〕黄星土德　「土」原作「尚」，據隋書卷一二禮儀七改。

〔四七〕裴政奏曰　「政」原作「正」，據隋書卷六八裴政傳改。

〔四八〕乃有青旂赤玉　「旂」原作「玉」，據隋書卷一二禮儀七改。

〔四九〕加元服　隋書卷一二禮儀七作「元服」。下同。

〔五〇〕深衣制　「制」原作「製」，據隋書卷一二禮儀七改。

〔五一〕皇太子衮服　通典卷六一禮二一同。隋書卷一二禮儀七「衮服」作「衮冕」。

〔五二〕皂領褾襈裾　「裾」原作「裙」，據慎本、馮本及隋書卷一二禮儀七改。

〔五三〕元日朔日入朝　「朝」原作「廟」，據隋書卷一二禮儀七改。

〔五四〕則服之　「則」字原脱，據隋書卷一二禮儀七補。

〔五五〕皆紕其外　「紕」原作「純」，據馮本及隋書卷一二禮儀七改。

〔五六〕從五品以上　「以上」原倒，據隋書卷一二禮儀七乙正。

〔五七〕紐約皆用青組　「皆」字原脱，據隋書卷一二禮儀七補。

〔五八〕國子太學四門生服之　「國子太學」原作「上下通服」，據隋書卷一二禮儀七改。

〔五九〕褠衣即單衣不垂胡也　「胡」下原有「者」字，據隋書卷一二禮儀七删。

〔六〇〕左右内等率　「等率」原倒，據隋書卷一二禮儀七乙正。

〔六一〕大口袴褶　「褶」字原脱，據隋書卷一二禮儀七補。
〔六二〕黑表　「表」原作「裘」，據新唐書卷二四車服志改。
〔六三〕朱絲組帶爲纓　「朱」原作「綵」，據新唐書卷二四車服志改。
〔六四〕黼黻四章在裳　「四章」原脱，據新唐書卷二四車服志補。
〔六五〕裳刺黼一章　「一」原作「二」，據局本及新唐書卷二四車服志改。
〔六六〕革帶　「帶」字原脱，據新唐書卷二四車服志補。
〔六七〕絳紗袍　「紗」字原脱，據新唐書卷二四車服志補。
〔六八〕瑜玉雙珮　「雙」，新唐書卷二四車服志作「隻」。似是。
〔六九〕純長六尺四寸　「純」原作「紛」，據新唐書卷二四車服志改。
〔七〇〕紫裙　「裙」原作「褶」，據局本及新唐書卷二四車服志改。
〔七一〕紫質　「紫」原作「素」，據新唐書卷二四車服志改。
〔七二〕六品以下九品以上從祭之服也　「祭」，新唐書卷二四車服志作「祀」。
〔七三〕武舞緋絲布大褎　「褎」，新唐書卷二四車服志作「袖」。下同。
〔七四〕殿庭文舞郎　「舞」原作「武」，據新唐書卷二四車服志改。
〔七五〕黑介幘者　「者」字原脱，據新唐書卷二四車服志補。
〔七六〕未冠者童子髻　「未」原作「朱」，據元本、慎本、馮本及新唐書卷二四車服志改。
〔七七〕行署三品以下　「下」原作「上」，據新唐書卷二四車服志改。

〔七八〕羊車小史　「史」原作「吏」，據新唐書卷二四車服志改。

〔七九〕冠幘纓　新唐書卷二四車服志作「冠幘」。

〔八〇〕常服則有袴褶與平巾幘　「平」原作「手」，據新唐書卷二四車服志改。

〔八一〕王彥輔麈史　「麈」原作「塵」，據直齋書録解題卷一一小説家類改。

〔八二〕天授二年改佩魚皆爲龜　按舊唐書卷四五輿服志云：「天授元年九月，改内外所佩魚並作龜。」唐會要卷三一輿服上同。顯然此處「二年」，乃是「元年」之訛。

〔八三〕自是百官賞緋紫必兼魚袋　「袋」字原脱，據舊唐書卷四五輿服志、唐會要卷三一輿服上補。

〔八四〕漢明帝始采周官　「帝」原作「章」，據新唐書卷二四車服志改。

〔八五〕按令文　「令」原作「今」，據慎本及通典卷六一禮二一、新唐書卷二四車服志改。

〔八六〕仍各有炯誡　「炯」原作「訓」，據通典卷六一禮二一改。

〔八七〕諸王則飾以磐龍及鹿　「則」字原脱，「龍」原作「石」，據舊唐書卷四五輿服志、唐會要卷三二輿服下補改。

〔八八〕左右武威衛飾以對虎　「威」字原脱，據舊唐書卷四五輿服志補。

〔八九〕左右玉鈐衛飾以對鶻　「鈐」原作「鈴」，據舊唐書卷四五輿服志改。

〔九〇〕又銘其襟背　「背」原作「帶」，據通典卷六一禮二一改。

〔九一〕別敕借緋紫者　「別」原作「則」，據通典卷六一禮二一改。

〔九二〕聽依品爵執笏　「執」原作「報」，據唐會要卷三二輿服下改。又，「聽依」上唐會要卷三二輿服下有「男以上」三字。

〔九三〕九齡體弱　「弱」字原脱，據新唐書卷一二六張九齡傳補。

〔九四〕德宗貞元十五年膳部郎中歸崇敬以百官朔望朝服袴褶非古禮上疏　按舊唐書卷一四九歸崇敬傳載其「累表辭，以年老乞骸骨，改兵部尚書致仕。貞元十五年卒，時年八十」。則歸崇敬此時，恐難以上疏。又考舊唐書卷一三德宗下載，貞元八年秋七月甲寅朔，以翰林學士歸崇敬爲兵部尚書，致仕。則通考此處所書恐有誤。

卷一百十三　王禮考八

君臣冠冕服章

宋朝之制：天子之服有衮冕，廣一尺二寸，長二尺四寸，前後十二旒，二纊，並貫真珠。又有翠旒十二，碧鳳銜之，在珠旒外。冕版以龍鱗錦表，上綴玉爲七星，旁施琥珀瓶、犀瓶各二十四，周綴金絲網，鈿以真珠、雜寶玉，加紫雲白鶴錦裏。四柱飾以七寶，紅綾裏。金飾玉簪導，紅絲絛組帶。亦謂之平天冠。衮服青色，日、月、星、山、龍、雉、虎蜼七章。紅裙，藻、火、粉米、黼、黻五章。紅蔽膝，升龍二，並織成，間以雲朵，飾以金鈒花鈿窠，裝以真珠、琥珀、雜寶玉。紅羅襦裙，繡五章，青褾、襈、裾。六綵綬一，小綬三，結玉環三。素大帶朱裏，青羅四神帶二，繡四神盤結。綬帶飾並同衮服。白羅中單，青羅襪帶〔一〕，紅羅勒帛。鹿盧玉具劍，玉鏢首，鏤白玉雙珮，金飾貫真珠。金龍鳳革帶，紅韈赤舄，金鈒花、四神玉鼻。祭天地宗廟、謁太清宮〔二〕、饗玉清昭應宮景靈宮、受册尊號、元日受朝、册皇太子則服之。大中祥符初，將東封，有司言封禪當服大裘，冕無旒，以羔皮爲之。而唐制用衮冕之服，詔依南郊服衮冕。六年五月，朝拜聖像，時屬盛暑，而皆褻服，有司請别制單衣以順時令。從之。通天冠：二十四梁，犀簪導，紅絲組帶，金鈒花鈿，以珠寶施博山附蟬，絳紗袍，以織成雲龍紅金條紗爲之〔三〕，紅裏，皂褾、襈、裾，白紗中單〔四〕，蔽膝以紅紗紅羅裏，飾與袍同。紅羅裙紅紗裏，白羅方心曲領。餘同冕服。大祭祀致齋、出乘玉輅，入乘金輅。正冬大會、五月朔受朝則服之。赭黄、淡黄袍衫，玉裝紅束帶，皂紋鞾，大宴則服之。赭黄、淡黄襆袍，紅衫袍〔五〕，常朝則服之。窄袍，便坐視事則服之。窄黄袍衫而下，皆皂紗折上巾〔六〕，通犀金玉環帶。窄袍或御烏紗帽。

皇太子之服。衮冕：青羅表，緋羅紅綾裏，塗金銀鈒花飾，犀簪導，紅絲組，前後白珠九旒〔七〕，二纊貫水晶珠。青羅衣，繡山、龍、雉、火、虎蜼五章；紅羅裳，繡藻、米、黼、黻四章。紅羅蔽膝，繡山、火二章。白紗中單，青褾、襈、裾。革帶，塗金銀鈎艓，瑜玉雙珮。四采織成大綬，結二玉鐶，金塗銀鈒花飾。青羅襪帶，紅羅勒帛。玉具劍，金塗銀鈒花，玉鏢首。白羅襪，朱履，金塗銀釦。從祀則服之。遠遊冠：十八梁，青羅表，金塗銀鈒花飾，犀簪導，紅絲組〔八〕，博山。朱明服：紅花金條紗衣，紅紗裏，皂褾、襈。紅紗裳，紅紗蔽膝，並紅紗裏。白花羅中單，皂褾、襈，白羅方心曲領〔九〕。白羅襪、黑舄，革帶，劍、佩、綬〔一〇〕。劍同衮服。襪帶，勒帛。受册、謁廟、朝會則服之〔一一〕。常服：皂紗折上巾，紫公服，通犀金玉帶。

王公以下冠服：唐制，有衮冕九旒，鷩冕八旒，毳冕七旒，絺冕六旒，玄冕五旒。爵弁：朝服、公服、袴褶、弁服〔一二〕。宋朝〔一三〕，省八旒冕、六旒冕、公服、弁服。九旒冕，塗金銀花額，犀、玳瑁簪導。青羅衣繡山、龍、雉、火、虎蜼五章，緋羅裳繡藻、粉米、黼、黻四章，緋蔽膝繡山、火二章，白花羅中單，玉裝劍、佩，革帶，暈錦綬，二玉環，緋白羅大帶，緋羅襪、履。親王、中書門下奉祀則服之。九旒冕無額花，玄衣纁裳，悉畫，小白綾中單，獅子錦綬二銀環，餘同上，三公奉祀則服之。七旒冕：犀角簪導，衣畫虎蜼、藻、粉米三章〔一四〕，裳畫黼、黻二章，銀裝佩、劍，革帶，餘同九旒冕，九卿奉祀則服之。五旒冕：無章，銅佩〔一五〕、劍，革帶，餘同七旒冕，青羅衣裳，四品、五品爲獻官則服之〔一六〕。六品以下無劍、佩、綬。紫檀衣、朱裳〔一七〕，羅爲之，皂大綾綬，銅劍〔一八〕、佩，御史、博士服之。平冕無旒，青衣纁裳，無劍、佩、綬，餘同五旒冕，太祝、奉禮服之。五梁冠：塗金銀花額，犀、玳瑁簪導，立筆〔一九〕。緋羅袍，白花羅中單〔二〇〕，緋羅裙，緋羅蔽膝，並皂褾襈，白羅大帶〔二一〕，白羅方心曲領，玉劍、佩，銀革帶，暈錦綬，二玉環，白綾襪，皂皮履。一品、二品侍祠朝會則服之，中書門下則冠加籠巾貂蟬〔二二〕。籠巾編藤漆之，塗金銀，飾玳瑁蟬一，金蟬六，御玉。三梁冠：犀角簪導，無中單，銀劍、佩，師子錦綬，銀環，餘同五梁冠：諸司三品、御史臺四品、兩省五品侍祠朝會則服之。御史大夫、中丞則冠有獬豸角，衣有中單。兩梁冠：犀角簪導，銅劍、佩，練鵲錦綬〔二三〕，銅環，餘同三梁冠。四品、五品侍祠朝會則服之。六品以下，無中單〔二四〕，無劍、佩、綬。御史則冠有獬豸角，衣有中單。袴褶，紫、緋、緑，各從本服色，白綾中單，白綾袴，白羅方心曲領，本品冠導駕，則騎而服之矣。

國初，令禮官檢討模畫袴褶衣冠形像，且云武弁、平巾幘，即是一物兩名，乃於籠巾中別畫一幘。中書門下奏議：據令文，明武弁非袴褶之冠，合是具服，有劍、履、佩、綬，又非騎馬之服，乃請導駕官止用平巾幘，袴、褶、靴、笏如平巾幘，制度未詳。且以今朝服冠代之，當戴籠巾者，亦不帶導駕官袴褶色。未久，本品色者止用見著服色，其起梁帶，依禮官之議，權以革帶充，自是遂爲定制。

公服，唐制謂之常服，色同袴褶，曲領垂胡，加襴，折上巾。唐制：都督、刺史品卑者，並借緋。太平興國二年，詔朝官出知節鎮及轉運使、副，衣緋、緑者並借紫。知防禦、團練、刺史州〔二五〕，衣緑者借緋，衣緋者借紫。其爲通判、知軍監，止借緋。其後，江淮發運使同轉運，提點刑獄同知刺史州。凡升朝官服緋、緑二十年者〔二六〕，遇恩愛叙勞以賜。其制恩者，給以公服，紫衣犀帶，緋衣塗金寶瓶帶，東封、西祀，京朝官服色經十五年者聽，叙内職亦許服窄袍〔二七〕。景德三年，詔出入内庭，不得服皂。

腰帶之制，恩賜有金毬路、荔枝、師蠻、海捷、寶藏；方團二十五兩；荔枝自二十五兩至七兩，有四等；師蠻二十五兩；海捷十五兩；寶藏二十兩。惟毬路方團胯，餘悉方胯。荔枝或爲御仙花，束帶亦同。金塗天王、八仙、犀牛、寶瓶、荔枝、師蠻、海捷、雙鹿、行虎、窪面。天王、八仙二十五兩；犀牛、寶瓶自二十五兩至十五兩，有二等；荔枝自二十兩至十兩，有三等；師蠻自二十兩至十八兩，有二等；海捷自十五兩至十兩〔二八〕，有三等；雙鹿自二十兩至四兩，有九等；行虎七兩；窪面自十五兩至十二兩，有二等。束帶之制，有金荔枝、師蠻、戲童、海捷、犀牛、胡荽、鳳子、寶相花〔二九〕，荔枝自二十五兩至十五兩，有三等；師蠻、戲童二十五兩；海捷自二十兩至十五兩〔三〇〕，有二等；犀牛二十兩；鳳子、寶花十五兩。金塗犀牛、雙鹿、野馬、胡荽。犀牛、野馬十五兩；雙鹿自二十兩〔三一〕，有三等；胡荽自十五兩至十兩，有三等。犀有上等、次等，以牯犉爲別。出黔南者，在南海之下。太平興國七年正月，翰林學士承旨李昉等奏曰：「奉詔詳定車服制度，按禮部式飾以金玉之類，蓋腰帶之制也。今請從三品以上服玉帶，四品以上服金帶，以下升朝官、雖未升朝已賜紫緋、内職諸軍將校，並服紅鞓金塗銀排方〔三二〕。雖升朝著緑者，公服上不得繫銀帶，餘官服黑銀方團胯及犀角帶。貢士及胥吏、工商、庶人服鐵角帶，恩賜者不用此制。荔枝帶本是内出以賜將相，在於庶僚，豈可僭服？望非恩賜者，官至三品乃得服之。」景德三年，詔出入内庭，不許服假通犀帶。大中祥符五年，詔曰：「方團金帶，優寵輔臣。今文武庶官及技術之流，率以金銀倣效，甚紊彝制。自今除恩賜外，悉禁之。」

笏：唐制，五品以上用象，上圓下方；六品以下用竹、木，上挫下方。宋朝文散五品以上用象，九品以上用木。武臣、内職並用象，千牛衣緑亦用象，庭賜緋、緑者皆給之。

魚袋：唐制，散官二品、京官文武職事五品以上及都督刺史皆帶魚袋。國初，其制多闕。雍熙元年南郊畢，内出魚袋以賜近臣。由是内外升朝文武官皆帶〔三三〕。凡服紫者，飾以金；服緋者，飾以銀。庭賜紫者，給以金塗魚袋；賜緋，亦有特給者。京朝官〔三四〕、幕職、州縣官賜緋紫者，亦帶。親王武官、内職將校皆不帶。大中祥符六年，詔技術官未升朝賜緋、紫者〔三五〕，不得佩魚袋。重戴：唐時士人多尚之。國初，御史臺皆重戴〔三六〕，餘官或戴或否。淳化二年六月，御史臺奏：「舊儀，三院御史在臺及出使，並重戴，其出使重戴，事已久廢。其有御史出臺爲省職及在京釐別務者，請依舊儀，違者罰一月俸。」從之。十月，令兩省及尚書省五品以上皆重戴，樞密三司使、副則不。又五代以來，新進士亦重戴，遂以爲俗，脱，白則止。

時服。國初因舊制，賜將相、學士、禁軍大校時服。建隆三年，乃徧賜百官。每歲端午、十月一日，文武群臣將校皆給焉。十月，近臣、軍校增給錦襖袍，中書門下、樞密、宣徽院、節度使及侍衛步軍都虞候以上，皇親大將軍以上，天下樂暈錦；三司使、學士、中丞、内客省使、駙馬、留後、觀察使〔三七〕，皇親將軍、諸司使、厢主以上，簇四盤鵰細錦；三司副使、宮觀判官〔三八〕，黄獅子大錦；防禦團練使〔三九〕、刺史、皇親諸司副使，翠毛細錦；權中丞、知開封府、銀臺司、審刑院及待制以上，知檢院鼓院、同三司副使、六統軍、金吾大將軍，紅錦。諸班及諸軍將校，亦賜窄錦袍。有翠毛、宜男、雲鴈細錦，獅子、練鵲、寶照大錦，寶照中錦，凡七等。

應給錦袍者，皆五件〔四〇〕：公服、錦寬袍，綾汗衫、袴，勒帛，丞郎、給舍、大卿監以上不給錦袍者，加以黃綾繡抱肚〔四一〕。其次四件，無錦袍。係大將軍及少卿監、郎中以上等官〔四二〕。其次三件，無袴。係將軍、知雜御史至大理正等官。其次二件，無勒帛。係通事舍人、承制、崇班等官，小內職汗衫以綾，小文臣以絹〔四三〕。閤門祗候、內供奉官至殿直，京官編修、校勘，止給公服。端午，亦給。應給錦袍者，汗衫以黃穀，別加繡袍肚、小扇。誕聖節所給，如時服。京師禁厢軍校、衛士、內諸司胥吏及工巧等人，並皆給時服有差。

朝官、京官、內職出爲外任通判、監押、巡檢以上者，大藩府監務者，亦或給之。每歲十月時服〔四四〕，開寶中，皆賜窄錦袍。太平興國以後，文官知制誥、武官上將軍、內職諸司使以上，皆賜錦。朝官供奉官以上，皆賜紫地皂花欹正〔四五〕。京官殿直以下皆賜紫大綾。在外禁軍將校，亦賜窄錦袍，次賜紫綾色絹。親王、宰相生日，賜衣五事。宰執、樞密使、宣徽使初拜、加恩申謝日，亦如之。郊禋禮畢，親王、宰相以下賜襲衣、金帶有差〔四六〕。

士庶人之服：太平興國七年，李昉等奏議：「按唐制，禁外官袍衫之內輒服朱紫。近年品官綠袍，舉子白襴之下，多服紫色衣〔四七〕，並望禁止，已著緋者聽。舉人私第通服皂衣，職官之家子孫弟侄不用此制。又案唐天成三年詔，今後庶人工商只著白衣。今請縣鎮公吏及工商、技術、不係官樂人，通服皂白。」從之。端拱二年，申明前詔，令御史臺嚴加糾察，又令巾子不得過二寸五分。婦人禁戴假髻，非命婦不得服銷金、泥金、真珠裝綴衣服。至道元年十月，許士庶工商通服紫。咸平二年，申明鋪金、泥金之禁。大中祥符元年，又禁以箔金、金綫飾器服。八年，復下詔自宮禁迨臣庶之家一切服玩，皆不得以金爲飾。嚴其科禁，自是遂絶。又禁民間服皂班襭衣。

仁宗景祐二年八月，詔：「本朝帝后及群臣冠服，多沿唐舊而循用之，久則有司寖爲繁文，以失法度。其令入内内侍省、御藥院與太常禮院詳典故〔四八〕，造冠冕，蠲減珍華，務從簡約，俾圖以進。」由是改製衮冕服冕。版截令廣八寸，長一尺六寸，所謂翠旒碧鳳、二十四犀瓶、二十四琥珀瓶，四神帶，分旒玉鈎二〔四九〕，悉罷之；而冕頂以青羅表繪龍鱗以代龍鱗錦，用紅羅裏繪紫雲白鶴以代紫雲白鶴錦，上以金絲爲網，而舊以金絲蹙八龍，止存其四，又以青羅繪龍鱗飾冕箱及柱，以易龍鱗錦補空，地以雲龍細窠。以易玉金輪等七寶，其所施花墜、素墜、天河帶、組帶〔五〇〕、款慢帶、六綵綬、冕之金釦玉環，皆裁損輕於舊。而以青羅繪龍鱗錦爲納言以代玉，加黈纊、玉簪。上衣用青羅，以紅羅襈，繡造日〔五一〕、月、星辰〔五二〕、山、龍、華蟲、火、宗彝八章，間以雲。疏密視所宜，去所謂細窠及珠璣飾。下裳用紅羅，繡藻及粉米、黼、黻，蔽膝，繡升龍二，以雲補空。地去細窠，除帶首黃金葉，以銷金代之。

慶曆三年，太常博士余靖言：「周禮司服掌王之吉凶衣服，所祀鬼神大小以爲制度。今大、中祠所遣獻官用上公九旒、九章冕服爲初獻，餘公卿皆七旒冕制無差降；小祠則公服行事，乖戾舊典。宜詳周禮〔五三〕，因所祭鬼神，以爲獻官冕服之制〔五四〕。」詔太常禮官議，復奏曰：「周官王之冕服有六，自昊天至群小祀，皆王者親祀，而差六服，視神之上下以爲別。聖朝之制，唯皇帝親祠郊廟及朝會大禮服衮冕，而其下諸冕皆不設。歲奉常祀，大、中祠遣官行事。攝公則服一品九旒冕，攝卿則服三品七旒冕，悉從品制爲服，不以祠之大小爲等差。至於小祠獻官，以公服行事。謹案衣服令，五旒冕，衣裳無章，皂綾綬，銅裝劍、佩，四品以下爲獻官則服之。今小祠獻官，既不攝公、卿，則屬四品以下，當有祭服。請除公、卿祭服仍舊從本品外〔五五〕，小祠獻官如令以祭服行事。若非時告祭，用香幣禮器行事，亦准此。」詔施行焉。

至和三年〔五六〕，王洙奏：「天子法服，冕旒形制重而華飾繁，願集禮官參定。」詔禮院詳定典禮上聞，禮院繪圖以進。敕御藥院更造，其後，冕服稍增侈如故。

皇祐三年，御史臺、皇親侍祠、大朝會，大將軍至副率當本品朝服，宜下有司製造。詔禮官詳典故，而禮官言：「准令，乘輿服並皇太子服，並云絳紗袍，諸臣服，即言絳紗單衣，並當以單羅爲之。朝服有裏者，請除去；及冠服非儀者，皆當改正。」

皇祐四年，禮院以中單制不明考求以奏曰：「禮：『繡黼丹朱中衣，大夫之僭禮也。』鄭康成曰：『此諸侯之禮。繡讀爲綃，綃繒名繡，黼丹朱以爲中衣領緣也〔五七〕。』孔穎達曰：『黼，刺繒爲黼文。丹朱，赤色，染繒爲赤色。中衣，謂以素爲冕服之裏衣，猶今中單。』唐詩：『素衣朱襮。』孔穎達引釋器以釋之曰：『黼領謂之襮。』孫炎曰：『繡刺黼文以褗領』，是襮爲領也。中衣者，朝祭服之裏衣，其制如深衣，故禮載深衣連衣裳而純之以采者〔五八〕，有表則謂之中衣。又魯詩『素衣朱綃』，綃爲綺屬，然則綃是繒綺，別名爲綃，刺爲黼文謂之綃黼，綃上刺黼以爲衣領，名爲襮。開元禮：『天子服衮冕，玄衣纁裳，白紗中單。群官服衮冕，青衣纁裳，白紗中單。』今者詳古服之中衣，以素爲之，以朱爲領緣，而領刺黼文，即禮記所謂『繡黼丹朱中衣』，詩所謂『素衣朱襮』也。今之祭服既有中單，又别爲裏，與古弗合。然則中單之制，宜用繒素而朱領緣，領刺以黑白黼文〔五九〕。禮云『大夫之僭禮』，則諸侯之服。今五等祭服，宜悉依此制。」詔如太常議。

仁宗時，太平日久，士民富樂，寖爲浮侈，乃下詔禁約令京師士庶，得衣黑褐地白花，藍黄紫地撮暈花，女子得衣白褐毛𣯶褐帛。又屢下詔禁塗銷黄金爲衣服器物之飾。嘉祐末，詔禁天下衣黑紫。初，皇親與内臣所衣紫皆再入爲黝色，後士庶寖相效，而言者以爲奇衺之服，故禁之，服者猶不止。

英宗治平二年，詔：「衮服如景祐二年制，悉去繪畫龍鱗、紫雲、白鶴，蹙金絲龍，除下裳繡外，衮服並繪而不繡。」

知太常禮院李育奏言：「竊以郊廟之祭，本尚純質，衮冕之飾，皆存法象，非事繁侈、重奇玩也。冕則以周官爲本，凡十二旒，間以采玉，加之以紘、綖、笄、瑱之飾。衮則以虞書爲始，凡十二章，首以辰象，别以衣裳繪繡之采。東漢至唐，史官名儒，紀述前制，皆無珠翠、龍錦、犀寶、七星、雲鶴之飾，何則？鷸羽蚌胎，非法服所用；琥珀犀瓶，非至尊所冠；龍錦七星，已列采章之内；紫雲白鶴，近出道家之語，豈被衮戴璪、象天則數之義哉！自大裘之廢〔六〇〕，顓用衮冕，古朴稍去，而法度尚存。夫明水大羹，不可以衆味和；雲門咸池，不可以新聲間；衮冕之服，不宜以珍怪累也。若魏明之用珊瑚，江左〔六一〕之用翡翠，侈靡衰播之餘〔六二〕，豈足爲聖朝道哉！且太祖建隆元年，少府監進所造冕服〔六三〕，及二年，博士聶崇義所進三禮圖，嘗詔尹拙、竇儀參校之，皆倣虞、周、漢、唐之舊。至四年冬服之，合祭天地於圜丘，用此制也。太宗亦嘗命少府製於禁中，不聞改作。及章聖封泰山，禮官請服衮冕。帝曰：『前王服羔裘〔六四〕，尚質也。今則無羔裘而有衮冕，可從近制。』是豈有意於繁飾哉。蓋後之有司，率意妄增，未嘗確議，遂相循而用。故仁宗嘗詔禮官章得象等詳議之，其所減過半，然不經之飾，重者多去，輕者尚存，不能盡如詔書之意。故至和三年，王洙復議去繁飾，禮官畫圖以獻，漸還古禮，而有司所造，復如景祐之前。又案開寶通禮及衣服令，冕服皆有定法，悉無會要所載寶錦之飾。況天地之德，無物以稱，宗廟之薦，美亦多品〔六五〕，惟純質之器，法度之服，僅可饗之〔六六〕。其衮冕之服及韠、綬、佩、舄之類，與通禮、衣服令、三禮圖制度不同者，宜悉改正。」詔太常禮院、少府監參定，遂合奏曰：「古者冕服之用，郊廟殊制。唐興〔六七〕，天子之服有二等，而大裘尚存。顯慶初，長孫無忌等采郊特牲之説，獻議廢大裘。自是郊廟之祭，一用衮冕，然旒章之數，止以十二爲節，亦未聞有餘飾也。國朝冕服，雖倣古制，然增以珍異巧縟，前世所未嘗有。夫國之大事，莫大於祀，而制服違經〔六八〕，非所以肅祀容、尊神明也。臣等以爲宜如育言，參酌通禮、衣服令、三禮圖及景祐二年減定之制，一切改造。孔子曰：『麻冕，禮也，今也純儉，吾從衆。』純者，絲也，變麻用絲，蓋已久矣。則冕服之制，宜依舊以羅爲之。冕廣一尺二寸，長二尺二寸，約以景表尺，前圓後方，黝上朱下，以金飾版側，以白玉珠爲旒，貫之以五采絲繩。前後各十二旒，旒各十二珠，相去一寸，長二尺。朱絲組爲纓，黈纊充耳，金飾玉簪導。深青衣纁裳十二章：八章繪之於衣，日、月、星辰、山、龍、華蟲、火、宗彝也；四章繡之於裳，藻、粉米、黼、黻也。錦龍褾〔六九〕、領，織成爲升龍〔七〇〕。山、龍而下，一章爲一行，重以爲等，行十二。別製大帶，素表朱裏，朱緑終辟〔七一〕。韠、紱、舄，大小綬，亦去珠玉、鈿窠、琥珀、玻璃之飾。其中單、革帶、玉具劍、玉佩、朱襪之制，已中禮令，無復改爲，則法服有稽，祭禮增重。」復詔禮院再詳明以聞。而内侍省奏謂：「景祐中已裁定，可因而用也」。乃詔如景祐二年之制。

神宗元豐元年，詳定官言：「周禮司服云：『王祀昊天上帝，則服大裘而冕，祀五帝亦如之。饗先王則衮冕。』唐開元禮、開寶通禮：皇帝詣行宮及大次，並服衮冕；出次則改服大裘冕；臨燔柴，則脱衮服裘。今赴行宮，則服通天冠、絳紗袍；至大次，則服靴袍；臨祭，則以衮冕，有戾於古，請從唐制。」詔下參議。禮官咸謂：「大裘之制〔七二〕，本以尚質，而後世寖文。今參考舊説，大裘冕無旒，廣八寸，長尺有六寸，前圓低寸二分而後方。玄表朱裏，以繒爲之。而以黑羔皮爲裘，以黑繒爲領袖。當暑則請從梁陸瑋議，以黑繒爲裘，及唐輿服志以黑羔皮爲緣。」帝以去古遠不經見，使之審定。而詳定官陸佃以爲：「冕服有六，弁師掌王之五冕，則大裘與衮同冕。先儒或謂周祀天地皆服大裘，而大裘之冕無旒，非是。蓋古者裘不徒服，其上必有衣，故曰『緇衣羔裘』，『黄衣狐裘』，『素衣麑裘』，謂服裘而以衮襲之，此冬祀之服也。夏祀亦將衣裘乎？周官曰：『凡四時之祭祀，以宜服之。』明夏必不衣裘也。今欲冬至禋祀昊天上帝，服裘被衮，其餘祀天神地祇，並請服衮去裘〔七三〕。」其後禮部亦言：「經有大裘而無其制，隋、唐猶可考。隋制以黑羔皮爲裘，黑繒爲領袖及裏、緣，袂廣可運肘，長可蔽膝，請令有司改制。」

詳定所又言：「國朝以白珠爲旒，蓋沿漢舊，而其冕廣長之度，自唐以來，率意爲之。景祐中，以叔孫通漢禮器制度爲法，凡冕版廣八寸，長尺六寸。今以青羅爲表，紅羅爲裏，則非弁師所謂玄冕朱裏者也。周回用金稜天版〔七四〕，四面用金絲結網，兩旁用真珠、花素墜之類〔七五〕，皆不應禮，請改用朱組爲紘，玉笄、玉瑱，以玄紞垂瑱，以五采玉貫於五色藻爲旒，以青赤黄白黑五色備爲一玉，每一玉長一寸，前後二十四旒，垂而齊肩，宜表裏用繒，庶協孔子麻冕純儉之義。古者，祭服、朝服之裳，皆前三幅、後四幅，殊其前後，不相連屬。前爲陽，故三以象奇；後爲陰，故四以象偶。今裳乃以八幅爲之，不殊前後，考古不合。請改用七幅，幅廣二尺二寸，兩旁各縫殺一寸，謂之削幅，腰間辟積無數。裳側有純，謂之裨；裳下有純，謂之緆〔七六〕。裨、緆之廣各寸半，表裏合用三寸〔七七〕。群臣祭服之裳，倣此。」

又言：「古者，皆以冕爲祭服，未有朝服。而助祭者，百官不執事者，皆服常袍。袀玄以從，此禮之失也。宋、齊王公平冕九旒，卿七旒；梁、隋則五等諸侯平冕九旒，卿大夫五旒；唐開元略具五旒，而百官各以品服之。今文：祀儀冕有九旒、七旒、五旒，今乃有四旒冕。又服者不以官秩上下〔七八〕，故分獻四品官皆服四旒冕，博士、御史則冕五旒而衣紫檀，太祝、奉禮則服平冕而無珮玉，此因循不講之失也。古者朝、祭異服，所以別事神、事君之禮。今皇帝冬至正旦御殿，服通天冠、絳紗袍，則百官皆服朝服，乃禮之稱〔七九〕。至親祠郊、廟，皇帝嚴裘冕以事神，而侍祠之官止以朝服〔八〇〕，豈禮之稱哉。古者齋、祭猶異冠，況人神異禮，朝、祭異事乎〔八一〕！百官雖不執事，不當朝服侍祠。請親祠郊、廟、景靈宮，除導駕、贊引、扶侍〔八二〕、宿衛官外，侍祠及分獻者並服祭服，當如制度〔八三〕；修製五冕及爵弁服〔八四〕，以正冕弁之名。又禮曰：祀四望、山川則毳冕，祭社稷、五祀則絺冕，祭群小祀則玄冕。今天子六服，自鷩冕而下，既不親祠，廢而不用，則諸臣攝事，當從王所祭之服，請依周禮。」從之。

三年，詳定正旦御殿儀注所言：「周官司服：『王眂朝則皮弁服。』鄭氏注：『視朝，視内外朝之事。王受諸侯朝覲於廟則衮冕。』賈公彦曰：『覲禮，天子衮冕負黼扆。』故知朝覲在廟，王服衮冕，而春夏受贄在朝，則皮弁服〔八五〕。孔穎達曰：『天子朝服，立於路門之外；諸侯朝服，執贄入應門。』漢制，百官賀正旦，天子服通天冠。自晉以來，天子郊祀天地、明堂、宗廟、元會臨軒，介幘通天冠，平冕，皂表朱緑裏〔八六〕，加於通天冠上，衣畫而裳繡，凡爲日、月、星辰十二章。自此元日受朝，始用祭服。梁及隋、唐，既以因襲，而本朝亦用衮冕。臣等以爲周禮朝覲〔八七〕，若春夏受贄於朝，則君臣皆朝服，秋冬受贄於廟，則君臣皆祭服。今元會行禮於朝，而天子服祭服，群臣服朝服，未合禮意。其元日受朝賀，宜服通天冠，絳紗袍。」從之。

詳定所又言：「按鄭氏説，凡冕之制，以版爲中，前圓後方，前低一寸二分，廣八寸，長尺六寸，此廣長之制也。周官弁師曰：『諸公之繅旒九就，瑉玉三采。』其餘如王之事。而鄭氏以爲延紞皆玄覆朱裏與王同也。又曰：『諸公繅斿皆就，玉瑱、玉笄。』而説者曰：『瑱以塞耳，笄以貫武。』鄭氏謂：瑱或名爲紞，君五色，臣三色；笄者屈組爲紘，屈組謂以其一繫之左笄，繞頤下，自右而上，仰屬於笄，屈繫之，垂其餘爲飾。今群臣之冕，則以青羅爲覆〔八八〕，以金鍍銀稜，非玄覆纁裏之制。自九旒冕而下，皆綴兩繒帶以繫之，非組紘之制。以纊爲充耳，非所謂玉瑱。以犀爲簪導，非所謂玉笄。公卿之衣不以緇，非所謂五冕，冕又旁垂青纊，益非古制。請製五冕，其廣長如前，玄覆纁裏，以繒爲之，其繅就玉。玉則衮冕九旒，旒九玉，玉三采；鷩冕七旒，旒七玉；毳冕五旒，旒五玉，玉皆三采。先朱次白，次蒼，並以玉笄貫武，青組爲紘。絺冕三旒，旒三玉，二采，朱緑。其玄冕無旒，爵弁前後平，並用象笄，以緇組爲紘，纁邊，旁以三色之紞，垂玉瑱以充耳。』其後詳定所言，古者冕有紘，冠有纓。今衣服令，冕而用纓，不與禮合。請改用紘，玉以朱組紘。九旒以青，七旒、五旒及平冕以緇，纁邊而去其所綴兩繒帶，平冕改爲玄冕。用繒，色赤而微黑者爲之。」

四年，詳定儀注所言：「凡在朝君臣同服，漢承秦改六冕之制，但玄冠絳衣。魏以來名爲五時朝服。隋、唐謂之具服。一品以下、九品以上，皆絳紗單衣，其冠有五梁、三梁、二梁、一梁之別。隋志曰：『梁別貴賤，自漢始也。』綬則以組爲之本，以貫佩玉而承受。韋彤五禮精義：『綬以別尊卑，彰有德。』故漢制相國至百石長吏三采、二采、一采之等。然則冠以梁之多少別貴賤，綬以采之麤縟異尊卑，其來尚矣。古者制禮，上物不過十二，天之數也。自上而下，降殺以兩。畿外諸侯，遠於尊者而伸，則以九、以七、以五，從陽奇之數；王朝公卿、大夫近於尊者而屈，則以八、以六、以四，從陰偶之數。本朝衣服令，通天冠二十四梁，爲乘輿服〔八九〕，蓋二十四梁以應冕旒前後之數。若人臣之冠，則自五梁而下，與漢、唐少異。至於綬，則乘輿及皇太子以織成，諸臣用錦爲之。一品、二品冠五梁，中書門下加籠巾貂蟬。諸司三品三梁，四品、五品二梁，御史臺四品、兩省五品亦三梁，而綬有暈錦、黄獅子、方勝、練鵲四等之殊。六品則去劍、珮、綬。隋、唐冠服皆以品爲定，蓋其時官與品輕重相准故也。今有品、有官、有職，以品與職定冠綬之制，則高下相牴牾，請以官爲定，庶名實相副，輕重有准，仍分官爲七等，冠綬亦如是。」

七梁冠〔九〇〕，金塗銀稜。貂蟬籠巾。蟬，舊以玳瑁爲蝴蝶狀，今乃改爲金附蟬。犀簪導，銀立筆，朱衣、朱裳，白羅中單，並皂褾、襈，蔽膝隨裳色，方心曲領，緋白羅大帶，革帶，玉佩，錦綬，以天下樂暈錦。青絲網間施三玉環，白襪，黑履，革帶以金塗銀稜，玉佩以金塗銀裝。爲第一等，宰相、親王、使相、三師、三公服之。七梁冠，無貂蟬籠巾，銀裝玉佩，雜花暈錦綬，餘同三公服，爲第二等，樞密使、知樞密院、執政官、東宮三師服之。六梁冠，白紗中單，銀革帶，佩，方勝宜男錦綬，銀環，餘同七梁冠服，爲第三等，大學士、學士、直學士，東宮三少，御史大夫、中丞，六曹尚書、侍郎，殿中監，大司成，散騎常侍，特進，金紫、銀青、光禄三大夫，太尉，節度使，左右金吾衛上將軍服之。五梁冠，翠毛錦綬，餘同六梁冠服，太子賓客、詹事，給事中，中書舍人，諫議大夫，待制，九寺卿〔九一〕，大司樂，祕書監，殿中少監，國子祭酒，宣奉、通奉、通議、大中、中大夫、中奉、中散大夫，上將軍，節度觀察留後，觀察使，通侍大夫，樞密都承旨服之。四梁冠，簇四盤雕錦綬，餘同五梁冠服，九寺少卿，大晟典樂，祕書少監，國子、辟廱司業，少府、將作、軍器監〔九二〕，都水使者，起居郎、起居舍人，侍御史，太子左右庶子、少詹事、諭德，尚書左右司郎中、員外，六曹諸司郎中，朝議、奉直、朝請、朝散、朝奉大夫，防禦、團練使，刺史，大將軍，正侍、中侍、中亮、中衛、拱衛、左武、右武大夫，駙馬都尉，帶遥郡武功大夫以下，樞密副都承旨服之。三梁冠，金塗銅革帶，佩，黄獅子錦綬，鍮石環，餘同四梁冠服，殿中侍御史、監察御史、司諫、正言，尚書六曹員外郎，外符寶郎，少府監、將作監〔九三〕、軍器少監，太子侍讀、侍講，中舍人，親王府翊善、侍讀、侍講，九寺、祕書、殿中監〔九四〕、辟廱丞，大晟樂令，兩赤縣令，大理正、司直、評事，著作郎，祕書郎，著作佐郎，太常、宗學、國子、辟廱博士，太史局令、正、丞，五官正，朝請、朝散、朝奉、承議、奉議、通直郎、中亮、中衛、拱御、左武、右武郎，諸衛將軍、衛率府率〔九五〕，武功、武德、武顯、武節、武略、武經、武義、武翼郎，醫職翰林醫正以上，内符寶郎，閤門通事舍人，敦武、脩武郎服之。二梁冠，角簪，方勝練鵲錦綬，餘同三梁冠服，在京職事官，閤門祇候，看班祇候，率府副率，升輦輅立侍内臣服之。御史大夫、中丞，刑部尚書、侍郎，大理卿、少卿，侍御史，刑部郎中，大理寺正、丞、司直、評事並冠獬豸冠，服青荷蓮綬〔九六〕。

群臣祭服之制：正一品，九旒冕，金塗銀稜，有額花。犀簪，青衣，畫降龍。朱裳，蔽膝，白羅中單，大帶，革帶，玉佩，錦綬，青絲網玉環，朱襪、履。革帶以金塗銀稜，玉佩以金塗銀裝，綬以天下樂暈錦。親祠大禮使〔九七〕、亞獻、終獻、太宰、少宰、左丞，每歲大祠宰臣、親王、執政官、郡王充初獻服之。奏告官並依本品服〔九八〕，已下准此。從一品，九旒冕，無額花。白綾中單，紅錦綬，銀環，金塗銀佩，餘如正一品服。親祠吏部、户部、禮部、兵部、工部尚書，太廟進受幣爵、奉幣爵宗室，每歲大祠捧俎官、大祠中祠初獻官服之。二品，七旒冕，角簪，青衣，無降龍。餘如從一品服。親祠吏部侍中〔九九〕、殿中監、大司樂、光禄卿、讀册官，太廟薦俎、贊進飲福宗室，七祀、配享功臣分獻官，每歲大祀，謂用宫架者。大司樂、大祠中祠亞終獻、大祠禮官、小祠獻官，朔祭太常卿服之。三品，五旒冕，皂綾綬，銅環，金塗銅革帶，佩，餘如二品服。親祠舉册官、太樂令、光禄丞、捧俎饌籩豆簠簋官、分獻官、分獻壇壝從祀。太廟奉瓚盤、薦香燈、安奉神主、奉毛血槃、蕭蒿篚〔一〇〇〕、肝膋豆宗室，每歲祠祭太樂令、大中祠分獻官服之。無旒冕，素青衣，朱裳，蔽膝，無佩綬，餘如三品服。奉禮協律郎、郊社令、太祝太官令、親祠擡鼎官、進搏黍官、太廟供亞終獻金斝、供七祀獻官、執爵官服之。五旒冕，紫檀絁衣，餘如三品服，監察御史服之。

州郡祭服〔一〇一〕：三都初獻，八旒冕；經略、安撫、鈐轄初獻，六旒冕；亞獻並二旒冕，終獻無旒；節鎮、防、團、軍初獻四旒冕，亞獻、終獻並無旒冕。

百官公服：舊制，三品以上紫，五品以上朱，七品綠，九品青。元豐之制，去青不用，階官至四品服紫，至六品服緋，皆象笏，佩魚，九品以上則服綠，以木爲笏，上挫下方。武臣、内侍皆服紫而不佩魚。假版官及伎術若公人之入品者，並聽服綠。官應品而服色未易，與品未及而已易者，或以年格，或以特恩。治平四年，京朝官衣緋、綠十五年。熙寧元年，見任陞朝官衣綠，正郎以上衣緋二十年，並改服色，此特恩也。又令臣僚嘗奉使北朝及接押伴使人，遇到闕起居赴宴，曾借服者，聽服入朝。

凡帶，有玉、有金、有銀、有犀，其下銅、鐵、石、角、墨玉之類，各有等差。玉帶不許施於公服。犀非品官、通犀非特旨皆禁。銅、鐵、角、石、墨玉之類，民庶及郡縣吏、伎術等人，皆得服之。

熙寧六年，收復熙河二州，帝御紫宸殿，宰臣王安石率群臣稱賀，上遂解所服玉帶賜焉。八年，岐王顥、嘉王頵言：「蒙賜方團玉帶，著爲朝儀，乞寶藏於家，不敢服用。」帝不之許，命工別琢玉帶以賜之。顥、頵等固辭，不聽；請加佩金魚以別嫌，詔以玉魚賜之。親王佩玉魚自此始也。

元豐五年，詔：「三師、三公、宰相、執政官〔一〇二〕、開府儀同三司、節度使嘗任宰相者、觀文殿學士以上，金毬文方團帶〔一〇三〕，佩魚。觀文殿學士至寶文閣直學士、節度使、御史大夫、中丞、六曹尚書、侍郎、散騎常侍御仙花帶，內御史大夫、六曹尚書、翰林學士以上及資政殿學士特旨班翰林學士上者，仍佩魚。」

大觀二年，詔中書舍人、諫議大夫、待制、殿中少監紅鞓犀帶〔一〇四〕，不佩魚。

詳定禮文所言：「古者，祭服皆玄衣纁裳，以象天地之色；裳之飾有藻、粉米、黼、黻。考工記曰：『白與黑謂之黼，黑與青謂之黻。』今祭服上衣以青，其繡於裳者藻及粉米，皆五色圓花藉之，而黼用藍，黻用碧與黃，且虎蜼共一章，粉米共一章。今皆異章而畫不應古制，請下有司製五冕之服章，衮冕之章九，衣繪龍、山、華蟲、火、虎蜼，裳繡藻、粉米、黼、黻。鷩冕之章七，衣繪華蟲、火、虎蜼，裳繡藻、粉米、黼、黻。毳冕之章五，衣畫虎蜼、藻、粉米，裳繡黼、黻。絺冕之章三，衣繪粉米，裳繡黼、黻。玄冕衣無章，裳刺黼、黻，爵弁則緇衣纁裳。」從之。

詳定儀注所言〔一〇五〕：「按周以上祭服，無劍而有屨。故周官司服之職〔一〇六〕，悉不著劍。自秦及西漢艱危用武之時，朝、祭服皆佩劍。東漢大祭祀玉佩約屨以行事〔一〇七〕，惟朝尚佩劍。晉制，服劍以木代之，謂之班劍。東齊謂之象劍。今冬正大朝會，若服三代之冕服而用三代之禮，則去劍可也。若服秦、漢之服而用秦、漢之禮，則可存劍。然文武異容，佩劍之制不當施於朝事。又周禮以不脫屨爲恭，以脫屨爲相親，今冬正朝會，若用周禮，則服當無劍；若襲秦、漢之故，又恐佩劍而趨朝脫屨而示恭，與三代禮意不合。其冬正朝會，乞約用周禮，不服劍不脫屨舄。」從之。而禮文所亦言：「儀禮尸坐不脫屨。鄭氏以爲侍神不敢惰。又古者朝服不佩劍，秦始加之。後漢祭服亦不佩劍。劍者武備，服以事神，於義無取。

今祭祀用三代冕服而加以秦劍，尤爲失禮。」於是又去景靈宮、太廟、南郊儀注，及熙寧祀儀内解劍、脱舄履之節。

又言：「古者諸侯及群臣助祭，本無執玉帛羔鴈之儀，故雖冕服，但當執笏。玉藻曰：『見於天子與射無説笏。』入太廟説笏，非古也。説者以爲太廟之中唯君當事説笏，非是請群臣冕服助祭執笏。當事則搢笏，其陪位官亦合冕服執笏。」從之。

又言：「古者，六冕皆赤舄。詩曰：『王錫韓侯，玄衮赤舄。』則諸侯之舄與王同。孔穎達亦謂『卿大夫服冕者赤舄，餘服則屨』。士冠禮曰：『爵弁纁屨，黑絇繶純。』周禮屨人掌王及后之服。屨爲赤繶黄繶青句素屨葛屨。而説者曰，複下曰舄，禪下曰屨，而有絇有繶有純者，飾也。凡舄之飾如繢次，故舄之飾用對方之色，赤舄，黑飾是也。凡屨之飾如繡次，故屨之飾用北方之色，白屨，黑飾是也。今冕服赤舄，自天子至四品官及監察、監禮、太祝、奉禮，皆以禪下爲之，無舄屨之别，又無絇繶純之飾。伏請六冕並用赤舄，皆複下爲之，以絛爲口緣，又綴絛於牙底相接之縫中，以縉一寸屈之爲絇，著於屨首，容穿繫以結於足爲之行戒，皆飾以黑云。」

哲宗元祐元年，太常寺言：「舊制，大禮行事、執事官皆服祭服，餘服朝服。至元豐七年，吕升卿始有行事及陪祠官並服祭服之儀。今欲令行事、執事官並服祭服，其贊引、行事、禮儀使、太常卿、太常博士、閤門使、樞密院官進接珪，殿中監止供奉皇帝，其陪位官止導駕、押宿及主管事務，並他處行事官仍服朝服。」從之。

五月，禮部言：「元豐所造大裘，雖用黑羔皮，乃作短袍樣，襲於衮衣之下，仍與衮服同冕，未合典禮。」下禮部太常寺共議。

禮部員外郎何洵直在元豐中嘗預詳定，以陸佃所議有可疑者八：「按周禮節服氏『掌祭祀朝覲，衮冕六人，維王之太常』；『郊祀，裘冕二人』。既云衮冕，又云裘冕，是衮與裘各有冕。乃云裘與衮同冕，當以衮襲之。裘既無冕，又襲於衮，中裘而表衮，何以示裘、衮之別哉？古人雖質，不應以裘爲夏服，蓋冬用大裘，當暑則以同色繒爲之。記曰：『郊祭之日，王被衮以象天。』若謂裘上被衮，以被爲襲，則家語亦有『被裘象天』之文。諸儒或言『臨燔柴，脱衮冕，著大裘』，或云『脱裘服衮』，蓋裘、衮無同冕兼服之理。今乃以二服合爲一，可乎？且大裘，天子吉服之最上，若大珪、大路之比，是裘之在表者。記曰：『大裘不裼。』説者曰：『無別衣以裼之。』蓋他服之裘褻，故表裘不入公門。事天以報本復始，故露質見素，不爲表襮，而冕亦無旒，何必服他衣以藩飾之乎？凡裘上有衣謂之裼，裼上有衣謂之襲。襲者，裘上二重衣也。大裘本不裼。鄭志乃云『裘上有玄衣，與裘同色』，蓋趙商之徒，附會爲説，不與經合。襲之爲義，本出於重沓，非一衣也。古者齋祭異冠，齋服降祭服一等。祀昊天上帝、五帝，以裘冕祭，則衮冕齋。故鄭氏云『王齋服衮冕』，是衮冕者〔一〇八〕，祀天之齋服也。唐開元之時，始以衮冕爲齋服〔一〇九〕，裘冕爲祭服，兼與張融『臨燔柴，脱衮服裘』之義合。請從唐制，兼改製大裘，以黑繒爲之。」佃復破其説曰：「夫大裘而冕謂之裘冕，非大裘而冕謂之衮冕。則裘冕必服衮，衮冕不必服裘。今特言衮冕者，主冬至言之。周禮司裘：『掌爲大裘，以共王祀天之服。』則祀地不服大裘，以夏日至，不可服裘故也。今謂之大裘當暑，以同色繒爲之〔一〇〕，尤不經見。兼裼襲，一衣而已，初無重沓之義。被裘而覆之則曰襲，袒而露裘之美則曰裼，所謂『大裘不裼』，則非衮而何？玉藻曰：『禮不盛，服不充，故大裘不裼。』則明不裼而襲也。充，美也。鄭氏謂大裘之上有玄衣，雖不知覆裘以衮，然尚知大裘不可徒服，必有玄衣以覆之。玉藻有尸襲之義，周禮『裘冕』注云：『裘冕者，從尸服也。』夫尸服大裘而襲，則王服大裘而襲可知。且裘不可以徒服，故被以衮，豈借衮以爲飾哉？今謂祭天用衮冕爲齊服，裘冕爲祭服，此乃襲先儒之謬誤。後漢顯宗初服日、月、星辰十二章，以祀天地。自魏以來，皆用衮服。則漢、魏祭天，嘗服衮矣。雖無大裘，未能盡合於禮，固未嘗有表裘而祭者也。且裘，内服也，與袍同〔一一〕。袍褻矣，而欲襌以祭天，以明示質，是欲衩衣以見上帝也。洵直復謂大裘之裳，纁色而無章飾。夫裘安得有裳哉？請從先帝所定。」其後，詔去黑羔皮而以黑繒製造焉。

徽宗大觀元年，議禮局言：「太社、太學獻官祝禮，皆以法服奉祀，至郡邑則用常服，乞降祭服。」詔頒制度於州郡，然未明製造。至政和間，始詔：「州縣冠服形製詭異，令禮制局造様頒下轉運司製造，以給州縣焉。」

大觀中，復詔置局議禮，於是宇文粹中上所編祭服制度，其論冕曰：「古者，冕以木版爲中，廣八寸，長尺六寸，後方前圓，後仰前低，染三十升之布，玄表朱裏。後方者不變之體，前圓者無方之用；仰而玄者，升而辨於物，俛而朱者，降而與萬物相見。後世以繒易布，故純儉。今群臣冕版長一尺二寸，闊六寸二分，非古廣長之制，以青羅爲覆，以金鍍銀稜爲飾，非古玄表朱裏之制，乞下有司改正。古者，冕之名雖有五，而繅就、旒玉則視其命數以爲等差。合綵絲爲繩，用以貫玉，謂之『繅』。以一玉爲一成，結之使不相併，謂之『就』。就間相去一寸，則九玉者九寸，七玉者七寸，各以旒數長短爲差。今群臣之冕，用藥玉、青珠、五色茸綫，非藻玉三采、二采之義〔一二〕；每旒之長各八寸，非旒數長短爲差之義；又獻官冕服，雜以諸侯之制，而一品服衮冕，臣竊以爲非宜。」

元豐中，禮官建言，請資政殿大學士以上侍祠鷩冕，觀察使以上服毳冕，監察御史以上服絺冕，朝官以上服玄冕，選人以上爵弁。詔許之，而不用爵弁。供奉官以下至選人，盡服玄冕無旒。臣竊謂依此參定，乃合禮制。古者，三公一命衮，則三公在朝，其服當鷩冕。蓋出封則遠君而伸，在朝則近君而屈。今之攝事及侍祠皆在朝之臣也，在朝之臣乃與古之出封者同命數，非先王之意。乞下有司制鷩冕八旒、毳冕六旒、絺冕四旒、玄冕三旒，其次二旒，又其次無旒。依元豐詔旨，參酌等降，爲侍祠及攝祭之服，長短之度，采色之別，皆乞依古制施行。

又按周禮，諸侯爵有五等，而服則三，所謂「公之服自衮冕而下，侯、伯自鷩冕而下，子、男自毳冕而下」是也〔一三〕。古者，諸侯有君之道，故其服以五、七、九爲節。今之郡守，雖曰猶古之侯、伯，其實皆王臣也。欲乞只用群臣之服，自鷩冕而下，分爲三等：三都、四輔爲一等，初獻鷩冕八旒；經略、安撫、鈐轄爲一等，初獻毳冕六旒，亞獻並玄冕二旒，終獻無旒；節鎮、防、團、軍事爲一等，初獻絺冕四旒，亞、終獻並玄冕無旒。其衣服之制，則各從其冕之等。

又曰：「今之紘組，仍綴兩繒帶而結於頤，冕旁仍垂青纊而不以瑱，以犀爲簪而不以玉笄、象笄，並非古制，乞下有司改正。」從之。

政和三年，議禮局上皇帝冕服之制，衮冕，冕版廣八寸，長一尺六寸，前高八寸五分，後高九寸五分。青表朱裏，前後各十有二旒，五采藻十有二就，就間相去一寸。青碧錦織天河帶，長一丈二尺，廣二寸。朱絲組帶爲纓，黈纊充耳，金飾玉簪導，長一尺二寸。衮服，青衣八章，繪日、月、星辰、山、龍、華蟲、火、宗彝；纁裳四章，繡藻、粉米〔一四〕、黼、黻。蔽膝隨裳色〔一五〕，繡升龍二。白羅中單，皂褾、襈，紅羅勒帛〔一六〕，青羅襪帶。緋白羅大帶，革帶，白玉雙佩。大綬六采，赤、黄、黑、白、縹、緑。小綬三色，如大綬，間施玉環三。朱襪，赤舄，黄羅緣。親祠服之。大裘，青表纁裏，黑羔皮爲領褾、襈，朱裳，被以衮服。冬至祀昊天上帝服之。通天冠二十四梁，加金博山，附蟬，高一尺，廣一尺。犀簪導，朱絲組帶爲纓，絳紗袍織成雲龍，皂羅褾、襈，紅羅爲裏，絳紗裙，蔽膝如袍飾，並皂褾、襈，繡雲龍，白羅方心曲領，革帶，餘同冕服。大祭祀致齋〔一七〕，詣景靈宫、太廟、行宫，禮畢還宫。元正、冬至大朝會，臨軒册命皇后、皇太子、諸王大臣，親耕籍田服之。詔通行。

議禮局上所定皇太子服飾之制。衮冕，垂白珠九旒，紅絲組爲纓〔一八〕，青纊充耳，犀簪導，青衣朱裳九章：五章在衣，山、龍、華蟲、火、宗彝；四章在裳，藻、粉米〔一九〕、黼、黻。白紗中單，青褾、襈、裾，革帶，塗金銀鉤鰈，蔽膝隨裳色，爲火、山二章。瑜玉雙佩，四采織成，大綬間施玉環三，白襪，朱舄，舄加金塗銀釦〔二〇〕。加玄服。從祀〔二一〕、納妃、釋奠文宣王服之〔二二〕。具服遠遊冠，十八梁，金塗銀花飾。博山、附蟬，紅絲組爲纓，犀簪導，朱明服，紅裳，白紗中單，方心曲領，絳紗蔽膝，白襪，黑舄。餘同衮冕。受册、謁太廟服之。詔頒行。

七年，初作明堂禮。制局言：「周禮『祀昊天上帝則大裘而冕，祀五帝亦如之。享先王則衮冕。』祀昊天上帝則郊祀是也。享先王則宗祀在其中，蓋於大裘舉正位以見配位，於衮冕舉配位以見正位。以天道事之，則舉尊明卑；以人道事之，則舉卑明尊。明堂以人道享上帝，與郊祀異，請從衮冕。」從之。

八年十二月，編類御筆所禮制局奏：「今討論舄屨制度，下項絇、屨上飾也。繶、飾底也。純、緣也。綦。屨帶也。古者，舄屨各隨裳之色，有赤舄、白舄、黑舄。今屨欲用黑革爲之，其絇、繶、純、綦，並隨服色用之，以倣古隨裳色之意。」奉聖旨依議定仍令禮制局造三十副，下開封府給散鋪户爲樣制賣。禮制局奏：「先議定屨各隨服色。緣武臣服色，止是一等，理宜有别。奉聖旨文武官大夫以上四飾，朝請、武功郎以下減去一繶〔一三〕，並稱履；從義、宣教郎以下至將校、伎術官減去二繶、純〔一四〕，並稱履。」

高宗紹興元年，宗祀明堂，僅有朝服十三副，祭服六十二副，乃命工部增造祭服六十三副，及贊者、樂、武之服。贊者緋羅寬衫，介幘；樂正絳公服〔一五〕，引舞，武弁，冠緋，繡抹額、鸞衫、革帶、履，又幞頭，紫，繡袍，抹額；文武舞人，紫絁冕，皂繡袍，革帶，履。樂正，幘緋羅〔一六〕寬衫，勒帶。

國子監丞王普言：「近世冕服制度，沿襲失真。夫後方前圓，後仰前低，玄表朱裏，此冕之制也。今則方圓俯仰，幾於無辨，且以青爲表，而飾以金銀矣。衣玄裳纁，裳前三幅，後四幅，此衣裳之制也。今則衣色以青，裳色以緋，且爲六幅而不殊矣。山以章也，今則以隮；火以圓也〔一七〕，今則以鋭；宗彝、宗廟虎蜼之彝也，乃畫虎蜼之狀，而不爲彝；粉米，米而粉之者也，乃分爲二章，而以五色圓花爲藉。佩有衡、璜、琚、瑀、衝牙而已，乃加以雙滴，而重設二衡；綬以貫佩玉而已，乃別爲錦綬〔二八〕，而間以雙環。以至帶無紐約，芾無肩頸，舄無絇繶，中衣無連裳。其他訛謬，未暇悉舉。祖宗屢嘗講究，以舊服數多，不欲廢棄。渡江之後，舊服無存者，明堂所造，纔數十副。宜因茲改作，是正訛舛，一從周制。」事下太常。

五月，禮官言：「國家承唐舊，初有五冕之名，其後去三公衮冕及絺冕，但存七旒鷩冕、五旒毳冕，無旒玄冕，凡三等。自尚書服毳，至光禄丞亦服焉〔二九〕。貴賤無差，宜增鷩冕爲八旒，毳冕爲六旒，復置絺冕爲四旒，並無旒玄冕爲四等。其他制作失宜當改正者，今普以圖式送寺修改。」

十三年，禮部侍郎王賞言：「按周禮『王祀昊天上帝，服大裘而冕』。元豐中，何洵直議以黑繒作大裘如衮，惟領袖用黑羔〔三〇〕。議者謂純用羔恐太重難服，今請如洵直議。」從之。

皇太子之服，中興後如政和制。其後，詔太子繫通犀玉帶，不佩魚。先是禮官參稽禮典，謂無佩魚之文。舊制，親王賜玉帶，加佩玉魚。皇太子受册，服遠遊冠，朱明衣，執桓珪。謁太廟、別廟行禮，服衮冕。朝謁景靈宮，服常服。七年三月，禮官言：朝謁景靈宮，所服典故不載，請依禮典服常服。先是元年十一月，詔皇太子遇大宴賜花，比親王增其四欒枝，二以羅製之。淳熙十四年，命皇太子參決，隔日與宰執公裳繫鞋相見於議事堂。嘉定二年七月，皇太子奏，製造冠冕合用珠玉，皇后盡出首飾付道司。節約之美，超古冠今，請宣付史館。

皇子之服。紹興三十二年，禮官言：「皇子鄧、慶、恭三王，遇行事服朝服，則七梁額花冠，貂蟬籠巾，金鍍銀立筆，真玉佩，綬，金鍍銀革帶，烏皮履〔三一〕。若服祭服，則金鍍銀八旒冕，真玉佩，綬，金鍍銀革帶，烏皮履，緋羅襪。」詔文思院製造。隆興二年，令祇候庫以真玉爲鄧、慶、恭王大禮所服玉佩，綬。群臣祭服、朝服之制。中興後，如政和初，定群臣章服之制。魚袋，紫以金，緋以銀。涖事及二十年者賜緋，服緋及二十年者賜紫。惟覃沛則凡服緑服緋十五年者，皆改賜，有司或自補官日便理歲月〔一二〕。紹興三十二年，殿中侍御史張震言：「貴近之子，初年受命，則十五歲已服緋；初年賜緋，則年未冠已賜紫，失於太濫。」遂以出官之日爲始，比之蒞事所減已多，比之初補粗爲有節。若勞績可稱，或奏對稱旨，而特恩改賜者，不拘此制。紹興五年慶典，致仕官、朝奉郎八十以上賜章服，京朝官八十以上賜緋緑，及十年者，亦改賜。若庶官除侍郎服緋緑者，謝日改賜章服，則始於建炎四年之詔。内外臣僚以減磨勘轉官及郊禋恩回授父改章服，則始於紹興五年。從葛與時周葵之請。其特賜章服者，張所以招撫河北，陳公輔以諫臣論奏得體，李德鄰、李朝正以縣令召對，司業高閌、祭酒林光朝、祕書少監游操、陳騤、鄭丙以車駕幸學省，餘不勝紀。隆興二年，賜吴益紫花羅公服，用韋淵例。乾道四年，賜鄭藻。淳熙十六年，賜郭師禹。乾道四年，賜太學上舍生、左承務郎黄倫袍笏於崇化堂祇受。後釋褐皆如之。中興以來，文武臣初除正謝進士唱名賜襲衣章服及百官賜時服，並遵用省記崇寧看詳祇候庫格。乾道二年，户部言：「左藏東、西庫每歲所賜錦袍，親王、宰執以全匹，餘裁裂給之，請皆以全匹。」上從之。技術官之服，有紫緋緑。乾道四年，太上皇帝以朱仲謙醫藥之勞，賜紫。有司言：「舊制，醫官未曾賜緋黄等，賜紫者，許執奏。」詔特於祇候庫給賜。若安南國加恩，則賜衣一襲，紫羅夾公裳、綾汗衫，勒帛袴，紅羅夾繡三檐。

舊制，服帶乘輿，東宮以玉，輔臣、侍從以金，親王、勳舊間賜以玉，其次有犀，有角。玉帶乘輿以排方，東宮不佩魚，親王佩玉魚，大臣、勳舊佩金魚。中興以來，宗室如居廣、士輵、璩、伯圭，勳臣如劉光世，吴璘，舊弼如史浩，外戚如吴蓋、楊次山等，皆賜玉帶，以示異恩。其賜金帶及紅鞓犀帶、佩魚，如元豐以來故事。紹興元年，詔已給賜者不再賜，遷除合加魚袋者賜之。三年，詔侍從金帶於左藏庫關借，管軍帶御器械官朝謝日，武臣朝辭日〔一三〕，賜金帶，並許繫。宗室正任及殿庭供職橫行亦如之。是歲，賜岳飛金帶，金束帶賜其將佐。其花犀帶，非宗室不許服。閤門官亦許繫金帶，或以左藏庫權借。經筵進講終篇，講官賜金帶、象簡鞍馬。紹興二十五年，講易終篇，賜宰輔犀，侍讀已下金帶，或加賜金魚。淳熙七年，讀三朝寶訓終篇，宰輔賜犀、金帶，侍讀以下賜鞍馬。紹興九年，詔太常寺應奉祗應使臣，亦依閤門例，服紅鞓帶。前宰執不帶職者同庶官，復職者亦許繫笏頭毬文金帶。紹興六年，秦檜以觀文殿學士朝見，因有是命。乾道三年，姜詵以曹臣賜金御仙花帶，後權工部侍郎詔依本班服繫。又，太上皇帝賜浙東提點刑獄張津金帶。四年三月，詔樞密院諸房副承旨令祗候庫賜金帶。八年，詔左諫議大夫姚憲嘗爲侍郎，賜金帶，令依舊服繫著爲例。又詔中書舍人、左右諫議大夫、龍圖閣至敷文閣待制、權侍郎，服紅鞓排方黑犀帶，仍佩魚。故事，從官不帶待制以上職名而罷者，止服黑帶，佩魚。淳熙十年，始詔權侍郎以上罷任不帶職，許服紅鞓排方黑犀帶，佩魚。淳熙元年，幸玉津園燕射，保信軍節度使鄭藻、起居舍人王卿月等中的，賜襲衣、金帶。三年，詔武臣知州軍官未陞朝者，依文臣守、倅借服色例，權繫紅鞓角帶，回日依舊。紹熙四年，四川制置使京鏜因任賜金帶。嘉定十四年，詔宗室節度使帶嗣王、郡王、國公及檢校並許佩魚。高宗皇帝初開大元帥府，服排方玉帶，語汪伯彦等曰〔一四〕：「吾陛辭日，皇帝賜以寵行，吾遜辭久之。」皇帝曰：「朕昔在東宫，太上解此帶賜朕，卿宜收取。」不得已，拜賜。建炎元年，賜宗澤襲衣、金帶。紹興二年，賜韓世忠帶、笏。二十五年，賜安南李天祚襲衣，御仙花帶。凡郊祀加恩及襲封，皆賜焉，並馬二匹、金鍍銀鞍轡、纓、紱。其賜外國金帶，皆以銀爲匣。嘉定中，真德秀、余嶸、李埴、陳晐以帥臣，楊簡以耆儒，各賜金帶也。

高宗初踐阼於南都，隆祐太后命内臣上乘輿服御，有小冠。太后曰：「祖宗閒燕之所服也。退朝，帽而不巾，否則小冠。自神宗始易以巾。願即位後退朝閒燕，止戴此冠，庶幾如祖宗時氣象也。」履袍亦曰靴袍。乾道七年，改履爲靴。赭黄、淡黄袍衫，玉裝紅束，帛紋鞾，大宴則服之。赭黄、淡黄䙆袍衫、紅袍，常朝服之。窄袍便坐視事服之。赭黄袍衫而下，皆皂紗折上巾，通犀，金玉環帶，窄袍，或御烏紗帽，黄袍，忌前一日服之。紹興五年五月，車駕款謁太廟、別廟，其日乃忌前，禮官請禁中先服紅袍謁廟，行禮畢，還内，至宮中易忌前之服。後殿早講，皇帝服帽子，紅袍，玉束帶。講讀説書官公服繫鞋〔一三五〕。晚講，皇帝服頭巾、背子，講官易便服。此嘉定四年講筵之制也。

石林葉氏燕語曰：「余見大父時家居及燕見賓客，率多頂帽而繫勒帛，猶未甚服背子。帽下戴小冠簪，以帛作横幅約髮，號『額子』。處室中，則去帽見冠簪，或用頭巾也。古者士皆有冠，帽乃冠之遺製。頭巾，賤者不冠之服耳！勒帛，亦垂紳之意，雖施之外不爲簡。背子，本半臂，武士服，何取於禮乎？或云，勒帛不便於搢笏，故稍易背子，然須用上襟，腋下與背子垂帶。余大觀間見宰執接堂吏，押文書，猶冠帽用背子，今亦廢矣。而背子又引爲長袖，與半臂製亦不同。裹，賤者巾〔一三六〕，衣，武士服。而習俗之久，不以爲異。古禮之廢，大抵類此也。」

又曰：「劉丞相摯，家法儉素，閨門雍睦。凡冠巾衣服制度，自其先世以來，常守一法，不隨時增損。故承平時，其子弟雜處士大夫間，望而知其爲劉氏也。數十年來，衣服詭異，雖故老達官，亦不免從俗，與市井諠浮略同，而不以爲非。舊鳳翔郿縣出縚，以緊細如箸者爲貴。近歲，衣道服者，縚以大爲美，圍率三四寸，長二丈餘，重複腰間至五七返，以真茸爲之。一縚有直十餘千者，此何理也？」

程氏演繁露曰：「襦者，短衫也。莊子曰：『未解裾襦。』廉范傳曰：『昔民無襦，今五袴也。』褐者裾垂至地。』張良傳有『老父衣褐至良所』，師古曰：『褐制若裘。』今道士所服者是也。裘，即如今之道服也。斜領交裾，與今長背子略同。其異者，背子開袴，裘則逢合兩腋也。然今世道士所服，又略與裘異，裘之兩裾，交相掩擁，而道士則兩裾直垂也。師古略舉其概，故不能詳也。長背子古無之，或云近出宣政間，然小説載蘇文忠襌衣襯朝服，即在宣政之前矣。詳今長背既與裘製大同小異，而與古中單又大相似，殆加減其制而爲之耳。則中單腋下縫合，而背子則離異其裾，中單兩腋各有帶，穴其腋而互穿之，以約定裏衣至背子，則既悉去其帶，惟此爲異也。至其用以襯藉公裳，則意制全是中單也。今世好古而存舊者，縫兩帶綴背子，腋下垂而不用，蓋放中單之交帶也。雖不以束衣而遂舒垂之，欲存古也。太平御覽有仙公請問經，其文曰太極，真人曰學道當潔凈衣服，備巾褐制度，名曰道之法服也。巾者冠中之巾也，褐者長裾，通冒其外衣也。巾褐皆具，乃中道家法服之制。今世衣直掇爲道服者，必本諸此也。」

又傳授經曰：「老子去周，左慈在魏，並葛巾單裙。不著褐，則是直著短衫，而以裙束其上，不用道家法服也。晉王獻之書『羊欣練裙』，朱公叔絶交論謂『西華之子，冬月葛衣練裙』，蓋古人不徒衣袴必以裙襲之，是正上衣下裳之制也。」

校勘記

〔一〕青羅襪帶　「襪」，宋史卷一五一輿服三作「抹」。

〔二〕謁太清宫　「謁」，宋史卷一五一輿服三作「朝」。

〔三〕以織成雲龍紅金條紗爲之　「雲」字原脱，據宋史卷一五一輿服三補。

〔四〕白紗中單　「紗」原作「羅」，據宋史卷一五一輿服三改。

〔五〕紅衫袍　「紅衫」原倒，據元本、慎本、馮本及宋史卷一五一輿服三乙正。

〔六〕皆皂紗折上巾　「皆」原作「比」，據宋史卷一五一輿服三改。

〔七〕前後白珠九旒　「白珠」原脱，據宋史卷一五一輿服三補。

〔八〕紅絲組　宋會要輿服四之一同。宋史卷一五一輿服三「組」下有「爲纓」。

〔九〕白羅方心曲領　「白羅」原脱，據宋會要輿服四之一、宋史卷一五一輿服三補。

〔一〇〕劍佩綬　原作「佩綬劍」，據宋會要輿服四之一、宋史卷一五一輿服三乙正。

〔一一〕襪帶勒帛受册謁廟朝會則服之　宋會要輿服四之一同。宋史卷一五一輿服三「勒帛」下有「執桓珪」三字。

〔一二〕爵弁朝服公服袴褶弁服　按宋史卷一五二輿服四無此十字。

〔一三〕宋朝　宋史卷一五二輿服四作「宋初」。似是。

〔一四〕衣畫虎蜼藻粉米三章　「藻」字原脱。按虎蜼，一名宗彝，加粉米僅二章，與「三章」之數不合。下文也稱「毳冕七旒，其服五章」。宋會要輿服四之二謂其「宗彝、藻、粉米三章在衣，黼、黻二章在裳」。玉海卷八二：「毳冕之章五，衣繪虎蜼、藻、粉米，裳綉黼黻。」據補。

〔一五〕銅佩　宋會要輿服四之一五同。宋史卷一五二輿服四「銅」下有「裝」字。下同。

〔一六〕青羅衣裳四品五品爲獻官則服之　宋會要輿服四之一五同。宋史卷一五二輿服四「青羅衣裳」句在上文「無章」二字上。

〔一七〕朱裳　「朱」原作「及」，據宋會要輿服四之一五、宋史卷一五二輿服四改。

〔一八〕銅劍　「劍」字原脱，據宋會要輿服四之一五補。

〔一九〕立筆　「立」原作「竪」，據宋會要輿服四之一五、宋史卷一五二輿服四改。

〔二〇〕白花羅中單　「白」原作「緋」，據宋會要輿服四之一五、宋史卷一五二輿服四改。

〔二一〕白羅大帶　「白」上原有「緋」，「大」字原脱，據元本、慎本、馮本及宋會要輿服四之一五、宋史卷一五二輿服四刪補。

〔二二〕中書門下則冠加籠巾貂蟬　「則」原作「省」，「加」原作「如」，據宋會要輿服四之一五、宋史卷一五二輿服四改。

〔二三〕練鵲錦綬　「綬」原作「綾」，據宋會要輿服四之一五、宋史卷一五二輿服四改。

〔二四〕六品以下無中單　「無中單」三字原脱，據宋會要輿服四之一五、宋史卷一五二輿服四補。

〔二五〕知防禦團練刺史州　「州」原在「知」下，據長編卷一八太宗太平興國二年二月條、宋史卷一五三輿服五乙正。

〔二六〕凡升朝官服緋綠二十年者　「服」、「者」字原脱，據宋史卷一五三輿服五補。

〔二七〕敘内職亦許服窄袍　「服」字原脱，據宋史卷一五三輿服五補。

〔二八〕海捷自十五兩至十兩　「自」字原脱，據宋史卷一五三輿服五補。

〔二九〕寶相花　「相」字原脱，據本條注文及愧郯録卷一二補。

〔三〇〕海捷自二十兩至十五兩　「十五兩」，宋史卷一五三輿服五作「十兩」。

〔三一〕雙鹿自二十兩　按以本段注文叙例，凡有等級的，都具列其最高和最低數，本條只有最高數而無最低數，疑有脱文。

〔三二〕内職諸軍將校並服紅鞓金塗銀排方　「職」原作「取」，「排」原作「緋」，據元本、慎本、馮本及宋史卷一五三輿服五改。

〔三三〕由是内外升朝文武官皆帶　「武」字原脱，據長編卷二五太宗雍熙元年十一月條、宋史卷一五三輿服五補。

〔三四〕京朝官　「官」字原脱，據長編卷二五太宗雍熙元年十一月條、宋史卷一五三輿服五補。

〔三五〕詔技術官未升朝賜緋紫者　「紫」字原脱，據宋史卷一五三輿服五補。

〔三六〕國初御史臺皆重戴　「重」字原脱，據宋史卷一五三輿服五補。

〔三七〕觀察使　「使」字原脱，據馮本、局本及宋史卷一五三輿服五補。

〔三八〕宫觀判官　「宫」原作「官」，據元本、慎本、馮本及宋史卷一五三輿服五改。

〔三九〕防禦團練使　「禦」下原有「使」，據宋史卷一五三輿服五删。

〔四〇〕皆五件　「件」，宋史卷一五三輿服五作「事」。下同。

〔四一〕加以黄綾繡抱肚　「抱」原作「袍」，據宋史卷一五三輿服五改。下同。

〔四二〕郎中以上等官　「中」原作「卿」，據宋史卷一五三輿服五改。

〔四三〕小内職汗衫以綾小文臣以絹　慎本及宋史卷一五三輿服五無二「小」字。

〔四四〕每歲十月時服　「歲」原作「服」，據宋史卷一五三輿服五改。

〔四五〕皆賜紫地皂花欹正　「皂」原作「造」，據宋史卷一五三輿服五改。

〔四六〕親王宰相以下賜襲衣金帶有差　「親王宰相」原倒，「金帶」原脱，據宋史卷一五三輿服五乙正及補。

〔四七〕舉子白襴之下多服紫色衣　「襴」原作「紵」，據宋史卷一五三輿服五改。

〔四八〕御藥院與太常禮院詳典故　「禮」字原脱，據太常因革禮卷二四、宋史卷一五一輿服三補。

〔四九〕分旒玉鉤二　「二」原在「分」上，據太常因革禮卷二四、宋史卷一五一輿服三乙正。

〔五〇〕組帶　「帶」字原脱，據宋史卷一五一輿服三補。

〔五一〕繡造日　「造」字原脱，據宋史卷一五一輿服三補。

〔五二〕日月星辰　「辰」字原脱，據宋史卷一五一輿服三補。

〔五三〕宜詳周禮　「宜」上原有「謂」，據宋史卷一五二輿服四删。

〔五四〕以爲獻官冕服之制　「爲」原作「等」，據宋史卷一五二輿服四改。

〔五五〕請除公卿祭服仍舊從本品外　「除」、「本」字原脱，據宋史卷一五二輿服四補。

〔五六〕至和三年　按至和乃仁宗年號，三年九月改元嘉祐，此處云「三年」，不確。宋史卷一五一輿服三載王洙疏繫於嘉祐元年，應是。下同。

〔五七〕黼丹朱以爲中衣領緣也　「領緣也」原脱，據宋會要輿服四之一八補。

〔五八〕故禮載深衣連衣裳而純之以采者　「載」，宋會要輿服四之一九作「記」，「以」字原脱，據此補。

〔五九〕宜用繒素而朱領緣領刺以黑白黼文　宋會要輿服四之一九作「宜和繒素，而朱丹領緣領刺以黑文黼文可也」。

〔六〇〕自大裘之廢 「之」，玉海卷八二、宋史卷一五一輿服三同。長編卷二〇六英宗治平二年八月條作「制」。
〔六一〕江左 長編卷二〇六英宗治平二年八月條、玉海卷八二同。宋史卷一五一輿服三作「江右」。
〔六二〕侈靡衰播之餘 「餘」，長編卷二〇六英宗治平二年八月條作「際」。
〔六三〕少府監進所造冕服 「進」字原脱，據長編卷二〇六英宗治平二年八月條補。
〔六四〕前王服羔裘 「羔」原作「黑」，據長編卷二〇六英宗治平二年八月條、宋史卷一五一輿服三改。
〔六五〕美亦多品 「美亦」原作「不美」，據長編卷二〇六英宗治平二年八月條改。
〔六六〕僅可饗之 長編卷二〇六英宗治平二年八月條「之」下有「者」字。
〔六七〕唐興 「興」原作「典」，據局本及長編卷二〇六英宗治平二年八月條改。
〔六八〕而制服違經 「制」原作「祭」，據長編卷二〇六英宗治平二年八月條改。
〔六九〕錦龍褾 「龍」字原脱，據長編卷二〇六英宗治平二年八月條補。
〔七〇〕織成爲升龍 「成」字原脱，據長編卷二〇六英宗治平二年八月條補。
〔七一〕朱緑終辟 「辟」字原脱，據長編卷二〇六英宗治平二年八月條補。
〔七二〕大裘之制 「裘」原作「衮」，據宋史卷一五一輿服三改。下同。
〔七三〕並請服衮去裘 「請」字原脱，據宋史卷一五一輿服三補。
〔七四〕周回用金稜天版 「周回」，宋會要輿服五之三作「上」。
〔七五〕兩旁用真珠花素墜之類 「兩」、「真」二字原脱，據宋會要輿服五之三、宋史卷一五一輿服三補。
〔七六〕裳側有純謂之綼裳下有純謂之緆 下一「謂」字原脱，據宋會要輿服四之二〇補。

〔七七〕表裏合用三寸　「用」，宋會要輿服四之二〇作「爲」。

〔七八〕又服者不以官秩上下　「上下」原脱，據宋史卷一五二輿服四補。

〔七九〕則百官皆服朝服乃禮之稱　「皆服」原作「當」，原脱「乃禮之稱」，據宋會要輿服四之二一、宋史卷一五二輿服四改補。

〔八〇〕皇帝嚴袞冕以事神而侍祠之官止以朝服　「帝」下原有「既」，原脱「以事神」，「止以」原作「亦」，據宋會要輿服四之二一、宋史卷一五二輿服四删補改。

〔八一〕况人神異禮朝祭異事乎　宋會要輿服四之二一作「而况人禮之異禮，朝祭之事異事乎」。

〔八二〕扶侍　「侍」字原脱，據宋會要輿服四之二一補。

〔八三〕侍祠及分獻者並服祭服當如制度　「者」、「度」字原脱，據宋會要輿服四之二一補。

〔八四〕修製五冕及爵弁服　「服」字原脱，據宋會要輿服四之二一補。

〔八五〕則皮弁服　「服」字原脱，據宋會要輿服四之一四補。

〔八六〕皂表朱緑裏　「皂」原作「冕單」，據宋會要輿服四之一四改删。

〔八七〕臣等以爲周禮朝覲　「以爲」，宋會要輿服四之一四作「看詳」。

〔八八〕則以青羅爲覆　「羅」字原脱，據宋會要輿服五之八補。

〔八九〕爲乘輿服　「爲」字原脱，據宋會要輿服四之一三補。

〔九〇〕七梁冠　按「七梁冠」以下所載文字，據宋史卷一五二輿服四載，均繫於「政和議禮局更上群臣朝服之制」之下，非神宗元豐四年詳定儀注所言。

〔九一〕九寺卿　「寺」原作「等」，據五禮新義卷一二、宋史卷一五二輿服四改。
〔九二〕軍器監　「監」字原脱，據五禮新義卷一二、宋史卷一五二輿服四補。
〔九三〕將作監　「將」字原脱，據五禮新義卷一二、宋史卷一五二輿服四補。
〔九四〕殿中監　「中」下原有「少」字，據馮本及宋史卷一五二輿服四删。
〔九五〕衛率府率　「衛」字原脱，據宋史卷一五二輿服四補。
〔九六〕服青荷蓮綬　原「綬」下有「錦」，據宋史卷一五二輿服四删。
〔九七〕親祠大禮使　「禮」原作「理」，據宋史卷一五二輿服四改。
〔九八〕奏告官並依本品服　「並」原作「以」，據宋史卷一五二輿服四改。
〔九九〕親祠吏部侍中　「侍中」，宋會要輿服五之一二、宋史卷一五二輿服四作「侍郎」。
〔一〇〇〕蕭蒿篚　「蒿」字原脱，據宋會要輿服五之一三、宋史卷一五二輿服四補。
〔一〇一〕州郡祭服　此句原脱，據宋史卷一五三輿服五補。
〔一〇二〕執政官　「官」字原脱，據元本、慎本、馮本及宋史卷一五三輿服五補。
〔一〇三〕金毬文方團帶　「帶」字原脱，據宋史卷一五三輿服五補。
〔一〇四〕殿中少監紅鞓犀帶　「犀」字原脱，據宋史卷一五三輿服五補。
〔一〇五〕詳定儀注所言　按宋會要輿服四之一二載該奏言繫於神宗元豐三年四月二十三日下，而通考則置於大觀二年記事下，不合。
〔一〇六〕故周官司服之職　「故」原作「胡」，據宋會要輿服四之一二改。

〔一〇七〕東漢大祭祀玉佩絇屨以行事　「絇」原作「約」，據宋會要輿服四之一二改。

〔一〇八〕故鄭氏云王齋服衮冕是衮冕者　「是衮冕」三字原脱，據宋史卷一五一輿服三補。

〔一〇九〕唐開元之時始以衮冕爲齋服　宋史卷一五一輿服三作「唐開元及開元禮始以衮冕爲齋服」。

〔一一〇〕以同色繒爲之　「繒」原作「纁」，據宋史卷一五一輿服三改。

〔一一一〕與袍同　「與袍」原脱，據宋史卷一五一輿服三補。

〔一一二〕非藻玉三采二采之義　「藻玉」原倒，據元本、慎本、馮本及宋史卷一五二輿服四乙正。

〔一一三〕子男自毳冕而下是也　「也」字原脱，據宋史卷一五二輿服四補。

〔一一四〕粉米　原倒，據宋史卷一五一輿服三乙正。

〔一一五〕蔽膝隨裳色　「裳」原作「常」，據宋史卷一五一輿服三改。

〔一一六〕紅羅勒帛　「勒」原作「革」，據宋史卷一五一輿服三改。

〔一一七〕大祭祀致齋　「祀」字原脱，據宋史卷一五一輿服三補。

〔一一八〕紅絲組爲纓　「絲組」原倒，據宋會要輿服四之一二、宋史卷一五一輿服三乙正。

〔一一九〕粉米　「粉」字原脱，據宋會要輿服四之二、宋史卷一五一輿服三補。

〔一二〇〕舄加金塗銀釦　「釦」原作「鈿」，據宋會要輿服四之二、宋史卷一五一輿服三改。

〔一二一〕從祀　「祀」原作「袍」，據元本、慎本、馮本及宋會要輿服四之二改。

〔一二二〕釋奠文宣王服之　「之」字原脱，據宋會要輿服四之二補。

〔一二三〕朝請武功郎以下減去一纊　「朝」上原有「全」，據宋史卷一五三輿服五删。又，上引書無「一」字。

〔一四〕從義宣教郎以下至將校伎術官減去二纔純　「從」原作「宣」，據宋史卷一五三輿服五改。又，上引書無「二」字。

〔一五〕樂正絳公服　「絳」原作「降」，據元本及宋史卷一五三輿服五、玉海卷八二改。

〔一六〕幘緋羅　「羅」原作「絹」，據宋史卷一五三輿服五、玉海卷八二改。

〔一七〕火以圓也　「圓」，宋史卷一五二輿服四作「圜」。

〔一八〕乃別爲錦綬　「別」原作「列」，據馮本、局本及宋史卷一五二輿服四改。

〔一九〕光禄丞亦服焉　「丞」原作「承」，據宋史卷一六四職官四改。

〔二〇〕惟領袖用黑羔　「黑」字原脱，據宋史卷一五一輿服三補。

〔二一〕金鍍銀革帶烏皮履　按宋史卷一五一輿服三無此八字。

〔二二〕有司或自補官日便理歲月　「日便」原脱，據宋會要輿服四之二九補。

〔二三〕管軍帶御器械官朝謝日武臣朝辭日　原脱「官」及二「日」字，據宋會要輿服五之二九補。

〔二四〕語汪伯彦等曰　按「語」字費解，疑此處有舛誤。

〔二五〕講讀説書官公服繫鞋　宋史卷一五輿服三無「説書」。

〔二六〕裹賤者巾　石林燕語卷一〇「裹」上有「頭」字。

卷一百十四　王禮考九

后妃命婦以下首飾服章制度

周官追師：掌王后之首服，爲副、編、次，追衡、笄，爲九嬪及外内命婦之首服，以待祭祀、賓客。鄭司農云：「追，冠名。副者，婦人之首飾。」玄謂：副之言覆，所以覆首爲之飾，其遺像若今步搖矣，服之從王祭祀。編，編列髮爲之，其遺像若今假紒矣，服之以桑也。次，次第髮長短爲之，所謂髲髢，服之以見王。王后之燕居，亦纚笄總而已。追，猶治也。詩云：『追琢其章。』王后之衡、笄，皆以玉爲之。惟祭服有衡〔一〕，垂於副之兩旁，當耳，其下以紞懸瑱。詩云『玼兮玼兮，其之翟也，鬒髮如雲，不屑髢也，玉之瑱也』是也。笄，卷髮者。内外命婦衣鞠衣襢衣者服編，衣褖衣者服次。外内命婦非王祭祀賓客佐侯之禮，自於其家則亦降焉。特牲饋食禮曰〔二〕：『主婦纚笄宵衣。』是也。昏禮：『女次純衣。』攝盛服耳，主人爵弁以迎。移袂，褖衣之袂。凡諸侯夫人於其國，衣與王后同。」疏曰：按詩有「副笄六珈」，謂以六物加於副上，未知用何物，故鄭注詩云：「副既笄而加飾，古之制所有未聞」是也。鄭必知三翟之首服副，鞠衣展衣首服編，褖衣首服次者，王之祭服有六，首服皆冕，則后之祭服有三，首服皆副可知。

陳氏禮書曰：「副者，翟之配，以配褘翟，則禮所謂『副褘』是也；以配揄翟，則詩所謂『副笄六珈，其之翟也』是也；褖衣之配，禮所謂『女次純衣』是也。然則編爲鞠衣、展衣之配可知矣。禮，男子冠，婦人笄；男子免，婦人髽。婦人之飾，不過以髮與笄而已。則副之覆首若步摇，編之編髮若假紒，次之次第其髮爲髲髢云者，蓋有所傳然也〔三〕。莊子曰：『禿而施髢。』詩曰：『鬒髮如雲，不

屑髢也。』左傳曰：『衛莊公髡己氏之妻髮，以爲呂姜髢。』説文曰：『髲，益髮也。』蓋髢所以益髮，而
鬒髮者不屑焉。詩曰：『被之僮僮。』則被之不特髲髢也。少牢曰：『主婦被錫衣移袂。』則被錫者非
髲髢也。鄭氏皆以爲髲髢，非是。」

又曰：「婦人首飾，副也，編也，次也，纚笄也。觀士昏禮：『女次純衣，姆纚笄宵衣。』特牲
禮：『主婦纚笄宵衣。』則副、編、次之下，纚笄其飾也。楚語：『司馬子期欲以妾爲内子，訪之左史倚
相曰：吾有妾而愿，欲笄之，其可乎？』蓋古之爲妾者不笄。士昏禮『姆纚笄』〔四〕，亦攝盛也。鄭
氏曰：『王后之燕居，亦纚笄總而已。』此不可考。」

内司服掌王后之六服：褘衣、揄狄、闕狄、鞠衣、展衣、褖衣，素沙。鄭司農云：「褘衣，畫衣也〔五〕。祭統：『夫
人副褘，立於東房。』揄狄、闕狄，畫羽飾。展衣，白衣也。喪大記：『復者朝服，君以卷，夫人以屈狄，世婦以襢衣。』屈音聲，與闕相似，襢與
展相似，皆婦人之服。鞠衣，黄衣也。素沙，赤衣也〔六〕。」玄謂：「狄，當爲翟。翟，雉名。伊、雒而南，素質，五色皆備，成章曰翬。江、淮
而南，青質，五色皆備，成章曰摇。王后之服，刻繒爲之形而采畫之，綴於衣，以爲文章。褘衣，畫翬者。揄翟，畫摇者。闕翟，刻而不畫。
此三者皆祭服。從王祭先王則服褘衣，祭先公則服揄翟，祭群小祀則服闕翟。鞠衣，黄桑服也，色如鞠塵，象桑葉始生。月令：『三月，薦
鞠衣於先帝〔七〕。』告桑事。展衣，以禮見王及賓客之服，字當爲襢。襢之爲言亶，亶，誠也。褖衣，御於王之服，亦以燕居。男子之褖衣
黑，則是亦黑也。六服備於此矣！褘、揄、狄、展，聲相近。緣字之誤也。以下推次其色，則闕狄赤，揄狄青，褘衣玄。婦人尚專一〔八〕，
德無所兼，連衣裳不異其色。素沙者，今之白縳也〔九〕。六服皆袍制，以白縳爲裏，使之張顯。今世有沙縠者，名出於此。」疏曰：「素沙，
非服名，六服之外别言之者〔一〇〕。此素沙與上六服爲裏，使之張顯，但婦人之服不殊，裳上下連，則此素沙亦上下連也。王之吉服有九，
韋弁以下常服有三，與后鞠衣以下三服同。但王之祭服有六，后祭服唯三翟者，天地、山川、社稷之等，后夫人不與，故三服而已。」辨外

内命婦之服：鞠衣、展衣、褖衣、素沙。内命婦之服：鞠衣，九嬪也；展衣，世婦也；褖衣，女御也。外命婦者，其夫孤也，則服鞠衣；其夫卿大夫也，則服展衣；其夫士也，則服褖衣。三夫人及公之妻，則闕狄以下乎？侯伯之夫人揄狄，子男之夫人亦闕狄，唯二王後禕衣。疏曰：「内、外命婦不得有六服，唯得鞠衣以下三服，亦以素沙爲裏。鄭必知九嬪以下服鞠衣以下者，但九嬪下有世婦、女御三等，鞠衣以下服亦三等〔一〕，故知鞠衣以下者，九嬪也；展衣以下者，世婦也；褖衣者，女御也。」

玉藻：王后禕衣，夫人揄狄。夫人，三夫人，亦侯伯之夫人也。王者之後夫人亦禕衣。疏曰：三夫人與三公同，對王爲屈，三公執璧，與子男同，則三夫人與子男夫人同。故鄭注司服，疑而不定〔二〕，云三夫人其闕狄以下乎，爲兩解之也。云王者之後夫人亦禕衣者，以禮記每云君衮冕，夫人副禕，王者之後自行正朔與天子同，故祭其先王服上服也。若祭先公則降焉，魯祭先公則降焉〔三〕，魯祭文王、周公，其夫人亦禕衣。故明堂位云：君衮冕立於阼階，夫人副禕立於房中是也。君命屈狄，再命禕衣，一命襢衣，士褖衣。君，女君也。屈，周禮作闕，謂刻繒爲翟不畫也，此子、男之夫人及其卿大夫、士之妻命服也〔四〕。禕，當爲鞠字之誤也。禮：天子諸侯命其臣，后夫人亦命其妻以衣服，所謂夫尊於朝，妻榮於室也。疏曰：君，謂女君，子、男之妻也。被后所命，故云。君命屈狄者，屈，闕也；狄，亦翟也。直刻雉形，闕其彩畫，故云。闕，翟也。再命禕衣者，再命謂子、男之卿；禕當爲鞠，謂子、男之卿妻服鞠衣也。一命襢衣者，襢，展也，子、男大夫一命，其妻則服展衣也。所謂士褖衣者，蓋謂子、男之士不命〔五〕，其妻服褖衣。」唯世婦命於奠繭，其他則皆從男子。奠，猶獻也。凡世婦已下，蠶事畢，獻繭，乃命之以其服。天子之后、夫人、九嬪及諸侯之夫人，夫在其位，則妻得服其服矣。疏曰：「凡獻物必先奠於地，故云。奠，猶獻也。三夫人、九嬪，其位既尊，不須獻繭，自然得命也。世婦以下位卑，用獻繭得命，言以下，則女御亦然。經唯云世婦，舉貴者。」

陳氏禮書曰：「王之服襌而無裏，后之服裏而不襌，以陽成於奇而陰成於偶也。崔靈恩謂『王后三翟，數皆十二』。王者之後，諸侯夫人，三公而下夫人，雉數如命數，於理或然。」

屨人掌王及后之服屨，與赤舄、黑舄、赤繶、黃繶、青絇、素屨、葛屨。王后吉服六，唯祭服有舄〔一六〕，玄舄爲上，褘衣之舄也。下有青舄、赤舄。鞠衣以下皆屨耳。黃繶者，王后玄舄之飾。王及后之赤舄，皆黑飾；后之青舄，白飾。疏曰：天玄與地黃相對爲繢次，故知王后之玄舄黃飾。云王及后之赤舄皆黑飾，后之青舄白飾者，以舄皆對方以繢次爲飾，故義然也。詳見王服舄注下。

辨外內命夫命婦之命屨，功屨、散屨。注見王服舄注下。正義曰：褘衣，玄舄，首飾副，從王見先王；揄狄，青舄，首服副，從王見先公；闕翟，赤舄，首服副，從王見群小祀。鞠衣，黃屨，首服編，以告桑之服；襢衣，白屨，首服編，以禮見王之服；褖衣，黑屨，首服次，以御於王之服。后服六：翟三等，三舄，玄、青、赤；鞠衣以下三屨，黃、白、黑。婦人質不殊裳，屨舄皆同裳色也。

漢制：太皇太后、皇太后入廟服蔮簪珥〔一七〕。珥，耳璫垂珠也。釋名云：「簪，達也，所以達冠於後也，一曰笄。笄，繫也，所以拘冠使不墜。」簪以瑇瑁爲擿，長一尺，端爲華勝，上爲鳳皇爵，以翡翠爲毛羽，下有白珠，垂黃金鑷。左右一橫簪之，以安蔮結〔一八〕。諸簪珥皆同制，其擿有等級焉。

皇后謁廟服〔一九〕，假結，步搖，簪珥。步搖以黃金爲山題，貫白珠爲桂枝相繆，一爵九華，熊、虎、赤羆、天鹿、辟邪、南山豐大特六獸，詩所謂「副笄六珈」者。毛詩傳曰〔二〇〕：「副者，后夫人之首飾，編髮爲之。笄，衡笄也。珈，笄飾之最盛者，所以別尊卑也。」鄭玄曰：「珈之言加也。副，既笄而加飾，如今步搖上飾，古制未聞。」其南山豐大特，按史記秦文公二十七年，伐南山大梓，豐大特。」徐廣注云：「今武都故道有怒特祠，圖大牛，上生樹本〔二一〕，有牛從木中出，後見於豐水中。」諸爵獸皆以翡翠爲毛羽。金題，白珠璫繞，以翡翠爲華云。

貴人助蠶制〔二二〕，大手髻，黑瑇瑁，又加簪珥。長公主加步搖，公主大手髻，皆有簪珥。公、卿、列侯、中二千石、二千石夫人，紺繒蔮，黃金龍首銜白珠，魚須擿，長一尺，爲簪珥。

太皇太后、皇太后入廟服，紺上皁下，蠶服，青上縹下，皆深衣制，徐廣曰：「即單衣也〔二三〕。」縹音疋繞反。隱領袖緣。貴人助蠶服，純縹上下。長公主見會，自公主封君以上皆帶綬〔二四〕，以采組爲緄帶，各如其綬色。黄金辟邪，首爲帶鐍，飾以白珠。公、卿、列侯、中二千石夫人，入廟佐祭者服皁絹上下，助蠶者縹絹上下。自二千石夫人以上至皇后，皆以蠶衣爲朝服。公主、貴人、妃以上，嫁娶得服錦綺羅縠繒，采十二色，重緣袍。特進、列侯以上錦繒，采十二色。六百石以上重練，采九色，禁丹、紫、紺。三百石以上五采，青、絳、黄、紅、緑。二百石以上四采，青、黄、紅、緑。賈人，緗縹而已。緗，赤黄色〔二五〕。

魏制：貴人、夫人以下助蠶，皆大手髻，七鏌音奠。蔽髻。黑瑇瑁，又加簪珥。九嬪以下五鏌，世婦三鏌。諸王妃、長公主，大手髻，七鏌蔽髻。其長公主得有步摇，皆有簪珥。公、特進、列侯、卿、校世婦中二千石以下夫人〔二六〕，紺繒幗，黄金龍首銜白珠，魚須擿，長一尺，爲簪珥。其服制不依古法，多以文繡。

晉依前代，皇后首飾，則假髻〔二七〕，步摇，簪珥。步摇以黄金爲山題，貫白珠爲枝相繆〔二八〕，八爵九華，熊、虎、赤羆、天鹿、辟邪、南山豐大特六獸。諸爵獸皆以翡翠爲毛羽，金題，白珠璫繞，以翡翠爲花。皇后謁廟，依前漢制，服皁上皁下〔二九〕，隱領袖緣。元康六年，詔以純青服。助蠶之服，純縹爲上下。自公主以上皆帶綬，以采組爲緄帶，各如其綬色，金辟邪首爲帶玦。公、特進、列侯世婦、中二千石夫人入廟助祭者，皁絹上下。助蠶者縹絹上下〔三〇〕。自二千石以上至皇后，皆以蠶衣爲朝服。

宋依漢制，太后入廟祭祀，首飾翦氂幗。皇后親蠶，首飾假髻，步摇，八雀九華〔三一〕，加以翡翠。復依晉法，皇后十二鏌，步摇，大手髻。公主、三夫人大手髻〔三二〕，七鏌蔽髻。公夫人五鏌，世婦三鏌。其長公主得有步摇。公、特進、列侯夫人、二千石命婦年長者，紺繒幗。太后、皇后入廟服袿襹。圭屬。大衣，謂之褘衣。公主、封君以上皆帶綬〔三三〕，以采組爲緄帶〔三四〕。各如綬色。公特進列侯夫人、卿校世婦、二千石命婦年長者，入廟佐祭，皁絹上下，助蠶則青絹上下。自皇后至二千石命婦，皆以蠶衣爲朝服。按漢劉向曰：「古者天子至於士，王后至於命婦，必佩玉，尊卑各有其制。」皇后至命婦所佩玉，古制不存，今與外同制。

齊因宋制，公主會見大手髻，不易舊法。袿襹用繡爲衣裳，黄綬。貴嬪、夫人、貴人、王太妃、長公主、封君，皆紫綬。六宫郡公、侯夫人，青綬。

陳因前制，皇后謁廟〔三五〕，首飾假髻，步摇，簪珥。步摇，並如晉制。開國公侯太夫人〔三六〕，大手髻，七鏌蔽髻。九嬪及公夫人，五鏌。世婦三鏌。其長公主得有步摇。公、特進、列侯、卿、校、中二千石夫人，紺繒幗，黄金龍首銜白珠，魚須擿，長尺，爲簪珥。皇后謁廟，袿襹大衣，皁上皁下，親蠶則青上縹下，隱領袖緣。貴妃、嬪佩于闐玉，獸頭鞶。九嬪佩采玉璜玉。自二千石以上至皇后，皆以蠶衣爲朝服。

後魏天興六年，詔有司始制冠冕，各依品秩，以示等差，然未能皆得舊法。

北齊依前制，皇后首飾假髻，步摇，十二鏌，八爵九華。内命婦以上，蔽髻，唯以鏌數花釵多少爲品秩。二品以上金玉飾，三品以下金飾，内命婦、左右昭儀、三夫人視一品，假髻，九鏌；三品五鏌蔽髻，四品三鏌；五品一鏌。又有宫人女官服：第二品七鏌蔽髻，三品五鏌，四品三鏌，五品一鏌，六品、七品大手髻〔三七〕，八品、九品偏髾音稍。髾〔三八〕。皇太子妃，假髻，步摇，九鏌。郡長君七鏌蔽髻〔三九〕。太子良娣視九嬪、女侍中五鏌。内外命婦、宫人女官從蠶，各依品次，還著蔽髻。

皇后助祭、朝會以褘衣，祠郊禖以揄翟，小宴以闕翟，親蠶以鞠衣，禮見皇帝以展衣，宴居以褖衣。六服俱有蔽膝、織成緄帶。內外命婦從五品以上[四〇]，金章，紫綬，服揄翟，雙佩山玄玉。九嬪視三品，銀章，青綬，鞠衣，佩水蒼玉。世婦視四品，銀印，青綬，展衣。八十一御女視五品，銅印，墨綬，褖衣。又有宮人女官服：二品闕翟[四一]；三品鞠衣；四品展衣；五品、六品，褖衣；七品、八品、九品，青紗公服。皇太子妃，璽綬佩同皇太子[四二]，服揄翟，從蠶則青綬紗公服。郡長公主、公主、王國太妃、妃[四三]，纁朱綬，章服佩同內命婦一品。郡長君，玄朱綬，闕翟，章佩與公主同。郡君、縣主[四四]，佩水蒼玉，餘與郡長君同。太子良娣視九嬪服[四五]。縣主青朱綬，餘與良娣同。女侍中，假金印，紫綬，服鞠衣，佩水蒼玉。縣君銀章[四六]，青朱綬，餘與女侍中同。太子孺子同世婦。太子家人子同御女[四七]。鄉主、鄉君，素朱綬，佩水蒼玉，餘與御女同。外命婦皆如其夫。若夫假章印綬佩，妻則不假。一品、二品服闕翟，三品服鞠衣，四品展衣，五品褖衣。內外命婦、宮人從蠶，則各依品次，皆服青紗公服。其外命婦，綬帶鞶囊，皆準其夫公服之例。百官之母詔加太夫人者，朝服公服，各與其命婦服同。

後周制，皇后首飾，花釵十有二樹。諸侯之夫人，亦皆以命數爲之節。三妃、三公夫人以下[四八]，又各依其命。一命再命者，俱以三爲節[四九]。后服十有二等。其翟衣六：從皇帝祀郊禖，享先皇，朝皇太后，則服翬衣；祭陰社，朝命婦，則服褕衣；祭群小祀，受獻繭，則服鷩衣；採桑則服鳪衣；黃色。音卜。從皇帝見賓客，聽女教，則服鵫衣；白色。音罩。食命婦，歸寧，則服翐衣。玄色。音袟。俱十有二等，以翬翟爲領褾，各十有二[五〇]。臨婦學及法道門，燕命婦，有時見命婦，則蒼衣；春齋及祭還，則青衣；夏齋及祭還，則朱衣；採桑齋及採桑還，則黄衣；秋齋及祭還，則素衣；冬齋及祭還，則玄衣。自青衣而下，其領褾以相生之色〔五一〕。諸公夫人九服，其翟衣翟皆九等，俱以褕翟爲領褾，各九。自褕衣以下，鷩、鳪、鵫、翙、朱、黄、素、玄等衣九也〔五二〕。自朱衣而下，其領褾亦用相生之色。諸侯夫人，自鷩衣而下八；其翟衣翟皆八等，俱以鷩翟爲領褾〔五三〕；無褕衣。諸伯夫人，自鳪衣而下七；其翟衣翟皆七等，俱以鳪翟爲領褾；又無鷩衣。諸子夫人，自鵫衣而下六；其翟衣翟皆六等，俱以鵫翟爲領褾；又無鳪衣。諸男夫人，自翙衣而下五；其翟衣翟皆五等，俱以翙翟爲領褾；又無鵫衣。三妃、三公夫人之服九：鳪衣、鵫衣、翙衣〔五四〕、青衣、朱衣、黄衣、素衣、玄衣、緅衣〔五五〕，其翟亦九等，以鳪翟爲領褾，各九。三妐、三妐三孤之内子〔五六〕，自鵫衣而下八。翟皆八等，以鵫翟爲領褾，各八。六嬪、六卿之内子〔五七〕，自翙衣而下七。翟皆七等，以翙翟爲領褾，各七。上媛、上大夫之孺人，自青衣而下六。中媛、中大夫之孺人，自朱衣而下五。下媛、下大夫之孺人〔五八〕，自黄衣而下四。御婉、士之婦，自素衣而下三。中宫六尚，緅子侯反。衣。諸命秩之服曰公服〔五九〕，其餘常服曰私衣〔六〇〕。

隋因之。皇后首飾，花十二樹；皇太子妃、公主、王妃、三師三公及公夫人、一品命婦，並用九樹；侯夫人、二品命婦，並八樹；伯夫人、三品命婦，並七樹；子夫人、世婦及皇太子昭訓、四品以上官命婦，並六樹；男夫人、五品命婦，並五樹；女御及皇太子良娣，三樹。皇后以下，小花並如大花之形。皇后褘衣、鞠衣、青衣、朱衣四等。褘衣，深青質，織成領袖，文以翬翟，五采重行，十二等。素紗内單，黼領，羅縠褾、襈，色皆以朱。蔽膝隨裳色，以緅爲緣，用翟三章。大帶隨衣裳，飾以朱緣之錦，青緣。革帶，青韈。舄，舄以金飾。白玉佩，玄組，綬，章采尺寸同於乘輿。祭及朝會大事服之。鞠衣，黃羅爲質，織成領袖。蔽膝，革帶及舄，隨衣色。餘準褘衣，親蠶服也。青服去花〔六一〕，大帶及佩綬，金飾履，禮見天子則服之。朱服，如青服。有金璽，盤螭鈕，文曰「皇后之璽」。冬正大朝，則並璜琮，各以笥貯，進於座隅。皇太后服同於后服，而貴人以下並亦給印。三妃，服褕翟，金章龜鈕，文從其職〔六二〕。紫綬金縷織成獸頭鞶囊〔六三〕，佩于闐玉。九嬪，服闕翟，金章龜鈕〔六四〕，文從職。金縷織成獸頭鞶囊〔六五〕。佩采瓄玉。婕妤，銀縷織成獸頭鞶囊〔六六〕，他如嬪服。美人、才人，鞠衣，銀印珪鈕，獸爪鞶囊，佩水蒼玉，餘同〔六七〕。寶林，服展衣，艾綬。鞶囊，佩玉，同婕妤。承衣刀人，采女，褖衣，無印綬。皇太子妃服，揄翟衣，九章。金璽龜鈕。素沙内單，黼領，朱羅褾襈〔六八〕，色皆用朱〔六九〕。蔽膝二章，大帶，同褘衣。青緣革帶，朱韈，青舄，舄加金飾，佩瑜玉，纁朱綬，獸頭鞶囊。凡大禮見皆服之。唯侍親桑，則用鞠衣，佩綬與褕衣同。良娣，鞠衣，銀印，青綬，獸爪鞶囊。餘同世婦。寶林、八子，展衣，銅印，佩水蒼玉，艾綬。諸侯王太妃、妃、長公主、公主〔七〇〕、三公夫人、一品命婦，褕翟，繡爲九章。佩山玄玉，獸頭鞶囊，綬同夫色。公夫人、縣主、二品命婦，亦褕翟，繡八章。從親桑，同鞠衣。自此以下，佩皆水蒼玉。侯伯夫人、三品命婦，亦服褕翟，繡爲七章。子夫人、四品命婦，服闕翟，刻赤繒爲翟，綴衣上，爲六章。男夫人、五品命婦，闕翟，五章。若從親蠶，皆同鞠衣。

唐皇后之服三：褘衣者，受册、助祭、朝會大事之服也。深青織成爲之，畫翬，赤質，五色，十二等。素紗中單，黼領，朱羅縠褾、襈，蔽膝隨裳色，以緅領爲緣，用翟爲章，三等。青衣，革帶，大帶隨衣色。

褘、紐約、佩、綬如天子。青襪，舄加金飾。鞠衣者，親蠶之服也。黄羅爲之，不畫，蔽膝、大帶、革帶，舄隨衣色，餘同褘衣。鈿釵禮衣者，燕見賓客之服也。十一鈿，服用雜色而不畫，加雙佩小綬，去舄加履，首飾大小華十二樹，以象衮冕之旒，又有兩博鬢。皇太子妃之服有三：揄翟者，受册、助祭、朝會大事之服也。青織成，文爲摇翟，青質，五色九等。素紗中單，黼領，朱羅縠褾、襈，蔽膝隨裳色，用緅爲領緣，以翟爲章，二等。青衣，革帶、大帶隨衣色。鈿釵禮衣者，燕見賓客之服也。九鈿，其服用雜色，制如鞠衣，加雙佩，小綬，去舄加履，首飾花九樹，有兩博鬢。命婦之服六：翟衣者，内命婦受册、從蠶、朝會，外命婦嫁及受册、從蠶、大朝會之服也。青質，繡翟，編次於衣及裳，重爲九等。青紗中單，黼領，朱縠褾、襈，裾，蔽膝隨裳色，以緅爲領緣，加文繡，重雉爲章二等。大帶隨衣色，以青衣，革帶，青襪，舄，佩，綬，兩博鬢飾以寶鈿。一品翟九等，花釵九樹；二品翟八等，花釵八樹；三品翟七等，花釵七樹；四品翟六等，花釵六樹；五品翟五等，花釵五樹。寶鈿視花樹之數。鈿釵禮衣者，内命婦常參、外命婦朝參、辭見、禮會之服也。制同翟衣，加雙佩、小綬，去舄，加履。一品九鈿，二品八鈿，三品七鈿，四品六鈿，五品五鈿。禮衣者，六尚、寶林、御女、采女、女官七品以上大事之服也。通用雜色，制如鈿釵禮衣，唯無首飾、佩、綬。公服者，常供奉之服也。去中單、蔽膝、大帶，九品以上大事、常供奉亦如之。半袖裙襦者，東宫女史常供奉之服也。公主、王妃佩、綬同諸王。花釵禮衣者，親王納妃所給之服也。大袖連裳者，六品以下妻，九品以上女嫁服也。青質，素紗中單，蔽膝、大帶、革帶，韈、履同裳色，花釵，覆笄〔七二〕，兩博鬢，以金銀雜寶飾之。庶人女嫁有花釵，以金銀瑠璃塗飾之。連裳，青質，青衣，革帶，韈、履同裳色。

婦人燕服視夫。百官女嫁、廟見攝母服。五品以上媵降妻一等，妾降媵一等，六品以下妾降妻一等。

宋朝皇后之服，常服，龍鳳珠翠霞帔，其唐制三等，褘衣、鞠衣、禮衣，仍存其名。

太宗端拱二年，禁婦人戴假髻，非命婦不得服泥金、銷金、真珠裝綴衣服。

仁宗幼，皇太后聽政。天聖元年，詔議皇太后禮服，而太常禮院言：「開寶禮，皇太后當褘衣，以青衣革帶、青韈舄〔七二〕、白玉雙佩、黑組、雙大綬、素紗中單、蔽膝、大帶，首飾花十二株，受册、親蠶、朝會諸大事則服之。又隋制，后服四等，其四曰朱衣，以緋羅爲之，宴見賓客則服之。今議每朝謁神御，往還乘輦，服朱衣，而加蔽膝、革帶、大帶、寶裝綬、佩、韈、金飾履，悉如衣之色。常視事，去蔽膝、革帶、佩、綬〔七三〕；或衣鞠衣，則以黄羅爲之，亦用寶裝綬、大帶、履。」命内侍周文質如所議以製，至二年五月，上之。

明道元年，詔以二月耕籍，而皇太后恭謝於宗廟，乃命王舉正、李淑同禮官講籍田禮及皇太后謁廟儀。禮官議謂：「皇太后宜準皇帝衮服減二章，衣去宗彝，裳去藻，不佩劍〔七四〕，金龍花十六株，前後垂珠翠各十二旒，以衮衣爲名。」詔名其冠曰儀天。又言：「皇太后乘玉輅，服褘衣，九龍花釵冠。行禮，服衮衣，冠儀天冠。皇太妃、皇后乘重翟車，服鈿釵禮衣，以緋羅爲之。具蔽膝革帶佩綬履，其冠用十二株花釵。太廟行禮，並服褘衣。」詔可之，敕有司製禮衣及重翟以下六車。太后遂以車服謁太廟。

景祐三年〔七五〕，令命婦許以金爲首飾，及爲釵、簪、釧、纏、珥、環〔七六〕，毋得爲牙魚、飛魚，奇巧飛動若龍形者，其用銀毋得塗金。非命婦之家，毋得衣珠玉。凡帷帟、幙幔、簾旌、牀襦，毋得純錦徧繡。

慶曆二年，詔曰：「朕躬至儉之化，以率天下。何迺流俗尚淪奢薄，浮華相趨，蠹用冞廣，銷潰珍寶，變夸服裳？效魚龍之飾，奸輿輦之制。積逾法度，公冒典刑。頃在先朝，嘗詔執事者嚴爲之禁，仍開購賞，用警弗率。比年亦嘗申飭之，如聞未習，猶復抵冒，宜先宮掖，下暨民庶，一皆屏絶。自内廷后宮以下，毋得衣銷金、貼金、縷金、間金、蹙金、圈金、解金、剔金、陷金、明金、泥金、楞金、背金〔七七〕、闌金、盤金、織金、綫金、撚金等服，臣庶犯者，必致之法。」

皇祐元年，詔：「婦人所服冠高毋得踰四寸，廣毋得踰一尺，梳長毋得踰四寸，毋以角爲之。」先時，宮中尚白角冠梳，人争效之，謂之「内樣」。其冠名曰垂肩、等肩〔七八〕，至有長三尺者；梳長亦踰尺。議者以爲服妖，故禁止焉。

神宗元豐八年，禮部言：「太皇太后生辰，舊所供奉物，於令式宜增一倍。冠朵舊用九，花舊用五，至是各增爲十二。」八月，禮部又言：「皇太妃冠服之屬減皇后五分之一。」詔詳定。而鄧温伯等言：「皇太妃冠服，禮令不載，亦無故事。」於是從禮部所請，而冠朵用牙魚。

徽宗大觀四年，宰相奏：「皇后受册冠服，當辦具者〔七九〕。」帝以鄭后自陳「頭冠用珠數多，請服爲妃時冠，增篦插三枝」。遂不復改製。

政和三年，議禮局上所定皇后服飾制度：「首飾花十二株，小花如大花之數，並兩博鬢，冠飾以九龍四鳳。褘衣深青，織成翟文，素質，五色，十二等。青紗中單，黼領，羅縠褾、襈，蔽膝隨裳色，以緅爲領緣，用翟爲章，三等。大帶隨衣色，朱裏，紕其外。上以朱錦，下以緑錦。鈕約用青組。以青衣革帶，白玉雙佩，黑組，雙大綬，小綬三，間施玉環三。章采尺寸，與乘輿同。青襪、舄，舄加金飾。受册、朝謁景靈宮服之。鞠衣，黄羅爲之。蔽膝、大帶、革帶，舄隨衣色〔八〇〕，餘同禕衣，唯無翟文。親蠶服之。妃首飾花九株，小花如大花之數，並兩博鬢，冠飾以九翬、四鳳，褕翟，青羅繡爲摇翟之形，編次於衣，青質、五色九等。素紗中單，黼領，羅縠褾、襈，蔽膝隨裳色，以緅爲領緣，以摇翟爲章，二等。大帶隨衣色，不朱裏〔八一〕，紕其外，餘倣皇后冠服之制，受册服之。」皇太子妃冠服之制，首飾花九株，小花如大花之數，並兩博鬢。褕翟，青織成爲之文爲文，翟之形，青質，五色九等。素紗中單，黼領，羅縠褾、襈，褾、襈皆以朱色。蔽膝隨裳色，以緅爲領緣，以摇翟爲章，二等。大帶隨衣色，不朱裏，紕其外，上以朱錦，下以緑錦，紐約用青組。以青衣革帶，白玉雙佩，純朱雙大綬，章采尺寸，與皇太子同。受册、朝會服之。鞠衣，黄羅爲之，蔽膝，大帶，革帶，隨衣色，餘與褕翟同，唯無翟，從蠶服之。詔頒行。

高宗中興後，皇后之服：首飾，禕衣，佩，綬，襪，舄，依政和新議，與皇太后同。

孝宗乾道中，中宮常服，有司進真紅大袖，紅羅生色爲領，紅羅長裙，紅霞帔，藥玉爲墜，背子用紅羅，衫子用黄紅紗，襠袴以白紗，裙以明黄，短衫以粉紅紗爲之。

校勘記

〔一〕惟祭服有衡　「服」原作「祀」，據周禮追師鄭注改。

〔二〕特牲饋食禮曰　原作「少牢饋食禮曰」，據周禮追師鄭注改。

〔三〕蓋有所傳然也　「然」字原脱，據禮書卷一八后服補。

〔四〕士昏禮姆纚笄　「昏禮」原脱，據禮書卷一八后服及上文補。

〔五〕禕衣畫衣也　「畫」上原有「是」字，據周禮内司服鄭注删。

〔六〕素沙赤衣也　「赤」原作「白」，據元本、慎本、馮本及周禮内司服鄭注改。

〔七〕薦鞠衣於先帝　「先」原作「上」，據禮記月令改。

〔八〕婦人尚專一　「尚專」原倒，據周禮内司服鄭注乙正。

〔九〕今之白縳也　「縳」原作「繒」，據周禮内司服鄭注改。

〔一〇〕六服之外别言之者　「六」原作「亦」，據慎本、局本及周禮内司服賈疏改。

〔一一〕但九嬪下有世婦女御三等鞠衣以下服亦三等　「下」原作「以」，下一「下」原作「一」，據周禮内司服賈疏改。

〔一二〕故鄭注司服疑而不定　「服」原作「命」，據禮記玉藻賈疏改。

〔一三〕魯祭先公則降焉　禮記玉藻賈疏無此七字。

〔一四〕士之妻命服也　「服」原作「婦」，據禮記玉藻鄭注改。

〔一五〕男之士不命　「之」字原脱，據禮記玉藻賈疏補。

〔一六〕唯祭服有舄　「服」字原脱，據周禮屨人鄭注補。

〔一七〕太皇太后皇太后入廟服幗簪珥　「服」字原脱，據後漢書志三〇輿服下補。

〔一八〕以安幗結　「結」字原脱，據後漢書志三〇輿服下補。

〔一九〕皇后謁廟服　「服」字原脱，據後漢書志三〇輿服下補。

〔二〇〕毛詩傳曰　「毛」字原脱，據後漢書志三〇輿服下補。

〔二一〕上生樹本　「本」原作「木」，據馮本、局本及史記卷五秦本紀徐廣注改。

〔二二〕貴人助蠶制　「制」，後漢書志三〇輿服下作「服」。

〔二三〕即單衣也　「即」原作「則」，據後漢書志三〇輿服下改。

〔二四〕自公主封君以上皆帶綬　「以上」原在「皆」下，據後漢書志三〇輿服下乙正。

〔二五〕緗赤黄色　「赤」原作「布」，據後漢書志三〇輿服下注引博物記改。

〔二六〕公特進列侯卿校世婦中二千石以下夫人　原脱「中二千石」四字，據晉書卷二五輿服志補。

〔二七〕假髻　「假」字原脱，據晉書卷二五輿服志補。

〔二八〕貫白珠爲枝相繆　「爲」下原有「桂」，據元本、慎本、馮本及晉書卷二五輿服志删。

〔二九〕服皂上皂下　後一「皂」字原作「縹」，據晉書卷二五輿服志改。

〔三〇〕助蠶者縹絹上下　「縹」原作「緇」，據晉書卷二五輿服志改。又，宋書卷一八禮五「緇」作「青」。

〔三一〕八雀九華　「雀」原作「爵」，據宋書卷一八禮五改。

〔三二〕公主三夫人大手髻　「公主」下衍「會見」，「手髻」上脱「大」字，據宋書卷一八禮五删補。

〔三三〕公主封君以上皆帶綬　原「公主」下有「會見」二字，據宋書卷一八禮五删。

〔三四〕以采組爲緄帶　「組」字原脱，據宋書卷一八禮五補。

〔三五〕皇后謁廟　「謁廟」原脱，據通典卷六二禮二二補。

〔三六〕開國公侯太夫人　原「太夫人」下有「夫人」二字，據隋書卷一一禮儀六删。

〔三七〕六品七品大手髻　「六品」原脱，據隋書卷一一禮儀六補。

〔三八〕八品九品偏髾髻　「九品」原脱，據隋書卷一一禮儀六補。

〔三九〕郡長君七鏌蔽髻　「君」原訛「公主」，據隋書卷一一禮儀六改。

〔四〇〕内外命婦從五品以上　原「婦」下有「以上」，據隋書卷一一禮儀六删。又，通典卷六二禮二二「從五品」作「從二品」。

〔四一〕二品闕翟　「二品」原脱，據隋書卷一一禮儀六補。

〔四二〕璽綬佩同皇太子　「佩」字原脱，據隋書卷一一禮儀六補。

〔四三〕郡長公主公主王國太妃妃　後「公主」、「妃」原脱，據隋書卷一一禮儀六補。

〔四四〕縣主　原「主」上有「公」，據局本及隋書卷一一禮儀六删。

〔四五〕太子良娣視九嬪服　「視」字原脱，據隋書卷一一禮儀六補。

〔四六〕縣君銀章　「章」原作「蒼」，據隋書卷一一禮儀六改。

〔四七〕太子家人子同御女　下一「子」字原脱，據隋書卷一一禮儀六補。

〔四八〕三妃三公夫人以下　下「三」原作「王」，據元本、慎本、馮本及隋書卷一一禮儀六改。

〔四九〕俱以三爲節　「三」原作「王」，據元本、慎本、馮本及隋書卷一一禮儀六改。

〔五〇〕各十有二　「十」字原脱，據隋書卷一一禮儀六補。

〔五一〕其領褾以相生之色　「領褾」原倒，據隋書卷一一禮儀六乙正。下同。

〔五二〕素玄等衣九也　「衣」字原脱，據隋書卷一一禮儀六補。

〔五三〕俱以鶖翟爲領褾　「鶖」字原脱，據隋書卷一一禮儀六補。

〔五四〕翙衣　通典卷六二禮二二作「鳪衣」。

〔五五〕綃衣　「綃」原作「絹」，據隋書卷一一禮儀六改。

〔五六〕三䢓三䢓三孤之内子　「三䢓三䢓」原脱，據隋書卷一一禮儀六補。

〔五七〕六嬪六卿之内子　上「六」原作「九」，據隋書卷一一禮儀六改。

〔五八〕自朱衣而下五下媛下大夫之孺人　此十四字原脱，據隋書卷一一禮儀六補。

〔五九〕諸命秩之服曰公服　「秩」原作「袟」，據局本及隋書卷一一禮儀六改。

〔六〇〕其餘常服曰私衣　「衣」原作「服」，據隋書卷一一禮儀六改。

〔六一〕青服去花　「服」原作「衣」，「花」字原脱，據隋書卷一二禮儀七改補。

〔六二〕文從其職　「職」字原脱，據隋書卷一二禮儀七補。下同。

〔六三〕紫綬金縷織成獸頭鞶囊　「織成」原誤在「紫綬」上，據隋書卷一二禮儀七乙正。

〔六四〕金章龜鈕　「章」字原脱，據馮本、局本及隋書卷一二禮儀七補。

〔六五〕金縷織成獸頭鞶囊　原脱「金縷」、「獸頭鞶囊」六字，據隋書卷一二禮儀七補。

〔六六〕銀縷織成獸頭鞶囊　「獸頭鞶囊」原脱，據隋書卷一二禮儀七補。

〔六七〕餘同　按前述三妃等服品與佩物共五項：衣、印、綬、囊、玉是也。此美人、才人已言衣、印、囊、玉，未言者惟綬。餘同者當謂綬同也。然據隋書卷一二禮儀七，美人、才人青綬，而三妃、九嬪、婕妤俱紫綬，是餘本不同。此云「餘同」，恐誤。

〔六八〕朱羅褾襈　「朱」、「褾」二字原脱，據隋書卷一二禮儀七補。
〔六九〕色皆用朱　「用」原作「同」，據元本、慎本、馮本及隋書卷一二禮儀七改。
〔七〇〕公主　二字原脱，據隋書卷一二禮儀七補。
〔七一〕覆笄　「覆」原作「履」，據新唐書卷二四車服志改。
〔七二〕青韈舄　「韈」原作「綬」，據元本、慎本、馮本及長編卷一〇二仁宗天聖二年五月條改。
〔七三〕去蔽膝革帶佩綬　「綬」，長編卷一〇二仁宗天聖二年五月條、宋會要輿服四之六作「韈」。
〔七四〕不佩劍　「不」原作「下」，據元本、慎本、馮本及宋會要輿服四之六改。
〔七五〕景祐三年　「景祐」原作「天聖」，據宋會要輿服四之七、宋史卷一五三輿服五改。
〔七六〕釵簪釧纏珥環　「簪」原作「蔘」，據宋會要輿服四之七、長編卷一一九仁宗景祐三年八月條改。
〔七七〕背金　「背」原作「脊」，據長編卷一三六仁宗慶曆二年五月條改。
〔七八〕其冠名曰垂肩等肩　宋會要輿服四之七同。長編卷一六七仁宗皇祐元年十月條作「其冠名曰垂肩」。
〔七九〕皇后受册冠服當辦具者　「者」字原脱，據宋會要輿服四之四補。
〔八〇〕革帶舄隨衣色　宋史卷一五一輿服三無「帶」字。
〔八一〕不朱裏　「不」原作「下」，據馮本、局本及宋史卷一五一輿服三改。

卷一百十五　王禮考十

圭璧符節璽印

虞舜輯五瑞，既月，乃日覲四岳群牧，班瑞于群后。輯，斂。瑞，信也。公執桓圭，侯執信圭，伯執躬圭，子執穀璧，男執蒲璧，五等諸侯執之，以合符於天子而驗其信否也。周禮：「天子執冒，四寸，以朝諸侯。」鄭氏注云：「名玉曰冒（一），以德覆冒天下也。諸侯始受命，天子錫以圭，圭頭斜鋭，其冒平斜刻小大、長短、廣狹如之。諸侯來朝，天子以刻處冒其圭頭，有不同者，即辨其僞也。既月，盡此月。日覲，日日見也。既見之後，審之非僞，則又班還其瑞，以與天下正始也。」

程氏演繁露曰：「尚書大傳曰：『古者圭必有冒，故瑁圭者，天子與諸侯爲瑞。諸侯執所受圭以朝天子，無過者復得以給，使之歸國；有過者留其圭三年。』已上御覽八百六。按大傳，此言必有所本。舜典之謂『輯五瑞』者，即此之執圭而朝者也。輯者，斂之而上乎天子也。又謂『班瑞于群后』者，即此之復與其圭以歸者也。第其『有過留之三年』者，不見所出。然大傳此言極有理也。舜典下文『東巡岱宗』而贄五玉，以朝者，即與在朝而『輯五瑞』者同理也。正義曰：『五瑞本受之堯，斂而還之，謂如舜新以付改爲舜臣，與之正新君之始。』此亦有理。然以上下文推之，則不通矣。四岳巡狩，皆嘗斂玉而復授之矣，至五器之斂復，即是輯班之異名矣。今獨於正月在都所班者爲舜賜，則巡狩之所如所復在已受新賜之後，何用再班也邪？以此知大傳所言有理，蓋分還、留兩端以爲賞罰也者，其説有理也。」

按：「天子之所佩曰璽，臣下之所佩曰印。無璽書，則九重之號令不能達之於四海；無印章，則有司之文移不能行之於所屬。此後世之事也，三代以前則未之聞。上之所以示信於下者，惟圭璧與符節而已。封建則有圭璧。諸侯朝於天子，則執其所受之圭以合焉，所謂『天子執冒，四寸，以朝諸侯，公執桓圭，侯執信圭，伯執躬圭，子執穀璧，男執蒲璧』是也。徵召則有符節。掌節所謂『掌守邦節而辨其用』，典瑞所謂『珍圭以徵守，以恤凶荒；牙璋以起軍旅，以治兵守』是也。二者皆重器，故俱以玉爲之。古者人朴俗淳，故雖有圭璧符節，而其用甚簡，必大朝會、大徵發則以之示信。後世巧詐日滋，而防制益密，故璽書、印章之用甚煩，而猶懼其不足以防姦。莊周所謂『焚符破璽，而民朴鄙』，蓋有激也。然則圭璧，蓋符節璽印之類，世徒見繪禮圖者繪天子、諸侯被冕服，執圭璧，遂以鎮圭、桓圭以下爲服飾之具；又見尚書有五玉、三帛、二生、一死贄之説，遂以圭璧爲贄見之物。然皆非也。舜典『輯五瑞』之下，繼之以班瑞修五禮；五玉之下，繼以如五器卒乃復。蓋索之以別其僞，而復還之耳。春官大宗伯以玉作六瑞，以等邦國，則自王執鎮圭，至男執蒲璧；以禽作六摯，以等諸臣，則自孤執皮帛，以至工商執鷄。六瑞在先，六摯在後，明圭璧非贄獻之物也。故今叙符節璽印，而以圭璧先之。」

虞書言修五禮、五玉、三帛、二生、一死贄，如五器卒乃復。孔注：五器，即五玉，五等諸侯所執也。三帛，諸侯世子執纁，公之孤執玄，附庸之君執黄。二生，卿執羔，大夫執鴈。一死，士執雉。五器，終則還之；三帛、生、死則否。然則豈諸侯世子以下則受其物，而於五等諸侯反無所受乎？按周禮小行人，成六瑞，王用鎮圭，公用桓圭，侯用信圭，伯用躬圭，子用穀璧，男用蒲璧。合六幣，圭以馬，璋以皮，璧以帛，琮以錦，琥以繡，璜以黼。此六物者，以和諸侯之好。康王之誥，諸侯入應門，皆布乘黄朱，賓稱奉圭兼幣。蓋諸侯之朝天子，有圭璧以爲信，有馬幣以爲贄，並陳於庭。圭璧則合而還之，馬幣則受之。至於諸侯世子以下則無圭璧，直以三帛、二生、一死效贄而已。無璧則不言復矣，然則圭璧蓋似贄而非也。聘禮云：以圭璋聘，重禮也。已聘而還圭璋，此輕財而重禮之義也。蓋古者朝聘皆以玉行禮，而並無受玉之文，明玉非幣馬羔鴈之比也。

周官典瑞掌玉瑞、玉器之藏，辨其名物，與其用事，設其服飾〔一〕。王晉大圭，執鎮圭，繅藉五采五就以朝日。繅有五采文，所以薦玉。木爲中幹，用韋衣而畫之。就，成也。天子常春分朝日。鄭司農云：「晉讀爲搢紳之搢，謂插於紳帶之間，若帶劍也。五就，五帀也。一帀爲一就。」公執桓圭，侯執信圭，伯執躬圭，繅皆三采三就；子執穀璧，男執蒲璧，繅皆二采再就，以朝、覲、宗、遇、會、同於王。三采，朱、白、蒼；二采，朱、緑也。鄭司農云：「以圭璧見於王。」覲禮曰：「侯氏入門，右坐奠圭，再拜稽首。侯氏見於天子，春曰朝，夏曰宗，秋曰覲，冬曰遇，時見曰會，殷見曰同。」諸侯相見，亦如之。亦執圭璧以相見。春秋傳曰：「邾子執玉，高其容仰。」瑑圭璋璧琮，繅皆二采一就，以覜聘。璋以聘后夫人，以琮享之也。大夫衆來曰覜，寡來曰聘。鄭司農注云：「瑑，有圻鄂瑑起。」珍圭以徵守，以恤凶荒；杜子春云：珍當爲鎮，書亦或爲鎮。以徵守者，以徵召守國諸侯，若今時徵郡守以竹使符也。鎮者，國之鎮，諸侯亦一國之鎮，故以鎮圭徵之也。凶荒則民有遠志，不安其土，故以鎮圭鎮安之。玄謂鎮圭，王使之瑞節。制大小，當與琬琰相依。王使人徵諸侯，憂凶荒之國則授之，執以往致王命焉，如今時使者持節矣。恤者，開府庫賑救之，凡瑞節，歸又執以反命。牙璋以起軍旅，以治兵守；鄭司農云：牙璋，瑑以爲牙，牙齒，兵象，故以牙璋發兵，若今時以銅虎符發兵。玄謂牙璋亦王使之瑞節。兵守，用兵所守，若齊人戍遂〔三〕，諸侯戍周。璧羨以起度；鄭司農云：羨，長者，此璧徑長尺，以起度量。玉人職曰：「璧羨度尺以爲度。」玄謂羨不圜之貌，蓋廣徑八寸，袤一尺〔四〕。穀圭以和難，以聘女；穀圭，亦王使之瑞節。穀，善也。其飾若粟文，然難仇讎和之者，若春秋宣公及齊侯平莒及郯，晉侯使瑕嘉平戎於王，其聘女則以納徵焉。琬圭以治德，以結好；琬圭，亦王使之瑞節。諸侯有德，王命賜之。及諸侯使大夫求聘〔五〕，既而爲壇會之，使大夫執以命事焉。大行人職曰：「時聘以結諸侯之好。」鄭司農云：「琬圭無鋒芒，故治德以結好。」琰圭以易行，以除慝。琰圭，亦王使之瑞節。鄭司農云：琰圭有鋒芒傷害，征伐誅討之象，故以易行除慝，易惡行令爲善者，以此圭責讓諭告之也。玄謂除慝，亦謂諸侯使大夫來頫，既而使大夫執而命事於壇。大行人職曰：「殷頫以除邦國之慝。」玉人之事，鎮圭尺有二寸，天子守之；命圭九寸，謂之桓圭，公守之；命圭七寸，謂之信圭，侯守之；命圭七寸，謂之躬圭，伯守之。命圭者，王所命之圭也，朝覲執焉，居則守之。子守穀璧，男守蒲璧，不言之者，闕耳。天子執冒，四寸，以朝諸侯。名玉曰冒，言德能覆蓋天下者也。四寸者，方以尊接卑，以小爲貴。天子用全，上公用龍，侯用瓚，伯用將。鄭司農云：全，純色也。龍當爲尨，尨，雜色也。玄謂全，純玉也。龍、瓚、將，皆雜名也。卑者下尊以輕重爲差，玉多則重，石多則輕。公侯四玉一石，伯、子、男三玉二石。琬圭九寸而繅，以象德，琰圭九寸，判規，以除慝，以易行。凡圭，琰上寸半。琰圭，琰半以上又半爲瑑飾。璧羨度尺，好三寸，以爲度。羨，徑也。好，璧孔也。爾雅曰：「肉倍好謂之璧，好倍肉謂之瑗，肉、好若一謂之環。」玄謂羨猶延，其袤一尺，而廣狹焉。穀圭七寸，天子以聘女。牙璋、中璋七寸，射二寸，厚寸，以起軍旅，以治兵守。二璋皆有鉏牙之飾於琰側，先言牙璋，有文飾也。

陳氏禮書曰：「大宗伯作六瑞，自王以下皆言執。小行人掌六瑞，自王以下皆言用。則執者自人言之也，用者自王言之也〔六〕。執之所以行禮，用之所以合符。宗伯、典瑞、行人皆言執，獨小行人言用，則行禮非小行人所專掌，特掌其合符之事而已。若夫不施於行禮合符，則寶而守之，此玉人所以又言守之也。」

掌節，掌守邦節而辨其用，以輔王命。邦節者，珍圭、牙璋、穀圭、琬圭、琰圭也。王有命，則別其節之用以授使者。輔王命者，執以行爲信。守邦國者用玉節，守都鄙者用角節。謂諸侯於其國中，公、卿、大夫、王子弟於其采邑。有命者亦自有節以輔之。玉節之制，如王爲之，以命數爲大小。角用犀角，其制未聞。凡邦國之使節，山國用虎節，土國用人節，澤國用龍節，皆金也，以英蕩輔之。使節，使卿大夫聘於天子、諸侯，行道所執之信也。土，平地也。山多虎，平地多人，澤多龍，以金爲節，鑄象焉。必自以其國所多者，於以相別爲信，明也。今漢有銅虎符。杜子春云：「蕩當爲帑，謂以函器盛此節。」或曰：「英蕩畫函。」門關用符節，貨賄用璽節，道路用旌節，皆有期以反節。門關，司門、司關也。貨賄者，主通貨賄之官，謂司市也。道路者，主治五涂之官，謂鄉、遂大夫也。凡民遠出，至於邦國，邦國之民若來入，由門者，司門爲之節，由關者，司關爲之節。其商，則司市爲之節。其以徵令及家徒〔七〕，則鄉遂大夫爲之節。唯時事而行不出關，不用節也。變司市言貨賄者，璽節主以通貨賄，貨賄非必由市，或資於民家焉。變鄉遂言道路者，容公邑及小都、大都之吏，皆主治五涂，亦有民也。符節者，如今宮中諸官詔符也。璽節者，今之印章也。旌節，今使者所擁節是也，將送者執此節以送行者，皆以道里、日、時課，如今郵行有程矣，以防容姦，擅有所通也。凡節有法式，藏於掌節。凡通達於天下者，必有節，以傳輔之；必有節，言遠行無有不得節而出者也。輔之以傳者，節爲信耳，傳說所齎操及所適。無節者，有幾則不達。圜土內之〔八〕。

陳氏禮書曰：「節之爲物，或以玉，或以角，或以金，或以竹；或用以守，或用以使，或用以民。周官掌節之所掌者八：玉節也，角節也，虎節也，人節也，龍節也，符節也，璽節也，旌節也。小行人之所達者六：虎節也，龍節也，人節也，旌節也，符節也，管節也。掌節守邦國者用玉節，守都鄙者用角節，此用以守者也；山國用虎節，土國用人節，澤國用龍節，皆金爲之，此用以使者也；門關用符節，貨賄用璽節，道路用旌節，皆有期以反節，此用於使與民者也。行人，凡其使也必以旌節，此使者所執也。此掌之者若徙於他〔九〕，則爲之旌節以達之，此民所執也〔一〇〕。析竹爲符節，全竹爲管節，小行人有管節，而掌節無之者，掌節所掌，謂之邦節，以輔王命，則所謂邦國之使節，使邦國者所執也。鄭氏謂使卿大夫聘於天子、諸侯，誤也。小行人所達，謂之天下之節，則所謂龍節、人節、虎節、管節，邦國都鄙使者所執，非王官所掌也。掌節無都鄙之使節，以使都鄙者無節，特以旌節行之也。小行人無璽節，以其所掌者使節，而貨賄之事不預也。然節不特八節、六節而已。典瑞『珍圭以徵守，以恤凶荒；牙璋以起軍旅；琬圭以治德，以結好；琰圭以除慝，以易行；穀圭以和難，以聘女』。鄭氏皆以爲王使之瑞節，則珍圭、牙璋、琬圭、琰圭、穀圭，使者爲信於所適者也；龍節、虎節、人節、符節、旌節，行人爲信於道路者也。調人凡和難弗辟，則與之瑞節，而以執之，此琰圭耳。則琰圭不特施於使者，民亦與之也。書康誥曰：『越小臣諸節。』春秋之時，宋司馬握節以死，司城致節於府人而去，司馬牛致其邑與圭而適齊。杜預曰：「圭，守邑之信符。」則守節不特於邦國都鄙，雖官府小臣亦有之也。考工記牙璋、穀圭七寸，琬圭、琰圭九寸，漢竹使符竹箭五枚，長五寸。然則先王之節，其長蓋亦不過於此。若夫旌節之制，又加長焉。觀蘇武之杖節，則非以寸計之也。漢竹使符、銅虎各分其半，右留京師，左付郡守。唐符璽郎：『凡國有大事，則出納符節，班其右而藏其左。』先王之節，其班藏蓋亦如此。然老子曰：『執左契不責於人。』則藏其右者，非是。」

秦以印稱璽，以玉，不通臣下，用制乘輿六璽：曰「皇帝行璽」、「皇帝之璽」、「皇帝信璽」、「天子行璽」、「天子之璽」、「天子信璽」。又始皇得藍田白玉爲璽，螭虎鈕，文曰「受天之命，皇帝壽昌。」𢧵佩既廢，乃以采組連結於璲，光明章表〔一一〕，轉相結受，故謂之綬。通典：「秦漢以降，逮於周隋，既多無注解，或傳寫訛舛，有義理難明，雖研覈莫辨。今但約其本史〔一二〕，聊存一代之制，他皆類此。覽之者〔一三〕，幸察焉。」

漢高祖元年十月，沛公至霸上，秦王子嬰封皇帝璽符節，降軹道旁。

漢初有三璽：天子之璽自佩，行璽、信璽在符節臺。

漢舊儀：「璽皆玉螭虎鈕，凡六璽。皇帝行璽，凡封國用之璽；賜諸侯王書〔一四〕，信璽；發兵召大臣；以天子行璽；策拜外國，以天子之璽；事天地鬼神，以天子信璽。皆以武都紫泥封〔一五〕，青布囊白素裏，兩端無縫，尺一板中約署。皇帝帶綬，黄地六采〔一六〕，不佩璽。璽以金銀縢組〔一七〕。侍中組負以從〔一八〕。奉璽書使者乘馳傳。其驛騎也〔一九〕，三騎行，晝夜千里爲程。」

衛宏曰：「秦前民皆佩綬，金、玉、銀、銅、犀、象爲方寸璽，各服所好。秦以來天子獨稱璽，又以玉，群下莫得用。其玉出藍田山，題李斯書，其文曰『受命於天，既壽永昌』。高祖入咸陽，秦王子嬰以璽降，其璽乃始皇藍田玉璽、螭獸鈕，在六璽之外。帝既誅項籍，即天子位，因服其璽，世世傳受，號曰

『漢傳國璽』。平帝崩，孺子未立，璽藏長樂宮。及王莽即位，請璽，太后不肯授莽。莽使安陽侯舜諭指，太后怒罵之，且曰：『若自以金匱符命爲新皇帝，變更正朔服制，亦當自更作璽，傳之萬世，何用此亡國不祥璽爲？我漢家老寡婦，旦暮且死，欲與此璽俱葬，終不可得！』太后因涕泣，左右皆垂涕。舜亦悲不能止，良久，乃謂太后：『臣等已無可言。莽必欲得傳國璽，太后寧能終不與邪？』太后聞舜語切，恐莽欲脅之，乃出漢傳國璽，投之地以授舜，曰：『我老且死，而兄弟今族滅也。』舜既得璽，奏之。莽大說。」

皇后璽文與帝同。皇后之璽，金螭虎紐。皇太子黄金印，龜紐印文曰章。下至二百石，皆爲通官印。

漢諸侯王，金璽盭綬。盭，音戾，緑也。漢舊儀云：「諸侯王，黄金璽橐駝紐，文曰璽。」徹侯，金印紫綬；相國、丞相，金印紫綬。高帝十一年，更名相國，緑綬。太師、太傅、太保、太尉、左右前後將軍，金印紫綬；御史大夫，銀印青綬。凡吏秩比二千石以上，皆銀印青綬，光禄大夫無。秩比六百石以上，皆銅印黑綬，大夫、博士、御史、謁者、郎無。其僕射、御史治書尚符璽者，有印綬。比二百石以上，皆銅印黄綬。綏和元年，長、相皆黑綬。建平二年，復黄綬。

武帝太初元年，改正朔，數用五。紀注云：「謂印文也。若丞相，曰『丞相之印章』，諸卿及守相印文不足五字者，以『之』足之。」

孔氏雜説：「漢時印綬，非若今之金紫銀緋長使服之也。蓋居是官，則佩是印，罷則解之，故三公上印綬也。後漢張渙云：『吾前後十腰銀艾。』銀即銀印，艾即緑綬，十云者，一官一佩之耳。印不甚大，淮南王曰『方寸之印，丈二之組』是也。」

宣帝時，始賜匈奴單于印璽，與天子同。

王莽既篡位，遣五威將軍王駿等多齎金帛，遺單于，因易故印。故印文曰「匈奴單于璽」，莽更曰「新匈奴單于章」。駿既至，授單于印紱，詔令上故印綬〔二〇〕，單于再拜受詔，譯前，欲解取故印〔二一〕，左姑夕侯蘇曰：「未見新印文，宜且勿與。」單于解故印紱奉上，受。著新紱，不解視印，飲食至夜罷。右率陳饒謂諸將率曰：「鄉者姑夕侯疑印文，幾令單于不與人〔二二〕，如今視印，知其變改，必求故印，此非辭説所能距也。既得而復失之，辱命莫大。不如椎破故印，以絶禍根。」即引斧椎壞之。明日，單于果言：「漢賜單于印，言『璽』不言『章』，又無『漢』字，諸王以下乃有『漢』言『章』。今印去『璽』加『新』，與臣下無異。願得故印。」將率示以故印〔二三〕，單于知無可奈何，又多得賂遺，乃遣使奉牛馬入謝，因上書求故印，後以印文改易，怨恨，勒兵入寇。

高祖與功臣剖符作誓。

文帝二年，初與郡守爲銅虎符、竹使符。應劭曰：「銅虎符第一至第五，國家當發兵，遣使者至郡合符，符合乃聽受之。竹使符，皆以竹箭五枚，長五寸，鐫刻篆書，第一至第五。」張晏曰：「符以代古之珪璋，從簡易也。」師古曰：「與郡守爲符者，謂各分其半，右留京師，左以與之。使，音所吏反。」

武帝征和二年，更節加黄旄。初，漢節純赤，以戾太子持赤節，故更爲黄旄加上以相别。

文帝十二年，除關無用傳。傳，信也。若今過所也。師古曰：「古者或用棨，或用繒帛。棨者，刻木爲合符也。」

景帝四年，復置諸關，用傳出入。應劭曰：「以七國新反，備非常。」

宣帝本始四年，詔曰：「今歲不登，民以車船載穀入關者，得毋用傳。」

光武建武三年閏月丙午〔二四〕，赤眉君臣面縛，奉高皇帝璽綬。二月己未，祠高廟，受傳國璽。

王莽敗時，仍帶璽，商人杜吴殺莽，不知取璽；公賓就斬莽首，並取璽。更始將李松送上更始。赤眉至高陵，奉璽上赤眉。建武三年，盆子降光武，奉以上之。

靈帝熹平六年八月戊辰，袁紹等誅宦官，引兵入宫，張遜〔二五〕、段珪等急迫，劫少帝及陳留王至小平津，六璽不自隨。辛未，帝還宫。是日，得六璽，失傳國璽。袁術死，軍破，徐璆得其盜國璽，及還許，上之。

魏受禪，遣使求璽綬〔二六〕，獻穆曹皇后不與。如此數輩，后乃呼使者入，親數責之，以璽抵軒下，因涕泣横流曰：「天不祚爾！」左右莫能仰視。

後漢：皇后赤綬玉璽。

建武元年，復設諸侯王金璽綟綬，公侯金印紫綬。九卿、執金吾、河南尹秩皆中二千石，大長秋、將作大匠、度遼諸將軍、郡太守、國傳相皆秩二千石，校尉、中郎將、諸郡都尉、諸國行相、中尉、内史、中護軍、司直秩皆二千石，以上皆銀印青綬。中外官尚書令、御史中丞、治書侍御史、公將軍長史、中二千石丞、正、平、諸司馬、中宫王家僕、雒陽令秩皆千石，尚書、中謁者、謁者〔二七〕、黄門冗從、四僕射、諸都監〔二八〕、中外諸都官令、都侯、司農部丞、郡國長史、丞、侯、司馬、千人秩皆六百石，家令、侍、僕秩皆六百石，雒陽市長秩四百石，主家長秩皆四百石，以上皆銅印黑綬。諸署長揖擢丞秩三百石〔二九〕，諸秩千石者，其丞、尉皆秩四百石，秩六百石者，丞、尉秩三百石，四百石者，其丞、尉秩二百石，縣國丞、尉亦如之。縣、國三百石長相〔三〇〕，丞、尉亦二百石，明堂、靈臺丞、諸陵校長秩二百石，丞、尉、校長以上皆銅印黄綬。縣國守宮令、相或千石或六百石，長相或四百石或三百石，長相皆以銅印黄綬。而有秩者侍中、中常侍、光禄大夫秩皆二千石，大中大夫秩皆比二千石，尚書、諫議大夫、侍御史、博士皆六百石，議郎、中謁者秩皆比六百石，小黄門、黄門侍郎〔三一〕、中黄門秩皆比四百石，郎中秩皆比三百石，太子舍人秩二百石。輿服志注。

後漢諸侯王、列侯始封貴人薨，皆令贈印璽。

建武二十六年，賜南匈奴黄金璽，盭緺綬。

建武之初，禁網尚簡〔三二〕，但以璽書發兵，未有虎符之信。杜詩上疏曰：「舊制發兵，皆以虎符，其餘調發，竹使而已。間者發兵，但用璽書，或以詔令，如有姦人詐僞，無由知覺。愚以爲軍旅尚興，賊虜未殄，調兵郡國，宜立虎符，以絶姦端。」書奏，從之。

尚符璽郎中四人。舊二人在中〔三三〕，主璽及虎符、竹符之半者。符節令爲符節臺率，主符節事。凡遣使掌授節。

中平六年，始復節上赤葆。

徐氏曰：「按漢初節旄純赤，武帝以衛太子持赤節，乃更節加黄旄。東都因之。中平六年，董卓議廢立，袁紹掛節於上東門而去。卓以紹棄節，乃改第一葆爲赤旄也。」

晉時，傳國璽與斬蛇劍俱爲乘輿所寶。斬蛇劍至惠帝時武庫火燒之，遂亡。及懷帝没胡，傳國璽没於劉聰，後又没於石勒。及石虎死，胡亂，穆帝世，乃還江南。

傳國璽是秦始皇所刻，其玉出藍田山，是丞相李斯所書，其文曰「受命於天，既壽永昌」。漢高祖定秦，秦王子嬰獻此璽。及漢高即位，仍佩之，因以相傳，故號曰「傳國璽」。漢昭帝，殿中一夜相驚，霍光即召持節郎取璽，郎不與，光欲奪之，郎按劍曰：「頭可得，璽不可得。」光善之。明日，遷郎秩二等。光後廢昌邑王賀，立宣帝，光自手解取賀璽，扶令下殿。至漢平帝，王莽簒位，就元后求璽，乃出璽投之於地，璽上螭一角缺。及莽敗時，帶璽綬避火於漸臺，商人杜吴殺莽，取綬，不知取璽及莽頭。公賓就見綬，問綬主所在，乃斬莽首，並璽與王憲，憲得，無所送。又自乘天子車輦，李松入長安，斬憲，送璽詣宛上更始。赤眉大司馬謝禄至高陵，更始奉璽赤眉。赤眉立劉盆子，建武三年，盆子敗於宜陽，璽還光武。孫堅從桂陽入討董卓時，已焚燒洛邑，徙都長安，堅軍於城南，見井中旦旦有光，軍人莫敢汲，堅乃探得璽。初，卓作亂，掌璽者投於井中，故堅得之。袁術有僭盜意〔三四〕，乃拘堅妻逼求之。術得璽，見魏武，舉以向肘，魏武惡之。術敗，得璽還，漢以禪魏，魏以禪晉。趙王倫簒立，使義王王威就惠帝取之，帝不與，强奪之。懷帝永嘉五年，王彌入洛陽，執懷帝及傳國六璽詣劉曜，後爲石勒所併，璽復屬勒，刻一邊云「天命石氏」。此題今不復存。勒爲冉閔所滅，此璽屬閔，閔敗，璽存閔大將軍蔣幹。晉鎮西將軍謝尚遣督護何融至，購賞得之，以晉穆帝永和八年還江南。晉元帝東渡，歷數帝，無玉璽。北人皆云「司馬家白版天子」。

晉皇太子金璽龜紐，朱黄綬，四采：赤、黄、縹、紺。貴人、夫人、貴嬪是爲三夫人，皆金章紫綬，章文曰貴人、夫人、貴嬪之章。淑妃、淑媛、淑儀、修華、修容、修儀、婕好、容華、充華〔三五〕，是爲九嬪，銀印青綬。皇太子妃，金璽龜鈕，纁朱綬。諸王太妃、妃，諸長公主、封君，金印紫綬。郡公侯、縣公侯太夫人、夫人，銀印青綬。

程氏演繁露曰：「晉孔琳之當桓玄時，建議曰：『古者，皇王傳國之璽及公侯襲封之印，皆奕世傳用，無敢改作。今世惟尉之一職獨用一印，至於内外群臣，每遷悉改，終年刻鑄，金、銀、銅、炭之費，不可勝言。愚請衆官印即用一印，無煩改作。』則知是時每一官別鑄印也。」

宋皇太子，金璽，龜紐，朱綬；諸王金璽，龜紐，纁朱綬；郡公金章，玄朱綬；太宰、太傅、太保、丞相、司徒、司空，金章，紫綬；相國緑綟綬；大司馬、大將軍、太尉、凡將軍位從公者，金章，紫綬；郡侯〔三六〕，金章，青朱綬；驃騎、車騎以下諸將軍並金章，紫綬；諸王嗣子，金印，紫綬；郡公侯嗣子，銀印，青綬；尚書令、僕射、中書監令〔三七〕、祕書監，銅印墨綬；光禄大夫、太子詹事、左右衛以下諸將軍、監軍，銀章，青綬；諸校尉、中郎將，銀印，青綬；縣、鄉、亭侯，金印，紫綬；鷹揚、伏波以下諸將軍，銀章，青綬；諸都尉、校尉、中尉，銀印，青綬；州郡史，銅印，墨綬；御史中丞、都水使者，銀印，墨綬；諸軍司馬，銀章，青綬；護匈奴中郎將〔三八〕，護羌諸校尉，銅印，青綬；尚書左右丞、祕書丞，銅印，黄綬；其下又有假青綬、假墨綬。

齊乘輿制六璽，以金爲之，並依秦漢之制。皇太子諸王金璽，皆龜紐。公侯五等金章。郡國太守内史〔三九〕、四品五品將軍，皆銀章。尚書令、僕射至諸州刺史，皆銅印。其綬，乘輿黄赤綬，黄赤縹緑紺五采〔四〇〕；太子朱綬〔四一〕，諸王纁朱綬，赤黄縹紺色亦同。相國緑綟綬，三采，緑紫紺。郡公玄朱，侯伯青朱〔四二〕，子男素朱，皆三采。公嗣子紫，侯嗣子青，鄉亭侯、關中關内侯墨綬，皆二采〔四三〕。郡國太守、内史青，尚書令、僕射、中書監令、祕書監皆黑〔四四〕，丞皆黄。

梁制，乘輿印璽，及皇太子諸王五等國封，並略如齊制。鄉亭、關内、關中及各號侯，諸王嗣子，金印龜紐，紫綬。關外侯，銀印龜紐，青綬。大司馬、大將軍、太尉、諸位從公者，金章，龜紐，紫綬。尚書令、僕射、尚書、中書監令、祕書監，銅印，墨綬。左右光禄大夫，與加金章紫綬同〔四五〕。但加金紫者，謂之金紫光禄；但加銀青者，謂之銀青光禄。太僕、廷尉以下諸卿、丹陽尹，銀章龜鈕，青綬。諸將軍金章紫綬。中郎將則青綬。郡國太守、相、内史，銀章龜鈕，青綬。諸縣署令秩千石者，州郡大中正、郡中正，銅印環紐，墨綬。公府令史，亦同諸縣尉，銅印，環鈕，單衣黄綬。

梁末，侯景之敗也，以傳國璽自隨，使其侍中兼平原太守趙思賢掌之，曰：「若我死，宜沈於江，勿令吴兒復得之。」思賢自京口濟江，遇盜，從者棄之草間，至廣陵以告郭元建。元建取之，以與辛術，術送之至鄴。

按：郭元建，侯景之黨。景敗，以廣陵降王僧辨，既而復降於北齊。齊遣行臺辛術據廣陵，傳國璽自五胡之亂，没於劉、石。石氏敗，璽復南歸於晉。歷宋、齊、梁，至侯景之敗，而璽又北歸於高齊云。

致堂胡氏曰：「有天下者必汲汲於一璽，求之不得則歉然，若郡守縣令之官而未視印紱也。夫璽何所本哉？二帝三王不聞傳是物而後爲君也，舜受之堯，禹受之舜，湯受之禹，文、武受之湯，先聖後聖，若合符節者，豈璽之謂歟。故詩、書、春秋紀事詳矣，曾不及璽。獨秦誇大，使李斯以蟲鳥之文，刻之美玉，兼稱皇帝，以識詔令。自是而後，始有璽書。使秦善也，而璽無所本，固不當法；使秦不善也，而璽雖美，擊而破之爲宜，又何足傳也？故嘗論之。官府百司之印章，一代所爲而受之君者也，不可以失，失之則不敬；天子之璽，亦一代所用，而非受之於天者也，必隨世而改，不改則不新。故漢有天下，當刻漢璽，而不必襲之秦；唐有天下，宜刻唐璽，而不必襲之隋。所以正位凝命，革去故而鼎取新也。苟以爲不然，曷不於二帝、三王監之？彼世之璽以亂亡毁逸者固多矣，必以相傳爲貴，又豈得初璽如是之久邪！」

陳制，永定元年，武帝所定乘輿服御，皆採梁舊制。以天下初定，務惟節儉。至天嘉中，乃一依梁天監舊事。

北齊制，天子六璽，並依舊式。皇帝行璽，封常行詔敕用之。皇帝之璽，賜諸王書用之。皇帝信璽，下銅獸符，發諸州鎮兵，下竹使符，拜代徵召諸州刺史則用之〔四六〕。並白玉爲之，方一寸二分，螭獸鈕。天子行璽，册拜外國則用之。天子之璽，賜諸外國書則用之。天子信璽，發兵外國，若徵召外國及有事鬼神用之。並黃金爲之，方一寸二分，螭獸紐。又有傳國璽，白玉爲之，方四寸，螭獸鈕，上交五蟠螭〔四七〕，隱起鳥篆書，文曰「受天之命，皇帝壽昌」，凡八字，在六璽外，唯封禪以封石函。又有督攝萬機印一鈕，以木爲之，長尺二寸，廣二寸五分。背上爲鼻鈕〔四八〕，鈕長九寸，厚一寸，廣七分〔四九〕，腹下隱起篆文書爲「督攝萬機」，凡四字。此印常在内，唯以印籍縫。用則左户部郎中、度支尚書奏取，印訖轉納。皇太子璽，黃金爲之，方一寸，龜鈕，文曰「皇太子璽」。宫中大事用璽，小事用門下典書坊印。諸侯印綬，二品以上，並金章紫綬；三品銀章青綬；三品以上，凡是五省官及中侍中省官，皆爲印，而不爲章也〔五〇〕。四品得印者，銀印青綬；五品六品得印者，銅印墨綬；四品以下，凡是開國子、男及五等散品名號侯，皆爲銀章，不爲印。七品、八品、九品得印者，銅印黃綬。金銀章印及銅印，並方一寸，皆龜鈕。四方諸藩國王之章，上藩用金，下藩用銀，並方寸，龜鈕。佐官唯公府長史、尚書二丞，給印綬。六品以下，九品以上，唯當曹爲官長者給印。餘自非長官，雖位尊，並不給。諸王，纁朱綬，四采，赤、黃、縹、紺，純朱質，纁文織，長二丈一尺，二百四十首，廣九寸。開國郡縣公、散郡縣公〔五一〕，玄朱綬，四采，玄、赤、縹、紺，朱質〔五二〕，玄文織，長丈八尺，百八十首，廣八寸。開國縣侯、伯，青朱綬〔五三〕，四采，青、赤、白、縹，朱質，青文織，長丈六尺，百四十首，廣七寸。開國縣子男、名號侯、開國鄉男，素朱綬，三采，青、赤、白，朱質，白文織，長丈四尺，百二十首，廣六寸。一品、二品，紫綬，三采，紫、黃、赤，純紫質，長丈八尺，百八十首，廣八寸。三品、四品，青綬，三采，青、白、紅，純青質，長丈六尺，百四十首，廣七寸。五品、六品，黑綬，二采，青、紺，純紺質，長丈四尺，百首，廣六寸。七品、八品、九品，黃綬，二采，黃、白，純黃質，長丈二尺，六十首，廣五寸。官品從第二以上，小綬間得施玉環。官有綬者，則有紛，皆長八尺，廣三寸，各隨綬色。若服朝服則佩綬，公服則佩紛。官無綬者，不合佩紛。

後周皇帝八璽，有神璽，有傳國璽，皆寶而不用。神璽明受之於天，傳國璽明受之於運。皇帝負扆，則置神璽於筵前之右，置傳國璽於筵前之左。其六璽，並因舊制，皆白玉爲之，方一寸五分，高一寸，螭獸鈕。三公、諸侯金印〔五四〕，皆方寸二分，高八分，龜鈕。七命以上銀，四命以上銅，皆龜鈕。三命以上，銅印銅鼻。其方皆寸，其高六分，文曰「某公官之印」。其組綬，皇帝以蒼、青、朱、黃、白、玄、纁、紅、紫、緅、則侯反。碧、緑，十有二色。諸公九色，自黃以下。諸侯八色，自白以下。諸伯七色，自玄以下。諸子六色，自纁以下。諸男五色，自紅以下。三公之綬，如諸公。三孤之綬，如諸侯。六卿之綬，如諸伯。上大夫之綬，如諸子。中大夫之綬，如諸男。下大夫綬，自紫以下〔五五〕。士之綬，自緅以下。其璽印綬，亦如之。保定四年，百官始執笏，常服焉。宇文護始袍加下襴，遂爲後制。

隋制，神璽，寶而不用。受命璽，封禪則用之。餘六璽，行用並因舊制〔五六〕。其綬，王，纁朱綬，四采，赤、黃、縹、紺，純朱質，纁文織成，長丈八尺，二百四十首，廣九寸。公，玄朱綬，四采，玄、赤、縹、紺，純朱質，玄文織成，長丈八尺，二百四十首，廣九寸。侯、伯，青朱綬，四采，青、赤、白、縹，純朱質，青文織成，長丈六尺，百八十首，廣八寸。子、男，素朱綬，三采，青、赤、白，純朱質，白文織成，長丈四尺，百四十首，廣七寸。正、從一品，緑綟綬，四采，緑、紫、黃、赤，純緑質，長丈八尺，二百四十首，廣九寸。從三品以上，紫綬，三采，紫、黃、赤，純紫質，長丈六尺，百八十首，廣八寸。銀青光禄大夫，朝議大夫及正、從四品，青綬，三采，青、白、紅，純青質，長丈四尺，百四十首〔五七〕，廣七寸。正、從五品，墨綬，二采，青、紺，純紺質〔五八〕，長丈二尺，百首，廣六寸。自王公以下，皆有小雙綬，長二尺六寸，色同大綬，而首半之。正、從一品，施二玉環，以下不合。其有綬者則有紛，皆長六尺四寸，廣二寸四分，各隨綬色。煬帝幸遼東，命衛玄爲京師留守〔五九〕，樊子蓋爲東都留守，俱賜玉麟符以代銅獸。六典云：「傳符之制，京師留守曰玉麟符。」

唐制，天子有傳國璽及八璽，皆玉爲之。神璽以鎮中國，藏而不用。受命璽以封禪禮神，皇帝行璽以報王公書，皇帝之璽以勞王公，皇帝信璽以召王公，天子行璽以報四夷書，天子之璽以勞四夷，天子信璽以召兵四夷，皆泥封。大朝會則符璽郎進神璽、受命璽於御座，行幸則合八璽爲五轝，函封從於黄鉞之内。太皇太后、皇太后、皇后、皇太子及妃，璽皆金爲之，藏而不用。太皇太后、皇太后封令書以宫官印，皇后以内侍省印，皇太子以左春坊印，妃以内坊印。初，太宗刻受命玄璽，以白玉爲螭首，文曰：「皇天景命，有德者昌。」至武后，改諸璽皆爲寶。中宗即位，復爲璽。開元六年，復爲寶。天寶初，改璽書爲寶書。十載，改傳國寶爲承天大寶。

初，高祖入長安，罷隋竹使符，班銀菟符，其後改爲銅魚符，以起軍旅、易守長，京都留守、折衝府、捉兵鎮守之所及左右金吾、宫苑總監、牧監皆給之。畿内則左三右一，畿外則左五右一，左者進内，右者在外，用始第一，周而復始。宫殿門、城門，給交魚符、巡魚符。左箱、右箱給開門符、閉門符。亦左符進内，右符監門掌之。蕃國亦給之，雄雌各十二，銘以國名，雄者進内，雌者付其國。朝貢使各齎其月魚而至，不合者劾奏。傳信符者，以給郵傳，通制命。皇太子監國給雙龍符，左右皆十。兩京、北都留守給麟符，左二十，右十九。東方諸州給青龍符，南方諸州朱雀符，西方諸州騶虞符，北方諸州玄武符，皆左四右三。左者進内，右者付外。行軍所亦給之。隨身魚符者，以明貴賤，應召命，左二右一，左者進内，右者隨身。皇太子以玉契召，勘合乃赴。親王以金，庶官以銅，皆題某位姓名。官有二者加左右，皆盛以魚袋。三品以上飾以金，五品以上飾以銀。刻姓名者，去官納之，不刻者傳佩相付。有傳符、銅魚符者，給封符印，發驛，封符及封魚函用之。有銅魚而無傳符者，給封函，還符，封函用之。天子巡幸，則京師、東都留守給留守印，諸司從行者，給行從印。木契符者，以重鎮守，慎出納，畿内左右皆三，畿外左右皆五。皇帝巡幸，太子監國，有軍旅之事則用之。王公征討皆給焉，左右各十九。太極殿前刻漏所，亦以左契給之，右以授承天門監門，晝夜勘合，然後鳴鼓。玄武門苑内諸門，有喚人木契，左以進内，右以授監門，有敕召者用之。魚契所降，皆有敕書。尚書省符，與左同乃用。大將出，賜旌以顓賞，節以顓殺。旌以絳帛五丈，粉畫虎，有銅龍一，首纏緋幡，紫縑爲袋，油囊爲表。節懸畫木盤三，相去數寸，隅垂赤麻，餘與旌同。

晉天福三年六月，中書門下奏：「准敕製皇帝受命寶。今按唐貞觀十六年，太宗文皇帝刻之玄璽，白玉爲螭首，其文曰『皇帝景命，有德者昌』。」敕：「宜以『受天明命，惟德允昌』爲文，刻之。」

周廣順三年二月，内司製國寶兩坐。詔太常具制度以聞。有司奏：「按唐六典，符寶郎掌天子八寶，其一曰神寶，其二曰受命寶。其神寶方六寸，高四寸六分，厚一寸七分，蟠龍鈕文，與傳國寶同。傳國寶，秦始皇帝以藍田玉刻之，李斯篆文，方四寸，面文曰『受命於天，既壽永昌』，鈕蟠五龍。二寶歷代相傳〔六〇〕，以爲神器。又別有六寶：一曰皇帝行璽，二曰皇帝之璽，三曰皇帝信璽，四曰天子行璽，五曰天子之璽，六曰天子信璽。此六寶因文爲名，並白玉螭、虎鈕。歷代相傳，亡則補之。北朝鑄之以金，至則天朝，以璽字涉嫌，改爲寶。貞觀十六年，別製玄璽一坐，其文曰『皇天景命，有德者昌』，白玉螭，虎鈕。同光中，製寶一坐〔六一〕，文曰『皇帝受命之寶』。晉天福四年，製寶一坐，文曰『皇帝神寶』。其同光、天福二寶，內司製造，不見鈕象並尺寸制度。」敕：「今製國寶兩坐〔六二〕，宜用白玉，方六寸，螭虎鈕。」詔馮道書寶文，其一以「皇帝承天受命之寶」爲文，其一以「皇帝神寶」爲文。

按：傳國寶，自秦始皇後，歷代傳授，至唐末帝自燔之際，以寶隨身焚焉。晉高祖受命，特製寶一坐。開運末，北戎犯闕，少帝遣其子延煦送於戎主〔六三〕。戎主訝其非真，少帝上表具述其事。及戎主北歸，齎以入蕃。漢朝二帝，未暇別製，至是始刻之。

宋太祖皇帝受禪，傳周廣順中所造二寶。

太宗制「承天受命之寶」。

真宗制「恭膺天命之寶」。大中祥符中，又別制「恭膺天命之寶」、「天下同文之寶」，用於封禪。「昭受乾符之寶」，以印密祠。

宋制，天子之寶，皆用玉，篆文，廣四寸九分，厚一寸二分。塡以金盤龍鈕，係暈錦大綬，赤小綬，連玉環；玉檢高七寸，廣二寸四分，厚四分；玉斗方二寸四分，厚一寸二分：皆飾以金裝，裹以紅綿〔六四〕，加紅羅泥金夾帊，納於小盝。盝以金裝，內設金牀，暈錦褥，飾以雜色玻瓈〔六五〕、碧鈿石〔六六〕、珊瑚、金精石、瑪瑙。大中祥符初，登封泰山，别製寶盝，皆差小其制。又盝二重，皆裝以金，覆以紅羅繡帊，載以腰輿及行馬，並飾以金。又有香爐、寶子、香匙、灰匙、火箸、燭臺、燭刀，皆以金爲之。朝會陳於御前，大禮即列於仗衛中。

累朝每上尊號，有司製玉寶，以尊號爲文。

禁中所用，别有三印：一曰「天下合同之印」，中書奏覆狀、流内銓歷任三代狀用之；二曰「御前之印」，樞密院宣命及諸司奏狀用之；三曰「書詔之印」，翰林詔書敕别録敕榜用之。皆鑄以金，又以鍮石各鑄其一。雍熙三年，並改爲寶，别鑄以金，舊者六印皆毁之。

皇太子金寶，方二寸，厚五寸，係以朱組大綬，連玉環、金斗。金檢長五寸，闊二寸，厚二分。悉裹以紅綿，加紅羅泥金帊，納於小盝。盝以金裝，内設金牀。又盝二重，皆覆以紅羅銷金帊。盝及腰輿、行馬皆銀裝金塗。他法物皆銀爲之，鈒花塗以金。

宋因唐制，諸司皆用銅印。諸王及中書門下印方二寸一分，樞密、宣徽、三司、尚書省諸司印方二寸。惟尚書省印不塗金，餘皆塗金。節度使印方一寸九分，塗金。餘印並方一寸八分，惟觀察使塗金。諸王、節度、觀察使〔六七〕、州、府、軍、監、縣印，皆有銅牌，其長七寸五分，諸王廣一寸九分，餘廣一寸八分。諸王、節度、觀察使牌塗以金，刻文云「牌出印入，印出牌入」〔六八〕。或本局無印者，皆給奉使印。景德四年〔六九〕，别鑄兩京奉使印。大中祥符七年，詔自今除國信接伴勾獄勾當財用創寺觀外，其他細務勿給。又有朱記，以給京城及外處職司及諸軍校等，其制長一寸七分，廣一寸六分。士庶及寺觀亦有私記。大中祥符五年，詔禁私鑄，止得雕木爲文，大方寸。

旌節。唐天寶中置，節度使受命日賜之，得以專制軍事，行即建節，府樹六纛。宋凡命節度使，有司給門旗二，龍、虎旌一〔七〇〕，旗一，節一，麾槍二，豹尾二。凡製旗以紅繒九幅，髹漆杠、緋纛。旌用塗金銅螭頭〔七一〕，髹漆杠，綢以紅繒，畫白虎，設髹漆木盤於上。節亦用髹漆杠，飾以金塗銅葉，凡三盤，爲三層，以紅絲爲旄，並綢以紫綾旗囊〔七二〕，又加碧絹囊。麾槍、豹尾，亦髹漆杠。麾槍設髹漆木盤，綢以紫繒複囊，又綢以碧油絹袋〔七三〕。豹尾，制以赤黄布，畫豹文。

銀牌。唐制，差發驛遣使，則門下省給傳符以通天下之信。宋符券皆樞密院主之。舊有銀牌，以給乘驛者。闊一寸半，長五寸，面刻隸字曰「敕走馬銀牌」，凡五字。首爲竅，貫以革帶。其後罷之。樞密院給券，謂之「頭子」。太平興國三年，李飛雄詐乘驛謀亂，伏誅。遂罷樞密院券，別製新牌，闊二寸半，長六寸。易以八分書〔七四〕，上鈒二飛龍〔七五〕，下鈒二麒麟，兩邊年月，貫以紅絲絛。端拱中，使臣護邊兵多遺失之者，又罷銀牌，復給樞密院頭子。

乾興元年三年作受命寶，其文曰「恭膺天命之寶」，命參知政事王曾書之，遣内侍、諸少府監、文思院視工作。

仁宗明道元年，禁中火，寶册悉焚。其年九月，改作寶及册，命參知政事陳堯佐書受命寶，薛奎書尊號册寶，宰臣張士遜書仁宗爲皇太子册，參知政事晏殊書皇太后尊號册寶。二年，册寶成。三司言，用黄金二千七百兩爲法寶法物。詔易以銀而塗黄金。初，真宗嘗爲「昭受乾符之寶」，前此亦焚，遂詔宰相陳執中書「欽崇國祀之寶」刻之，以代「昭受乾符之寶」，凡齋醮表章用焉。

景祐三年，篆文官王文盛言於少府監曰：「在京糧料院印，多僞倣之以摹券曆者〔七六〕。謂宜鑄三面印，圓其制，而面闊二寸五分；於外圍周匝篆紀年及糧料院名，凡十二字；以圍篆十二辰，凡十二字；中央篆正字，上連印鈕，令可轉旋，以機穴定之。用時，月分對，年中互建十二月，自寅至丑，終始循環。每改元，即更鑄之云。若此，使姦人無復措其巧矣。」少府監以奏，詔三司詳定，請如文盛言。文盛又曰：「舊例，親王、中書印各方二寸一分，樞密、宣徽、三司、尚書省、開封府方二寸，節度使寸九分，節度觀察留後、觀察使寸八分半，防禦團練使、轉運使〔七七〕、州縣印寸八分。凡印各上下寸七分〔七八〕，皆闊寸六分，雖各有差降，而無令式以紀其數。」詔從其言，著於令。

康定初，製銅符，上篆文曰「某處發兵符」，下鑄虎豹爲飾，而中分之。右五符留京師，左符付總管鈐轄州軍事官高者掌之。樞密院下符發兵，第一至第五，周而復始。本處勘以左符，即發兵。

皇祐五年秋九月，作鎮國神寶〔七九〕。

時閲奉宸庫得良玉，廣尺，厚半之。上以其希世之寶，不欲以爲服玩，因作鎮國神寶，命宰相龐籍篆文，參知政事劉沆書其上。寶成以進，召近臣、宗室觀於延和殿。是歲，太常禮院引唐六典次序曰：「一神寶，二受命寶。冬至祠南郊，大駕儀仗，請以鎮國神寶先受命寶爲前導。」自是遂爲定式。初，太宗以玉寶二鈕賜太祖之子德芳，其文曰「皇帝信寶」。至孫從式上之。

英宗即位，别製受命寶，其文曰「皇帝恭膺天命之寶」。

嘉祐八年，將葬仁宗於永昭陵，翰林學士范鎮上奏曰：「竊聞先朝受命寶及法寶物，與平生衣冠器用，皆欲舉而葬之，非所以稱大行皇帝恭儉之意也。其受命寶，望陛下寶而用之，且示有所傳付。若衣冠器玩，則宜陳於陵寢及神御殿，歲時展視，以慰思慕。」詔檢討官披繹典故，及命兩制、禮官詳議〔八〇〕。學士王珪等上議曰：「受命寶者〔八一〕，猶昔傳國璽也，宜爲天子傳器，不當改作。古者藏先王衣服於廟寢，至於平生器玩，則前世既不納於方中〔八二〕，亦不悉陳於陵寢。謂今宜從省約，以稱先帝恭儉之實。」已而別製受命寶，珪等議格不用，命參知政事歐陽修篆其文，曰「皇帝恭膺天命之寶」。

治平三年，命知制誥邵必〔八三〕、殿中丞蘇唐卿詳定天下印文，必、唐卿皆通篆籀，尋復廢罷，亦無所釐改焉。

神宗熙寧四年，詔：「中外奉使除文臣兩省、武臣横行已上，不以職務緊慢，餘官如使外國接送伴、體量安撫、制勘之類，給奉使印，餘給銅記，以奉使朱記爲名。」

先是，臣僚差使不以官序高下、職務慢緊，例給奉使印，而令式節文非劇司者記，故密院有請也。

九年八月，令禮部鑄諸路提舉官印，自是提舉官不帶奉使印以出。十月，詔西作坊鑄造諸銅符三十四副〔八四〕，令三司給左契付諸門，右契付大内鑰匙庫〔八五〕。諸門輪差人員，依時轉銅契入〔八六〕，赴庫勘同。其鐵牌則請人自執，止宿外仗。本庫依漏刻發鑰匙，付外仗驗請人鐵牌給付〔八七〕，候開門，即執牌納鑰匙，請出銅契。至晚仍依上項請納。其開門朝牌六面，亦隨銅契發放。時上以京城門禁不嚴，素無符契，命樞密院約舊契，更造銅契，中刻魚形，以門名識之，分左右給納，以戒不虞，而啓閉之法嚴於舊日矣。

元豐二年，詳定儀注所言：「周禮『王執鎮圭』，釋者曰：『祭天地宗廟及朝日、夕月，則執之。若朝覲，諸侯授玉於王，王受玉，撫玉而已。』考工記：『天子執冒四寸，以朝諸侯。』蓋諸侯執圭以授天子，天子以冒圭邪刻之處，冒諸侯之圭，以齊瑞信，如後世之合符。未有臨臣子而執鎮圭者。唐六典殿中監掌服御之事，凡大祭祀，則進大圭〔八〕，執鎮圭；若大朝會，止進爵。開寶通禮始著元會執圭，出自西房。淳化中，上壽進酒，又令内侍捧圭，於周制、唐禮皆不合。其元會受朝賀，請不執鎮圭上壽。」詔可。

三年五月，詳定所言：「郊廟之禮，有鎮圭而無大圭，於禮爲闕，詔議大圭尺度。考工記：『玉人之事，鎮圭尺有二寸，天子守之。』『大圭長三尺，杼上終葵首，天子服之。』説者曰：『王所搢大圭也，或謂之珽。』後魏以降，又改爲笏。珽以白玉爲之，長尺有二寸。西魏以來皆然。方而不折，雖非古制，蓋後世所得之玉，隨宜爲之。考之周禮，大圭長三尺，西魏、隋、唐長尺有二寸。請自朝廷揆玉之有無制之。又按孔穎達言，天子執鎮圭以朝日、夕月及祭天地宗廟，蓋奉祭祀執鎮圭者，摯也；搢大圭者，笏也。唐禮，親祀天地神祇，皆搢大圭，執鎮圭。有事宗廟，則執鎮圭而已。王涇郊祀録曰：『大圭，質也，事天地之禮質，故執而搢之。鎮圭，文也，宗廟之禮亦文，故無兼執之義。』不知大圭，天子之笏，通用於郊廟。請自今皇帝親祠郊廟，搢大圭，執鎮圭。奉祀之時，既接神再拜，則奠鎮圭爲摯，執大圭爲笏。當事搢笏，君尊則不搢笏，别於臣下也。儀注云『皇帝搢鎮圭』，蓋沿襲之誤，宜改爲奠鎮圭，盥手飲福，則授之人。」詔俟製大圭畢施行。

詳定所又言：「古者執玉以行事，前事則不執。開元禮、開寶通禮，皇帝升輅，不言執圭。祀日，質明，至中壝門外，殿中監進大圭，尚衣奉御，又以鎮圭授殿中監以進。於是始搢大圭，執鎮圭。今皇帝乘玉輅，執鎮圭，赴景靈宫及太廟、青城，皆乘輅執圭，殊不應禮。請自今乘輅不執圭，還内御大輦亦如之。」詔可。

詳定所又言：「大圭中必之制，按考工記：『天子圭中必。』聘禮記：『玄纁，繫長尺絇組。』中必與絇組，一也。絇以薦玉，組以約圭，二者皆謂之繅藉。今之鎮圭無此二物，請製薦玉繅藉，以木板爲中幹，廣袤如其玉，然後用韋衣之，乃於韋上畫五采文，前後垂之。又製約圭繅藉長尺，上以玄下以絳〔八九〕，爲地五采五就，因以爲飾。每奠圭，則以薦玉之繅陳於地，執圭，則以約圭之繅備失墜，因垂之爲飾〔九〇〕。况大圭搢之紳帶之間，不可無中必，明矣。俟明堂服大圭，宜依鎮圭所約之組，令可繫。」從之。

四年，詔三省印銀銷金塗，給事中印爲門下外省之印，舍人印爲中書外省之印。

六年，别鑄「禮部貢舉院之印」〔九一〕。舊制，貢院有印。院廢，印亦隨毁。禮部遇鎖試，則牒印廢事故也。又詔臣僚所授印，亡殁並賜隨葬。

八年五月，作受命寶，以「皇帝恭應天命之寶」爲文。

哲宗元祐元年，詔：「天聖中，章獻明肅皇后用玉寶，方四寸九分，厚一寸二分，龍鈕。今太皇太后權同處分軍國事，宜依章獻明肅皇后故事〔九二〕。又詔：「太皇太后玉寶，以『太皇太后之寶』爲文；皇太后金寶，以『皇太后寶』爲文；皇太妃金寶，以『皇太妃寶』爲文。」

元符元年五月，得傳國寶，御殿受之。

紹聖三年，咸陽縣民段義斸地得古玉印，光照滿室。四年十二月上之，詔禮部、御史臺以下參驗。

五年三月，翰林學士承旨蔡京及講義玉璽官十三員奏〔九三〕：按所獻玉璽，色緑如藍，温潤而澤，其文曰「受命於天，既壽永昌」。其背螭鈕五盤，鈕間有小竅，用以貫組。又得玉螭首一〔九四〕，白如膏，亦温潤，其背亦螭鈕五盤，鈕間亦有貫組小竅，其面無文，與璽大小相合。篆文工作，皆非近世所爲。臣等以歷代正史考之，璽之文曰「皇帝壽昌」者，晉璽也；曰「受命於天」者，後魏璽也；「有德者昌」，唐璽也；「惟德允昌」，石晉璽也；則「既壽永昌」者，秦璽可知。今得璽於咸陽，其玉乃藍田之色，其篆與李斯小篆體合。飾以龍鳳鳥魚，乃蟲書鳥迹之法，於今所傳古書，莫可比擬，非漢以後所作明矣。今陛下嗣守祖宗大寶，而神寶自出，其文曰「受命於天，既壽永昌」，則天之所畀，烏可忽哉？漢、晉以來，得寶鼎瑞物，猶告廟改元，肆眚上壽，况傳國之器乎？其受寶法物禮儀，乞下所屬施行。詔禮部、太常寺考按故事詳定以聞。至四月，禮官言：五月朔，故事當大朝會，宜就行受寶之禮。依上尊號寶册儀，有司豫製受寶法物，並寶進入。俟降出，權於寶堂安奉。前三日，差官奏告天地、宗廟、社稷。前一日，帝齋於内殿。翼日，帝服通天冠，御大慶殿，降坐受寶，群臣上壽稱賀。

徽宗崇寧五年，作鎮國寶。

時有以玉印獻者，印方寸，以龜爲鈕，工作精巧，文曰「承天福延萬億永無極」。受寶記言「有以古篆進者」謂是也。帝因次其文，倣李斯蟲魚篆作寶文。其方四寸有奇，螭鈕，方盤，上圓下方，名爲鎮國寶。

大觀元年，制八寶。

時得玉工，用元豐中玉琢天子、皇帝六璽，疊篆。紹聖間，得漢傳國璽，無檢，螭又不缺，疑其一角缺者，乃檢也。有檢傳，考驗甚詳，傳於世。帝於是取其文而黜其璽不用，因自作受命寶〔九五〕，其方四寸有奇，文皆琢以白玉，篆以蟲魚。帝自爲之記。鎮國、受命二寶，合天子、皇帝六璽，是爲八寶。於是下詔曰：「自昔皆有尚符璽官。今雖隸門下後省，遇親祠，則臨時具員，訖事復罷。八寶既備，宜重典司之職。可令尚書省置官，如古之制。」又詔：「永惟受命之符，當有一代之制，而尚循秦舊，六璽之用，度越百年之久，或未大備。自天申命，地不愛寶，獲全玉於異域，得妙工於編氓，八寶既成，夐無前比，殆天所授，非人能爲。可以來年元日，御大慶殿恭受八寶。」尚書省言：「請置符寶郎四員，隸門下省，二員以中人充，掌寶於禁中。按唐八寶，車駕臨幸，則符寶郎奉寶以從；大朝會，則捧寶以進。今鎮國寶、受命寶非常用之器，欲臨幸則從六寶，朝會則陳八寶，皆夕納。內符寶郎捧寶出以授外符寶郎，外符寶郎從寶行於禁衛之內，朝則分進於御座之前。鎮國寶、受命寶不常用，唯封禪則用之。皇帝之寶，答鄰國之書則用之；皇帝行寶，降御札則用之；皇帝信寶，賜鄰國書及物則用之；天子之寶，答外夷國書則用之；天子行寶，封册則用之；天子信寶，舉大兵則用之。應合用寶，外符寶郎具奏，請內符寶郎御前請寶，印訖，付外符寶郎承受。」從之。二年，詔受命寶字之上，添「鎮國」二字。三年八月，名八寶：一，鎮國神寶；二受命之寶。詔：「古爲六璽，至唐始名曰寶，增數至八。今天下承平百五十年，其制尚闕。紹聖中，得秦李斯所作制度，雖工，乃藍田青玉。又鎮國寶未有所稽，今寶成祗受，典禮始克大備，實邦家之慶。鎮國、受命二寶，寶而不用，藏置內府，人未知制作之因，可宣付有司。」

政和二年，得玄圭，御大慶殿受圭。

宦者譚稹獻玄圭。其制，兩旁刻十二山，若古山尊，上鋭下方。上有雷雨之文，下無琢飾，外黑内赤，中一小好，可容指，其長尺有二寸。詔付廷議。議官以爲周王執鎮圭，緣以四鎮之山，其中有好，爲受組之地，其長尺有二寸，周人倣古爲之，而王執以鎮四方也。帝乃以是歲冬御大慶殿受圭焉。

六年，詔：「御寶自祖宗朝行用今百五十餘年，角刓篆暗，幾不可驗，恐無以示信天下。舊有祖宗所藏御前金寶，宜自冬祀大禮畢行用，而降新舊二寶印文，付外照驗，且以布告中外。」

七年，制定命寶。

時從于闐得大玉踰二尺，色如截肪。帝又制一寶，赤螭鈕，文曰「範圍天地，幽贊神明，保合太和，萬壽無疆」。凡十六字，篆以蟲魚。制作之工，幾於秦璽。其寶九寸，檢亦如之，號曰「定命寶」。合前八寶爲九，其後詔以九寶爲稱，以定命寶爲首。應行導排設去處〔九六〕。定命與受命、天子寶在左，鎮國與皇帝寶在右。又詔：得寶玉於異域，受定命於神霄，合乾元用九之數，以明年元日受之。凡兩受寶，皆赦天下。帝曰：「八寶者，國之神器也；至定命寶，乃我所自制云。」

禮部言：「政和令，奉使官第二等以上給印，餘給記。差出者遇替移事故，元借印記，隨所在寄納，本部歲終檢舉拘收，而寄納州縣占留給借無以防之。」乃詔有司立法，應州縣寄納。禮部印記，非奉朝旨，不許擅行給借。

高宗開大元帥府，謝克家以玉璽來上，文曰「大宋受命之寶」。

建炎三年，鑄三省、樞密院銀印。舊制，中書門下省印方二寸一分，樞密院印方二寸。元豐中，詔三省印銀鑄金塗。五月，改鑄虎符頒降，令刑部遍下諸處見行虎符，並不得施行，康定所鑄銅符。仍繳納尚書省。又製金字牌，凡赦書及軍機要切則用之，自内侍省遣焉，日行五百里。

四年，改造宫殿諸門號，皇城司掌之，舊號不復用。行宫禁衛所言：「應官司自給號記，不許用黄色，他色不許入皇城門。又嚴代名借帶之禁，論其罪如律。」

紹興元年，製大宋「受命中興之寶」〔九七〕，宣示輔臣。比定命寶大半分。是歲，祀明堂八寶，猶未備也。

二年正月，更定行宫殿諸門號，敕入禁衛號，黄綾八角；三千道。入殿門，黄絹以方；一千道。入宫門，黄絹以圓；八千道。入皇城門，黄絹以長。八千道。其後，更殿門號以黄絹圓，宫門以緋黄絹方，皇城門以緋紅絹圓。又詔官司輒以黄緋色爲號者，罪賞依僞造大禮敕號法。

四年，鑄行宫留守司印。

權户部侍郎王俁言：「文書以印記防姦僞，錢穀尤爲要切，不可借用他印。今車駕巡幸，凡常程文書，皆留守司裁決，以印記權行立用，如行在所度支用侍郎印，金倉部通用金部印，留守司權本部侍郎用尚書印，太府司農寺並用寺丞印，不惟日下交互，異時必生姦弊，請度支、金倉部、太府司農寺各鑄印，以行在所或巡幸某印爲文，事已發，赴禮部置櫃封鑰掌之，遇巡幸關出行用，庶無窒礙。其他部要切印記，都省依此施行。」詔印文添「行在所」字。

十三年四月，行皇后册禮，册用珉玉五十，簡寶用金，方一寸有半，盝，螭鈕，文曰「皇后之寶」。隆興以後，悉循是制。

十六年，郊祀，始陳寶如承平之儀。凡中興御府所藏玉寶十有一，金寶三，八寶，皆高宗皇帝作。入内内侍省掌之。一曰鎮國神寶，文曰「承天福延萬億永無疆」。二曰受命寶，文曰「受命于天，既受永昌」。三曰天子之寶，答外夷書用之。四曰天子信寶，舉大兵用之。五曰天子行寶，封册用之。六曰皇帝之寶，答鄰國書用之。七曰皇帝信寶，賜鄰國書及物用之。八曰皇帝行寶，降御札用之。大宋受命之寶，太祖皇帝作。定命寶，文曰「範圍天地，幽贊神明，保合太和，萬壽無疆」。徽宗皇帝作，併八寶謂之九寶。大宋受命中興之寶。紹興元年作，五月，宣示於内殿，寶玉明潤，追琢精巧。金寶三：皆建炎二年秋所作，八月三日始用之。一曰皇帝欽崇國祀之寶，印香合祠表。二曰天下合同之寶，印中書門下省文字。三曰書詔之寶，印詔書。紹興元年，湖南副總管孔彦舟於潭州得玉，請宣取以刻御寶。詔御寶已備，自艱難以來，華靡之物，一無所用，令其不須投進。

三十二年，時孝宗以受禪。詔恭上太上皇帝尊號曰光堯壽聖太上皇帝〔九八〕。禮官討論册寶之制，册用珉玉，簡長一尺二寸，廣一寸二分，數視文之多寡〔九九〕，聯以金繩，首尾結帶〔一〇〇〕，刻龍鏤金。藉以錦褥，覆以紅羅泥金夾帊〔一〇一〕。册匣塗以朱漆〔一〇二〕，金飾龍鳳，金鎖，帉錔，上以紅羅繡盤龍帊覆之，承以金裝長竿牀，金龍首，魚鈎。寶用玉，篆文，廣四寸九分，厚二寸二分，以皇祐黍尺爲度，填以金盤龍鈕，係以暈錦大綬，赤小綬，連玉環。玉檢高七寸，廣二寸四分，皆飾以金，裹以紅綿，加紅羅泥金夾帊，納於小盝。盝以金飾之，内設金牀，承以玻璃、碧鈿石之屬。又盝二重，皆飾以金，覆以紅羅繡帊，戴以腰輿行馬，並金飾。香爐、寶子〔一〇三〕、香匙、灰匙、火筯、燭臺、燭刀，亦以金爲之。命文思院製造。乾道七年，淳熙二年、十二年加上尊號，及紹熙元年上至尊壽聖皇帝尊號〔一〇四〕。慶元二年上聖安壽仁太上皇帝尊號册寶，悉同此制。又上壽聖太上皇后尊號册寶，如慈寧之制。紹興時，製皇太后册寶，寶用金。文曰：「皇太后寶」，册以珉或象牙印寶法物，皆以金。詔以玉石製册，上親書其文奉慈寧殿。紹熙初，恭上壽聖皇太后、壽成皇后尊號金寶，皆六字，文曰：「壽聖皇太后寶」、「壽成皇后之寶」，廣四寸九分，厚一寸二分，填以金盤龍鈕。至四年，加上壽聖隆慈備福皇太后尊號金寶，以十字爲文。慶元二年十月，上壽聖隆慈備福光佑太皇太后、壽成惠慈皇太后、壽仁太上皇后尊號册寶，其制並同嘉泰時。其加上壽成慈惠太皇太后尊號册寶，亦皆如之。謚册唯昭慈聖獻皇后以象牙，餘皆用珉。紹興七年五月，命文思院用玉製「顯肅皇后寶」二顆。禮官言：「國朝禮制，諸后謚寶，曾垂簾聽政者則用玉，餘則比用金。」遂詔以金製造。

孝宗隆興二年，金部言：「初行會子，權借户部尚書印覆印。今行之已久，恐致混淆，宜專有印記，俾郎官掌之。」遂鑄太府寺專一檢察會子印。二年，復鑄尚書覆印會子印。

乾道元年，禮官討論皇太子册寶之制，按會要，册用珉玉，簡六十，前後四枚，刻龍填金，貫以金絲，首尾結爲金花，飾以帉錔，襯以紅羅泥金夾帊，藉以錦褥，盛以黝漆匣，長九尺五寸，闊尺二寸，高八寸，裝以金花，刻爲金地合羅枝條隱起花，覆以紅羅泥金帊，絡以紅絲結絛，襯以紅錦褥，安以黝漆金葉裝牀，其竿飾以螭首。今請用珉玉，簡七十五，其黝漆匣用金塗銀花鳳葉，加以腰輿行馬，飾以花鳳，條以魚鉤，竿以螭首，寶以黃金爲之，文曰「皇太子寶」，係龜鈕。舊制，金寶方二寸，厚五寸，係以朱組大綬，連玉環，金斗，金檢長五寸，闊二寸厚二分。悉裹以紅錦，加紅羅泥金帕，納於小盝。

二年，禮部請郡縣假借印記，悉毁而更鑄。

南渡之初〔一〇五〕，有司印章多失，尚方重鑄給之，加「行在」二字，或冠年號以別新舊，然欺僞猶未能革。至紹熙初，禮部侍郎李巘言：「文書有印，以示信防姦，給毁悉經省部，具有條制。然州縣沿循，或以縣佐而用東南將印，以椽曹而用司寇舊章，名既不正，弊亦難防。請令有司製州縣官合用印記，舊印非所當用者毁之。」上從其請，由是名實正而真僞別矣。

寧宗嘉定十四年，山東效順，鑄滄景淄密萊登濰德莒濱齊棣青海州、静海州、泰安軍及京東安撫使、馬步軍總管京東河北鎮撫節制大使印〔一〇六〕，並冠以「嘉定」二字。

十一月，京東、河北節制司繳進北方大將撲鹿花所獻「皇帝恭膺天命之寶」並元符三年御府寶圖一册。時淮東制置使兼京東、河北節度使賈涉遣京東路鈐轄趙拱、北軍大將撲鹿花獻之，續令呂柟投進。又鎮江副都統制翟朝宗繳進玉寶檢。時獲元符玉寶，而朝宗以玉檢來上，其文若合符契，乃詔以來年元日受寶於大慶殿。時又得玉璽，其文曰「受命於天，既壽永昌」。禮官條具典禮，請附於「皇帝恭膺天命之寶」，以獻宗廟。閏十二月，行奏獻之禮。以内侍羅舜舉爲内符寶郎，提舉奉安玉寶。有司豫製沿寶法物及寶輿。明年正月朔，皇帝服靴袍，御大慶殿，設黄麾半仗，受朝賀，畢，次受玉寶。進呈，讀印文訖，於天章閣安奉。己未，大赦天下，監司、帥守、在外從官以上，令上表陳賀，及三衙諸軍都副統制親屬捧表進貢，皆特推恩，臣僚請詔禮官集受寶儀注，勒爲成書，藏之祕閣。十六年七月，置奉安符寶所建殿，以内臣掌之。初，淳熙十四年春，有聶事愿者，獲古印，其文曰「皇帝車駕奉祀汾陰之寶」。吴琚以獻於朝，詔藏天章閣，下工部考覈，乃銅也。按汾陰記，封金匱石匱，用受命寶及天下同文寶。此寶不見於紀載，朝論疑之，卒不加賞云。

校勘記

〔一〕名玉曰冒　「曰」原作「以」，據周禮玉人鄭注改。

〔二〕設其服飾　此句原脱，據周禮典瑞補。

〔三〕若齊人戍遂　「齊」原作「濟」，據元本、慎本、馮本及周禮典瑞賈疏改。

〔四〕玄謂羨不圜之貌蓋廣徑八寸袤一尺　「謂」、「廣」、「蓋」原在「玄」下，衍「爲」、「是」，據周禮典瑞鄭注改删。

〔五〕及諸侯使大夫求聘　「求」，周禮典瑞鄭注作「來」。

〔六〕用者自王言之也　「王」原作「玉」，據元本、慎本、馮本及禮書卷五三公侯伯子男珪璧改。

〔七〕其以徵令及家徒　「徒」原作「徒」，據阮元周禮掌節校勘記改。

〔八〕圜土内之　「圜」原作「圈」，「内」原作「納」，據周禮掌節鄭注改。

〔九〕此掌之者若徙於他　禮書卷五七八節作「比長若徙於他」。

〔一〇〕此民所執也　「所」字原脱，據禮書卷五七八節補。

〔一一〕光明章表　「章表」原倒，據後漢書志三〇輿服下乙正。

〔一二〕今但約其本史　「其」原作「真」，據通典卷六三禮二三改。

〔一三〕覽之者　「覽」原作「質」，據通典卷六三禮二三改。

〔一四〕皇帝行璽凡封國用之璽賜諸侯王書　後漢書志三〇輿服下注引漢舊儀曰：「皇帝行璽，凡封之璽賜諸侯王書。」

〔一五〕信璽發兵召大臣以天子行璽策拜外國以天子之璽事天地鬼神以天子信璽皆以武都紫泥封　後漢書志三〇輿服下注引漢舊儀曰：「信璽，發兵征大臣，天子行璽，策拜外國，事天地鬼神。璽皆以武都紫泥封。」

〔一六〕皇帝帶綬黄地六采　「帶」字原脱，「六」原作「赤」，據後漢書志三〇輿服下注引漢舊儀補改。

〔一七〕璽以金銀縢組　「組」下原有「縢」，據後漢書志三〇輿服下注引漢舊儀注删。

〔一八〕侍中緄負以從　「緄」，後漢書志三〇輿服下注引漢舊儀作「組」。

〔一九〕其驛騎也　「驛」字原脱，據後漢書志三〇輿服下注引漢舊儀補。

〔二〇〕授單于印紱詔令上故印綬　「紱」原作「綬」，「詔」字原脱，據漢書卷九四下匈奴傳改補。

〔二一〕欲解取故印　「取」字原脱，據漢書卷九四下匈奴傳補。

〔二二〕幾令單于不與人　「與」原作「予」，據漢書卷九四下匈奴傳改。

〔二三〕將率示以故印　「故」原作「破」，據漢書卷九四下匈奴傳改。

〔二四〕丙午　東漢會要卷九璽作「丙子」。

〔二五〕張遜　後漢書卷七四上袁紹傳、東漢會要卷九璽作「張讓」。

〔二六〕遣使求璽綬　「綬」字原脱，據後漢書卷一〇下皇后紀補。

〔二七〕謁者　二字原脱，據後漢書志三〇輿服下注引東觀書補。

〔二八〕諸都監　原作「都郡監」，據後漢書志三〇輿服下注引東觀書改。
〔二九〕諸署長揖擢丞秩三百石　「署」原作「曹」，據後漢書志三〇輿服下注引東觀書改。
〔三〇〕縣國三百石長相　「相」字原脱，據後漢書志三〇輿服下注引東觀書補。
〔三一〕黄門侍郎　「黄門」原脱，據後漢書志三〇輿服下注引東觀書補。
〔三二〕禁網尚簡　「簡」原作「闊」，據後漢書卷三一杜詩傳改。
〔三三〕舊二人在中　「舊二人」原脱，據後漢書志二六百官補。
〔三四〕袁術有僭盜意　「術」原作「紹」，據後漢書卷四八徐璆傳改。下同。
〔三五〕充華　「充」原作「克」，據元本、慎本、馮本及晉書卷二五輿服志改。
〔三六〕郡侯　原「侯」上有「諸」，據宋書卷一八禮志删。
〔三七〕中書監令　「監令」原倒，據宋書卷一八禮志乙正。
〔三八〕護匈奴中郎將　「護」、「中郎將」原脱，據宋書卷一八禮志補。
〔三九〕郡國太守内史　「國」字原脱，據南齊書卷一七輿服志補。
〔四〇〕乘輿黄赤綬黄赤縹緑紺五采　原脱「黄赤綬」、「緑」，「五」原作「四」，據南齊書卷一七輿服志補改。
〔四一〕太子朱綬　「朱綬」原脱，據南齊書卷一七輿服志補。
〔四二〕郡公玄朱侯伯青朱　原訛脱作「郡公諸侯青」，據南齊書卷一七輿服志補改。
〔四三〕鄉亭侯關中關内侯墨綬皆二采　「墨」原作「紫」，「皆」原作「白」，據南齊書卷一七輿服志改。
〔四四〕中書監令祕書監皆黑　「令」字原脱，「黑」原作「墨」，據南齊書卷一八輿服志補改。

〔四五〕與加金章紫綬同　「與」字原脱，「同」下原有「其位」，據隋書卷一一禮儀六補删。
〔四六〕發諸州鎮兵下竹使符拜代徵召諸州刺史則用之　「徵」、「州」、「則」三字原脱，據隋書卷一一禮儀六補。
〔四七〕上交五蟠螭　「五」字原脱，據隋書卷一一禮儀六補。
〔四八〕背上爲鼻鈕　「背」原作「皆」，據慎本、局本及隋書卷一一禮儀六改。
〔四九〕廣七分　「分」原作「寸」，據隋書卷一一禮儀六改。
〔五〇〕而不爲章也　隋書卷一一禮儀六作「不爲章者也」。
〔五一〕散郡縣公　「縣」字原脱，據隋書卷一一禮儀六補。
〔五二〕朱質　「質」字原脱，據馮本、局本及隋書卷一一禮儀六補。
〔五三〕青朱綬　「青」字原脱，據隋書卷一一禮儀六補。
〔五四〕三公諸侯金印　「金」字原脱，據隋書卷一一禮儀六補。
〔五五〕中大夫之綬如諸男下大夫綬自紫以下　原脱「如諸男下大夫綬」七字，據隋書卷一一禮儀六補。
〔五六〕行用並因舊制　「因」原作「用」，據慎本、馮本及隋書卷一一禮儀六改。
〔五七〕百四十首　「四」字原脱，據隋書卷一一禮儀六補。
〔五八〕純紺質　「紺」原作「緇」，據隋書卷一一禮儀六改。
〔五九〕命衛玄爲京師留守　「衛」原作「鄭」，據隋書卷六三衛玄傳改。
〔六〇〕二寶歷代相傳　「寶」原作「璽」，據五代會要卷一三符寶郎改。
〔六一〕製寶一坐　「一」原作「二」，據五代會要卷一三符寶郎改。

〔六二〕敕今製國寶兩坐　「今」原作「令」，「國」字原脱，據五代會要卷一三符寶郎改補。
〔六三〕戎主　五代會要卷一三符寶郎王溥按語作「戎王」。下同。
〔六四〕裹以紅綿　「綿」，宋會要輿服六之八、玉海卷八四均作「錦」，宋史卷一五四輿服六作「緜」，同原刊。
〔六五〕飾以雜色玻瓈　「雜」原作「襯」，據宋會要輿服六之八、宋史卷一五四輿服六改。
〔六六〕碧鈿石　宋會要輿服六之八同。宋史卷一五四輿服六作「碧石」。
〔六七〕諸王節度觀察使　「觀察」原脱，據宋史卷一五四輿服六補。
〔六八〕印出牌入　「出」、「入」二字原倒，據宋史卷一五四輿服六乙正。
〔六九〕景德四年　宋史卷一五四輿服六作「景德初」。
〔七〇〕旌一　原脱，據宋史卷一五〇輿服二補。
〔七一〕旌用塗金銅螭頭　「螭」原作「龍」，據宋史卷一五〇輿服二改。
〔七二〕並綢以紫綾旗囊　「旗」，宋史卷一五〇輿服二作「復」。
〔七三〕又綢以碧油絹袋　「綢」，宋史卷一五〇輿服二作「加」，「絹袋」原脱，據是書補。
〔七四〕易以八分書　「八」字原脱，據宋史卷一五四輿服六補。
〔七五〕上鈒二飛龍　「龍」，元本、慎本、馮本及宋史卷一五四輿服六作「鳳」。
〔七六〕以摹券曆者　長編卷一一九仁宗景祐三年十二月條同原刊。宋史卷一五四輿服六作「印成旁曆」。
〔七七〕轉運使　「使」字原脱，據長編卷一一九仁宗景祐三年十二月條、宋史卷一五四輿服六補。
〔七八〕凡印各上下寸七分　「寸」字原脱，據長編卷一一九仁宗景祐三年十二月條補。

〔七九〕皇祐五年秋九月作鎮國神寶　按長編卷一七五記仁宗皇祐五年秋七月事。宋史卷一二仁宗紀作是年冬十月。
〔八〇〕及命兩制禮官詳議　「詳」字原脱，據長編卷一九八仁宗嘉祐八年六月條補。
〔八一〕受命寶者　「者」字原脱，據長編卷一九八仁宗嘉祐八年六月條補。
〔八二〕則前世既不納於方中　「前」、「既」、「不」三字原脱，據長編卷一九八仁宗嘉祐八年六月條補。
〔八三〕邵必　原作「邵泌」，據宋史卷一五四輿服六、卷三一七邵必傳改。下同。
〔八四〕九年八月令禮部鑄諸路提舉官印自是提舉官不帶奉使印以出十月詔西作坊鑄造諸銅符三十四副　按宋史卷一五四輿服六記事繫於神宗熙寧五年下。
〔八五〕右契付大内鑰匙庫　「右」、「大」二字原脱，據宋史卷一五四輿服六補。
〔八六〕依時轉銅契入　「入」字原脱，據宋史卷一五四輿服六補。
〔八七〕付外仗驗請人鐵牌給付　原脱「仗」、「請人鐵」，據宋史卷一五四輿服六補。
〔八八〕則進大圭　「進」，宋史卷一五一輿服三作「搢」。
〔八九〕上以玄下以絳　「下」字原脱，據宋史卷一五一輿服三補。
〔九〇〕因垂之爲飾　「垂」字原脱，據宋史卷一五一輿服三補。
〔九一〕别鑄禮部貢舉院之印　「院」字原脱，據長編卷三三六神宗元豐六年閏六月條補。
〔九二〕宜依章獻明肅皇后故事　「故事」下原有「從之」，據宋史卷一五四輿服六删。
〔九三〕翰林學士承旨蔡京及講義玉璽官十三員奏　「學士」原脱，據宋史卷一五四輿服六、卷四七二蔡京傳補。

〔九四〕又得玉螭首一　「首一」原倒，據宋史卷一五四輿服六乙正。

〔九五〕因自作受命寶　「自作」原倒，據長編紀事本末卷一一八、宋史卷一五四輿服六乙正。

〔九六〕應行導排設去處　宋史卷一五四輿服六無「去處」二字。

〔九七〕製大宋受命中興之寶　「大宋」、「之」三字原脱，據宋會要輿服六之二補。

〔九八〕上太上皇帝尊號曰光堯壽聖太上皇帝　「壽聖」原倒，據宋會要輿服六之二、宋史卷一五四輿服六乙正。

〔九九〕廣一寸二分數視文之多寡　宋會要輿服六之二作「闊一寸二分，檢數從字之多少」。

〔一〇〇〕首尾結帶　「結」原作「組」，據宋會要輿服六之二、宋史卷一五四輿服六改。

〔一〇一〕覆以紅羅泥金夾帊　「夾帊」原脱，據宋史卷一五四輿服六補。

〔一〇二〕册匣塗以朱漆　「册」原作「花」，據宋史卷一五四輿服六改。

〔一〇三〕寶子　「子」字原脱，據宋會要輿服六之二補。

〔一〇四〕上至尊壽聖皇帝尊號　「聖皇帝」原倒，據玉海卷八四紹興尊號册寶乙正。

〔一〇五〕南渡之初　宋史卷一五四輿服六作「南渡之後」。

〔一〇六〕山東效順鑄滄景淄密萊登濰德莒濱齊棣青海州静海州泰安軍及京東安撫使馬步軍總管京東河北鎮撫節制大使印　按宋史卷八五地理志京東路下轄州軍，無景州地。

卷一百十六　王禮考十一

乘輿車旗鹵簿

昔人皇氏乘雲駕六羽，出谷口，或云祇車也。及五龍氏乘龍，上下以理。古史考云〔一〕：「黃帝作車，至少皞始駕牛，及陶唐氏制彤車〔二〕，乘白馬，則馬駕之初也。」

黃帝振兵，教熊羆貔貅〔三〕貙虎，制陣法，設五旗五麾。

有虞氏因彤車而制鸞車，鸞，有鸞和也。有虞氏之旂。有虞氏當言「綏」，夏后氏當言「旂」，此蓋錯誤也。綏，謂注旄牛尾於杠首，所謂大麾。周禮：「王建大麾以田〔四〕。」

夏后氏因鸞車而制鉤車。鉤有曲蓋。曲蓋者，謂曲前闌也。鉤之言不揉自曲。俾車正奚仲建斿旐，尊卑上下，各有等級。夏后氏之綏。綏當爲旂，此錯誤。夏后氏漸文，既注旄竿首，又有旒縿。夏后氏駱馬黑鬣，駱馬，黑相間也。此馬白身黑鬣，故云駱也。夏尚黑，故用黑鬣。夏后氏〔五〕，末代制輦。按輦人所輦也。傅玄子曰：「夏名輦曰輿車。」司馬法曰：「夏后二十人而輦。」

殷因鉤車而制大輅。大輅，車輅也。禮緯曰「山車垂鉤〔六〕」，乃鉤車之象。昔成湯用而郊祀，有山車之瑞。山車亦謂之桑根車，似金根之色，亦謂之大輅。殷之大白，謂白色旗。殷尚白，故隨代之色，無所畫也。殷人白馬黑首，純白似凶，故黑首，亦從所尚也。殷曰胡奴車。即輦也。殷十八人而輦。

周因鈎車以制木輅〔七〕，約木以加飾，爲王之五路。一曰玉路，錫，樊纓十有再就，建太常，十有二斿，以祀。王在焉曰路。玉路，以玉飾諸末。錫，馬面當盧刻金爲之，所謂鏤錫也。樊，讀如鞶帶之鞶，謂今馬大帶也。鄭司農云：纓，謂當胸，以削革爲之。三就，三重三匝也。玄謂：纓，今馬鞅，玉路之樊及纓，皆以五彩罽飾之。十二就，就，成也。太常，九旗之畫日月者。正幅爲縿，斿則屬焉。疏曰：「飾諸末，凡車上之材於末頭皆飾之。錫，眉上曰錫，刻金飾之。纓夾馬頸，故以馬鞅解之。就，謂毛毳，以爲罽，染五采飾之。一采一匝爲一就，就數雖多，亦一采一匝也。鈎在膺前，玉路有錫，亦有鈎，上得兼下。金路有鈎無錫，下不得僭上。」金路，鈎，樊纓九就，建大旂，以賓，同姓以封。金路，以金飾諸末。鈎，婁頷之鈎也。金路無錫有鈎，亦以金爲之。其樊及纓，以五采罽飾之，而九成。大旂，九旗之畫交龍者。以賓，以會賓客。同姓以封，謂王子母弟率以功德出封，雖爲侯伯，其畫服猶如上公，若魯、衛之屬；其無功德，各以親疏食采畿內而已。象路，朱，樊纓七就，建大赤，以朝，異姓以封。象路，以象飾諸末。象路無鈎，以朱飾勒而已。其樊及纓，以五采罽飾之而七成。大赤，九旗之通帛。以朝，以日視朝，異姓，王甥舅。疏云：「凡言勒者，馬之轡飾皆是。」革路，龍勒，條纓五就，建大白，以即戎，以封四衛。革路，鞔之以革而漆之，無他飾。龍，駹也，以白黑飾韋，雜色爲勒。條讀爲絛。其樊及纓以絛絲飾之而五成，不言樊，蓋脱耳，以此言絛，知玉路、金路、象路飾樊纓，皆不用金、玉、象矣。大白，殷之旗，猶周大赤，蓋象正色也。即戎，謂兵事。四衛，四方諸侯守衛者，蠻服以內。疏曰：「金、玉、象、路，皆以革鞔，但更有玉、金、象爲飾，故謂之他物，且有玉、金、象之名。今此革路，亦用革鞔而無他物，則名爲革路而已。龍勒，雜色韋爲勒。」木路，前樊鵠纓，建大麾，以田，以封蕃國。木路，不鞔，以革漆之而已。前讀爲緇翦之翦，翦，淺黑也。木路無龍勒，以淺黑飾韋爲樊，鵠色飾韋爲纓〔八〕，不言就數，飾與革路同。大麾不在九旗中，以正色言之則黑，夏后氏所建。田，四時田獵。蕃國，謂九州之外，夷服，鎮服，蕃服。疏曰：「太上無革，故言木路無龍勒，降於革路也。凡五等諸侯所得路者，在國祭祀及朝天子皆乘之。但朝天子之時，乘至天子館則舍之於館，諸侯自相朝，亦應乘之親迎，皆乘所賜路。」

陳氏禮書曰：「古者，服牛乘馬，引重致遠，以利天下，則車之作尚矣。或曰：『黃帝作軒冕』，不可考也。車之制，象天以爲蓋，象地以爲輿，象斗以爲杠轂，象二十八星以爲蓋弓〔九〕，象日月以爲輪輻；前軾而後户，前軓而後軫，旁輢而首以較，下軸而銜以轐；對人者謂之對車，如舟者謂之輈，揉而相迎者謂之牙；輈之曲中謂之前疾，軛之上平謂之衡〔一〇〕，衡之材與輿之下木皆曰任，以其力任於此也。轂之端與輢之下木皆曰軹，以其旁止於此也。軫可以名輿，可以名車，達常可以名部，軫前横木可以名軨，此又因一材而通名之也。其爲車也有長轂者〔一一〕，有短轂者，有杼輪者，有侔輪者，有反揉者，有仄揉者，有兩輪者，有四輪者，有有輻者，有無輻者，有曲轅者，有直轅者，輂，直轅。有一轅者，有兩轅者，有直輿者，有曲輿者，鉤車曲輿。有廣箱者，有方箱者，有重較者，有單較者。或駕以馬，或駕以牛，或輓以人，或飾以物，或飾以漆，或樸以素，要皆因宜以爲之制，稱事以爲之文也。然禮有屈伸，名有抑揚，故論其任重，則雖庶人之牛車〔一二〕，亦與大夫同稱大車。論其等威，則雖諸侯之正路，於王門曰『偏駕』而已。」

又曰：「路，大也。玉路、金路、象路，以金、玉、象飾之也；革路，輓而漆之；木路，漆之而不輓。則有飾者，皆輓而漆，輓而漆者無飾也。玉路，錫，樊纓，十有再就；金路，鉤，樊纓，九就；象路，朱，樊纓，七就；革路，龍勒，條纓，五就；木路，前樊鵠纓者。錫在顱，鉤在頷〔一三〕。朱者勒之色，龍者勒之飾。詩言『鏤錫』，左傳言『錫鸞和鈴，昭其聲也』。莊周言『齊之以月題』。錫，白金也。鏤，其文也；月題，其象也。則錫，象月而鏤之，又昭其聲也。詩言『鉤膺』，采芑曰：「鉤膺鞗革」，韓奕曰：「鉤膺鏤錫」。則鉤在膺前，赤金爲之〔一四〕。爾雅曰〔一五〕：『轡首謂之革』，詩曰『鞗革金厄』，儀禮『士纓轡貝勒』。夫諸侯之鞗革有金厄。毛義曰：「厄，鳥蠋也。」士之勒有貝飾，則王之革路有龍勒，宜矣。巾車、行人言樊纓，禮記、左傳皆作繁纓。繁纓十有再就、九就、七就、五就之別，此左傳所謂『游纓昭其數也』。杜預曰：『纓在馬膺前，如索帬〔一六〕。』則纓非鞅也。樊，然爲鞅之飾耳。杜子春謂『故書鵠或爲結』，則前樊結纓者，無就而結之爾。條則不結，則條纓垂而長者也。然則錫也，鉤也，朱也，龍勒也，玉、金、象、革四路，蓋皆有之。采芑言『方叔之車，鉤膺鞗革』，韓奕言韓侯車『鉤膺鏤錫』。夫方叔在征，則革路矣，而有鉤膺；釋詩者，謂方叔乘金路，然金路以封同姓，而方叔不必同姓，又非就封，其於師中，宜乘革路。韓侯就封，則象路矣，而有鏤錫。是錫不特施於玉路，而鉤不特施於金路也。以此觀之，則禮所謂錫也，鉤也，朱也，龍勒也，條也，各舉其一，互相備也。若夫木車，則質而已，故前樊結纓。前樊結纓〔一七〕，則結其前而非全結也。巾車言五者之飾，皆其首面頷膺之著者也，故不及腹帶。鄭康成以樊爲鞶帶之鞶，又以龍爲駹，條爲絛，前爲翦，非也。纓蓋用組爲之，與冠纓同。五采一匝爲就，與圭繅冕旒之就同。鄭司農以士喪馬纓三就爲削革三重，康成謂樊纓以五采罽飾之，又謂金路無錫有鉤，鵠纓就數與革路同，殆不然也。禮曰『丹漆雕幾之美，素車之乘』，詩曰『路車有奭』，毛氏曰『奭，赤貌』。路車之飾，皆丹漆矣。然禮言『玉路以祀』，又言『素車之乘』，蓋王之祀天，自國至大次則乘玉路，自大次以升壇，則乘素車，猶之德祭報以皮弁〔一八〕，及祭則服大裘冕也。巾車：『金路以賓，同姓以封，象路以朝，異姓以封，革路以即戎，以封四衛，木路以田，以封蕃國。』言同姓以封，而不言以封同姓；言異姓以封，而不言以封異姓。則嫌以賓獨賓同姓，以朝獨朝異姓故也。同姓一，異姓二，以異姓對庶姓，則庶姓非異姓也。司儀：「土揖庶姓，時揖異姓。」孔子以南宮縚爲異姓〔一九〕，則異姓姻也，庶姓非姻也。以異姓對同姓，則庶姓亦異姓而已。故巾車『金路封同姓，象路封異姓』，禮記於侯授同姓謂之『伯父、叔父』，異姓謂之『伯舅、叔舅』，凡此所謂異姓者，庶姓預之也。同姓亦曰內姓，異姓亦曰外姓。左傳曰：『同姓選親，外姓選舊。』」

又曰：「書曰：『大輅在賓階面，綴輅在阼階面，先輅在左塾之前，次輅在右塾之前。』禮器曰：『大路繁纓一就，次路繁纓七就。』郊特牲曰：『大路繁纓一就，先路三就，次路五就。』然則周官馭玉路者謂之大馭，則玉路謂之大路，獨周爲然。若夫商之大路，則木路而已。春秋傳與荀卿曰『大路越席』，禮器與郊特牲曰『大路繁纓一就』，明堂位曰『大路，商路也』，孔子曰『乘殷之路』，皆木路也。然禮器與郊特牲言大路繁纓一就則同，其言次路繁纓五就、七就則不同者。先王之路，降殺以兩，反此而加多焉，蓋亦以兩而已。大路一就，先路三就，則次路有五就、七就者矣。書言次路，以兼革、木二路，則商之次路五就、七就，庸豈一車耶？鄭氏以七就爲誤，是過論也。夫綴路，金路也，以其綴於玉路故也。先路，象路也，以其行道之所先故也。次路，革路、木路也，以其次於象路故也。周官典路，若有大祭祀，則出路，贊駕説〔二〇〕，大喪、大賓客亦如之。凡會同、軍旅、弔於四方，以路從。蓋王之行也乘玉路，而先之以象路，次之以革路、木路，而金路綴於玉路之後。觀書，先路在左塾之前而居西，次路在右塾之前而居東。春秋之時，鄭侯以先路三命之服賜子展，以次路再命之服賜子産，魯以先路三命之服賜晉三帥，以一命之服賜司馬、輿師以下，則先路固貴於次路矣。孔安國亦以先路爲象路，蓋亦有所受之也。諸侯有先路、後路，亦有大路。樂記亦曰：『大輅，天子之輅，所以贈諸侯。』雜記：『諸侯之賵，有乘黄大路，相襚以後路與冕服，先路與褒衣。』蓋諸侯之大輅則金路，謂之大路，猶熊侯謂之大夫侯。春秋傳稱王賜晉文公以大路之服，僖二十八年。祝鮀言先王分魯、衛、晉以大路，定四年。王賜鄭子僑以大路。襄十九年。王賜叔孫豹以大路，襄二十四年。杜氏以賜魯、衛、晉之大路〔二〕，皆金路；賜穆叔子僑之大路，當是革、木二路。此不可考。」

司常掌九旗之物名，各有屬以待國事，日月爲常，交龍爲旂，通帛爲旜，雜帛爲物，熊虎爲旗，鳥隼爲旟，龜蛇爲旐，全羽爲旞，析羽爲旌。物名者，所畫異物則異名也。屬，謂徽識也。大傳謂之徽號。今城門僕射所被及亭長著絳衣，皆其舊象。通帛謂大赤，從周正色，無飾。雜帛者，以帛素飾其側。白，殷之正色。全羽、析羽，皆五采，繫之於旞、旌之上，所謂注旄於干首也。凡九旗之帛，皆用絳。疏曰：九旗之中，旜、物、旌、旞不畫，此總言之，故皆云畫耳。天子之衣無日月星，故有升龍降龍，諸侯不得與天子同，故其衣有升龍無降龍。天子之旂有日月星辰，諸侯旌旂無日月星，故有升龍降龍。升龍象朝王，降象還本國也。旜不畫異物，帛而已。物，赤中白旁。旟畫鳥、隼，隼象勇，鳥象捷疾。旐畫龜蛇，龜蛇象避難。道車載旞，道車，象輅也，王以朝夕燕出入所乘。全羽爲旞。全羽、析羽，皆象文德。夏采注云：「禹貢徐州貢夏翟之羽。有虞氏以爲緌，後代染羽用之。」無帛〔三〕。游車載旌，析羽爲旌。大麾以田，夏后氏之正色。大帛以即戎〔三〕。殷之正色。翿旌，君射於國中，以翿旌爲獲。白羽與朱羽揉，鴻脰韜杠三仞。龍旜。君射於境所用也。畫龍於通帛之旜上。

陳氏禮書曰：「釋名曰：『旗，期也，言與衆期於下。』明堂位曰：『有虞氏之綏，夏后氏之綢練，商之崇牙。』則其制有自矣。司常：『日月爲常，交龍爲旂，熊虎爲旗，鳥隼爲旟，龜蛇爲旐，全羽爲旞，析羽爲旌。』則其等有辨矣。然熊虎爲旗，而九旗亦謂之旗，經傳凡言『旌旗』是也；日月爲常，而諸侯之旂亦謂之常，行人『公侯伯子男建常』是也；交龍爲旂，天子之常，亦謂之旂，覲禮『天子載大旂』是也；析羽爲旌，天子至大夫士之旗亦謂之旌，樂記『龍旂，天子之旌』，鄉射『旌各以其物』是也；爾雅曰：『素錦綢杠，纁帛縿素，升龍於縿，練旒九，飾以組，維以縷。』蓋揭旗以杠，綢杠以錦，正幅爲縿，屬縿爲旒〔二四〕，旒亦曰飾。縿以纁，則旒緖矣。左傳曰『緖茷』是也；升龍素則降龍青矣，曲禮曰『左青龍』是也，蓋青，陽也；素，陰也。陽在上而降，陰在下而升，交泰之道也。覲禮曰：『天子載大旂，升龍降龍。』周禮曰『交龍爲旂』，又曰『諸侯建旂』，則天子諸侯之旂，龍章一也。司馬法謂旗章，夏以日月，上明；商以虎，上威；周以龍，上文。先儒謂諸侯畫交龍，一象其升朝，一象其下復。然商頌曰『龍旂十乘』，則商不聞其以虎也。天子之旂，亦升龍降龍，不象其升朝、下復也。先儒又謂天子之旌，高九仞，仞，八尺〔二五〕。諸侯七仞，大夫五仞，士三仞。死者以尺易仞，天子九尺，諸侯七尺，大夫五尺，士三尺。射禮無物則翿旌，杠三仞。士喪禮無銘則緇，銘而杠三尺，其説蓋有所受也。舊圖杠首爲龍首銜結綏及鈴，蓋承唐制然歟。」

又曰：「周禮司常：『日月爲常。』巾車：『王乘玉路，建太常，十有二斿以祀。』覲禮：『天子乘龍，載大旂，象日月，升龍降龍。』郊特牲曰：『旂十有二旒，龍章，而設日月，象天也。』魯頌與明堂位言，魯用天子之禮，亦曰『龍旂承祀，旂十有二旒，日月之章』。左傳曰：『三辰旂旗，昭其明也。』然則常有三辰，升龍降龍，設崇牙，備弧矢，弧以張縿也。鄭氏謂崇牙者，爲重牙以飾旒之側。飾之以旄，垂之以鈴，人臣有功則書於其上。考工記曰：『弧旌枉矢以象弧。』鄭氏曰：「畫枉矢，恐不然也。」明堂位曰：『乘大路，載弧韣。』覲禮『侯氏載龍旂弧韣』，左傳曰：『錫鸞和鈴』，爾雅曰：『有鈴曰旂』，書曰：『厥有成績，紀于太常。』司勳『凡有功者，銘書於王之太常』。觀此，則太常之制可知矣。太常不特祀天而已，至於拜日禮月，祀方明，禮四瀆，禮山川，秋治兵，冬大閱，皆載焉。祀方明，遂會諸侯，則所會之旂與朝之大赤異矣。治兵、大閱然後田，則治兵大閱之旂與田之大麾異矣。鄭氏謂春夏之田用大麾，秋冬建太常，王之自將建太常，不自將建大白，然則治兵非即戎也〔二六〕。治兵大閱未即田也，孰謂行師而不建大白，田而不建大麾乎？然常之三辰，則日、月、北斗而已，與衣服之畫星辰不同。觀曲禮曰『招摇在上』，穆天子傳稱『天子葬盛姬，建日月七星』。蓋旗以指物，則所畫者不過北斗耳。漢郊祀歌曰：『招摇靈旗』，則後世旗亦畫北斗也。」

周曰輜車，即輦也。不知何年去其輪。周十五人而輦。

秦平九國，蕩滅典籍，舊制多亡。因金根車用金爲飾，謂金根車，而爲帝軫。金根以金爲飾。玄旗皂斿〔二七〕，以從水德。復法水數，駕馬以六。五子之歌曰：「若朽索之馭六馬」，則六馬非始於秦制，但法水德相符耳。古者，諸侯貳車九乘。秦滅九國，兼其車服，故大駕屬車八十一乘。周制：凡良車、散車在馬者〔二八〕，其用無常，以給游燕及恩惠之賜。從軍所載輜重財貨之車〔二九〕，車後開户。作之有功有沽，良車功多，散車功少。鄭玄曰：「作之有功有沽」，沽，粗也，則屬車之流。及周之末〔三〇〕，諸侯有貳車九乘。秦滅而兼之〔三一〕。薛綜曰：「屬者，相連屬也，皆在爲三行〔三二〕。」法駕半之。左右分行其車，皆皂蓋赤裏，朱轓輜〔三三〕，戈矛弩箙，尚書、御史所載。最後一乘懸豹尾，豹尾以前比省中〔三四〕。小學漢官篇曰：「豹尾過後，罷屯解圍。」胡廣曰：「施之道路，故須過後，屯圍乃得解，皆所以戒不虞也〔三五〕。」淮南子曰「軍正執豹皮，所以制正其衆」也。省中即今之仗內。秦以輦爲人君之乘，古謂人牽爲輦，宋萬以乘車輦其母，秦始皇乃去其輪而輿之，漢代遂爲人君之乘。

漢制，乘輿大駕，備車千乘，騎萬匹，屬車八十一乘，公卿奉引，太僕御〔三六〕，大將軍驂乘，祀天於甘泉用之。

三輔黄圖：「天子出，車駕次第，謂之鹵簿。有大駕，有法駕，有小駕。大駕則公卿奉引，大將軍驂乘，太僕御，屬車八十一乘，作三行，尚書御史乘之，最後一乘垂豹尾，豹尾以前皆爲省中，備千乘萬騎出長安。出祠天於甘泉備之。百官有其儀注，名曰『甘泉鹵簿』。法駕，京兆尹奉引，侍中驂乘，奉車郎御，屬車三十六乘。」

石林葉氏曰：「大駕儀仗，通號『鹵簿』，蔡邕獨斷已有此名。唐人謂鹵，櫓也，甲楯之别名〔三七〕。凡兵衛以甲楯居外爲前導，捍蔽其先後，皆著之簿籍，故曰『鹵簿』。因舉南朝御史中丞、建康令皆有『鹵簿』，爲君臣通稱，二字别無義，此説爲差近。或又以『鹵』爲『鼓』，『簿』爲『部』，謂鼓駕成於部伍〔三八〕，不知『鹵』何以謂之『鼓』？又謂石季龍以女騎千人爲一『鹵部』。『簿』乃作『部』，皆不可曉。今有鹵簿記，宋宣獻公所修。審以『簿』爲簿籍之簿〔三九〕，則既云『簿』不應更言『記』。」

漢王車，黄屋左纛。李斐曰：「天子車以黄繒爲蓋裏。纛，毛羽幢也，在乘輿車衡左方上注之。蔡邕曰以犛牛尾爲之，如斗，或在騑頭，或在衡，或在最後左騑馬鬉上〔四〇〕。」鸞旗在前，屬車在後。師古曰：「鸞旗編以羽毛，列繫橦旁〔四一〕，載於車上。大駕出，則陳於道而先行。」翠鳳之駕，師古曰：「天子乘車，爲鳳形而飾以翠羽也。」揚雄傳。旄旗、鼓車、旄頭先驅，師古曰：「凡此皆天子之制。」又東方朔傳應劭云：「旄頭以羽林爲之。髪正向上而長，衣繡衣，在乘輿之前。」驂乘。師古曰：「乘車之法，尊者居左，御者居中，又有一人處車之右，以備傾側。是以戎事則稱車右，其餘則曰驂乘，蓋取三人爲名義耳。陳平降漢，漢王使驂乘；周緤以舍人從高祖，常爲驂乘；文帝自代來，令宋昌驂乘；文帝朝東宮，趙談驂乘；袁盎伏車前曰：『臣聞天子所與共六尺輿者，皆天下豪英。今漢雖乏人，獨奈何與刀鋸餘人共載？』於是上笑，下談。談泣下車。武帝時金日磾遷侍中、駙馬都尉、光禄大夫，出則驂乘。宣帝始立，謁高廟，大將軍光驂乘，上内嚴憚，若有芒刺在背。後車騎將軍張安世代驂乘，上從容肆體，甚安。」

高祖爲沛公，旗幟皆赤，由所殺蛇白帝子者赤帝子故也〔四二〕。

司馬相如傳：「乘鏤象，六玉虯。張揖曰：「鏤象，象路也，以象牙疏鏤其車輅。六玉虯，謂駕六馬以玉飾其鑣勒，有似玉虯。龍子有角曰虯。」拖蜺旌，析羽毛，染以五采，綴以鏤爲旌，有似虹蜺之氣。靡雲旗，畫熊虎於旒爲旗〔四三〕，似雲氣。前皮軒，後道游。」皮軒之上以赤皮爲重蓋。天子將出〔四四〕，道車五乘，游車九乘。言皮軒最居前，而道游次皮軒之後也。

揚雄傳：乘輿迺登夫鳳凰兮翳華芝，師古曰：「鳳凰者，車以鳳凰爲飾也。翳，蔽也。以華芝爲蔽也。」駟蒼螭兮六素虯。駟、六，駕數也。螭似龍，一名地螻〔四五〕。流星旄以電燭兮，咸翠蓋而鸞旗。屯萬騎於中營兮，方玉車之千乘。方，並也。張燿日之玄旄，揚左纛，被雲稍。「稍」與「旓」同。奮電鞭，驂雷輜，鳴洪鐘，建五旗。漢舊儀云黄帝車駕建五旗。蓋謂五色之旗也。以木牛承其下，取其負重致遠。建九旒，六白虎，載靈輿。立曆天之旂，曳梢星之旃。舉洪頤，植靈旗。旗名也。

漢舊儀：皇帝起居儀宮司馬内〔四六〕，百官所使，按傳籍而後出入。營衛周廬，晝夜誰何。殿外門署屬衛尉〔四七〕，殿内郎署屬光禄勳，黄門、鈎盾署屬少府〔四八〕。輦動，則左右侍帷幄者稱警〔四九〕，車駕則衛官填街〔五〇〕，騎士塞路。出殿則傳蹕，止人清道，建五旗。丞相九卿執兵奉引〔五一〕，先置素室，清宮而後往，故曰出則屏門，入則瘗塞，所以重威固絶無間，防未然也〔五二〕。乘輿冠、高山冠，飛羽之纓，幘耳赤，丹紈裏〔五三〕，帶七尺斬蛇劍，履虎尾絇履。

漢輦，因秦以彫玉爲之，方徑六尺，或使人輓之，或駕果下馬。

東漢大駕希用，惟上陵及遭大喪施之。法駕，公卿不在鹵簿中，唯河南尹、執金吾、洛陽令奉引，侍中驂乘，奉車郎御〔五四〕。屬車三十六乘。或曰四十六乘。前驅有九斿雲罕，斿車有九乘，前史不記形。武王剋紂，百夫荷罕旗而先驅。東京賦曰：「雲罕九斿。」薛綜曰：「罕，旌旗名也。」鳳凰闟戟，闟之言函也〔五五〕，取四戟函車邊。」皮軒鸞旗，應劭漢官鹵簿圖曰：「乘輿大駕，則御鳳凰車，以金根爲列。」皆大夫載。皮軒謂虎皮軒。郭璞曰：「皮軒革車。」或曰即曲禮「前有士師，則載虎皮」。鸞旗者，編羽旄，列繫幢旁。胡廣曰：「建蓋在中。」民或謂之雞翹，非也。胡廣曰：「鸞旗，以銅作鸞鳥車衡上。」與本志不同。後有金鉦黄鉞，說文曰：「鉞，大斧也。」司馬法曰：「夏執玄鉞，殷執白鉞，周仗黄鉞。」黄門鼓車。大駕屬車八十一乘，法駕半之。屬車皆皂蓋，赤裏，木轓輜，戈矛弩箙，尚書、御史所載。最後一車懸豹尾，薛綜曰：「侍御史載之〔五六〕。」豹尾以前比省中。禮記：「前載虎皮」，亦此之義類。行祠天、郊以法駕，祠地、明堂省什三，祠宗廟尤省，謂之小駕。每出，太僕奉駕上鹵簿，中常侍、小黄門副；尚書主者，郎令史副。侍御史，蘭臺令史副。皆執注，以督整車騎，謂之護駕。春秋上陵，尤省於小駕，直事尚書一人從，其餘令以下，皆先行後罷。

乘輿、金根、安車、立車，蔡邕曰：「五安五立。」徐廣曰：「立乘曰高車，坐乘曰安車。」輪皆朱班重牙，周禮曰：「牙也者，以爲固抱也〔五七〕。」鄭衆曰：「牙謂輪輮也，世間或謂之輞。」貳轂兩轄，蔡邕曰：「轂外復有一轂抱轄，其外乃復設轄，抱銅置其中。」東京賦曰：「重輪貳轄，疏轂飛軨。」金薄繆龍，爲輿倚較，徐廣曰：「繆，交錯之形也。較在箱上。」說文曰：「轓文畫藩，藩，箱也〔五八〕。」通俗文曰〔五九〕：「車箱爲較。」文虎伏軾，魏都賦注曰〔六〇〕：「軾，車橫覆膝，人所馮止者也。」龍首銜軛，左右吉陽筩，鸞雀立衡，徐廣曰：「置金烏於衡上。」轓文畫輈，羽蓋華瓜。徐廣曰：『翠羽蓋黃裏，所謂黃屋車也。金華施朱橑，有二十八枚，即蓋弓也。」東京賦曰：「樹翠羽之高蓋。」薛綜曰：「樹翠羽爲蓋，如雲龍矣。金作華形，莖皆低曲。」建大旂，十有二斿，畫日月升龍，駕六馬，東京賦云：「六玄虯之弈弈〔六一〕。」象鑣鏤錫，金鍐方釳，插翟尾，獨斷曰：「金鍐者，馬冠也。高廣各五寸，上如玉華形，在馬髦前。方釳，鐵也。廣數寸，在馬鬉後。後有三孔，插翟尾其中。」薛綜曰：「釳中央低〔六二〕，兩頭高，如山形，而實中翟尾結著之。」顔延之幼誥曰：「釳，乘輿馬頭上防釳，角所以防罔羅，釳以翟尾鐵翮象之也。」徐廣曰：「金爲馬文髦也〔六三〕。」朱兼樊纓，赤罽易茸，金就十有二，左纛以氂牛尾爲之，在左騑馬軛上，大如斗，徐廣曰：「馬在中曰服〔六四〕，在外曰騑。騑亦名驂。」蔡邕曰：「在最後左騑馬頭上。」是爲德車。五時車、安、立亦皆如之。各如方色，馬亦如之。白馬者，朱其髦尾爲朱鬣云。所御駕六，餘皆駕四，後從爲副車。古文尚書曰：「子臨兆民，凜乎若朽索之馭六馬。」逸禮王度記曰：「天子駕六馬，諸侯駕四，大夫三，士二，庶人一。」周禮四馬爲乘〔六五〕。毛詩天子至大夫同駕四，士駕二。易京氏、春秋公羊說皆云天子駕六。許慎以爲天子駕六，諸侯及卿駕四，大夫駕三，士駕二，庶人駕一。史記曰：「秦始皇以水數制乘六馬。」鄭玄以爲天子四馬，周禮乘馬有四圉，各養一馬也，諸侯亦四馬。顧命時諸侯皆獻乘黄朱，乘亦四馬也。今帝者駕六，此自漢制，與古異耳。蔡邕表志曰：「以文義不著之故，俗人多失其名。五時副車曰五帝車，鸞旗曰鷄翹，耕根曰三蓋，其比非一也。」

蔡邕獨斷：「法駕，上所乘曰金根車，駕六馬，有五色安車、五色立車各一，皆駕四馬，是爲五時副車，俗人名曰五帝車，非也〔六六〕。又有戎立車以征伐，三蓋車名耕根車，一名芝車，親耕籍田乘之。又有蹋猪車，慢輪有畫，田獵乘之。緑車名曰皇孫車，天子孫乘之以從。凡乘輿，車皆羽蓋，金華爪，黄屋，左纛，金鍐，方釳，繁纓，重轂，副牽。繁纓在馬膺前，如索帬。重轂，轂外復有一轂，施牽其外。諸車之文：乘輿，倚龍伏虎，櫎文畫輈，龍首鸞衡，重牙班輪，升龍飛軨。薛綜曰：「飛軨，以緹油廣八寸，長注地，畫左蒼龍右白虎，繫軸頭。二千石亦然，但無畫耳。」盧植禮記注曰：「軨，轄頭也。」楚辭云：「倚結軨兮太息。」王逸注曰：「重較也。」李尤小車銘曰：「軨之嗛虛，疏達開通。」按二家之言，不如綜注所記。諸馬之文：按乘輿，金鍐，方釳，插翟象鑣，爾雅注曰：「鑣，馬勒旁鐵也〔六七〕。」皆用象牙。龍畫總，沫升龍，赤扇汗，詩云：「朱幩鑣鑣。」毛傳曰：「人君以朱纏鑣扇汗，且以爲鑣飾。」青兩翅，燕尾。駙馬，左右赤珥流蘇，飛鳥節，赤膺兼〔六八〕。」

漢官儀：「侍中，左貂右蟬，本秦丞相史，往來殿中，分掌乘輿服物，下至褻器虎子之屬。武帝時，孔安國爲侍中，以其儒者，特令掌御唾壺。朝廷榮之。至東京時，屬少府，亦無員。駕出，則一人負傳國璽，操斬蛇劍，乘輿，中官俱止禁中。」

光武平公孫述，始獲葆車輿輦。而因舊制金根車，擬周之玉輅，最尊者也。其制見前。大駕則御鳳凰車，以金根爲副。

魏武帝受漢獻帝命，乘金根車，駕六馬，設五時副車。

明帝景初中，山茌縣黄龍見，以爲魏得地統，服色尚黄，戎事乘黑首白馬。

魏、晉小出則乘輦，亦多乘輿。

晉制，玉、金、象、革、木等路，是爲五路，並天子之法車，皆朱班漆輪，畫爲櫕其巨反。文。三十輻，法月之數，重轂貳轄。以赤油，廣八寸，長三尺，注地，繫兩軸頭，謂之飛軨。金簿繆龍之爲輿倚較〔六九〕，較重，爲文獸伏軾，龍首銜軛，左右吉陽筩，鸞雀立衡，櫕文畫轅及幡〔七〇〕。青蓋，黄爲裏，謂之黄屋。金華施橑末〔七一〕，橑二十八以象宿。兩箱之後，皆玳瑁爲鵾翅，加以金銀彫飾，故世人亦謂之金鵾車。斜注旂旗於車之左，又加棨音啓。戟於車之右，皆橐而施之。棨戟韜以黻繡，上爲亞字，繫大蛙蟆幡。軛長丈餘。於戟之杪，以氂牛尾，大如斗，置左騑馬軛上，是爲左纛。轅皆曲向上，取禮緯「山車垂句」之義，言不揉而能自曲。玉、金、象三路，各以其物飾車，因以爲名〔七二〕。革者漆革，木者漆木。其制，玉路最尊，建太常，十有二旒，九仞委地，畫日月升龍，以祀天。金路建大旂，九旒，以會萬國之賓，亦以賜上公及王子母弟。象路建大赤，通赤無畫，所以視朝，亦以賜諸侯。革路建大白，以即戎兵事，亦以賜四鎮諸侯。木路建大麾，以田獵，其麾色黑，亦以賜蕃國。玉路駕六黑馬，餘四路皆駕四馬，馬並以黄金爲文髦，插以翟尾。象鑣而鏤錫〔七三〕，錫在馬面，所謂當顱者也。金鍐而方釳，金鍐謂以金鍐爲文。釳以鐵爲之〔七四〕，其大三寸，中央兩頭高〔七五〕，如山形，貫中以翟尾而結著之。繁纓赤罽易茸，金就十有二。繁纓，馬飾纓，在馬膺前，如索帬〔七六〕。五路皆有錫鑾之飾，和鈴之響，鉤膺玉瓖，鉤膺，即繁纓也。瓖，馬帶玦名也。龍輈華轙。輈，車轅也，頭爲龍象。轙，謂車衡上環受鸞者也。朱幩。幩，飾也，人君以朱纏鑣扇汗，以爲飾也。法駕行則有五路各有所主，不俱出；臨軒大會則陳乘輿車輦旌鼓於其殿庭。車，坐乘者謂之安車，倚乘者謂之立車，亦謂之高車。

按：周禮惟王后有安車也，王亦無之。自漢以來，制乘輿乃有之。有青立車、青安車、赤立車、赤安車、黄立車、黄安車、白立車、白安車、黑立車、黑安車，合十乘，名爲五時車，俗謂之五帝車。天子所御則駕六，其餘並駕四。建旂十二，各如車色。立車則正豎其旂，安車則斜注。駕馬，亦各隨五時之色，白馬則朱其鬣尾。左右騑驂，金鍐鏤錫，黄屋左纛，如金根之制，行則從後。

五牛旗，平吴後所造，以五牛建旗，車設五牛。青、赤在左，黄在中，白、黑在右。豎旗於牛背，行則使人輿之。牛之爲義，蓋取負重致遠而安穩也。旗常纏不舒，所謂德車結旌也。天子親戎則舒，所謂武車綏旌也。

晉大駕鹵簿：先象車，象車，漢鹵簿最在前。武帝太康中平吴後，南越獻馴象，詔作大車駕之，以載黄門鼓吹數十人，使越人騎之。元正大會，駕象入庭。鼓吹一部，十三人，中道。次静屋令，駕一，中道。式道候二人〔七七〕，駕一，分左右。次洛陽尉二人，騎，分左右。次洛陽亭長九人，赤車，駕一，分三道，鼓吹正二人引〔七八〕。次洛陽令，皂車，駕一，中道。次河南中部掾，中道。河橋掾在左，功曹史在右，並駕一。次河南尹，駕駟，戟吏六人。次河南主簿，駕一，中道。次河南主記，駕一，中道。次司隸部河南從事，中道。都部從事居左，別駕從事居右，並駕一。次司隸校尉，駕三，戟吏六人〔七九〕。次司隸主簿，駕一，中道。次司隸主記，駕一，中道。次廷尉明法掾，中道。五官掾居左，功曹史居右，並駕一。次廷尉卿〔八〇〕，駕駟，戟吏六人。次廷尉主簿、主記，並駕一，在左。太僕引從如廷尉，在中。宗正引從如廷尉，在右。次太常，駕駟，中道，戟吏六人。太常外部掾居左，五官掾功曹史居右，並駕一。次光禄引從，中道。太常主簿〔八一〕、主記居左，衛尉引從居右〔八二〕，並駕一。次太尉外督令史，駕一，中道。次東、西捕賊、倉、户等曹屬，並駕一，引從。次太尉，駕駟，中道。太尉主簿、舍人各一人，祭酒二人，並駕一，在左右。次司徒引從，駕駟，中道。次司空引從，駕駟，中道。三公騎令史戟各八人，鼓吹各一部〔八三〕，七人。次中護軍，中道，駕駟。鹵簿左右各二行，戟楯在外，弓矢在内，鼓吹一部，七人。次步兵校尉在左，長水校尉在右，並駕一。各鹵簿左右二行〔八四〕，戟楯在外，刀楯在内，鼓吹各一部，七人。次射聲校尉在左，翊軍校尉在右，並駕一。各鹵簿左右各二行，戟楯在外，刀楯在内，鼓吹各一部，七人〔八五〕。次驍騎將軍在左，游擊將軍在右，並駕一。皆鹵簿左右各二行，戟楯在外，刀楯在内，鼓吹各一部，七人。騎隊，五在左，五在右，隊各五十匹〔八六〕，命中督二人分領左右。各有戟吏二人，麾幢、揭鼓在隊前。次左將軍在左，前軍將軍在右〔八七〕，並駕一。皆鹵簿左右各二行，戟楯在外，刀楯在内，鼓吹各一部，七人。次黄門麾騎〔八八〕，中道。次黄門前部鼓吹，左右各一部，十三人，駕駟。八校尉佐仗〔八九〕，左右各四行，外大戟楯，次九尺楯，次弓矢，次弩〔九〇〕，並熊渠、佽飛督領之。次司南車，駕駟，中道。護駕御史，騎，夾左右。次謁者僕射，駕駟〔九一〕，中道。次御史中丞，駕一，中道。次武賁郎將，騎，中道。次九遊車，中道。武剛車夾左右，並駕駟。次雲罕車，駕駟，中道。次闟戟車，駕駟，中道，長戟斜偃向後。次皮軒車，駕駟，中道。次鸞旗車，中道。建華車，分左右，並駕駟。次護駕尚書郎三人，都官郎中道，駕部在左，中兵在右，並騎。又有護駕尚書一人，騎，督攝前後無常。次相風，中道。次司馬督，在前，中道。左右各司馬史三人引仗，左右各六行，外大戟楯二行，次九尺楯〔九二〕，次弓矢，次弩〔九三〕。次五時車，左右有遮列騎。次典兵中郎，中道，督攝前却無常。左殿中御史，右殿中監，並騎。次高蓋，中道，左畢，右罕。次御史，中道，左右節郎各四人。次華蓋，中道。次殿中司馬，中道。殿中都尉在左，殿中校尉在右，左右各四行，細楯一行在弩内，又殿中司馬一行，殿中都尉一行，殿中校尉一行。次擺鼓〔九四〕，中道。次金根車，駕六馬，中道。太僕卿御〔九五〕，大將軍參乘〔九六〕。左右又各增三行，爲九行。司馬史九人，引大戟楯二行，九尺楯一行，刀楯一行，由基一行〔九七〕，細弩一行，迹禽一行〔九八〕，椎斧一行，力人刀楯一行〔九九〕。連細楯，殿中司馬、都尉、校尉，爲左右各十三行。金根車建青旆斿十二，左將軍騎在左，右將軍騎在右〔一〇〇〕，殿中將軍持鑿腦斧夾車，車後衣書主職步從〔一〇一〕，六行，合左右三十二行。次曲華蓋，中道。侍中、散騎常侍〔一〇二〕、黄門侍郎並騎，分左右。次黄鉞車，駕一，在左，御麾騎在右。次相風，中道。次中書監騎左，祕書監騎右。次殿中御史騎左，殿中監騎右。次五牛旗，赤青在左，黄在中，白黑在右。次大輦，中道。太官令丞在左，太醫令丞在右。次金根車，駕駟，不建旗〔一〇三〕。次青立車，次青安車，次赤立車，次赤安車，次黄立車，次黄安車，次白立車，次白安車，次黑立車，次黑安車，合十乘，並駕駟。建旗十二旒，如車色。立車正豎旗，安車斜拖之〔一〇四〕。次蹋猪車，駕駟，中道，無旗。次耕根車，駕駟，中道，赤旗十二旒，熊渠督左，佽飛督右。次御軺車，次御四望車，次御衣車，次御書車，次御藥車，並駕牛，中道。次尚書令在左，尚書僕射在右。又尚書郎六人，分左右，並駕一。又治書侍御史二人，分左右，又侍御史二人，分左右，又蘭臺令史分左右，並騎。次豹尾車，駕一。自豹尾車後而鹵簿盡矣。但以神弩二十張夾道，至後部鼓吹，其五張神弩置一將，左右各二將。次輕車二十乘，左右分駕。次流蘇馬六十匹。次金鉞車，駕三，中道。左右護駕尚書郎並令史，並騎，各一人。次金鉦車駕三〔一〇五〕，中道。左右護駕侍御史並令史，並騎，各一人。次黄門後部鼓吹，左右各十三人。次戟鼓車，駕牛，二乘，分左右。次左大鴻臚外部掾，右五官掾〔一〇六〕、功曹史，並駕一。次大鴻臚，駕駟，戟吏六人。次大司農引從，中道，左大鴻臚主簿、主記〔一〇七〕，右少府引從。次三卿，並騎，吏四人，鈴下二人，執馬鞭辟車六人，執方扇羽林十人，朱衣。次領軍將軍，中道。鹵簿左右各二行，九尺楯在外，弓矢在内，鼓吹如護軍。次後軍將軍在左，右軍將軍在右，各鹵簿鼓吹如左軍、前軍〔一〇八〕。次越騎校尉在左，屯騎校尉在右，各鹵簿鼓吹如步兵、射聲。次領、護、驍騎、遊擊校尉〔一〇九〕，皆騎，吏四人，乘馬夾道，都督兵曹各一人，乘馬在中。騎將軍四人，騎校、鞉角、金鼓、鈴下、信幡、軍校並駕一。功曹史、主簿並騎從〔一一〇〕。繖扇幢麾各一騎，鼓吹一部，七騎。次領護軍，加大車斧，五官掾騎從。次騎十隊，隊各五十匹。將一人，持幢一人，持鞉一人，並騎在前，督戰伯長各一人，並騎在後。幽州突騎督分領之〔一一一〕。郎簿十隊，隊各五十人。絳袍將一人，騎，鞉角各一人〔一一二〕，在前；督戰伯長一人，步，在後。騎皆持矟。次大戟一隊，九尺楯一隊，刀楯一隊，弓一隊，弩一隊，五隊隊各五十人。黑袴褶將一人，騎校、鞉角各一人，步，在前；督戰伯長各一人，步，在後。金顔督將並領之。其屬車，因後漢制。復制御衣、御書、御軺、御藥等車，駕牛。陽燧四望繐窗皂輪小形車〔一一三〕。

晉自過江之後，舊章多缺。元帝踐極，始造大路、戎路各一，皆即古金根之制也，無復充庭之儀。至於郊祀大禮，則權飾餘車以周用。六師親征則用戎路，去其蓋而乘之[一四]，屬車但五乘而已。加緑油幢，朱絲絡[一五]，飾青交路，黄金塗五采，其輪轂猶素，兩箱無金錦之飾。其一車又是軺車。舊儀，天子所乘駕六，是時無復六馬之乘，五路皆駕四而已，同用黑，是爲玄牡。無復五時車。有事則權以馬車代之，建旗其上。其後但以五色木牛象五時車，豎旗於牛背，行則使人輿之。牛之義，蓋取其負重致遠而安穩也。旗常纏而不舒旆[一六]，所謂德車結旌者也。惟天子親戎，五旗舒旆，所謂武車綏旌者也。指南車，過江亡失，及義熙五年，劉裕屠廣固，始復獲焉，乃使工人張綱補緝周用。十三年，裕定關中，又獲司南，記里諸車，制度始備。其輦，過江亦亡制度，太元中謝安率意造焉，及破苻堅於淮上，獲京師舊輦，形制無差，大小如一，時人服其精記[一七]。義熙五年，劉裕執慕容超，獲金鉦輦、豹尾，舊式猶存。元興中，屬車唯九乘，苻堅敗，又得僞車輦，增爲十二乘。

宋孝武大明中，尚書左丞荀萬秋改造五輅。玉輅[一八]，依晉金根車，加赤漆櫳畫，玉飾諸末，建青旗，十有二旒，駕駟以玄，復因漢之安車，章施羽葆蓋，以祀。以金根爲金輅，建青旗，駕玄馬四，羽葆蓋，以賓。象、革、木輅，並擬玉輅，漆虡畫，羽葆蓋[一九]。象輅視朝，革輅即戎，二輅並建赤旆[二〇]，駕玄馬四。木輅建赤麾，以田，駕赤馬四。大事法駕，五輅俱出。孝建中，尚書令王宏議：「屬車，起秦八十一乘，及三十六乘，並不出經典。自胡廣、蔡邕傳説耳。又是從官所乘，非帝者副車正數[二一]。江左五乘，則儉不中禮。帝王文物旗旒，皆十二爲節。今宜依禮十二乘爲制。」

齊武帝永明初[二二]，伏曼容議：「齊德尚青，車旗先青。次赤，次白，次黑。軍容戎事，宜依漢道行運之色。」因宋金根車而修玉輅，畫輪金塗，兩箱上望板前優遊，通緣金塗鏤鍱〔一二三〕，碧紋箱，鑿鏤金簿帖。兩箱外織成衣，兩箱裏金塗鏤面釘，玳瑁帖。望板箱上帖金博山。優遊上，和鸞鳥立花趺銜鈴〔一二四〕，銀帶玳瑁筒〔一二五〕。優遊下，隱膝，裏施金塗鏤面花釘，織成文〔一二六〕，優遊橫前，施玳瑁帖，金塗花釘，金塗倒龍〔一二七〕，後損鑿銀玳瑁龜甲〔一二八〕，金塗花沓。望板，金塗受福望龍諸校飾。輈及諸末〔一二九〕，皆螭龍首。龍形板在車前〔一三〇〕，銀帶花獸，金塗受福，緣裏邊，鏤鍱玳瑁織成衣。裏，金塗鏤面花釘；外，金塗博山，辟邪障〔一三一〕，鳳凰銜花。升蓋〔一三二〕，金塗鏤鍱，二十八爪支子花，黃錦升衣〔一三三〕，複碧絹漆布緣油頂，絳絲織成顏芚徒昆反。赭舌孔雀毛，複錦，緑紋隨陰，懸諸珠蜯佩〔一三四〕，金塗鈴，雲朱結人綬〔一三五〕，雜色真孔雀旄。一轅，漆畫車衡，銀花帶，衡上金塗博山，四和鸞鳥立花趺銜鈴〔一三六〕，龍首銜軛，棰翟尾，上下花沓，絳緑絲的，望繩八枚。旂十有二斿，畫升龍，竿首金塗龍銜大騶幡〔一三七〕，真旄。棨戟，織成衣，金塗沓駐及受福，金塗鴈鏤鍱。漆安立牀，在車中，錦複黃紋〔一三八〕，爲安立衣。錦複黃紋障泥，八幅，長九尺，緑紅錦芚帶，織成花〔一三九〕，五輅江左相承駕駟，左右騑爲六。施絳絲遊御繩，其重轂貳轄，飛軨幡，赤油，金紫真旄〔一四〇〕。左纛置左騑馬輈上，金鋄方釳，繁音盤。纓，金塗紫皮帶真旄〔一四一〕，橫在馬膺前，其鏤鍚，皆如古制。初加玉輅爲重蓋，棲寶鳳凰〔一四二〕，綴金鑷珠璫玉蜯珮，四角金龍，銜五采旄，又麒麟頭加以采畫，馬首戴之。竟陵王子良啓曰：「凡蓋圓象天，軫方象地。上無二天之儀，下設兩蓋之飾，求諸志録，最爲乖衷。又假爲麟首，加乎馬頭，事不師古，鮮或可施。」至建武中，明帝乃省重蓋等。金輅之飾如玉輅而減少，象輅減金輅，革輅如象輅而尤減，木輅如革路，建大赤麾，首施大騶幡。玉輅、金輅建碧旂，象輅、木輅建赤旂。

齊輦因宋制，名小輿。小輿，即今之犢車、軿車之流。盛增其飾，竹蓬，箱外鑿鏤金薄，碧紗衣，織成芼，錦衣。箱裏及仰頂隱膝後户，金塗鏤面釘，瑇瑁帖，金塗松精，登仙花紐，緑四緣〔一四三〕，緑四望紗萌子，上下前後眉，鏤鏁。轅枕長角龍，白牙蘭，瑇瑁金塗校飾，漆障塵板在蘭前〔一四四〕，金銀花獸攫天伐龍師子鏤面〔一四五〕，榆花鈿指子摩尼炎〔一四六〕，金龍虎。扶轅，銀口帶，龍板頭。龍轅軛上〔一四七〕，金鳳凰鈴鏁，銀口帶，星後梢，瑇瑁帖，金塗花沓〔一四八〕，銀星花獸幔竿杖，金塗龍牽，縱横長綱〔一四九〕。又制卧輦校飾如坐輦，不堪服用，復制小輿，形如軺車，小行幸則乘之。

梁車輅，初因齊制，天監三年，五輅旗麾同用赤而斿不異，以從行運所尚也。七年，帝據周禮「玉輅以祀，金輅以賓」，今祀乘金輅，詔下詳議。周捨謂：「金輅爲齊車，本不關於祭祀。」於是改陵廟皆乘玉輅，轡以朱絲。

梁制，小輿似軺車，金裝漆畫，地八横〔一五〇〕。元正大會，乘出上殿。西堂舉哀亦乘之。行則從後。又制步輿，方四尺，上施隱膝，人輿上殿。天子至下賤，通得乘之。復制副輦，加笨，步本反。如犢車，通幰朱絡，謂之蓬輦。

陳初因梁。文帝天嘉初，令到仲舉議〔一五一〕，錯綜漢、晉舊飾，造玉、金、象、革、木等五輅，皆金薄交龍，爲輿倚較，文豹伏軾〔一五二〕，虬首銜軛，左右吉陽筩，鸞雀立衡，榠櫨文畫轓，緑油蓋，黄紋裏，相思橑，金華末。邪注旂旗於車之左，各依方色。置棨戟於車之右〔一五三〕，韜以黻繡。獸頭幡，長丈四尺，懸於戟杪。玉輅，正副同駕六馬，餘皆駕駟。並金叉髦，插於翟尾，玉爲鏤鍚。以綵畫蛙蟆幡，綴兩軸頭，即漢之飛軨〔一五四〕，五路兩箱後，皆玳瑁爲鶡翅，金銀雕飾。兩箱裏，衣紅錦，金花帖釘，上用紅錦爲後襜，青紋純帶，夏花簟，冬綺繡褥。

後魏道武帝天興初，修軒冕，制乾象等輦，草創制度，多違舊章。至孝文太和中，儀曹令李韶更議改正，唯備五輅，各依方色，其餘車輦，猶未能具。明帝熙平中，侍中崔光等議，大造車服，五輅並駕五馬，亦無經據。道武帝天興二年，命禮官採古法，制三駕鹵簿。一曰大駕，設五輅，建太常，屬車八十一乘。平城令、代尹、司隸校尉、丞相奉引，太尉陪乘，太僕御從。輕車介士，千乘萬騎，魚麗鴈行。前驅皮軒、闟戟、芝蓋、雲罕、指南；後殿豹尾。鳴笳唱，上下作鼓吹〔一五五〕。軍戎、大祠則設之。二曰法駕，屬車三十六乘。平城令、代尹、太尉奉引，侍中陪乘，奉車都尉御。巡狩、小祠則設之。三曰小駕，屬車十二乘。平城令、太僕奉引，常侍陪乘，奉車郎御。遊宴離宮則設之。天賜二年初，改大駕魚麗鴈行，更爲方陣鹵簿。列步騎，内外爲四重，列標建旌，通門四達〔一五六〕，五色車旗，各處其方。諸王導從在甲騎内，公在幢内，侯在步稍内，子在刀楯内，五品朝臣夾列乘輿前兩箱，官卑者先引。王公侯子車後魏制除伯男爵。旒麾蓋信幡及散官構服，一皆絳黑〔一五七〕。

天興初，始修軒冕，制乾象輦，羽葆圓蓋，畫日月五星、二十八宿、天街雲罕、星經曰：「昴，天子出旄頭。畢爲天街，罕畢以前驅。」山林奇瑞、遊麟飛鳳、朱雀玄武、騶虞青龍，駕二十四馬。又制大樓輦車，龍輈十二，加以玉飾〔一五八〕，四轂六衡，方輿圓蓋，金雞樹羽，寶鐸流蘇，鸞雀立衡，六螭龍銜軛〔一五九〕，建太常，畫升龍日月，駕二十牛。又制象輦，左右金鳳，白鹿仙人，羽葆流蘇，金鈴玉佩，初駕二象，後以六駝代之。復有游觀小樓等輦，駕十五馬車等。草創修制，多違舊章。

北齊車服制度，多因後魏。天保中所乘，是太和中李韶所制五輅。

後周依周禮，設六官，置司輅之職，掌公車之政，辨其名品物色。皇帝之輅，十有二等：一曰蒼輅，以祀昊天上帝。二曰青輅，以祀東方上帝。三曰朱輅，以祀南方上帝及朝日。四曰黄輅，以祭地祇、中央上帝。五曰白輅，以祀西方上帝及夕月。六曰玄輅，以祀北方上帝及感帝、神州。此六輅，通漆之，而無他飾，即周木輅遺象也。馬皆疏面，旃就以方色，俱十有二。七曰玉輅，以享先皇，加玄服，納后。八曰碧輅，以祭社稷，享諸先帝，食三老五更，享諸侯，耕籍。九曰金輅，以祀星辰，視朔。十曰象輅，以望秩群祀。十一曰革輅，以巡兵即戎。十二曰木輅，以田獵，行鄉畿。此六輅以六色漆畫之，用玉碧金象革物飾諸末。錫面金鈎，就以五采，俱十有二。其輅之飾，重輪重較加茸焉〔一六〇〕。皇帝之輅，輿廣六尺有六寸，畫輪轂輈衡以雲牙〔一六一〕，箱軾櫝文，櫝内畫以雜獸〔一六二〕。獸伏軾，鹿倚較。三辰之常，玄、青、蒼等旗，畫繢之，六仞曳地。設和鸞，以節趨行。圓蓋方輿，以象天地。

後周，太常畫三辰，日、月、五星。旂畫青龍，天子升龍，諸侯交龍。旟畫朱鳥，旌畫黄麟，旗畫白虎，旐畫玄武，皆加雲氣〔一六三〕。其旜物在軍亦畫其事號，加以雲氣。徽幟亦如之。通帛爲旜，雜帛爲物。在軍亦書其人官與姓名之事號〔一六四〕，徽幟亦書之。旌節又畫白虎，而析羽於其上。又司常，掌旗物之藏。通帛之旗六，以供郊祀。蒼、赤、黄、白、玄等旗，三辰之常，畫繢之旗六，以充玉輅之等。一曰三辰之常，二曰青龍旗，三曰朱雀旗，四曰黃麟旌，五曰白虎旂，六曰玄武旐，皆左建旗而右建闒戟。又有繼旗四，以施軍旅。一曰麾，以供軍將；二曰旞，以供師帥〔一六五〕；三曰旆，音伐。以供旅帥；四曰旆，以供卒長。諸公方輅、碧輅建旂，金輅建旗，象輅建物，木輅建旐。諸侯自金輅而下，如諸公之旗。諸伯自象輅而下，如諸侯之旗。諸子自犀輅而下，如諸伯之旗。諸男自象輅而下〔一六六〕，如諸子之旗。三公犀輅、貝輅、篆輅建旃木輅，建旐〔一六七〕，夏篆、夏縵及輚車建物。孤卿以下，各以其等建其旗。旌杠，皇帝六仞，諸侯五，大夫四，士三。斿，皇帝曳地，諸侯及軹，大夫及轂，士及軫。凡注毛於杠首曰綏，析羽曰旌，全羽曰旞。其縿，皇帝諸侯加以孤韣。闒戟，方六尺而被之以黻，唯皇帝、諸侯輅建焉〔一六八〕。闒戟，杠綢與旗同。

隋開皇元年，內史令李德林奏：後魏輿輦乖制，請廢，唯留後魏太和時李韶所制五輅，北齊所遵者〔一六九〕。後著令，制玉輅，青質，重箱盤輿，左龍右虎，金鳳翅，畫櫕文，軛左立纛，金鳳一在軾前，八鸞在衡，二鈴在軾。龍輈之上，前設障塵，青蓋黃裏〔一七〇〕，繡斿帶。金博山，綴以鏡子，下垂八珮。樹四十葆。羽輪皆朱班重牙，復轄。左建太常，十有二斿，皆畫升龍日月，其長曳地。右載闒戟，長四尺，闊三尺，黻文。旗首金龍頭，銜鈴及緌，垂以結綬。駕蒼龍，金鍐方釳，插翟尾五隻〔一七一〕，鏤錫，鞶纓十有二就，皆五采繒罽爲飾。天子祭祀、納后則乘之。金輅，赤質，左建旗，畫飛隼，右建闒戟，盤輿鳳等，並同玉輅。駕赤騮。臨朝、會同、饗射、飲至則乘之。象輅，黃質，左建旌，畫遊麟〔一七二〕，右建闒戟，駕黃騮。祀后土則乘之。革輅，白質，輓以革，左建旗，畫騶虞，右建闒戟，駕白駱〔一七三〕。巡狩臨兵則乘之。木輅，黑質，漆之。左建旐，畫玄武〔一七四〕，右闒戟，駕黑騮。田獵則乘之。其五輅〔一七五〕，並駕六馬，馬飾同玉輅。復制安車〔一七六〕，重輿曲壁，紫油纁裏〔一七七〕，通幰，朱絲絡網，朱鞶纓。駕赤騮，臨幸所乘。按隋氏五輅，遠酌周禮，旗旓藻飾，近約漢制，文質相半。文帝既平陳，因爲法令，憲章往古，大駕依秦，法駕依漢，小駕依宋。煬帝大業初，復備大駕八十一乘，並如犢車，紫通幰，朱絲絡，黃金飾，駕一牛。在鹵簿中，單行正道。後帝嫌多，大駕減爲三十六乘，法駕宜用十二，小駕除之可也。詳見北史閻毗傳。

隋制輦而不施輪，通幰，朱絡，飾以金玉，而人荷之。又依梁制副輦，復制輿如輦而小，宮苑私宴御之。小輿方，形同幄帳，自閤內升殿御之。

校勘記

〔一〕古史考云　「云」原作「之」，據通典卷六四禮二四、玉海卷七八黃帝象車改。

〔二〕及陶唐氏制彤車　「彤」原作「肜」，據元本、慎本、馮本及通典卷六四禮二四改。

〔三〕貔貅　「貅」原作「豻」，據通典卷六六禮二六改。下同。

〔四〕王建大麾以田　「田」原作「朝」，據禮記明堂位改。

〔五〕夏后氏　「氏」字原脫，據宋書卷一八禮五補。

〔六〕山車垂鉤　「垂」原作「乘」，據通典卷六四禮二四改。

〔七〕周因鉤車以制木輅　「鉤車」，通典卷六四禮二四作「殷輅」。

〔八〕鵠色飾韋爲纓　「飾韋」原脱，據周禮巾車鄭注補。

〔九〕象二十八星以爲蓋弓　「弓」字原脱，據後漢書志二九輿服上、禮書卷一三五車服補。

〔一〇〕軏之上平謂之衡　「上」，禮書卷一三五車服作「土」。

〔一一〕其爲車也有長轂者　「也」原作「者」，據禮書卷一三五車服改。

〔一二〕則雖庶人之牛車　「庶」原作「度」，據元本、馮本及禮書卷一三五車服改。

〔一三〕鈎在頷　「頷」原作「額」，據局本及禮書卷一三五五路改。

〔一四〕則鈎在膺前赤金爲之　「赤」原作「亦」，據禮書卷一三五五路改。

〔一五〕爾雅曰　「曰」字原脱，據禮書卷一三五五路補。

〔一六〕索幦　「索」原作「素」，據元本、慎本、馮本及左傳恒二年改。

〔一七〕前樊結纓　此四字原脱，據禮書卷一三五五路補。

〔一八〕猶之德祭報以皮弁　「德」原作「聽」，據國語卷四魯語上改。

〔一九〕孔子以南宫縚爲異姓　「縚」原作「緇」，據周禮司儀、禮記檀弓上改。

〔二〇〕贊駕説　此三字原脱，據周禮典路補。

〔二一〕杜氏以賜魯衛晉之大路　禮書卷一三五王行五路先後之儀「杜氏」作「五氏」。

〔二二〕禹貢徐州貢夏翟之羽有虞氏以爲緌後代染羽用之無帛　「之」、「以」原脱，「緌」原作「綏」，據周禮夏采鄭注補改。原脱「代」，據通典卷六六禮二六補。

〔二三〕大帛以即戎　「帛」原作「白」，據周禮司常改。

〔二四〕屬縿爲旒　「屬縿」原脱，據禮書卷一三一旗制補。

〔二五〕仞八尺　禮書卷一三一旗制無「八」字。

〔二六〕然則治兵非即戎也　「則」原作「後」，據禮書卷一三一旗制改。

〔二七〕玄旗皂斿　「玄」原作「黑」，「斿」原作「旒」，據通典卷六四禮二四改。

〔二八〕凡良車散車在馬者　通典卷六四禮二四作「凡良車散車不在等者」。

〔二九〕從軍所載輜重財貨之車　「軍」原作「車」，「財貨」在「輜重」上，據通典卷六四禮二四改乙。

〔三〇〕及周之末　原作「周末」，清人擅删「及」、「之」二字，據通典卷六四禮二四補回。

〔三一〕秦滅而兼之　通典卷六四禮二四作「秦滅六國，兼其車服，故屬車八十一乘」。恐通考有删誤。

〔三二〕爲三行　原作「貳行」，據後漢書志二九輿服上補改。按屬車八十一乘，爲三行，則每行二十七乘。「爲貳行」則奇偶不整。

〔三三〕朱轓輜　「朱」原作「木」，據通典卷六六禮二六改。又後漢書志二八輿服上作「朱轓」。

〔三四〕豹尾以前比省中　「比」原作「爲」，據通典卷六六禮二六改。

〔三五〕皆所以戒不虞也　「皆」字原脱，據後漢書志二九輿服上補。

〔三六〕太僕御　「御」字原脱，據後漢書志二九輿服上補。

〔三七〕甲楯之别名　「名」字原脱，據石林燕語卷四補。

〔三八〕謂鼓駕成於部伍　「於」原作「而」，據石林燕語卷四改。

〔三九〕審以簿爲簿籍之簿　原脱「爲」、「簿」，據石林燕語卷四補。

〔四〇〕或在最後左騑馬驂上　漢書卷一上高帝紀注引李斐曰無此九字。

〔四一〕列繫橦旁　「橦」原作「幢」，據馮本及漢書卷六四下賈捐之傳注引師古曰改。

〔四二〕由所殺蛇白帝子者赤帝子故也　原「者」上有「所殺」二字，據玉海卷八三刪。

〔四三〕畫熊虎於旒爲旗　「於」、「爲」原倒，據漢書卷五七上司馬相如傳乙正。

〔四四〕天子將出　「將」原作「時」，據元本及西漢會要卷二三輿服上改。

〔四五〕一名地螻　原脱「地」，「螻」原作「螭」，據漢書卷八七上揚雄傳補改。

〔四六〕皇帝起居儀宫司馬内　「司」字原脱，據漢官六種漢舊儀二卷補。

〔四七〕殿外門署屬衛尉　「外門」原倒，「屬」字原脱，據漢官六種漢舊儀二卷乙正補。

〔四八〕黄門鈎盾署屬少府　「盾」下原有「近」，據漢官六種漢舊儀二卷删。

〔四九〕左右侍帷幄者稱警　「侍」原作「傳」，據漢官六種漢舊儀二卷改。

〔五〇〕車駕則衛官填街　「車駕」原作「蹕」，據慎本、馮本及漢官六種漢舊儀二卷改。

〔五一〕丞相九卿執兵奉引　「九」原作「入」，據漢官六種漢舊儀二卷改。

〔五二〕先置素室清宫而後往故曰出則屏門入則瘞塞所以重威固絶無間防未然也　按以上三十一字漢官六種漢舊儀二卷無。

〔五三〕丹紈裏　「紈」原作「純」，據漢官六種漢舊儀二卷改。

〔五四〕洛陽令奉引侍中驂乘奉車郎御　後漢書志二九輿服上作「雒陽令奉引，奉車郎御，侍中參乘」。東漢會要卷九輿服上同。

〔五五〕闟之言函也　「之」下原有「爲」、「函」原作「亟」，據後漢書志二九輿服上删改。

〔五六〕侍御史載之　「侍」原作「傳」，據後漢書志二九輿服上改。

〔五七〕以爲固袍也　「固袍」原作「因袍」，據慎本、馮本及周禮輪人改。

〔五八〕蕃箱也　「蕃」原作「之」，據後漢書志二九輿服上改。

〔五九〕通俗文曰　「曰」原作「章」，據元本、慎本、馮本及後漢書志二九輿服上注改。

〔六〇〕魏都賦注曰　此句原脱，據後漢書卷二九輿服上注補。

〔六一〕六玄虯之弈弈　「玄」原作「方」，據後漢書卷二九輿服上注改。

〔六二〕鈆中央低　「低」字原脱，據後漢書卷二九輿服上注補。

〔六三〕金爲馬文髦也　「髦」原作「尾」，據元本、慎本、馮本及後漢書志二九輿服上注改。

〔六四〕馬在中曰服　「服」原作「腹」，據後漢書卷二九輿服上注改。

〔六五〕四馬爲乘　「爲」字原脱，據後漢書卷二九輿服上注補。

〔六六〕非也　「也」原作「他」，據後漢書志三〇輿服下注改。

〔六七〕鑣馬勒旁鐵也　「鐵」原作「鉞」，據後漢書志二九輿服上注改。

〔六八〕赤膺兼　「兼」字原脱，據後漢書卷二九輿服上注補。

〔六九〕金簿繆龍之爲輿倚較　「之」字原脱，據晉書卷二五輿服志補。

〔七〇〕櫎文畫轅及幡　「轅」原作「輈」，據元本、慎本、馮本及晉書卷二五輿服志改。

〔七一〕金華施橑末　「末」原作「朱」，據元本、慎本、馮本及晉書卷二五輿服志改。

〔七二〕因以爲名　「名」字原脱，據晉書卷二五輿服志補。

〔七三〕象鑣而鏤錫　「鑣」原作「鹿」，據晉書卷二五輿服志改。

〔七四〕釳以鐵爲之　「釳」原作「旄」，據晉書卷二五輿服志改。

〔七五〕中央兩頭高　「央」原作「缺」，「兩」上原有「而」，據晉書卷二五輿服志改刪。

〔七六〕如索幘　「索」原作「素」，據晉書卷二五輿服志改。

〔七七〕式道候二人　「式」原作「或」，據晉書卷二五輿服志改。

〔七八〕鼓吹正二人引　晉書卷二五輿服志、通鑑卷一三六齊紀二胡注「鼓」作「各」，疑是。

〔七九〕戟吏六人　通典卷六六禮二六同。晉書卷二五輿服志、通鑑卷一三六齊紀二胡注「六」作「八」。

〔八〇〕次廷尉卿　「卿」字原脱，據晉書卷二五輿服志補。

〔八一〕太常主簿　原脱「主簿」，據晉書卷二五輿服志補。

〔八二〕衛尉引從居右　原脱「引從」，據晉書卷二五輿服志補。

〔八三〕鼓吹各一部　「各」字原脱，據元本、馮本及晉書卷二五輿服志補。

〔八四〕各鹵簿左右二行　「各」字原脱，據晉書卷二五輿服志補。

〔八五〕次射聲校尉在左翊軍校尉在右並駕一各鹵簿左右各二行戟楯在外刀楯在内鼓吹各一部七人　此三十九字原涉上而脱，據晉書卷二五輿服志補。

〔八六〕隊各五十匹　「十」字原脱，據晉書卷二五輿服志補。

〔八七〕前軍將軍在右　「軍」字原脱，據晉書卷二五輿服志補。

〔八八〕次黃門麾騎　「門」字原脫，據元本、慎本、馮本及晉書卷二五輿服志補。

〔八九〕八校尉佐仗　原脫「尉佐仗」，據晉書卷二五輿服志補。

〔九〇〕次弓矢次弩　原脫二「次」字，據晉書卷二五輿服志補。

〔九一〕駕駟　「駟」原作「馳」，據元本、慎本、馮本及晉書卷二五輿服志改。

〔九二〕六行外大戟楯二行次九尺楯　「九尺楯」上九字原脫，據晉書卷二五輿服志補。

〔九三〕次弓矢次弩　原脫二「次」字，據晉書卷二五輿服志補。

〔九四〕次揑鼓　「揑」原作「椢」，據晉書卷二五輿服志改。

〔九五〕太僕卿御　「卿御」原脫，據晉書卷二五輿服志補。

〔九六〕大將軍參乘　「乘」字原脫，據晉書卷二五輿服志補。

〔九七〕由基一行　四字原脫，據晉書卷二五輿服志補。

〔九八〕迹禽一行　「迹」上原有「細」，據晉書卷二五輿服志删。

〔九九〕力人刀楯一行　「力人」原脫，據晉書卷二五輿服志補。

〔一〇〇〕左將軍騎在左右將軍騎在右　原訛作「左將軍騎右」，據晉書卷二五輿服志改補。通典卷六六禮二六作「左右將軍騎在左右」，通典節寫而意同。

〔一〇一〕車後衣書主職步從　「從」原作「徒」，據元本、慎本、馮本及晉書卷二五輿服志改。

〔一〇二〕散騎常侍　「散」字原脫，據晉書卷二五輿服志補。

〔一〇三〕次金根車駕駟不建旗　此九字原脫，據晉書卷二五輿服志補。

〔一〇四〕安車斜拖之　「拖」原作「施」，據馮本及晉書卷二五輿服志改。
〔一〇五〕次金鉦車駕三　「車」原作「輂」，「三」字原脱，據晉書卷二五輿服志改補。
〔一〇六〕右五官掾　此句涉上衍，據元本、慎本、馮本及晉書卷二五輿服志删。
〔一〇七〕左大鴻臚主簿主記　「左」字原脱，據晉書卷二五輿服志補。
〔一〇八〕前軍　「軍」原作「後」，據晉書卷二五輿服志改。
〔一〇九〕次領護驍騎遊擊校尉　「驍」字原脱，「擊」字原作「軍」，據晉書卷二五輿服志補改。
〔一一〇〕功曹史主簿並騎從　「從」上原有「並」，據晉書卷二五輿服志删。
〔一一一〕幽州突騎督分領之　此八字原脱，據通典卷六六禮二六補。
〔一一二〕騎靴角各一人　「角」字原脱，據晉書卷二五輿服志補。
〔一一三〕陽燧四望繐窗皂輪小形車　「繐」原作「繶」，並脱「窗」、「車」二字，據晉書卷二五輿服志改補。
〔一一四〕去其蓋而乘之　「之」字原脱，據晉書卷二五輿服志補。
〔一一五〕朱絲絡　「絡」，局本及晉書卷二五輿服志作「路」。
〔一一六〕旗常纏而不舒旆　「旆」原作「飾」，據晉書卷二五輿服志改。下同。
〔一一七〕時人服其精記　「精」原作「清」，據元本、慎本、馮本及晉書卷二五輿服志改。
〔一一八〕玉輅　二字原脱，據宋書卷一八禮五補。
〔一一九〕漆虡畫羽葆蓋　此六字原脱，據宋書卷一八禮五補。
〔一二〇〕二輅並建赤旆　「旆」原作「旂」，據通典卷六四禮二四改。

〔二一〕非帝者副車正數　「帝者」原作「常」，據宋書卷一八禮五改。
〔二二〕齊武帝永明初　「明」原作「平」，據南齊書卷一七輿服志改。
〔二三〕通緣金塗鏤鍱　「緣」原作「禄」，據南齊書卷一七輿服志改。
〔二四〕和鸞鳥立花趺銜鈴　「鳥」字原脱，據南齊書卷一七輿服志補。
〔二五〕銀帶玳瑁筒　「筒」原作「第」，據南齊書卷一七輿服志改。
〔二六〕織成文　「文」，馮本及南齊書卷一七輿服志作「衣」。
〔二七〕金塗倒龍　南齊書卷一七輿服志「金」上有「優遊前」三字。
〔二八〕後損鑿銀玳瑁龜甲　「損」，南齊書卷一七輿服志作「梢」。疑是。
〔二九〕軛及諸末　「軛」，南齊書卷一七輿服志作「抗」。
〔三〇〕龍形板在車前　「形」，南齊書卷一七輿服志作「汗」。
〔三一〕辟邪障　「障」，南齊書卷一七輿服志作「虎」。
〔三二〕升蓋　「升」，南齊書卷一七輿服志作「斗」。
〔三三〕黄錦升衣　通典卷六四禮二四作「黄錦外衣」，南齊書卷一七輿服志作「黄錦斗衣」。
〔三四〕緑紋隨陰懸諸珠蜯佩　南齊書卷一七輿服志「紋」作「絞」，無「諸」字。
〔三五〕雲朱結人綬　古本通典同。南齊書卷一七輿服志作「雲朱結仙人綬」。
〔三六〕四和鸞鳥立花趺銜鈴　「和」字原脱，據南齊書卷一七輿服志補。
〔三七〕竿首金塗龍銜大騶幡　「大騶」，通典卷六四禮二四作「大鄒」，南齊書卷一七輿服志作「火焰」。下同。

〔一三八〕錦複黄紋　「紋」，南齊書卷一七輿服志作「絞」。
〔一三九〕緑紅錦芚帶織成花　「緑」，南齊書卷一七輿服志作「緣」，「花」下有「芚的」二字。
〔一四〇〕赤油金紫真旄　南齊書卷一七輿服志作「用赤油令有紫真旄」。
〔一四一〕金塗紫皮帶真旄　「帶」，南齊書卷一七輿服志作「紫」。
〔一四二〕棲寶鳳凰　「棲」原作「捷」，據元本、慎本、馮本及南齊書卷一七輿服志改。
〔一四三〕登仙花紐緑四緣　「紐」原作「鈿」，原脱「緑四緣」，據南齊書卷一七輿服志改補。
〔一四四〕漆障塵板在蘭前　「塵」原作「形」，據南齊書卷一七輿服志改。
〔一四五〕金銀花獸攫天伐龍師子鏤面　南齊書卷一七輿服志「攫」作「玃」，無「伐」字。
〔一四六〕榆花鈿指子摩尼炎　原脱「指子摩尼炎」五字，據南齊書卷一七輿服志補。
〔一四七〕銀口帶龍板頭龍轅軛上　原脱「軛上」以上八字，據南齊書卷一七輿服志補。
〔一四八〕金塗花沓　「花」，南齊書卷一七輿服志作「香」。
〔一四九〕縱横長網　「網」，南齊書卷一七輿服志作「棢」。
〔一五〇〕地八横　隋書卷一〇禮儀五作「但施八横」。
〔一五一〕到仲舉　「到」原作「劉」，據隋書卷一〇禮儀五改。
〔一五二〕文豹伏軾　「豹」，隋書卷一〇禮儀五作「貔」。按皆應作「虎」，唐人諱改。
〔一五三〕置棨戟於車之右　「置」，通典卷六四禮二四作「加」。
〔一五四〕即漢之飛軨　「即」，通典卷六四禮二四作「易」。

〔一五五〕上下作鼓吹　「下」原作「不」，據元本、慎本、馮本及魏書卷一〇八禮志四改。

〔一五六〕通門四達　原作「通門建」，據魏書卷一〇八禮志四改。

〔一五七〕一皆絳黑　「絳」，魏書卷一〇八禮志四作「純」。

〔一五八〕龍輈十二加以玉飾　「十二」、「以」原脫，據隋書卷一〇禮儀五補。

〔一五九〕六螭龍銜軛　「六」字原脫，據隋書卷一〇禮儀五補。

〔一六〇〕重輪重較加茸焉　「茸」，隋書卷一〇禮儀五作「耳」。

〔一六一〕畫輪轂輈衡以雲牙　「轂」字原脫，據隋書卷一〇禮儀五補。

〔一六二〕櫎內畫以雜獸　「櫎」字原脫，據隋書卷一〇禮儀五補。

〔一六三〕皆加雲氣　局本及隋書卷一〇禮儀五無「氣」字。

〔一六四〕在軍亦書其人官與姓名之事號　「在軍亦書其人官」原訛作「號所書其」，據隋書卷一〇禮儀五改。

〔一六五〕以供師帥　「供」字原脫，「師帥」原倒，據隋書卷一〇禮儀五補乙正。

〔一六六〕諸男自象輅而下　「象」原作「篆」，據隋書卷一〇禮儀五改。

〔一六七〕三公犀輅貝輅篆輅建旃木輅建旐　原脫「木輅建」三字。又，「旃」原作「旟」，據隋書卷一〇禮儀五補改。

〔一六八〕諸侯輅建焉　「輅」原作「軩」，據隋書卷一〇禮儀五改。

〔一六九〕北齊所遵者　「遵」原作「尊」，據隋書卷一〇禮儀五改。

〔一七〇〕青蓋黃裏　「黃」字原脫，據慎本及隋書卷一〇禮儀五補。

〔一七一〕插翟尾五隻　「隻」，隋書卷一〇禮儀五作「隼」。通典卷六四禮二四作「焦」。

〔一七二〕畫遊麟　隋書卷一〇禮儀五作「畫黄麟」，通典卷六四禮二四作「畫麟」。

〔一七三〕駕白駱　「駱」原作「騮」，據隋書卷一〇禮儀五改。

〔一七四〕畫玄武　隋書卷一〇禮儀五作「畫龜蛇」。

〔一七五〕其五輅　「五」字原脱，據隋書卷一〇禮儀五補。

〔一七六〕復制安車　「制」原作「置」，據元本、馮本及隋書卷一〇禮儀五改。

〔一七七〕紫油纁裏　隋書卷一〇禮儀五「纁」下有「朱」字。

卷一百十七　王禮考十二

乘輿車旗鹵簿

唐制，凡天子之車曰玉輅者，祭祀、納后所乘也，青質，玉飾末；金輅者，饗、射、祀還、飲至所乘也，赤質，金飾末；象輅者〔一〕，行道所乘也，黄質，象飾末；革輅者，臨兵、巡狩所乘也，白質，鞔以革；木輅者，蒐田所乘也，黑質，漆之。五輅皆重輿〔二〕，左青龍，右白虎，金鳳翅，畫苣文鳥獸，黄屋左纛。金鳳一，鈴二在軾前，鸞十二在衡，龍輈前設障塵。青蓋三層，繡飾，上設博山方鏡，下圓鏡。樹羽。輪金根，朱班，重牙。左建旂，十有二旒，畫升龍，其長曳地，青繡綢杠。右載闟戟，長四尺，廣三尺，黻文。旂首金龍銜錦結綬及緌帶〔三〕，垂鈴。金鍐方釳，插翟尾五隻〔四〕，鏤錫，鞶纓十二就。旌旗、蓋、鞶纓，皆從輅質，唯蓋裏皆用黄。五輅皆有副。耕根車者，耕籍所乘也，青質，三重蓋，餘如玉輅。安車者，臨幸所乘也，金飾重輿，曲壁，紫油纁，朱裏通幰，朱絲絡網，朱鞶纓，朱覆髮具絡，駕赤騮。副輅、耕根車、安車，皆八鸞。四望車者，拜陵、臨弔所乘也，制如安車，青油纁，朱裏通幰，朱絲絡網。又有屬車十乘：一曰指南車，二曰記里鼓車，三曰白鷺車，四曰鸞旗車，五曰辟惡車，六曰皮軒車，七曰羊車，與耕根車、四望車、安車爲十乘。行幸陳於鹵簿，則分前後；大朝會，則分左右。太宗貞觀元年十一月，始加黄鉞車、豹尾車〔五〕，通爲屬車十二乘，以爲儀仗之用。大駕行幸，則分前後，施於鹵簿之内，若大陳設，行則分左右，施於儀仗之中。

高祖、太宗，大禮則乘大輅〔六〕。高宗不喜乘輅，每有大禮，則乘輦，至武太后以爲常。玄宗以輦不中禮，廢而不用。開元十一年冬，祀南郊，乘輅而往。禮畢，騎還。自是行幸、郊祀，皆騎於儀仗之内〔七〕，其五輅、腰輿，陳於鹵簿而已。

唐制，輦有七：一曰大鳳輦，二曰大芳輦，三曰仙遊輦，四曰小輕輦，五曰芳亭輦，六曰大玉輦，七曰小玉輦。輿有三：一曰五色輿，二曰常平輿，三曰腰輿。大駕鹵簿，先五輅以行。

唐大駕鹵簿。天子將出，前二日，大樂令設宫縣之樂於庭。晝漏上五刻，駕發。前發七刻〔八〕，擊一鼓爲一嚴。前五刻，擊二鼓爲再嚴，侍中版奏「請中嚴」。有司陳鹵簿。前二刻，擊三鼓爲三嚴，諸衛各督其隊與鈒、戟以次入陳殿庭。通事舍人引群官立朝堂，侍中、中書令以下奉迎於西階，侍中負寶，乘黄令進輅於太極殿西階南向，千牛將軍一人執長刀立輅前，北向，黄門侍郎一人立侍臣之前，贊者二人。既外辦，太僕卿攝衣而升，正立執轡。天子乘輿以出，降自西階，曲直華蓋，警蹕，侍衛，千牛將軍前執轡，天子升路，太僕卿授綏，侍中、中書令以下夾侍。黄門侍郎前奏「請發」，鑾駕動，警蹕，鼓傳音〔九〕。黄門侍郎與贊者夾引而出，千牛將軍夾路而趨，駕出承天門，侍郎乘馬奏：「駕少留，敕侍臣乘馬。」侍中前承制，退稱：「制曰可。」黄門侍郎退稱：「侍臣乘馬。」贊者承傳，侍臣皆乘。侍衛之官各督其屬左右翊駕，在黄麾内。符寶郎奉六寶與殿中後部從，在黄鉞内。侍中、中書令以下夾侍輅前，贊者在供奉官内。

侍臣乘畢，侍郎奏「請車右升」。侍中前承制，退稱：「制曰可。」侍郎復位，千牛將軍升，侍郎奏「請發」。導駕，先萬年縣令〔一〇〕，次京兆牧，次太常卿，次司徒，次御史大夫，次兵部尚書。自縣令以下並正道威儀，各乘輅，其鹵簿，各依本品給之。次清遊隊，白澤旗二，分左右，各一人執，二人引，二人夾也。金吾折衝二人。各領四十騎，戎服，分左右。次金吾大將軍二人，分左右。各二人執㦸稍，騎從，自龍騎以前檢校也。次金吾果毅二人。領虞候佽飛四十八騎，夾道單行，分左右，引導黄麾仗也〔一一〕。次外鐵甲佽飛二十四騎。並行，分左右厢，各六重，引導步甲隊。次朱雀旗，一騎執，二騎引，二騎夾。金吾折衝都尉一人。領四十人，執横刀、稍弩、弓箭，騎從也。次龍騎十二。各一騎執。並戎服，被大袍，横行正道。每一旗前，二人，騎，爲二重，引前；每旗後，亦二人，護後。副竿二，分左右，又金吾果毅二人騎領也。次指南車，次記里鼓車，次白鷺旗車，次鸞旗車，十二旗〔一二〕，次辟惡車，次皮軒車。並駕四馬，駕士各十四人，匠一人。次引駕十二重。重二人，並行正道，騎，帶横刀。自皮軒車後，均布至細仗前，一重稍弩〔一三〕，一重弓箭，相間。金吾果毅一人檢校。次鼓吹令二人，次棡鼓十二面，金鉦十二面，次大鼓百二十面〔一四〕，次長鳴百二十具，次鐃鼓十二面，歌簫笳各二十四；次大横吹百二十具，節鼓二面，笛、簫、篳篥、笳、桃皮篳篥各二十四；次棡鼓十二面，金鉦十二面，次小鼓百二十面，次中鳴百二十具，次羽葆鼓十二面，歌簫笳各二十四。自前棡鼓以下，工人皆自副並騎，分左右，横行。每鼓皆二人夾，每隊皆有主帥五人以上統領〔一五〕。次殿中侍御史二人。次黄麾，一人執。二人騎夾。次太史令一人〔一六〕。次相風轝。轝士八人。次棡鼓金鉦各一，司辰一人，典事一人，刻漏生四人，分左右。次行漏輿正道。匠一人，轝士四十人。次鈒㦸前隊，左右武衛果毅各一人，騎。騎分左右。次五色繡幡一〔一七〕。次金節十二。次罕畢各一。左罕右畢。次朱雀幡一〔一八〕。次左青龍幢，右白虎幢，各一。次導蓋一，叉一〔一九〕。次稱長一。次鈒戟。各百四十四人，分左右也。次左右衛將軍各一。次御馬二十四匹。分左右也。次尚乘奉御，二人。分左右。次左青龍旗，右白虎旗，各一。次左右衛果毅各一人〔二〇〕。各領三十五人〔二一〕，騎分左右。次通事舍人，八人，騎分左右。次侍御史二人，次御史中丞二人，次御史二人，次拾遺二人，次補闕二人，並騎分左右〔二二〕。次起居郎，一人，在左。次起居舍人，一人，在右。次諫議大夫，二人，分左右〔二三〕。次給事中二人，在左〔二四〕。次黄門侍郎，二人，在左。次中書侍郎，二人，在右。次左散騎常侍，二人，在左。次中書舍人，二人，在左〔二五〕。次右散騎常侍，二人，在右〔二六〕。次侍中，二人，在左。次中書令，二人，在右〔二七〕。自通事舍人以下，皆一人步從〔二八〕。次香蹬一。次左右衛將軍，各一人，分左右。次班劍儀刀，左右厢各十二行也〔二九〕。次左右衛郎將各一人，領散手翊衛三十人，帶横刀〔三〇〕，騎，在副使仗矟衛内也。次左右驍衛郎將各一人，各領翊衛二十八人，甲騎，具裝，執副仗矟，在散手外，均布曲折至後門。次左右衛供奉中郎將四人〔三一〕。領親勳翊衛四十八人〔三二〕，帶横刀，騎分左右，在三衛仗内也。次玉輅。青質玉飾，駕青騮六〔三三〕，祭祀、納后則乘之。太僕卿馭，駕士四十一人〔三四〕，千牛將軍一人陪乘。次左右衛大將軍，各一人，夾玉輅〔三五〕。次千牛將軍一人，次中郎將二人〔三六〕，分左右。次千牛備身。分左右，騎在玉輅後。次御馬二匹，次左右監門校尉各一人。在後門内檢校。次牙門。二人執，四人夾。次左右監門校尉各十二人，騎。監當後門，十二行仗頭各一人。次左右驍衛翊衛各三隊。每隊三十五人，並帶矟弩箭、横刀，相間。前第一隊，各大將軍領，執鳳旗。第二隊，各將軍一人領，執飛黄旗。第三隊，各郎將一人領，執吉利旗。次左右衛夾轂厢，各六隊。隊三十人，每隊各折衝一人、果毅一人檢校也。次大繖二，在牙門後。次孔雀扇各四，分左右也。次腰輿一，次小團扇四，次方扇十二，花蓋二〔三七〕。次大輦一，尚輦奉御二人。殿中少監一人。騎從。次諸司供奉官二人〔三八〕。分左右。次御馬二十四匹，分左右。次尚乘直長二人。分左右。次大繖二，孔雀扇八，夾繖。次小扇十二，次朱畫團扇十二。次花蓋二〔三九〕。次睥睨十二。次玄武幢一，次絳麾二，次細矟十二。次後黃麾一，次殿中侍御史二人。騎分左右。次大角百二十具，金吾果毅一人。領橫行十重也。次後部鼓吹：羽葆鼓十二面，工人十二；歌簫笳各工人二十四。次鐃鼓十二面，工人各十二；歌簫笳各工人二十四。次小橫吹百二十具，工人百二十；節鼓二面，工人各二〔四〇〕；笛、簫、篳篥、笳、桃皮篳篥各工人二十四。次芳輦一〔四一〕，主輦二百人也。次小輦一，主輦六十人也。次小轝一，奉轝十二人。次尚轝直長，二人，分左右。次左右武衛五牛旗轝五。黃牛旗處內，赤青在左，白黑在右，各八人執〔四二〕。左右威衛隊正各一人檢校。次乘黃令一人，丞一人〔四三〕。騎分左右，檢校玉輅等。次金輅，赤質金飾，駕赤騮六，饗射、還飲至則乘之。次象輅，黃質，以象飾，駕黃騮六，行道則供之。次革輅。白質〔四四〕，鞔之以革〔四五〕，駕白駱六〔四六〕，巡狩、臨兵事則乘之，各駕士三十二人。次五副輅，各駕四馬，駕士各二十八人。次耕根車，青質，蓋三重，駕六馬，耕籍則乘之，駕士三十二人。次安車，金飾，駕四馬，臨幸則乘之。次四望車，金飾，駕四馬，拜陵、臨弔則乘之。駕士各二十四人。次羊車。駕果下馬二〔四七〕，小吏十四人。次屬車十二，駕牛。駕士各八人。次門下省〔四八〕、中書省、祕書省、殿中監等局官各一人〔四九〕。並騎分左右。次黃鉞車，駕二馬，駕士十二人。次豹尾車。駕二馬，駕士十二人。次左右威衛折衝都尉各一人，領掩後二百人，各執大戟、刀盾、弓箭及弩。各五十人爲一行，並橫行。次左右領軍將軍各一人，各二人執䂍矟步從。次前後左右廂步甲隊四十八隊。前後各二十四隊，鍪並鎧，弓、刀、盾〔五〇〕，五色相間。隊引各三十人。次左右廂黃麾仗，廂各十二部，部各十二行，並執弓刀戟盾及孔雀氅、鵝毛氅、鷄毛氅等，行引十人。左右領軍黃麾仗，首尾廂各五色繡幡二十口，十口引前，十口引後。廂各獨揭鼓十二重，重二人，在黃麾仗外。次左右衛將軍各一人，驍衛、武衛、威衛、領軍衛各大將軍一人。檢校黃麾仗。次殳仗，左右厢各十八人。厢別二百五十人執殳，二百五十人執叉，每殳一叉一相間。次諸衛馬隊。左右厢各二十四隊。從十二旗，隊別主帥以下四十人，每隊皆折衝果毅一人檢校。前第一隊辟邪旗，第二隊應龍旗，第三隊玉馬旗，第四隊三角獸旗，第五隊黃龍負圖旗，第六隊黃鹿旗，第七隊飛麟旗，第八隊駃騠旗，第九隊鸞旗，第十隊鳳旗，第十一隊飛黃旗，第十二隊麟旗〔五一〕，第十三隊角端旗，第十四隊赤熊旗，次後第十五隊兕旗，第十六隊太平旗，第十七隊犀牛旗，第十八隊鵕鸃旗，第十九隊騼騶旗，第二十隊騶牙旗，第二十一隊蒼烏旗，第二十二隊白狼旗，第二十三隊龍馬旗，第二十四隊金牛旗。次玄武隊，玄武旗一人執，二人引，二人夾。金吾折衝一人，領五十騎，分執矟弩。次玄武隊前，大戟隊後，當正道執殳仗行内置牙門一，二人執，四人夾，騎分左右。次牙門左右厢各開五門。門二人執，四人夾，並騎分左右。第一門在左右威衛黑質步甲隊後，白質步甲隊前。第二門在左右衛步甲隊後，左右領軍黃麾仗前。第三門在左右武衛黃麾仗後，左右驍衛黃麾仗前。第四門在左右領軍衛黃麾仗後，左右衛步甲隊前〔五二〕。第五門在左右武衛白質步甲隊後，黑質步甲隊前。右自清遊隊以下諸衛將軍，並平巾幘，紫裲襠，大口袴，錦螣蛇金隱起，帶弓箭橫刀。中郎將、折衝果毅皆平巾幘，緋裲襠，大口袴，錦螣蛇銀梁金隱起，帶橫刀弓箭〔五三〕。佽飛、執旗人、引駕三衛〔五四〕。並武弁，緋裲襠，大口袴。供奉並武弁朱衣，各一人步從。餘文武官及導駕官，並朱衣冠履，依本品服。其工人駕官，並絳衣平巾幘。餘並戎服準式〔五五〕。

若法駕，減大駕太常卿、司徒、兵部尚書，及白鷺車、辟惡車、大輦、五副輅、安車、四望車，屬車減四，其清遊隊、持鈒隊、玄武隊皆四分減一，諸隊、鼓吹皆三分減一，餘同大駕。縣令以後御史大夫以前威儀，亦三分減一。

若小駕，又減法駕御史大夫，及指南車、記里鼓車、鸞旗車、皮軒車、象輅、革輅、木輅、耕根車、羊車、黄鉞車、豹尾車、屬車、小輦、小輿，諸隊仗及鼓吹各減大駕之半，餘同法駕。縣令州牧威儀，亦減大駕之半。其新製茝文旗、雲旗、刀旗〔五六〕、肆神幢、長壽幢，及左右千牛將軍衣瑞牛文、左右衛瑞馬文、左右驍衛大蟲文、左右武衛瑞鷹文、左右威衛豹文、左右領軍白澤文、左右金吾辟邪文、左右監門獅子文，並繡爲袍文，將軍中郎將皆同。並冬正大會通服之。

宋太祖皇帝建隆四年，將郊祀，大禮使范質與鹵簿使張昭、儀仗使劉温叟，同詳定大駕鹵簿之制。禮儀使陶穀建議：「金吾及諸衛將軍導駕及押仗，舊服紫衣，請依開元禮各服本色繡袍。舊，執仗軍士悉衣五色畫衣，隨人數給之，無有準式〔五七〕，請以五行相生之色爲次，黑衣先之，青衣次之，赤、黄、白又次之。又大駕五輅，各有副車，近代寖廢，請依令文增造。又按明宗舊圖，導駕三引而儀仗法物人數多，周太祖〔五八〕鹵簿六引而人數少，請準令文用六引，其鹵簿各依本品以給。」從之。舊清遊隊有甲騎具裝，亡其制度，穀以其所記造之。又作大輦，皆率意定其制規。穀又取天文大角，攝提列星之象〔五九〕，作攝提旗及北斗旗〔六〇〕、二十八宿旗、十二辰旗、龍墀十三旗、五方神旗、五方鳳旗、四瀆旗。時有貢黄鸚鵡、白兔，及馴象自來，又作金鸚鵡、玉兔、馴象旗。太祖又詔別造大黄龍負圖旗一，大神旗六，日旗一，月旗一，君王萬歲旗一，天下太平旗一，獅子旗二，金鸞旗一，金鳳旗一，五龍旗五，凡二十一旗〔六一〕，皆有架，南郊用之。大黄龍負圖旗陳於明德門前，餘悉立於宿頓宫前，遇朝會册禮，亦皆陳於殿庭。凡馬步儀仗，悉用禁軍。大將軍、將軍以軍主、都虞候攝事，中郎將、都尉以指揮使、副指揮使攝事，校尉、主帥以軍使、副兵馬使、都頭、副都頭、十將攝事。

乾德三年，蜀平，命右拾遺孫逢吉收僞法物，之不中度者〔六二〕悉毁之。始令改畫衣爲繡衣，至開寶三年而成，謂之「繡衣鹵簿」。其後郊祀皆用之。軍衛羽儀，自是寖盛。其後令有司以絹畫爲圖凡三幅，中幅車輅、六引及導駕官，外兩幅儀衛，其警場青城，又別爲圖，圖成，以藏秘閣。凡仗内自行事官、排列職掌，並捧日、奉宸、散手天武外，步騎一萬九千一百九十八人，此盛極也。

玉輅之制，箱上置平盤，黄屋，四柱皆油畫刻鏤。左青龍，右白虎，龜文，金鳳翅，雜花，龍鳳，金塗銀裝，間以玉飾。頂輪三層，外施銀耀葉〔六三〕，輪衣、小帶、絡帶並青羅繡雲龍，周綴緌帶、羅文珮、銀穗毬、小鈴。平盤上布黄褥，四角勾闌設圓鑒，翟羽。虚櫃内貼銀鏤香罨，軾匱銀龍二，銜香囊，銀香爐，香寶，錦帶，下有障塵。青畫輪轅，銀轂乘葉，三轅，銀龍頭，横木上有銀鳳十二，左建青旂，十有二旒，皆繡升龍；右載闟戟，繡黻文，並青繡綢杠。又設青繡門簾，銀飾梯一，托叉二，推竿一，銀鐳頭，銀裝行馬，青繒裹挽索〔六四〕。駕六青馬，馬有金面，插鵰羽，鞶纓，攀胸鈴拂，青繡屜，錦結尾〔六五〕。又誕馬二，在輅前，飾同駕馬。餘輅及副輅皆有之。駕士六十四人。

太僕所藏玉輅，自唐顯慶中傳之至宋，號「顯慶輅」，親郊則乘之。其制度精巧，其行止安重，後載太常與闟戟，分左右以均輕重，世之良工，莫能爲之者。

沈氏筆談曰：「大駕玉輅，唐高宗時造，至今進御。自唐至祖宗時，凡三至泰山登封。其他巡幸，莫記其數。至今完壯，乘之安若山嶽，以措杯水其上而不摇。慶曆中，常別造玉輅，極天下良工爲之，乘之動搖不安，竟廢不用。元豐中，復造一輅，尤極工巧〔六六〕。既成，以正旦大朝會宿陳於大慶殿庭，車人先以幕屋覆之，將旦，徹屋，忽其上一木墜，盡壓而碎，人以爲異。自後，只用唐輅，其穩利堅久，歷世不能窺其法，世傳有神物護之，若行諸輅之後，則隱然有聲。」

紹興十二年，命工部尚書莫將等製造玉輅，以天禧、宣和鹵簿圖及工匠省記制度參酌〔六七〕，取文質適中之制。玉輅，青飾。輅頂天輪三層，塗以緑，青羅爲衣，繡雲龍於上。上層一重，下層三重，每重綴鍍金小鈴三層，飾以玉耀葉八十一，用青玉爲之。以金鍍銀鏤龍文置於中。兩旁有金花插天輪之周回，形如蕉葉。輪旁有鐵圓筒。耀葉之下，皆有二鐵簪入筒中，繫以青帶，圍以輪。又青羅兩長幅表裏繡雲龍，自輅頂交於四角，分垂至輅臺下，謂之「絡帶」。或遇雨，覆以黄絹油衣。輅之中，其頂中虛，繡寶蓋，鬬以八頂，飾以八金龍，用香檀木爲之。御座居中，純用香檀，不飾他物，取黄中正色也。座之左右金龍，首銜珠穗毬一，中兩龍，間一大火珠，乘以金蓮花臺。座之引手，亦飾金龍倚背，及座皆以金銀絲織成紋錦。曲几憑以爲軾者。用香檀，覆以錦褥。御座後垂錦簾，駕登輅則捲之，有梯級以登，飾以金綵雲龍，每級皆覆以錦褥。東偏小梯級執綏官由此先登，以紅繩維其前，立於東柱，以備顧問。輅身四柱，皆飾以金，前兩柱各有大金龍纏於上，傍有珠穗毬二。輅臺中外皆設錦褥。臺之外，前有横案，謂之「香檀」，設金爐一、金香合二、立金鳳十二於前。案外有金纏龍燭臺二，以金覆蓮葉足。案前裙板有四金龍，間玉，方勝以明青表而出之。前有牌，篆書「玉輅」二字，以玉爲之，有結子，繫金鳳之足。旁有二金絲綫結八，垂牌垂之兩傍，中有玉連環結子，正垂牌上，玉環碾二。龍輅之四面，周以欄而闕其中，以備登降。每面於兩欄之角，用玉蹲龍一，各有金圓照二，分置左右，玉羽臺一居中，羽臺插孔雀羽五枝，以辟塵，四面，其數凡八，圓照倍之。圓照名曰照焰，插以鐵簪，繫以繡帶，如耀葉之飾。輪衣下垂緄帶，間以玉珮，緄帶，染犛牛尾爲之，五色間焉。覆綴以鍍金鈸鈴，每垂各六，與玉珮間設，周圍數各十二。輅下有蹲龍十六，以金鍍銀爲之。在虛盤四圍之兩旁，有托角雲龍四，金彩爲飾，前後左右各二。又有一字小欄，飾以金，伏於輅下，有朱圓木横陳於前，在托角雲龍之内。輅前有轅木，固以筋膠，飾以金碧，昂首鱗體，如龍之狀，皆飾以金，龍首之上，有兩横竿，青絲繫之。前曰鳳轅，飾以青，列立鳳十二，六馬載以行。次曰推轅，緑色黑文，衛士推之以助馬力。其横設轅後曰壓轅，亦青飾，衛士壓其後，欲取其平。左右冒以金龍，其輪三歲一易，心用榆木，束以鐵圈，掩以金鍍銀。輅下横貫圓木爲軸〔六八〕，冒以金筒，梗以金蹲龍簪，夾兩輪，輪文皆彩繪，其輻飾以金花葉。衛士左右各六十人，以青絹裹大索鈎於軸首，而手入軸旁金鐶引之而前，各以青索，置扇上。外有副輪二以爲備。輅後飾亦如之。立鳳轅下六，青馬四在轅内，二在轅外。又有六馬以備番用。馬首被銅面，其額以畫獸，銜以鐵牛，革裹青絹，表鍍金銅飾之。其背屜表以緑錦，裹以絹，絹裹氈，六鈴七鈸，置之兩旁。其領下青纓曰綽頰，覆以金鈸每馬各一。未閱試兩月，以青車肄習，使馬習而不懾。新輪既成，載鐵車上，自三千斤積至萬斤，畢無蠅聲，試可乃用。輅之所止，有行馬二，飾以彩緑。

淳熙十二年，修玉輅及大輦四柱。紹熙二年，修五輅易車軸。

左建太常，十二斿，繡日月五星；右龍旂，職掌駕士二百三十八人〔六九〕，服平巾幘，絹抹額，羅繡對鳳袍，皆以青緋羅繡對鳳襖，又羅抹帶、絹袴襪、麻鞋，皆青色。青驄馬三十匹，執綏官一員，捧輪將軍四人，呵唱二人，前後攔馬各九人，踏道二十二人，韇馬十二人，誕馬十二人，抱韇墜韇各六人，正副托叉各四人，把棒四人，小梯二人，香匙剪二人，紅軸頭二人，推杆四人，刮輪四人，龍頭二人，燭臺二人，靜席二人，左右索各六十一人，職掌五員，教馬二人，車子官健八人，蓋覆儀鑾司五人，千牛衛上將軍二員，抱龍旂太常六員，進馬四員，牧馬三十人，香蹬睥睨一，香案三十人，排列官一員。凡玉輅丈尺飾視承平所用顯慶輅，輅多不同，蓋出省記增減也。

金輅，色以赤，駕六赤馬，駕士六十四人。象輅，色以淺黃，駕六赭白馬，駕士四十人。革輅，色以黃，駕六騧馬，駕士四十人。木輅，色以黑，駕六黑騮馬，駕士四十人。自金輅而下，其制皆同玉輅，惟無玉飾。副玉輅、副金輅、副象輅、副革輅、副木輅，並駕六馬，駕士四十人，當用銀飾者皆以銅，餘制如正輅。元豐初，禮文所言：「近制，金輅不以金飾諸末，象輅不以象飾諸末，革輅不鞔，木輅不漆，請改飾四輅。又古者，五輅皆載旗，謂之『道德之車』。考工記車戟崇於殳，酋矛崇於戟，各四赤，戟矛皆插車騎，謂之『兵車』。戰國尚武〔七〇〕，故增插四戟，謂之『闟戟』。則知德車、武車，固異用矣。漢鹵簿，前驅有鳳凰闟戟，猶未施於五輅。江左以來，五輅乃加棨戟於車之右，韜以黻繡之衣。後周司輅，左建旗，右建闟戟，闟戟方六尺〔七一〕，而被之以黼〔七二〕，皆戾於古。請去五輅闟戟，以應『道德』之稱，而建太常於車後之中央，升輅則由左。又按周禮：『大馭，掌馭玉輅以祀。』則祀乘玉輅也。齋僕掌馭金輅，齋右充金輅之右〔七三〕，則齋乘金輅也。齋祀之車，異用而不相因。國朝親祠太廟，致齋文德殿畢，翼日即進玉輅，非是〔七四〕。請進金輅，俟太廟祀畢，翌日〔七五〕，御玉輅詣郊。」

又言：「法駕之行，必有共輿者，蓋以承清問。袁盎曰：『天子所與共六尺輿，皆天下豪俊。』此漢用古制也。周官有太僕、齋僕、道僕，所以御車，至驂其乘，則其禮益重。故道德之車則有齋右、道右，武車則有戎右，皆以士大夫爲之。國朝之制，乘輿有太僕而無驂乘，請增近臣一員，立車右。」其後，詔增制五輅及驂乘，玉輅建太常，金輅建太旂，象輅建太赤，革路建太白，木輅建太麾。諸輅之副，各次正輅，仍有闒戟焉。

中興後，金輅之制，黄飾，建大旂九斿，繡升龍，輅牌一，金鍍銀耀葉八十一，輪衣一，繡絡帶二，頂雲龍，緄帶十有二，玉珮十有二，金絲結穗毬二，金絲結綬一，長轅金鍍銀龍頭二，上有金鍍銅立鳳十有二，車桄上金鍍銅座一，金鍍銅套筒十，金鍍銀鈒面四，金鍍鑪一，金鍍銀香寶二並匙。金鍍銀立羽臺八，御座褥子一，有黄絹帕三，箱周迴葉段正輪輻一，副輪軸罨頭鈒面各二，轂輻葉各二百四十，建竿二，流蘇結二並鐸，軟簾一，並鈒遮環踏道一，並褥行馬二，並罨頭小托叉二，車箱行道褥一，馬飾十有二。馬面纓頭，攀胸腹帶，包鬉尾，錦屜綽頦。職掌駕士一百五十六人，服色以黄，黄馬三十匹。四輅，下駕輅馬，共一百二十匹，蓋覆儀鑾共六人。前後攔馬各五人，踏道六人，轅馬六人，誕馬六人，抱轅墜轅各四人，正托叉四人，把棒四人，椎杠二人，静席二人，左右索各五十一人。職掌呵唱二人，教馬二人，車子官健二人。象、革、木三輅，人數並同。四輅，無千牛衛上將軍、抱龍旂、進馬官、香蹬、睥睨排列官、職掌等。

象輅，朱飾，建大赤七斿，繡鳥隼。儀物同金輅。職掌駕士一百五十六人，服色以赤，騂馬三十匹。

革輅，銀褐飾，建太白，六斿，繡熊虎。儀物同上。職掌駕士一百五十六人，服色以銀褐，白馬三十匹。

木輅，黑飾，建大麾，四斿，繡龜蛇。儀物同上。職掌駕士一百五十六人，服色以黑，驪馬三十匹。

大輅，徽宗政和六年，徐秉哲言：「南北郊，皇帝乘玉輅以赴齋宮。自齋宮赴壇，正當祀天祭地〔七六〕，乃乘大輦，疑非禮意。」下禮制局討論。於是議造大路如玉輅之制，唯不飾以玉。樊纓一就以尚質。又制大旂十有二旒，龍章而設日月，建於大路之上以象天。大路大輿陳列於門輦，逍遥平輦之前，禮畢還宮，則御大輦。

耕根車，漢制如副車。有三蓋。一曰芝車。置轆耒耜之箙，上親耕所乘也。桓譚謂揚雄曰：「君之爲黄門郎，居殿中，數見輿輦，玉爪、華芝及鳳凰、三蓋之屬，皆玄黄五色，飾以金玉、翠羽、珠絡、錦繡、茵席者。」晉因之，駕駟，天子親耕所乘，置耒耜於軾上。一名三蓋車。宋因之。隋以青爲質，三重蓋，羽葆雕裝，同玉輅。駕六馬。其軾平，以青囊盛耒耜而加之。籍田則乘之。唐因隋，其飾不易，大駕行則備焉。宋制如五輅之副，駕六青馬，駕士四十人。

進賢車，古安車也。周制，致仕之老及后乘之。漢制，乘輿、金根、安車、立車，蔡邕曰：「五安五立。」徐廣曰：「立乘曰高車，坐乘曰安車。」是爲德車。五時車，安、立亦皆如之。各如方色，馬亦如之。建大旂，十有二斿，所御駕六馬〔七七〕，餘皆駕四。皇太子、皇子、公、列侯，皆乘之。自漢以後，亦爲副車。晉制因之。天子所御則駕六，餘並駕四。三公下至九卿，各一乘，公駕三，特進駕二，卿駕一。宋因之。齊制，諸王、三公、國公、列侯等，禮行則乘之〔七八〕。隋制，金飾，紫通幰，朱裹。駕四馬。臨幸及弔則供之〔七九〕。唐制，以金飾，駕四馬，臨幸則乘之。大駕出，在耕根車後。宋乾德時，改赤質，兩壁紗窗，擎耳，虛櫃，一轅，緋幰衣，絡帶，門簾皆繡鳳，紅絲網。中設朱漆床，香案，紫綾案衣，緋繒裏鞔索，朱漆行馬，凡車皆有鞔索、行馬。駕四馬，駕士二十四人。

明遠車，古四望車。齊制，通幰，油幢絡，班漆輪轂，亦曰皂輪車，以加禮貴臣〔八〇〕。隋制，同犢車，黄金飾，青油幢朱裏，紫通幰，紫絲網，駕一牛，拜陵、臨弔則乘之。唐制，以金飾，駕四馬，拜陵、臨弔則乘之。大駕出，在安車後。宋初，駕以牛，後改，仍駕四馬，赤質，制如屋〔八一〕，重櫩勾闌，上有金龍，四角重銅鐸，上層四面垂簾，下層周以花板三轅〔八二〕，駕士四十人。

羊車，晉制，一名輦車〔八三〕，上如軺，伏兔箱，漆畫輪。武帝泰始中，羊琇乘，司隸糾罪免官。齊依之，因制漆畫牽車，小形如輿，金塗縱容，錦衣。箱裏隱膝〔八四〕，後户牙蘭，轅枕後梢〔八五〕，幰竿代棟梁，皆金塗鉸飾。御及皇太子所乘也〔八六〕。梁因制羊車，亦名輦，上如軺，小兒衣青布袴褶，五辮髻，數人引之。貴賤通得乘之，名牽子也。隋大業始置焉。金寶飾，紫錦幰〔八七〕，朱絲網。童子二十人，皆兩環髻，服青衣，年十四五者爲之，謂之羊車小史〔八八〕。駕果下馬，其大如羊。唐因之，小史十四人〔八九〕。宋亦爲畫輪車，駕以牛。隋駕以果下馬〔九〇〕，赤質，今亦駕以二小馬〔九一〕。兩壁畫龜文、金鳳翅，緋幰衣、絡帶、門簾皆繡以瑞羊。童子十八人。景祐中，賈昌朝言：「大駕鹵簿，有羊車前列。案羊車本漢、晉時乘於後宮。隋、唐以來，遂爲法從，國朝因循未改。竊以郊祭天地，廟見祖宗，車服所陳，動必由禮。至於四望、耕根之屬，兼包歷代，豈容後宮所乘，參陪五輅？欲望大駕不用羊車，所冀肅恭，稽合典禮。」

指南車，黄帝與蚩尤戰於涿鹿之野，蚩尤作大霧，將士皆迷四方，黄帝於是作指南車以示方，故後常建焉。出崔豹古今注。周致太平，越裳氏重譯來獻。使者迷其歸路，周公爲司南之制，使載之南，周年至國。故常爲先導，示服遠人，而正四方。車法具在尚方故事，其制未詳。後漢張衡始復創造。漢末喪亂，其器不存〔九二〕。魏明帝青龍中，令博士馬鈞紹而作焉。車上有木仙人，舉手恒指南〔九三〕。車箱迴轉，所指微差。晉亂復亡。東晉義熙十三年，劉裕平長安，始得此車，復修之。一名司南車。駕駟其下，制如樓，三級，四角金龍銜羽葆。刻木爲仙人，衣羽衣，立車上，車雖迴運，而手恒指南。大駕出行，爲先啓之乘。此車戎狄所制，機數不精，迴曲頻驟〔九四〕，猶須人力正之。范陽人祖沖之，有巧思，常謂宜更造。宋順帝昇明中，齊高帝爲相，命沖之造焉。車成，使撫軍將軍、丹陽尹王僧虔等試之。其制甚精，百屈千迴，未嘗移變。齊因宋制，加飾四周，箱上施屋。指南人衣裙襦天衣，在箱中。上四角皆施龍子竿，懸雜色真孔雀毦，布皂複幔，駕牛，皆銅鈸飾。梁復名司南車，大駕出，爲先啓之乘。後魏太武帝使工人郭善明造之，彌年不就。扶風人馬岳又造，垂成，善明酖殺之。唐修之，備於大駕，行則先導。宋一名司南車〔九五〕。赤質，兩箱畫青龍、白虎，四面畫花鳥，重臺，勾闌，鏤拱，四角垂香囊。上有仙人，車雖轉而手恒指南。一轅，鳳首，駕四馬。駕士三十人。天聖五年，燕肅復創意造之。其法：用獨轅車，車箱外籠上有重構，立木仙人於上，引臂南指〔九六〕。用大小輪九，合齒一百二十。足輪二，高六尺，圍一丈八尺。附足立子輪二，徑二尺四寸，圍七尺二寸，出齒各二十四〔九七〕，齒間相去三寸。轅端橫木下立小輪二，其徑三寸，鐵軸貫之。左小平輪一，其徑一尺二寸，出齒十二，右小平輪一，其徑一尺二寸，出齒十二。中心大平輪一，其徑四尺八寸，圍一丈四尺四寸，出齒四十八，齒間相去三寸。中立貫心軸一，其高八尺，徑二寸〔九八〕。上刻木爲仙人〔九九〕，其車行，木人南指。若折而東，推轅右旋，附右足子輪順轉十二齒，擊右小平輪一匝，觸中心大平輪左旋四分之一，轉十二齒，車東行，木人交而南指。若折而西，推轅左旋，附左足子輪隨輪順轉十二齒，擊左小平輪一匝，觸中心大平輪右轉四分之一，轉十二齒，車正西行，木人交而南指。若欲北行，或東，或西，轉亦如之。

徽宗大觀元年，内侍省吴德仁又獻指南車之制。其制，身一丈一尺一寸五分，闊九尺五寸，深一丈九寸，車輪直徑五尺七寸，車轅一丈五寸。車箱上下爲兩層，中設屏風，上安仙人一執仗，左右龜鶴各一，童子四各執纓立四角，上設關捩。卧輪一十三，各徑一尺八寸五分，圍五尺五寸五分，出齒三十二，齒間相去一寸八分。中心輪軸隨屏風貫下，下有輪一十三，中至大平輪。其輪徑三尺八寸，圍一丈一尺四寸，出齒一百，齒間相去一寸二分五釐，通上左右起落。二小平輪，各有鐵墜子一，皆徑一尺一寸，圍三尺三寸，出齒一十七，齒間相去一寸九分。又左右附輪各一，徑一尺五寸五分，圍四尺六寸五分，出齒二十四，齒間相去二寸一分。左右疊輪各二，下輪各徑二尺一寸，圍六尺三寸，出齒三十二，齒間相去二寸一分；上輪各徑一尺二寸，圍三尺六寸，出齒三十二，齒間相去一寸一分。左右車脚上各立輪一，徑二尺二寸，圍六尺六寸，出齒三十二，齒間相去二寸二分五釐，左右後轅各小輪一，無齒，繫竹簟並索在左右軸上〔一〇〇〕，遇右轉使右轅小輪觸落右輪，若左轉使左轅小輪觸落左輪〔一〇一〕，行則仙童交而指南〔一〇二〕，車成。

記里鼓車，東晉安帝義熙十三年，劉裕滅後秦所獲，未詳其所由來。制如指南車，駕駟，中有木人執槌向鼓，行一里則打一槌。崔豹古今注云：「亦名大章車，所以識道里也。車上爲二層，皆有木人執槌。行一里，下一層擊鼓；行十里，上一層擊鐲。尚方故事有其作法，然亦未詳之。」宋因之不易，大駕鹵簿，次指南車後。齊因宋制，飾加華蓋子，纁衣漆畫〔一〇三〕，鼓機皆在内也。梁因齊制，改駕以牛。唐復修，大駕鹵簿，次指南車後。宋一名大章車。赤質，四面畫花鳥，重臺，勾闌，鏤拱。行一里，則上層木人擊鼓；十里，則次層木人擊鐲。一轅，鳳首，駕四馬。駕士三十人。

天聖間，内侍盧道隆上記里鼓車之制。其制：獨轅雙輪，箱上爲兩重，各刻木爲人，執檛〔一〇四〕。足輪各徑六尺，圍丈八尺。足輪一周，而行地三步。以古法六尺爲步，三百步爲里，用較今法五尺爲步，三百六十步爲里。立輪一，附於左足，徑一尺三寸八分，圍四尺一寸四分，出齒十八，齒間相去二寸三分。下平輪一〔一〇五〕，其徑四尺一寸四分，圍丈二尺四寸二分，出齒五十四，齒間相去與附立輪同。立貫心軸一，其上設銅旋風輪一，出齒三，齒間相去寸二分。中立平輪一，其徑四尺，圍丈二尺，出齒百，齒間相去與旋風等。次設小平輪一，其徑三寸少半寸，圍一尺，出齒十，齒間相去一寸半〔一〇六〕。上平輪一，其徑三尺少半尺，圍一丈，出齒百，齒間相去與小平輪同。其中平輪轉一周，車行一里，下一層木人擊鼓〔一〇七〕；上平輪轉一周，車行十里，上一層木人擊鐲。凡用大小輪八，合二百八十五齒，遞相鉤鎖，周而復始。詔皆以其法下有司而製之。

大觀元年，內侍省吳德仁獻記里鼓車之制。其法：「車箱上下爲兩層，上安木人二身，各手執木槌。輪軸共四。內左壁車脚上立輪一，安車箱內，徑二尺二寸五分，圍六尺七寸五分，二十齒，齒間相去三寸三分五釐。又平輪一，徑四尺六寸五分，圍一丈三尺九寸五分，出齒六十，齒間相去二寸四分。上大平輪一，通軸貫上，徑二尺八寸，圍一丈一尺，出齒一百，齒間相去一寸二分。立軸一，徑二寸二分，圍六寸六分，出齒三，齒間相去二寸二分。外大平輪軸上有鐵撥子二。又木横軸上關捩、撥子各一。其於車脚轉一百遭，通輪軸轉周，木人各一擊鉦、鼓。」

白鷺車，隋制，一名鼓吹車，車上施層樓，樓上有翔鷺棲烏〔一〇八〕。唐因之，駕四馬，大駕出，在記里鼓車後。宋制，赤質，周施花板，上有朱柱，貫五輪相重，輪衣以緋，皂頂及緋絡帶，並繡飛鷺。柱杪刻木爲鷺，銜鵝毛筩，紅綬帶。一轅。駕四馬，駕士十八人。

宣和元年，禮制局言：「舊鹵簿記有白鷺鸞旗，皮軒三重，其制非古。按曲禮曰，前有水則載青旌，前有塵埃則載鳴鳶，前有車騎則載飛鴻，前有士師則載虎皮，前有鷙獸則載貔貅。萬乘一出，五車必載，所以警衆也。青旌、鳴鳶、飛鴻、貔貅，乃以白鷺鸞旗雜陳其間，未爲合禮。今欲改五車相次，於中道繼之以崇德車，於是爲備。」青旌車，赤質，曲壁中載青旗，以絳帛爲之，畫青烏於其上。鳴鳶車，赤質，曲壁中載鳴鳶旌，以絳帛爲之，畫鳴鳶於其上。飛鴻車，赤質，曲壁中載飛鴻旌，以絳帛爲之，畫飛鴻於其上。虎皮車，赤質，曲壁中載虎皮旌，絳帛爲之，緣以赤，畫虎皮於上。貔貅車，赤質，曲壁旌，絳帛爲之，緣以赤，畫貔貅於上。其轅皆一。

鸞旗車，漢制，爲前驅。編羽旄列繫幢旁。胡廣曰：「以銅作鸞鳥於車衡上。」晉宋因之，駕四馬，先路所載。唐備於大駕鹵簿，次白鷺車後。宋制，赤質，曲壁，一轅。上載赤旗，繡鸞鳥。駕四馬，駕士十八人。宣和中，禮制局言：三車非古制，改五車。事見白鷺車下。

崇德車，秦名爲辟惡車，上有桃弧葦矢，所以禳祓不祥〔一〇九〕。太卜令一人，在車，執弓箭〔一一〇〕。出崔豹古今注。唐制，駕四馬。大駕出，在鸞旗車後。宋制，赤質，周施花板，四角刻辟惡獸，中載黃旗，亦繡此獸。太卜署令一人，在車中執旗。駕四馬，駕士十八人。宣和初，禮制局言：「記曰『前巫而後史』，傳曰『桃弧棘矢，以供禦王事』。請以巫易太卜，弧矢易辟惡獸。」從之。

皮軒車，漢前驅車。以虎皮爲軒。取曲禮「前有士師，則載虎皮」之義。晉宋相因，駕四馬，皆大夫載。自後無聞。唐備之大駕鹵簿，次於辟惡車後。宋制，赤質，曲壁，上有柱，貫五輪相重，畫虎文。駕四馬，駕士十八人。宣和初，禮制局言：三車非古制，改五車。事見白鷺車下。

黃鉞車，漢制，乘輿建之，在大駕後。晉黃鉞車，駕一馬。大駕行，於華蓋後御次麾左右〔一一一〕，又有金鉞車、金鉦車，並駕三馬。唐備於大駕鹵簿。天寶初，改爲金鉞車。宋制，赤質，曲壁，中設金鉞〔一一二〕，錦囊綢杠。左武衛隊正一人，在車中執鉞。駕兩馬，駕士十五人。

豹尾車，周制，象君子豹變，又以尾者言謙也。古者軍正建之。崔豹古今注云。漢制，大駕出，屬車八十一乘，法駕出，屬車三十六乘，最後一乘懸豹尾〔一三〕，以前比之省中。胡廣曰：「施於道路，豹尾之內爲省中。」晉因之，在鹵簿末。宋志徐廣按淮南子云：「軍正執豹皮以制正其衆〔一四〕。」禮記曰：「前有士師，則載虎皮。」乘輿豹尾，亦其義類〔一五〕。唐制，大駕出，在黃鉞車後，駕二馬。右武衛隊正一人，在車執之。宋因之，制同黃鉞車。上載朱漆竿，首綴豹尾，右武衛隊正一人執之。駕兩馬，駕士十五人。

屬車，一曰副車〔一六〕，一曰貳車，一曰左車。秦制，大駕屬車八十一乘，法駕三十六乘。漢法駕用三十一乘，小駕用十二乘。隋制，大駕三十六，法駕十二，小駕不用。唐大駕唯用十二乘，宋因之。其制：黑質，兩箱輿裝，前有曲闌，金銅飾，上施紫通幰，絡帶、門簾皆繡雲鶴，紫綱帉錔。每乘駕三牛，駕士十人。元豐初，詳定禮文所言：「周禮戎右職曰〔一七〕：『會同充革車』，儀禮曰：『貳車畢乘』，禮記曰：『乘君之乘車，不敢曠左，左必式〔一八〕。』蓋古者後車餘路，必使人乘之，不敢曠空，所以別曠左之嫌也。詩曰『命彼後車，謂之載之』是也。自秦兼九國車服，西漢因之，大駕屬車八十一乘。後漢制云，尚書御史所載。揚雄云『鴟夷國器，託於屬車』。張衡曰：『屬車之簉，載獫猲獢。』則是漢之屬車，非獨載人，又以載物，亦儀禮所謂畢乘之也。宋朝鹵簿車十二乘，虛設於法駕之後，實近曠左之嫌。請尚書御史乘之，或以載乘輿服御。」從之。

大輦，歷代之制已見前。宋制，大輦，赤質，正方，油畫，金塗銀葉，龍鳳裝。其上四面行龍雲朵〔一九〕，火珠方鑑，銀絲囊網，珠翠結條，雲龍鈿窠霞子。四角龍頭銜香囊，頂輪施耀葉。中有銀蓮華座龍，紅綾裏，碧牙壓帖。内設圓鑑，銀絲香囊，銀飾勾闌、臺座，紅絲絛網，帉錔。中施黄褥上，置御坐，扶几，香爐，錦結綬。几衣、輪衣、絡帶並緋繡壓金銀綫。長竿四，銀裹鐵鍋龍頭，魚鉤，錦膊褥，銀裝畫梯，托叉，黄羅緣席、褥，帊，梯杖褥，朱索，緋繒油帊。主輦六十四人。親祀南郊、謁太廟還及具鑾駕黄麾仗，省方還都，則乘之。

大中祥符初，東封，以舊輦太重〔二〇〕，遂命别造，凡減去七百餘斤，後常用焉。紹興十三年，更製大安輦。赤質，正方，油畫，金塗銀龍鳳裝，朱漆大輪一，金塗銀頂龍一，四面施行龍一十六，火珠四。方鑑，銀絲囊網，珠翠結條，雲龍鈿窠霞子四，角龍頭四，真珠結穗毬一十二。頂輪施塗金銀耀葉。銀盤，紅羅輪衣一，綴銀鈴，紅羅絡帶二，中設御坐，檀香雕木龍椅，靠背上水晶珠梅，紅絲裙網，象牙滴子，曲几，錦褥，絹畫，裏外龍水屏風，香爐，結綬。長竿四，飾以金塗銀龍頭。奉輦四百六十人。爲五番，每番九十二人。祀畢，車駕還内，不用金輅，則乘之。淳熙十二年，新製踏道，增其尺寸。舊例，五番四十人，今添三十人，及副都大人員一人。服五色武弁冠，黄羅繡對鳳袍，黄羅勒帛紫羅生色袒帶，紫絹行縢。文德殿發册，尚輦陳於西階下，東嚮。隆興元年，禮官請大輦權不陳設。

芳亭輦，黑質，頂如幕屋，緋羅衣，裙襴、絡帶皆繡雲鳳。兩面朱綠窻花鈑，外施紅絲網綢〔二一〕，金銅帉錔，前後垂簾，下設牙牀、勾闌。長竿四，銀龍頭，銀飾梯，行馬。主輦一百二十人。

鳳輦，赤質，頂輪下有二柱〔二二〕，緋羅輪衣，絡帶、門簾皆繡雲鳳。頂有金鳳一，兩壁刻畫龜文、金鳳翅。前有軾匱〔二三〕，香爐、香寶，結帶，下有勾闌二重，内設紅錦褥。長竿三〔二四〕，銀飾梯，行馬。主輦八十人。法駕鹵簿，不設。

逍遥輦，以椶櫚爲屋，赤質，金裝〔一二五〕，朱漆竿版各一〔一二六〕，金螭頭、金裹魚鉤各四，朱漆柄，托叉二，金絲坐褥，扶版，踏牀褥，飾以紅花羅錦，踏牀褥一，襯褥十六，金鍍銀裝行馬二，朱漆踏牀二，促塵版，輭屏風，紅花羅錦，金屏風，護泥屏各一。舊云逍遥子，後改名輦。高宗紹興七年重製，詔務令樸素。乾道九年，以後殿門卑小，逍遥輦出入有礙，令工部照輦院丈尺，重修殿門。御輦院官，舊制二千六百三十人。紹興十二年，詔以一千人爲額，供御營三百人，次供御營一百五十人，下都營六百五十人，後減爲九百人。乾道六年，詔以七百人爲額，供御二百二十人，次供御一百三十人，下都二百五十人。

平頭輦，制如逍遥輦而無屋。真宗造登封輦，今平頭輦制因此。金螭頭四，金裝，朱漆扶版竿各二，雲版座各一，金裹魚鉤四，褥飾以紅花羅錦，踏牀褥一，檀香促塵版一，護泥屏一。舊制，輦官十二人，服同逍遥輦。紹興十六年，親耕，服履袍乘之。隆興初，詔制平輦及條衣褥，郊祀禮畢用之。

小輦，赤質，頂輪下施曲柄如蓋，緋繡輪衣，絡帶，制如鳳輦而小。下有勾闌、牙牀，繡瀝水。中設方牀，緋羅衣，錦褥。上有小案，坐牀，皆繡衣。踏牀緋衣。前後長竿二，銀飾梯，行馬。奉輿二十四人。

七寶輦，隆興二年正月，詔御輦院令京師舊輦官省記昨進道君皇帝七寶輦之制，下有司製造，更爲美名以進德壽宮。禮官言：「七寶輦高五尺一寸，廣二尺七寸，深三尺六寸。竿長二丈一寸，扶版二，朱紅漆。絲織紅百花，行龍，藍瀝水，升龍，朱漆踏牀一，紅百花團龍覆之。百花大團龍褥一，紅羅銷金百花團龍座一，朱漆踏牀一，鍍金銀火踏一，純金裝釘。行馬一對，托叉一，以朱漆之，比大輦制度。內耀葉、并角龍、蓮盤，頂龍，並塗金，真珠、結穗毬、龍水屏風。御座用香檀木，龍椅靠背，金焰水晶珠梅。紅絲裙網，象牙滴〔二七〕，今欲比大輦。平輦用珠，靠背龍頭，引手，玉龍頭，並玉轉身捧珠龍，其角龍、鐸等並純金。」詔如其式，内裙網用七寶裝綴。太上皇帝曰：「儀衛已隨時增益，輿輦不須别造，況多事之時，國用方殷，不宜虚費。」遂止。自是上皇每至大内，多乘馬，間至湖上，則用肩輿，蓋不欲煩民也。

腰輿，前後長竿各二，金銅螭頭，緋繡鳳裙襴，上施錦褥。别設小牀，緋繡花龍衣。奉輿十六人。

香蹬，唐制也。朱漆案，緋繡花龍衣，上設金塗香爐、燭臺。長竿二，輿士八人。金塗銀火鐐、香匙副之。

象，漢鹵簿，最在前。晉平吴後，南越獻馴象〔二八〕，作大車駕之，以載黄門鼓吹數十人，使越人騎之以試橋梁。宋朝鹵簿，以象居先，設木蓮花座，金蕉盤，紫羅繡襜絡腦，當胸、後鞦並設銅鈴杏葉，紅犛牛尾拂，跋塵。每象，南越軍一人跨其上，四人引，並花脚幞頭，緋繡窄衣、銀帶。

五牛旗，依方色，皆小輿上刻木爲牛，背插旗。錯采爲牛，旗竿上有小盤，衣及輿衣，亦並繡牛形。輿士各四人。

相風烏輿，上載長竿，杪刻木爲烏，垂鵝毛筩，紅綬帶，下承以小盤〔二九〕，周以緋裙，繡烏形。輿士四人。

交龍鉦、鼓輿各一，皆刻木爲二青龍相交，下有木臺、長竿，一掛畫鼓，一掛金鉦，上皆有緋蓋，亦繡交龍。輿士各二人。

鐘、鼓樓輿各一〔一三〇〕，本隋大駕鐘車、鼓車也。皆刻木爲屋，中置鐘、鼓，下施木臺，長竿，如鉦、鼓輿。輿士各二十四人。

行漏輿〔一三一〕，隋大業行漏車也，制同鐘、鼓樓而大，設刻漏如稱衡〔一三二〕。首垂銅鉢，末有鉢象〔一三三〕，漆櫃貯水，渴烏注水入鉢中，長竿四。輿士六十人。

十二神輿，赤質，四門旁刻十二辰神〔一三四〕，緋繡輪衣，絡帶。輿士十二人。

自鉦鼓以下，舊禮令無文，皆開寶定禮所增。

旂常之制，自漢以來，制度殘缺。唐禮五輅，皆左建龍旂，右載闟戟，謁謬滋甚。元豐改定郊廟禮文，五輅所載，悉如巾車之職。又以闟戟非古，政和間，禮官請玉輅以太常大旂建於左右而去闟戟，厥後郊廟五輅及副車皆建太常。一日並出，觀者駭焉。至是造五輅，悉倣周禮之制。玉輅後，左太常，繡日月星辰，右龍旂，繡交龍，皆用青羅，表裏文繡，下有網鬚，謂之茀頭，用青飾。建竿，插於輅後兩柱傍金環之内。竿首飾以鍍金螭頭，垂以金鈸青纓各六，謂之旒繻。竿以桐木，剖竹外護，固以筋膠，布以漆，飾以青藻。旗勢稍重，六人各執叉托之，以助旗力。旗，皆錯采爲之，漆竿、鍮首、纛頭、錦腰〔一三五〕、火焰脚，白澤、攝提、金鸞、獅子、天下太平、君王萬歲，及在步甲前後隊，後馬隊三隊、六軍儀仗内，並以赤。日、月及合璧、連珠、風、雨、雷、電、五星、二十八宿、祥雲並以青〔一三六〕。北斗以黑。五嶽、四瀆、五方、四神〔一三七〕、十二辰、五龍、五鳳、龍虎君，並以方色。天王以赤、黄二色。排攔以黄、紫、赤三色。大黄龍負圖旗，舊畫八卦，政和禮局改畫爲河圖，九、一、三、七、二、四、六、八、五之數。中興後，增製華旗，各以瑞物繢形其上。

皂纛，本後魏纛頭之制，蓋旄頭之遺象。制同旗，無文采，去鏡首六脚。

犦矟，犦擊聲也〔一三八〕。一云象犦牛，善鬭〔一三九〕。唐金吾將軍執之。宋朝制，如節有袋，上加碧油。常置朝堂，車駕鹵簿出〔一四〇〕，則八枚前導。又衛司犦矟四〔一四一〕。

牙門旗，古者，天子出建大牙。宋朝制，赤質，錯采爲神人象，中道前後各一門，左右道五門，門二旗，蓋取周制「樹旗表門」及「天子五門」之制〔一四二〕。中興後，中道，前後門旗各二，左右道，五門各四。

繖，古者張帛以避雨之制〔一四三〕。今有方繖、大繖，皆赤質，紫表朱裏，四角銅螭首。六引内，制差小〔一四四〕。紹興九年，詔後殿射殿引呈公事，日景已高，作衛清涼繖十，從舊制也。

蓋，本黄帝時有雲氣爲花蘤之象而作。金花蓋，導蓋，皆赤質，如繖而圓，瀝水繡花龍。又有曲蓋，差小，繡瑞草。

睥睨，漢乘輿所用，如花蓋而小。

扇，有朱團及雉尾四等。朱團，繡雲鳳，黑漆柄，金銅飾。雉尾皆方，其上繡雉尾。紹興十三年，詔郊禮繖、扇，並遵舊制，拂扇等毋以珠爲飾。

金節，隋制也。黑漆竿，上施圓盤，周綴紅絲拂八層，黄繡龍袋籠之。王公以下皆有節，制同金節，韜以碧油。

罕畢，象「畢、昴爲天階」，故爲前引，皆赤質，金銅飾，朱藤結網，金獸面。罕方，上有二螭首銜紅絲拂，罩圓，如扇。

幢，制如節而五層，韜以袋，繡四神，各隨其方色，朱漆柄。王公所給幢，黑漆柄，紫綾袋。

黄麾，古有黄、朱、纁三色，所以指麾也。漢大駕有前黄麾。宋朝之制，絳帛爲之，如幡，錯采成「黄麾」字，下繡交龍；朱漆竿，金龍首，上垂朱絲小蓋〔一四五〕。元豐中，命禮官定朝會儀，請制大麾一；注旄於竿首，其旗十有二幅，其色黄，一旒，元會設仗，建大黄麾於當御厢之前，麾幡二於後。神宗疑其制鑿，命且闕之，而黄麾幡仍舊。

幡，本幟也，貌幡幡然。有告止、傳教、信幡，皆絳帛，錯采爲字，上有朱絲小蓋，四角垂羅紋佩，繫龍頭竿上。其錯采字下〔一四六〕，告止爲雙鳳，傳教爲雙白虎，信幡爲雙龍。又有絳引幡，制頗同此，作五色間暈，無字，兩角垂佩。

御刀，自晉、宋以來有之。黑鞘，金花銀飾，靶鞆，紫絲條帉錔。又儀刀，制同，悉以銀飾，王公亦給之。

班劍，本漢朝服帶劍。晉易以木，謂之「象劍」，取裝飾斑斕之義。鞘以黄質，素紫班文，金銅飾〔一四七〕，紫絲條帉錔。

戟，有枝兵也。木爲刃，赤質，畫雲氣，上垂交龍掌，五色帶，末綴銅鈴。鈒戟，無掌，而有小横木；又有小戟，與鈒戟同制。

矟，長矛也。木刃，黑質，畫雲氣。又有細矟，制同而差小。

儀艎，劍戟之類，秦、漢有之。唐用爲儀仗，刻木如斧，塗以青，柄以黄，上綴小錦幡、五色帶。

殳、叉，亦戟類。殳，無刃而短，黑飾兩末。叉，青飾兩末，皆青，中白，畫雲氣，綴朱絲拂。

氅，本緝鳥毛爲之。今爲四角小蓋。每角垂珠佩，間以朱絲，周綴五色帶，繡雲龍、孔雀、白鵝。其別有三，繫龍頭竿，竿制如戟。

㡯弩，漢京尹、司隸前驅，持弓以射窺者。今制，每弩加箭二，有韔，畫雲氣。仗内弩同。

弓箭，每弓加箭二，有韔，同㡯弩。

刀盾。刀，容刀也；盾，旁排也。一人分持。刀以木爲之，無鞘，有環，紫絲絛帉錔。盾，赤質，畫異獸。又朱藤絡盾，制悉同，惟緑藤緑質。皆持執之。

甲騎具裝。甲，人鎧也；具裝，馬鎧也。甲以布爲裏，黄絁爲表，青緑畫爲甲文，紅錦褖、青絁爲下裙，絳韋爲絡，金銅鈌，長短至膝。前膺爲人面二〔一四八〕，自背連膺，纏以錦縢蛇。具裝，如常馬甲，加珂拂於前膺及後鞦。

車輻，棒也，形如車輪輻。今制，朱漆八稜。

白柯〔一四九〕，槍，矟也。唐羽林所執，制同矟而鐵刃〔一五〇〕，上綴朱絲拂。

柯舒，黑漆棒也，制同車輻，以金銅釘飾。

鐙杖，黑漆弩柄也。以金銅爲鐙及飾〔一五一〕，其末紫絲絛繫之。

七寶牀一〔一五二〕，覆以緋羅繡帕。國初，内臣馬上捧之，謂之「駕頭」。

扇筤〔一五三〕，緋羅繡扇二，緋羅繡曲蓋一，並內臣馬上執之，謂之「扇筤」。駕頭在細仗前，扇筤在乘輿後，三駕及常出並用之。嘉祐六年，以閤門祇候及內臣各二人分駕頭左右，扇筤後編攔，仍以皇城司親從官二十人隨之。

鳴鞭，周官條狼氏執鞭趨辟之遺制也〔一五四〕。鞭稍用紅絲而漬以蠟。行幸，則前警，祀畢還宫，亦用之；視朝、宴會，則用於殿庭。紹興十三年，親饗太廟，命去神位百步之內，毋得鳴鞭。十五年，正旦朝會，帝出東閤，御大慶殿，殿上合鳴鞭，以殿小非在京比，乃免焉。

毬仗，金塗銀裹〔一五五〕，以供奉官騎執之，分左右前導。大禮，用百人，常行，三十。

褥，大禮舊儀，御座，金裹裝釘，施珠坐褥。是年八月，上謂輔臣曰：「事天以誠爲主，器用陶匏，貴其質也。苟尚侈麗，則失精禋之意矣。」乃詔有司製褥，毋以珠爲飾。

駕馬，鞍勒有金、玉、水晶、金塗四等鬧裝，鞊韉結爲座龍，硃鈒鏤塵沙面、平面、窪面、方團、寸節、卷荷校具，皆垂六鞘，金裹銀鞍橋、銜鐙，朱黄絲條轡鞦，緋黄織繡或素罽韉，䘳幞用金銀綫織，或緋黄絁。太宗至道中，以廣絹代之〔一五六〕。鞭用紫竹，紅、黄絲鞘，纓以紅、黄犛牛尾，金爲鈒。每日，馬五匹供奉，鞍用玉及金塗銀〔一五七〕，䘳幞用絁絹〔一五八〕。行幸則十四匹，加真金、水晶之飾。紹興十五年，詔：「自今御後殿及駕出，御馬權免入殿。止，例於殿門外。射殿則仍舊制。」淳熙十四年，詔引呈射事，御馬依後殿儀立於殿門外。

右五輅及諸車輿輦、旂常、鹵簿，多歷代所用。然有其說而不詳其制，惟宋九朝及中興史志，所載制造設飾之制頗詳，然亦必承襲歷代相因之制而微有增損者也。故具載於此。至於逍遥子、平頭輦、駕頭、扇筤之屬，雖歷代所無，然宋三百年相承，乘輿出入，所必用也。故亦具載其制云。

校勘記

〔一〕象輅者　「者」字原脱，據新唐書卷二四車服志補。

〔二〕五輅皆重輿　「皆」原作「者」，據新唐書卷二四車服志改。

〔三〕旒首金龍銜錦結綬及緌帶　「緌」原作「縷」，據元本、馮本及新唐書卷二四車服志改。

〔四〕插翟尾五隻　「隻」，元本、慎本、馮本及新唐書卷二四車服志作「焦」。

〔五〕始加黄鉞車豹尾車　唐會要卷三二輅車作「始加豹尾車、黄鉞車」。二車互倒。

〔六〕大禮則乘大輅　「大」字原脱，據唐會要卷三二輅車補。

〔七〕皆騎於儀仗之内　「仗」，唐會要卷三二輅車作「衛」。

〔八〕前發七刻　「發」字原脱，據新唐會卷二三上儀衛上補。

〔九〕黄門侍郎前奏請發鑾駕動警蹕鼓傳音　此句前原有重複此句十一字，據新唐書卷二三上儀衛上删。

〔一〇〕導駕先萬年縣令　新唐書卷二三上儀衛上作「萬年縣令先導」。

〔一一〕引導黃麾仗也　「導」，開元禮卷二、通典卷一〇七禮六七作「到」。

〔一二〕次鸞旗車十二旗　原脱「次鸞旗車」，據開元禮卷二補。

〔一三〕一重稍弩　此四字原脱，據開元禮卷二補。

〔一四〕次大鼓百二十面　「十」字原脱，據開元禮卷二補。

〔一五〕每隊皆有主帥五人以上統領　「上」，開元禮卷二作「下」。

〔一六〕次太史令一人　「令」，新唐書卷二三上儀衛上作「監」。

〔一七〕次五色繡幡一　「五」原作「天」，據慎本及開元禮卷二改。

〔一八〕次朱雀幡一　「幡」原作「幄」，據開元禮卷二改。

〔一九〕叉一　原訛脱作「又」，據開元禮卷二改補。

〔二〇〕次左右衛果毅各一人　「次」字原脱，據開元禮卷二補。

〔二一〕各領三十五人　「三」，開元禮卷二作「四」，新唐書卷二三上儀衛上作「二」。

〔二二〕並騎分左右　「分」字原脱，據開元禮卷二補。

〔二三〕分左右　原訛作「在右」，據開元禮卷二改。

〔二四〕次給事中二人在左　「中」字原脱，據元本、慎本、馮本及開元禮卷二補。

〔二五〕次中書舍人二人在左　以上九字原脱，據開元禮卷二補。

〔二六〕次右散騎常侍二人在右　「常侍」原脱，據開元禮卷二補。

〔二七〕次中書令二人在右　「次」字原脱，據開元禮卷二補。

〔二八〕皆一人步從　原「一人」在「皆」上，據開元禮卷二乙正。

〔二九〕左右廂各十二行也　原「行」下有「人」，據開元禮卷二刪。

〔三〇〕帶横刀　「帶」字原脱，據開元禮卷二補。

〔三一〕次左右衛供奉中郎將四人　開元禮卷二重「郎」字。新唐書卷二三上儀衛上重「郎將」二字。

〔三二〕領親勳翊衛四十八人　開元禮卷二「四」作「二」。

〔三三〕駕青騮六　「騮」原作「駁」，據開元禮卷二改。

〔三四〕太僕卿馭駕士四十一人　「馭」，開元禮卷二作「御」；「四十一」又作「三十二」。

〔三五〕夾玉輅　「玉」原作「五」，據元本、慎本、馮本及開元禮卷二改。

〔三六〕次中郎將二人　「次」字原脱，據開元禮卷二補。

〔三七〕花蓋二　「二」字原脱，據開元禮卷二補。

〔三八〕次諸司供奉官二人　「供」原作「侍」，據馮本、局本及開元禮卷二改。

〔三九〕次花蓋二　「二」字原脱，據開元禮卷二補。

〔四〇〕節鼓二面工人各二　以上八字原脱，據開元禮卷二補。

〔四一〕次芳輦一　「一」字原脱，據開元禮卷二補。

〔四二〕白黑在右各八人執　「白黑在右」句上原有「各八人執」，與下文重複，據開元禮卷二刪。

〔四三〕丞一人　「一」原作「二」，據元本及開元禮卷二改。

〔四四〕白質　「白」原作「青」，據開元禮卷二改。

〔四五〕鞔之以革　原脱「之」字，據開元禮卷二補。

〔四六〕駕白駱六　「駱」，開元禮卷二作「騮」。

〔四七〕駕果下馬二　開元禮卷二同。通典卷一〇七禮六七「二」作「一」。

〔四八〕次門下省　「省」字原脱，據開元禮卷二補。

〔四九〕殿中監等局官各一人　「監」字原脱，據開元禮卷二補。

〔五〇〕鍪並鎧弓刀盾　「鍪並」原倒，據開元禮卷二乙正。

〔五一〕麟旗　開元禮卷二作「麒麟旗」。

〔五二〕第一門在左右威衛黑質步甲隊後（至）第四門在左右領軍衛黄麾仗後左右衛步甲隊前　按新唐書卷二三上儀衛上同。開元禮卷二所列四門位置與此不同：「第一門在左右威衛白質步甲隊後，左右領軍衛黄麾仗前。第二門在左右威衛黑質步甲隊後，左右領军衛黄麾仗前。第三門在左右領軍衛黄麾仗後，左右驍衛黄麾仗前。第四門在左右驍衛黄麾仗後，左右武衛白質步甲隊前。」

〔五三〕帶横刀弓箭　開元禮卷二無「帶」字。

〔五四〕引駕三衛　「衛」原作「行」，據開元禮卷二改。

〔五五〕餘並戎服準式　「準式」原脱，據通典卷一〇七禮六七補。

〔五六〕刀旗　「刀」原作「刃」，據開元禮卷二改。

〔五七〕無有準式　「無有」原倒，據宋史卷一四五儀衛三乙正。

〔五八〕周太祖　「祖」原作「極」，據宋史卷一四五儀衛三改。

〔五九〕攝提列星之象　此句原脱，據宋史卷一四五儀衛三補。

〔六〇〕作攝提旗及北斗旗　「作」字原脱，據宋史卷一四五儀衛三補。

〔六一〕凡二十一旗　按上文所列旗數只有二十。據宋朝事實卷一一、玉海卷八三所載，疑缺黄龍負圖一旗。

〔六二〕右拾遺孫逢吉收僞法物之不中度者　「右拾遺」，宋史卷一四五儀衛三作「左拾遺」。

〔六三〕外施銀耀葉　「施」字原脱，據太常因革禮卷二一、宋史卷一四九輿服一補。

〔六四〕青繒裏挽索　「挽」字原脱，據宋史卷一四九輿服一補。

〔六五〕錦結尾　宋史卷一四九輿服一作「錦包尾」。

〔六六〕尤極工巧　原此句下有「珠寶之飾」四字，據夢溪筆談卷一九器用删。

〔六七〕以天禧宣和鹵簿圖及工匠省記制度參酌　「圖」字原脱，據宋史卷一四九輿服一補。

〔六八〕輅下横貫圓木爲軸　「圓」，宋史卷一四九輿服一作「大」。

〔六九〕駕士二百三十八人　宋史卷一四九輿服一作「二百三十二人」。

〔七〇〕戰國尚武　「戰」原作「戟」，據馮本及宋史卷一四五儀衛三改。

〔七一〕闟戟方六尺　「尺」原作「赤」，據馮本及宋史卷一四五儀衛三改。

〔七二〕而被之以黼　「黼」原作「繡」，據宋史卷一四五儀衛三改。

〔七三〕齋右充金輅之右　原上「右」脱，據宋史卷一四五儀衛三補。

〔七四〕非是　宋史卷一四五儀衛三作「非制」。

〔七五〕翌日　「翌」原作「翼」，據慎本、馮本及宋史卷一四五儀衛三改。

〔七六〕正當祀天祭地　「祭」字原脱，據宋史卷一四九輿服一補。

〔七七〕所御駕六馬　「所御」原脱，據後漢書志二九輿服上補。

〔七八〕禮行則乘之　「禮行」原倒，據通典卷六四禮二四乙正。

〔七九〕隋制金飾紫通幰朱裏駕四馬臨幸及弔則供之　據隋書卷一〇禮儀五所載隋代皇帝安車，開皇制爲「飾重輿，曲壁，紫油纁朱裏，通幰，朱絲絡網，朱鞶纓，朱覆發，具絡，駕赤騮，臨幸則供之」。大業制爲「書輪，重輿，曲壁，紫油幢絳裏，通幰，朱絲絡網，赤幰纓，駕四馬，省問臨幸則乘之」。通考此處所記乃開皇皇后安車之制，與本卷規定内容不合。

〔八〇〕亦曰皂輪車以加禮貴臣　「車」、「禮」原脱，據南齊書卷一七輿服志補。

〔八一〕制如屋　「如」原作「所」，據宋史卷一四九輿服一補。

〔八二〕下層周以花板三轅　原作「下層周以花轅三板」，據宋史卷一四九輿服一乙正。

〔八三〕一名輦車　原脱「車」字，據晉書卷二五輿服志補。

〔八四〕箱裏隱膝　「膝」原作「漆」，據南齊書卷一七輿服志改。

〔八五〕轅枕後捎　南齊書卷一七輿服志無「後」字。

〔八六〕御及皇太子所乘也　「也」原作「之」，據馮本、局本及南齊書卷一七輿服志改。

〔八七〕紫錦幰　「錦」字原脱，據隋書卷一〇禮儀五補。

〔八八〕年十四五者爲之謂之羊車小史　「爲」原作「乘」，「史」原作「吏」，據隋書卷一〇禮儀五改。

〔八九〕小史十四人　「史」原作「吏」，據新唐書卷二三上儀衛下改。

〔九〇〕隋駕以果下馬　「隋」原作「隨」，據宋史卷一四九輿服一改。
〔九一〕今亦駕以二小馬　「今亦駕」原脱，據宋史卷一四九輿服一補。
〔九二〕其器不存　「器」原作「制」，據通典卷六四禮二四改。
〔九三〕舉手恒指南　「恒」原作「常」，據通典卷六四禮二四改。
〔九四〕迴曲頻驟　「頻」，宋書卷一八禮五作「步」。
〔九五〕司南車　「南」原作「馬」，據宋史卷一四九輿服一改。
〔九六〕立木仙人於上引臂南指　原脱「仙」、「於上引臂南指」，據宋史卷一四九輿服一補。
〔九七〕出齒各二十四　「出」字原脱，據宋史卷一四九輿服一補。下同。
〔九八〕徑二寸　「二」，宋史卷一四九輿服一作「三」。
〔九九〕上刻木爲仙人　「仙」字原脱，據宋史卷一四九輿服一補。
〔一〇〇〕在左右軸上　「上」字原脱，據宋史卷一四九輿服一補。
〔一〇一〕左轅小輪觸落左輪　上一「輪」原作「轅」，據元本、慎本、馮本及宋史卷一四九輿服一改。
〔一〇二〕行則仙童交而指南　「則」字原脱，據宋史卷一四九輿服一補。
〔一〇三〕纁衣漆畫　「纁」原作「襟」，據南齊書卷一七輿服志改。
〔一〇四〕執檛　宋史卷一四九輿服一作「執木檛」。
〔一〇五〕下平輪一　「下」原作「半」，據宋史卷一四九輿服一改。
〔一〇六〕齒間相去一寸半　「半」字原脱，據宋史卷一四九輿服一補。

〔一〇七〕下一層木人擊鼓　「下」字原脱，據宋史卷一四九輿服一補。

〔一〇八〕隋制一名鼓吹車車上施層樓樓上有翔鷺棲烏　「鷺」原作「鸞」，「烏」原作「焉」，據隋書卷一〇禮儀五改。按此節隋志載爲梁制，馬端臨承襲杜佑之誤，繫於隋。

〔一〇九〕所以禳祓不祥　「所」字原脱，據通典卷六四禮二四補。

〔一一〇〕太卜令一人在車執弓箭　「卜」原作「僕」，據通典卷六四禮二四改。按通典卷二五云秦有太卜令。「車」下原有「前」，點校本通典卷六四禮二四據古本通典刪，今從之。

〔一一一〕於華蓋後御次麾左右　「次」原在「於」上，據通典卷六四禮二四乙正。

〔一一二〕中設金鉞　宋史卷一四九輿服一「鉞」下有「一」字。

〔一一三〕最後一乘懸豹尾　「懸」字原脱，據通典卷六四禮二四補。

〔一一四〕軍正執豹皮以制正其衆　「制」字原脱，據宋書卷一八禮五補。

〔一一五〕亦其義類　「亦」原作「以」，據宋書卷一八禮五改。

〔一一六〕一曰副車　四字原脱，據宋史卷一四九輿服一補。

〔一一七〕周禮戎右職曰　「禮」字原脱，據元本、慎本、馮本及周禮戎右補。

〔一一八〕不敢曠左左必式　下「左」原作「右」，據禮記曲禮上改。

〔一一九〕其上四面行龍雲朵　「龍雲」原倒，據太常因革禮卷二一、宋史卷一四九輿服一乙正。

〔一二〇〕以舊輦太重　「以」字原脱，據宋史卷一四九輿服一補。

〔一二一〕外施紅絲網綢　「綢」字原脱，據宋史卷一四九輿服一補。

〔二二〕頂輪下有二柱　「下」字原脱，據宋史卷一四九輿服一補。

〔二三〕前有軾匱　「匱」原作「設」，據宋史卷一四九輿服一改。

〔二四〕内設紅錦褥長竿三　「内設紅錦褥」五字原脱，據太常因革禮卷二一、宋史卷一四九輿服一補。又，「三」，上引太常因革禮作「二」。

〔二五〕金裝　宋史卷一四九輿服一作「金塗銀裝」。

〔二六〕朱漆竿版各一　宋史卷一四九輿服一作「朱漆扶版二」。

〔二七〕象牙滴　「象牙」原倒，據宋史卷一四九輿服一乙正。

〔二八〕南越獻馴象　「越」原作「粤」，據宋史卷一四八儀衛六改。

〔二九〕下承以小盤　「小」字原脱，據宋史卷一四九輿服一補。

〔三〇〕鐘鼓樓輿各一　「輿」字原脱，據宋史卷一四九輿服一補。

〔三一〕行漏輿　「輿」字原脱，據宋史卷一四九輿服一補。

〔三二〕設刻漏如稱衡　「稱」原作「桶」，據局本及宋史卷一四九輿服一改。

〔三三〕末有鉢象　「鉢」，宋史卷一四九輿服一作「銅」。

〔三四〕四門旁刻十二辰神　「神」字原脱，據宋史卷一四九輿服一補。

〔三五〕錦腰　宋史卷一四八儀衛六作「錦帶腰」。

〔三六〕日月及合璧連珠風雨雷電五星二十八宿祥雲並以青　原脱「風雨雷電」，據宋史卷一四八儀衛六補。

〔三七〕四神　「四」原作「五」，據宋史卷一四八儀衛六改。

〔一三八〕犦矟犦擊聲也　原下「犦」字脱，據宋史卷一四八儀衛六補。

〔一三九〕善鬭　此二字下，宋史卷一四八儀衛六有「字從牛」三字。

〔一四〇〕車駕鹵簿出　「駕」原作「馬」，據宋史卷一四八儀衛六改。

〔一四一〕又衛司犦矟四　宋史卷一四八儀衛六作「名衛司犦矟」。

〔一四二〕蓋取周制樹旗表門及天子五門之制　「制樹旗表門」原作「旌旗門」，據馮本及宋史卷一四八儀衛六改補。

〔一四三〕繖古者張帛以避雨之制　「之制」原脱，據宋史卷一四八儀衛六補。

〔一四四〕六引内制差小　宋史卷一四八儀衛六作「六引内者，其制差小」。

〔一四五〕上垂朱絲小蓋　「垂」原作「乘」，據宋史卷一四八儀衛六改。「絲」，上引書卷作「緑」。下同。

〔一四六〕其錯采字下　「其」字原脱，據宋史卷一四八儀衛六補。

〔一四七〕金銅飾　「飾」字原脱，據元本及宋史卷一四八儀衛六補。

〔一四八〕前膺爲人面二　「前」原作「長」，據宋史卷一四八儀衛六改。

〔一四九〕白柯　「柯」，宋史卷一四八儀衛六作「榦」。

〔一五〇〕制同矟而鐵刃　「制」字原脱，據宋史卷一四八儀衛六補。

〔一五一〕以金銅爲鐙及飾　「鐙及」原脱，據宋史卷一四八儀衛六補。

〔一五二〕七寶牀一　宋史卷一四八儀衛六無「一」，似衍。

〔一五三〕扇筤　二字原脱，據宋史卷一四八儀衛六、太常因革禮卷一三補。

〔一五四〕遺制也　宋史卷一四八儀衛六作「遺法也」。

〔一五五〕金塗銀裹　「金塗」原倒，據宋史卷一四八儀衛六乙正。

〔一五六〕太宗至道中以廣絹代之　「太宗」原作「仁宗」、「廣絹」原作「黄絹」，據宋史卷一四八儀衛六改。

〔一五七〕鞍用玉及金塗銀　宋史卷一四八儀衛六無「銀」字。

〔一五八〕褡襆用絁絹　宋史卷一四八儀衛六作「褡襆皆素」。

卷一百十八　王禮考十三

乘輿車旗鹵簿

凡鹵簿有四：曰大駕，曰法駕，曰鑾駕，曰黄麾仗。大駕，郊祀、籍田、薦獻玉清昭應景靈宮用之。迎奉聖像亦用大駕，惟不設象及六引導駕官〔一〕。法駕，減太常卿、司徒、兵部尚書，白鷺、崇德車，大輦、五副輅，進賢、明遠車，又減屬車四，餘並三分減一。泰山下、汾陰行禮用之。鑾駕，又減縣令、州牧、御史大夫，指南、記里、鸞旗、皮軒車，象輅、革輅、木輅，耕根車、羊車、黄鉞車〔二〕、豹尾車、屬車、小車、小輦〔三〕，餘並減半。朝陵，迎泰山天書，東封、西祀，朝謁太清宮，奏告玉清昭應宮，奉迎刻玉天書，躬謝太廟，皆用之。鑾駕舊用二千人，大中祥符五年，真宗告太廟〔四〕，增至七千人。兵部黄麾仗，用太常鼓吹，太僕寺金玉輅，殿中省大輦，其制無定。然皆減於小駕〔五〕。御樓、車駕親征或省方還京，迎禁中天書，五嶽上册，建安軍迎奉聖像，六廟上册皆用之。

凡大駕，總二萬六十一人，大率以太僕寺主車輅，殿中省主輿輦、繖扇、御馬，金吾主纛、矟、十六騎、引駕細仗，牙門，六軍主槍仗，尚書兵部主六引諸隊、大角、五牛旗，門下省主寶案，司天臺主鐘漏〔六〕，太常主鼓吹，朝服法物庫出旗器、名物、衣冠、幰蓋，軍器庫出箙、弩、弓、矢，内弓箭庫出戎裝、雜仗。

程氏演繁露曰：「宋景文筆記曰：『宣獻宋公著鹵簿記，至爆槊不能得其義。』予後十餘年始得之，其説曰江左有爮槊，爲其首大如爮，是其義也。按字書，爮，小瓜也。蒲卓反，字或爲爮，同一音也。予按爾雅，犦牛，犎牛也，此獸抵觸，百獸無敢當者，故金吾仗刻犦牛於槊首，以碧油囊籠之。荆楚歲時記所説亦與爾雅同。今金吾仗以犦槊爲第一隊，則是犦槊云者刻犎牛於槊首也，他説皆非也。」

仁宗康定元年，宋庠上言：「車駕行幸，非郊廟大禮具陳鹵簿外，其常日導從，惟前有駕頭，後擁繖扇而已，殊無前典所載公卿奉引之盛〔七〕。其侍從及百官屬，下至廝役，皆雜行其道中。步輦之後，但以親事官百餘人執撾以殿，謂之禁衛。諸班勁騎，頗與乘輿相遠，而士庶觀者，率隨扈從之人〔八〕，夾道馳走，喧呼不禁。所過旗亭市樓〔九〕，垂簾外蔽，士民憑高下瞰，莫爲嚴憚。邏司、街使，恬不呵止，威令弛闕，玩習爲常。非所謂旌頭先驅，清道後行之説也〔一〇〕。且自黄帝以神功盛德，猶假師兵爲營衛，則防微禦變，古今一體。按漢、魏以降，有大駕、小駕之儀〔一一〕。至唐，又分殿中諸衛、黄麾等仗，名數次序，各有施設。國朝承五姓荒殘之敝〔一二〕，事從簡略，每鳴鑾游豫，盡去戈戟、旌旗之制，儀衛寡薄，頗同藩鎮。此皆制度放失，憚於改作之咎。謂宜委一二博學近臣，討繹前代儀注及鹵簿令，以乘輿常時出入之儀，比之三駕諸仗〔一三〕，酌取其中，稍增儀物，具嚴法禁，上以示尊極，下以防未然。革去因循，其在今日。」詔太常禮院與兩制詳定，遂合奏諸班直禁兵步騎爲禁衛，仍舊數，復增清道馬百，佩弓矢爲五重騎，而執罕畢者一騎，而執牙門旗前後四騎，而執緋繡鳳氅二十四、雉扇十有二，皆分左右。天武兵徒行者執柯舒。親從兵增其數爲三百，殿前指揮使增爲二百，並騎，左右相對。開二門，間容二丈〔一四〕，以擬周禮之人門，凡前牙門旗後，後爲牙門旗前〔一五〕，爲禁衛，輒入者論以法。禁乘高下瞰、垂簾外蔽〔一六〕，夾道喧呼馳走者。頗著於令，其後寖弛。

神宗熙寧以來，天子鋭意稽古，禮文之事，招延群英，折衷異同，盡屏漢、唐沿襲之陋，與先儒詘舛之説。元豐有詳定禮文所，大觀有議禮局，政和有禮制局。元豐雖置局造輅，然玉輅竟仍唐舊；大觀中内侍吴德仁〔一七〕，上指南車、記里鼓車之制，天子宗祀大禮始用之〔一八〕。廢天聖中燕肅盧道隆所製。政和修飾玉輅，又增造大輅，而車輅益盛。其制度，各見車輅條下。

政和大駕鹵簿。象六，分左右，次六引：開封令、開封牧、大司樂、少傅、御史大夫、兵部尚書。各用本品鹵簿〔一九〕。次金吾纛、矟。左右皁纛各六，執、托各一人，紼四人。押衙四人，並騎。纛稍八，執各一人。本衛上將軍、將軍各四人，本衛大將軍二人，並騎。㯹矟四，夾大將軍。執各一人，夾二人，並騎。法駕，㯹矟減二，本衛上將軍、將軍〔二〇〕，各減二人。

次朱雀旗隊。並騎。金吾衛折衝都尉一人引隊，㯹矟二，夾都尉；執旗一人，引、夾各二人。凡仗内引、夾、執人數准此。弩四，弓矢十六，矟二十，左右金吾衛果毅都尉二人押隊。法駕，弩減二，弓矢減六，矟減八。宣和，引隊改天武都指揮使，押隊改天武指揮使。

次龍旗隊。大將軍一員檢校，騎；引旗十二人，並騎。風伯、雨師、雷公、電母旗各一，五星旗五，左、右攝提旗二，北斗旗一，護旗十二人，副竿二。執人並騎。法駕，引旗、護旗人各減四。宣和，檢校改左右衛大將軍，雷公、電母旗去「公」、「母」二字〔二一〕。

次指南、記里鼓車各一，駕馬各四，駕士各三十人；白鷺、鸞旗、崇德、皮軒車各一，駕士各十八人。法駕，無白鷺、崇德車〔二二〕。宣和，有青雀、青旌、鳴鳶、飛鴻、虎皮、貔貅六車，在記里鼓之下，崇德之前；減白鷺、鸞旗、皮軒三車，駕士之數如前。

次金吾引駕，騎；本衛果毅都尉二人，儀刀、弩、弓矢、矟各八，法駕，儀刀、弩、弓矢、矟各減二。宣和，都尉爲神勇都指揮使〔二三〕。

次大晟府前部鼓吹。令二人，府史四人，管押指揮使一人，掆鼓、金鉦各十二，帥兵官八人領。大鼓一百二十，帥兵官二十人領。長鳴一百二十，帥兵官六人領。鐃鼓十二，帥兵官四人領。歌工、拱辰管、簫、笳各二十四，大橫吹一百二十，帥兵官十人領。節鼓二，笛、簫、觱篥、笳、桃皮觱篥各二十四〔二四〕，掆鼓、金鉦各十二，帥兵官四人領。小鼓、中鳴各一百二十，帥兵官八人領。羽葆鼓十二，帥兵官四人領。歌工、拱辰管、簫、笳各二十四。法駕，前後掆鼓、金鉦各減四，大鼓減四十，長鳴減四十，鐃鼓減四，拱辰管後簫、笳各減八，大橫吹減四十，節鼓後笛、簫、觱篥、笳、桃皮觱篥各減八，小鼓、中鳴各減四十，羽葆鼓減四，最後簫、笳各減八，帥兵共減十八人。

次太史相風、行漏等輿。太史令及令史各一人，並騎。相風烏輿一，輿士四人。交龍鉦、鼓各一，輿士各六人。司辰、典士各一人，並騎。漏刻生四人，鼓樓、鐘樓、行漏輿各一，輿士各一百人。太史正一人，清道二人，十二神輿一。輿士十四人。法駕，行漏輿一，輿士減四十人。神輿一，輿士多大駕二人。宣和，鼓、鐘樓並改爲輿，太史正前有捧日副指揮使二人，捧日節級十人，神輿輿士增十。

次持鈒前隊。左右武衛果毅都尉二人引隊，左右武衛校尉二人。絳引幡一，執二人〔二五〕。左右有金節十二，執人並騎。罕、畢各一，朱雀幢，叉〔二六〕、導蓋，青龍、白虎幢各一，叉三。執人並騎。稱長一人〔二七〕，鈒戟二百八十八人〔二八〕，左右武衛將軍二人檢校，左右武衛校尉四人押隊。法駕，金節減四，鈒戟減七十二。宣和，引隊改驍騎都指揮使，武衛校尉改驍騎軍使，增朱雀旗後之叉一，去龍虎旗後之叉三，檢校改用左右驍騎將軍。

次黄麾幡一。執一人；綀二人〔二九〕。法駕，前有殿中侍御史二員。次六軍儀仗。左右神武軍、左右羽林軍、左右龍武軍，各有統軍二員，都頭二人。羽林又有節級二人。押仗，本軍旗各一，排闌旗各二十合有〔三〇〕，吏兵、力士旗各五，掩尾天馬旗二，羽林有赤豹、黄熊旗，龍武有龍君、虎君旗各一。白柯槍五十，哥舒棒十，鐙杖八。法駕，神武軍減排闌旗十，羽林、龍武軍各減四，吏兵、力士旗各減一〔三一〕。宣和，統軍改軍將，神武軍旗改熊虎，排闌旗改平列，哥舒棒改戈戟〔三二〕，鐙杖改矛戟，羽林隊無節級，黄熊旗改黄羆，龍武旗改熊虎。

次引駕旗。天王旗二，排仗通直官二人押旗，十二辰旗各一。法駕，同。次龍墀旗。天下太平旗一，排仗大將二人夾旗，五方龍旗各一，金鸞、金鳳旗各一，獅子旗二，君王萬歲旗一，日、月旗各一。法駕，減鸞、鳳、獅子旗。次御馬二十四。控馬每匹天武二人，御馬直二人，爲十二重。法駕，減八，爲八重。宣和，御馬直改爲習馭。次中道隊。大將軍一員檢校。法駕，同。宣和，大將軍改爲左右驍衛大將軍。次日月合璧旗一，苣文旗二，五星連珠旗一，祥雲旗二，長壽幢二。宣和，苣文改慶雲，祥雲改祥光。次金吾細仗。青龍、白虎旗各一，五嶽神旗、五方神旗、五方龍旗、五方鳳旗各五。以上執各一人，紼各三人。法駕，五方龍、鳳旗各減二。宣和，改校尉爲使臣，五嶽神旗去「神」字。

次八寶。鎮國神寶、皇帝之寶、皇帝行寶、皇帝信寶在左，受命寶、天子之寶、天子行寶、天子信寶在右，爲四重。香案八，各以二列於寶輿之前。碧欄二十四人，符寶郎行於碧欄之間。法駕，減碧欄八人。宣和，增引寶職掌二人，香案職掌六人，援衛傳喝親從一百人。奉寶輦官每寶二十八人，節級一人，奉寶一十二人，擡香案〔三〕、行馬、執燭籠各四人，持席褥、油衣共三人，香案、寶輿各九，燭籠三十六，碧欄之數同前。

次方繖二，大雉尾扇四夾。執繖、扇各一人，以下準此。法駕，同。次金吾四色官六人，押仗二人。法駕，減押仗。次金甲二人。宣和，改爲銅甲。次太僕寺進馬四人，並騎。次引駕千牛衛上將軍一員，千牛八人，中郎將二人，並乘珂馬。千牛二人。並騎。宣和，引駕改爲千牛衛大將軍，中郎將改爲捧日都虞候。次長史二人，並騎。宣和，無。

次金吾引駕官四人。並騎。次導駕官。執政以上人從六人，待制、諫議、防禦使以上五人，監察御史、刺史、諸衛將軍以上四人。次繖扇、輿輦。大繖二，中雉尾扇四夾，腰輿一，小雉尾扇四夾，應奉人員一人，十將、將、虞候、節級二人，長行十六人。排列官二人，中雉尾扇十二，華蓋二，執各一人。香蹬一。執擎八人。小輿一，應奉人，逍遥、平輦下人，長行二十四人〔三四〕。逍遥子一，應奉人，十將、將、虞候、節級共九人，長行二十六人。平輦一。應奉人員七人，餘並同上。法駕，排列官後中雉尾扇減四。宣和，去小雉尾扇四，腰輿一，添管押人員二人，都將四人，僉押小輿排列官二人〔三五〕。小輿一，奉輿二十四人，都將九人。逍遥子改爲逍遥輦，奉輦一十六人。平輦一，奉輦人同上，後有尚輦奉御一人，騎。小輿前又有大輅一。駕馬六，太僕卿御，駕士一百二十人。

次駕前東第五班。開道旗一，皁纛旗十二。引駕六十二人，鈞容直三百人。引駕回作樂。五方色龍旗五，門旗四十，御龍四直步執門旗六十。天武駕頭下一十二人，茶酒班執從物一十一人，御龍直仗劍六人，天武把行門八人。麾旗一，殿前班擊鞭一十人，簇輦龍旗八，日、月、麟、鳳旗四，赤、青、白、黑龍旗各一。御龍直四十人，踏路馬二，夾輅大將軍二人，進輅職掌二員，部押二人，教馬官二員。法駕，同。宣和，無鈞容直，開道旗内增押班一人，殿侍二人。皁纛旗十二，殿侍十二人執。引駕人員二人，長行六十人。五方色吉字旗，殿侍三人，管押十人。門旗，殿侍二人，管押四十人，叉八，門旗六十，御龍直一十二人，骨朵直十二人，御龍弓箭直、弩直各十八人，御龍直仗劍六人，執麾旗殿侍二人，管押龍旗人員二人，都知、副都知各一人，執骨朵殿侍十六人，内大將軍改爲千牛衛大將軍，朝服步從。將軍二人，朝服陪乘。掌輦四人。

皇帝乘玉輅，駕青馬六，駕士一百二十八人，扶鑾八人，骨朵直一百三十四人，行門三十五人，分左右，陪乘將軍二員。法駕，同。宣和，駕士增爲二百三十四人。

次奉宸隊。御龍直，左廂骨朵直、右廂弓箭直，弩直，御龍四直，並以逐班直所管人數列爲五重。天武骨朵、大劍三百一十人〔三六〕。次駕後東第五班。大黄龍旗一，鈞容直三十一人。扇筤下天武二十人，茶酒班簇輦三十一人，招箭班三十三人。法駕，同。宣和，止用黄龍旗，餘並無。

次副玉輅一，駕青馬六，駕士四十人。法駕，無。宣和，駕士一百人，内人員二人。次大輦一，掌輦四人，應奉人員十二人，十將、將、虞候、節級共一十人，長行三百五十五人。尚輦奉御二人，殿中少監、供奉職官二員，令史四人，書令史四人。法駕，同。宣和增奉輦爲九十人。次太僕御馬二十四，爲十二重。法駕，減八，爲八重。宣和，無太僕。

次持鈒後隊。左右武衛旅師二人。法駕，同。宣和，改爲神勇都指揮使。次重輪旗二，大繖二，大雉尾扇四，小雉尾扇、朱團扇各十二，華蓋二，叉二，睥睨十二，御刀六，真武幢一，絳麾二，叉一，細矟十二。法駕，小雉尾扇、朱團扇、睥睨、矟各減四，華蓋減一，御刀減二。宣和，真武幢改爲玄武。次左右金吾衛果毅都尉二人，並騎。總領大角一百二十。法駕，減四十。宣和，改都尉爲驍騎都指揮使。

次大晟府後部鼓吹。丞二人，典事四人，管轄指揮使一人，羽葆鼓十二，帥兵官四人領。歌工、拱辰管、簫、笳各二十四，帥兵官二人領。鐃鼓十二，帥兵官四人領。歌工、簫、笳各二十四，小横吹一百二十〔三七〕，帥兵官八人領。笛、簫、觱篥、笳、桃皮觱篥各二十四。法駕，羽葆鼓減四，簫、笳、笛、觱篥、桃皮觱篥各減八〔三八〕，鐃鼓減四，小横吹減四十。帥兵官並減二人。宣和，帥兵官改爲天武、神勇、宣武、虎翼四都頭。

次黄麾一，執、絣人數同前部，法駕亦同，有殿中侍臣史二員在黄麾前。芳亭輦一，奉輦六十人。鳳輦一，奉輦五十人。法駕，去鳳輦。宣和，芳亭奉輦六十二人。

次金、象、革、木四輅，各有副輅。金輅踏路赤馬二，正副各駕赤馬六，駕士六十人。餘輅正副駕馬數同而色異，象輅以赭白，革輅以騧〔三九〕，木輅以黑，駕士各四十人。法駕，前副輅。宣和，駕馬之色又異，金以騮，象以赤，革以赭白，木以烏；駕士正一百五十人，副一百人，管押人員各二人。耕根車一，駕青馬六，駕士四十人。法駕，同。宣和，無。進賢車一，駕士二十四人；明遠車一，駕士四人〔四〇〕。法駕，無。宣和，各增駕馬四。次屬車十二乘，每乘駕牛三，駕士十人。法駕，減四乘。宣和，增衙官二人，管押節級一人。次門下、中書、祕書、殿中四省局官員各二員。法駕，同。次黄鉞車、豹尾車各一，各駕赤馬二，駕士十五人。法駕，除進賢、明遠車外，並同。宣和，有黄鉞天武副都頭及神勇副都頭各一。

次掩後隊。左右威衛折衝都尉二人領隊，大戟、刀盾、弓矢、矟各五十。法駕，各減十六。宣和，押隊改用宣武都指揮使二人。次金武隊〔四一〕。金吾衛折衝都尉一人，檏矟二，仙童旗一，真武旗一，騰蛇、神龜旗各一，矟二十五，弓矢二十，弩五。法駕，矟減六，弓矢減五，弩減一。宣和，改爲玄武隊。改真武旗爲玄武，又去仙童、龜、蛇旗，改都尉爲虎翼都指揮使。

政和大駕外仗。清游隊。次第六引外仗，白澤旗二，左右金吾衛折衝都尉二人，弩八，弓矢三十二，矟四十。法駕，次第三引外仗，弩減二，弓矢減八，矟減十。宣和，改都尉爲捧日都指揮使。左右金吾各十六騎，帥兵官二人，弩八，弓矢、矟各十二。法駕，金吾騎及弓矢、矟各減四。宣和，改金吾爲天武都頭。

次佽飛隊。左右金吾衛果毅都尉二人分領，並騎。虞候佽飛四十八人，並騎。鐵甲佽飛二十四人。並甲騎。法駕，前減十八人，後減八人。宣和，改金吾衛爲拱聖都指揮使，改都尉爲都指揮使。

次前隊殳仗。左右領軍衛將軍二人檢校，並騎。犦矟四。殳叉分五隊：第一，一百六十人；第二，八十人；第三，一百人；第四、第五各八十人。逐隊有帥兵官左右領軍衛、左右威衛、左右武衛、左右驍衛、左右衛各四人。法駕，殳叉第一隊減六十，第二、第三各減三十，第四、第五各減二十。宣和，改檢校爲左右衛將軍，領軍衛爲天武都頭，威衛爲神勇都頭，武衛爲宣武都頭，驍衛爲虎翼都頭；殳叉第一隊減六十〔四二〕，增第二隊至第五隊爲一百。

次後隊殳仗。殳叉分五隊：第一、第二，八十人；第三，一百人；第四，八十人；第五，一百六十人。帥兵官，左右衛、左右驍衛、左右武衛、左右威衛、左右領軍衛。凡前後隊殳仗，前接中道北斗旗，後盡鹵簿後隊。法駕，殳叉第一、第二隊各減二十四，第三、第四各減三十，第五減六十。宣和，殳叉各一百，天武、神勇、宣武、虎翼、廣勇都頭。

次前部馬隊。凡十二，皆以都尉二人分領。第一，前左右金吾衛折衝領，角、亢、斗、牛宿旗四，弩十，弓矢二十，矟四十。第二，氐、房、女、虛宿旗四；第三，心、危宿旗，第四，尾、室宿旗各二。以上四隊〔四三〕，各以左右領軍衛果毅領。第五，箕、壁宿旗，第六，奎、井宿旗各二，各以左右威衛折衝領。第七，婁、鬼宿旗，第八，胃、柳宿旗，第九，昴、星宿旗各二，各以左右武衛果毅領。第十，畢、張宿旗，第十一，觜、翼宿旗，第十二，參、軫宿旗各二，各以左右驍衛折衝領。弩、弓矢、矟人數，同第一隊。法駕，分二十八宿旗爲十隊，逐隊弩減四，弓矢減六，矟減二十。宣和，捧日、拱聖、神勇、驍衛、宣武五都指揮使，分領上十隊，以虎翼、廣勇都指揮使，分領下二隊。

次步甲前隊。凡十二，左右領軍衛將軍二人檢校，並騎。犦矟四，逐隊皆有都尉二人分領。第一、第三各以左右領軍衛，第五以左右威衛〔四四〕，第七以左右武衛，第九以左右驍衛，第十一以左右衛，並折衝；第二、第四各以左右領軍衛，第六以左右威衛，第八以左右武衛，第十以左右驍衛，第十二以左右衛，並果毅。内有鷃〔四五〕、貔、玉馬、三角獸、黄鹿、飛麟、駃騠、鸞、麟、馴象、玉兔、辟邪等旗各二，以序居都尉之後。逐隊有弓矢、刀盾相間，各六十人，居旗之後。法駕，止十隊，每隊弓矢各減二十。宣和，檢校改用左右衛將軍，又去犦矟，分領並改爲都指揮使：第一、第二並捧日，第三、第四並天武，第五、第六並拱聖，第七、第八並神勇，第九驍騎，第十宣武，第十一虎翼，第十二廣勇。

次前部黄鉞麾仗。絳引幡二十，下分六部：第一，左右威衛；第二，左右領軍衛；第三，左右威衛；第四，左右武衛；第五，左右驍衛；第六，左右衛。諸部各有殿中侍御史兩員，本衛大將軍二人檢校，本衛折衝都尉二人分領。又各有帥兵官二十人。龍頭竿六重，重各二十；揭鼓三重，重各二；儀鍠五色幡、小戟、矟各一重，重各二十；弓矢二重，重各二十；朱緑縢絡盾並刀二重，重各二十。法駕，止五部，絳引幡、帥兵官、龍頭竿、幡、戟、弓矢、盾刀、矟並減六。宣和，六部：驍衛、武衛、屯衛、領軍衛、監門衛、千牛衛，皆左右上將軍；天武、神勇、宣武、虎翼、廣勇，皆都指揮、都頭；逐部上將軍〔四六〕、都頭各一人。

次青龍、白虎旗各一，左右衛果毅都尉二人，分押二旗及領後七十騎〔四七〕，弩八，弓矢二十二〔四八〕，矟四十。法駕，減後騎三十，弩減二，弓矢減八，矟減二十。宣和，改都尉爲虎翼都指揮使。

次班劍、儀刀隊。並騎。左右衛將軍二人分領，郎將二十四人，左右親衛、勳衛各四人，每衛班劍二百二十人；諸翊衛左右衛六人，領儀刀四百八人；左右驍衛二人，領儀刀一百三十六人。左右武衛、左右威衛、左右領軍衛、左右金吾衛各二人〔四九〕。法駕，親、勳衛班劍減八十四人，翊衛儀刀減一百三十二人，增左右驍衛四人，班劍、儀刀九十二人〔五〇〕。宣和，分領改左右武衛將軍及捧日、天武指揮四人，拱聖六人，神勇、驍騎、驍勝、宣武、虎翼指揮使各二人。

次親勳、散手、驍衛翊衛隊。並騎。左右衛供奉中郎將四人，分領親勳翊衛四十八人；左右衛郎將二人，分領散手翊衛六十人；左右驍衛郎將二人，分領驍衛翊衛五十六人。法駕，親勳減十六人，散手、驍衛各減二十人。宣和，改爲中衛、翊衛、親衛隊，中衛郎四人，分領衛兵四十八人；翊衛郎二人，分領衛兵六十人；親衛郎二人，分領衛兵五十六人。

次左右驍衛翊衛三隊。並騎。各有二人分領，第一本衛大將軍，第二本衛將軍，第三本衛郎將；花鳳、飛黃、吉利旗各二，分爲三隊；逐隊弩十，弓矢三十〔五一〕，矟四十。法駕，弩減四，弓矢矟各減半。宣和，分領第一、第二隊，左右驍衛大將軍、將軍〔五二〕；第三，廣勇指揮使。改花鳳旗爲雙蓮旗。

次夾轂隊。凡六，逐隊都尉二人檢校，第一、第四左右衛折衝〔五三〕，第二、第三、第五、第六並左右衛果毅。逐隊刀盾各六十人，内第一、第四有寳符旗二。法駕，各減刀盾二十。宣和，檢校改爲捧日、天武、拱聖三指揮使。

次捧日隊。逐隊引一人，押二人，長行殿侍二十八人，旗頭三人，槍手五人，弓箭手二十人，左右廂天武約欄各一百五十五人。法駕，同。

次後部黄麾仗。分六部：左右衛、左右驍衛、左右武衛、左右威衛、左右領軍衛、左右武衛。部内殿中侍御史、大將軍〔五四〕、都尉、帥兵官、絳引幡、龍頭竿等，並同前部。法駕，減第六部，絳引幡減六。宣和，六部：改第一爲左右驍衛大將軍，自二至六改爲天武、神勇、宣武、虎翼、廣勇五指揮。

次步甲後隊。凡十二，皆有都尉二人分領。第一以左右衛，第三以左右驍衛，第五以左右武衛，第七以左右威衛，第九、第十一各以左右領軍衛，以上並果毅；第二以左右衛，第四以左右驍衛，第六以左右武衛，第八以左右威衛，第十、第十二各以左右領軍衛，以上並折衝。内有貔、鶡鷄〔五五〕、仙鹿、金鸚鵡、瑞麥、孔雀、野馬、犛牛、甘露、網子、祥光、翔鶴等旗各二，序居都尉之後。逐隊有弓矢、刀盾相間，各六十人，居旗之後。法駕〔五六〕，止十隊。宣和，自第七隊以下，分領改用都指揮使，七、八並神勇，九驍騎，十宣武，十一虎翼，十二廣勇。旗亦改其半，七天正堯瑞，八日月戴承，十翔鶴，十一紅光，十二文石。

次後部馬隊。凡十二，皆以都尉二人分領。第一、第二各以左右衛，第五、第六、第七各以左右武衛，第十至十一、十二各以左右領軍衛〔五七〕，並折衝；第三、第四各以左右驍衛，第八、第九各以左右威衛，並果毅。内有角觽、赤熊、兕、天下太平、馴犀、鵕鸃、騼䮷、騶牙〔五八〕、蒼烏、白狼、龍、虎〔五九〕、金牛等旗各二〔六〇〕，以序居都尉之後。每隊弩十，弓矢二十，稍四十。法駕，止二十隊〔六一〕。弩減四，弓矢減六，稍減十二。宣和，改都尉爲指揮使，一、二並以捧日，三、四並以天武，五、六並以拱聖，七、八並以神勇，九以驍騎，十以宣武，十一以虎翼，十二以廣勇。内六有芝禾並秀旗〔六二〕，七有萬年連理木旗。

以上鹵簿，凡門有六，中道之門二：第一門，居日月合璧等旗之後，法駕，居龍墀旗之後；第二門，居掩後隊之後，法駕，同。各有金吾牙門旗四，監門校尉六人。左右道之門四：第一，居步甲前隊第六隊之後；第二，居第十二隊之後；第三，居夾轂隊之後；第四，居步甲後隊第六隊之後。法駕，同。各有監門校尉四人。宣和，改校尉爲使臣。

政和小駕，減大駕六引及象、木、革輅、五副輅，小輿，小輦，又減指南、記里、白鷺、鸞旗、崇德、皮軒、耕根、進賢、明遠、黄鉞、豹尾、屬車等十一車〔六三〕，餘並減大駕之半。

宣和初，蔡攸等改修鹵簿圖，凡人物器服，盡從古制，飾以丹采，三十有三卷。今列政和所上而附以宣和沿革之制。

詳定官蔡攸等又言：「六引，開封令乘軺車，開封牧、大司樂、司徒、御史大夫、兵部尚書乘革車次之。開封牧建繡皂旗〔六四〕，太常卿建繡鳳旗〔六五〕，司徒建繡瑞馬旗，御史大夫繡以獬豸〔六六〕，兵部尚書繡以虎，皆副之以闟戟。其先後之序，所乘之車，所建之旗，揆古則不合，驗今則有戾〔六七〕。且大駕之出，自漢光武時始有三引：先河南尹，次執金吾，次洛陽令，先尊後卑也。後魏亦三引：先平城令，次司隸校尉，次丞相，先卑後尊也。唐兼用六引，五代減爲三，後周復增爲六。皇朝因之，開封令居前，終以兵部尚書。然以前爲尊，則大司樂不當次令、牧；以後爲尊，則兵部尚書不當繼御史大夫，此先後之序未正也。軺車非縣令宜駕，革車非公卿宜用，是所乘之車未稱也。鳳馬之繡，無所經見，闟戟之設，尤爲訛謬，是所建之旗未宜也。司徒，三公論道之官，車徒非其所任，户部主之可也。奉常掌禮，司樂典樂，皆專於一事，禮樂之容，非其所兼，禮部總之宜也。請改司徒用户部尚書，改大司樂用禮部尚書，其僚佐儀制視兵部尚書。御史大夫，位亞三少，秩從二品〔六八〕，又尊於六尚書。其行，宜以兵部次令、牧，禮部、户部又次之，終以御史大夫，則先後之序正矣。」

程氏演繁露曰：「宣和鹵簿圖有誕馬。其制，用色帛周裹一方氈蓋覆馬脊，更不施鞍。此其爲制，必有古傳，非意創矣。然名以爲誕，則其義莫究也。蔡攸輩雖加辯釋，終不協當。按通典，宋江夏王義恭爲孝武所忌，憂懼，故奏革諸侯國制，但馬不得過二。其字則書爲『但』，不書爲『誕』也。『但』者，徒也。徒馬者，有馬無鞍，如人『袒裼』之『袒』也。迹其義類，則古謂徒歌曰謡，是其比也。其所謂徒者，但有歌聲而無鐘鼓以將也。然則謂之但馬，蓋散馬備用而不施鞍轡者也。通典三十一。又王瓊每見道俗乞丐無已，道逢太保、廣平王懷，遽自言馬瘦。懷即以誕馬並乘具與之。按此書『但』爲『誕』誤也。所與者但馬而無鞍勒，故以乘具與之，其理相貫也。又按酉陽雜俎一卷，北齊迎南使，使主副各乘車，但馬在車後鐵甲首，餘人其所書曰『但馬』，而不曰『誕馬』，在車後而名『但』，知無乘具以備闕也。」

按：宋史所載，鹵簿凡三：至道、政和、紹興皆有之。至道，則國初草創之規，而又參以前代相承之制。紹興，偏安杭都，未遑禮文蒐輯，舊典多已失墜，其可見者比承平時不能以半。獨政和所定，則自元豐以來置立詳定禮文所、議禮局，考訂精審，其儀不舛，而其文最詳，故具載之。

高宗中興後，唯設大駕、法駕及黄麾仗。大駕，鹵簿、郊祀用之；法駕，明堂用之；黄麾大仗三千三百五人，大朝會用之；視政和舊儀減三之一。黄麾半仗二千四百五十人〔六九〕，正旦朝會、上尊號、册寶、親享用之；親享太廟，兵部設黃麾仗，自和寧門至太廟欞星門外，鼓吹二百三十六人。又黃麾半仗一千四百九十九人，册皇后、皇太子用之；黃麾角仗一千五百五十六人，冬至朝賀、紫宸殿望參、金國使賀正旦、生辰，受玉寶，皇帝御正殿，皇太子稱謝起居用之；黃麾細仗五百人，迎奉册寶、玉牒、國史、聖政、會要、日曆、御集、寶訓用之；細仗一百人，進呈聖德事迹、經武要略及獨進玉牒用之。

凡郊祀鹵簿，用六千四百九十六人。騎立大旗十一，並執儀仗官兵三千三百五十六人，馬一千九十八匹，攝殿中侍御史、諸衛將軍等五十一人，御輦院繖扇、輿輦二百三十八人，控御馬天武等四十四人，太常寺鼓吹樂工五百八十八人，左右金吾司碧欄等三十五人，總轄檢察儀仗兵部郎中各一人，職掌十二人，輅下駕士等二百六十一人，車輅院般法物十人，諸班直等一千八百四十六人，馬執龍旗五十四人，步執龍旗三十三人，擊鞭六人，駕後大黃龍旗三人，捧日甲馬隊三百人，天武二百人，奉宸隊一千二百五十人。翰林司兵士二人。淳熙十二年八月，樞密院言：「大輦於前九十日，八寶於前六十日，繖扇於前四十日閱習，並差殿前同步軍司兵及輦官。」從之。

明堂鹵簿，用四千一百四十八人。卓立大旗十一，步執儀仗官兵二千二百五十八人，攝殿中侍御史、諸衛將軍及繖扇輿輦等，並同郊祀之數。唯逍遥輦下減十人。諸班直六百六人，馬執龍旗五十四人，步執龍旗三十三人，擊鞭十四人，奉宸隊五百人，駕後大黃龍旗五人。不設金、象、革、木四輅及大安輦。大駕，鹵簿儀仗及六引用鼓吹八百八十四人。內鼓吹令、丞二人，府史、典史各四人，指揮使二人，帥兵官四十六人，歌色四十八人，金鉦十七人，棡鼓十七人，大鼓一百一十人，小鼓六十人，中鳴六十人，鐃鼓十七人，拱辰官三十六人，羽葆鼓十二人，觱篥二十九人，小橫吹六十人，簫八十七人，笛二十九人，節鼓一人，此紹興十三年之制。法駕，三分減一，鼓吹用五百八十八人。內令、丞四人，府典史、指揮使、帥兵官、歌、簫、觱篥、笳、笛、拱辰官、大小横吹、節鼓四百三十八人，金鉦、棡鼓、羽葆鼓、大小鼓、中長鳴一百四十六人，此乃紹興十三年之制也。

嚴更警場。舊制，嚴鼓一百二十四，金鉦二十四，鳴角一百二十。紹興十三年，以地狹移於欞星門外，止用鼓、角各六十，金鉦二十。

六引服飾。 爆矟，左右金吾將軍，金銅甲冑，披膊，解結錐；左右金吾街仗司，花脚幞頭，碧羅襖，紫緑羅袍，金銅帶，儀刀，烏皮履；執儀仗者，幞頭，武弁平巾幘，錦帽，鸞衫，抹額纈騰蛇銅革帶，紫緋羅繡袍，紫紬寬衫，緋紬袍，青羅黄紬、銀褐緋皂紬、寶相花衫；駕前殿前指揮使，細甲，方勝練鵲纈衫，緑羅甲，弓箭，銀劍，蒜瓣朵紅紫羅帽帶；殿前左右班，粉青、緋、紫三色大搭纈羅衫；長入祇候五十二人，合色頭鬚鍍金帽，環青、紅二色；茶酒班殿侍，紫羅印皂斜搭衫；茶酒班十人，内紅拂扇二人；御龍直執從物八十三人，珠巾方勝鵲衫；行門二十四人，金銀甲，方勝鵲衫，金束帶珠璯〔七〇〕，銀骨朵，内押行門纏枝袍；行門花袍；御龍直二百五十人員，黄獅子纈衫，長行方勝鵲衫，内殿直已下二百五十人員亦如之。長行白獅子纈衫；殿前指揮使編排禁衛，紫羅皂花衫；駕頭扇筤下各天武三十一人，白獅子衫；東西班樂三十六人，紫帽帶；招箭班三十六人，幞頭束帶；親從圍子、行宫殿門、中道左右壁帽，鍍金束帶，其衫皆以白獅子纈，餘並方勝練鵲；遥郡刺史，衫以羅雲鴈；都指揮使，以御仙花；都虞候，以簇四金雕；御前忠佐，以宜男方勝；正副使，以黄獅子；正副都頭，以方勝練鵲；控馬親從，以青蓮；執燭籠親從二百人，以寶照；餘從駕並以白獅子，執燭二十二人，衫亦如之，鍍金帶。 軍頭引見司人員四人，帽子，方勝練鵲衫;等子八十三人,帽子,團花寶照緋纈羅衫,鍍金帶;左右騏驥院御馬六,特勒、雕拳、毛騧、佛耳、赤騧、黄青騅,滴露紫。控馬執七寶百節鞭杌子,御馬五十人,纈衫,皂紗帽,金鍍銀獅帶;禁衛班直等,緋緑羅,紅盤雕背子。紹興三年正月,造緋二千領,緑一千領,以絹代羅。十三年,又以纈代繡。乾道四年五月,文思院製從駕人衣服。慶元二年,皇后受册寶,排設逍遥、平輦人員各一人,輦官二十七人。人員帽子,宜男纈羅衫,鍍金銀柘枝帶;輦官幞頭,白獅子纈羅衫,鍍金海捷帶。

紹興十二年,皇太后回鑾,上將躬迎於郊,命有司製常行儀仗,先是,石延慶請詔禮官參考康定中常行儀衛〔七一〕,酌取中制,以正萬乘尊嚴之分。工部尚書莫將等請先造黄麾仗二千二百六十五人。

十三年二月,詔郊祀設大駕鹵簿,仗内六引,令禮部、兵部、太常等討論名數。兵部侍郎程瑀等言:「國初大駕仗儀,總一萬二千二百二十二人。今已有黄麾半仗二千四百八十二人,玉輅、腰輿、小輿、大輦、平輦、逍遥輦下一千九人,共三千四百九十二人。法物儀仗外,猶闕金、象、革、木四輅,芳亭、鳳輦、屬車、寶輿等一千二百七十三人,天武、捧日、奉宸隊等六千四百五十七人,共七千七百三十人。法物儀仗,請下有司製造。」乃命兵部郎官錢時敏等參訂規式,凡舊用文繡者,以纈代之。前後部及六引鼓吹八百八十四人。舊制,並騎導,以道途狹隘,止令步從;其六引前大象,止用一頭。舊制,郊祀詣景靈宮,亦乘玉輅。時以衢巷狹隘,慮毁民居,詔權宜乘輦。若宗祀、明堂、享廟禮畢,則乘玉輅至文德殿。

三十一年四月,臣僚言:「天子之出,清道而後行,千乘萬騎,稱警言蹕,旄頭前驅,豹尾後殿,其往來馳道,與闌出入者,皆有厲禁。自六飛南渡,務爲簡便,唯四孟享獻,乘輿躬行,前爲駕頭,後止曲蓋,而爪牙拱扈之士，或步或趨，錯出離立，無復行列，至有酌獻未畢，已捨而歸。士民觀者，駢肩接袂，雜遝虎士之中，而不聞有誰何之者。望詔有司講求其當，凡車駕行幸，從駕禁旅，以若干人爲一列，相去各若干步，其乘馬前導者，皆預上其數，命有司繪爲圖，先一日以聞，別具副本，報御史臺；有不如令及不在圖中而輒冒至者，許有司舉之；蔽而不言，令御史臺覺察。」詔可。

孝宗隆興二年，將行郊祀，詔遵藝祖典故，省約儀衛，除玉輅、逍遥、平輦外，八寶下人數及車輦儀仗，皆令減損，視紹興二十八年之數，權減其半，用六千八百八十九人。鼓吹警場，舊用一千一百五十九人，亦三分減一。

乾道四年，中書門下奏：「車駕詣德壽宮，用殿前司六百二十九人；皇城在內，巡檢司三百九十一人；崇政殿四百四十九人，凡一千四百六十九人。四孟詣景靈宮，用殿前司八百七十五人；皇城在內，巡檢司五百二十八人；崇政殿五百二十一人，凡一千九百二十四人。以左藏南庫絹二千疋，下文思院製其衣服。」

六年，郊祀，詔復設五輅及大安輦。

校勘記

〔一〕迎奉聖像亦用大駕惟不設象及六引導駕官　「用」原作「曰」，「引」原作「朝」，據宋史卷一四五儀衛三改。

〔二〕黄鉞車　「車」字原脱，據宋史卷一四五儀衛三補。
〔三〕小輦　「輦」原作「輿」，據宋史卷一四五儀衛三改。
〔四〕真宗告太廟　「真宗」原脱，據宋史卷一四五儀衛三補。
〔五〕然皆減於小駕　「減」、「駕」二字原脱，據宋史卷一四五儀衛三補。
〔六〕司天臺主鐘漏　「鐘」原作「螭」，據元本、慎本及宋史卷一四五儀衛三改。
〔七〕殊無前典所載公卿奉引之盛　長編卷一二八仁宗康定元年九月條同原刊。宋史卷一四五儀衛三「前典」作「禮典」。
〔八〕率隨扈從之人　「人」字原脱，據長編卷一二八仁宗康定元年九月條補。
〔九〕所過旗亭市樓　原「過」下有「有」字，據長編卷一二八仁宗康定元年九月條删。
〔一〇〕清道後行之説也　「説」，元本、慎本、馮本及宋史卷一四四儀衛二作「慎」。
〔一一〕有大駕小駕之儀　「之儀」原脱，據長編卷一二八仁宗康定元年九月條、宋史卷一四四儀衛二補。
〔一二〕五姓荒殘之敝　「五姓」，宋史卷一四四儀衛二同。長編卷一二八仁宗康定元年九月條作「五代」。
〔一三〕比之三駕諸仗　「諸」字原脱，據長編卷一二八仁宗康定元年九月條補。
〔一四〕間容二丈　長編卷一二八仁宗康定元年九月條作「門間二丈」。
〔一五〕凡前牙門旗後後爲牙門旗前　原作「凡前牙門旗旗後爲牙門旗前」，據長編卷一二八仁宗康定元年九月條改删。
〔一六〕垂簾外蔽　「垂」原作「乘」，據長編卷一二八仁宗康定元年九月條改。

〔一七〕内侍吴德仁　宋史卷一四九輿服一作「内侍省吴德仁」。

〔一八〕天子宗祀大禮始用之　「始」原在「用之」下，據宋史卷一四九輿服一乙正。

〔一九〕各用本品鹵簿　「品」原作「部」，據馮本及宋史卷一四六儀衛四改。

〔二〇〕將軍　二字原脱，據宋會要輿服二之八、宋史卷一四六儀衛四補。

〔二一〕電母旗去公母二字　「公」原作「父」，據宋史卷一四六儀衛四改。

〔二二〕無白鷺崇德車　「車」字原脱，據宋史卷一四六儀衛四補。

〔二三〕都尉爲神勇都指揮使　「都」原作「騎」，據宋會要輿服二之八、宋史卷一四六儀衛四改。

〔二四〕笛簫觱篥笳桃皮觱篥各二十四　原脱「笳桃皮觱篥」，據宋史卷一四六儀衛四補。

〔二五〕執二人　元本、愼本、馮本及宋史卷一四六儀衛四作「紼二人」。

〔二六〕叉　原作「及」，據宋史卷一四六儀衛四改。

〔二七〕稱長一人　「稱」原作「隊」，據宋會要輿服二之一〇、宋史卷一四六儀衛四改。

〔二八〕鈒戟二百八十八人　「二」原作「三」，原脱下一「八」字，據宋會要輿服二之一〇、宋史卷一四六儀衛四改補。

〔二九〕執一人紼二人　宋會要輿服二之一〇同。元本、愼本、馮本及宋史卷一四六儀衛四作「執一人，騎；紼二人」，疑是。

〔三〇〕排闌旗各二十合有　宋會要輿服二之一〇云：「左右神武軍旗各一，排闌旗二十在仗外分夾本軍旗。」又宋會要輿服二之一一云：「左右羽林軍旗各一，排闌旗二十在仗外如神武軍分夾。」「左右龍武軍旗各一，排闌旗二十在仗外如羽林軍分夾。」此處「合有」疑爲「分夾」之誤。

〔三一〕吏兵力士旗各減一　「各」字原脱，據文義及宋會要輿服二之一一所載事實，此處「旗」下當有「各」字，今補。

〔三二〕哥舒棒改戈戟　「戈」字原脱，據宋史卷一四六儀衛四補。

〔三三〕擡香案　「擡」，宋史卷一四六儀衛四作「舁」。

〔三四〕應奉人逍遥平輦下人長行二十四人　「人長行」原脱，據宋史卷一四六儀衛四補。

〔三五〕僉押小輿排列官二人　「僉」原作「兼」，據宋史卷一四六儀衛四改。

〔三六〕並以逐班直所管人數列爲五重天武骨朵大劍三百一十人　本句史文有脱誤。按宋會要輿服二之七載：「奉宸隊，分左右，充禁衛。從裏第一重，御龍直；第二重，左廂骨朵子直、右廂弓箭直；第三重，弩直；第四重，御龍四直，並以逐班直所管人數列成隊伍。第五重，天武骨朵大劍三百一十人，分左右。」據此，史文此處「五重」當作「四重」，其下又當有「第五重」三字。五禮新儀卷一四所載與宋會要同。

〔三七〕小横吹一百二十　「小」字原脱，據宋史卷一四六儀衛四補。

〔三八〕簫笳笛觱篥桃皮觱篥各減八　「笛觱篥」原脱，據元本、慎本、馮本及宋會要輿服二之八、宋史卷一四六儀衛四補。

〔三九〕革輅以騶　「騶」，宋史卷一四六儀衛四作「騮」。宋會要輿服二之二一同原刊。

〔四〇〕駕士四人　宋會要輿服二之二一、五禮新儀卷一四均作「駕士四十人」，疑此處脱「十」字。

〔四一〕次金武隊　宋史卷一四六儀衛四作「次真武隊」。

〔四二〕殳叉第一隊減六十　「叉」字原脱，據宋會要輿服二之二三、宋史卷一四六儀衛四補。

〔四三〕以上四隊　按上文已説「第一以左右金吾衛折衝領」，則此處只能説「以上三隊」。宋會要輿服二之二四、五禮新儀卷一五也言三隊。此處「四」字當爲「三」字之訛。
〔四四〕第五以左右威衛　「威衛」原作「領軍衛」，據宋史卷一四六儀衛四改。
〔四五〕鶡　宋史卷一四六儀衛四作「鷃」。
〔四六〕逐部上將軍　「軍」字原脱，據宋史卷一四六儀衛四補。
〔四七〕分押二旗及領後七十騎　「二」字，宋史卷一四六儀衛四無此字。
〔四八〕弓矢二十二　「弓」字原脱，據宋史卷一四六儀衛四補。
〔四九〕左右金吾衛各二人　「各二人」原脱，據宋會要輿服二之二九、宋史卷一四六儀衛四補。
〔五〇〕班劍儀刀九十二人　「班」字原脱，據宋會要輿服二之二九、宋史卷一四六儀衛四補。
〔五一〕弓矢三十　「三十」，宋史卷一四六儀衛四作「二十」。
〔五二〕將軍　二字原脱，據宋會要輿服二之三〇、宋史卷一四六儀衛四補。
〔五三〕左右衛折衝　「衛」字原脱，據下文及宋會要輿服二之三〇補。
〔五四〕大將軍　「大」下原有「夫」，據宋會要輿服二之三一、宋史卷一四六儀衛四删。
〔五五〕鶡鷄　「鷄」字原脱，據宋史卷一四六儀衛四補。
〔五六〕法駕　二字原脱，據宋會要輿服二之三四、宋史卷一四六儀衛四補。
〔五七〕第五第六第七各以左右武衛第十至十一十二各以左右領軍衛　原脱「武衛第十至十一十二各以左右」十三字，據宋史卷一四六儀衛四補。
〔五八〕騶牙　「騶」字原脱，據宋史卷一四六儀衛四補。

〔五九〕虎　原脱，據宋史卷一四六儀衛四補。

〔六〇〕金牛等旗各二　「二」字原脱，據宋史卷一四六儀衛四補。

〔六一〕止二十隊　「二十」，宋史卷一四六儀衛四作「十」。

〔六二〕内六有芝禾並秀旗　「並」字原脱，據元本、慎本、馮本及宋史卷一四六儀衛四補。

〔六三〕屬車等十一車　按上文所列「指南」至「豹尾」，並非全是屬車，此語疑有誤。

〔六四〕開封牧建繡皂旗　「皂」，宋史卷一五〇輿服二作「隼」。

〔六五〕太常卿建繡鳳旗　「建」字原脱，據宋史卷一五〇輿服二補。

〔六六〕御史大夫繡以獬豸　「豸」字原脱，據宋史卷一四七儀衛六、宋史卷一五〇輿服二補。

〔六七〕驗今則有戾　「驗」原作「駭」，據宋史卷一五〇輿服二改。

〔六八〕御史大夫位亞三少秩從二品　「二」原作「三」，據宋史卷一五〇輿服二、宋史卷一六八職官八改。

〔六九〕黄麾半仗二千四百五十人　宋會要輿服一之三八同原刊。宋史卷一四三儀衛一作「黄麾半仗者用二千四百一十五人」。

〔七〇〕金束帶珠瑁　「帶」，宋會要輿服一之三七作「束」。

〔七一〕康定中常行儀衛　「常」，宋會要輿服一之三八作「當」。

卷一百十九　王禮考十四

后妃命婦以下車輦鹵簿

周禮巾車〔一〕：王后之五路：重翟，錫面朱總；厭翟，勒面繢總；安車，雕面鷖總。皆有容蓋。重翟，重翟雉之羽也。厭翟，次其羽，使相迫也。勒面，謂以如玉龍勒之韋，爲當面飾也。彫者，畫之，不龍其韋。安車，坐乘車。凡婦人車，皆坐乘。故書朱總爲䊓，鷖或作繄。鄭司農云：錫，馬面錫。䊓當爲總，書亦或爲總。鷖讀爲鳧鷖之鷖。鷖總者，青黑色，以繒爲之。總著馬勒，直兩耳，與兩鑣。容，謂幨車，山東謂之裳幃，或曰潼容。玄謂：朱總、繢總，其施之如鷖總，車衡輨亦宜有焉。繢，畫文也。蓋如今小車蓋也。皆有容有蓋，則重翟、厭翟謂蔽也。重翟，后從王祭祀所乘；厭翟，后從王賓饗諸侯所乘；安車無蔽，后朝見於王所乘謂去飾也。詩國風碩人曰：「翟茀以朝」，謂諸侯夫人始來乘翟蔽之車以朝見於君，盛之也。此翟蔽，蓋厭翟也。然則王后始來乘重翟乎？疏曰：「凡言翟者，皆謂翟鳥之羽，以爲兩旁之蔽。重則二重爲之〔二〕，厭則相次以厭其本。單言翟車者，又不厭其本也。凡言總者，謂以總爲車馬之飾，若婦人之總，亦既係其本，又垂爲飾，故謂之總。安車，坐乘車。凡婦人車〔三〕，皆坐乘，而此獨得稱安車者，以其無重翟、厭翟、翟車、輦車之名，無異物之稱，故獨稱安車也。鷖取鳥之鷖色青黑爲義。容，昏禮『婦車有裧』注云裳幃。周禮謂之容。詩『漸車幃裳』注潼容是。容潼，容裳、幃幨爲一物，蓋漢法小車有蓋，所以表尊，所以禦雨。」翟車，貝面組總，有幄；輦車，組輓，有翣，羽蓋。翟車，不重不厭，以翟飾車之側爾。貝面，貝飾勒之當面也。有幄，則此無蓋矣，如今軿車是也，后所乘以出桑。輦車，不言飾，后居宮中，從容所乘，但漆之而已，爲輇輪，人輓之以行。有翣，所以禦風塵。以羽作小蓋，爲翳日也。疏曰：「貝面，貝水物，謂餘泉餘蚳之貝文，以飾勒之當面者也。蓋，所以禦雨。無幄乃施之，有幄則無蓋，漢法，輧車無蓋。有輻曰輪，無輻曰輇。輇則人輓行之。」

陳氏禮書曰：「五路言翟、言車而不言路，二翟言翟而不言車者，不言路，避王也；不言車，車不足以名之也。孤言夏篆，卿言夏縵，至墨車以下然後言車，是亦飾盛者以飾名，飾殺者以車名也。重翟鍚面，厭翟勒面，安車彫面，翟車貝面。鄭司農曰：『鍚，馬面鍚。』鄭康成曰：『勒面如玉龍勒之韋，爲當面飾。』然則鍚面者，鍚飾馬面也；勒面、彫面、貝面，蓋亦若此。勒面以韋，則鍚面、彫面、貝面以韋可知也。鍚必鏤之，則彫面亦鏤，鍚可知也。鍚面、彫面以金，貝面以貝，則勒面有鍚亦可知也。或言勒，或言彫，互備也。馬飾莫隆於鍚，勒飾莫殺於貝，故巾車於王之玉輅言鍚樊纓，儀禮於士之喪車貝勒，此重翟、厭翟、安車所以鍚面，而翟車所以貝面也。」

漢制，皇后駕輅，青羽蓋，駕四馬，旆九斿。

東漢，太皇太后、皇太后、皇后法駕，皆御金根車，重翟，羽蓋，加青交輅帷裳。其非法駕，則乘紫罽輧車，雲虡文畫輈，黄金塗五末，五末：轅一，轂二，箱二，共五也。蓋爪施金花。駕三馬，左右騑。應劭漢官儀：「明帝永平元年，光烈陰皇后葬〔四〕，魂車，鸞輅〔五〕，青羽蓋，駕四馬，旂九旒，前有方箱，鳳凰車。」此因前漢舊制。長公主乘赤罽輧車，大貴人、貴人〔六〕、公主、王妃、封君油畫輧車，大貴人加節畫輈，皆右騑。公、列侯、中二千石、二千石夫人，會朝若親蠶，各乘其夫之安車，右騑，加交絡帷裳，皆皁。非公會，不得乘朝車，得乘漆布輜輧，銅飾五末。

晉制，后乘重翟，羽蓋、金根車，加青絡，青帷裳，雲虡畫轅，黄金塗五末，蓋爪施金華，駕三馬，左右駙。其廟見小駕，則乘紫罽軿車，飾及駕馬如重翟。非法駕則皇太后乘輦〔七〕，皇后畫車。后親蠶〔八〕，乘油畫雲母安車，駕六騩馬；騩，淺黑色。油畫兩轅安車，駕五騩馬，爲副。又金薄石山軿，紫絳罽軿車〔九〕，皆駕三騩馬。三夫人油軿車，駕兩馬，左騑。其貴人加節畫輈。三夫人助蠶，乘青交絡安車，駕三，皆以紫絳罽軿車。九嬪、世婦乘軿車，駕三。長公主赤罽軿車，駕兩馬。公主、王太妃、王妃〔一〇〕，皆油軿車，駕兩馬，右騑。公主油畫安車，駕三，青交絡，以紫絳罽軿車，駕三，爲副〔一一〕。王太妃、三夫人亦如之。公主助蠶，乘油畫安車，駕三。公主有先置者，乘青交絡安車，駕三。諸王妃、公太夫人、夫人〔一二〕、縣鄉君、諸郡公侯特進夫人助蠶，乘皁交絡安車〔一三〕，駕三。諸侯監國嗣子之世婦〔一四〕、侍中常侍尚書中書監令卿校世婦、命婦助蠶，乘皁交絡安車，儷駕。郡縣公侯中二千石、二千石夫人會朝及蠶，各乘其夫之安車，皆右騑〔一五〕，皁交絡，皁帷裳。自非公會則不得乘軺車。王妃、特進夫人、封郡君，安車，駕三，皁交絡。封縣鄉君，油軿車，駕兩馬，右騑。

宋因晉制。法駕，乘重翟。親蠶乘油畫雲母安車。元嘉中，東宮儀注云〔一六〕：「中宮僕御重翟金根車。」公主安車，以紫絳罽軿車爲副，駕三。九嬪、世婦軿車，駕二〔一七〕。王妃、公侯特進夫人〔一八〕、封君皁交絡安車，駕三。其貴人、公主、王妃、封君油軿車，駕二，右騑。公、列侯、中二千石、二千石夫人會朝及蠶所乘〔一九〕，依漢故事。

齊因之〔二〇〕。重翟車，加金塗校具，白地人馬錦帖，箱隱膝，後户，白牙的帖，金塗面釘，漆畫輪，鐵鐺〔二一〕，金塗縱容後路鍱，師子鍩，軛皆施金塗螭首及龍雀等諸飾。軛衡上，施金博山，又有金塗長角巴首。蓋飾金塗爪支子花二十八，青油挾碧絹黄紋蓋，漆布箱紫顏黄紋紫紋隨陰〔二三〕，碧芚。徒昆反。外上施絳紫絲絡。碧旂九斿，棨戟。皇太子妃厭翟車，如重翟，飾而微減。油絡畫安車，公主、王妃、三公特進夫人所乘。其貴人、公主、三夫人、九嬪、世婦、三公妃、特進夫人所乘正副，皆依漢、晉。

梁天監二年令，上臺、六宫、長公主、公主、諸王太妃、妃〔二三〕，皆得乘青油榻幰通幰車，榻幰涅幰爲副。綵女、皇女、諸王嗣子、侯夫人，皆乘赤油榻幰車，以涅幰爲副。侍女直乘涅幰之乘〔二四〕。

後魏熙平中，有司穆紹議〔二五〕：皇后之輅，其從祭則御金根車，親喪則御雲母車，歸寧則御紫罽車，遊行御安車，弔問御紺罽車，並駕四馬。

北齊因魏制，其諸公主乘油朱絡網車，車牛飾用金塗及純銀〔二六〕。

後周皇后之車十二等：一曰重翟，以從皇帝祀郊禖，享先皇，朝皇太后；二曰厭翟，以祭陰社；三曰翟輅，以採桑；四曰翠輅，以從皇帝見賓客；五曰雕輅，以歸寧；六曰篆輅，以臨諸道法門，六輅皆錫面、朱總、金鈎；七曰蒼輅，以適命婦家〔二七〕；八曰青輅；九曰朱輅，十曰黄輅，十一曰白輅，十二曰玄輅。五時常出入則供之〔二八〕。六輅皆疏面，繢總。諸公夫人之輅車九：厭翟、翟輅、翠輅，皆錫面，朱總、金鈎；雕輅、篆輅皆勒面，刻白黑韋爲當顱。繢總。朱輅、黄輅、白輅、玄輅，皆雕面〔二九〕，鷖總。總，青黑色繒〔三〇〕，其著如朱總。諸侯夫人自翟輅而下八，諸伯夫人自翠輅而下七〔三一〕，諸子夫人自雕輅而下六，諸男夫人自篆輅而下五。鞶纓就數，各視其君。三妃、三公夫人之輅九：篆輅、朱輅、黄輅、白輅、玄輅，皆勒面，緇總。夏篆、夏縵、墨車、棧車，皆雕面，鷖總。三妭、由力反〔三二〕。三孤内子，自朱輅以下八。六嬪、六卿內子，自黃軺而下七。上媛婦、中大夫孺人自玄軺而下五。下媛婦、大夫孺人，自夏篆而下四〔三三〕，御婉〔三四〕、士婦人，自夏縵而下三。其鞶纓就，各以其等。皆篳茀，漆之。君以赤，卿大夫士以玄。君駕四，三軥六轡。卿大夫士駕三，二軥五轡。士駕二〔三五〕，一軥四轡。

隋開皇初，李德林奏，用後魏熙平穆紹議皇后之輅。後著令，制五輅〔三六〕：重翟，青質，金飾諸末。朱輪，金根朱牙，其箱飾以重翟羽，青油幢朱裏，通幰，繡紫帷，朱絲絡網，繡紫絡帶。八鸞在衡，鏤鍚，鞶纓十二就，金鑁方釳，插翟尾，朱總，駕蒼龍，受册、從祀郊禖、享廟則供之。厭翟，赤質，金飾諸末。輪畫朱牙，其箱飾以翟羽，紫油幢朱裏，通幰，紅錦帷，朱絲絡網，紅錦絡帶〔三七〕，餘如重翟，駕赤騮，親桑供之。翟車，黃質，金飾諸末。朱輪畫朱牙，車側飾以翟羽〔三八〕，黃油幢黃裏，通幰，白紅錦帷，朱絲絡網，白紅錦絡帶，餘如重翟，駕黃騮，歸寧則供之。諸鞶纓之色，皆從車質。安車，赤質，金飾，紫通幰朱裏，駕四馬，臨幸及弔則供之。輦車〔三九〕，金飾，同於蓬輦，通幰，班輪，駕四馬，宮苑近行則乘之。屬車三十六乘，皇太子妃乘翟車，以赤爲質，駕三馬，畫轅金飾。犢車爲副〔四〇〕，紫幰，朱絡網〔四一〕。良娣以下，並乘犢車，青幰朱裏。三公夫人、公主、王妃，並犢車，紫幰，朱絡網。五品以上命婦〔四二〕，並乘青幰，與其夫同。

唐因隋制，重翟、厭翟、翟車、安車，其飾不易。又制四望車，朱質紫油，通幰，油畫絡帶〔四三〕，拜陵、臨弔則供之。又制金根車，朱質，紫油通幰，畫油絡帶，朱絲絡網，常行則供之。內命婦、夫人乘厭翟車，嬪乘翟車，婕妤以下乘安車，各駕二馬。外命婦、公主、王妃乘厭翟車，駕二馬。自餘一品乘白銅飾犢車，青通幰，朱裏油幢，朱絲絡網，駕牛。二品以下去油幢、絡網，四品青偏幰。其三公以下車輅〔四四〕，皆太僕官造貯掌之。若受制行册命及二時巡陵、婚葬則給之。

皇太后、皇后鹵簿。清游隊旗〔四五〕，一人執，二人引，二人夾。領三十人，並帶橫刀，執矟弩弓箭而行〔四六〕。次虞候佽飛二十八人。夾道單行。次内僕令、一人在左。内僕丞。一人在右。次黄麾，一人執。次左右廂黄麾仗，廂各三行，行列百人。左右領軍衛。各領五色繡幡六口。次内謁者監四人，給事二人，内常侍二人，内侍二人〔四七〕。並騎分左右。次内給使百二十人，分左右，單行，後盡宫人車〔四八〕。次偏扇、團扇、方扇，各二十四，分左右，宫人執。次香蹬一，内給使四人舁。次重翟車，青質金飾，駕四馬，受册、從祀、享廟則乘之。駕士二十四人。次行障六具，分左右，宫人執。次坐障三具。分左右，宫人執。次内寺伯二人。領寺人六人，騎分左右，夾重翟車。次腰輿一，執者八人。次團扇二，次大繖四，次孔雀扇八。分左右。次錦花蓋二，次小扇、朱畫團扇，各十二，並横行。次錦曲蓋二十，次錦六柱扇八〔四九〕。分左右。白腰轡已下，並大内給使執。次宫人車。次後黄麾一，次供奉宫人，在黄麾之後。次厭翟車，朱質，金飾，駕赤騮四，親蠶、採桑則乘之。次翟車，黄質金飾，駕赤騂騮四〔五〇〕，寧于家乘之。次安車，赤質金飾，駕赤騮四，臨幸及弔則乘之。駕士各二十四人。次四望車，朱質，駕牛，拜陵臨弔則乘之。次金根車。朱質，駕牛，常行則乘之。駕士各十二人〔五一〕。次左右廂各牙門二，門二人執，四人夾。次左右領軍衛。廂各百五十人，執殳，盡鹵簿曲折陪後門。左右各折衝一人〔五二〕，次領鹵簿後所開牙門，並在殳杖行之内。前後部鼓吹：金鉦、棡鼓、大鼓、小鼓、長鳴、中鳴、鐃吹、羽葆鼓吹、横吹、節鼓、御馬，並減大駕之半。

皇太子妃鹵簿。清道率府校尉六人。騎分左右，爲三重，引帶弓箭橫刀。次青衣十人，分左右。車輻十人〔五三〕次導客舍人四人。分左右，引導。次内給使六十人〔五四〕，朱衣，分左右，後盡内人車。次偏扇、團扇、方扇各十八。各分左右，宫人執，並間綵衣。次行障四具，分左右，夾車，宫人執。次坐障二具。夾車，宫人執。次典内二人。騎分左右。次厭翟車〔五五〕。駕三馬，駕士十四人。次閤師二人。領内給使十八人，分左右。次六柱扇二〔五六〕。内給使執。次供奉内人，乘犢車。次繖一，正道行。大扇二，團扇四，曲蓋二。分左右，各内給使執〔五七〕。次戟九十。分左右，在内給使單行前，輿青衣齊，後盡内人車。

内命婦四妃九嬪婕妤美人才人鹵簿。太子良娣以下同。清道二人，青衣二人〔五八〕，青衣，九嬪四人，餘並二人。偏扇、團扇、方扇各十六，九嬪十四，餘並十。行障三具，九嬪以下二具。坐障二具，九嬪已下一具，並婦人執。厭翟車，九嬪翟車，婕妤以下安車，並駕二馬。馭十人，九嬪以下八。内給使十六人，九嬪十四，餘並十人。從車六乘，九嬪四，餘並三乘。繖一，大扇二，九嬪已下無大扇。團扇二，内給使執。戟六十。九嬪四十，餘並二十。

外命婦鹵簿。一品，清道二人，青衣六人，二品青衣四人，三品、四品二人。偏扇、團扇、方扇各十六，二品十四，三品十〔五九〕，四品八。行障三具，二品、三品二具〔六〇〕，四品一具。坐障二具，已下並一具。厭翟車，從人十六，夾車，駕二馬〔六一〕，馭人八。非公主、王妃並乘白銅飾犢車，駕牛，馭人四。二品從人十四，已下各減二。從車六乘，二品、三品四乘，四品二乘。繖一，大扇一，二品已下無大扇。團扇二，戟六十。二品四十，三品二十，四品無戟。

宋朝皇后鹵簿，唯用厭翟車。其制：箱上有平盤，四角曲欄，兩壁紗窗龜文〔六二〕，金鳳翅，前有虛櫃、香爐、香寶，緋繡幰衣、絡帶、門簾，三轅鳳首，畫梯，推竿，行馬，緋繒裹索。駕六馬，金銅面，纓轡，鈴襻，緋屧。駕士三十人，武弁、緋繡衫。常出止用正、副金塗銀裝白藤輿各一，上覆椶櫚屋，飾以鳳，輦官服同乘輿平頭輦之制〔六三〕。

内外命婦之車。銀裝白藤輿檐，内命婦皇親所乘；白藤輿檐，金銅犢車〔六四〕、漆犢車，或覆以氈，或覆以椶，内外命婦通乘。

皇太后、皇后鹵簿，皆如禮令。昭憲、孝明、孝章、元德、明德莊穆皇后園陵嘗用之。公主鹵簿，惟葬日給之。秦國成聖繼明夫人葬日，亦給外命婦一品鹵簿，自餘未嘗用之。

仁宗初，章獻太后臨朝，儀衛始盛。乾興元年，用禮儀院奏，製皇太后所乘輿，名之曰大安輦具。皇太后出入，鳴鞭。儀衛，凡御龍直總五十四人，骨朵直總八十四人，弓箭直、弩直合五十四人，殿前指揮使左右班合五十六人，禁衛皇城司二百人，寬衣天武二百人，儀衛供御輦宫六十二人，寬衣天武百人，其侍衛諸司應舉，悉如乘輿。

神宗嗣位，尊皇太后爲太皇太后，而皇太后、皇后常出，止用副金塗銀裝白藤輿。制見前。乃詔太皇太后出入所乘，如萬安太后輿，上設行龍六，制飾率有加。

哲宗紹聖元年，議造皇太后大安輦。中書具治平、元豐皇太后輿服儀衛以呈曰：「元豐中，宣仁謙恭，不乘太安輦。」上曰：「今皇太后獨尊，非宣仁比。」遂詔行幸進太安輦，而皇太后嫌避，竟不製造。

哲宗即位，尊朱貴妃爲皇太妃，出入乘檐子。有司請用牙魚鳳爲飾，繖用青。元祐三年，太皇太后詔有司尋繹典故，於是檐子飾以龍鳳，繖用紅。九年，群臣議改檐子爲輿，上設行龍五，出入由宣德東偏門。帝以皇太后諭旨，令太妃坐六龍輿出入，進黄繖由宣德正門。於是三省議，皇太妃坐龍鳳輿，繖紅黄兼用，從皇太后出入，止用紅。

徽宗政和三年議禮局上皇后車輿之制：重翟車，青質，金飾諸末，間以五采。輪金根朱牙。其箱飾以重翟羽，面施雲鳳、孔雀，刻鏤龜文。頂輪上施金立鳳、耀葉。青羅幰衣一，紫羅畫雲龍絡帶二，青絲絡網二，紫羅畫帷一，青羅畫雲鳳夾幔二。車內設紅褥及坐，横轅上施立鳳八。香櫃設香爐、香寶，香櫃飾以螭首〔六五〕。前後施簾，長轅三，飾以鳳頭，青繒裹索。駕青馬六，馬有銅面，插翟羽，鞶纓、攀胸鈴拂，青屧，青色尾。若受册、謁景靈宫則乘之。厭翟車，赤質，其箱飾以次翟羽；紫幰衣，紅絲絡網，紅羅畫絡帶，夾幔錦帷，餘如重翟車。駕赤騮四。若親蠶則乘之。翟車，黄質，其車側飾以翟羽；黄幰衣，黄絲絡網，錦帷絡帶，餘如重翟車。駕黄騮四。安車，赤質，金飾，間以五采，刻鏤龜文；紫幰衣，錦帷絡帶，紅絲絡網，前後施簾；車內設褥及坐，長轅三，飾以鳳頭，駕赤騮四。凡駕馬鞶纓之飾，並從車質。四望車，朱質，青幰衣，餘同安車。駕牛三。金根車，朱質，紫幰衣，餘同安車。駕牛三。自重翟以下，備鹵簿則皆以次陳設。藤輿，金塗銀裝，上覆椶櫚屋，以龍飾，常行之儀則用之。

皇后鹵簿之制。清游隊。旗一。執一人，引二人，夾二人，並騎。金吾衛折衝都尉一員，騎，執䂍矟二人夾。領四十騎，執矟二十人，弩四人，横刀一十六人。次虞候佽飛二十八，騎。次内僕、内僕丞各一員〔六六〕。各書令史二人，並騎。

次正道黄麾一〔六七〕。執一人，夾二人，並騎。次左右廂黄麾仗，廂各三行，行一百人：第一行，短戟、五色氅；第二行，戈、五色氅；第三行，儀鍠、五色幡。

左右領軍衛、左右威衛、左右武衛、左右驍衛、左右衛等各三行，行二十人，各帥兵官六人領，內左右領軍衛帥兵官各三人，各果毅都尉一員檢校，各一人步從。左右領軍衛絳引旗，引前、掩後各六。次內謁者監四人，給事、內常侍、內侍各二人，並騎。內給使各一人，步從。

次內給使一百二十人。次偏扇、團扇、方扇各二十四。次香蹬一。次執擎內給使四人〔六八〕。在重翟車前。次重翟車。駕青馬六，駕士二十四人，行障六，坐障三，夾車，並宮人執。次內寺伯二人，騎，領寺人六人，分左右夾重翟車。

次腰輿一，輿士八人。團雉尾扇二，夾輿。次大繖四，大雉尾扇八，錦花蓋二，小雉尾扇、朱畫團扇各十二，錦曲蓋二十，錦六柱八扇。自腰輿以下，並內給使執。次宮人車。次絳麾二。各一人執。

次正道後黃麾一。執一人，夾二人，並騎。次供奉宮人。次厭翟車駕赤騮，翟車駕黃騮，安車駕赤騮，各四，駕士各二十四人。四望車、金根車，各駕牛三。駕士各十二人。

次左右厢各置牙門二。每門執二人，夾四人，一在前黃麾前，一在後黃麾後。次左右領軍衛，每厢各一百五十人執殳，帥兵官四人檢校。次左右領軍衛折衝都尉各一員，檢校殳仗。各一人騎從。

次後殳仗。內正道置牙門一，每門監門校尉二人，騎；每厢各巡檢校尉一員，騎，往來檢校。

前後部鼓吹。金鉦、棡鼓、大鼓、長鳴、中鳴、鐃吹、羽葆鼓吹、節鼓、御馬，並減大駕之半。

皇太子妃鹵簿之制。清道率府校尉六人，騎。次青衣十人〔六九〕。次導客舍人四人，內給使六十人，偏扇、團扇、方扇各一十八，並宮人執。行障四，坐障二，夾輦〔七〇〕，宮人執。典內二人，騎，厭翟車，駕三馬，駕士一十四人。次閤帥二人〔七一〕，領内給使十八人，夾車，六柱二扇，內給使執。次供奉内人，乘犢車。次繖一，正道。雉尾扇二，團扇四，曲蓋二。執繖、扇各内給使一人。次戟九十。

命婦鹵簿附見品官鹵簿門。

孝宗隆興二年，禮官言：「五禮新儀：皇后受册畢，乘重翟車，陳小駕鹵簿。朝謁景靈宮，次詣德壽宮朝謁。今重翟車等未備，請止用肩輿、龍檐子。」從之。

乾道元年，詔有司製皇太子妃檐子，如政和六年之制。竿梁黑漆，角獸，白藤織花面，茜紅羅掌扇四柄，檐子前以小殿侍二人抱鍍金青香毬。

寧宗慶元二年，册皇妃，製檐子，金鍍銀裝釘，棱頂，紅黄藤百花龍總，以香檀木爲之。椅子以金雕龍首，褥以紅羅，裝釘以金鍍銀葉，條以紅茸，屏風夾幔皆以紅羅。供御輦官三十六人，次供御十四人，下都五十四人。

皇太子皇子公卿以下車輦鹵簿

周禮巾車，金輅，鉤，樊纓九就，建大旂，以封同姓；象路，朱，樊纓七就，以封異姓；革路，龍勒，條纓五就，以封四衛；木路，前樊鵠纓，建大麾，以封蕃國。同姓，謂王子母弟，率以功德出封〔七二〕，若魯、衛之屬。異姓，王甥、舅；四衛，四方諸侯守衛者，蠻服以内也；蕃國，謂九州之外夷、鎮、蕃服。其制度並注見乘輿門。服車五乘，服車，服事者之車也。孤乘夏篆，謂五色畫轂約也。卿乘夏縵，夏縵亦五采畫，無篆。大夫乘墨車。墨車不畫，但以漆革車而已。士乘棧車，不革輓而漆也。庶人乘役車。箱方，可載任器以供役。

漢皇太子、皇子皆安車〔七三〕，朱斑輪、飛軨、青蓋、金花爪、倚虎、較伏鹿，櫝文畫轓文輈〔七四〕，吉陽筩，金塗五末〔七五〕，旂九斿降龍。皇子爲王〔七六〕，賜以乘之。皇孫綠車以從。皆左右騑，三馬。名皇孫車。

景帝中元五年，始詔六百石以上施車轓，得銅五末，軛有吉陽筩。二千石以上右騑，三百石以上皁布蓋，千石以上皁繒覆蓋〔七七〕，二百石以上白布蓋，皆四維杠衣。賈人不得乘馬車。吏赤蓋杠，其餘皆青。古今注曰：「武帝天漢四年，令諸侯王大國朱輪，特虎居前，左兕右麋。小國朱輪畫，特熊居前，寢麋居左右〔七八〕。大使車，立乘，駕駟，赤帷裳。持節者，重導從；賊曹車、斧車、督車〔七九〕、功曹車皆兩；大車，伍百璅弩十二人；辟車四人；從車四乘。小使車，不立乘，有騑，赤屏泥油，重絳帷。導無斧車。近小使車，蘭輿赤轂，白蓋赤帷。騶騎四十人。此謂追捕考按〔八〇〕，有所敕取者所乘〔八一〕。諸使車皆朱斑輪〔八二〕，四輻，赤衡軛。公、卿、中二千石〔八三〕、二千石，郊廟、明堂、祀陵、法出，皆大車，立乘，駕駟。他出，乘安車。其飾如金根車，加施組連璧交結四角，金龍首銜璧〔八四〕，垂五綵，析羽旒蘇前後，雲氣畫帷裳，櫝文畫曲轓，長懸車等〔八五〕。駕六布施馬〔八六〕。布施馬者，純白駱馬也，以黑藥灼其身爲武文。公卿以下至縣三百石、五吏、賊曹、督賊功曹，皆帶劍，三車導從。縣令以上，加導斧車、牛車，武帝推恩之末，諸侯有寡弱者，皆乘牛車，其後牛車稍通貴者之所乘。

諸馬之文：王、公、列侯，鏤錫叉髦，朱鑣朱鹿，朱文，絳扇汗，青翍燕尾；卿以下有騑者，緹扇汗，青翍尾，當盧叉髦，上下皆通；中二千石以上及使者，乃有騑駕云。

程氏演繁露曰：「漢初馬少，故曰自天子不能具醇駟，將相或乘牛車，言惟天子之車，然後有馬，然亦不能純具一色，至將相則時或駕牛也。自吳、楚誅後，諸侯惟是食租衣税，無有横入，故貧者或乘牛車，則此之以牛而駕，自緣貧窶無資可具，非有禁約也。漢韋玄成以列侯侍祠天，雨淖不駕駟馬車，而騎至廟下，有司劾奏，削爵，則舍車而騎，漢已有禁矣。東晉惟許乘車，其或騎者御史彈，則漢法仍在也。至其駕車，遂改用牛。王導駕短轅犢車。犢，牛犢也。王濟之八百里駁。駁，亦牛也。言其色駁而行速，日可八百里也。石崇之牛疾奔，人不能追，此其所以寶之也。南史吳興太守之官，皆殺軶下牛以祭項羽，知駕車用牛也。豈通晉之制，皆不得駕馬也邪？予於是考按上古駕車，則皆駕牛無用馬者，故易曰服牛乘馬也。又曰皖彼牽牛，不以服箱。則牛服之謂也。至古之耕却不用牛，孔子弟子中有冉耕，字伯牛，豈前此未以牛耕邪？詩『十千爲耦』、長沮、桀溺耦而耕。沮、溺二人相對自挽犁也。甘誓：『御非其馬之正，汝不共命』，詩曰：『四牡騑騑』，『蕭蕭馬鳴』，『有車鄰鄰，有馬白顛』，則車皆馬駕也。然則此時牛既不耕，又不駕車，則將何用也？至於馬既駕車，車重而鈍，又未有人知用馬爲騎，直至六韜，方著騎兵，詩、書中元未之有，此制殆難考也。」

後漢制，公卿乘安車，朱斑輪，飛軨，倚鹿較，伏熊軾，皂繒蓋，黑轓，右騑。旂九斿，鏤錫叉旄，朱鑣縱末鹿文，絳扇汗，青翅燕尾。卿以下有騑者，緹扇汗；中二千石皆皂蓋，朱兩轓；千石、六百，朱左轓。轓長六尺，下屈廣八寸，上業廣尺二寸，九文〔八七〕，十二初〔八八〕，後謙一寸，若月初生，然不敢自滿也。

後漢百官導從卒，公卿以下至縣三百石長導從，置門下五吏、賊曹、督察盜賊功曹，皆帶劍，三車導；主簿、主記，兩車爲從。縣令以上，加導斧車。公乘安車，則前後並馬立乘。長安、雒陽令及王國都縣，加前後兵車，亭長，設右騑，駕兩。璅弩車前伍伯，公八人，中二千石、二千石、六百石皆四人，自四百石以下至二百石皆二人。黄綬，武官伍伯，文官辟車。鈴下、侍閤、門蘭、部署〔八九〕、街里走卒，皆有程品，多少隨所典領。驛馬三十里一置，卒皆赤幘絳韝云〔九〇〕。古者軍出，師旅皆從；秦省其卒，取其師旅之名焉。公卿下至二千石，騎吏四人，千石以下至三百石，縣長二人，皆帶劍，持棨戟爲前列，揵弓韇九鞬。諸侯王法駕，官屬傅相以下，皆備鹵簿，似京都官騎，張弓帶鞬，遮迾出入稱課促。列侯、家丞、庶子導從〔九一〕。若會耕祠，主縣假給辟車鮮明卒，備其威儀。導從事畢，皆罷所假。

程氏演繁露曰：「太守五馬，莫知的據。古樂府：『五馬立踟躕』，即其來已久。或言詩有『良馬五之』，侯國事也。然上言良馬四之，下言良馬六之，則或四或六，元非定制也。漢有駟馬車，正用四馬，而鄭玄注詩曰，周禮州長建旟，漢太守比州長法，御五馬。玄以州長比方漢州，大小相絶遠矣。周之州乃反統隸於縣，比漢太守品秩殊不侔，不足爲據。然鄭，後漢時人，則太守之用五馬，後漢已然矣。至唐白樂天和深春二十詩曰：『五匹鳴珂馬，雙輪畫戟車。』至其自杭分司，有詩曰：『錢唐五馬留三匹，還擬騎來攬擾春。』老杜亦曰：『使君五馬一馬驄。』則是真有五馬矣，若其制之所始，則未有知者。」

魏因漢制。文帝問：「東平王有輅，爲是特賜乎？」鄭稱對曰：「天子五輅，金輅以封，同姓諸侯得與天子同乘金輅，非特賜始有也。」

晉皇太子安車，因魏制而駕三馬。非法駕則乘畫輪車，上開四望，緑油幢，朱絲繩絡，兩廂裏飾以金錦，黄金塗五末〔九二〕。其副車三乘，形制如所乘，但不畫輪耳。王青蓋車，皇孫緑蓋車，並駕三，左右騑。

晉制，雲母車，以雲母飾犢車，以賜王公。皂輪車，駕四牛〔九三〕，形如犢車，皂漆輪轂〔九四〕，上加青油幢，朱絲繩絡。諸王三公有勳德者特加之。位至公，或四望、三望、夾望車。油幢車，駕牛，如犢車，皂輪，但不漆轂。王公大臣有勳德特給之。通幰車，駕牛，如犢車，但舉其幰通覆車上。諸王三公並乘之。

武帝詔給魏舒陽燧四望小車，三望如四望，油幢絡車〔九五〕，似三望而減。王公加禮者乘，次三望。平乘車，竹簟子壁〔九六〕，檳榆爲輪〔九七〕。通幰。其後形龍牽，金塗支子花紐〔九八〕，轅頭後稍沓伏神承塗。庶人亦然。三公諸王所乘。自四望至平乘，皆銅校飾。諸公給朝車駕駟，安車黑耳，駕三。自祭酒掾下及令史，皆皂軨，特進以下，諸將軍非持節都督者，給安車黑耳駕二。三公、九卿、二千石，皆大車立乘，駕四。去位致仕告老，賜安車駕四。郡縣公侯，安車駕二，右騑，皆朱斑輪，倚鹿車，伏熊軾，皂繒蓋〔九九〕。旂旓，公八，侯七，卿五，皆畫降龍。中二千石、二千石，皆皂蓋，朱兩轓，銅五末〔一〇〇〕，駕二。千石、六百石，朱左轓〔一〇一〕。王公之世子攝命理國者，安車駕三，旂七旓，封侯之世子五旓。大使車，立乘，駕四，赤帷裳，騶騎導從〔一〇二〕，公卿二千石郊廟、上陵、從駕所乘。小使車，不立乘，駕四，輕車之流也。蘭輿皆朱，赤轂〔一〇三〕，赤屏泥，白蓋，赤帷裳。又別有小使車，赤轂皂蓋〔一〇四〕，追捕執取者所乘。凡諸使車，皆朱斑輪，赤衡軛。追鋒車，去小蓋，加通幰〔一〇五〕，如軺車，駕二。以迅速爲名，戎陣之間，是爲傳乘。軺車，古將軍所乘傳之車〔一〇六〕。按，漢貴輜輧而賤軺車，魏晉貴軺車而賤輜輧。三品將軍以上、尚書令軺車黑耳有後户，僕射但有後户無耳〔一〇七〕，並皂輪也。

東晉安帝時，皇子乘後山安車，制如金輅。

宋因之，皇子爲王，亦錫以皇太子之安車。皇孫緑車，亦因舊法，其追鋒車、雲母車、四望車。公及列侯所乘安車，依漢舊制，駕二馬。旂旗斿，王公八，侯七，卿五，皆降龍。公卿、中二千石郊陵法出，皆大車立乘，駕四；他出、去位、致仕者，皆安車，四馬；二千石皆皂蓋，朱轓，銅五末，駕二，右騑；王公之世子攝命治國者，安車，駕三，旂旗七斿，侯世子五斿。

齊皇太子乘象輅，校飾如御，旂旗九斿，降龍制。黄屋車，建碧旂九斿，九斿，鸞輅也。蓋以黄絡爲裏，金塗校其絳絲。九命上公所乘。青蓋安車，朱轓漆斑輪〔一〇八〕，駕一，左右騑，通幰車爲副，諸王禮行所乘。皂蓋安車，朱轓漆斑輪，駕一，通幰牛車爲副〔一〇九〕，三公禮行所乘。安車，黑耳皂蓋馬車〔一一〇〕，朱轓，駕一，牛車爲副，國公列侯禮行所乘。馬車，駕一，九卿、領、護、二衛、驍游、四軍、五校從郊陵所乘。餘同晉法。

梁皇太子、皇子因齊象輅制，鸞輅，駕三，左右騑。朱斑輪，倚獸較，伏鹿軾，九斿，降龍，青蓋，畫轓，文輈，黄金塗五末〔一一一〕。以畫輪車爲副。常乘畫輪，則衣畫車爲副。其畫輪車，上開四望，緑油幢，朱繩絡，兩箱裏飾以金錦。二千石四品以上及列侯，皆給軺車，駕牛。伏兔箱，青油幢，朱絲絡，轂輞皆黑漆〔一一二〕。天監二年，令三公、開府、尚書令，給鹿轓軺，施耳，後户，皂輞。尚書僕射、左右光禄大夫、侍中、中書監令〔一一三〕、祕書監，給鳳轄軺，後户，皂輞。領、護、國子祭酒、太子詹事、尚書、侍中、列卿等，給聊泥軺，無後户，漆輪。車騎〔一一四〕、驃騎及諸王除刺史帶將軍，給龍雀軺，以金銀飾。御史中丞給方蓋軺，形小如繖。諸王三公有勳德者，皆特加皂輪車，駕牛，形如犢車。但烏漆輪轂，黄金雕裝，上加清油幢，朱絲絡，通幰。王公加禮者，給油幢絡車，駕牛，朱輪華轂。

程氏演繁露曰：「舊尚書令、僕、中丞騶唱，得入宫門，止於馬道。馬道，是許人上馬處也。郭祚爲僕射，奏言非盡敬之宜。騶唱不入宫，自此始也。按騶唱者，騶從之傳呼也。朱仲遠爲行臺僕射，請準朝式，在軍鳴騶，廢帝笑而許之。史臣謂其任情，則是僕射在朝得用騶唱，而涖軍則否，軍國異容之義也。在軍而乞從朝儀，所以名爲任情也。梁制，尚書令、僕、御史中丞各給威儀十人，其七人武冠絳鞲唱呼入殿，引喤至階，一人執儀囊不喤，音横。類篇曰喧也，則七人同聲唱導，故曰喧也。通典二十二。絳鞲六人，所謂騶也。」

陳因梁制。

後魏太子乘金輅，朱蓋，赤質，駕四馬。三公及王車，朱屋青蓋，制同五輅，名曰高車，駕三馬。庶姓王侯及尚書令、僕以下，列卿以上，並給軺車，駕一馬，或乘四望、通幰車，駕一牛。

北齊因魏制。王、庶姓王、儀同三司以上〔一五〕、翟尾扇，紫繖〔一六〕。皇宗及三品以上官，青繖朱裏。其青繖碧裏，達於士人，不禁。正從一品執事官〔一七〕、散官及儀同三司，乘油朱絡網車，車牛飾得用金塗及純銀。二品、三品乘卷通幰車，車牛金飾。七品以上，乘偏幰車，車牛飾以銅。

後周諸公之輅九。方輅，各象方之色。碧輅、金輅，皆錫面〔一八〕，鞶纓九就，金鉤。象輅、犀輅、貝輅、革輅、篆輅、木輅，皆疏面〔一九〕，鞶纓九就。皆以朱、白、蒼三綵。諸侯自方輅而下八，無碧輅。諸伯自方輅而下七，無金輅。諸子自方輅而下六，無象輅。諸男自方輅而下五，又無犀輅。凡就，各如其命。三公之車輅九：祀輅、犀輅、貝輅、篆輅、木輅、夏篆、夏縵，墨車、棧車。自篆以上，金塗諸末，錫，鞶纓，金鉤。木輅以下，銅飾諸末，疏，鞶纓皆九就。三孤自祀輅而下八，無犀輅。六卿自祀輅而下七，又無貝輅。上大夫自祀輅而下六，又無篆輅。中大夫自祀輅而下五，又無木輅。下大夫自祀輅而下四，又無夏篆。士車三：祀車、墨車、棧車，凡就，各如其命數。自孤以下，就以朱、緑二采。

隋皇太子金輅，赤質，金飾諸末，重較，箱畫檳文鳥獸，黄屋〔一二〇〕，伏鹿軾，龍輈。金鳳一，在軾前。設障塵，朱蓋黄裏，畫輪朱牙。左建旂，九斿，右載闟戟。旂首金龍頭，銜結綬及鈴綏〔一二一〕。駕赤騮四〔一二二〕。八鸞在衡，二鈴在軾。金鍐方釳，插翟尾五焦〔一二三〕，鏤錫，鞶纓九就。從祀享廟、正冬大朝、納妃則乘之。軺車，金飾諸末。紫通幰，朱裏。駕一馬，五日常朝及朝饗宫官，出入行道乘之。四望車，金飾諸末，紫油幢通幰朱裏，朱絲絡網。駕一馬，弔臨則乘之。

隋制，公及一品象輅，黄質，象飾諸末。建旗，畫以鳥隼。受册、告廟、升壇、上任、親迎及葬則乘之。侯伯及二品、三品革輅，白質，建旟，畫熊虎，受册、告廟、親迎及葬則乘之。子男及四品木輅，黑質〔一二四〕，漆飾。建旐，畫龜蛇。受册、告廟、親迎及葬則乘之。象輅以下，斿及就數，各依爵品。犢車，則魏武賜楊彪七香車也，駕牛，自王公以下，至五品以上，並給乘之。三品以上，青幰朱裏，五品以上，紺幰碧裏，皆白銅裝。唯有慘及弔喪者〔一二五〕，則不張幰而乘鐵裝車。六品以下不給，任自乘犢車，弗許施幰而乘。初，五品以上乘偏幰車，其後嫌其不美〔一二六〕，停不行用，以亘幰代之〔一二七〕。三品以上，通幰車則青壁，一品軺車，油幰，朱網，唯車輅一等，聽敕始得乘之〔一二八〕。

唐太子車輅因隋制。王公以下車輅：親王及武職一品，象輅。自餘及二品、三品，革輅。四品，木輅。五品，軺車。象輅，朱斑輪，八鑾在衡〔二九〕，左建旂，旂畫龍，一升一降。右載闟戟。革輅，以革飾，左建旜，通帛爲旜。餘同象輅。木輅，以漆飾之，餘同革輅。軺車，曲壁，青通幰。諸輅，質、蓋、旂旜，皆朱。一品九旒，二品八旒，三品七旒，四品六旒，其有鞶纓就數皆準此。三品以上珂九子，四品七子，五品五子，六品以下去通幰及珂。王公車輅，藏於太僕，受制、行册命、巡陵、婚葬則給之，餘皆以騎代車。

皇太子鹵簿。家令，次率更令，次詹事〔三〇〕，並乘軺車。次太保，次太傅，次太師。自家令已下，並正道威儀，鹵簿各依本品，三師各乘輅〔三一〕。次清游隊旗，一人執，二人引〔三二〕，二人夾，領三十騎。次左右清道率府率各一人，次外清道直簿二十四人〔三三〕，騎分左右，夾道單行。次龍旗六，各一人騎執，每一旗前〔三四〕二人騎爲二重，引前；每旗後，亦二人重騎，護後。次細引六重，重二人，並行正道。次率更丞一人，棡鼓金鉦各二面，左鼓，右鉦。次大鼓三十六面，騎，横行正道。次長鳴三十六具。騎，横行正道。次鐃吹一部，鐃鼓二面，各一騎執，二人騎夾。簫笳各六。騎，並横行。次横吹一部，横吹十具，節鼓二面，各一騎執，二人騎夾。笛簫篳篥笳各六。騎，並横行〔三五〕。次棡鼓金鉦各二面，一騎執，左鼓，右鉦。次小鼓三十六面，次中鳴三十六具。並騎，横行正道。次誕馬十匹，分左右，二人執。次廐牧令一人，在左。丞一人〔三六〕，在右。次左右翊府郎將各一人，騎領班劍。次左右衛翊衛二十四人。騎執班劍。次通事舍人四人，騎分左右。次直司二人，騎分左右。次文學四人，騎分左右。次洗馬二人，騎分左右。次司議郎二人，騎分左右。次太子舍人二人，騎分左右。次中允二人，騎分左右。次中舍人二人〔三七〕，騎分左右。次左右諭德二人，騎分左右。次左右庶子四人，騎分左右。次左右副率各一人。次親勳翊衛厢各中郎將一人〔一三八〕，並領儀刀六行。第一行親衛二十三人，第二行親衛二十五人，第三行勳衛二十七人，第四行勳衛二十九人，第五行翊衛三十一人，第六行翊衛三十人〔一三九〕，皆曲折騎陪後行。次三衛十八人，騎分左右。郎將二人。騎分左右，在六行儀刀仗内〔一四〇〕，夾輅。次金輅，赤質金飾，駕四馬，從祀享廟、正冬大朝、納妃則乘之〔一四一〕。僕一人馭，左右率一人執儀刀陪乘，駕士二十二人。次左右衛率各一人，夾輅。次左右率各一人，副率各一人騎。領細刀弓箭。次千牛，騎執細刀、弓箭。次左右監門府直長各六人，監後門。次左右衛率府，廂各翊衛二隊，並騎，在執儀刀行外，前後過三衛仗。次厭角隊各三十六騎〔一四二〕。分執旗弓箭矟弩，各郎將一人領〔一四三〕。次繖二、扇四，次腰轝一、團扇二、小方扇八，次内直郎二人。檢校腰輿。次誕馬十匹，分左右。次典乘二人，分左右。次朱漆團扇六，紫曲蓋六。次諸司供奉官二人〔一四四〕。次大角三十六具，横行六重。次鐃吹一部，鼓二面，簫笳各六，並騎横行。次横吹一部，横吹十具，節鼓二面，笛、簫、篳篥、笳各六〔一四五〕，並騎横行。次令官師二人。次副輅，駕四馬，駕士二十二人〔一四六〕。次軺車，金飾，駕一馬，五日常朝及朝饗宫臣、出入行道則乘之。駕士十四人。次四望車。金飾，駕一馬，臨弔則乘之。駕士十人。次左右廂步隊十六隊，隊列三十人，果毅一人，皆執弓箭刀矟弩，相間。次左右司禦率各一人，檢校步隊。次儀仗，左右廂各六色，色九行，行六人，皆執戟、弓箭、鋋、刀盾、儀鍠五色幡〔一四七〕、油戟，相間。廂各獨揭鼓六重。重二人，皆儀仗外。次左右廂，各百五十人，執殳。並分前後，在步隊儀仗外，馬隊内，前接六旗，後盡鹵簿，廂各果毅一人，主帥七人騎領〔一四八〕，分前後。次左右廂馬隊，廂各十隊。隊引主帥以下三十一人，並戎服，帶領刀、弓箭、弩矟，隊引旗一，果毅一人領之。次後拒隊，旗一，領三十騎，果毅一人領。前當正道殳仗内，開牙門。次左右廂，各開牙門三。前第一門，左右司禦率隊後，左右衛率府步隊前〔一四九〕。開第二門，左右衛率府步隊後，左右司禦率府儀仗前〔一五〇〕，開第三門，左右司禦率府儀仗後，左右衛率府步隊前〔一五一〕。每門皆二人執〔一五二〕，四人夾。左右監門副率各二人〔一五三〕，直長二人騎，來去檢校也。次左右清道率府副率各二人〔一五四〕。仗內檢校，並糾察非違。率應得穳矟從者，並不得將入儀仗內。次少師，次少傅，次少保。隊仗引盡則次三少，正道乘輅威儀各依本品。文武官以次陪從。若常行及常朝，去諸馬隊、鼓吹、金輅、四望車，家令、率更、詹事、太保、太師、少保，少師，其隊仗三分減一，清道、儀刀、䩞馬各減半，乘輅車。餘同大仗。其二傅皆乘犢車，依式導從，所將從不得過十人〔一五五〕，太傅加清道二人，導引其鹵簿。內導從官、三師、三少若有事故及無其人，則闕之，總不須攝。餘若有事故及無其人，則別遣人攝行。若皇太子在學，太傅、少傅導從如式〔一五六〕。

親王鹵簿。清道六人，爲三重。次㦻弩一。次青衣十二人。分左右。次車輻十二人。分左右。次戟九十。分左右。次絳引幡六。次內給使，左右廂各三行。行四十人，各執刀楯弓箭及矟，並戎服。次㭎鼓金鉦各一面，一騎執，二人騎夾〔一五七〕。次大鼓十八面，騎，橫行正道。次長鳴十八具，騎，橫行正道。次小鼓十面，中鳴十具，分左右，單行，中鳴在小鼓外。節一，夾矟二。次告止幡四，次傳教幡四〔一五八〕，次信幡八。次儀鋋二，次儀鍠六〔一五九〕，次油戟十八，次儀矟十，次細矟十，次儀刀十八。次誕馬八。次府佐六人。騎分左右。次象輅一。駕四馬，駕士十八人。次繖一，扇一。次采漆團扇四，曲蓋二。次麾幢各一。次大角八騎。二重，橫行正道。次鐃吹一部，鐃鼓一面，簫笳各四，騎，橫行。次橫吹一部。橫吹六騎，節鼓一騎，二人夾騎〔一六〇〕，笛、簫、篳篥、笳各四騎，橫行正道。

群官鹵簿。一品，清道四人，爲二重〔一六一〕，四品已上並二人。㦻弩一騎，青衣十人，車輻十人。三品八人，自下遞減二人。戟九十人，二品七十，三品六十，四品五十。絳引幡六，二品以下闕之。刀楯弓箭矟各八十。二品六十，三品五十，四品四十。㭎鼓金鉦各一，大鼓十六，二品十四，三品十，四品八。長鳴十六。二品以下闕之。節一，夾矟二。告止幡二，傳教幡二，信幡六。其信幡，二品、三品、四品二。餘同一品。䩬馬六。二品、三品四匹，四品二匹。儀刀十六。二品十四，自下遞減二。其一品，府佐四人夾行。革輅一。四品木輅。並駕四馬，駕士十六人。自下品則減二人。繖一，朱漆團扇四，三品、四品各三〔一六二〕。曲蓋二。二品以下一〔一六三〕。僚佐本服陪從。麾幡各一〔一六四〕。大角八，角自二品至四品各減二。鐃吹一部，鐃、簫、笳各四。二品各三，三品各二，四品各一〔一六五〕。横吹一部，横吹六，二品、三品四，四品二。節鼓一，二品以下並闕〔一六六〕。笛、簫、篳篥、笳各四。二品已下各一〔一六七〕。

右應給鹵簿者，職事四品已上，散官二品以上，爵郡王已上及二王後，依品給。國公准三品給。官爵兩應給者，從高給。若京官職事五品，身婚葬並尚公主、娶縣主及職事官三品以上有公爵者嫡子婚，並准四品給。凡自王公以下在京拜官初上、正冬朝會及婚葬則給之。婚及拜官初上、正冬朝會，去稍、弓箭、刀楯、大小鼓、横吹、大角、長鳴、中鳴。凡應導駕及都督刺史奉辭至任上日，皆依品給。奉辭去稍、弓箭、刀楯、金鉦、棡鼓、大小鼓、横吹、大角、長鳴、中鳴。

中宗時，皇太子將釋奠國學，有司具儀，從臣著衣冠乘馬。左庶子劉子元議：「古大夫以上皆乘車，以馬爲騑服。魏、晉後，以牛駕車。江左，尚書郎輒輕乘馬，則御史劾治。顔延年罷官，乘馬出入閭里，世稱放誕，此則乘馬宜從褻服之明驗。今陵廟巡謁、王公册命，士庶親迎，則盛服冠履，乘輅車，他事無車，故貴賤通乘馬。此法駕所幸，侍臣皆馬上朝服且冠履，惟可配車，故博帶褒衣，革履高冠，是車中服韈而鐙，跣而鞍，非唯不師於古，亦自取驚流俗，馬逸人顛，受嗤行路。」太子從之，因著爲定令。

宋朝皇太子車輅之制：真宗、仁宗爲皇太子，謁太廟，乘金輅，常朝則乘馬。

群臣車輅鞍馬之制：親王一品、二品奉使及葬，並給革輅〔一六八〕，制同乘輿之副，惟改龍飾爲螭。六引内三品以上乘革車，赤質，制如進賢車，無案，駕四赤馬，駕士二十五人。緋繡衣，絡帶，旗戟，綢杠繡文；司徒以瑞馬，京牧以隼，御史大夫以獬豸，兵部尚書以虎，太常卿以鳳。駕士衣亦同。縣令乘軺車，黑質，兩壁紗窗〔一六九〕，一轅，金銅飾，紫幰衣，絡帶並繡雉御瑞草，駕二馬，駕士一十八人。百官常朝各乘馬。

鞍勒之制。金塗銀鬧裝牡丹花校具重八十兩〔一七〇〕，紫羅繡寶相花雉子方韉，油畫鞍橋，白銀銜鐙，以賜宰相、親王、使相，殿前馬軍步軍都指揮使〔一七一〕。金塗銀裝太平花校具重七十兩，紫羅繡瑞草方韉，油畫鞍橋，陷銀銜鐙，以賜樞密使、副使、參知政事、節度使、殿前馬軍步軍副都指揮使、都虞候以上〔一七二〕。四廂都指揮使，韉以紫羅翗花。若出使，則加紅氂牛纓，金塗銀鈸。使相在外〔一七三〕，加紅織成鞍複。步軍都虞候以上賜帶甲馬者，加紅皮鞦轡校具重七十兩，青氈圓韉，陷銀銜鐙。金塗銀鬧裝麻葉校具重五十兩，紫羅翗花方韉，油畫鞍橋，陷銀銜鐙，以賜三司使、文明、資政、翰林、龍圖、樞密直學士、御史中丞、兩使留後、觀察、防禦使，軍廂都指揮使〔一七四〕。軍廂都指揮使初除授團練使、刺史者，賜亦同。曾任中書、樞密院後爲學士、中丞者，韉以繡瑞草。金塗銀三環寶相花校具重二十五兩，紫羅圓韉，烏漆鞍橋，銀銜鐙，以賜團練使、刺史。金塗銀促結洛州花校具重二十兩，紫羅圓韉，以賜諸路承受。白成重十五兩，以賜諸王官寮、翰林侍讀侍書；金塗銀寶相花校具重二十兩，蠻雲校具重十五兩，以賜諸班押班、殿前指揮使以上；白成窪面校具重十二兩，以賜諸班，皆藍黄絁圓韉。至太平興國七年，詔升朝官許乘銀裝條子鞍勒，六品以下不得鬧裝，其鞧皆不得制繡，金皮飾。餘官及工商庶人，並許乘烏漆素鞍，不得用狨毛暖坐。其藍黃絛子，非宮禁不得乘。士庶、軍校乘白皮鞍勒者，悉禁之。

繖。人臣通用，以青絹爲之。國初，京城内獨親王得用。太平興國中，宰相、樞密使始用之。其後，近臣及内命婦出入皆用。大中祥符五年，詔除宗室外，其餘悉禁。六年，復許中書、樞密院用。京城外，則庶官通用。

王公以下，凡大駕六引，用本品鹵簿，奉册、充使及詔葬皆給之。親王止用一品之制，而加告止幡、傳教幡、信幡各二。其葬日，止用六引内儀仗。景德二年，南郊，鹵簿使王欽若上言：「鄆王攢日所給鹵簿，與南郊儀仗吉凶相參。望依令別制王公車輅〔一七五〕，所有鼓吹、儀仗，亦請增置，以備拜官、朝會、婚葬之用。」從之。於是儀服悉以畫，其葬日在塗，以革車代輅。

玉山汪氏曰：「按唐制，皇太子妃、親王、文武職事官四品以上，散官二品以上並長安縣令、内命婦、才人以上，外命婦、四品以上，皆給鹵簿。本朝皇太子鹵簿，遇升儲則草定儀注，其王公以下，惟大禮奉引，乘輿及身薨敕葬則給；太子妃以下，内、外命婦，皆不復給，則是本朝人臣亦有給者，而比舊愈嚴矣。故中官麥允言及充媛董氏之喪，詔給鹵簿，而司馬溫公皆争之，以其非常典也。」

神宗元豐三年，詳定禮文所言：「鹵簿記公卿奉引：第一開封令，乘軺車；開封牧，隼旗；次太常卿，鳳旗；司徒，瑞馬旗；御史大夫，獬豸旗；兵部尚書，虎旗，而乘革車。考之非是。按周禮巾車職曰：『孤乘夏篆，卿乘夏縵，大夫乘墨車。』司常職曰：『孤、卿建旜，大夫建物。』請公卿以下奉引，先開封令，乘墨車建物；次開封牧，乘墨車建旂；太常卿、御史大夫、兵部尚書乘夏縵，司徒乘夏篆，並建旜。所以參備九旂之制。」從之。

徽宗政和三年，議禮局上皇太子車輅之制：金輅，赤質〔一七六〕，金飾諸末。重較，箱畫苣文鳥獸；黄屋，伏鹿軾，龍輈，金鳳一在軾前。設障塵，朱蓋黄裏，輪畫朱牙。左建旂，九旒，右載闟戟。旂首金龍頭，銜結綬及鈴緌。八鸞在衡，二鈴在軾，駕赤騮四，金鍐方釳，插翟尾，鏤錫，鞶纓九就。從祀、謁太廟、納妃則供之。軺車，金飾諸末，紫油通幰，紫油纁朱裏，駕馬一。四望車，金飾諸末，青油通幰，青油纁朱裏，朱絲絡網，駕馬一。軺車、四望車，以次列於鹵簿仗内。

六年，禮制局言：「古之諸侯出封於外，同姓錫以金輅，異姓錫以象輅。蓋出而制節，則遠君而其道伸；入而謹度，則近君而其勢屈。故其入覲，則不敢乘金輅、象輅，以同於王，當自降而乘墨車也。若公卿采地在天子縣内者，則爲都鄙之長，大司馬所謂『師都建旜』是矣。今開封牧列職於朝，與御史大夫同謂之卿可也，其在周官，則鄉大夫之職是矣；又無金輅、象輅之錫，而乃比於古之諸侯入覲而乘墨車，可乎？成周上公九命，車旗以九爲節，故建常九斿；侯、伯七命，車旗以七爲節，故建常七斿；子、男五命〔一七七〕，車旗以五爲節，故建常五斿；其卿六命，其大夫四命，車旗亦各眂其命之數。則卿之建旜當用六斿，大夫建物當用四斿，至於三斿則上士所建也。其開封令，宜乘墨車而建物四斿；開封牧、御史大夫、户兵禮部尚書皆卿也，宜乘夏縵而建旜六斿。」從之。

皇太子鹵簿之制：家令、率更令、詹事各乘輅車，太保、太傅、太師乘輅，各正道，威儀、鹵簿依本品。

次清游隊旗，執一人，引二人，夾二人。並正道。清道率府折衝都尉一員，領二十騎，執矟一十八人，弓矢九人，弩三人，二人騎從折衝。次左、右清道率府率各一員，領清道直簿及檢校清游隊龍旗等，執穳矟各二人。次外清道直簿二十四人，騎。

次正道龍旗各六，執一人，前二人引，後二人護。副竿二。執各一人，騎。次正道細仗引。爲六重，每重二人，自龍旗後均布至細仗，矟與弓箭相間，並騎；每厢各果毅都尉一員領。次率更丞一員。

次正道前部鼓吹。府史二人領鼓吹，並騎。棡鼓、金鉦各二，執各一人，夾二人，以下准此。帥兵官二人；次大鼓三十六，横行，長鳴以下准此。帥兵官八人；長鳴三十六，帥兵官二人；鐃吹一部，鐃鼓二，執各一人，夾二人，後部鐃節鼓准此。簫、笳各六，帥兵官二人；棡鼓、金鉦各二，帥兵官二人；次小鼓三十六，帥兵官四人；中鳴三十六，帥兵官二人。以上並騎。

次誕馬十，每匹二人控，餘准此。厩牧令、丞各一員。各府史二人騎從。次左、右翊府郎將各一員，領班劍，左右翊衛執班劍二十四人，通事舍人四人，司直二人，文學四人，洗馬、司議郎、太子舍人、中允、中舍〔一七八〕、左右諭德各二人，左、右庶子四人，並騎。自通事舍人後，各步從一人〔一七九〕。

次左右衛率府副率各一員，步從，親、勳、翊衛每厢各中郎將、郎將一員，並領六行儀刀：第一行，親衛二十三人，曲折三人；第二行，親衛二十五人，曲折四人；第三行，勳衛二十七人，曲折五人；第四行，勳衛二十九人，曲折六人；第五行，翊衛三十一人，曲折七人；第六行，翊衛三十三人，曲折八人。曲折人並陪後門。以上三衛並騎。

次三衛一十八人，騎；中郎將二人夾輅，在六行儀刀仗內。金輅，駕馬四，僕寺僕馭，左右率府率一員〔一八〇〕，駕士二十二人。夾路左、右衛率府各一員。各步從一人。

次左、右內率府率各一員〔一八一〕，副率各一員，並騎。各步從一人。次千牛騎，執細刀、弓矢，三衛儀刀仗，後開牙門。次左右監門率府直長各六人，監後門。並騎。次左右衛率府每厢各翊衛二隊。並騎。次壓角隊各三十人，執旗二人〔一八二〕。引二人，夾二人。執矟一十五人，弓矢七人，弩三人，每隊各郎將一員領。

次正道繖二，雉尾扇四，夾繖。次腰輿一，輿士八人，團雉尾扇二、小方雉尾扇八夾。執各一人。次內直郎、令史各二人騎從檢校。次誕馬十，典乘二人，府吏二人騎從。

次左右司禦率府校尉各一人，並騎從。領團扇、曲蓋。次朱團扇、紫曲蓋各六，執各一人。次諸司供奉官人。

次左右清道率府校尉各一人，並騎。領大角三十六。鐃鼓二，簫、笳各六，帥兵官二人；橫吹十，節鼓一，笛、簫、觱篥五，帥兵官二人。並騎。次管轄指揮使二人檢校。

次副輅，駕四馬，駕士二十人。軺車，駕一馬，駕士一十四人。四望車，駕一馬，駕士十人。

次左右厢步隊凡十六〔一八三〕，每隊各果毅都尉一人領，並騎。隊三十人，執旗一人〔一八四〕，引三人〔一八五〕，夾二人，並帶弓矢，騎。步二十五人，前一隊執矟，一隊帶弓矢，以次相間。左右司禦率府、左右衛率府厢各四隊，二在前二在後。次左右司率禦府副率各一員檢校，步隊各二人，執穳矟騎從。

次儀仗。左右厢各六色，色九行〔一八六〕，行六人。前第一行，戟、赤氅；第二行，弓矢；第三行，儀鋋並旄；第四行，刀盾；第五行，儀鍠、五色幡；第六行，油戟。次前仗首左右廂各六色，色三行，行六人。左右司禦率府各一員，果毅都尉各一員，帥兵官各六人領。次左右廂各六色，色三行，行六人。左、右衛率府副率各一員，果毅都尉各一員，帥兵官各六人領。次盡後鹵簿左右廂各六色，色三行，行六人，左右司禦率府副率各一員，各一人步從。果毅都尉各一人，帥兵官各六人領，左右司禦率府率兵官各六人護後〔一八七〕，並騎。每廂各絳引幡十二，執各一人，引前旗六，引後旗六。揭鼓十二。揭鼓左右司禦率府四重，左右衛率府二重。

次左右廂殳。各一百五十人，左右司禦率府各八十六人，左右衛率府各六十四人。並分前後，在步隊儀仗外、馬隊內，前接六旗，後盡鹵簿，曲折至門，每廂各司禦率府果毅都尉一員檢校，各一人從，每廂各帥兵官七人。並騎，左右司禦率府各四人，左右衛率府各二人〔一八八〕。次馬隊。左右廂各十隊，每隊帥兵官以下三十一人，旗一，執一人，引二人，夾二人。執矟十六人，弓矢七人，弩三人。前第一隊，左右清道率府果毅都尉各一員領；第二、第三、第四隊，左右司禦率府果毅都尉各一員領；第五、第六、第七隊，左右衛率府果毅都尉各一員領；第八、第九、第十隊，左右司禦府果毅都尉各一員領。次後拒隊旗。執一人，引二人，夾二人。清道率府果毅都尉一員領四十騎，執矟二十人，弓矢十六人，弩四人。叉二人，騎從。

次後拒隊前當正道殳仗行內開牙門。次左右廂各開牙門三〔一八九〕：前第一門，左右司禦率府步隊後，左右率府步隊前；第二門，左右衛率府步隊後，司禦率府儀仗前；第三門，左右司禦率府儀仗後，左右衛府步隊前。每開牙門，執旗二人〔一九〇〕，夾四人，並騎。

監門率府直長各二人，並騎；次左右監門率府副率各一員，騎；來往檢校諸門，各一人騎從。次左右清道率府副率各三人，仗内檢校並糾察，各一人騎從。次少師、少傅、少保，正道乘輅，威儀、鹵簿各依本品次，文武官以次陪從。

王公以下鹵簿之制：中道清道六人。次轞弩一騎。次大晟府前部鼓吹。令及職掌、局長、院官各一人，棡鼓、金鉦各一，大鼓、長鳴各一十八，棡鼓、金鉦各一。次引樂官二人，小鼓、中鳴各十。次麾、幢各一，節一，夾矟二，誕馬八，每匹，控馬各二人。革車一乘，駕赤馬四，駕士二十五人，散扇十，方繖二，朱團扇四，夾方繖，曲蓋二。次大角八。次後部鼓吹，丞一員，録事一人。次鐃鼓一，簫四，笳四，大横吹六，節鼓一，夾色二，笛、簫、觱篥、笳各四。次外仗。青衣十二，車輻棒十二，戟九十，絳引旛六，刀盾、矟、弓矢各八十，儀刀十八，信旛八，告止旛、傳教旛各四，儀鋋二，儀鍠、斧挂五色旛六，油戟十八，儀矟十二，細矟十二。次左右衛尉寺押當職掌一十一人，騎；部轄步兵〔一九一〕、部轄騎兵、太僕寺部押人員各一名，教馬官一名。押當職掌四人，騎。

一品鹵簿之制。命婦同。中道清道四人。轞弩一，騎。大晟府前部鼓吹。令一，職掌一名，局長、院官各一名。棡鼓、金鉦各一，大鼓、長鳴各一十六，麾、幢、節各一，矟二，誕馬六。次革車一乘，駕赤馬四，駕士二十五人。命婦厭翟車，駕士二十三人，二品、三品准此。散扇八，二品減四，三品減六，命婦散扇五十，行障五，行於車前，二品、三品准此。方繖二，朱團扇四〔一九二〕，曲蓋二，大角八。命婦屬車六，駕黄牛十八，駕士五十九人，行大角前，二品、三品准此。次後部鼓吹。丞一員，録事一名，引樂官二員。鐃鼓一，簫、笳、大横吹各四〔一九三〕，節鼓一，笛、簫、觱篥、笳各四。外仗〔一九四〕。青衣十人，車輻棒十，戟九十〔一九五〕，刀盾、矟各八十，弓矢六十，儀刀三十，信旛八，告止旛、傳教旛、儀鍠斧挂五色旛各四。次衛尉寺排列，押當職掌一十一人，都轄人員、太僕寺部押人員、教馬官各一名。押當職掌四人。命婦加二人。

二品鹵簿之制：命婦同。中道清道二人。幰弩一。大晟府前部鼓吹。令一，及職掌、局長、院官各一名。棡鼓、金鉦各一，大鼓十四，麾、幢、節各一，夾矟二，誕馬四。次革車一乘，駕赤馬四，駕士二十五人。散扇四，方繖，朱團扇、曲蓋各二。次大角八。次後部鼓吹。丞一，録事、引樂官各一名。鐃鼓一，簫、笳各二。大横吹四，笛、簫、觱篥、笳各二。外仗。青衣八人，車輻棒八，戟七十、〔一九六〕刀、盾、矟、弓矢各六十，儀刀十四，信旛四，告止、傳教旛各二。次衛尉排列、押當職掌九人，部轄人員〔一九七〕、太僕寺部押人員、教馬官各一名。押當職掌四人。命婦加二人。

三品鹵簿之制。命婦同。中道清道二人。幰弩一。麾、幢各一，節一，夾矟二，誕馬四。次革車一乘，駕赤馬四，駕士二十五人。散扇二，方繖二，曲蓋一，大角四。外仗。青衣八人，車輻棒六，戟六十，刀、盾、矟、弓矢各五十，儀刀十二，信旛四，告止、傳教旛各二。次衛排列、押當職掌七人，部轄人員、太僕寺部押人員、教馬官各一名。押當職掌四人。命婦加二人。

政和時，詔賜諸王三接青羅繖一，紫羅大掌扇二，遂爲故事。皇太子用三檐青羅繖，紫花羅掌扇四。

高宗建炎元年，詔百官特許乘轎，惟不以入皇城。

舊制，百官入朝，並乘馬，若耆德大臣及宗室屬近行尊者，許乘肩輿。政和三年冬，以雪濘暫許百官乘轎，不以入宮門，路通，復常制。靖康末，高宗至磁州，守臣宗澤以所乘轎進，黑漆紫褥，上却之。

在京百官不用肩輿，所以避至尊。建炎初元，上以維揚道滑，難於乘騎，乃諭輔臣曰：「君臣一體，朕不欲使群臣奔走危地，特許乘轎，惟不以入皇城。」二年，隆祐太后至杭州，有司言：州僚乘轎張蓋，不少裁抑，於禮未安。詔不許乘涼轎。紹興七年，詔監察御史以上出入，宰執以下退朝入局，並乘馬，遇雨乘轎；沿邊臣僚內地巡尉並令乘馬。三十二年十一月，詔張燾朝謁許乘轎出入皇城門至宮門內上下馬處。隆興二年，參知政事周葵爲墜馬所傷，暫令乘轎入内赴朝參。隆興二年，詔左僕射陳康伯乘肩輿出入皇城門至殿門外，優禮也。

程氏演繁露曰：「百官得於寓京乘轎，自揚州始。後遂不復乘馬，惟從駕則乘之。祖宗時，臣僚雖在外，亦不許乘轎也。唐會要開成五年，黎植奏朝官出使，自合乘驛馬，不合更乘檐子。自此請不限高卑，不得輒乘檐子。如疾病，即任所在陳牒申中書門下及御史臺。其檐夫自出錢雇，其宰相至僕射致仕官疾病者，許乘之。」

孝宗乾道元年，禮官言：「皇太子朝謁太廟，當服衮冕，乘金輅。」既而太子言至道天禧故事，非臣子所安，乃免乘輅設仗。九月，詔皇太子從祀乘金輅，令有司排設。皇太子亦辭之。

舊制，車駕行幸，東宮扈從，在三省之上。乾道中，詔於駕後方圍子內行馬。

乾道中，詔臣僚導從至太廟景靈宮墻，並禁治張蓋。

太常少卿林栗言：「車駕經太廟，有司預，節音樂，止警蹕，稍近則却繖扇，至尊撫式，輦士趨進，實惟古禮式趨宗廟之儀，而臣下呵導張蓋，未有條約。」於是申嚴其禁。

校勘記

〔一〕周禮巾事　「禮」字原脱，據馮本及周禮巾車補。

〔二〕重則二重爲之　「爲」原作「謂」，據周禮巾車賈疏改。

〔三〕凡婦人車　「車」字原脱，據周禮巾車賈疏補。

〔四〕光烈陰皇后葬　「陰」字原脱，據宋書卷一八禮五補。

〔五〕鸞輅　「鸞」原作「駕」，據宋書卷一八禮五改。

〔六〕貴人　二字涉上而脱，據後漢書志二九輿服上補。

〔七〕非法駕則皇太后乘輦　「輦」原作「輿」，據晉書卷二五輿服志改。

〔八〕后親蠶　「親」，晉書卷二五輿服志作「先」，似是。下同。

〔九〕又金薄石山駢紫絳罽軿車　原作「金博山駢紫絳罽車」，據晉書卷二五輿服志改補。

〔一〇〕王妃　此二字原涉上而脱，據晉書卷二五輿服志補。

〔一一〕以紫絳罽軿車駕三爲副　「三」下原有「馬」，據馮本、局本及晉書卷二五輿服志删。

〔一二〕夫人　此二字原涉上而脱，據晉書卷二五輿服志補。

〔一三〕乘皂交絡安車　「安」字原脱，據晉書卷二五輿服志補。

〔一四〕諸侯監國嗣子之世婦　「諸侯」間原竄入「郡公」二字，據晉書卷二五輿服志删。

〔一五〕皆右騑　「右」原作「左」，據晉書卷二五輿服志改。

〔一六〕東宮儀注　元本、慎本、馮本及通典卷一〇七禮六七作「東宮儀記」。
〔一七〕駕二　「二」原作「一」，據宋書卷一八禮五改。
〔一八〕公侯特進夫人　「公侯」原脱，據宋書卷一八禮五補。
〔一九〕二千石夫人會朝及蠶所乘　「二千石」原涉上而脱，據宋書卷一八禮五補。
〔二〇〕齊因之　「之」字原脱，據通典卷六五禮二五補。
〔二一〕漆畫輪鐵錔　原脱「輪」，「錔」原作「鉗」，據南齊書卷一七輿服志補改。
〔二二〕青油挾碧絹黄紋蓋漆布箱紫顔黄紋紫紋隨陰　南齊書卷一七輿服志「挾」作「俠」，「紋」皆作「絞」，「箱」作「裏」，「顔」下有「芚」字。
〔二三〕諸王太妃妃　原脱一「妃」字，據隋書卷一〇禮儀五補。
〔二四〕侍女直乘涅幰之乘　原訛脱作「侍女聽涅幰二乘」，據隋書卷一〇禮儀五補改。
〔二五〕有司穆紹議　「穆」原作「蘇」，據魏書卷一〇八之四禮志四、隋書卷一〇禮儀五改。下同。按此議實太學博士王延業所定，見魏書卷一〇八之四禮志四。
〔二六〕車牛飾用金塗及純銀　「牛」原作「中」，據隋書卷一〇禮儀五改。
〔二七〕以適命婦家　「家」字原脱，據隋書卷一〇禮儀五補。
〔二八〕五時常出入則供之　「入」字原脱，據隋書卷一〇禮儀五補。
〔二九〕皆雕面　隋書卷一〇禮儀五此「皆雕面」下有小字注文「刻漆韋爲當顱」六字。疑此處有脱文。
〔三〇〕總青黑色繒　「青」字原脱，據隋書卷一〇禮儀五補。

〔三一〕諸伯夫人自翠輅而下七　「翠」原作「翟」，據隋書卷一〇禮儀五改。
〔三二〕三娀由力反　「力」原作「内」，據通典卷六五禮二五改。
〔三三〕上媛婦中大夫孺人自玄輅而下五下媛婦大夫孺人自夏篆而下四　「上」下原有「下」字，原脱「自玄輅而下五下媛婦大夫孺人」十三字，據隋書卷一〇禮儀五删補。
〔三四〕御婉　原「御」上有「女」，據隋書卷一〇禮儀五删。
〔三五〕卿大夫士駕三二軿五轡士駕二　原脱「駕三二軿五轡士」七字，據隋書卷一〇禮儀五補。
〔三六〕制五輅　「五輅」原脱，據隋書卷一〇禮儀五補。
〔三七〕紅錦絡帶　「絡」字原脱，據隋書卷一〇禮儀五補。
〔三八〕車側飾以翟羽　「車」原作「其」，據馮本及隋書卷一〇禮儀五改。
〔三九〕輦車　「車」字原脱，據隋書卷一〇禮儀五補。
〔四〇〕犢車爲副　「副」原作「幅」，據元本、慎本、馮本及隋書卷一〇禮儀五改。
〔四一〕朱絡網　「絡網」原倒，據隋書卷一〇禮儀五乙正。下同。
〔四二〕五品以上命婦　「命婦」原脱，據隋書卷一〇禮儀五補。
〔四三〕朱質紫油通幰油畫絡帶　原作「紫油朱質通幰畫絡帶」，據舊唐書卷四五輿服志乙補。
〔四四〕四品青偏幰其三公以下車輅　「幰」原作「幔」，「三」原作「王」，據舊唐書卷四五輿服志改。
〔四五〕清游隊旗　「隊」字原脱，據通典卷一〇七禮六七補。
〔四六〕執矟弩弓箭而行　「行」原作「已」，據開元禮卷二改。

〔四七〕内侍二人　「二」原作「一」，據開元禮卷二改。

〔四八〕單行後盡宫人車　原訛作「屬子單畫宫人車」，據開元禮卷二改。

〔四九〕次錦六柱扇八　「扇八」原倒，據開元禮卷二乙正。

〔五〇〕駕赤驊騮四　「驊」，開元禮卷二無。

〔五一〕駕士各十二人　「人」字原脱，據開元禮卷二補。

〔五二〕左右各折衝一人　「各」字原脱，據開元禮卷二補。

〔五三〕次青衣十人車輻十人　原脱「車輻十人」，據開元禮卷二補。

〔五四〕次内給使六十人　「十」字原脱，據開元禮卷二、新唐書卷二三下儀衛下補。

〔五五〕次厭翟車　「厭」字原脱，據開元禮卷二補。

〔五六〕次六柱扇二　「扇二」原倒，據開元禮卷二乙正。

〔五七〕各内給使執　「使」原作「事」，據馮本、局本及開元禮卷二改。

〔五八〕青衣二人　「二」原作「六」，據開元禮卷二改。

〔五九〕三品十　「十」字原脱，據開元禮卷二補。

〔六〇〕二品三品二具　「二具」原作「三具」，據開元禮卷二改。

〔六一〕駕二馬　「二」原作「一」，據開元禮卷二改。

〔六二〕兩壁紗窗龜文　宋會要輿服一之三、太常因革禮卷二五同。宋史卷一五〇輿服二作「盤兩壁紗窗」。

〔六三〕輦官服同乘輿平頭輦之制　「服」字原脱，據宋史卷一五〇輿服二補。

〔六四〕金銅犢車　「銅」原作「桐」，據宋史卷一五〇輿服二改。
〔六五〕香櫃飾以螭首　「香櫃」原脱，據宋史卷一五〇輿服二補。
〔六六〕次内僕内僕丞各一員　「次」字原脱，據五禮新儀卷一八、宋史卷一四七儀衛五補。
〔六七〕次正道黄麾一　「一」字原脱，據宋史卷一四七儀衛五補。
〔六八〕次執擎内給使四人　「次」字原脱，據宋史卷一四七儀衛五補。
〔六九〕次青衣十人　「次」字原脱，據宋史卷一四七儀衛五補。
〔七〇〕夾輦　「輦」，宋史卷一四七儀衛五作「車」。
〔七一〕次閤帥二人　「帥」原作「師」，據宋史卷一四七儀衛五改。
〔七二〕同姓謂王子母弟率以功德出封　「王」、「率」原脱，據周禮巾車賈疏補。
〔七三〕漢皇太子皇子皆安車　「皇子」原脱，據後漢書志二九輿服上補。
〔七四〕櫝丈畫轓文軜　「文軜」原脱，據後漢書志二九輿服上補。
〔七五〕金塗五末　原「金」上有「文軜」，據後漢書志二九輿服上删。
〔七六〕皇子爲王　「皇子」原作「皇太子」，據後漢書志二九輿服上改。
〔七七〕千石以上皂繒覆蓋　「覆」字原脱，據元本、慎本、馮本及後漢書志二九輿服上補。
〔七八〕左兕右麋小國朱輪畫特熊居前寢麋居左右　原訛脱作「左兕右鹿小國特熊居前麋鹿居左右」。據後漢書志二九輿服上注引古今注改補。
〔七九〕督車　二字原脱，據後漢書志二九輿服上補。

〔八〇〕此謂追捕考按　「謂」字原脱，據後漢書志二九輿服上補。

〔八一〕有所敕取者所乘　「敕」原作「執」，據後漢書志二九輿服上改。

〔八二〕諸使車皆朱斑輪　「使」原作「侯」，據後漢書志二九輿服上改。

〔八三〕中二千石　此四字原脱，據局本及後漢書志二九輿服上補。

〔八四〕金龍首銜璧　「首」字原脱，據後漢書志二九輿服上補。

〔八五〕櫕文畫曲轓長懸車等　「曲」字原脱，「懸」原作「輿」，據後漢書志二九輿服上補改。

〔八六〕駕六布施馬　「六」字原脱，據後漢書志二九輿服上補。

〔八七〕九文　「文」原作「丈」，據馮本及後漢書志二九輿服上改。

〔八八〕十二初　「初」原作「物」，據後漢書志二九輿服上改。

〔八九〕部署　「署」原作「曲」，據後漢書志二九輿服上改。

〔九〇〕卒皆赤幘絳韝云　「韝」，後漢書志二九輿服上作「構」。

〔九一〕家丞庶子導從　「庶」原作「度」，據後漢書志二九輿服上改。

〔九二〕兩廂裹飾以金錦黄金塗五末　原脱「以金錦」，「塗」上原有「漆」，據晉書卷二五輿服志補删。

〔九三〕駕四牛　「四」字原脱，據晉書卷二五輿服志補。

〔九四〕皂漆輪轂　「輪」原作「較」，據晉書卷二五輿服志改。

〔九五〕油幢絡車　「絡」原作「給」，據南齊書卷一七輿服志改。

〔九六〕竹篳子壁　「篳」，南齊書卷一七輿服志作「箕」。

〔九七〕檳榆爲輪　原作「措輪爲輪」，據南齊書卷一七輿服志改。
〔九八〕金塗支子花紐　「紐」原作「細」，據南齊書卷一七輿服志改。
〔九九〕皂繒蓋　「蓋」字原脱，據晉書卷二五輿服志補。
〔一〇〇〕朱兩轓銅五末　原訛脱「朱輪同五」，據晉書卷二五輿服志改補。
〔一〇一〕朱左轓　「轓」原作「輪」，據晉書卷二五輿服志改。
〔一〇二〕騶騎導從　「導從」原脱，據晉書卷二五輿服志補。
〔一〇三〕赤轂　「赤」字原脱，據元本、慎本及晉書卷二五輿服志補。
〔一〇四〕又别有小使車赤轂皂蓋　此十字原脱，據晉書卷二五輿服志補。
〔一〇五〕加通幰　「幰」原作「幔」，據晉書卷二五輿服志改。
〔一〇六〕軺車古將軍所乘傳之車　晉書卷二五輿服志作「軺車古之時軍車也」。
〔一〇七〕僕射但有後户無耳　「無」字原脱，據晉書卷二五輿服志補。
〔一〇八〕朱轓漆斑輪　「漆」字原脱，據南齊書卷一七輿服志補。
〔一〇九〕通幰牛車爲副　「牛」原作「朱」，據南齊書卷一七輿服志改。
〔一一〇〕安車黑耳皂蓋馬車　「馬車」原脱，據通典卷六五禮二五補。
〔一一一〕黄金塗五末　「黄」字原脱，據通典卷六五禮二五補。
〔一一二〕轂輞皆黑漆　「轂輞」原作「網轂」，據隋書卷一〇禮儀五改。
〔一一三〕中書監令　「令」字原脱，據隋書卷一〇禮儀五補。

〔一四〕車騎　「騎」字原脱，據隋書卷一〇禮儀五補。

〔一五〕王庶姓王儀同三司以上　原脱上「王」字，「上」訛「下」，據隋書卷一〇禮儀五補改。

〔一六〕紫繖　「紫」字原脱，據元本及隋書卷一〇禮儀五補。

〔一七〕正從一品執事官　「官」字原脱，據隋書卷一〇禮儀五補。

〔一八〕皆錫面　「面」字原脱，據隋書卷一〇禮儀五補。

〔一九〕皆疏面　「面」字原脱，據隋書卷一〇禮儀五補。

〔二〇〕黄屋　「屋」字原脱，據隋書卷一〇禮儀五補。

〔二一〕銜結綬及鈴綫　「綬」原作「綴」，據隋書卷一〇禮儀五、新唐書卷二四車服志改。

〔二二〕駕赤騮四　「四」原作「駟」，據隋書卷一〇禮儀五改。

〔二三〕插翟尾五焦　通典卷六五禮五同。隋書卷一〇禮儀五「焦」作「隼」。

〔二四〕黑質　二字原脱，據隋書卷一〇禮儀五補。

〔二五〕唯有慘及弔喪者　「慘」原作「參謁」，誤。按「有慘」謂有期功之喪，乃南朝喪紀成語。隋書卷一〇禮儀五作「有慘」，據此改删。

〔二六〕其後嫌其不美　「不」字原脱，據隋書卷一〇禮儀五補。

〔二七〕以亘幰代之　「亘」原作「白」，據元本、慎本、馮本、局本及隋書卷一〇禮儀五改。

〔二八〕聽敕始得乘之　「敕」字原脱，據隋書卷一〇禮儀五補。

〔二九〕八鸞在衡　「鸞」字原脱，據通典卷六五禮二五、新唐書卷二四車服志補。

〔三〇〕次詹事　此三字原脱，據開元禮卷二、新唐書卷二三下儀衛下補。
〔三一〕鹵簿各依本品三師各乘輅　原作「鹵簿各次六十三品各乘輅」，據開元禮卷二改。
〔三二〕二人引　「二」原作「一」，據開元禮卷二改。
〔三三〕次外清道直簿二十四人　「直簿」，新唐書卷二三下儀衛下作「直蕩」。
〔三四〕每一旗前　「旗」原作「騎」，據新唐書卷二三下儀衛下改。
〔三五〕次橫吹一部橫吹十具節鼓二面各一騎執二人騎夾笛簫篳篥笳各六騎並橫行　此正文十二字、注文二十字原涉上文而脱，據開元禮卷二補。
〔三六〕丞一人　「一」原作「二」，據開元禮卷二改。
〔三七〕次中舍人二人　「中」下原有「書」，據開元禮卷二、新唐書卷二三下儀衛下删。
〔三八〕次親勳翊衛厢各中郎將一人　「次」字原脱，據開元禮卷二補。又，開元禮重「郎」，新唐書卷二三下儀衛下作「郎將」。
〔三九〕第六行翊衛三十人　「三十人」，開元禮卷二作「三十三人」。古本通典同原刊。
〔四〇〕在六行儀刀仗内　「行」字原脱，據開元禮卷二補。
〔四一〕從祀享廟正冬大朝納妃則乘之　「廟」字原脱，「乘」原作「供」，據開元禮卷二補改。
〔四二〕次厭角隊各三十六騎　「次」字原脱，據開元禮卷二補。
〔四三〕各郎將一人領　「領」字原脱，據開元禮卷二補。
〔四四〕次諸司供奉官二人　「二」字原脱，據馮本及開元禮卷二補。

〔一四五〕節鼓二面笛簫篳篥笳各六　「二」原作「一」，「六」原作「五」，據開元禮卷二改。

〔一四六〕駕士二十二人　下「二」字原脱，據開元禮卷二補。

〔一四七〕儀鍠五色幡　「幡」原作「幢」，據開元禮卷二改。

〔一四八〕主帥七人騎領　「主」下原有「七」，「帥」作「師」，據開元禮卷二删改。

〔一四九〕左右衛率府步隊前　「衛」字原脱，據元本、慎本及開元禮卷二補。

〔一五〇〕左右司禦率府儀仗前　「左右」原脱，據開元禮卷二補。

〔一五一〕左右衛率府步隊前　「衛」字原脱，據元本、慎本及開元禮卷二補。

〔一五二〕每門皆二人執　「執」原作「步」，據開元禮卷二改。

〔一五三〕左右監門副率各二人　「二」原作「一」，據開元禮卷二改。

〔一五四〕次左右清道率府副率各二人　「道」原作「遠」，「各」字原脱，據開元禮卷二改補。

〔一五五〕所將從不得過十人　「所將從」原脱，據開元禮卷二補。

〔一五六〕若常行及常朝(至)導從如式　按開元禮卷二記此段文字爲小字注文，不作正文。

〔一五七〕二人騎夾　「騎夾」原倒，據開元禮卷二乙正。

〔一五八〕次傳教幡四　「幡」原作「幢」，據開元禮卷二改。

〔一五九〕次儀鍾六　「鍾」原作「鍠」，據開元禮卷二改。

〔一六〇〕二人夾騎　「夾騎」，通典卷一〇七禮六七同原刊，但上文均言「騎夾」，開元禮卷二亦作「騎夾」。恐此處倒置。

〔一六一〕爲二重　「二」原作「三」，據開元禮卷二改。

〔一六二〕三品四品各三　開元禮卷二作「二品至四品各二」，似是。
〔一六三〕二品以下一　「一」原作「二」，據開元禮卷二改。
〔一六四〕麾幡各一　「一」字原脱，據開元禮卷二補。
〔一六五〕二品各三三品各二四品各一　原作「二品三品三四品各一」，據元本及開元禮卷二改。
〔一六六〕二品以下並闕　「闕」原作「賜」，據開元禮卷二改。
〔一六七〕二品以下各一　原脱「以」、「各一」原作「二」，據開元禮卷二補改。
〔一六八〕親王一品二品奉使及葬並給革輅　「二品」原脱，據宋史卷一五〇輿服二補。
〔一六九〕兩壁紗窗　「兩」原作「西」，據宋史卷一五〇輿服二改。
〔一七〇〕金塗銀閙裝牡丹花校具重八十兩　「閙」字原脱，據宋史卷一五〇輿服二補。
〔一七一〕以賜宰相親王使相殿前馬軍步軍都指揮使　宋史卷一五〇輿服二作「以賜宰相，親王，樞密使帶使相，曾任宰相觀文殿大學士宫觀使，殿前馬軍步軍都指揮使」。
〔一七二〕以賜樞密使副使參知政事節度使殿前馬軍步軍副都指揮使都虞候以上　宋史卷一五〇輿服二作「以賜使相，樞密副使，參知政事，宣徽使，節度使，宫觀使，殿前馬軍步軍副都指揮使，都虞候」。「都虞候」原作「都虞」，據上引宋史補。
〔一七三〕使相在外　「在」字原脱，據宋史卷一五〇輿服二補。
〔一七四〕以賜三司使文明資政翰林龍圖樞密直學士御史中丞兩使留後觀察防禦使軍廂都指揮使　宋史卷一五〇輿服二作「以賜三司使，觀文殿學士，資政殿大學士，翰林學士承旨，翰林學士，資政殿、端明殿、翰林侍讀侍講，龍圖、天章、寶文閣、樞密直學士，御史中丞，兩使留後，觀察、防禦使，軍厢都指揮使」。「軍厢都指揮使」原作「厢都指揮使」，脱「軍」字，據上引宋史補。

〔一七五〕望依令別制王公車輅　「令」原作「令」，據元本、慎本、馮本及宋史卷一四七儀衛五改。

〔一七六〕金輅赤質　四字原脱，據宋史卷一五〇輿服二補。

〔一七七〕子男五命　「子」字原脱，據宋史卷一五〇輿服二補。

〔一七八〕中舍　「舍」字原脱，據宋史卷一四七儀衛五補。

〔一七九〕各步從一人　原作「各從名」，據宋史卷一四七儀衛五改補。

〔一八〇〕左右率府率一員　「右」字原脱，據宋史卷一四七儀衛五補。

〔一八一〕次左右内率府率各一員　「内」字原脱，據宋史卷一四七儀衛五補。

〔一八二〕執旗二人　「二」，五禮新儀卷一九、宋史卷一四七儀衛五作「一」。

〔一八三〕次左右厢步隊凡十六　「十六」原倒，據五禮新儀卷一九、宋史卷一四七儀衛五乙正。

〔一八四〕執旗一人　「執」字原脱，據五禮新儀卷一九、宋史卷一四七儀衛五補。

〔一八五〕引三人　元本、慎本、馮本及五禮新儀卷一九、宋史卷一四七儀衛五作「引二人」。

〔一八六〕色九行　「色」原涉上而脱，據五禮新儀卷一九、宋史卷一四七儀衛五補。

〔一八七〕左右司禦率府率兵官各六人護後　原脱「左右司禦率府率兵官」九字，據五禮新儀卷一九、宋史卷一四七儀衛五補。

〔一八八〕左右司禦率府各四人左右衛率府各二人　原脱上「府」字，據五禮新儀卷一九、宋史卷一四七儀衛五補。「各二人」，上引二書均作「各三人」。

〔一八九〕次左右廂各開牙門三 「開牙」原脱，據五禮新儀卷一九、宋史卷一四七儀衛五補。

〔一九〇〕執旗二人 「執」字原脱，據五禮新儀卷一九、宋史卷一四七儀衛五補。

〔一九一〕部轄步兵 「步」原作「部」，據五禮新儀卷一九、宋史卷一四七儀衛五改。

〔一九二〕朱團扇四 「四」字原脱，據五禮新儀卷二〇、宋史卷一四七儀衛五補。

〔一九三〕大横吹各四 「各」原作「角」，據五禮新儀卷二〇、宋史卷一四七儀衛五改。

〔一九四〕外仗 二字原倒，據元本、慎本及五禮新儀卷二〇、宋史卷一四七儀衛五乙正。

〔一九五〕戟九十 「戟」下原有「刀」，據宋史卷一四七儀衛五删。

〔一九六〕戟七十 「七十」原脱，據五禮新儀卷二〇、宋史卷一四七儀衛五補。

〔一九七〕部轄人員 四字原脱，據五禮新儀卷二〇、宋史卷一四七儀衛五補。

卷一百二十　王禮考十五

國恤

虞舜攝政二十有八載，帝乃殂落。帝，堯。殂落，崩也。堯壽一百一十七歲。百姓如喪考妣，百姓，百官。三載，四海遏密八音。遏，絶。密，静也。四海，四夷。四夷絶音三年，則華夏可知，言盛德所化者遠也。賈公彦儀禮疏曰：易繫辭云，古者喪期無數〔一〕。在黄帝九事章中，是黄帝以前心喪終身不變也。虞書云，百姓如喪考妣，三載，四海遏密八音。則是唐虞之日，心喪三年，亦未有服制也。

殷太甲：惟元祀，十有二月乙丑，伊尹祠于先王。奉嗣王祗見厥祖，侯甸群后咸在，百官總己以聽冢宰。此湯崩踰月，太甲即位，奠殯而告。疏曰：太甲中篇云，三祀十有二月，伊尹以冕服奉嗣王，則是除喪即吉。明十二月服終。禮記稱三年之喪，二十五月而畢。知此年十一月湯崩，此祠先王，是湯崩踰月，太甲即位〔二〕，奠殯而告。此奠殯而告〔三〕，亦如周康王受顧命尸於天子。春秋之世，既有奠殯即位〔四〕，踰年即位。此踰月即位〔五〕，當奠殯即位也。此言伊尹祠於先王，是特設祀也。嗣王祗見厥祖，是始見祖也。特設祀禮，而王始見祖，明是初即王位告殯爲喪主也。

高宗：王宅憂，亮陰三祀。陰，默也。居憂信默，三年不言。禮記作諒闇。鄭玄以爲凶廬。論語作諒陰，孔氏曰：「諒，信也。陰，默也。」字義各不同。

尚書大傳：「書曰『高宗梁闇，三年不言。』何謂梁闇也？傳曰：『高宗居凶廬，三年不言。』此之謂梁闇。子張曰：『何謂也？』孔子曰：『古者君薨，王世子聽於冢宰。』三年不敢服先王之服，履先王之位而聽焉。以民臣之義，則不可一日無君矣；不可一日無君，猶不可一日無天也。以孝子之隱乎，則孝子三年弗居矣。隱，痛也，字或爲殷。故曰義者彼也，隱者此也，遠彼而近此，則孝子之道備矣。」

喪服四制：「書曰：『高宗諒闇，三年不言。』善之也。王者莫不行此禮，何以獨善之也？曰高宗者，武丁。武丁者，殷之賢王也。繼世即位，而慈良於喪。當此之時，殷衰而復興，禮廢而復起，故善之。善之，故載之書中而高之，故謂之高宗。」

周武王崩，成王十三而嗣立，周公居冢宰攝政。明年六月，既葬，周公冠成王而朝于祖，以見諸侯，祝雍作頌。

閔予小子，嗣王朝於廟也。閔予小子，遭家不造，嬛嬛在疚。謂遭武王崩，家道未成，嬛嬛然孤特在憂病之中。於乎皇考，永世克孝，念兹皇祖，陟降庭止。庭，直也。陟降，上下也。言武王長世能以孝行，爲子孫法，文王以直道事天治民。維予小子，夙夜敬止，於乎皇王，繼序思不忘。序，緒也。繼其序，思其所行之道不忘。

成王將崩，命召公、畢公率諸侯相康王作顧命。惟四月，哉生魄，王不懌。始生魄，十六日，王有疾，故不悦懌。甲子，王乃洮頮水，相被冕服，憑玉几。王發大命，臨群臣，必齋戒沐浴，今疾病危殆，故但洮盥頮面，扶相者被衮冕，憑玉几，以發命。乃同召太保奭、芮伯、彤伯、畢公、衛侯、毛公、師氏、虎臣、百尹、御事。同召六卿，下至御治事者。太保、芮伯、彤伯、畢公、衛侯、毛公，六卿也。冢宰第一，召公領之；司徒第二，芮伯爲之；宗伯第三，彤伯爲之；司馬第四，畢公領之；太保、畢、毛，三公兼也。芮、彤、畢、衛、毛，皆國名，入爲天子公卿。師氏，大夫官。虎臣，虎賁氏。百尹，百官之長。及諸御治事者，平時則召六卿，使帥其屬，此則將發顧命，自六卿至御事，同以王召命也。王曰：嗚呼！疾大漸，惟幾。病日臻，既彌留，恐不獲誓言嗣。茲予審訓命汝：此下成王顧命也。自嘆其疾大進，惟危殆。病日至，既彌甚，而留連恐遂死不得誓言，以嗣續我志，此我所以詳審發訓命汝。統言曰疾，甚言曰病。昔君文王、武王，宣重光奠麗陳教則肄，肄不違，用克達殷，集大命。武猶文，謂之重光，猶舜如堯謂之重華也。奠，定。麗，依也。言文武宣布重明之德，定民所依，陳列教條，則民習服。習而不違，天下化之，用能達於殷邦，而集大命於周也。在後之侗，敬迓天威，嗣守文、武大訓，無敢昏逾。侗，愚也。成王自稱，言其敬迎上天威命，無敢少忽，嗣守文武大訓〔六〕，而無敢昏逾。天威，天命也。大訓，述天命者也。今天降疾殆，弗興弗悟。爾尚明時朕言，用敬保元子釗，弘濟于艱難。釗，康王名。成王言今天降疾我身，殆將必死，弗興弗悟，庶幾明是我言，用敬保元子釗，大濟於艱難。曰元子者，正其統也。柔遠能邇，安勸小大庶邦。懷來、馴擾、安寧、勸導，皆君道所當盡者，合遠邇小大而言，又以見君德所施，公平周溥而不可有所偏滯也。思夫人自亂于威儀，爾無以釗冒貢于非幾。亂，治也。威者，有威可畏。儀者，有儀可象。舉一身之則而言也。蓋人受天地之中以生，是以有動作威儀之則。成王思夫人之所以爲人者，自治於威儀耳。自治云者，正其身而不假於外求也。貢，進也。成王又言群臣其無以元子而冒進於不善之幾也。蓋幾者動之微，而善惡之所由分也；非幾，則發於不善而陷於惡矣。威儀，舉其著於外者而勉之也。非幾，舉其發於中者而戒之也。威儀之治，皆本一念一慮之微，可不謹乎！孔子所謂知幾，子思所謂慎獨，周子所謂幾善惡者，皆致意於是也。成王垂絕之言而拳拳及此，其有得於周公者亦深矣。蘇氏曰：「死生之際，聖賢之所甚重也。成王將崩之一日，被冕服以見百官，出經遠保世之言，其不死於燕安婦人之手也明矣，其致刑措宜哉。」茲既受命，還，出綴衣于庭，越翼日乙丑，王崩。綴衣，幄帳也。群臣既退，徹出幄帳於庭。喪大記云：「疾病，君徹懸，寢東首於北牖下」是也〔七〕。於其明日，王崩。太保命仲桓、南宮毛，俾爰齊侯呂伋，以二干戈、虎賁百人，逆子釗于南門之外，延入翼室，恤宅宗。桓、毛，二臣名。伋，太公望子，爲天子虎賁氏。延，引也。翼室，路寢旁左右翼室也。太保以冢宰攝政，命桓、毛二臣使齊侯吕伋以二干戈、虎賁百人逆太子釗於路寢門外，引入路寢翼室，爲憂居宗主也。吕氏曰：「發命者冢宰，傳命者兩朝臣，承命者勳戚，顯諸侯體統尊嚴，樞機周密，防危慮患之意深矣。入自端門，萬姓咸睹，與天下共之也。延入翼室，爲憂居之宗，示天下不可一日無統也。唐穆、敬、文、武以降，閹寺執國命，易王於宫掖，而外廷猶不聞，然後知周家之制，曲盡備豫，雖一條一節，亦不可廢也。」丁卯，命作册度。命史爲册，書法度，傳顧命於康王。越七日癸酉，伯相命士須材。伯相，召公也。召公以西伯爲相。須，取也。命士取材木以供喪用。狄設黼扆綴衣。狄，下士。祭統云：「狄者，樂吏之賤者也。」喪大記：「狄人設階蓋，供喪役而典設帳之事者也。」黼扆，屏風畫爲斧文者，設黼扆幄帳，如成王生存之日也。牖間南嚮，敷重篾席，黼純，華玉仍几。此平時見群臣覲諸侯之座也。敷設重席，所謂天子之席三重者也。篾席，桃竹板席也。黼，白黑雜繒。純，緣也。華，采色也。華玉以飾几。仍，因也，因生時所設也。周禮，吉事變几，凶事仍几是也。西序東嚮，敷重底席，綴純，文貝仍几。此旦夕聽事之座也。東西廂謂之序。底席，蒲席也。綴，雜采。文貝，有文之貝，以飾几也。東序西嚮，敷重豐席，畫純，雕玉仍几。此養國老饗群臣之座也。豐席，筍席也，畫彩色雕刻鏤也。西夾南嚮，敷重筍席，玄紛純，漆仍几。此親屬私燕之座也。西廂，夾室之前。筍席，竹席也。紛，雜也。以玄黑之色雜爲之緣。漆，漆几也。牖間兩序，西夾其席有四。牖户之間謂之扆，天子負扆朝諸侯，則牖間南嚮之席，座之正也。其三席各隨事以時設也。將傳先王顧命，知神之在此乎在彼乎，故兼設平生之座也。越玉五重，陳寶，赤刀、大訓、弘璧、琬琰，在西序。大玉、夷玉、天球、河圖，在東序。胤之舞衣、大貝、鼖鼓，在西房。兑之戈、和之弓、垂之竹矢，在東房。於東西序座北，列三五重，及陳先王所寶器物。赤刀，赤削也。大訓，三皇五帝之書，訓誥亦在焉。文、武之訓，亦曰大訓。弘璧，大璧也。琬琰，圭名。夷，常也。球，鳴球也。河圖，伏羲時龍馬負圖出於河，易大傳所謂河出圖是也。胤，國名。胤國所制舞衣。大貝如車渠。鼖鼓長八尺。兑、和，皆古之巧工。垂，舜時共工。舞衣、鼖鼓、戈、弓、竹矢，皆制作精巧，中法度，故歷代傳寶之。孔氏曰：「弘璧、琬琰、大玉、夷玉、天球，玉之五重也。」呂氏曰：「西序所陳，不惟赤刀、弘璧，而大訓參之；東序所陳，不惟大玉、夷玉，而河圖參之。則其所寶者，斷可識矣。愚謂寶玉器玉之陳，非徒以爲國容觀，意者成王平日之所觀閲手澤在焉，陳之以象其生存也。」楊氏中庸傳曰：「宗器於祭陳之，示能守也，於顧命陳之，示能傳也。」大輅在賓階面，綴輅在阼階面，先輅在左塾之前，次輅在右塾之前。大輅，玉輅也。綴輅，金輅也。先輅，木輅也。次輅象輅，革輅也。王之五輅，玉輅以祀，不以封，爲最貴；金輅以封同姓，爲次之；象輅以封異姓，爲又次之；革輅以封四衛，爲又次之；木輅以封蕃國，爲最賤。其行也，貴者宜自近，賤者宜遠也。王乘玉輅，綴之者金輅也，故金輅謂之綴輅。最遠者木輅也，故木輅謂之先輅，以木輅爲先輅，則革輅、象輅爲次輅矣。賓階，西階也。阼階，東階也。面，南嚮也。塾，門側堂也。五輅陳列，亦象成王之生存也。周禮典路云：「若有大祭祀則出路。大喪、大賓客亦如之。」是大喪出輅爲常禮。又按所陳寶玉器物，皆以西爲上者，成王殯在西序故也。二人雀弁執惠，立于畢門之内。四人綦弁，執戈上刃夾兩階戺。一人冕執劉，立于東堂；一人冕執鉞，立于西堂；一人冕執戣，立于東垂；一人冕執瞿，立于西垂；一人冕執鋭，立于側階。弁，士服。雀弁，赤色弁也。綦弁，以文鹿子皮爲之。惠，三隅矛。路寢門一名畢門。上刃，刃外嚮也。堂廉曰戺。冕，大夫服。劉，鉞屬。戣、瞿，皆戟屬。鋭當作鈗。說文曰：「鈗，侍臣所執兵，從金，允聲。周書曰：一人冕執鈗。讀若允。」東西堂，路寢東西廂之前堂也。東西垂，路寢東西序之階上也。側階，北陛之階上也。呂氏曰：「古者執戈戟以宿衛王宫，皆士大夫之職。無事而奉燕私，則從容義德，有膏澤之潤；有事而司禦侮，則堅明守義，而無腹心之虞。下及秦、漢，階楯執戟，尚餘一二。此制既廢，人主接士大夫者僅有視朝數刻，而周廬陛楯，或環以椎埋。嚚悍之徒，有志於復古者當深繹也。」王麻冕黼裳，由賓階隮。卿士邦君，麻冕蟻裳，入即位。麻冕，三十升麻爲冕也。隮，升也。康王吉服自西階升堂，以受先王之命，故由賓階也。蟻，玄色。公卿大夫及諸侯皆同服，亦廟中之禮，不言升階者，從王賓階也。入即位者，各就其位也。呂氏曰：「麻冕黼裳，王祭服也。卿士邦君祭服之裳，皆纁。今蟻裳者，蓋無事於奠祝，不欲純用吉服，有位於班列，不可純用凶服，酌吉凶之間，亦禮之變也。」太保、太史、太宗，皆麻冕彤裳，太保承介圭，上宗奉同瑁，由阼階隮；太史秉書，由賓階隮，御王册命，太宗，宗伯也。彤，纁也〔八〕。太保受遺，太史奉册，太宗相禮，故皆祭服也。介，大也。大圭，天子之守，長尺有二寸。同，爵名，祭以酌酒者。瑁，方四寸，邪刻之，以冒諸侯之圭璧，以齊瑞信也。太保、宗伯以先王之命，奉符寶以傳嗣君，有主道焉，故升自阼階；太史以册命御王，故持書由賓階以升。蘇氏曰：「凡王所臨所服用皆曰御。」曰：「皇后憑玉几，道揚末命，命汝嗣訓，臨君周邦，率循大卞，燮和天下，用答揚文、武之光訓。」成王顧命之言，書之册矣，此太史口陳者也。皇，大。后，君也，言大君成王力疾親憑玉几，道揚臨終之命，命汝嗣守文、武大訓。曰汝者，父前子名之義。卞，法也。臨君周邦，位之大也，率循大卞，法之大也；燮和天下，和之大也。居大位，申大法，致大和，然後可以對揚文、武之光訓也。王再拜，興，答曰：「眇眇予末小子，其能而亂四方，以敬忌天威。」眇，小。而，如。亂，治也。王拜受顧命，起答太史曰：「眇眇然予微末小子，其能如父祖治四方，以敬忌天威乎！」謙辭，退托於不能也，顧有「敬迓天威，嗣守文、武大訓」之語。故太史所告，康王所答，皆於是致意焉。乃受同瑁。王三宿、三祭、三咤，上宗曰饗。王受瑁爲主，受同以祭。宿，進爵也。祭，祭酒也。咤，奠爵也。禮成於三，故三宿、三祭、三咤。葛氏曰：「受王宅同瑁。則受太保介圭。可知宗伯曰饗者，傳神命以饗告也。」太保受同，降，盥以異同，秉璋以酢，授宗人同，拜，王答拜。太保受王所咤之同，而下堂盥洗，更用他同秉璋以酢。酢，報祭也。祭禮，君執圭瓚祼尸，太宗執璋瓚亞祼。報祭，亦亞祼之類，故亦秉璋也。以同授宗人而拜尸，王答拜者，代尸拜也。宗人，小宗伯之屬，相太保酢者也。太宗供王，故宗人供太保。太保受同，祭嚌，宅授宗人同，拜，王答拜。以酒至齒曰嚌。太保復受同以祭，飲福至齒。宅，居也。太保退居此所，以同授宗人，又拜，王復答拜。太保飲福至齒者，方在喪疚，歆神之賜，而不甘其味也。若王則喪之主，非徒不甘味，雖飲福亦廢也。太保降，收。諸侯出廟門俟。太保下堂，有司收徹器用。廟門，路寢之門也。成王之殯在焉，故曰廟。言諸侯，則卿士以下可知。俟者，俟見新君也。康王既尸天子，遂誥諸侯，作康王之誥。王出，在應門之内〔九〕，太保率西方諸侯，入應門左；畢公率東方諸侯，入應門右，皆布乘黄朱。賓稱奉圭兼幣曰：「一二臣衛，敢執壤奠。」皆再拜稽首。王義嗣德，答拜。王出畢門，立應門内，蓋内朝所在也。召公主西方諸侯，畢公繼周公主東方諸侯。諸侯皆陳四黄馬而朱其鬣以爲庭實。賓，諸侯也。諸侯舉所奉圭兼幣曰：「一二臣衛，爲王藩衛。」故曰臣衛。敢執壤地所出奠贄，皆再拜首至地以致敬。義嗣德云者，史氏之辭，謂康王宜嗣前人之德，故答拜也。吴氏曰：「秦穆公使人弔公子重耳，稽顙而不拜。穆公曰：『則未爲後也。』蓋有後者拜，不拜，未爲後也。弔者、含者、襚者升堂致命，主孤拜稽顙，成爲後者也。康王之見諸侯，若以爲不當拜而不拜〔一〇〕，則疑未爲後也，此純乎吉也。答拜，既正其爲後，且知其以喪見也。」太保暨芮伯，咸進相揖，皆再拜稽首。冢宰及司徒與群臣皆進相揖，相揖定位，又皆再拜，陳戒於王。曰：「敢敬告天子」云云。王若曰：「庶邦侯甸男衛，惟予一人釗報誥。康王在喪，故稱名。春秋嗣王在喪，亦書名也。昔君文、武」云云。群公既皆聽命，相揖，趨出，王釋冕，反喪服。始相揖者揖而進也，此相揖者揖而退也。

蘇氏曰：「成王崩，未葬，君臣皆冕服，禮歟？」曰：「非禮也。」「謂之變禮，可乎？」曰：「不可。禮變於不得已，嫂非溺，終不援也。」「三年之喪既成服，釋之而即吉，無時而可者？」曰：「成王顧命，不可以不傳，既傳，不可以喪服受也。」曰：「何爲其不可也？」「孔子曰：『將冠，子未及期日而有齊衰。大功之喪，則因喪服而冠。』冠，吉禮也，猶可以喪服行之，受顧命見諸侯，獨不可以喪服乎？太保使太史奉册授王於次，諸侯入哭於路寢而見王於次，王喪服受教戒諫，哭踊答拜，聖人復起，不易斯言矣！」春秋傳曰：『鄭子皮如晉，葬晉平公，將以幣行。子産曰：喪安用幣？子皮固請以行。既葬〔一一〕，諸侯之大夫欲因見新君，叔向辭之曰：大夫之事畢矣，而又命孤，孤斬焉在衰絰之中。其以嘉服見，則喪禮未畢；其以喪服見，是重受弔也。大夫將若之何？皆無辭以見〔一二〕。』今康王既以嘉服見諸侯，而又受乘黄玉帛之幣，使周公在，必不爲此，然則孔子何取此書也？曰：至矣！其父子君臣之間，教戒深切著明，足以爲後世法，孔子何爲不取哉！然其失禮則不可不辨。」

朱子語録：或問：「居喪朝服曰麻冕，乃是祭服，顧命用之者，以其以後繼統事於宗廟故也；受册用之者，以其在廟而凶服不可入故也。舊説，以廟門爲殯宫之門，不知是否。若朝服，則古者人君亮陰三年，自無變服視朝之禮，第不知百官總己以聽冢宰，冢宰百官各以何服涖事耳，想不至便用玄冠黑帶也。後世既無亮陰總己之事，人主不免視朝聽政，則豈可不酌其輕重而爲之權制乎？又況古者天子皮弁素積，以日視朝，衣冠皆白，不以爲嫌；則今在喪而白布衣冠以臨朝，恐未爲不可，但入太廟則須吉服而小變耳。

又或問：「康王釋喪服而被冕裳，且受黄朱圭幣之獻，諸家以爲禮之變，獨蘇氏以爲禮之失，何也？」對曰：「天子諸侯之禮，與士庶人不同，故孟子有『吾未之學』之語，蓋謂此類耳。如伊訓元祀十有二月朔，亦是新喪。伊尹已奉嗣王，祗見厥祖，固不可用凶服矣。」

扶君，卜人師扶右，射人師扶左，謂君疾時也。卜，當爲僕，聲之誤也。僕人、射人皆平時贊正君服位者〔一三〕。君薨以是舉。不忍變也。周禮射人：「大喪與僕人遷尸。」疏曰：「周禮：『太僕職掌正王之服位，射人職掌國之三公、孤、卿大夫之位，及王舉動悉隨王故知也。』」君夫人卒于路寢。言死者必於正處。疏曰：君，謂諸侯。諸侯三寢：一正者曰路寢，餘二者曰小寢。卒歸於正，故在路寢。莊公三十二年八月，公薨于路寢。穀梁傳：路寢，正寢也。寢疾居正寢，正也。男子不絕於婦人之手，以齊終也。僖公薨于小寢，譏即安，謂夫人寢也〔一四〕。隱公薨不書地〔一五〕，文公薨于臺下，襄公薨于楚宮，定公薨于高寢，皆非禮也。

右始死。

夏采掌大喪，以冕服復于太祖，以乘車建綏復于四郊〔一六〕，求之王平生常所有事之處〔一七〕，乘車玉輅於太廟，以冕服不出宮也。太祖，始祖廟也。綏，用旄牛尾爲之，綴於幢上，王祀四郊，乘玉輅，建太常，今以之復〔一八〕，去其旒，異之於生。疏曰：「復者各依命數，天子則十二人，各服朝服而復於太祖之廟，當升自東霤，北面，履危西上云。皋天子復，如是者三，乃卷衣投於前〔一九〕，有司以篋受之，升自阼階，入衣於尸，復而不蘇，乃行死事也。郊，事神之處，乘玉輅，生時九旗，有綏有旒，今死去旒，是異於生也。」君復於小寢、大寢、小祖、大祖、庫門、四郊。尊者求之備也，亦他日所嘗有事〔二〇〕。疏曰：「於小寢者前曰廟，後曰寢。爾雅云：『室有東西廂曰廟，無東西廂有室曰寢。』此小寢者所謂高祖以下寢也〔二一〕。王侯同。大寢謂天子始祖諸侯太祖也。小祖，高祖以下廟也。王侯同。太祖，天子始祖，諸侯太祖廟也。兩言於廟，求神備也。周禮夏采『以冕服復于太祖廟』是也。其小廟則祭僕復之〔二二〕，其小寢大寢，則隸僕服之〔二三〕，四郊則夏采服之。」天子崩復曰天子復矣。始死時呼魄辭也，不呼名，臣不名君也。疏曰：「普天率土，王者一人而已，故呼天子復，而王者必知其呼而反矣。若諸侯則曰某甫，稱字也。」

右復。

鼓人：大喪則詔太僕鼓。始崩及窆時也。太僕：大喪，始崩，戒鼓傳達于四方。戒鼓，擊鼓以警衆。四方，以鼓聲傳達而聞之也。大司馬：「大喪，平士大夫。」平者，正其職與其位。司士：大喪，作士掌事。事，謂奠斂之屬。疏曰：「始死則有奠，及至小斂、大斂、朝夕、朔月、月半、薦新、遷廟、祖奠、大遣奠等皆是，未葬以前無尸，不忍異於生，皆稱奠也。」宰夫：大喪、小喪，掌小官之戒令，帥執事而治之。大喪，王后世子；小喪，夫人以下。小官，士也。其大官，則冢宰掌其戒令。治，謂共辦。虎賁氏：國有大故，則守王門，大喪亦如之。大故，謂兵災也。大喪，謂王崩，非常之難須警備。旅賁氏：掌執戈盾，夾王車而趨；喪紀，則衰葛執戈盾。葛，葛絰，武士尚輕。疏曰：「臣爲王，貴賤皆斬衰。斬衰麻絰，至葬乃服葛。今王始死即服葛，故云武士尚輕。」大司徒：若國有大故〔二四〕，則致萬民于王門，令無節者不行于天下。大故，謂王崩及寇兵。司險：國有故，則藩塞阻路，而止行者，以其屬守之〔二五〕，唯有節者得達之。有故，喪、災及兵也。閉塞要路之道，備姦寇也。疏曰：「喪謂王喪。」天子崩，巷市七日；諸侯薨，巷市三日。疏曰：「若居天子、諸侯之喪必巷市者，以庶人憂慼無復求覓財利，要有急須之物，不得不求於邑里之内而爲巷市。」

右戒臣民。

射人：大喪，與僕人遷尸。僕人，太僕也。僕人與射人俱掌王之朝位也。王崩，小斂大斂，遷尸於室堂，朝之象也。檀弓：扶君，卜人師扶右，射人師扶左，君薨以是舉。疏曰：始死於北牖下，遷尸於南牖下。又云小斂於户内。是遷尸於室，小斂訖，遷尸於户外。又遷尸大斂，大斂於阼階〔二六〕，大斂訖，又遷尸於西階〔二七〕，以入棺。是遷尸於室堂。云朝之象也者，君所在而臣朝之〔二八〕，故云朝之象。玉府：大喪，共角枕、角柶。角枕以枕尸。角柶，角匕也，以楔齒。士喪禮曰〔二九〕：「楔齒，令可飯含。」疏曰：「按既夕禮，楔，貌如軶〔三〇〕，上兩末，狀如枇杷，拔屈中央，楔齒。」始死，遷尸于牀，幠用斂衾〔三一〕，去死衣。小臣楔齒用角柶，綴足用燕几，君、大夫士一也。牀，謂所設牀第當牖者也。疏曰：「遷尸於牀者尸初在地，冀生氣復，既而不生，故更遷尸於牀而離初死處，以近南當牖也。幠，覆也。斂衾者，將擬大斂之時衾被也。楔齒，解見上。綴足用燕几者，爲尸應著屨，恐足辟戾，亦使小臣用燕几綴拘之，令直也。」幕人：大喪，共帷幕，帟綬。詳見陳殯具條。委人：喪紀共其薪蒸木材〔三二〕。木材給帳事。此已上兩條，陳殯具條通用。

右遷尸楔齒綴足帷堂。

天子崩，告喪，曰「天王登假」。告，訃也。登，上也。假，已也。上已者，若仙去云耳。

右命訃。

唯天子之喪，有别姓而哭。使諸侯同姓、異姓、庶姓相從而爲位，别於朝覲，爵同同位。疏曰：「此言朝覲爵同同位，然覲禮，諸侯受舍於朝，同姓西面，異姓東面，與此不同者，覲禮先公而後侯，先侯而後伯，亦是爵同同位，但同姓之中，先爵尊耳。」檀弓。

肆師：大喪，令外内命婦序哭。序，使相次秩。疏曰：「按下注，六卿以出及朝廷卿大夫妻皆爲外命婦。其内命婦即下經内命女是也，謂三夫人以下至女御也。哭法，以服之輕重爲先後。若然，則内命婦爲王斬衰居前，諸臣之妻從服齊衰者居後也。」内宗：大喪，序哭者。内宗，凡内女之有爵者，序次外、内宗及命婦哭位。九嬪：若有賓客，則從后。大喪，帥叙哭者亦如之。亦從后。帥，猶導也。后哭，衆之次叙者乃哭。疏曰：「外内命婦哭時，皆依尊卑、命數在后後，爲前後列哭之，故須帥導，使有次序也。唯天子之喪，别姓而哭。肆師序哭，内宗序哭，九嬪帥叙哭，皆朝夕哭條所通用。」司士：凡士之有守者，令哭無去守。疏曰：「此文承大喪之下，令哭無去守，則大夫士有使役守，當雖同爲天子斬衰，不可廢事空官〔三〕，故令哭不得去守也。」既正尸，子坐于東方，卿大夫父兄子姓，立于東方，有司庶士，哭于堂下，北面；夫人坐于西方，内命婦姑姊妹子姓，立于西方，外命婦率外宗，哭于堂上北面。正尸者，謂遷尸牖下南首也。子姓，謂衆子孫也。姓之言生也。其男子立於主人後，女子立於夫人後。世婦爲内命婦，卿大夫之妻爲外命婦。外宗，姑姊妹之女。疏曰：「人君初喪，哭位：子坐於東方者，子謂世子，世子尊，故坐於東方，謂室内尸東，故士喪禮云『主人入坐於牀東』是也。子姓，謂衆子孫所生也。准士禮，父、兄子姓大功以上，正立於室内東方。今此經總云卿大夫、父兄、子姓立於東方。以士禮言之，當在室内，但諸侯以上位尊，不可不正定世子之位，故顧命康王之入翼室，恤宅宗，不宜與卿大夫、父兄、子姓俱在室内也。卿大夫等或當在户外之東方，遥繼主人之後。有司庶士哭於堂下北面者，以其卑，故在堂下北面。則諸父兄、子姓等雖小功以下，皆在堂上西面也。夫人坐於西方者，亦近尸，故士喪禮云婦人俠牀東面，士禮略，但言俠牀，人君則當以帷幛之也。内命婦，則子婦也，姑、姊、妹謂君姑、姊、妹也。子姓，君女孫皆立於西方也。外命婦率外宗哭於堂上北面者，外命婦謂卿大夫妻，外宗謂姑姊妹之女，外命婦外宗等，疏於内命婦，故在户外。婦人無堂下之位，故皆堂上北面也。」

右哭位。

小宰，受其含襚幣玉之事。王喪，諸侯諸臣有致含襚幣玉之事。

右受含襚幣玉。

司常：大喪，共銘旌。銘旌，王則太常也。士喪禮曰：「爲銘，各以其物。」疏曰：「士喪禮『爲銘，各以其物』云，則以緇長半幅，赬末長終幅，廣三寸，書名於末，此蓋其制也。按禮緯云，天子之旌，高九仞，大夫五仞，士三仞。按士喪禮，竹杠長三尺。則死者以尺易仞，天子九尺，諸侯七尺，大夫五尺，士三尺，其旌身亦以尺易仞也。」書銘，自天子達于士，其辭一也。男子稱名，婦人書姓與伯仲。書銘，謂書亡人名字於旌旗也。天子書名於太常，諸侯以下書於旌旗。男子稱名，此並殷禮，周世則尚文，臣不名君，天子復曰：皋，天子復矣。

右爲銘。

鬯人：大喪之大渳設斗，共其釁鬯。斗音主。斗所以沃尸也。釁尸以鬯酒，使之香美者。鄭司農云：「釁讀爲徽。」疏曰：「鄭云釁尸以鬯酒使之香美者，按肆師云大喪築鬻。則此鬯酒中兼有鬱金香草，故得香美也。司農云『釁讀爲徽』者，以鬯釁尸，故以徽爲莊飾義也。」鬱人：大喪之渳，共其肆器。肆器，陳尸之器。喪大記曰：「若設大盤，造冰焉。大夫設夷盤，造冰焉。士併瓦盤，無冰，設牀襢第，有枕。」此之謂肆器，天子亦用夷盤。肆師：大喪，大渳以鬯，則築鬻。鬻音煮。築香草煮以爲鬯以浴尸，香草鬱也。疏曰：「上小宗伯，大喪以鬯湄。則肆師與之築鬱金香草和鬯酒以浴之，使尸之香也。」典絲：喪記，共其絲纊組文之物。以給綫縷著盱口綦握之屬，青與赤謂之文。著，直略反，下同。徐，猪略反。疏曰：「此鄭並據士喪禮而言。云以給綫縷者，謂所裁縫皆用綫縷釋經絲也。云著盱口綦握之屬者，釋經纊組〔三四〕。按士喪禮，『握手玄纁，裏著組繫』，按喪大記，『屬纊以俟絶氣』，內則云『屨著綦』。鄭云，綦，屨繫，是用縷組之事也。云青與赤謂之文，繢人職文。繡之屬亦用絲，故連言也。」內司服：后之喪，共其衣服，凡內具之物。內具，紛帨綫纊鞶袠之屬。疏曰：「后喪所共衣服者，正謂襲時十二稱、小斂十九稱、大斂百二十稱，及內具之物也。按內則，婦事舅、姑〔三五〕，有紛帨、綫纊、鞶袠，故死者入壙，亦兼有數物。以上兩條，下陳小斂、大斂衣，皆通用之。

公襲卷衣一，玄端一，朝服一，素積一，纁裳一，爵弁二，玄冕一，褒衣一，朱緑帶，申加大帶於上。卷音袞。朱緑帶者，襲衣之帶飾之，雜以朱緑，異於生也。此帶亦以素爲之。申，重也，重於革帶也。革帶以佩韍，必言重加大帶者，明雖有變，必備此二帶也。士襲三稱，子羔襲五稱，今公襲九稱，是尊卑襲數不同矣。諸侯七稱，天子十二稱與。疏曰：「公襲以卷衣，上服最在內者，公身貴，故以上服親身，欲尊顯加賜，故褒衣最外而細服居中也。子羔賤，故卑服親身也。玄端一者〔三六〕，賀云燕居之服，玄端朱裳也。朝服一者，緇衣素裳，公日視朝之服也。素積一者，皮弁之服，公視朔之服也。纁裳一者，賀云冕服之裳也，亦可鷩毳，任取中間一服也。爵弁二者，玄衣纁裳二通也。此是始命之服，示之重本，故二通也。招魂，君亦用爵弁服也。玄冕之下，又取一也。褒衣一者，所加賜之衣最上，華君賜也。自卷衣至此〔三七〕，合爵弁二通，合九稱。注云，朱緑帶者，襲衣之帶，飾以雜朱緑，異於生者也。此帶既非革帶，又非大帶，祇是衣之小帶，衣之小帶，以素爲之〔三八〕，而朱緑飾之，亦異於生時也。申，重也，重於革帶也者，謂於革帶之上重加此大帶，知非對小朱緑帶爲重者，以朱緑小帶散在於衣，非是總束其身。若總束其身，唯有革帶、大帶，故知對革帶爲重者，云必見革帶與大帶者〔三九〕，明雖有變，必備此二帶，天子、諸侯以下襲之數。士喪禮襲三稱，子羔襲五稱。此文公襲九稱，是尊卑襲數不同，唯天子、諸侯無文故約之。云諸侯七稱，天子十二稱與，與者，疑辭也。」君錦冒黼殺，綴旁七。凡冒，質長與手齊，殺三尺。疏曰：「冒，謂襲後小斂前所用，以韜尸也，冒有質。殺者作兩囊，每輒横縫合一頭，又縫連一邊，餘一邊不縫，兩囊皆然也。上者曰質，下者曰殺。君質用錦，殺用黼。鄭注士喪禮云，冒，韜尸者，制如直囊，上曰質，下曰殺。質，正也，其用之，先以殺韜足而上，後以質韜首而下。旁綴七者，不縫之邊，上下安七帶，綴以結之，故云綴旁七也。凡冒，質長與手齊。凡，謂貴賤。冒，通名也。言冒之質，從頭韜來至下長短與手相齊也。殺三尺者，殺從足韜上長三尺。」　凌人：大喪，共夷槃冰。漢制度〔四〇〕：大盤，廣八尺，長丈二尺，深三尺，漆赤中，即夷槃。君設大盤，造冰焉。設牀檀笫，有枕。造，猶内也。檀笫，祖簀也〔四一〕，謂無席如浴時牀也。禮，自仲春之後，尸既小斂，先納冰盤中，乃設牀於其上，不施席而遷尸焉，秋涼而止。　典瑞：大喪，共飯玉、含玉。飯玉，碎玉以雜米也。含玉，柱左右䫲及在口中者。雜記曰：「含者執璧將命，則是璧形而小耳。」疏曰：「按玉府已云，大喪共含玉，此又言之者，蓋玉府主作之，此官主其成事而共之。」　玉府：大喪，共含玉。疏曰：「共含玉者，含玉璧形而小〔四二〕，以爲口實。」　含人：喪紀共飯米。飯所以實口，不忍虚也。君用粱，大夫用稷，士用粱，皆四升〔四三〕，實者唯盈。　天子飯九貝。此蓋夏時制也。周禮：「天子飯含用玉〔四四〕。」　含一牀，襲一牀，遷尸於堂，又一牀，皆有枕席，君大夫士一也。疏曰：「言此三節，各自有牀，皆有枕席，唯含一時暫徹枕使面平〔四五〕，故士喪禮『商祝徹枕設巾』是也。含襲及堂皆有席，故鄭注士喪禮，商祝襲衣於牀，牀次含牀之東衽如初。又注士喪禮〔四六〕，設牀笫於兩楹之間，衽如初。有枕云在寢卧之席，亦下莞上簟是也。君大夫士一也者，貴與賤同然也。」

右陳沐浴襲飯含之具。

小宗伯：「王崩，大肆，以秬鬯渳。」渳，亡辨反〔四七〕。杜音泯。李，士辯反。鄭司農云：大肆，大浴也。杜子春讀渳爲泯，以秬鬯浴尸。玄謂大肆，始陳尸伸之。疏曰：「肆訓爲陳，爲伸故也。以秬鬯浴尸，使之香也。大祝職云〔四八〕，大喪，始崩，以肆鬯渳尸。小祝又云，大喪，贊渳。彼二官以掌之，此言之者，察其不如儀也。」　春官大祝：「大喪，以肆鬯渳尸。」肆鬯，所肆鬯爲陳尸也〔四九〕。春官。　小祝：「大喪贊渳〔五〇〕。」故書渳爲灄。杜子春云：「當爲渳，渳謂浴尸。」春官。　女御：「大喪，掌沐浴。」王及后之喪。疏曰：「王及后喪，沐用潘，浴用湯。禮男子不死於婦人之手。今喪亦使女御浴者。按士喪禮，浴時男抗衾則不使婦人，今王喪，婦人或亦供給湯物，亦得謂之掌也。」天官。

管人汲，不說繘，屈之。盡階不升堂，授御者，御者入浴。小臣四人抗衾，御者二人浴[五一]，浴水用盆，沃水用枓，浴用絺巾，挋用浴衣，如他日，小臣爪足，浴餘水棄于坎。其母之喪，則内御者抗衾而浴。管，掌管籥之人。又古禮反，掌館舍之人[五二]。說，吐活反。繘，均必反。枓音主，又音斗。挋音震。抗衾者，蔽上重形也。挋，拭也。爪足，斷足爪也。疏曰：「繘，汲水瓶索也。遽促於事，故不說去井索，但縈屈就之於手中[五三]。盡階不升堂者，以水從西階而升，盡不上堂[五四]。知西階者，以士喪禮云『爲坄於西墻下』故也。沃水用枓，酌盆水沃尸。絺，細葛。浴時除垢。挋用浴衣，浴罷用生時浴衣，拭尸令燥也。如他日，謂如平生尋常之日。浴盤餘汁棄之坎中。坎是甸人所掘於階間，取土爲竈之坎。其母之喪，則内御者抗衾而浴者。内外宜别，故用内御舉衾。内御，婦人，亦管人汲事，事如前，唯浴用人不同耳。」管人汲，授御者。御者差沐於堂上，君沐粱[五五]，大夫沐稷，士沐粱[五六]，甸人爲坄於西墻下，陶人出重鬲，管人受沐，乃煮之。甸人取所徹廟之西北厞[五七]，薪用爨之。管人授御者沐，乃沐。沐用瓦盤，挋用巾，如他日，小臣爪手翦須，濡濯棄於坎。差，七何反。坄音役。陶音桃。重，直龍反。鬲音歷。煮，諸許反。厞，扶味反。爨，七逭反。差，淅也。淅，飯米取其潘以爲沐也。沐沃用枓，沐於盤中，文相變也。士喪禮，沐稻，此云士沐粱，蓋天子之士也，以差率而上之，天子沐黍與。疏曰：差，謂淅米取其潘汁也。君沐粱，大夫沐稷，士沐粱者，皆謂用其米取其汁而沐也[五八]。將沐之時，甸人之官，爲坄於西墻下，土坄墼竈。甸人具此爲坄竈以煮沐汁。陶人，作瓦器之官。重鬲者，謂縣重之罌也，是瓦瓶受三升以沐，米爲粥，實於瓶，以疏布冪口，繫以篾，縣之，覆以葦席。管人受沐，乃煮之者，淅於堂上，管人亦升盡等不上堂而就御者受淅汁，下往西階於坄竈鬲中煮之也。爨，然也。甸人爲竈，竟又取復魄人所徹正寢西北厞以然竈煮沐汁也[五九]。謂正寢爲廟神之也。然舊云厞是屋檐也，謂抽取屋西北檐也。熊氏云，厞謂西北隅厞隱之處，徹取屋外，當厞隱處薪。義亦通也。何取此薪而用者[六〇]？示主人已死，此堂無復用，故取之也。管人授御者，沐者煮汁熟，而管人又取以升階授堂上御者。御者受汁入爲尸沐也。士喪禮云：沐巾一〔六一〕。又云：挋用巾。注云：挋，晞也，清也。如他日者，事事亦如平生也。小臣沐竟而剪手爪，又治須，象平生也。濡濯棄於坎者，皇氏云：濡謂煩潤其髮〔六二〕，濯謂不浄之汁也。言所濡濯汁棄於坎中。鄭注，士喪禮云巾櫛浴衣，亦並棄之於坎。按既夕禮云『掘坎南順，廣尺，輪二尺，深三尺，南其壤。』此沐汁棄於坎，則浴汁亦然。差是差摩，故云淅。詩云：『釋之叟叟』，是釋淅米也。沐與浴俱有枓，俱有盤。浴云用枓，沐云用盤，是文相變也。」

右沐浴。

大祝：「大喪相飯。」疏曰：「云相飯者，浴訖即飯含，故言相飯也。不言相含者，大宰云大喪贊贈玉含玉，此故不言。」大宰：「大喪，贊含玉。」助王爲之也。疏曰：「謂助嗣王。」

右飯含襚。

左傳：皇武子曰：「宋，先代之後，於周爲客。天子有喪，拜焉。」宋弔周喪，王特拜謝之。疏曰：「禮，弔喪之法，皆主人拜。其弔者謝，其勤勞，弔者不答拜，以其爲事而來，不自同於賓客。此皆據弔及主人敵禮。以上若其臣下來弔，則主人不拜。宋是前代之後，王以敵禮待之，故拜其來弔，其餘諸侯者則否。」

右受弔。

小斂於户内，大斂於阼，君以簟席。簟，細葦也，下有莞。司服：「大喪，共其斂衣服掌其陳序。」疏曰：「云大喪，王喪，其中兼小喪也。小斂皆十九稱，大斂則士三十稱，大夫五十稱，諸侯皆百稱，天子蓋百二十稱云。」小斂布絞，縮者一，横者三；君錦衾，大夫縞衾，士緇衾，皆一；衣十有九稱，君陳衣於序東，大夫、士陳衣於房中，皆西領北上，絞紟不在列。絞，既斂所用束堅之者。疏曰：「布絞縮者〔六三〕，以布爲絞。縮，從也，謂從者一幅，竪置於戸下；横者三幅，亦在尸下。從者在横者之上，每幅之末，析爲三片，以結束爲便也。君錦衾，大夫縞衾，士緇衾。皆一者，謂大夫、士等各用一衾，故云皆一。舒衾於此絞上。衣十有九稱者，君、大夫、士同用十九稱。衣布於衾上，然後舉尸於衣，上屈衣裏，又屈衾裏之，然後以絞束之。君陳衣於序東，大夫、士陳衣於房中者，謂將小斂陳衣也。房中者，東房也。大夫、士唯有東房故也。絞紟不在列者，謂不在十九稱之列，不入數也。小斂未有紟，因絞不在列而言紟耳。」君無襚。無襚者，不陳不以斂。疏曰：「君無襚者，國君陳衣及斂，悉宜用己衣，不得陳用他人，見襚送者。」小斂，君、大夫、士皆用複衣複衾。同上。凡陳衣者實之篋，取衣者亦以篋，升降自西階。取，猶受也。凡陳衣不詘，非列采不入，絺綌紵不入。不詘，謂舒而不卷也。列采，謂正色之服也。絺綌紵者，當暑之褻衣也。襲尸重形，冬夏用袍，及斂，則用正服。疏曰：「列采，謂五方正色之采，非列采謂雜也，不入，陳之也，褻衣亦不陳。」復衣不以斂。詳見復條。封人：「凡喪紀，則飾其牛牲。」疏曰：「喪紀有牲者，除朝夕奠用脯醢以外，大小斂、朔月、月半、薦新奠、祖奠、大遣等，皆有牲牢。」牛人：「喪事，共其奠牛。」謂殷奠、遣奠也。喪所薦饋曰奠。疏曰：「喪中自未葬以前，無尸飲食直奠〔六四〕，停置於神前，故謂之爲奠，朝夕之奠無尊卑，皆脯醢酒而已，無牲體。殷，大也。唯有小斂、大斂、朔月、月半、薦新、祖奠及遣奠時有牲體，大遣奠非直牛，亦有馬牲，故鄭註云謂殷奠，遣奠也。鄭云喪所薦饋曰奠〔六五〕，以無尸故也。」地官。囿人：「喪紀，共其脯腊，凡獸之物〔六六〕。」地官。獸人：「凡喪紀，共其死獸、生獸。」天官。腊人：「喪紀，共其脯腊，凡乾肉之事。」𩺰人：𩺰音魚，本又作魚，又音御。「喪紀，共其魚之鱻薨。」天官。醢人：「凡祭祀共薦羞之豆實，喪紀亦如之。」以上八官，並陳。大斂奠至祖奠、遣奠條通用。

右陳小斂衣奠。

小斂，主人即位於户内，主婦東面，乃斂。疏曰：「主人即位於户内者，以初時尸在牖下，主人在尸東，今小斂當户内，故主人在户内稍東。喪大記上始死條：卜人右，射人左。遷尸條：射人、僕人遷尸，並此條通用。當互考也。」小宗伯：「王崩，及執事涖大斂小斂〔六七〕，帥異姓族而佐。執事，大祝之屬。莅，臨也。親斂者，蓋事官之屬爲之〔六八〕。異族佐斂疏者可以相助。疏曰：「大祝職云，大喪贊斂，明大祝執事，小宗伯莅之。云親斂者蓋事官之屬爲之者，以其諸處更不見主斂事者。事官又主工巧之事，以無正文，故疑事官之屬爲之也。云異族佐斂疏者可以相助者，此異族據姓而言之。」大祝：「大喪，贊斂。」冬官主斂事，大祝佐之。春官。君之喪，大胥是斂，衆胥佐之。胥，樂官也，不掌喪事，「胥」當爲「祝」字之誤也。疏曰：「大祝是接神者，故使之執斂事也。是猶執也。衆祝佐之者，衆祝，喪祝也。衆祝賤，故副佐於大祝也。」凡斂者袒，遷尸者襲。袒者，於事便也。疏曰：「凡斂，謂執大小斂事也。事多故袒爲便也。遷尸者襲，謂大斂於地，乃遷尸入棺之屬，事少故襲也。」小斂之衣，祭服不倒。尊祭服也。斂者要方，散衣有倒。疏曰：「祭服謂死者所得用祭服以上也。小斂十九稱，不悉著之，但用裹尸要取其方，而衣有倒領在足間者，唯祭服尊，雖散不著，而領不倒在足也。」同上。小斂大斂，祭服不倒，皆左衽，結絞不紐。紐，女九反，舊，而慎反。左衽，衽，鄉左，反生時也。疏曰：「皆左衽，大斂小斂同，故云皆也。衽，衣襟也。生鄉右手解抽帶，便也。死則襟向左，示不復解也。生時帶並爲屈紐，使易抽解，若死則無復解義，故絞束畢結之，不爲紐也〔六九〕。」同上 自小斂以往用夷衾，夷衾質殺之。裁，猶冒也。疏曰：「往，猶後也。小斂前用冒，故不用夷衾。自小斂後，衣多不可用冒，故用夷衾覆之也。士喪禮云幠用夷衾覆尸柩之衾也〔七〇〕。裁，猶制也。言夷衾所用上齊於手下三尺〔七一〕，所用繒色及長短制度，如冒之質殺也。但不復爲囊及旁綴也〔七二〕。熊氏分『質』字屬上，『殺』字屬下爲句，其義非也。然始死，幠用斂衾，是大斂之衾，自小斂以前覆尸，至小斂時，君錦衾，大夫縞衾，士緇衾，用之小斂。斂訖，則制夷衾以覆之。其小斂之前所用大斂之衾者，小斂以後停而不用，至將大斂及陳衣，又更制一衾，主用大斂也。今按士喪禮，幠用斂衾。疏云，大斂之時，兩衾俱用，一衾承薦於下，一衾以覆尸，則始死所用之衾，至大斂即以承薦，非停而不用也。」鋪絞紟踊，鋪衾踊，鋪衣踊，遷尸踊，斂衣踊，斂衾踊，斂絞紟踊。皆孝子踊也。同上。斂者，既斂必哭。疏曰：「斂者，即大祝衆祝之屬也。既斂，是斂竟也，斂竟必皆哭也。所以然者，以其與亡者或臣舊或有恩，今手爲執事，專心則增感，故哭也。」

卒斂，主人馮之踊，主婦亦如之。主人袒，説髦，括髮以麻，婦人髽，帶麻于房中。士既殯説髦，此云小斂，蓋諸侯禮也。士之既殯，諸侯之小斂，於死者俱三日也。婦人之髽，帶麻于房中，則西房也。天子、諸侯有左右房。疏曰：「既斂，主人馮之踊，主婦亦如之。主人袒者，向小斂不袒，今方有事，故袒衣也。士喪禮，馮尸已竟而云髻髮袒，此未括髮先云袒者，或人君禮也。説髦者，髦，幼時剪髮爲之，至年長則垂著兩邊，明人子事親，恒有孺子之義也。若父死，説左髦；母死，説右髦；二親並死，則並説之。親没不髦是也。今小斂竟，喪事已成，故説之也。按鄭注，士既殯，説髦，今斂而説者，人君禮也。括髮以麻者以用也〔七三〕，人君小斂，説髦竟，而男子括髮用麻也。士小斂，後亦括髮，但未説髦耳。婦人髽者〔七四〕，婦人髽，亦用麻，對男子括髮也。帶麻於房中者，帶麻，麻帶也。謂婦人要絰也。士喪禮云：『婦人之帶牡麻，結本在房。』鄭云，婦人亦有苴絰，但言帶者，記其異。此齊衰，婦人斬衰，婦人亦苴絰也。男子帶絰於東房，而婦人帶絰在西房，既與男子異處，故特記其異也。云天子、諸侯有左右房者，欲明絰房中是西房也。天子路寢，制如明堂。熊氏曰，左房，則東南火室也；右房，則西南金室也。諸侯路寢，室在於中房，在室之東西也。」

右小斂。按：「小斂所用之日，以喪禮義考之，但有死三日而斂，若併死日而數二日，而天子、諸侯三日小斂，大夫士二日小斂，此乃小斂日數，雖引以爲在禮有之，然無所考。天子、諸侯殯葬日月與士不同，則斂日亦當不同，故載其詳於喪禮義而記其略於此。」

大祝：「大喪，徹奠。」疏曰：「此文乃承大喪之下，故奠爲始死之奠，小斂、大斂奠並大祝徹之。」

右徹始死奠。

主人即位，襲帶絰踊。即位，阼階之下位也，有襲絰，乃踊。疏曰：「襲帶絰踊者，拜賓時袒，今拜訖，襲衣加要帶，首絰，於序東復位乃踊也。士喪禮，先踊乃襲絰，此先襲絰乃踊，士爲卑也。此據諸侯爲尊，故云尊卑相變也。」母之喪，即位而免。記異者。禮斬衰括髮，齊衰免以成服而冠，爲母重。初亦括髮，既小斂則免。疏曰：「爲父喪，拜賓竟而即阼階下位，又序東帶絰猶括髮。若爲母喪，至拜賓竟，即位時不復括髮，以免代之。免以襲絰，至大斂乃成服也，所以異於父者也。」同上。乃奠。小斂奠也。疏曰：「拜賓襲絰，踊竟，後始設小斂之奠也。」賓出徹帷。君與大夫之禮也。士卒，斂則徹帷，徹或爲廢。疏曰：「士小斂竟而徹帷，此至小斂竟下階拜賓，賓出後乃除帷，是人君及大夫禮舒也。注云士卒斂則徹帷者，士喪禮文。喪大記，未小斂受弔，有庶子不受弔。宋成公如鄭二條，奉尸夷於堂，有婦人迎送不下堂一條。又殯後受弔條，有君弔見尸柩而後踊，皆此條通用，當互考。」

右襲帶絰小斂奠。

挈壺氏：挈，劉苦結反，一音結，又户結反。「凡喪，縣壺以代哭者，皆以水火守之，分以日夜。」鄭司農云：縣壺以爲漏也。代，更也。禮未大斂代哭，以水守壺者爲沃漏，以火守壺者夜則視刻數也。分以日夜者，異晝夜漏也。漏之箭，晝夜共百刻，冬夏之間有長短焉。太史立成法，有四十八箭。疏曰：「禮未大斂代哭者，未殯以前，無問尊卑，皆哭不絶聲。大斂之後，乃更代而哭，亦使哭不絶聲。大夫以官，士親疏代哭，人君尊，又以壺爲漏分更相代。」君喪，虞人出木、角，狄人出壺，雍人出鼎，司馬縣之，乃官代哭。代，更也。未殯，哭不絶聲。爲其罷倦，既小斂，可以爲漏刻分時而更哭也。疏曰：「虞人掌山澤之官，故出木與角；狄人，樂吏，主挈壺漏水之器，故出壺〔七五〕；雍人主烹飪，故出鼎。所以用鼎及木者，冬月恐水凍則鼎漏遲遲，更無準則，故取鼎煖水，用木〔七六〕，爨鼎煮之，故取鼎及木也。司馬，夏官卿也，其屬有挈壺氏，掌知漏事，故司馬自臨視縣漏之時節，故挈壺氏云『凡喪，縣壺以代哭者。』縣漏分時使均，其官屬更次相代而哭，使聲之不絶者也。」

右代哭。

委人：「喪紀，共其薪烝木材。」薪烝給炊，及燎木材給張事〔七七〕。司烜氏：「凡邦之大事，共墳燭庭燎。」

墳，大也，樹於門外曰大燭，於門内曰庭燎。疏曰：「大事謂若大喪紀、大賓客之事也。庭燎，在大寢之庭。」君堂上二燭，下二燭。燭所以照饌也，滅燎而設燭。疏曰：「有喪，則於中庭終夜設燎，至曉滅燎，而日光未明，故須燭以照祭饌也。」

右設燎。

大斂於阼。詳見陳小斂衣條。大斂布絞，縮者三，橫者五，布紟二衾，君、大夫、士一也。君陳衣於庭，百稱，北領西上。絞紟如朝服，絞一幅爲三，不辟紟五幅，無紞。辟，補麥反。紞，丁覽反。二衾者，或覆之，或薦之。如朝服者，謂布精粗。朝服十五升，小斂之絞，廣終幅，折其末以爲堅之强也。大斂之絞一幅，三折用之以爲堅之急也。紞，以組類爲之，綴之領側，若今被識。生時禪被有識，死者去之，異於生也。疏曰：「大斂布絞，縮者三者，謂取布一幅，分裂之作三片，直用之三片，則共是一幅，兩頭裂，中央不通。橫者五者〔七八〕，又取布二幅，分裂作大片而用五片，橫之於縮下也。布紟者，皇氏云，衿，禪被也。取置絞束之下，擬用以舉尸也〔七九〕。孝經云，衣衾而舉之是也。今按經云，紟在絞後，紟或當在絞上，以絞束之。且君衣百稱，又通小斂與襲之衣，非單紟所能舉也。又孝經云，衾不云紟。皇氏之説未善也。二衾者，小斂，君、大夫、士各一衾，今至大斂，又各加一衾爲二衾，其衾所用與小斂同。但此衾一是始死覆尸者，故士喪禮云幠用斂衾，注云大斂所併用之衾〔八〇〕，一是大斂時復制，又注士喪禮之衾二者，謂始死斂衾，今又復制，士既然則大夫以上亦爾。君陳衣於庭，百稱，北領西上者，衣多，故陳在庭爲榮顯。按鄭注雜記篇，以爲襲，禮大夫五，諸侯七，上公九，天子十二稱，則此大斂，天子當百二十稱，上公九十稱，諸侯伯子男七十稱。今云君百稱者，據上公舉全數而言之，餘可知也。或大斂襲五等，同百稱也。北領者，謂尸在堂也。西上者，由西階取之便也。絞一幅爲三，不辟者，辟，擘也，言小斂絞全幅析裂其末爲三，而大斂之絞既小，不復擘裂其末。紟五幅無紞紟，舉尸之禪被也。注『堅之强』，解小斂衣少，用全幅布爲絞，欲得堅束力强也。『堅之急』，解大斂一幅，分爲三片之意，凡物細則束縛牢，急以衣多，故須急者也。」大斂，君大夫祭服無算，君褶衣褶衾，大夫、士猶小斂也。褶音牒。褶，袷也。君衣尚多，去其著也。疏曰：「祭服，謂死者所得用祭服以上也。算，數也。大斂之時，所有祭服皆用之，無限數也。注謂君多去其著者。經云大夫士猶小斂則複衣複衾也。據主人之衣故用複，若襚，亦得用袷也。故士喪禮云『襚以褶』是也。」同上。　陳小斂衣條，凡陳衣者實之篋。以下此條通用，當互考。

典瑞：「駔圭璋璧琮琥璜之渠眉，疏璧琮以斂尸。」駔，音祖。　以斂尸者，於大斂焉加之也。駔讀爲組，與組馬同，聲之誤也。渠眉，玉飾之溝瑑也。以組穿聯六玉溝瑑之中以斂尸，圭在左，璋在首，琥在右，璜在足，璧在背，琮在腹，蓋取象方明，神之也。疏璧琮者通於天地，疏曰：「於大斂焉加之也者，以其六玉所與玉爲飾，明在衣裳之外，故知在大斂後也。駔讀爲組，詩有『執轡如組』，聲之誤爲駔。云渠眉玉飾之溝瑑也者，此六玉兩頭皆有孔，又於兩孔之間爲溝渠，如溝之兩畔稍高爲眉瑑〔八一〕，故云以組穿聯六玉溝瑑之中以斂尸。云圭在左以下皆約，大宗伯云青圭禮東方之等，以尸南首而置此六玉焉。云蓋取象方明神之也者，按覲禮，設方明，上圭下璧，無璧琮，此云象者，彼注上下之神，非天地至貴，謂日月之神，故上下不用璧琮。此中有璧琮者，象天地。若然，此言象方明也者，直取置六玉於六處，不取玉形之義。又按大宗伯，璧禮天，琮禮地。今此璧在背在下，琮在腹在上，不類者，以背爲陽，腹爲陰，隨尸腹背而置之，故上琮下璧也。云疏璧琮者，通於天地者。天地爲陰陽之主，人之腹背象之，故云疏之通天地也。」

君即位而爲椑，歲壹漆之，藏焉。椑，蒲歷反，徐房益反。　椑，謂地棺親尸者。椑，堅著之言也。歲一漆之，若未成然，藏，謂虛之不合。疏曰：「君，諸侯也，言諸侯，則王可知也。椑，杝棺也。漆之堅强。甓，甓然也。人君無論少長而體尊備物〔八二〕，故一即位，而造爲此棺也。古者，天子椑內又有水兕，而諸侯無，但用杝在內以親尸。歲一漆之者，每年一漆，示如未成也。唯云漆杝，則知不漆杝棺外屬等。」

天子之棺四重。尚深邃也。疏曰：「四重者，水牛、兕牛皮二物重，故爲一重也；又杝爲第二重也；又屬爲第三重也；又大棺爲第四重也。四重，凡五物也，以次而差之。天子大棺厚八寸，屬椑四寸，又二皮六寸，合二尺四寸也。」水兕革棺被之，其厚三寸。疏云：「水、兕二皮，並不能厚三寸，故合被之，令各厚三寸也。二皮能濕，故最在裏近尸也。」杝棺一，疏曰：「杝棺一者，椵也。材亦能濕，故次皮也。杝帷一種，諸侯無革，則杝親尸也。君即位爲椑是也。杝，即椵木。爾雅云，椵、杝一物二名，名椵，又名杝也。」梓棺二，疏云：「杝棺之外，又有屬棺；屬棺之外，又有大棺，與屬棺並用梓，故云二也。」四者皆周。疏云：「四，四重也。周，匝也。謂四重之棺，上下四方，悉周匝也。唯槨不周，下有茵，上有枕席故也。」棺束，縮二，衡三，衽每束一。衡亦當爲横。衽，今小要。衽或作漆，或作髹。疏曰：「棺束者，古棺木無釘，故用皮束合之。縮二者，縮，縱也，縱束用二行也。衡三者，横束三行也。衽每束一者，衽，小要也，其形兩頭廣，中央小也。既不用釘棺，但先鑿棺邊及兩頭合際處作坎形，則以小要連之，今固棺並相對，每束之處以一行之衽連之，若竪束之處，則竪著其衽，以連棺蓋及底之木，使與棺頭尾之材相固，漢時呼衽謂之小要也。」同上。

君裏棺用朱緑，用雜金鐕。鐕，子南反。鐕所以琢著裏。疏曰：「裏棺謂以繒貼棺裏也。朱繒貼四方，緑繒貼四角，定本經中『緑』字皆作『琢』，琢謂鐕，琢朱繒貼著於棺也。用雜金鐕者，鐕，釘也。舊説云用金釘，又用象牙雜之，以琢朱緑著棺也。」

舍人：「喪紀，共熬穀。」熬穀者，鐕於棺旁，所以惑蚍蜉也。疏曰：「殯時設之，將熬穀以惑蚍蜉。又有魚腊香，蚍蜉欲向棺，故植此以惑之者也。」熬，君四種八筐，加魚腊焉。熬，煎穀也。士喪禮曰：熬黍、稷各二筐。又曰：設熬，旁各一筐，大夫三種加以粱。君四種加以稻四筐。則手足皆一，其餘設於左右。疏曰：「加魚腊者，魚腊謂乾腊。按郊特牲，士腊用兔。少牢，大夫腊用麋。天子、諸侯無文，當用六獸之屬，亦爲惑蚍蜉。」

幕人：「大喪，共帷、幕、帟、綬。」爲賓客飾也。帷以帷堂，或與幕張之於庭，帟在柩上。疏曰：「始在帷堂，小斂徹之，及殯，在堂亦帷之也。」

掌次：「凡喪，王則張帟三重。」張帟，柩上承塵也。疏曰：「后與王同。」

司几筵：「凡喪事，設葦席，右素几，其柏席用萑黼純，諸侯則紛純，每敦一几。」柏，鄭音椁，劉依司農音迫。喪事，謂凡奠也，萑如葦而細者。鄭司農云，柏席，迫地之席，葦居其上。或曰柏席，載黍稷之席。玄謂柏，椁字磨滅之餘。椁席，藏中神坐之席也。敦讀曰燾。燾，覆也。棺在殯，則椁燾，既窆，則加見皆謂覆之〔八三〕。周禮雖合葬，及同時在殯，皆異几，體實不同。祭於廟同几，精氣合。劉音疇。藏，才浪反〔八四〕。疏云：「喪事謂凡奠也者，言凡非一之義，士喪禮始死之奠，乃至小斂之奠，亦設於地，未有席至大斂奠乃有席，殯後則有朝夕奠，朔月奠，大夫以上兼有月半奠，並有薦新奠，葬時又有遷奠、祖奠、大遣奠，葬乃廢奠而虞祭也，故鄭云謂凡奠也。云棺在殯則椁燾者，檀弓云天子菆塗龍輴以椁是也。云既窆則如見者，見謂道上帳帷荒將入藏以覆棺，言見者以其棺不復見，唯見帷荒，故謂之見也。其二處皆當覆，故云敦也。云皆異凡體實不同者，解經每敦一几之義。」凡吉事變几，凶事仍几〔八五〕。鄭司農云：「吉事變几，變更其質，謂有飾也。仍，因也，因其質，謂無飾也。顧命：『牖間南嚮，西序東嚮，東序西向。』皆仍几。」玄謂吉事，王祭宗廟〔八六〕，祼於室，饋食於堂，繹於祊，每事易几。神事文，示新之也。凶事，謂几奠朝夕相因。喪禮略。疏曰：「按檀弓云，虞而立尸有几筵者，據大夫、士而言。按士喪禮，大斂則有席，而云虞始有筵者，以其几筵相將連言，其實虞時始有几，其筵大斂即有也。天子諸侯禮大，初死几筵並有，故上云凡喪事設葦席，右素几也。凡几之長短，阮諶云，几長五尺，高二尺〔八七〕，廣二尺。馬融以爲長三尺，舊圖以爲几兩端赤，中央黑也。」

右陳大斂衣及殯奠之具。

君將大斂，子弁絰即位於序端，卿大夫即位於堂廉楹西，北面東上，父兄堂下北面，夫人命婦尸西東面，外宗房中南面，小臣鋪席，商祝鋪絞紟衾衣，士盥於盤上，士舉遷尸於斂上，卒斂，宰告，子馮之踊，夫人東面亦如之。子弁絰者，未成服，弁如爵弁而素。大夫之喪，子亦弁絰。疏曰：「子弁絰即位於序端者，序謂東序。端謂序之南頭也。卿大夫即位於堂廉楹西者，卿大夫，謂群臣也。堂廉，謂堂基南畔之廉稜之上楹，謂南近堂廉者。子位既在東序端，故群臣列於基上東楹之西也。按隱義云，堂廉，即堂上近南霤爲廉也。北面東上者，在基上俱北面東頭爲上也。子在東，尸在阼階，故在基者以東爲上也。父兄堂下北面者〔八八〕，謂諸父、諸兄不在仕者〔八九〕，以其賤，故在堂下而鄉北，以東爲上也。若士，則亦在堂下。外宗房中南面者，外宗，君之姑、姊、妹之女及姨、舅之女也。輕，故在房中而鄉南也。皇氏云，當在西房以東爲上也。今謂尸在阼，大夫命婦在尸西北，外宗等當在東房。小臣鋪席者〔九〇〕，謂下莞上簟敷於阼階，上供之斂也。士喪禮云，布席如初。注云，亦下莞上簟也。鋪於阼階，上於堂南北爲少南。商祝鋪絞紟衾衣者，商祝亦是周禮喪祝也。其鋪絞紟衾衣等致於小臣，所鋪席上以待尸。士盥於盤上者，士亦喪祝之屬也。周禮：喪祝，上士二人，中士四人，下士八人。是將應舉尸，故先盥手於盤上也。雜記云『士盥於盤北』是也。士舉遷尸於斂上者，斂上，即斂處也。卒斂者，大斂衣裝畢也。宰告者，大宰也。斂畢，大宰告孝子道斂畢也。子馮之踴者，孝子待得告乃馮尸而起踊。夫人東面亦如之者，亦馮尸而踊。鄉者夫人、命婦俱東嚮於尸西，今獨云夫人馮者，命婦賤不得馮也。馮竟乃斂於棺。注云，子弁絰者，未成服者，成服則著喪冠也。此云弁絰，是未成服，此雖以大斂爲文，其小斂時，子亦弁絰，君、大夫、士之子皆然。故雜記云小斂，環絰，公、大夫、士一也。」

右大斂。

天子七日而殯。尊者舒，卑者速。疏曰：「天子、諸侯既尊重，送終禮物，其數既多，許其申遂，故日月緩也。」君大夫鬊、爪，實於緑中。鬊音舜。緑當爲角，謂棺内四隅也。鬊，亂髮也。將實爪、髮，棺中必爲小囊盛之，此緑或爲篗。君蓋用漆，三衽三束。」用漆者，用塗合牝牡之中也。衽，小要也。疏曰：「君蓋用漆者，蓋，棺上蓋。用漆，謂漆其衽，合棺縫際也。束謂以皮束棺也。棺兩邊各三衽，每當衽上，輒以牛皮束之，故云三衽三束也。」天子之殯也，菆塗龍輴以椁，菆木以周，龍輴如椁而塗之。天子殯，以輴車畫轅爲龍。疏曰：「菆，叢也，謂用木叢棺而四面塗之。龍輴者，殯時輴車載柩而畫轅爲龍。以椁者，亦題湊叢木，象椁之形。」加斧於椁上，畢塗屋，斧謂之黼，白黑文也。以刺繡於褖幕，加椁以覆棺，已乃屋其上盡塗之。疏曰：「斧謂繡覆棺之衣爲斧文也，先取四面爲椁，使上與棺齊，而上猶開也，以棺衣從椁上入覆於棺，故云加斧於椁上也〔九一〕。畢塗屋者，畢，盡也。斧覆既竟，又四柱爲屋，覆上，而下四面盡塗之也。」天子之禮也。甸師：「喪事，代王受眚烖。」粢盛者，祭祀之主也。今國遭大喪，若云此黍稷不馨，使鬼神不逞於王，既殯，太祝作禱辭，授甸人，使以禱籍田之神，受眚烖，弭後殃。疏曰：「言喪事者，謂王喪既殯後〔九二〕，甸師氏於太祝取禱祠禱籍田之神。眚，過也。代王受過烖，止後殃，故爲此禱也。太祝作禱詞，在既殯後者，見太祝職云。授甸人禱祠，在大斂後，大斂則殯，故知在既殯後。」太祝：「大喪，言甸人讀禱。」言，猶語也。禱，六辭之屬禱也。甸人，喪事代王受眚烖，太祝爲禱辭，授之使以禱於籍田之神也。疏曰：「太祝掌六辭，五曰禱，故於王既殯作禱銘，甸人使以禱焉。」小祝：「設熬置銘。」疏曰：「熬謂熬穀，殯在堂時設於棺旁，所以惑蚍蜉云。置銘者，銘謂銘旌，書死者名。既殯，置於西階上，所以表柩。」

右殯。

天子諸侯之喪，斬衰者奠。爲君服皆斬衰，唯主人不奠。疏曰：「按士喪禮，主人不親奠。而此下文之士，則朋友奠，故知主人不親奠也。主人不親奠者，以主人悲號思慕，不暇執事故也。」

右大斂奠。

小宗伯：「辨吉凶之五服。」司服：掌王之吉凶衣服，凡凶事，服弁服。服弁，喪冠也。其服，斬衰、齊衰。凡喪，爲天王斬衰，爲王后齊衰。王后，小君也。諸侯爲之不杖朞。太僕：「喪紀，正王之服位，詔法儀。」詔，告也。内司服：凡祭祀賓客，共后之衣服，及九嬪世婦。凡命婦，共其衣服，共喪衰亦如之。疏曰：「外命婦喪衰，謂王服齊衰，於后無服。若九婦以下及女御，於王服斬衰，於后服齊衰也。」天官。追師：追，丁回反。一曰雕。追，治玉石之名。掌王后之首服，爲九嬪及外内命婦之首服，以待祭祀賓客。喪紀，共笄經亦如之。天官。内宰：「凡喪事，佐后使治外、内命婦，正其服位。」使，使其屬之上士〔九三〕，内命婦謂九嬪，世婦，女御。鄭司農云，外命婦，卿大夫之妻，王命其夫，后命其婦。玄謂士妻亦爲命婦。疏曰：「凡有喪事，内宰皆佐后使其屬官治外内之命婦，正其服之精粗，位之前後也。」諸子：「大喪，正群子之服位。」疏曰：「位，謂在殯宮外内哭位也。正其服者，公卿大夫之子爲王斬衰與父同，故雜記『大夫之子得行大夫禮。』」肆師：「禁外内命男子之衰不中法者，且授之杖。」外命男，六卿以出也。内命男，朝廷卿大夫士也。其妻爲外命女，喪服爲夫之君齊衰，不杖。内命女，王之三夫人以下，不中法，違升數與裁制者。鄭司農云：三日授子杖，五日授大夫杖，七日授士杖，此舊説也。喪大記曰：君之喪，三日，子、夫人杖，五日，既殯，授大夫、世婦杖，無七日授士杖文。玄謂授杖日數，王喪依諸侯與七日授士杖，四制云。疏曰：「外、内命男女，爲王雖有齊、斬不同，其衰皆有升數多少及裁制，故禁之使依法也。且授之杖者〔九四〕，外内命男及内命女皆爲王斬者，有杖授之。其外命女爲王齊衰無杖，故云且見，不定之詞也〔九五〕。喪服爲夫之君，見喪服不杖齊衰章。内命女、王之三夫人以下者〔九六〕，通九嬪、二十七世婦、八十一御妻，皆爲王斬衰而杖也。言升數者，諸臣妻爲夫之君，義服衰六升，諸臣爲王，義服斬衰，衰三升半，冠六升，三夫人以下，爲王正服斬衰，衰三升〔九七〕，是其數也。言裁制者，喪服云，凡衰外削幅，裳内削幅，幅三拘已下，具有裁制也。司農所云授杖之日仍是四制之文也。王喪，諸臣等無授杖之日數，以諸侯之臣與王之臣同斬衰杖竹，故授杖日數亦宜同也。檀弓云，天子崩，三日，祝先服。明子與夫人亦服，則天子之子及后亦服矣。五日，官長服，明天子三公已下及三夫人已下亦服矣。但服杖，同時有服即杖矣。唯天子服授杖亦當七日矣。是以王喪約同諸侯之制也。」**天子崩，三日，祝先服；**祝佐含斂先病〔九八〕。

疏曰：「祝，大祝也。服，服杖也。是喪服之數，故呼杖爲服。祝佐含先病，故先杖也，然云祝服，故子亦三日而杖也。」**五日，官長服；**官長，大夫、士。疏曰：「官長，大夫、士也，亦服杖也；病在祝後，故五日也。」**七日，國中男女服；**庶人。疏曰：「國中男女，謂畿内民及庶人在官者。服，謂齊衰三月。而除之必待七日者，天子七日而殯，殯後嗣王成服，故民得成服也。」**三月，天下服。**諸侯之大夫。疏曰：「三月天下服者，諸侯之大夫爲王繐衰，既葬而除之也。近者亦不待三月，今據遠者爲言耳。然四條皆云服，何以知其或杖服或衰服？按喪大記云，君之喪，三日，子、夫人杖；五日，既殯，授大夫世婦杖。又喪服四制云，三日授子杖，五日授大夫杖，七日授士杖。按如大記及四制，則知今云三日、五日是服杖明矣。其七日及三日者，唯服而已，無杖。四制云七日授士杖，此云五日士杖者，士若有，地德深，則五日；若無，地德薄，則七日。崔氏云此據朝廷之士，四制是邑宰之士也。」檀弓。**君之喪，三日，子夫人杖，五日，既殯，授大夫世婦杖。**三日者，死之後三日也。爲君杖不同日，人君禮大，可以見親疏也。疏曰：「熊氏云，子杖通女子子在室者，若嫁爲他國夫人，則不杖。嫁爲卿大夫之妻，與大夫同五日杖也。君之女及内宗外宗之屬嫁爲士妻，及君之女御，皆七日杖也。」喪大記。**公之喪，諸達官之長杖。**謂君所命，雖有官職，不達於君，則不服斬。疏曰：「達官，謂國之卿大夫、士被君命者也。不達於君，謂府史之類，賤不被命，是不達於君也。不服斬衰，但齊三月耳。故喪服齊衰三月章有『庶人爲國君』，即此是也。」

右成服。

天府：「凡國之玉鎮大寶器藏焉。若有大祭、大喪，則出而陳之，既事，藏之。」玉鎮大寶器玉瑞玉器之美者。禘祫及大喪陳之，以華國也〔九九〕。顧命，陳寶、赤刀、大訓、弘璧、琬琰在西序，大玉、夷玉、天球、河圖在東序。胤之舞衣、大貝、鼖鼓在西房，兌之戈，和之弓，垂之竹矢在東房。此其行事見於經。典路：「若有大祭祀，則出路，贊駕説，大喪，亦如之。」亦出路當陳之。書顧命：陳先王寶器。又曰：大輅在賓階面，綴路在阼階面，先路在左塾之前，次路在右塾之前。

右陳寶器。

顧命：成王崩，康王麻冕黼裳，由賓階隮入即位。云云。詳見上文。康王既尸，天子遂誥諸侯。云云。詳見上文。成湯既没，伊尹奉嗣王，祗見厥祖。云云。詳見上文。春秋：文公九年，毛伯來求金，何不稱使？當喪，未君也。踰年矣，何以謂之未君？據崩在八年，踰年即位。即位矣，而未稱王也。未稱王，何以知其即位？以諸侯之踰年即位，亦知天子之踰年即位也。以天子三年然後稱王，亦知諸侯於其封内三年稱子也。踰年稱公矣，則曷爲於其封内三年稱子〔一〇〇〕？緣終始之義，一年不二君，故君薨稱子，其既葬稱子。緣臣民之心，不可曠年無君。故踰年稱公。緣孝子之心，則三年不忍當也。不忍當公位。公羊傳。又按曲禮曰：天子未除喪，曰予小子。注云：謙未敢稱一人。春秋傳曰：以諸侯之踰年即位，亦知天子之踰年即位；以天子三年然後稱王，亦知諸侯於其封内三年稱子。疏曰：「天子踰年即位無文，約魯十二公；諸侯三年内稱子亦無文，約天子踰年不稱王也，是天子諸侯互相明也。又準左傳之義，諸侯薨而嗣子即位，凡有三時：一是始喪即適子之位；二是踰年正月即一國正君臣之位；三是除喪而見於天子，天子命之嗣，列爲諸侯之位。今此踰年即位，是遭喪。明年爲元年，正月即位。白虎通云：父没，稱子某屈於尸柩也。既葬稱子者，即尊之漸也。踰年稱公者，緣臣之心，不可一日無君，緣始終之義，一年不二君，故踰年即位，係臣民之心也。」文公元年春王正月，公即位。

先君未葬，而公即位，不可曠年無君。疏曰：「諸侯之禮，既葬成君。先君雖未葬，既踰年而君即位，不可曠年無君故也。釋例云：遭喪繼立者，每新年必改元正位，百官以序，故國史書即位於策以表之。文公、成公，先君之喪未葬而書即位，因三正之始，明繼嗣之正，表朝儀以固百姓之心。此乃國君明分制之大禮，譬周康王麻冕黼裳以行事，事畢，然後反喪服也。杜引顧命康王之事以譬此者，彼是既殯，此是踰年，雖時不同，取其暫服吉服事相似耳。又按釋例曰：尚書顧命天子在殯之遺制也。推此，亦是以準諸侯之禮矣。」

定公元年夏六月，公之喪至自乾侯。戊辰，公即位。諸侯薨，五日而殯，則嗣子即位。癸亥，昭公喪，至五日殯於宮，定公乃即位。疏曰：「公羊、穀梁皆云正棺於兩楹之間，然後即位。按，正棺兩楹之間，即禮所謂夷於堂者也。喪大記君薨之禮云，既小斂，男女奉尸夷於堂。鄭玄云：士之既殯，諸侯之小斂，於死者俱三日。戊辰，去癸亥五日，非正棺之日，不得爲正棺即位也。雜記云：諸侯行而死，歸，至於廟門，遂入，適所殯。鄭玄云：適所殯，謂兩楹之間，自外來者正棺於兩楹之間，尸亦夷之於此，因殯焉。殯必於兩楹之間者，以其死不於室而自外來，留之於中，不忍遠也。鄭取二傳之說，言死從外來者殯在兩楹之間，若謂殯爲正棺，則與杜言合矣。」癸亥，公之喪至自乾侯。則曷爲以戊辰之日然後即位？正棺於兩楹之間，然後即位。公羊傳。沈子曰：正棺乎兩楹之間，然後即位也。內之大事日，即位，君之大事也。其不日，何也？以年決者，不以日決也。此則其日，何也？踰年即位，厲也。厲，危也，公喪在外，踰年六月，乃得即位。危，故日之〔一〇二〕。於厲之中，又有義焉。先君未殯，則後君不得即位〔一〇三〕。未殯，雖有天子之命，猶不敢，况臨諸臣乎？以輕喻重也。雖爲天子所召，不敢背殯而往，况君喪未葬而行即位之禮以臨諸臣乎？背音佩。周人有喪，魯人有喪，周人弔，魯人不弔。周人曰：「固吾臣也，使人可也。」魯人曰：「吾君也，親之者也。」使大夫則不可也。君至尊也，去父之殯而往弔，猶不敢，况未殯而臨諸臣乎？穀梁傳。

月正元日，舜格于文祖。月正，正月。元日，上日也。舜服堯喪三年畢，將即政，故復至文祖廟。告文祖者，堯文德之祖廟。

惟三祀十有二月朔，伊尹以冕服奉嗣王歸于亳。冕，冠也，踰月即吉服。

右嗣君即位。

勉齋黄氏曰：「按即位之别有四，正嗣子之位，已見始死條下。顧命有『王麻冕黼裳，道揚末命』，及康王之誥有『惟予一人釗報誥』之語，乃既殯之後，嗣君即繼體之位之禮，今附見於此。若踰年合正改元之位，三年合正踐阼之位，如春秋元年書即位，則是踰年正改元之位也。『月正元日，舜格于文祖』『伊尹以冕服奉嗣王歸於亳〔一〇三〕』，則是三年正踐阼之位也。然崩薨之日，或在歲終，則蓋有未殯而踰年者矣。故踰年正繼體之位之禮，遂無所附。喪大記補經，亦止於虞禮。則三年之禮，亦無所附。今併列於此記之下，其義則見於春秋傳注疏，與喪禮及白虎通之説，所當通考也。」

居倚廬不塗，君爲廬宫之，大夫、士襢之。宫，謂圍障之也。襢，袒也，謂不障。疏曰：「此論初遭喪，君、大夫、士居廬之禮。居倚廬者，謂於中門之外東墻下倚木爲廬，故云居倚廬。不塗者，但以草夾障，不以泥塗之也。君爲廬宫之者，謂廬外以帷障之，如宫墻。大夫、士襢之者，襢，袒也。其廬袒露不帷障也。按既夕禮注云，倚木爲廬，在中門外東方北户。」喪大記。宫正：「大喪，則授廬舍，辨其親疏貴賤之居。」廬，倚廬也。舍，堊室也。親者、貴者居倚廬，疏者、賤者居堊室。雜記曰：「大夫居廬，士居堊室。」疏曰：「云廬，倚廬也者，謂於路門之外東壁倚木爲廬〔一〇四〕。云舍，堊室也者，舍對廬，故爲堊室〔一〇五〕。堊室者，兩下爲之，與廬異，故云堊室也〔一〇六〕。云親者、貴者居倚廬者，親謂大功以上，貴謂大夫以上者，居倚廬。云疏者、賤者居堊室者，疏謂小功緦麻，賤謂士，二者居堊室。知義如此者，以其經云辨其親疏貴賤，明當如此解之也。又引雜記者，彼是諸侯之臣，其大夫居廬，士居堊室。彼注士居堊室，亦謂邑宰也，朝廷之士亦居廬。」

右喪廬。

巾車：「王之喪車五乘。木車，蒲蔽，犬複，尾櫜，疏飾。小服皆疏。木車，不漆者。鄭司農云：蒲蔽謂蠃蘭車以蒲爲蔽，天子喪服之車〔一〇七〕。漢儀亦然。犬䄙以犬皮爲覆笭，故書疏爲揟。杜子春讀揟爲妙。玄謂蔽車旁禦風塵者。大白，犬皮。既以皮爲覆笭，又以其尾爲戈戟之弢〔一〇八〕。麤布飾二物之側爲之緣。若攝服云，服讀爲箙。小箙，刀劍、短兵之衣。此始遭喪所乘，爲君之道尚微，備姦臣也。書曰：「以虎賁百人逆子釗」，亦爲備焉。　嬴，魯火反，劉又音果。笭，力丁反，劉又音泠。揟本又作揟，同，思如反。弢，吐刀反。緣，悦絹反。下同。箙音服。素車，棼蔽，犬䄙，素飾，小服皆素。素車，以白土堊車也。棼，讀爲薠。薠麻以爲蔽〔一〇九〕，其䄙服以素繒爲緣，此卒哭所乘。爲君之道益著，在車可以去戈戟。　薠，扶文反。藻車，藻蔽，鹿淺䄙，革飾。故書藻作䡇。杜子春䡇讀爲華藻之藻，直謂華藻也。玄謂藻，水草，蒼色，以蒼土堊車，以蒼繒爲蔽也。鹿淺䄙，以鹿夏皮爲覆笭，又以所治去毛者緣之，此既練所乘。　䡇音總，又音藻，李一音蒼會反。駹車，萑蔽，然䄙，髤飾。故書駹作龍。髤爲軟。杜子春云：龍讀爲駹，軟讀爲桼也。玄謂駹車邊側有漆飾也。萑，細葦席也。以爲蔽者漆則成藩即吉也。然，果然也。髤，赤多黑少之色韋也。此大祥所乘。　萑音丸。髤，香求反〔一一〇〕。軟音次。漆音次〔一一一〕。桼音七。垸，胡翫反〔一一二〕。漆車，藩蔽，豻䄙，雀飾。」漆車，黑車也。藩，今時小車。藩，漆席以爲之。豻，胡罕反。雀，黑多赤少之色韋也。此禫所乘。

右喪車。

外宗：「大喪，則叙外内朝莫哭者。」内外宗及外命婦。　疏曰：「經直云外内，鄭云内外宗及外命婦，則内中以兼外宗，外中不兼内命婦也。經不云内外宗，内外命婦者，意欲見内是内宗，舉内以見外。其外中則不得舉外以見内。以其内命婦九嬪叙之也。故九嬪職云「大喪帥叙哭者〔一一三〕」。注云：『后哭，衆乃哭。』是内命婦九嬪叙之〔一一四〕，故鄭亦不言内命婦。」　春官。　世婦：「大喪，比外内命婦之朝莫哭不敬者，而苛罰之。」苛，譴也。　疏曰：「大喪謂王喪。王喪則殯後有朝夕哭事〔一一五〕。外命婦，朝廷卿大夫、士之妻；内命婦，九嬪以下，以尊卑爲位而哭。而有不敬者，則呵責罰之。　春官。　哭位條内有『天子之喪，别姓而哭，肆師令序哭，内宗序哭，九嬪師序哭位。』此條通用，當互考。」　朝夕哭，不帷。緣孝子心欲見殯肂也。既踊，則施其房，鬼神尚幽闇也。　雜記。士備入而后朝夕踊。備，猶盡也。國君之喪，嫌主人哭，入則踊。疏曰：「此一節論君喪、群臣朝夕哭踊之事〔一一六〕，備，盡也。國君喪，群臣則朝夕即位哭踊〔一一七〕。嗣君孝子雖先入即位哭〔一一八〕，必待諸臣皆入，列位畢，後乃俱踊者也。士卑最後〔一一九〕，故舉士入爲畢也〔一二〇〕。所入有前後，而相待踊者，孝子哀深，故前入也。踊須相視爲節，故俟齊也。」

右朝夕哭。

司服：「大喪，共其奠衣服。」奠衣服，今座上魂衣也。疏曰：「守祧職云，遺衣服藏焉。鄭云，大斂之餘也。至祭祀之時，則出而陳於座上，此則奠衣服者也。陳小斂奠條内有封人飾牛牲等七官，又陳大斂條内有司几筵，設葦席、素几，皆此條所通用。此條後凡奠通用，當互考。」

右朝夕奠。

籩人：「喪事，共其薦籩羞籩。」謂殷奠時。疏曰：「殷，猶大也。大奠，朔月、月半、薦新、祖奠、遣奠之類也。」按士喪禮，月半不殷奠。注云，士月半不復如朔月盛奠，下尊者〔一二一〕。疏云下尊者以下，大夫以上〔一二二〕，有月半奠，故士禮月半不殷奠，而此有月半奠也。陳小斂條内有封人等七官，陳大斂條内有司几筵，設葦席、素几，朝夕奠，條内有司服共奠衣服，皆此條通用。此條几後殷奠通用，當考。」天子諸侯之喪，斬衰者奠。注見前。

右朔月月半殷奠。

按：儀禮正經所載惟士喪禮，而天子、諸侯、大夫之禮闕焉。勉齋黃氏著儀禮經傳通解，因小戴喪大記一篇，合周禮、禮記諸書以補其闕，然後粲然可考。今所叙國恤，於黃氏禮書中撮取其專言天子喪禮處次第，其節奏如前，以見三代國哀之制。然禮記所言，君皆國君也，其專言天子者無幾，而注疏家以諸侯之禮通之於天子，亦可概見。周禮所言，雖皆天子之禮，然惟職掌所及則載之，而不關於職掌者無可考，則亦豈無遺軼？姑叙其所可知者爾。自始死至殷奠叙於此，而卜宅以至窆虞，則叙於山陵條下。至於與臣民通用之禮，則自有黄氏專書，更不贅述。

校勘記

〔一〕古者喪期無數　「喪期」原倒，據周易繫辭下賈疏乙正。

〔二〕此祠先王是湯崩踰月太甲即位　「此祠先王是」五字原脱，據尚書伊訓賈疏補。

〔三〕此奠殯而告　此五字涉上原脱，據尚書伊訓賈疏補。

〔四〕既有奠殯即位　「既」原作「凡」，據尚書伊訓賈疏改。

〔五〕此踰月即位　「此」字原脱，據尚書伊訓賈疏補。

〔六〕嗣守文武大訓　「嗣」，尚書顧命作「繼」。

〔七〕寢東首於北牖下是也　「寢」字原脱，據尚書顧命、禮記喪大記補。

〔八〕彤纁也　「纁」原作「壎」，據元本、慎本、馮本及尚書顧命孔疏改。

〔九〕王出在應門之内　「在」原作「自」，據尚書康王之誥改。

〔一〇〕若以爲不當拜而不拜　「而不拜」原脱，據蔡沈書經集傳補。

〔一一〕既葬　「葬」原作「喪」，據元本、慎本、馮本及左傳昭公十年條改。

〔一二〕皆無辭以見　「見」原作「退」，據左傳昭公十年改。

〔一三〕僕人射人皆平時贊正君服位者　「服」字原脱，據禮記檀弓上鄭注補。

〔一四〕謂夫人寢也　「謂」下原有「就」，據禮記喪大記孔疏删。

〔一五〕隱公薨不書地　「隱」原作「陳」，據禮記喪大記孔疏改。又，「地」字下禮記有「失其所」三字。

〔一六〕以乘車建綏復於四郊　「綏」原作「緌」，據元本及周禮夏采改。

〔一七〕求之王平生常所有事之處　「生」字原脱，據周禮夏采鄭注補。

〔一八〕今以之復　「之」字原脱，據周禮夏采鄭注補。

〔一九〕乃卷衣投於前　「前」字原脱，據周禮夏采賈疏補。

〔二〇〕亦他日所嘗有事　「所」字原脱，據禮記檀弓上鄭注補。

〔二一〕此小寢者所謂高祖以下寢也　原脱「者所謂」。又，「下」字下原有「廟之」，據禮記檀弓上賈疏補删。

〔二二〕其小廟則祭僕復之　「僕」原作「供」，據禮記檀弓上賈疏改。

〔二三〕則隸僕服之　「隸僕」原作「肆供」，據禮記檀弓上賈疏改。

〔二四〕若國有大故　「大」字原脱，據周禮大司徒補。

〔二五〕而止行者以其屬守之　「者」原作「之」，據周禮司險改。

〔二六〕大斂於阼階　「大斂」涉上原脱，據周禮射人賈疏補。

〔二七〕又遷尸於西階　「又」原作「及」，據馮本及周禮射人賈疏改。

〔二八〕君所在而臣朝之　「朝之」原倒，據周禮射人賈疏乙正。

〔二九〕士喪禮曰　「禮」字原脱，據周禮玉府鄭注補。

〔三〇〕楔貌如軛　「貌」原作「皂」，據周禮玉府賈疏改。

〔三一〕幠用斂衾　「用」字原脱，據禮記喪大記補。

〔三二〕喪紀共其薪蒸木材　「薪蒸」原脱，據周禮委人補。

〔三三〕當雖同爲天子斬衰不可廢事空官　「雖」原作「須」，據周禮司士賈疏改。

〔三四〕云著肝口綦握之屬者釋經纊組　「握」原作「文」，「纊」原作「縷」，據元本、慎本、馮本及周禮典絲賈疏改。

〔三五〕婦事舅姑　「婦」字原脱，據周禮内司服賈疏補。

〔三六〕玄端一者　「一」原作「二」，據禮記雜記上孔疏改。

〔三七〕自卷衣至此　「卷」原作「衮」，據禮記雜記上孔疏改。

〔三八〕衣之小帶以素爲之　「之小」原脱，據禮記雜記上孔疏補。

〔三九〕云必見革帶與大帶者　「云」字原脱，據禮記雜記上孔疏補。

〔四〇〕漢制度　「度」原作「廣」，據周禮凌人鄭注改。

〔四一〕檀第祖簀也　「簀」原作「箕」，據禮記喪服大記鄭注改。

〔四二〕共含玉者含玉璧形而小　「共含」原脱，據周禮玉府賈疏補。

〔四三〕皆四升　「升」原作「朴」，據周禮舍人鄭注改。

〔四四〕天子飯含用玉　「含」字原脱，據禮記雜記下鄭注補。

〔四五〕唯含一時暫徹枕使面平　「面平」原倒，據禮記喪服大記孔疏乙正。

〔四六〕士喪禮　「喪」字原脱，據禮記喪服大記孔疏補。

〔四七〕亡辨反　「亡辨」原作「士辨」，據周禮小宗伯鄭注改。

〔四八〕大祝職云　「祝職」原倒，據周禮大祝賈疏乙正。

〔四九〕肆鬯所肆鬯爲陳尸也　按周禮大祝鄭注作「肆鬯所爲陳尸設鬯也」。與此不同。又，阮元校勘記「爲」作「謂」。

〔五〇〕小祝大喪贊涖　「祝大」原倒，據元本、慎本、馮本及周禮小祝乙正。

〔五一〕御者二人浴　「浴」原作「沐」，據禮記喪服大記改。

〔五二〕掌館舍之人　「館」原作「管」，據禮記喪服大記鄭注改。

〔五三〕但縈屈就之於手中　「中」字原脱，據禮記喪服大記孔疏補。

〔五四〕盡不上堂　「盡不上堂」四字原脱，據禮記喪服大記孔疏補。

〔五五〕君沐粱　「君」原作「士」，據元本、慎本、馮本及禮記喪服大記改。

〔五六〕士沐粱　三字原脱，據禮記喪服大記補。

〔五七〕甸人取所徹廟之西北厞　「取所」原倒，「北」字原脱，據禮記喪服大記乙補。

〔五八〕皆謂用其米取其汁而沐也　「謂」原作「取」，據禮記喪服大記孔疏改。

〔五九〕竟又取復魄人所徹正寢西北厞以然竈煮沐汁也　「又」字原脱，據禮記喪服大記孔疏補。

〔六〇〕何取此薪而用者　「何」字原脱，據禮記喪服大記孔疏補。

〔六一〕沐巾一　「沐」原作「洙」，據禮記喪服大記孔疏改。

〔六二〕濡謂煩潤其髮　「濡」原作「須」，「潤」原作「撋」，據禮記喪服大記改。

〔六三〕布絞縮者　「縮」字原脱，據禮記喪服大記孔疏補。
〔六四〕喪中自未葬以前無尸飲食直奠　「中」字原脱，據周禮牛人賈疏補。
〔六五〕鄭云喪所薦饋曰奠　「鄭」字原脱，據周禮牛人賈疏補。
〔六六〕囿人喪紀共其脯腊凡獸之物　按元本、愼本、馮本及周禮囿人作「祭祀喪紀賓客，共其生獸死獸之物」。
〔六七〕大斂小斂　原倒，據周禮小宗伯乙正。
〔六八〕蓋事官之屬爲之　「蓋」原作「並」，據周禮小宗伯賈疏改。
〔六九〕故絞束畢結之不爲紐也　「束」原作「東」，據元本、愼本、馮本及禮記喪服大記孔疏改。
〔七〇〕士喪禮云幠用夷衾覆尸柩之衾也　「覆尸」原作「之」，據禮記喪服大記孔疏改。
〔七一〕言夷衾所用上齊於手下三尺　「於」原作「茶」，據禮記喪服大記孔疏改。
〔七二〕但不復爲囊及旁綴也　「綴」原作「聯」，據禮記喪服大記孔疏改。
〔七三〕括髮以麻者以用也　「以用也」三字原脱，據禮記喪服大記孔疏補。
〔七四〕婦人髽者　此句原脱，據禮記喪服大記孔疏補。
〔七五〕故出壺　「出」原作「主」，據禮記喪服大記孔疏改。
〔七六〕用木　「用」下原有「虞人」，據禮記喪服大記孔疏删。
〔七七〕及燎木材給張事　「張」原作「帳」，據元本、愼本、馮本及周禮委人鄭注改。
〔七八〕横者五者　下一「者」字原作「尺」，據禮記喪服大記孔疏改。
〔七九〕擬用以舉尸也　「擬」原作「撰」，據禮記喪服大記孔疏改。

〔八〇〕大斂所併用之衾　「衾」原作「喪」，據禮記喪服大記孔疏改。

〔八一〕如溝之兩畔稍高爲眉瑑　「如」，周禮典瑞賈疏作「於」。

〔八二〕人君無論少長而體尊備物　「物」原作「細」，據禮記檀弓上孔疏改。

〔八三〕既窆則加見背謂覆之　「加」原作「如」，據周禮司几筵鄭注改。

〔八四〕劉音疇藏才浪反　「劉音疇」原脱，據周禮司几筵鄭注補。

〔八五〕凡吉事變几凶事仍几　「吉事變几」四字原脱，據周禮司几筵補。

〔八六〕玄謂吉事王祭宗廟　「事」原作「祭」，「王」原作「主」，據周禮司几筵賈疏改。

〔八七〕高二尺　周禮司几筵賈疏作「高三尺」。

〔八八〕父兄堂下北面者　「父」原作「又」，據禮記喪服大記孔疏改。

〔八九〕謂諸父諸兄不在仕者　「父」下原有「謂」，據禮記喪服大記孔疏删。

〔九〇〕小臣鋪席者　「鋪」原作「黼」，據禮記喪服大記孔疏改。

〔九一〕故云加斧於椁上也　「加」上原有一「加」字，據禮記檀弓上孔疏删。

〔九二〕謂王喪既殯後　「王」原作「主」，據元本、慎本及周禮甸師賈疏改。

〔九三〕使使其屬之上士　上「使」原脱，「屬」下原有「事」，據元本、慎本、馮本及周禮内宰鄭注補删。

〔九四〕且授之杖者　「且」字原脱，據周禮肆師賈疏補。

〔九五〕故云且見不定之詞也　「且」下原有「者」，據周禮肆師賈疏删。又，「詞」作「義」。

〔九六〕王之三夫人以下者　「王之」原脱，據周禮肆師賈疏補。

〔九七〕衰三升　「三」原作「六」，據周禮肆師賈疏改。

〔九八〕祝佐含斂先病　「病」原作「服」，據元本、慎本、馮本及禮記檀弓下鄭注改。

〔九九〕以華國也　「也」字原脱，據周禮天府鄭注補。

〔一〇〇〕則曷爲於其封内三年稱子　「爲」字原脱，據春秋公羊傳文公九年條補。

〔一〇一〕危故日之　「之」原作「也」，據春秋穀梁傳注疏定公元年條改。

〔一〇二〕先君未殯則後君不得即位　「殯」原作「葬」，據元本、慎本、馮本及春秋穀梁傳注疏定公元年條改。

〔一〇三〕伊尹以冕服奉嗣王歸於亳　「服」字原脱，據尚書太甲中補。

〔一〇四〕謂於路門之外東壁倚木爲廬　「路」字原脱，據周禮宫正賈疏補。

〔一〇五〕舍對廬故爲堊室　「故」字原脱，據周禮宫正賈疏補。

〔一〇六〕故云堊室也　「云」，周禮宫正賈疏作「名」。

〔一〇七〕天子喪服之車　原作「天子喪車之儀」，據周禮巾車賈疏補乙删。

〔一〇八〕又以其尾爲戈戟之弢　「又」原作「及」，據周禮巾車賈疏改。

〔一〇九〕蕡麻以爲蔽　「蕡」字原脱，據周禮巾車鄭注補。

〔一一〇〕髤香求反　「香求」原作「音九」，據周禮巾車鄭注改。

〔一一一〕漆音次　周禮巾車鄭注無此三字。

〔一一二〕垸胡翫反　周禮巾車鄭注作「豻胡犬」。

〔一一三〕大喪帥叙哭者　「帥」原作「師」，據元本、慎本、馮本及周禮外宗賈疏改。下同。

〔二四〕是内命婦九嬪叙之　「是」字原脱，據周禮外宗賈疏補。

〔二五〕王喪則殯後有朝夕哭事　「王喪則」三字原脱，據周禮世婦賈疏補。

〔二六〕群臣朝夕哭踊之事　「哭踊」原倒，據禮記檀弓上孔疏乙正。

〔二七〕群臣則朝夕即位哭踊　此九字原脱，據禮記檀弓上孔疏補。

〔二八〕嗣君孝子雖先入即位哭　「君」原作「國」，「雖」下原有「朝夕」，據禮記檀弓上孔疏改删。

〔二九〕士卑最後　卑原作「畢」，據局本及禮記檀弓上孔疏改。

〔三〇〕故舉士入爲畢也　「爲」原作「於」，據禮記檀弓上孔疏改。

〔三一〕士月半不復如朔月盛奠下尊者　「尊」原作「等」，據儀禮士喪禮賈注改。

〔三二〕下尊者以下大夫以上　「尊」原作「遵」，據儀禮士喪禮賈注改。

卷一百二十一　王禮考十六

國恤

漢高祖十二年夏四月甲辰，帝崩於長樂宮。丁未，發喪，大赦天下。五月丙寅，葬長陵。已下，已下棺也。皇太子、群臣皆反至太上皇廟。群臣曰：「帝起細微，撥亂世反之正，平定天下，爲漢太祖，功最高。」上尊號曰高皇帝。丙寅，太子即皇帝位，即葬日也。賜給喪事者，二千石錢二萬，六百石以上萬，五百石、二百石以下至佐史五千。視作斥上者，將軍四十金。斥上，壙上也。二千石以下有差。

漢舊儀：高帝崩三日〔一〕，小斂室中牖下。作栗木主，長八寸，前方後圓，圍一尺，置牖中，望外，內張綿絮以彰外，以皓木大如指，長三尺，四枚，纏以皓皮四方置牖中，主居其中央〔二〕。七日大斂棺〔三〕，以稻糲飯羊舌祭之牖中。已葬，收主。爲木函，藏廟太室中西墻壁埳中。去地六尺一寸。當祠，則設座於埳中。下，祠之，出主置簇蓋上、立之牖中。高皇帝主長九寸。上林給栗木，長安祠廟作神主，東園秘棺則梓棺，素木長丈三尺，崇廣四尺。高皇帝崩，含以珠，纏以緹繒十二重。以玉爲襦，如鎧狀，連縫之，以黃金爲縷，腰以下以玉爲札，長一尺〔四〕，廣二寸半，爲柙，下至足，亦縫以黃金爲縷。諸衣衾斂之〔五〕，凡乘輿衣服，已御，輒藏之，崩皆以斂，不制裁一尺新繒帛也。

帝初登遐，朝臣稱曰「大行皇帝」。

魏孫毓曰：「大行之稱，起於漢氏，漢書曰『大行在前殿』，又曰『大行無遺詔』。謚法，大行受大名，小行受小名。初崩未謚，而嗣帝已立，臣下所稱辭宜有異，故謂之大行，言其有大德行，必受大名若稱謚也。」

文帝後七年夏六月，帝崩於未央宮。遺詔曰：「朕聞之，蓋天下萬物之萌生，靡不有死。死者，天地之理，物之自然，奚可甚哀？當今之世，咸嘉生而惡死，厚葬以破業，重服以傷生，吾甚不取。且朕既不德，無以佐百姓；今崩，又使人重服久臨，以罹寒暑之數。師古曰：「罹音離，遭也。」哀人父子，傷長老之志，損其飲食，絶鬼神之祭祀，以重吾不德，謂天下何！朕獲保宗廟，以眇眇之身託於天下君王之上，二十有餘年矣。賴天之靈，社稷之福，方内安寧，臣瓚曰：「方，四方也。内，中也。猶云中外。」靡有兵革。朕既不敏，常畏過行，以羞先帝之遺德；惟年之久長，懼於不終。今乃幸以天年得復供養於高廟，朕之不明與嘉之，其奚哀念之有！師古曰：「帝自言或者豈朕見之不明乎，以不可加爲嘉耳。然朕自謂得終天年，供養高廟，爲可嘉之事，無所哀念也。今俗語猶然，其意可曉。」其令天下吏民，令到出臨三日，皆釋服。無禁取婦嫁女祠祀飲酒食肉。自當給喪事服臨者，皆無踐。伏儼曰：「踐，剪也，謂無斬衰也。」孟康曰：「踐，跣也。」晉灼曰：「漢語作跣。跣，徒跣也。」師古曰：「孟、晉二說是也。」經帶無過三寸。無布車及兵器。應劭曰：「無以布衣車及兵器也。」服虔曰：「不施輕車介士也。」師古曰：「應說是也。」無發民哭臨宮殿中。殿中當臨者，皆以旦夕各十五舉音，禮畢罷，非旦夕臨時，禁無得擅哭。（臨）以下，師古曰：「爲下棺也。音義與高紀同。」服大紅十五日，小紅十四日，纖七日，釋服。服虔曰：「皆當言大功、小功布也。纖，細布衣也。」應劭曰：「紅者，中祥、大祥以紅爲領緣。纖者，禫也。凡三十六日而釋服矣。此以日易月也。」晉灼曰：「漢書例以紅爲功也。」師古曰：「紅與功同。服、晉二説是也。此喪制者，文帝自率己意創而爲之，非有取於周禮也，何爲以日易月乎？三年之喪，其實二十七月，豈有三十六月之文！禫又無七月也。應氏既失之於前，而近代學者因循謬説，未之思也。」他不在令中者，皆以此令比類從事。布告天下，使明知朕意。霸陵山川因其故，無有所改。應劭曰：「因山爲藏，不復起墳，山下川流不遏絶，就其水名以爲陵號。」歸夫人以下至少使。」應劭曰「夫人已下有美人、良人、八子、七子、長使、少使，皆遣歸家，重絶人類。」令中尉亞夫爲車騎將軍，屬國悍爲將屯將軍，師古曰：「典屯軍以備非常。」郎中令張武爲復土將軍，如淳曰：「主穿壙實瘞事。」師古曰：「穿壙，出土下棺也。已而實之，又即以爲墳，故云復土。復，反還也，音扶目反。」發近縣卒萬六千人，發内史卒萬五千，臧郭穿復土屬將軍武。師古曰：「即張武也。」賜諸侯王以下至孝悌力田金錢帛各有數。乙巳，葬霸陵。

公非劉氏曰：「文帝制此喪服斷自已葬之後，其未葬之前服斬衰。漢諸帝自崩至葬有百餘日者未葬，則服不除矣。按翟方進傳，後母終，既葬三十六日起視事。以身備漢相，不敢踰國家之制，此其證也。説者遂以日易月又不通，既葬之日，皆大繆也。考之文帝意，既葬，除重服，制大紅、小紅，所以漸即吉耳。」

致堂胡氏曰：「文帝減節喪紀，負萬世譏責，以小仁害大仁，固有罪矣。然遺詔所諭者，謂吏民耳。太子嗣君，豈吏民歟？而景帝冒用此文，乃自短三年之制，是不爲君父服斬縗自景帝始也。且天子之所以不遂服三年者何謂哉？謂妨政事邪？謂費財用邪？謂防攝政之人邪？謂妨政事，孰先於國家之大憂也？謂費財用，即不得不可以爲悦財用，固所以行禮也。謂防攝政之人？則自堯、舜至周末，未聞有攝政之人而奪喪君之國者，至於爲臣民嫁娶祠祀之故，則用輕廢重，尤爲不倫。揆之以理，稽之以事，無一而可。不法堯、舜、三代，乃安然以刻薄之景帝爲師，而無所戒懼，特謂位尊勢隆，得以自便，是不知理義之爲大也。寥寥千載，惟晉武欲行古制，而尼於裴、杜之邪説，獨魏孝文天性仁厚，斷以不疑，雖不盡合禮文，而哀戚之情溢於杖絰。讀其史者，猶惻然感動，想見其爲人，可謂夷狄之有君，不如諸夏之亡也，豈不惜哉！」

按：後之儒者，皆以爲短喪自孝文遺詔始，以爲深譏。然愚考之三年之喪，自春秋戰國以來，未有能行者矣。子張問曰：「書云高宗諒陰，三年不言，何謂也？」子曰：「何必高宗，古之人皆然。」蓋時君未有行三年喪者，故子張疑而問之。而夫子答以古禮皆然，蓋亦嘆今人之不能行也。滕文公問喪禮於孟子，欲行三年之喪，父兄百官皆不欲，曰：「吾宗國魯先君莫之行，吾先君亦莫之行也。」魯最爲秉禮之國，夫子稱其一變，可以至道，而尚不能行此，則他國可知。漢初禮文大率皆承秦舊。秦，無禮義者也，其喪禮固無可考，然杜預言秦燔書籍，率意而行，亢上抑下。漢祖草創，因而不革，乃至率天下皆終重服，旦夕哀臨，經罹寒暑，禁塞嫁娶飲酒食肉，制不稱情，是以孝文遺詔，斂畢便葬，葬畢制紅禫之文。以是觀之，則孝文之意，大概欲革秦之苛法耳。蓋古人所謂方喪三年，所謂爲天王斬衰者，亦以資於事父以事君，其義當然。然檀弓言，天子崩，三日祝先服，五日官長服，七日國中男女服，三月天下服。又言君之喪，諸達官之長杖。則亦未嘗不因其官之崇卑、情之淺深而有所隆殺。秦務欲尊君卑臣，而驅之以一切之酷法，意其所以令其臣民者，哭臨之期、衰麻之制，必有刻急而不近人情者，是以帝矯其敝，釋其重服，而爲大功、小功，纖釋其久臨，而爲三十六日。詔語忠厚懇惻，與異時振貸勸課等詔，皆仁人之言，豈可訾也？帝之詔，固不爲嗣君而設，而景帝之短喪，亦初不緣遺詔也。何也？蓋古者天子七月而葬，諸侯五月而葬，雖通喪必以三年，然亦以葬後爲即吉之漸。宋桓公卒，未葬，而襄公會諸侯於葵邱，故書曰宋子，貶之也。晉悼公卒，既葬未終喪，而平公會諸侯於溴梁，則書以晉侯矣。晉獻公卒，奚齊未葬而遇殺，則稱君之子卓。既葬而遇弒，則稱君，明未葬則不可明其爲君也。自春秋以來，諸侯多不能守五月之制，蓋欲急於從吉也。滕文公五月居廬，未有命戒，蓋孟子雖誨以三年之喪，而文公僅能五月，未葬之前，守諒陰之制耳，然亦當時所無也。至秦始皇，以七月崩於沙邱，九月葬；漢高祖崩，凡二十二日而葬。葬之一日，而惠帝即位。文帝崩，凡七日而葬，葬之三日，而景帝即位，蓋葬期愈促矣。必葬而即位者，可知其以吉禮即位也。必促葬期者，可知其決不能諒陰三年也。景帝之所遵者，惠帝之法；惠帝之所遵者，春秋以來至亡秦之法耳，豈孝文遺詔爲之乎？劉公非言翟方進後母死，葬後三十六日起視事，以身備漢相，不敢踰國家之制，以爲明證。然詳孝文之詔，既不爲嗣君而設，亦未嘗以所謂三十六日者爲臣下居私喪之限制也。俗吏薄孝敬而耽榮禄，是以並緣此詔之語，遂立短喪之法，以便其私。至方進之時，遂指爲漢家之法耳。

平帝元始五年，崩於未央宮。大赦天下。有司議曰：「禮，臣不殤君。皇帝年十有四歲，宜以禮斂，加元服。」奏可。王莽欲眩惑天下，示忠孝，使吏六百石以上皆服喪三年。

東漢志：

皇帝不豫，太醫令丞將醫入，就進所宜藥。嘗藥監、近臣中常侍、小黃門皆先嘗藥，過量十二。公卿朝臣問起居無間。太尉告請南郊，司徒、司空告請宗廟，告五嶽、四瀆，群祀，並禱求福。疾病，公卿復如禮。

登遐，皇后詔三公典喪事。百官皆衣白單衣〔六〕，白幘不冠。閉城門、宮門。近臣中黃門持兵，虎賁、羽林、郎中署皆嚴宿衛，宮府各警，北軍五校繞宮屯兵，黃門令、尚書、御史、謁者晝夜行陳。三公啓手足色膚如禮。皇后、皇太子、皇子哭踊如禮〔七〕。沐浴如禮。守宮令兼東園匠將女執事，黃綿、緹繒、金縷、玉柙如故事。漢舊儀曰：「帝崩，含以珠，纏以緹繒十二重，以玉為襦，如鎧狀，連縫之，以黃金為縷。腰以下以玉為札，長一尺，廣二寸半〔八〕，為柙，下至足，亦縫以黃金縷。（請）諸衣衾斂之。凡乘輿衣服，已御，輒藏之，崩皆以斂。」飯含珠玉如禮。禮稽命徵曰：「天子飯以珠，含以玉。諸侯飯以珠，含以珠。卿大夫、士飯以珠，含以貝。」槃冰如禮。周禮凌人：「天子喪，供夷槃冰。」鄭玄曰：「夷之言尸也，實冰於槃中，置之尸床之下，所以寒尸也。」漢禮器制度：「大槃廣八尺，長一丈二尺，深三尺，漆赤中也。」百官哭臨殿下。是日夜，下竹使符告郡國二千石、諸侯王。應劭曰：「凡與郡國守相竹使符，皆以竹箭五枚，長五寸，鐫刻篆書第一至第五。」張晏曰：「符以代古之珪璋，從簡易也。」此下大喪符，亦猶斯比〔九〕。竹使符到，皆伏哭盡哀。漢舊制，發兵皆以銅虎符，其餘徵調，竹使而已。符第合會為大信，見杜詩傳。小斂如禮。東園匠、考工令奏東園秘器，表裏洞赤，虡文畫日、月、鳥、龜、龍、虎、連璧、偃月，牙檜梓宮如故事。大斂於兩楹之間。五官、左右虎賁、羽林五將，各將所部，執虎賁戟，屯殿端門陛左右廂，中黃門持兵陛殿上。夜漏，群臣入。晝漏上水，大鴻臚設九賓，隨立殿下。謁者引諸侯王立殿下，西面北上；宗室諸侯、四姓小侯在後，西面北上。治禮引三公就位殿下〔一〇〕，北面，特進次中二千石；列侯次二千石；六百石、博士在後；群臣陪位者皆重行，西上。位定，大鴻臚言具，謁者以聞。皇后東向，貴人、公主、宗室婦女以次立後；皇太子、皇子在東，西向；皇子少退在南，北面：皆伏哭。大鴻臚傳哭，群臣皆哭。三公升自阼階，安梓宮內珪璋諸物，近臣佐如故事。嗣子哭踊如禮。周禮：「駔珪、璋、璧、琮、琥、璜之渠眉，疏璧琮以斂尸。」鄭司農曰：「駔，外有捷盧也。謂珪、璋、璧、琮、琥、璜皆爲開渠爲眉瑑，沙除以斂尸，令汁得流去也。」鄭玄曰：「以斂尸者，以大斂焉加之也。渠眉，玉飾之溝瑑也，以組穿聯六玉溝瑑之中以斂尸。珪在左，璋在首，琥在右，璜在足，璧在背，琮在腹，蓋取象方明神之也。疏璧琮者，通於天地。」東園匠、武士下釘衽，截去牙。喪大記曰：「君蓋用漆，三柱三束。」鄭玄注曰：「衽，小要。」太常上太牢奠，太官食監、中黃門、尚食次奠，執事者如禮。太常、大鴻臚傳哭如儀。

三公奏尚書顧命，太子即日即天子位於柩前，請太子即皇帝位，皇后爲皇太后。奏可。群臣皆出，吉服入會如儀。太尉升自阼階，當柩御坐北面稽首，讀策畢，以傳國玉璽綬東面跪授皇太子，即皇帝位。中黃門掌兵以玉具、隨侯珠、斬蛇寶劍授太尉，告令群臣，群臣皆伏稱萬歲。或大赦天下。遣使者詔開城門、宮門，罷屯衛兵。群臣百官罷，入成喪服如禮。文帝遺詔，無布車及兵器。應劭曰：「不施輕車介士。」三公、太常如禮。

故事：百官五日一會臨，故吏二千石、刺史、在京都郡國上計掾史，皆五日一會。天下吏民發喪臨三日。文帝遺詔。先葬二日，皆旦晡臨。既葬，釋服，無禁嫁娶、祠祀。文帝遺詔文有「飲食酒肉自當給，喪事服臨者皆無踐」。踐，徒跣也。佐史以下，布衣冠幘，經帶無過三寸，臨庭中。文帝遺詔。武吏布幘大冠。大司農出見錢穀，給六丈布直〔一一〕。以葬，大紅十五日，小紅十四日，纖七日，釋服。應劭曰：「紅者，中祥、大祥以紅爲領緣〔一二〕。纖，禫也。凡三十六日而釋。」部刺史、二千石、列侯在國者及關内侯、宗室長吏及因郵奉奏，諸侯王遣大夫一人奉奏，弔臣請驛馬露布，奏可。

太皇太后、皇太后崩，司空以特牲告謚事於祖廟如儀。長樂太僕、少府、大長秋典喪事，三公奉制度，他皆如禮儀。

光武中元二年二月戊戌，帝崩於南宮前殿。遺詔曰：「朕無益百姓，皆如孝文皇帝制度，務從省約。文帝葬皆以瓦器，不以金銀銅錫爲飾，因其山，不起墳。刺史、二千石長吏皆無離城郭，無遣吏及因郵奏。」說文曰：「郵，境上行書舍也。」

光武崩，趙熹爲太尉，受遺詔典喪禮。時藩王皆在京師，自王莽篡亂，舊典不存，皇太子與東海王等雜上同席〔一三〕，熹乃正色，扶下諸王以明尊卑。顯宗崩，熹復典喪事，再奉入行禮事脩奉。

顯宗永平十八年八月壬子，帝崩。遺詔無起寢廟，藏主於光烈皇后更衣別室。

冲帝崩，太后以揚、徐盜賊强盛，恐驚擾至亂，欲須所徵諸侯王到，乃發喪。李固對曰：「帝雖年幼，猶天下之父，今日崩亡，人神感動，豈有臣子反共掩匿乎？昔秦皇亡於沙邱，胡亥、趙高隱而不發，卒害扶蘇以亡國。近北鄉侯薨，閻后兄弟及江京等亦共掩蔽，遂有孫程手刃之事。此天下大忌，不可之甚也。」太后從之。

趙典爲厨亭侯。帝崩時，禁藩國諸侯不得奔弔，典獨慨然解印綬，符策赴縣而馳到京師。州郡及大鴻臚並執處其罪，公卿百僚嘉典之義，表請以租自贖。詔書許之。

魏武王以禮送終之制，襲稱之數，繁而無益，俗又過之，先自制送終衣服四篋〔一四〕，題識其上，春秋冬夏，曰有不諱，隨時以斂，金珥珠玉銅鐵之物，一不得送。遺命百官當臨殿中者，十五舉音，葬畢便除。

文帝黄初三年，作終制，見山陵門。帝崩，國内服三日。

明帝時，毛皇后崩，未葬，詔「宜稱大行」。尚書孫毓奏：「武宣皇后崩，未葬時，稱太后。文德皇后崩，侍中蘇林議：『皇后皆有謚，未葬宜稱大行。』臣以爲古禮無稱大行之文〔一五〕。按漢天子稱行在所，言不常居。崩曰大行者，不返之稱也。未葬未有謚，不言大行，則嫌與嗣天子同號。至於后崩未葬，禮未立后，宜無所嫌，故漢氏諸后不稱大行。謂未葬宜直稱皇后。」詔曰：「稱大行者〔一六〕，所以别存亡之號。故事亦然，今當如林議〔一七〕，稱大行。」

晉文帝之喪，臣民皆從權制，三日除服，既葬，武帝亦除之，然猶素冠蔬食，哀毁如居喪者。秋八月，帝將謁崇陽陵。群臣奏言，秋暑未平，恐帝悲感摧傷。帝曰：「朕得奉瞻山陵，體氣自佳耳。」又詔曰：「漢文不使天下盡哀，亦帝王至謙之志。當見山陵，何心無服？其議以縗絰從行，群臣自依舊制。」尚書令裴秀奏曰：「陛下既除而復服，義無所依。若君服而臣不服，亦未之敢安也。」詔曰：「患情不能跂及耳。衣服何在？諸君勤勤之至，豈苟相違！」遂止。中軍將軍羊祜謂傅玄曰：「三年之喪，雖貴遂服，禮也。而漢文毀禮傷義，今上至孝〔一八〕，雖奪其服，實行喪禮。若因此興先王之法〔一九〕，不亦善乎？」玄曰：「以日易月，已數百年，一朝復古〔二〇〕，難行也。」祜曰：「不能使天下如禮，且使主上遂服，謂由爲善乎〔二一〕？」玄曰：「主上不除，而臣下除〔二二〕，此謂但有父子〔二三〕，無復君臣也。」乃止。戊辰，群臣奏請易服復膳。詔曰：「每感念幽冥，而不得終苴絰之禮，以爲沈痛，況當食稻衣錦乎！適足激切其心，非所以相解也。朕本諸生家，傳禮來久，何至一旦便易此情於所天！相從已多，可試省孔子答宰我之言，無事紛紜也。」遂以疏素終三年。

司馬公曰：「三年之喪，自天子達於庶人，此先王禮，經百世不易者也。漢文師心不學，變古壞禮，絶父子之恩，虧君臣之義，後世帝王不能篤於哀戚之情，而群臣諂諛，莫肯釐正。至於晉武，獨以天性矯而行之，可謂不世之賢君。而裴、傅之徒，固陋庸臣，習常玩故，不能將順其美，惜哉！」

泰始四年，皇太后崩，有司奏：「前代故事，倚廬中施白縑帳、蓐、素床，以布巾裹塊草〔二四〕，軺音遥。輦、版輦、細犢車皆施縑裹。」詔不聽，但令以布衣車而已，其餘居喪之制，不改禮文。有司又奏：「大行皇太后當以四月二十五日安厝。故事，虞著衰服，既虞而除。其内外官寮皆就朝晡臨位，御除服訖〔二五〕，各還所次除衰服。」詔曰：「夫三年之喪，天下之達禮也。受終身之愛，而無數年之報，奈何葬而便即吉，情所不忍也。」有司又奏：「世有險易，道有洿隆，所遇之時異，誠有由然，非忽禮也。方今戎馬未散，王事至殷，交須聽斷，以熙庶績〔二六〕。昔周康王始登翼室〔二七〕，猶戴冕臨朝。降於漢、魏，既葬除釋，諒陰之禮，自遠代而廢矣。惟陛下割高宗之制，從當時之宜。」詔曰：「夫三年之喪，所以盡情致禮，葬已便除，所以不堪也。當叙吾哀懷，言用斷絶，奈何！奈何！」有司又固請。詔曰：「不能篤孝，勿以毁傷爲憂也。誠知衣服末事耳，然今思存草土，率當以吉物奪之，乃所以重傷至心，非見念也。每代禮典質文皆不同耳，何爲限以近制，使達喪闕然乎！」群臣又固請，帝流涕久之乃許。然猶素冠蔬食，以終三年，如文帝之喪。

十年，武元楊皇后崩。既葬，帝及群臣除喪即吉。先是，尚書祠部奏從博士張靖議，皇太子亦從制俱釋服。博士陳逵議，以爲「今制所依，蓋漢帝權制，興於有事，非禮之正。皇太子無有國事，自宜終服〔二八〕」。有詔更詳議。尚書杜預以爲：「古者天子諸侯三年之喪始同齊斬，既葬除喪服，諒陰以居，心喪終制，不與士庶同禮。漢氏承秦，率天下爲天子脩服三年〔二九〕。漢文帝見其下不可久行，而不知古制，更以意制祥禫，除喪即吉。魏氏直以訖葬爲節，嗣君皆不復諒陰終制。學者非之久矣，然竟不推究經傳，考其行事，專謂王者三年之喪〔三〇〕，當以縗麻終二十五月。嗣君苟若此，則天子群臣皆不得除喪。雖志在居篤，更逼而不行。至今世主皆從漢文輕典〔三一〕，由處制者非制也。今皇太子與尊同體，宜復古典，卒哭除縗麻，以諒陰終制。於義既不應不除，又無取於漢文，乃所以篤喪禮也。」於是尚書僕射盧欽、尚書魏舒問杜預證據所依。預云：「傳稱三年之喪自天子達，此謂天子絶期，惟有三年喪也。非謂居喪縗服三年，與士庶同也。故后、世子之喪，而叔向稱有三年之喪二也。周公不言高宗服喪三年，而云諒陰三年，此釋服心喪之文也。叔向不譏景王除喪，而譏其燕樂已早，明既葬應除，而違諒陰之節也。春秋，晉侯享諸侯，子產相鄭伯，時簡公未葬，請免喪以聽命，君子謂之得禮。宰咺來歸惠公仲子之賵，傳曰『弔生不及哀』。此皆既葬除服諒陰之證〔三二〕，先儒舊說，往往亦見，學者未之思耳。喪服，諸侯爲天子亦斬縗，豈可謂終服三年邪！上考七代，未知王者君臣上下縗麻三年者誰〔三三〕；下推將來〔三四〕，恐百世之主其理一也。非必不能，乃事勢不得，故知聖人不虛設不行之制。仲尼曰『禮所損益雖百世可知』，此之謂也。」於是欽、舒從之，遂命預造議，奏曰：「禮記，『三年之喪，自天子達』。又云：『父母之喪，無貴賤一也。』又云：『端縗喪車皆無等。』此通謂天子居喪，衣服之節同於凡人，心喪之禮終於三年，亦無服喪三年之文。然繼體之君，猶多荒寧。自從廢諒陰之制，至令高宗擅名於往代，子張致疑於當時，此乃賢聖所以爲譏，非譏天子不以服終喪也。秦燔書籍，率意而行，亢上抑下。漢祖草創，因而不革。乃至率天下皆終重服，旦夕哀臨，經羅寒暑，禁塞嫁娶飲酒食肉，制不稱情。是以孝文遺詔，斂畢便葬，葬畢制紅禫之除。雖不合高宗諒陰之義，近於古典，故傳之後嗣。於時預脩陵廟，故斂葬得在浹辰之內，因以定制。近至明帝，存無陵寢，五旬乃葬，安在三十六日。此當時經學疏略，不師前聖之病也。魏氏革命，以既葬爲節，合於古典，然不垂心諒陰，同譏前代。自泰始開元，陛下追遵諒陰之禮，慎終居篤，允臻古制，超絕於殷宗，天下歌德，誠非靖等所能原本也。天子諸侯之禮，當以具矣。諸侯惡其害己而削其籍，今其存者惟士喪一篇，戴聖之記雜錯其間，亦難以取正。天子之位至尊，萬幾之政至大，群臣之衆至廣，不同之於凡人。故大行既葬，祔祭於廟，則因疏而除之，已不除則群臣莫敢除，故屈己以除之。而諒陰以終制，天下之人皆曰我王之仁也。屈己以從宜，皆曰我王之孝也。既除而心喪，我王猶若此之篤也。凡等臣子〔三五〕，亦焉得不自勉以崇禮。此乃聖制移風易俗之本，高宗所以致雍熙，豈惟縗裳而已哉！若如難者，更以權制自居，疑於屈伸厭一業反。降，欲以職事爲斷〔三六〕，則父在爲母期，父卒三年，此以至親屈於至尊之義也。出母之喪，以至親爲屬，而長子不得有制，體尊之義，升降皆從，不敢獨也。況皇太子配貳之至尊，與國爲體，固宜遠遵古禮，近同時制，屈除以寬諸下，協一代之成典。君子之於禮，有直而行，曲而殺〔三七〕；有經而等，有順而去之，存諸内而已。禮云非玉帛之謂，喪云惟縗麻之謂乎？此既臣等所謂經制大義，且即實近言，亦有不安。今皇太子至孝蒸蒸，發於自然，號咷之慕，匍匐殯宮，大行既奠，往而不反，必想像平故，仿偟寢殿〔三八〕。若不變從諒陰，則東宮臣僕，義不釋服。此爲永福官屬，當獨衰麻從事，出入殿省，亦難以繼。今將吏雖蒙同二十五月之寧〔三九〕，至於大臣，亦奪其制。昔翟方進自以身爲漢相，居喪三十六日，不敢踰國典，而況於皇太子？臣等以爲皇太子宜如前奏，除服諒陰制。」於是太子遂以厭降之議，從國制除縗麻，諒陰終制。

晉尚書問：「今大行崩含章殿，安梓宮宜在何殿？」博士卞摧、楊雍議曰：「臣子尊其君父，必居之以正，所以盡孝敬之心。今太極殿，古之路寢，梓宮宜在太極殿，依周人殯於西階。」又問〔四〇〕：「既殯之後，別奠下室之饌，朝夕轉易，諸所應設祭，朔望牲用，宜所施行，按禮具答。」摧、雍議：「按禮，天子日食少牢，月朔太牢。喪禮下室之饌，如他日，宜隨御膳朝夕所常用也。朔望則奠，用太牢備物。」又問：「按景帝故事，施倚廬於九龍殿上東厢。今御倚廬爲當在太極殿不〔四一〕？諸王廬復應何所？」權琳議：「按尚書顧命，成王崩，康王居於翼室。先儒云『翼室於路寢』。今宜於太極殿上，諸王宜各於其所居爲廬，朝夕則就位哭臨。」

成帝咸康七年，皇后杜氏崩。詔外官五日一入臨，内官朝一入而已。

康帝建元元年正月晦，承恭杜皇后周忌，有司奏，至尊朞年應改服。詔曰：「君親，名教之重也，權制出於近代耳。」於是素服如舊，固非漢、魏之典也。

咸康中，恭皇后山陵，司徒西曹屬王濛議立奔赴之制曰：「三代垂文，觀時損益。今服教之地，遠於古之九服，若守七月之斷，遠近一概者，違實〔四二〕，懼非通制。請王畿以外，南極五嶺，非守見職，周年不至者，宜勤注黄紙，有爵土者削降。永嘉中，江統議不奔山陵，但三年不叙，於義爲輕。今更立如牒。若方伯授用，雖未有王命，猶不與停散同。今見在官即吉之後去職，不及凶事，無所貶責。萬里外以再周爲限。自此以内，明依前牒，雖在父母喪，其責不異。」黄門郎徐衆等駁濛云：「若如濛議，見在官者，已拘於制度，不得奔赴。至於既去，雖不及哀，臣子之情，何得不暫致身哉！臣謂喪紀雖過，去職者故宜還赴。」詔可。濛又申述前議曰：「喪紀有數，吉凶有斷，豈可當於縞素既終而制無限之責哉？若除喪使奔，當以何服？素服叙哀，則在廷已吉。陵無哭禮；若玄冠致敬，宜曰朝謁，非奔喪之謂；若服外更立限斷，則不知所准；若不計遠近同服内，則立制漫而無斷。」詔又付尚書左丞王彪之議，云：「昔太寧之難，奔赴無過三年之限。恭皇后不宜踰先制。禮，爲君之母、妻，居處飲食衎爾。『君已除喪而後聞喪，不税』，而責有奔〔四三〕，此臣所疑也。且宜一依濛所上。」詔曰：「今輕此制〔四四〕，於名教爲不盡矣。今直以或者衆致於此事〔四五〕，不必改先制，如濛所上施行〔四六〕。」

八年，成帝崩，尚書殷融上言：「司徒西曹屬王濛以周年爲限，不及者除名，付之鄉論。臣以爲夫名教興於義厚，忠孝發於自然，不嚴而著，不肅而成者也。舊禮，國有大諱，外任不得離部，冗散之人，發哀公巷，初無課限有不奔之制。按永平初，先帝稱宣帝遺詔，乃不得令子弟詣陵。惟蕩陰奔赴，多不逮及，始爲其制，以篤一時。顧觀人情，未有肅媿，徒興簡黙，正足以彰至道之不弘，表臣子之不義。宜遵前代，聞凶行喪三日而已。」詔曰：「孝慈起於自然，忠厚發於天成，若道不喪，豈有今弊。弊至醨薄，反之何期？況以今日之弊，而欲廢準式於頹俗，求自仁於吾朝，其於理化也，無乃迂乎？」融曰重啓〔四七〕，依王濛所上爲條制。

康帝建元初，融又議定不應奔赴山陵：「據周魯有喪，而魯人不弔。孔子所答曾子，當謂國内卿大夫耳，非如今日見在方外者也。」尚書僕射顧和議：「按禮記曾子問：『父母之喪，既引及塗，聞君薨，如之何？』穀梁傳曰：『周人魯人各有喪，周人弔，魯人不弔。』周人雖有喪，遣人可也〔四八〕，魯人當親行事，故不弔也。」

哀帝章皇太妃薨，帝欲服重。江虨啓：「先王制禮，應在緦服。」詔欲降期。虨又啓：「厭屈私情，所以上嚴祖考。」於是制緦麻三月。

孝武帝寧康二年七月，簡文帝崩再周而遇閏，博士謝攸、孔粲議：「魯襄二十八年十二月乙未，楚子卒，實閏月而言十二月者，附正於前月也。喪事先遠，則應用博士吴商之言，以閏月祥。」謝安、王邵、鄭襲、殷康、袁宏、殷茂、車胤、劉遵、劉耽意皆同。康曰：「過七月而未及八月，豈可謂之踰期。必所不了，則當從其重者。」宏曰：「假值閏十二月而不取者，此則歲未終，固不可得矣。漢書以閏爲後九月，明其同體也。」襲曰：「中宗、肅祖皆以閏月崩，祥除之變皆用閏之後月，先朝尚用閏之後月。今閏附七月，取之何疑，亦合遠日申情之言。又閏是後七而非八也，豈踰月之嫌乎！」尚書令王彪之、侍中王混、中丞譙王恬、右丞戴謐等議異〔四九〕，彪之曰：「吳商中才小官，非名賢碩儒、公輔重臣爲時所準則者。又取閏無證據，直擧遠日之義，越祥忌，限外取，不合卜遠之理。又丞相桓公嘗論云，禮二十五月大祥，何緣越朞取閏，乃二十六月乎？」於是啓曰：「或以閏附七月，宜用閏月除者〔五〇〕。或以閏名雖附七月，而實以三旬別爲一月，故應以七月除者。臣等與中軍將軍冲參詳，一代大禮，宜準經典。三年之喪，十三月而練，二十五月而畢，禮之明文也。陽秋之義，閏在年內，則略而不數。明閏在年外，則不應取之以越朞忌之重，禮制祥除必正朞月故也。」己酉晦，帝除縞即吉。

徐廣論曰：「凡辨義詳禮，無顯據明文可以折中，則禮疑從重，喪易寧戚，順情通物，固有成言矣。彪之不能徵援正義，有以相屈，俱以名位格人，君子虛受，心無適莫，豈其然哉！執政從之，過矣。」

武帝以來，國有大喪，輒廢樂終三年。惠帝太安元年，太子喪未除，及元會亦廢樂。穆帝永和中，爲中原山陵未脩復，頻年元會廢樂。是時太后臨朝，后父褚裒薨，元會又廢樂。孝武太元六年，爲皇后王氏喪，亦廢樂。孝武崩，太傅録尚書事、會稽王道子議：「山陵之後，通婚嫁不得作樂，以一期爲斷。」

孝武寧康中，崇德太后褚氏崩。后於帝爲從嫂，或疑其服。博士徐藻議，以爲：「資父事君而敬同。又，禮，其夫屬父道者，其妻皆母道也。則夫屬君道，妻亦后道矣。服后宜以資父之義。魯譏逆祀，以明尊尊。今上躬奉康、穆、哀皇及靖后之禮，致敬同於所天。豈可敬之以君道，而服廢於本親。謂應服齊縗朞。」於是帝制朞服。

孝武帝太元十五年，淑媛陳氏卒，皇太子所生也。有司參詳母以子貴，贈淑媛爲夫人，置家令典喪事。太子前衛率徐邈議：「喪服傳稱與尊卑者爲體，則不服其私親。又，君父所不服，子亦不敢服。故王公妾子服其所生母練冠麻衣，既喪而除，非五服之常，則謂之無服。」從之。

安帝隆安四年，孝武太皇太后李氏崩，疑所服。何澄、王雅、車胤、孔安國、徐廣議：「太皇太后名位允正，體同皇極，理制備盡，情禮彌申。陽秋之義，母以子貴，既稱夫人，禮服從正〔五一〕。故成風顯夫人之號，文公服三年之喪〔五二〕。子於父之所生，體尊義重。且禮，祖不厭孫，固宜遂服無屈，而緣情立制。若嫌明文不存，則疑斯從重，謂應同於爲祖母後齊衰朞。永安皇后無服，但一舉哀，百官亦一朞。」詔可。

宋武帝永初元年，黄門侍郎王准之議：「鄭玄喪制，二十七月而終，學者云得禮。按晉初用王肅議，祥禫共月，遂以爲制。江左以來，唯晉朝施用；縉紳之士，猶多遵鄭義。宜使朝野一體。」詔可。

永初三年，武帝崩，蕭太后制三年之服。

文帝元嘉十七年七月，元皇后崩。兼司徒給事中劉温持節監喪。神武門設凶門柏歷至西上閤，皇太子於東宫崇正殿及永福省並設廬。諸皇子未有府第者，於西廨設廬。太子心喪三年。心喪有禫無禫，禮無成文，代或兩行。皇太子心喪畢，詔使博議。有司奏：「喪禮有禫，以祥變有漸，不宜便除即吉，故其間服以縓縞也。心喪已經十三月〔五三〕，大祥十五月，祥禫變除，禮畢餘情一周〔五四〕，不應復有再禫。

宜下以爲永制。」詔可。

後魏自道武以來及諸帝，悉依漢、魏之制，既葬公除。

孝文帝太和十四年，太皇太后馮氏殂，帝勺飲不入口者五日，哀毁過禮。中部曹華陰楊椿諫曰：「陛下荷祖宗之業，臨萬國之重，豈可同匹夫之節，以取僵仆？群下惶灼，莫知所言。且聖人之禮，毁不滅性，縱陛下欲自賢於萬代，其若宗廟何！」帝感其言，爲之一進粥，於是諸王公等皆詣闕表請。時定兆域，及依漢、魏故事，並太皇太后終制。既葬公除。詔曰：「自遭禍罰，慌惚如昨，奉侍梓宫，猶希髣髴，山陵遷厝，所未忍聞。」冬十月，王公復上表固請，詔曰：「山陵可依典册，衰服之宜，情所未忍。」帝欲親至陵所，戊辰，詔諸常從之具，悉可停之。其武衛之官，防侍如法。癸酉，葬文明太皇太后於永固陵。甲戌，帝謁陵，王公固請公除，詔曰：「比當別叙在心。」己卯，又謁陵。庚辰，帝出至思賢門右，與群臣相慰勞。太尉丕等進言曰：「臣等以老朽之年，歷奉累聖，國家舊事，頗所知聞。伏惟遠祖有大諱之日，唯侍送梓宫者凶服，左右盡皆從吉〔五五〕。四祖三宗，因而不改。陛下以至孝之性，哀毁過禮，伏聞所御三食，不滿半溢，晝夜不釋絰帶。臣等叩心絶氣，坐不安席，願少抑至慕之情，奉行先朝舊典。」帝曰：「哀毁常事，豈足關言。朝夕食粥，粗可支任，諸公何足憂怖。祖宗情專武略，未脩文教。朕今仰禀聖訓，庶習古道，論時比事〔五六〕，又與先世不同。朕且以所懷，別問尚書游明根、高閭等，公可聽之。」

帝因謂明根等曰：「聖人制卒哭之禮，授練之變〔五七〕，皆奪情而漸。今則旬日之間，言及即吉，特成傷理。」明根對曰〔五八〕：「臣等伏尋金册遺旨，踰月而葬，葬而即吉。故於卜葬之初〔五九〕，奏練除之事。」

帝曰：「朕謂中代所以不遂三年之喪〔六〇〕，蓋由君上違世，繼主初立，君德未沇〔六一〕，臣義不洽，故身襲衮冕，行即位之禮。朕誠不德，在位過紀，足令億兆知有君矣。於此之日，而不遂哀慕之心，使情禮俱失，深可痛恨。」

高閭曰：「杜預，晉之碩學，論自古天子無有行三年之喪者，以爲漢文之制，闇與古合。雖叔世所行，事可承踵，是以臣等慺慺干請〔六二〕。」帝曰：「竊尋金册之旨，所以告奪臣子之心令早即吉者〔六三〕，慮廢絶政事故也。群公所請，其志亦然。朕今仰奉册令，俯順群心，不敢闇默不言，以荒庶政。唯欲存縗麻〔六四〕，廢吉禮，朔望盡哀，誠情在可許，故專欲行之，如杜預之論，於孺慕之君，諒陰之主，蓋亦誣矣。」

祕書丞李彪對曰〔六五〕：「漢明德馬后，保養章帝，母子之道，無可間然。及后之崩，葬不淹旬，尋已從吉。然漢章不受譏，明德不損名。願陛下遵金册遺令，割哀從議。」帝曰：「朕所以眷戀縗絰，不從所議者，實情不能忍，豈徒苟免嗤嫌而已哉？今奉終儉素，一已遵仰遺册，但痛慕之心，事繫於予，庶聖靈不奪至願耳。」高閭曰：「陛下既不除服於上，臣等獨除服於下，則爲臣之道不足。又親御縗麻，復聽朝政，吉凶事雜，臣竊爲疑。」帝曰：「朕今逼於遺册，唯望至朞，雖不盡禮，藴結差申，群臣各以親疏貴賤遠近爲除服之差，庶幾稍近於古，易行於今。」群臣又言：「春秋烝嘗，事難廢闕。」帝曰：「自先朝以來，恒有司行事。朕賴蒙慈訓，常親致敬。今昊天降罰，人神喪恃，想宗廟之靈，亦輟歆祀，脱行饗薦，恐乖冥旨。」群臣又言：「古者葬而即吉，不必終禮，此乃二漢所以經綸治道，魏晉所以綱理庶政也。」帝曰：「既葬即吉，蓋季俗多亂，權宜救世耳。二漢之盛，魏晉之興，豈由簡略喪禮〔六六〕，遺忘仁孝哉。平日之時，公卿每奏稱當今四海晏安〔六七〕，禮樂日新，可以參美唐、虞，比盛夏商。及至今日，即欲苦奪朕志，使不踰於魏晉，如此之意，未解所由。」李彪曰：「今雖治化清晏然，江南有未賓之吴，漠北有不臣之虜，是以臣等猶懷不虞之慮。」帝曰：「魯公帶絰從戎，晉侯墨衰敗敵，固聖賢所許。如有不虞，雖越紼無嫌，而況衰麻乎？豈可於晏安之辰，豫念軍旅之事，以廢喪紀哉！」帝曰〔六八〕：「古人亦有稱王者除縗而諒陰終喪者，若不許朕縗，朕則當除衰闇默〔六九〕，委政冢宰。二事之中，惟公卿所擇。」游明根曰：「淵默不言，則代政將曠〔七〇〕，仰順聖心，請從衰服。」太尉丕曰「臣與尉元，歷事五帝，魏家故事，大諱之後三月〔七一〕，必迎神於西，禳惡於北，具行吉禮。自皇始以來，未之或改。」帝曰：「若能以道事神，不迎自至。苟失仁義，雖迎不來，此乃平日所不當行，況居喪乎？朕在不言之地，不應如此喋喋。但公卿執奪，朕情未成從〔七二〕，遂成往復，追用悲絶。」遂號慟，群官亦哭而辭出。

致堂胡氏曰：「孝文慕古力行，尤著於喪禮，其始終情文，亦粲然可觀矣。自漢以來，未之有也。後世孺慕之君，可不景仰而先王是憲乎！方孝文之欲三年也，在廷之臣，無一人能將順其美者，莫不沮遏帝心，所陳每下，若非孝文至情先定，幾何不爲邪説所惑邪！禮曰：『百官備，百物具。』不言而事行者，扶而起。齊縗之喪，蓋對而不言也。若夫八事之權，非經禮也。今孝文百官備矣，百物具矣，是宜三日而粥，三月而沐，期三月而練冠，三年而祥，使禮廢而復起，如古之高宗焉。而群臣狃於漢制，雜以國俗，使其君不得自由，其初守禮違衆，欲行通喪甚力，其終也不能三年，於是期而祥，改月而禫，是用古者父在爲母之服，不中節矣。無乃不得其本遂殺其末邪？夫禮，惟其當而已。施之當，則如被衮冕而執鎮圭；施之不當，是衣狐白裘而坐諸草莽也，豈不惜哉？」

宣武帝延昌四年正月，帝崩於式乾殿。侍中、中書監、太子少傅崔光等奉迎太子於東宫，入自萬歲門，至明陽殿〔七三〕，哭踊久之。欲待明乃行即位之禮，太尉崔光曰：「天位不可暫曠，何待至明？」光等請太子止哭，立於東序。于忠、元昭扶太子西面哭十數聲，止。光奉册進璽綬，太子跪受，服皇帝衮冕之服，御太極前殿〔七四〕。光等降自西階，夜直群臣立於庭中，北面稽首稱萬歲。

按：先儒言古者天子崩，太子即位，其别有四。始死，則正嗣子之位，顧命所謂「逆子釗於南門之外，延入翼室」是也。既殯，則正繼體之位，顧命所謂「王麻冕黼裳入即位」是也。踰年，正改元之位，春秋所書「公即位」是也。三年，正踐祚之位，舜格于文祖，及伊尹以冕服奉太甲歸于亳是也。漢以來，遵短喪之制，廢諒陰之説，以日易月則踰年、三年即位之禮不復聞，大概於縗絰之中，行嗣服之吉禮矣。然漢高祖以四月甲辰崩，五月丙寅葬，其日惠帝即位，則在崩後二十三日。文帝以六月己亥崩，乙巳葬。景帝以丁未即位，則在崩後九日，葬後三日。蓋西都人主，皆預爲陵寢，故升遐之後，不復循古者七月之制。蓋有自崩至葬，不及旬日者，是以嗣君即位，多在既葬之後。至東漢則葬期漸遲，於是始制令以大行柩前即位，而歷代遵之，蓋猶在既殯之後也。今魏宣武方崩，而太子不俟明即位，毋乃太促乎！且當時魏傳世既久，時屬承平，有何急迫之虞，而於親肉未寒之時，不待旦而襲其位乎？孝文賢主，力追古道，以行親喪。肅宗幼冲，輔臣無識，不能導之，以率乃祖攸行，而有此過舉。魏德告終，有由矣。

後周武帝母叱奴太后崩，帝居倚廬，朝夕供一溢米。群臣表請，累旬乃止。及葬，帝祖跣之陵所，詔曰：「三年之喪，達於天子。但軍國務重，須自聽朝。縗麻之禮，率遵前典，百僚宜依遺令，既葬而除。」公卿固請依權制，周主不許，卒由三年之制，五服之内亦令依禮。

致堂胡氏曰：「自漢文短喪之後，能斷然行三年者惟晉武帝、魏孝文、周高祖，可謂難得矣。然春秋之義，責備賢者。晉武既爲裴、杜所惑，行禮不備；魏孝文之禮若備矣，而服非所服；周高祖縗麻苫塊，卒三年之制，最爲賢行。然推明通喪，止於五服之内，不及群臣，非所以教天下、著於君臣之義也。而又在喪，頻出遊幸，無門庭之寇，興師伐鄰，此皆禮所不得爲者。由高祖不學，左右無稽古之臣，以輔成之也。使高祖至心如魏晉二君，而講禮如孝文之詳，訓臣下以方喪三年不出遊幸、不動兵革以終禮制，雖三代何以加諸？」

校勘記

〔一〕漢舊儀高帝崩三日　「儀」原作「制」、「高」原作「皇」，據後漢書志六禮儀下注引漢舊儀改。

〔二〕主居其中央　「其」字原脱，據後漢書志六禮儀下注引漢舊儀補。

〔三〕七日大斂棺　原「棺」下有「槨」，據後漢書志六禮儀下注引漢舊儀删。

〔一四〕腰以下以玉爲札長一尺　原脱下一「以」字，「一尺」，據後漢書志六禮儀下注引漢舊儀補。

〔一五〕諸衣衾斂之　「諸」上原有「請」，據後漢書志六禮儀下注引漢舊儀删。

〔一六〕百官皆衣白單衣　「白單衣」原脱，據後漢書志六禮儀下補。

〔一七〕皇子哭踊如禮　「皇子」原脱，據後漢書志六禮儀下補。

〔一八〕廣二寸半　「廣」字原脱，據後漢書志六禮儀下注引漢舊儀補。

〔九〕亦猶斯比　「亦」原作「木」，據後漢書志六禮儀下注引張晏曰改。

〔一〇〕治禮引三公就位殿下　「引」原作「云」，據後漢書志六禮儀下改。

〔一一〕給六丈布直　「直」原作「置」，據後漢書志六禮儀下改。

〔一二〕大祥以紅爲領緣　「緣」字原脱，據後漢書志六禮儀下補。

〔一三〕皇太子與東海王等雜上同席　「上」，通鑑卷四四漢紀三六光武帝中元二年條作「止」。

〔一四〕先自制送終衣服四篋　「先」，晉書卷二〇禮中作「豫」。

〔一五〕臣以爲古禮無稱大行之文　「臣」字原脱，據元本及通典卷七九禮三九補。

〔一六〕稱大行者　「者」字原脱，據通典卷七九禮三九補。

〔一七〕故事亦然今當如林議　「亦」，通典卷七九禮三九作「已」。又，「林」原作「稱」，據上引通典改。

〔一八〕而漢文毁禮傷義今上至孝　原「漢文」下有「除之」，今據通典卷八〇禮四〇删。「今」下原有「主」，據上引書删。

〔一九〕若因此興先王之法　「興」原作「復」，據通典卷八〇禮四〇改。

〔二〇〕一朝復古　「朝」原作「旦」，據通典卷八〇禮四〇改。
〔二一〕由爲善乎　原作「不猶愈乎」，據通典卷八〇禮四〇改。
〔二二〕而臣下除　原作「而天下除之」，據通典卷八〇禮四〇改。
〔二三〕此謂但有父子　「謂」原作「爲」，據通典卷八〇禮四〇改。
〔二四〕以布巾裹塊草　「塊草」原作「革」，據晉書卷二〇禮中改。
〔二五〕御除服訖　「除」字原脱，據晉書卷二〇禮中補。
〔二六〕以熙庶績　「庶」原作「廣」，據晉書卷二〇禮中改。
〔二七〕昔周康王始登翼室　「翼」，元本、慎本、馮本及晉書卷二〇禮中作「翌」。
〔二八〕自宜終服　「宜」原作「然」，據晉書卷二〇禮中改。
〔二九〕率天下爲天子脩服三年　「率」字原脱，據晉書卷二〇禮中補。
〔三〇〕專謂王者三年之喪　「謂」原作「爲」，據晉書卷二〇禮中改。
〔三一〕至今世主皆從漢文輕典　「輕」原作「經」，據晉書卷二〇禮中改。
〔三二〕此皆既葬除服諒陰之證　「既」字原脱，據元本及晉書卷二〇禮中補。
〔三三〕未知王者君臣上下縗麻三年者誰　「誰」原作「謂」，據晉書卷二〇禮中改。
〔三四〕下推將來　「來」字原脱，據晉書卷二〇禮中補。
〔三五〕凡等臣子　原倒作「凡臣子等」，據晉書卷二〇禮中乙止。
〔三六〕欲以職事爲斷　「爲」字原脱，據晉書卷二〇禮中補。

〔三七〕曲而殺　「殺」原作「報」，據馮本及晉書卷二〇禮中改。
〔三八〕仿偟寢殿　「仿偟」，晉書卷二〇禮中作「徬徨」。
〔三九〕今將吏雖蒙同二十五月之寧　「之」下原有「事」，據晉書卷二〇禮中刪。
〔四〇〕又問　二字原脱，據通典卷七九禮三九補。
〔四一〕今御倚廬爲當在太極殿不　「不」原作「下」，據通典卷七九禮三九改。
〔四二〕違實　二字原脱，據通典卷八〇禮四〇補。
〔四三〕而責有奔　「有」原作「其」，據通典卷八〇禮四〇改。
〔四四〕今輕此制　「今」原作「令」，據元本、慎本、馮本及通典卷八〇禮四〇改。
〔四五〕今直以或者衆致於此事　原作「今直以議者既衆」，後人竄改者，今據通典卷八〇禮四〇改正。
〔四六〕如濛所上施行　「如」原作「宜依」，據通典卷八〇禮四〇改。
〔四七〕融曰重啓　「曰」，通典卷八〇禮四〇作「又」。
〔四八〕遣人可也　「人」字原脱，據通典卷八〇禮四〇補。
〔四九〕右丞戴謐等議異　「謐」原作「諡」，據晉書卷二〇禮中改。
〔五〇〕宜用閏月除者　「除」原作「餘」，據晉書卷二〇禮中改。
〔五一〕禮服從正　「正」原作「政」，據晉書卷二〇禮中改。
〔五二〕文公服三年之喪　「文公」原作「昭公」，據晉書卷二〇禮中改。
〔五三〕心喪已經十三月　「喪」字原脱，「經」下原有一「輕」，據元本、慎本、馮本及宋書卷一五禮二補刪。

〔五四〕禮畢餘情一周　宋書卷一五禮二作「禮畢餘一期」。
〔五五〕左右盡皆從吉　「盡皆」原倒，據魏書卷一百八之三禮志三乙正。
〔五六〕論時比事　「比」原作「此」，據元本、慎本、馮本及魏書卷一百八之三禮志三改。
〔五七〕授練之變　「練」原作「服」，據魏書卷一百八之三禮志三改。
〔五八〕明根對曰　「明根」原脱，據魏書卷一百八之三禮志三補。
〔五九〕故於卜葬之初　「卜」原作「下」，據魏書卷一百八之三禮志三改。
〔六〇〕朕謂中代所以不遂三年之喪　「謂」原作「惟」，據魏書卷一百八之三禮志三改。
〔六一〕君德未流　「流」原作「流」，據元本、慎本及魏書卷一百八之三禮志三改。
〔六二〕是以臣等慺慺干請　「請」，魏書卷一百八之三禮志三作「謁」。
〔六三〕所以告奪臣子之心令早即吉者　「告」字原脱，據魏書卷一百八之三禮志三補。
〔六四〕唯欲存縗麻　「存」字原脱，據魏書卷一百八之三禮志三補。
〔六五〕祕書丞李彪對曰　「對」字原脱，據魏書卷一百八之三禮志三補。下同。
〔六六〕豈由簡略喪禮　「由」原作「曰」，據馮本及魏書卷一百八之三禮志三改。
〔六七〕公卿每奏稱當今四海晏安　「奏」字原脱，據魏書卷一百八之三禮志三補。
〔六八〕帝曰　二字原脱，據魏書卷一百八之三禮志三補。
〔六九〕朕則當除衰闇默　「朕」原作「服」，「闇」原作「拱」，據魏書卷一百八之三禮志三改。
〔七〇〕則代政將曠　「代」原作「大」，據魏書卷一百八之三禮志三改。

〔七一〕大諱之後三月　「大」原作「尤」，據元本、慎本及魏書卷一百八之三禮志三改。

〔七二〕朕情未成從　「未成從」原脱，據魏書卷一百八之三禮志三補。

〔七三〕明陽殿　魏書卷一百八之四禮志四作「顯陽殿」，通典卷八〇禮四〇作「昭陽殿」。

〔七四〕御太極前殿　「前殿」原倒，據魏書卷一百八之四禮志四乙正。

卷一百二十二　王禮考十七

國恤

唐元陵遺制：其喪儀及山陵制度，務從儉約，並不以金銀錦綵飾〔一〕。天下節度觀察團練使、刺史等，並不須赴哀。祀祭之禮，亦從節儉。其天下人吏，敕到後，出臨三日，皆釋服。無禁婚娶、祠祀、酒肉。其宫殿中當臨者〔二〕，朝夕各十五舉音〔三〕。皇帝三日聽政，十三日小祥，二十五日大祥，二十七日而釋服。

元陵儀注，詔問：「宗子在外州府，合赴京師不？」所司奏曰：「按禮文〔四〕『五廟之孫，祖廟未毁，雖爲庶人，冠、取妻必告，死必赴，練祥則告，不忘親之義也』〔五〕。又曰『四世而緦，服之窮也；五世袒免，殺同姓也；六世親屬竭矣』。又傳云『天子七月而葬，同軌畢至』。據此，則宗子五等以上，不限遠近，盡同奔赴山陵〔六〕。」

唐禮樂志：「周禮五禮，二曰凶禮。唐初，徙其次第五，而李義府、許敬宗以爲凶事非臣子所宜言〔七〕，遂去其國恤一篇，由是天子凶禮闕焉。至國有大故，則皆臨時采綴比附以從事，事已，則諱而不傳，故後世無考焉。至開元制禮，惟著天子賑恤水旱、遣使問疾、弔死、舉哀、除服、臨喪、册贈之類。

若五服與諸臣之喪葬、縗麻、哭泣，則頗詳焉。」

按：唐志所言如此。柳子厚作裴瑾崇豐二陵集禮後序，其說亦然，且謂：「『永貞、元和間，天禍仍遘。自崇陵至於豐陵，德宗葬崇陵，順宗葬豐陵。不能周歲，司空杜公杜黃裳。由太常相天下，連爲禮儀使，擇其僚以備損益。於是河東裴瑾以太常丞、隴西辛秘以博士用焉。内之則攢塗秘器象物之宜，外之則復土斥上因山之制；上之則顧命典册興文物以受方國，下之則制服節文頒憲則以示四方。由其肅恭，禮無不備。且苞並總統，千載之盈縮；羅絡旁午，百氏之異同。搜揚翦截，而悉得其中，顧問闕決，而不悖於事。議者以爲司空公得其人〔八〕，而邦典不墜。裴氏乃悉取其所刊定，及奏復於上，辨列於下，聯百執事之儀，以爲崇豐二陵集禮，藏之於太常書閣，君子以爲愛禮而近古焉。』然則李義府、許敬宗所削，開元禮所闕者，瑾之書悉有之矣。今考王溥作唐會要、宋祁修唐書志，於國恤，略無所紀載，豈未見裴書邪？或瑾之書，至王、宋二公之時，亦不復存邪！」

後唐莊宗同光三年七月，貞簡皇太后遺令曰：「皇帝以萬機至重，八表所尊，勿衣麤縗，勿居諒闇。三年之制，以日易月，過三日便親朝政。皇后、諸妃及諸王、公主，並制齊縗本服，以日易月，十三日除。中書門下、翰林學士、在朝文武百官、内諸使司〔九〕、及諸道節度觀察防禦使、刺史、監軍，及前資官並寮佐官吏、士庶、僧道、百姓，並準本朝故事，降服施行，勿使過制。皇帝釋服後〔一〇〕，未御八音〔一一〕，勿廢群祀，勿斷屠宰，勿禁晏遊，園陵喪制，皆從簡省。故申遺令，奉而行之。」

其月，太常禮院奏：「按故事，中書門下、翰林學士、在朝文武官、内諸司使供奉官以下，從成服三日，每日赴長壽宮朝臨，自後不臨。其服，以日易月，十三日除。至小祥〔一二〕，合釋服。每至月朔月望，小祥大祥，釋服日，未除服者縗服臨，已除服者則素服不臨，並赴長壽宮，先拜靈訖，移班近東，進名奉慰。」又准奏〔一三〕：「故事，文武前資官及六品以下未升朝官並士庶等，各於本家素服一臨。禁衛諸軍使已下，各於本軍廳事素服一臨。僧尼道士，各於本寺觀一臨。外命婦，各於本家素服朝臨三日。諸道節度、觀察、防禦、團練、刺史及僚佐等，聞哀後當日成服，三日改黲，十三日除。」從之。

宋開寶九年十月，太祖崩，遺詔：「喪制，以日易月，皇帝三日而聽政，十三日小祥，二十七日大祥。諸道節度觀察防禦團練使、刺史、知州等，不得輒離任赴闕。諸道州府臨三日釋服〔一四〕。」太宗奉遺詔即位，就殿之東楹，號泣以見群臣。群臣服布斜巾四脚〔一五〕，直領布襴，腰絰。命婦布帕頭、裙、帔。皇弟、皇子〔一六〕、文武二品以上，加布冠、斜巾、帽、首絰、大袖、裙、袴、竹杖。士民縞素，婦人素縵〔一七〕，諸軍就屯營三日哭。群臣素服，請聽政，不許。宰相懇請，始御長春殿。群臣喪服就列，上去杖、絰，服斜巾、垂帽，卷簾視事。小祥，上改布服四脚，直領布襴，腰絰，布袴，二品以上官亦如之。大祥，上服素紗軟脚折上巾〔一八〕，淺黃衫，緝皮黑銀帶。群臣及軍校以上，皆本色黲服、銕帶，鞾、笏。諸王入内服縗衣，出則服黲。

至道三年三月，太宗崩。皇太子散髮號擗，奉遺詔即皇帝位於萬歲殿之東楹。群臣稱賀，上慟哭。四月，群臣三表請聽政。戊戌，御崇政殿之西序。又三表，始御正殿。有司言，山陵前，朔望不視事。群臣詣閤奉慰。詔群臣朔望並詣萬歲殿哭奠，退詣内東門奉慰。

乾興元年二月，真宗崩。有司言：「今月二十三日成服。至二十五日，群臣朝夕臨。二十六日至二十八日朝臨。自後每大、小祥逐七禫除，朔望並入臨奉慰至山陵。」從之。又令逐七於觀音啟聖院、開寶寺塔院，設大會齋。令中書、樞密院分往行香，時上雖用以日易月之制，改服臨朝，宮中實行三年之喪。

嘉祐八年三月，仁宗崩，英宗即位於東階。是日小斂，命衛士坐甲東門三日，命武臣十六人各將甲士二百巡檢皇城新舊城，輔臣宿資善堂，宗室宿崇政門外，至成服止。遣使齎詔告哀契丹、夏國及賜遺留物。上欲命韓琦攝冢宰，行亮陰三年禮，執政以爲不可，三上表乃聽政〔一九〕。有司奏：「故事，皇帝群臣釋黪，常服。宗室出則常服，居則縗麻以終喪〔二〇〕。軍民至祔除，朝臣祔廟，許嫁娶，三京、諸路至卒哭，東京至祔廟，百官三年毋聽樂〔二一〕。」每七日群臣朝臨，四十九日止。治平元年三月丁酉朔，以小祥禁京師樂，至四月十五日庚申不視事，至四月四日禁屠十日。二年詔京師自二月一日，開封諸縣自三月一日禁樂。自四月十五日諸路禁〔二二〕，前後各七日。沿邊州軍勿禁。三月朔望，不御前後殿。

禮院奏：「近依國朝故事，詳定大祥變除服制，以三月二十九日大祥，至五月二十九日禫，六月二十九日禫除，至七月一日從吉，已蒙降敕。謹按禮學，王肅以二十五月爲畢喪，而鄭康成以二十七月。通典用其說，又加至二十七月終，則是二十八月畢喪，而二十九月始吉，蓋失之也。祖宗時，據通典爲正，而未經講求。故天聖中，更定五服年月敕斷以二十七月，今士庶所同遵用。夫三年之喪，自天子達，不宜有異。請以三月二十九日爲大祥，五月擇日而爲禫，六月一日而從吉。」於是大祥日不御前後殿，開封府停決大辟禁屠至四月五日，待制〔二三〕、觀察使以上及宗室管軍官日一奠，二十八日而群臣皆入奠。

按：自仁宗以來，視朝則用易月之制，而宫中實行三年之喪，故於小祥、大祥、禫除之時，旋行禁音樂及奠祭之禮，蓋亦適禮之變云。

治平四年正月，英宗崩，神宗即位。喪禮如舊制。

元豐八年三月，神宗崩，哲宗即位。凡凶禮並如治平故事。

祕書省正字范祖禹言：「先王制禮，以君服同於父，皆斬縗三年，蓋恐爲人臣者，不以父事其君，此所以管乎人情也。自漢以來，不唯人臣無服，而人君遂亦不爲三年之喪。唯國朝自祖宗以來，外廷雖用易月之制，而宫中實行三年之喪。且易月之制，前世所以難改者，以人君自不爲服也。今君上之服，已如古典，而臣下之禮，猶依漢制，是以百官有司，皆已復其故常，容貌衣服，無異於行路之人，豈人之性如此其薄哉？由上不爲之制禮也。今群臣易月，人主實行三年之喪，故十二日而小祥，朞而又小祥，二十四日大祥，再朞而又大祥。夫練、祥不可以有二也，既以日爲之，又以月爲之，此禮之無據者。再朞而大祥，中月而禫，禫者祭之名也，非服之色也，今乃爲之黲服三日然後禫，此禮之不經者也。既除服，至葬而又服之，蓋不可以無服也。祔廟而後即吉，纔八月矣，而遽純吉，無所不佩，此又禮之無漸者也。易月之制，因襲故事，已行之禮，不可追也。臣愚以爲宜令群臣朝服，止如今日而未除縗，至朞而服之，漸除其重者，再朞而又服之，乃釋縗，其餘則君服斯服可也。至於禫，不必爲之服，惟未純吉以至於祥，然後無所不佩，則三年之制略如古矣〔二四〕。」詔禮官詳議以聞。

其後禮部尚書韓忠彦等言：「朝廷典禮，時世異宜〔二五〕，不必循古。若先王之制，不可盡用，則當以祖宗故事爲法。今言者欲令群臣服喪三年，民間禁樂如之，雖過山陵，不去縗服，庶協古之制。緣先王恤典節文甚多，必欲循古，則又非特如臣僚所言故事而已。今既不能盡用，則當循祖宗故事及先帝遺制。」從之。

元符三年正月，哲宗崩，徽宗即位。凡凶禮並如治平、熙寧故事。

先是，詔三省、樞密院集侍從官議太平興國二年所用服紀。九月，太常寺言：「太宗皇帝上繼太祖，兄弟相及，雖行易月之制，實服斬縗三年，以重君臣之義。公除已後，庶事相稱，具載國史。今皇帝嗣位哲宗，實承神考之世，已用開寶故事，爲哲宗服縗重。今神主升祔已畢，百官之服並用純吉，皇帝服御未經討論，宜如太平興國二年故事。」

禮部言：「太平興國中，宰相薛居正表稱：『公除以來，庶事相稱，獨茲徹樂，誠未得宜。』即是公除以後，除不舉樂外，釋縗從吉，事理甚明。今皇帝當釋黲御常服、素紗展脚幞頭、淡黃衫、黑犀帶，請下有司裁制。」宰臣韓忠彦等請從禮官議，改吉服。三上表，乃詔候周期服吉〔二六〕。

時詔不由門下，徑付有司。給事中龔原言：「喪制乃朝廷大事，今行不由門下〔二七〕，是廢法也。臣爲君服斬縗三年，古未嘗改。且陛下前此議服，禮官持兩可之論，陛下既察見其姦，其服遂正。今乃不得已而從之，臣竊爲陛下惜。開寶時，并、汾未下，兵革未弭，祖宗櫛風沐雨之不暇，其服制權宜一時也，非故事也。」原坐降兩官，黜知南康軍。

高宗紹興元年，隆祐皇太后孟氏崩。詔以繼體之重，當承重服。

徽宗以紹興五年四月，崩於五國城。七年正月，問安使何蘚等還，始知凶問。宰執入見，上號慟擗踊，終日不食。宰臣張浚等力請，方少進粥。上成服於几筵殿，文武百僚朝晡臨於行宮。自聞喪至小祥，百官朝晡臨；自小祥至禫祭，朝一臨。太常等言：「舊制，沿邊州軍，不許舉哀。緣諸大帥皆國家腹心爪牙之臣，休戚一體，至於將佐，皆懷忠憤，宜就所屯，自副將而上成服，日朝晡臨，故校哭於本營〔二八〕。」命徽猷閣待制王倫等爲奉迎梓宮使。

知邵州胡寅上疏，略曰：「三年之喪，自天子至於庶人，一也。及漢孝文自執謙德，用日易月，至今行之。子以便身忘其親，臣以便身忘其君，心知其非而不肯改，自常禮言之，猶且不可，況變故特異如今日者，又當如何？恭惟大行太上皇帝、大行寧德皇后，蒙犯胡塵，永訣不復，實由粘罕，是有不共戴天之讎。考之於禮，讎不復則服不除，寢苫枕戈，無時而終。所以然者，天下雖大，萬事雖衆，皆無以加於父子之恩，君臣之義也。伏睹某月某日聖旨，緣國朝故典，以日易月，臣切以爲非矣。自常禮言之，猶須大行有遺詔，然後遵承。今也大行詔旨不聞，而陛下降旨行之，是以日易月，出陛下意也。大行幽厄之中，服御飲食，人所不堪，疾病粥藥，必無供億，崩殂之後，衣衾斂藏，豈得周備？正棺卜兆，知在何所？茫茫沙漠，瞻守爲誰？伏惟陛下一念及此，荼毒摧割，倍難堪忍，縱未能遵春秋復讎之義，俟讎殄而後除服，猶當革漢景之薄，喪紀以三年爲斷。不然，以終身不可除之服，二十七日而除之，是薄之中又加薄焉，必非聖人之所安也。」

又曰：「雖宅憂三祀，而軍旅之事，皆當决於聖裁，則諒闇之典，有不可舉。蓋非枕塊無聞之日，是乃枕戈有事之辰，故魯侯有周公之喪，而徐夷並興，東郊不開，則是墨縗即戎，孔子取其誓命。今六師戒嚴，誓將北討，萬機之衆，孰非軍務。陛下聽斷平決，得禮之變，卒哭之後，以墨縗臨朝，合於孔子所取，其可行無疑也。」

又曰：「如合聖意，便乞直降詔旨云：『恭惟太上皇帝、寧德皇后，誕育眇躬，大恩難報，欲酬罔極，百未一伸。鑾輿遠征，遂至大故，訃音所至，痛貫五情。想慕慈顔，杳不復見，怨讐有在，朕敢忘之。雖軍國多虞，難以諒闇，然縗麻枕戈，非異人任。以日易月，情所不安，興自朕躬，致喪三年。即戎衣墨，況有權制，布告中外，昭示至懷。其合行典禮，令有司集議來上。如敢沮格，是使朕爲人子而忘孝之道，當以大不恭論其罪。』陛下親御翰墨，自中降出，一新四方耳目，以化天下，天地神明，亦必有以佑助〔二九〕。臣不勝大願。」

紹興三十一年五月，金國人使報孝慈淵聖皇帝升遐。詔：「朕當持斬縗三年之服，以申哀慕。」是日，文武百僚並常服、黑帶、去魚，詣天章閣南空地立班，聽詔旨，舉哭畢，次赴後殿門外進名奉慰，次赴几筵殿焚香舉哭。六月，權禮部侍郎金安節等言：「孝慈淵聖皇帝升遐，照國朝典故，以日易月，自五月二十二日立重，安奉几筵，至六月十七日大祥，後所有縗服〔三〇〕，請權留以待梓宮之還。」從之。

孝宗淳熙十四年十月八日乙亥，光堯太上皇帝崩，上號慟擗踊，逾二日不進膳〔三一〕。尋諭宰執王淮，欲不用易月之制，如晉武、魏孝文實行三年之喪〔三二〕，自不妨聽政。淮等奏：「通鑑載晉武帝雖有此意，後來只是宮中深衣、練冠。」上曰：「當時群臣不能將順其美，司馬光所以譏之。後來武帝竟欲行之〔三三〕。」淮曰：「記得亦不能行。」上曰：「自我作古何害？」淮曰：「御殿之時，人主縗絰，群臣吉服，可乎？」上曰：「自有等降。」乃中批：「朕當縗絰三年，群臣自行易月之令。其合行儀制，令有司討論。」詔百官於以日易月之内，縗服治事。

二十日丁亥，小祥，上未改服，王淮等乞俯從禮制。上流涕曰：「大恩難報，情所未忍。」二十一日，車駕還内，上縗絰御輦，設素仗，軍民見者，往往感泣。詔：「今自五日一詣梓宫前焚香。」上欲縗服素幄，引輔臣及班次，而禮官奏謂：「苴麻三年，難行於外庭。」奏入，不出。十一月戊戌朔，禮官顔師魯、尤袤等奏：「乞大祥禮畢，改服小祥之服，去杖、絰。禫祭禮畢，改服素紗軟脚折上巾、淡黄袍、黑銀帶。神主祔廟畢，改服皂幞頭〔三四〕、黑鞓犀帶。遇過宫燒香，則於宫中縗絰行禮。二十五月而除。」上批：「淡黄袍改服白袍。」二日己亥，大祥。四日辛丑，禫祭禮畢。五日壬寅，百官請聽政，不允。八日，百官三上表，引康誥「被冕服出應門」等語爲證。九日，詔可。

十五年正月十八日甲寅，百日，上過宫行焚香禮。二十一日丁巳，上諭輔臣：「昨内引洪邁，見朕已過百日，猶服縗麤，因奏事應以漸，今宜服如古人墨縗之義，而巾則用繒或羅。朕以羅絹非是，若用細布則可。」王淮等言：「尋常士大夫丁憂過百日，巾衫皆用細布，出而見客，則以黲布。今陛下舉千古不能行之禮，足爲萬世法。」上又曰：「晚間引宿直官之類如何？」淮曰：「布巾、布背子便是常服。」上以爲然〔三五〕。自是每御延和殿，止服白布折上巾、布衫，過宫則縗絰而杖。

三月壬子，啟攢，上服初喪之服。甲寅，發引。丙寅，掩攢。甲戌，上親行第七虞祭。大臣言：「虞祭乃吉禮，合用靴袍。」上曰：「只用布折上巾、黑帶、布袍可也。」

二十日丙戌，神主祔廟。是日詔曰：「朕昨降旨揮，欲縗絰三年，緣群臣屢請御殿易服，故以布素視事内殿。雖有俟過祔廟勉從所請之詔，稽諸典禮，心實未安，行之終制，乃爲近古。宜體至意，勿復有請。」於是大臣乃不敢言。蓋三年之制，斷自上心，執政近臣皆主易月之説。諫官謝鍔、禮官尤袤心知其不可，而不敢盡言。惟敕令所删定官沈清臣再上書：「願堅『主聽大事於内殿』之旨，將來祔廟畢日，預降御筆，截然示以終喪之志，杜絶輔臣方來之章，勿令再有奏請，力全聖孝，以示百官，以刑四海。」上納用焉。

朱熹君臣服議曰：

淳熙丁未十月八日，太上皇帝上僊，遺誥至州縣，有司莫識衣冠制度，大率盡用令式斬縗之服，哀臨既畢，及被禮部所下符，則止當用布四脚、直領布襴衫、麻絰而已。此符當與遺誥同日俱下，乃遲數日，有司不虔，惑誤四方已如此。而於布四脚之下註云係幞頭，於直領布襴下註云上領不盤，則雖間有舉哀稍緩之處，官吏傳觀，亦多不曉四脚幞頭之説。予記温公書儀及後山談叢，所記頗詳，乃周武帝所製之常冠用布一方幅〔三六〕，前兩角綴兩大帶，後兩角綴兩小帶，覆領四垂〔三七〕，因以前邊抹額而繫大帶於腦後，復收後角而繫小帶於髻前，以代古冠，亦名幞頭，亦名折上巾。其後乃以漆紗爲之，而專謂之幞頭，其實本一物也。今禮官以幞頭解四脚是矣，而又不肯詳言其制，則未知其若馬、陳之所謂，周武之所制者邪？抑將以紙爲胎，使之剛强跂立〔三八〕，亦若今之漆紗所爲者邪？至於直領布襴衫上領不盤之説，則衆尤莫曉。蓋既曰直領，則非上領；既曰上領，則不容不盤，兩言之中，自相牴牾，至於如此，雖予亦莫識其所以然也。乃有强爲之説者曰：「雖爲上領而不聯綴斜帛，湊成盤曲之勢，以就正圓，但以長布直縫，使足以繞項而已。」予謂禮官之意，或是如此，亦不可知。但求之於古，既無所考，則亦何敢信而從之邪！疑此特生於古，今之禮不同，禮官不能分别去取，而欲依違其間，是以生此回惑耳！

蓋直領者，古禮也，其制具於儀禮，其像見於三禮圖。上有衣而下有裳者是也。上領有襴者，今禮也，今之公服，上衣下襴相屬而弗殊者是也。竊意國恤舊章之本文，必有曰直領布衫者。而又曰布襴衫者〔三九〕，其服直領布衫，則兼服布裙而加冠於首；其服布襴衫，則首加四脚而已。蓋其初雖合古今之禮，而猶各有所施，則亦未爲失也。今既不察其異矣，又但見公服之上領而有襴，遂解直領爲上領不盤，而增「襴」字於「衫」字之上文，若遷今以就古，而不知其實之誤，反至於廢古以循今也。又前此州縣誤用之禮，皆著菅屨，而符乃無又承用之者〔四〇〕，遂屨韈以赴臨〔四一〕，殊乖禮意。獨無曰杖云者，於禮爲粗合而亦有所未盡。

蓋禮君之喪，諸達官之長杖。所謂達官，謂專達之官，在今日則内之省、曹、寺、監長官，外之監司、郡守。凡一司之長，若嘗任侍從以上，得專奏事者是也。故今不杖之制，施於僚佐以下則得之矣。至使其長官下而同之，而雖故相領帥若家居者無異文，豈不薄哉！

又後數日，乃得邸吏所報朝廷冠服制度，則云皇帝初喪，服白羅袍、黑銀帶、絲鞋、白羅軟脚折上巾。成服日，服布斜巾、四脚、裙、袴、冠、帽、竹杖、腰絰、首絰、直領大袖、布襴衫、白綾襯衫。視事日，去杖、首絰。小祥日，改服布四脚、直領布襴衫、腰絰、布袴。大祥日，服素紗軟脚折上巾、淺黄衫、黑銀帶。

群臣之服分爲三等：上等，布頭冠、布斜巾、布四脚、大袖襴衫、裙、袴、首絰、腰絰，竹杖，襯服。中等，布頭冠、幞頭、大袖襴衫、袴、腰絰。其下等，則布幞頭、襴衫、腰絰而已。詳此。

帝服有冠有裙，而衫曰直領，則是古之喪服。當自爲一襲者，又有四脚，有襴衫，則皆當世常服。又當別爲一襲者，而今乃一之，則果如予之所料矣。然至於小祥之服，則衫直領而下不裙。宰臣之服，則下雖有裙而衫非直領，此又不可曉者。其餘亦多重複繆誤，如斜巾、四脚、冠、帽，乃四物不當一時並加於首。四者皆首服，獨冠爲古制〔四二〕。斜巾乃民間初喪未成服時所用，既成服則去之。蓋古者冕之遺制也〔四三〕。今成服而與冠並用，其失一也。四脚之說，已見於前，蓋宇文氏廢古冠而爲之。若兼存而互用，猶不相妨，今同時並加，其失二也。帽，古今皆爲燕服，與正服之用，亦各有所施。今與古冠、四脚並用，三失也。今天子之冠四：衮冕、通天、幞頭、帽子，雖皆御服，如之何而可並用於一時乎？直領、上領、古裙、今襴，亦四物，不當一時並加於身。說已見前。冠當服以終喪，不當小祥而釋。古禮，小祥改服練冠，但以熟布爲之，其制不易也。今小祥便只服布四脚，不服練冠，非是。其去巾帽，亦不知有何據也。四脚、幞頭、折上巾，三名一物，不當錯出而異名。說亦見前。兼禮官亦云四脚係幞頭，則知二者非異物。而於朝臣之服，上等曰四脚，中、下等曰幞頭，不知何謂。其曰銀帶、絲鞋、白綾襯衫者，則尤非喪禮之所宜服，亦不待辨而知其非矣。大抵其失，在於兼盡古今，以爲天子備物之孝，而不知考其得失而去取之正。

天子議禮制度，考文之事也，然此等條目之多，欲一一而正之，則有不勝正者，必循其本而有以大正焉，則曰斬縗三年，爲父爲君，如儀禮喪服之說而已。其服則布冠、直領大袖、布衫加布縗、辟領負版、擗衽、布襯衫、布裙、麻腰絰、麻首絰、麻帶、菅屨、竹杖，自天子至於庶人，不以貴賤而有增損也。

但儀禮之冠三梁，乃士禮。今天子通天冠二十四梁，當準之而去其半，以爲十二梁。群臣則如其本品進賢冠之數以爲等。大本既立，然後益考禮經，以修殯葬饋奠之禮，參度人情，以爲居處飲食之節，行之天下。凡諸吉凶之禮，有詭聖不經如上領胡服之類者，一切革而去之，則亦庶乎一王之制，而無紛紛之惑矣。而前此議者，猶或慮其説之難行，雖以元祐之盛時而不能行。范祖禹之論，蓋不知自漢以來，所以不能復行君父三年之喪者，一則以人主自無孝愛之誠心，而不能力行以率於上；二則慮夫臣民之衆冠婚祠享會聚之有期，而不欲以是奪之也。國家自祖宗以來，三年通喪實行於内，則其所以立極導民者，無所難矣。獨所以下爲臣民之慮者，未有折衷，是以依違於此而未敢輕議，此亦慮之過矣。

夫古之所謂方喪三年者，蓋曰比方於父母之喪云爾。蓋事親者，親死而致喪三年，情之至義之盡者也。事師者，師死而心喪三年，謂之哀如父母而無服〔四四〕，情之至而義有所不得盡者也。事君者，君死而方喪三年，謂其服如父母而分有親疏，此義之至而情或有不至於其盡者也。然則所謂方喪者，豈曰必使天下之人寢苫枕塊，飲水食粥，泣血三年，真若居父母之喪哉？今臣民之服〔四五〕，如前所陳，則已有定説矣。獨庶人軍吏之貧者，則無責乎？其全雖以白紙爲冠，而但去紅紫華盛之飾，其亦可也。

至如飲食起居之制，則前所謂參度人情者，正欲其斟酌古今之宜，分别貴賤親疏之等，以爲隆殺之節。且以婚姻一事言之，則宜自一月之外許軍民，三月之外許士吏，復土之後許選人，祔廟之後許承議郎以下，小祥之後許朝請大夫以下，大祥之後許中大夫以下，各借吉三日。其大中大夫以上，則並須禫祭，然後行吉禮焉。官卑而差遣，職事高者從高，遷官者從新，貶官者從舊，如此則亦不悖於古，無害於今，庶乎其可行矣。

或者又謂今之吉凶服上領之制，相承已久，而遽盡革之，恐未爲允。此不然也，古今之制，祭祀用冕服，朝會用朝服，皆用直領，垂之。而不加紳束，則如今婦人之服交掩於前；而束帶焉，則如今男子之衣，皆未嘗上領也。今之上領公服，乃夷狄之戎服。自五胡之末，流入中國，至隋煬帝時，巡遊無度，乃令百官戎服從駕，而以紫、緋、緑三色爲九品之别，本非先王之法服，亦非當時朝祭之正服也。今雜用之，亦以其便於事，而不能改耳。曷若準朝服祭服之法，參取唐公服之制，以爲便服而去之哉。唐公服，見通典開元禮序例下篇。

民私喪五服制度，皆如此禮，但以親疏分五等，而衣服之制，不殊温公書儀。但斬縗齊縗用此制〔四六〕，而大功以下從俗禮非是。惟高氏送終禮其説甚詳，當更討論訂正，别爲公私通行喪服制度，頒行民間。令其遵守，庶幾先王之禮，大小由之，上下交修，可以久而不廢，且使大義素定於臣民之家，免至臨事紛錯，疑惑衆聽。

紹熙五年六月九日，孝宗崩。太皇太后有旨，皇帝以疾聽在内成服，太皇太后代皇帝行禮。

慶元二年六月九日，大祥。八月十六日，禫祭。時寧宗執孝宗之喪，欲大祥畢更服禫兩月〔四七〕，監察御史胡紘言：「孫爲祖服，已過期矣。議者欲更持禫兩月，曰：「但欲禮制全盡，不較此兩月。」」於是不知用何典禮？若曰嫡孫承重，則太上聖躬亦已康復，於宫中自行二十七月之重服，而陛下又行之，是喪有二孤也。自古孫爲祖服，何嘗有此禮？」詔侍從、臺諫、給舍集議。吏部尚書葉翥等言：「孝宗升遐之初，太上聖體違豫，就宮中行三年之喪。皇帝受禪，正宜倣古方喪之服以爲服，昨來有司失於討論。今胡紘所奏，引古據經，別嫌明微，委是允當。欲從所請參以典故：六月六日，大祥禮畢，皇帝及百官並純吉服〔四八〕；七月一日，皇帝御正殿，饗祖廟；將來禫祭，令禮官檢照累朝禮例施行。」四月庚戌，詔：「群臣所議雖合禮經，然於朕追慕之意，有所未安，早來奏知太皇太后，面奉聖旨，以太上皇帝雖未康愈，宮中亦行三年之制，宜從所議。朕躬奉慈訓，敢不遵依。議狀可付外施行。」

建炎以來朝野雜記：「高宗之喪，孝宗爲三年服。及孝宗之喪，有司請於易月之外，用漆紗淺黄之制，蓋循紹興以前之舊。朱文公後入，不以爲然，奏言：『今已往之失，不及追改，惟有將來啟攢、發引，禮當復用初喪之服〔四九〕，則其變除之節，尚有可議。望明詔禮官稽考禮律，豫行指定。其官吏軍民方喪之服，亦宜稍爲之制，勿使肆爲華靡。』其後詔中外百官，皆以凉衫視事，蓋用此也。方文公上議時，門人有疑者，文公未有以折之。後讀禮記正義喪服小記爲祖後者條，因自識於本議之末。其略云：『準五服年月格，斬縗三年，嫡孫爲祖，謂承重者。法意甚明，而禮經無文，但傳云「父没而爲祖後者服斬」，然而不見本經，未祥何據。但小記云「祖父没而爲祖母後者三年」，可以旁照。至爲祖後者條下疏中所引鄭志，乃有「諸侯父有廢疾不任國政，不任喪事」之問，而鄭答以「天子、諸侯之服皆斬」之文。方見父在而承國於祖之服，上此奏時，無文字可檢〔五〇〕，又無朋友可問，故大約且以禮律言之。亦有疑父在不當承重者，時無明白證驗，但以禮律人情大意答之，心常不安，歸來稽考，始見此説，方得無疑。乃知學之不講，其害如此。而禮經之文，誠有闕略，不無待於後人。向使無鄭康成，則此事終未有斷決，不可直謂古經定制，一字不可增損也。』」

慶元三年，憲聖太皇太后崩。時太上皇承重，寧宗降服齊縗期。

國恤喪禮

發哀

自聽遺誥始。是日，皇帝服白羅袍、黑銀帶、絲鞋、白羅軟折上巾。皇太后初喪，皇帝服素紗軟幞頭、白羅衫、黑銀帶。太皇太后、太上皇后初喪日，並同。文武百僚並服常服，黑帶，去金玉飾。入詣殿下立班定，禮直官引班首出班，於班前南向立，搢笏，聽宣遺誥。讀遺詔同。次歸位，並舉哭。一十五音。再拜，移班稍南立，班首稍前，躬身奉慰。凡奉慰日有皇太后，並先慰皇太后，後倣此。

舉臨

故事：未成服以前，行在文武百僚諸司長吏以上及近臣列校，每日朝晡臨於宮庭；其餘職事官品於宮門外，詣殿下立班，再拜訖，禮直官引班首詣香案前，搢笏，三上香，出笏歸位，舉哭一十五音，再拜訖，班退。自是朝晡臨。小祥後朝一臨，至外朝禫除止。每七日皆臨，至四十九日止。禫除後，山陵前遇朔望日朝臨，值雨或霑濕，權免入臨，行在諸軍統制、統領就寨掛服，免入臨。其餘將副並部隊將官、隊使臣並散使臣、陞朝官以上常服哭於本營，三日而止。其常日朝殿，祗應排立。行門禁衛班直將校指揮御前忠佐，俟百官赴臨，即哭於殿門外。諸路監司、州縣長吏以下，自聞報到日，服布幞頭、直領襴衫、上領下盤、腰絰以麻，臨三日而除。沿邊不用舉哀。皇太后崩，朝晡臨，至成服後三日止。餘並同。皇后崩，發哀，次日入臨，成服後三日而止。餘並同。

神帛

紹興三十一年五月二十二日，禮部侍郎金安節等言：「檢會典故，切詳神帛之制，雖不經見，然考之於古，蓋復之遺意也。禮運曰：『及其死也，升屋而號，告曰皋某復。』註云，招之於天。然古之復者以衣，今用神帛招魂，其意蓋本於此。今來孝慈淵聖皇帝神帛，欲乞下太史局日下依上件典故施行。」詔恭依。

大斂成服

成服擇日或與大斂同日。其日，儀鑾司先設素幄於几筵之側，稍前，時至，分引行事。陪位官易服就位，立班定，皇帝服素服詣几筵側，素幄即座。太史奏時，及禮直官太常博士引太常卿當幄前俛伏跪奏。太常卿臣某言：「請皇帝爲大行皇帝升遐成服。」奏訖，俛伏，興。內侍官爲皇帝釋素服，易縗服。禮直官引讀，祝文官詣香案西面東立。簾捲，太常卿導皇帝出幄，詣几筵側，西向褥位立。奏請再拜，哭。在位官皆再拜，哭。太常少卿導皇帝詣香案前，三上香，跪。内侍進茶酒，酹茶，三奠酒，俛伏，興。奏，少立，俟讀祝文訖請皇帝哭，盡哀，請皇帝再拜。在位官皆再拜。太常卿導皇帝還褥位，再拜。太常卿導皇帝還幄，簾降。太常卿奏禮畢，退。百官移班進名，班首出班致詞，復位，再拜，奉慰。累朝成服典故，並同。

凡成服日，皇帝服布斜巾、四脚、裙、袴、冠帽、絲杖、皇太后喪用桐木杖。腰絰、首絰、直領大袖布襴衫、白絹襯衫。皇太后喪用白綾襯衫。小祥日，改用布四脚、直領布襴衫、腰布袴。已上舊制，並同。太宗之喪，太常禮院上言：「皇帝服布斜巾、四脚、大袖、衫、袴、帽〔五一〕、竹杖、腰絰、首絰、直領布襴衫、白綾襯服。諸王皇親以下亦如之，加布頭冠、襯服用絹。皇太后、皇后、内外命婦、布裙、衫、帔、帕頭，首絰，絹襯服。六宮内人無帔。皇帝、皇后、諸王、公主、諸縣主、諸王夫人、六宮内人並左被髮，皇太后全被髮。初有司定散髮之禮，言皇帝當聽政，更不散髮。帝曰：「豈有居父之喪不盡禮乎？朕已散髮矣。」中書門下、樞密使、副使、宣徽三司使、翰林學士、節度使、金吾上將軍、文武二品已上，布斜巾、四脚、頭冠、大袖、襴衫、裙、袴、腰絰、竹杖、絹襯服。自餘百官，並布幞頭、襴衫、腰絰。兩省五品，御史臺尚書省四品、諸司三品以上，見任前任防禦、團練使、刺史、内客省、宣政昭宣閤門使、前殿及入内都知、押班，服布頭冠、幞頭、大袖、襴衫、裙、袴，腰絰。詔都知同少府監依所定修製。又諸軍人、百姓白衫紙帽子，婦人素縵不花釵，三日哭而止。京城内外禁止音樂，自四月三日成服，後至五日，群臣朝晡臨，六日至八日朝臨，自後每遇大小祥、朔望日入臨。殿庭移班近東，進名奉慰。」從之。

紹興九年正月二十五日，徽宗大祥，高宗服白羅袍，至禫祭。祥服日，服素紗軟脚幞頭、淺色黄羅袍、黑銀帶。及紹興三十一年八月，太常寺檢會故事言：「大祥日，服素紗軟脚幞頭、白羅、黑銀帶。」淳熙十四年十月十一日，太常寺檢照大祥日，服素紗軟脚折上巾、淡黄袍、黑銀帶，上披淡黄袍，改服白袍。自後每御延和殿並服大祥之服。又不用皂幞頭，其折上及白袍並以布爲之。宫中則布巾布衫，過宫則縗絰而杖。

慶元三年，憲聖太皇太后崩。太上皇帝承重，皇帝降服齊縗，布頭冠，幞頭、大袖、襴衫、裙，袴、腰絰，白綾襯衫。

皇太后服：太上皇帝喪，成服，麤布蓋頭衫帔、首絰、絹襯服。爲皇太后喪服同。每奠祭日，俟皇帝權歸御幄次，行燒香禮。慶元六年，慈懿太上皇后崩，成肅太皇太后服碧羅帕頭帔、白羅寬袖衫、淡黄縠子裙。禮例，成服時，於壽慈宫設幄舉哭，行成服之禮。

皇后以下行禮，大行皇帝喪，成服日，及貴妃，内外命婦麤布蓋頭，衫帔，首絰，絹襯服。六宫内無帔，宫人布蓋頭、長衫、裙、首絰、絹襯服。内外命婦合入臨，人仍加冠。大行皇太后喪，成服日，服齊縗，布蓋頭。餘並同。内外命婦服，只帕頭，不用蓋頭。餘並同。

皇太子服：太上皇帝喪，成服日，服布頭冠、布斜巾、布四脚、大袖、襴衫、裙、袴，首絰、絹襯服。

皇孫服：太上皇帝喪，成服日，服布頭冠、幞頭、大袖、襴衫、袴、腰絰。未冠者，依皇孫服制，除去冠。兼未赴朝謁，所有朝晡臨亦不趨赴。

公主服：成服日，布帊頭、帔、裙、衫、首絰、絹襯服。

親王服：慶元三年，太皇太后崩。慶元六年太上皇后崩。吳興郡王並服布頭冠、斜布四脚、大袖、襴衫、袴、腰絰、桐木杖、絹襯服。

皇太后兄弟服例：禮例，縗服三年。若入皇城門，權易墨縗，由權開門出入。又逐七日、百日在家設位行禮。其掛服日，於當日掛服。自顯仁皇后上仙，韋誼等弟侄並解官持服。後倣此，大行皇后弟侄同。慶元六年，恭淑皇后上仙，太常寺言：「韓𣄃係皇后兄，合服大功九月。𣄃之子照典故合解官持服三年。」從之。

群臣服：大行皇帝崩，成服日，並斬縗服。謂不緝，皇太后崩，服齊衰服。中書門下〔五二〕、樞密使副、尚書、翰林學士、節度使、金吾衛上將軍、文武官二品以上，布頭冠、布斜巾四脚、大袖、襴衫、裙、袴、首絰、腰絰、竹杖、絹襯衫。皇太后崩，服同。但用桐木杖，不用首絰。文武五品以上並職事官監察御史以上，內客省、宣政、昭宣使，知閤門事及入內都知〔五三〕、押班，布頭冠、幞頭、大袖、襴衫、裙、袴、腰絰。自餘文武百官，三省、樞密院主書令史以上，及御史臺、閤門、太常寺引班祇應人，布襴衫、腰絰。皇太后喪並同。小祥日，文武百官並改服布幞頭、布襴衫、腰絰、布袴。大祥日，並改服素衫、軟脚幞頭〔五四〕、黲布公服，白鞓錫帶。故例，幞頭令臨安府製造；給、散其黲布公服、錫帶，令本府各支布一疋半，自令包裹製造。禫服日，皇帝釋黲，常服。文武百官如繫金玉帶佩魚者，易以黑帶，去魚。乘花韉猨座者，易以皂韉，去猨座。宗室出則常服，居則縗服，依服屬終喪。係淳熙十四年十月十一日太常寺檢照典禮故事。

舊制：禫服後，群臣純吉服。其後易以祔廟，又易以小祥。紹興七年正月二十五日，詔群臣俟祔畢，純吉服。繼令候過小祥日取旨。及紹興八年正月二十五日，徽宗小祥。二月二十三日，百官純吉服。淳熙十四年，高宗升遐，典故，詔依紹興七年施行，乃聽群臣遵日月之制。

及紹熙甲寅，從臣羅點等建議：「乞令群臣於易月之後，未釋縗服朝會治事，權用公服、黑帶。每遇七日及朔望時節朝臨奉慰，應於喪禮皆以縗服從事。山陵之後，期與再期，則又服之，至大祥而後除。至於燕服，亦當稍爲之制，去紅紫之飾，此於臣子行之，非有甚難，可以略存三年之制。」當時臺諫集議，以爲點等所請，雖未純如古，亦略存遺意，可以扶持衰薄，補助名教。詔從之。

嘉泰元年八月八日，光宗小祥，禮部討論，乃舍紹熙甲寅之制。乞酌紹興已行之典，及淳熙申命之文，令百官過小祥純吉服，自九月一日始。

紹興元年四月十八日，太常寺言：「章獻明肅皇后崩。乙未，百官聽遺誥，喪紀以日易月，在京百官十三日而除。祖宗以來，皇太后崩，故事莫盛於章獻明肅皇太后。當時遺誥，十三日令在京百官除服。今來大行隆祐皇太后崩，遺誥亦以十三日而除服，合至今月二十六日，百官依故事進名奉慰訖，退易常服。」從之。自成服以後，小大祥、禫除日及朔望日，百官並進名奉慰。遇皇帝視事日，宰相奏事云去杖。小祥日奏事去冠。餘官奏事依此。皇帝聽政，未釋服前，其引班若行弔臨之禮，即服縗絰，如遇内殿引班奏事及從駕，常服黑帶。

士庶以下服：軍人百姓白衫、紙帽，婦人素縵不花釵，三日止。士庶婚嫁服除外不禁。文武臣僚之家至山陵祔廟畢，並許嫁娶，不用花綵，仍禁樂。

立銘旌

銘旌高九尺，篆文，官用金泥篆，聖號如高宗，銘旌旛則書大行光堯壽聖憲天體道性仁誠德經武緯文紹業興統明謨聖烈太上皇帝梓宮〔五五〕。皇太后、皇后銘旌並倣此。用螭頭提墜上下板，並先下文思院制造，成服日立。

立重檀弓：「重，主道也。」始死未作主先作重，以木爲之，縣物焉曰重。刊斲治，鑿之爲縣簪孔。士重木長三尺，大夫五尺，諸侯七尺，天子九尺。既虞，埋之，始作主以易重。始死作重，猶吉祭作重，皆所以依神。

立重，大斂成服日同立。擇吉時立於靈駕前，俟將來發引日捧擎至攢宮。其掩攢日，埋瘞於黄堂隧道。

徽宗之喪，太常少卿樓炤言：「故事，成服日立重。今來與故事不同，乞自聞喪次日立重，命太史局就日内擇時立重。」詔依。

禁樂

内外品官禁樂二十七月，京城内外民庶自舉哀至祔廟，合行禁樂，外路民庶等禁樂百日，沿邊軍中及在外諸軍軍行教閱不禁，未祔廟前，每遇大祠奏告用樂去處備而不作，臨安府城内外禁樂，諸路準此，自起攢日禁行在音樂。至祔廟畢仍舊。小祥，諸路州、軍、縣、鎮等處前後禁樂七日。

紹興九年正月二十五日，徽宗、顯肅大祥，依昭陵故事，行在禁樂七十五日，臨安府屬縣四十五日。後倣此。

停祭

自發哀後，擇日奏告天地、宗廟、社稷、宫觀，宗廟祭享並中小祠權停，至祔廟日依舊。龍圖等閣祖宗神御殿，節序、旦望及帝后生辰、忌辰，並停酌獻。至大祥後依舊。

殿攢至百日

殿攢行於大殮之後，高宗崩，大殮成服後五日而殿攢。或與大殮同日，孝宗崩，大殮成服，同日立重，殿攢。或行於小祥之後。顯仁皇太后崩，以小祥後三日殿攢。其日行燒香禮。前一日，儀鑾司先設素幄於殿前，攢方位之東稍前，其日祭時至，都大主管喪事官行祭主之禮，以俟太史報時，及導奉梓宫至殿攢方位，其合用儀物，令都大主管喪事官監視，殿攢訖，分引行事。陪位官就位立班定，皇帝服縗服，復詣素幄即座。禮直官太常博士引太常卿當幄前俛伏跪奏：太常卿臣某官，請皇帝爲大行太上皇帝殿攢，行燒香之禮。奏訖，俛伏，興。禮直官引讀，祝文官詣案北面南立。簾捲，前導官前導皇帝出幄，詣殿上褥位，北向立。奏請拜，皇帝再拜，哭。前導官前導皇帝香案前，奏請上香，跪。内侍進茶酒，奏請酹茶酒。奏訖，俛伏，興。奏請少立，俟讀。祝文官稍前，跪讀祝文。奏請皇帝哭，再拜。在位官皆哭，再拜，訖。前導官前導皇帝還褥位，奏請拜。皇帝拜，在位官皆再拜，訖。前導官前導皇帝還幄，簾降。太常卿奏禮畢，退。百官移班稍南，進名。班首出班致詞，復位，再拜，奉慰，退。皇太后殿攢，則太常卿奏云，請皇帝爲大行皇太后殿攢，行燒香之禮。餘並同上儀。十三日小祥，外朝以日易月之制。行奠祭禮。其日，儀鑾司先設素幄於几筵殿之東，時將至，行事，陪位官就位立班，皇帝服縗服詣幄，即御座，簾降。太常卿當幄前跪奏，請皇帝行祭奠之禮。簾捲，前導官導皇帝出幄，詣殿下褥位，向西立。奏，請再拜，舉哭。皇帝再拜，舉哭。在位官皆再拜，舉哭。前導皇帝升殿，詣香案前，三上香。内侍進茶酒，酹茶，三奠酒，俛伏，興。奏請少立，讀祝文官跪讀祝文。訖，奏請哭盡哀，皇帝哭盡哀，在位官皆哭盡哀。奏請再拜，皇帝再拜，在位官皆再拜。前導皇帝降階，殿下褥位西向立。奏請皇帝再拜，在位官皆再拜。前導皇帝還幄，簾降。奏禮畢，百官奉慰，如上儀。皇帝改服大祥，服二十五日大祥。外朝以日易月之制，行奠祭禮如前祭儀。是日，皇帝改服禫服。二十七日禫除。奠祭，如前祭儀。是日，皇帝釋禫服。百日，皇帝不御殿，於几筵前行燒香禮，如宫中之儀。行在禁屠宰三日，係前後各一日，諸路庶民禁樂並屠宰一日。宰臣率百官入臨，奉慰。

紹興二十九年十二月五日，禮部太常寺言：「檢照元豐二年慈聖光獻皇后上僊，太常禮院言：『按禮，葬而後虞，虞而後卒哭，卒哭而後祔。景德中，明德皇后以百日爲卒哭，蓋古之士禮，不當施於朝廷。」詔改卒哭爲百日。自是以後，慈聖光獻皇后及宣仁聖烈皇后遇百日，並不該載外禮數，皆於神主祔廟以前行卒哭之祭。乞令給、舍、臺諫同禮官參酌取裁。」詔依。

告哀外國及外國弔祭

淳熙十四年十月十一日，太上皇帝大斂，是日，差將作監韋璞充金國告哀使，閤門舍人姜特立副之。

禮部太常寺言：「告哀使、副並三節人從，合服衣帶鞍韉等。照應禮例，如在大祥內，合服布幞頭、襴衫、布袴、腰絰、布涼繖、鞍韉；在禫服內，合服素紗軟脚幞頭、黲色公服、黑鞓、犀帶、青繖、皂鞍韉。俟禫服除，即從吉服，仍只繫黑帶、去魚、涼繖韉，並從禫制，仍去猊坐。三節人衣紫衫、黑帶，並不聽樂，不射弓弩，候過界聽使、副審度，隨宜改易服用。」從之。或遺留信物〔五六〕，使用上服。

外國弔祭禮：真宗之喪，契丹遣殿前都點檢崇義軍節度使耶律三隱、翰林學士工部侍郎知制誥馬貽謀充大行皇帝祭奠使、副，左林牙右金吾衛上將軍蕭日新、利州觀察使馮延休充太皇后弔慰使、副，右金吾衛上將軍耶律寧、引進使姚居信充皇帝弔慰使、副。

所司預於滋福殿設大行皇帝神御坐，又於稍東設御坐。祭奠弔慰使、副各素服，由西上閤門入，陳禮物於庭。中書、門下、樞密院並立於殿下，再拜訖，升殿，分東西立。禮直官、閤門舍人贊引耶律三隱等詣神御坐前階下，俟殿上簾捲，使、副等並舉哭，殿上皆哭。再拜訖，引升殿西階，詣神御坐前上香、奠茶酒。貽謀跪讀祭文畢，降階，復位，又舉哭，再拜訖，稍東立。俟皇太后升坐，中書、樞密院起居畢，簾外侍立。舍人引慰弔祭奠使、副朝見。殿上舉哭，左右皆哭。弔慰使、副蕭日新等升殿進書訖，降坐。俟皇帝升坐，中書、樞密院起居畢，升殿侍立。舍人引弔慰祭奠使、副朝見。皇帝舉哭，左右皆哭。弔慰使、副耶律寧等升殿進書訖，賜三隱等襲衣、冠帶、器幣、鞍馬，隨行舍利、牙校等衣服、銀帶、器幣有差。弔慰使、副蕭日新等復詣承明殿，俟皇太后升坐，中書、樞密院侍立如儀。舍人引蕭日新等升殿進問聖候書畢，賜銀器、衣著有差。仍就客省賜三隱等茶酒，又令樞密副使張士遜別會三隱等伴宴於都亭驛。

中興後，金國弔祭使行祭奠禮。儀注：前期，儀鑾司於几筵殿東廊設御幄，並殿上設神御坐、香案、香茶、酒果、祭食盆臺等。皇帝先詣梓宮前行燒香之禮，如宮中之儀。出宮，御素幄，簾降，其合赴起居侍立等官，並如儀。内侍官捧祭文奠書案入於殿階下，使、副拜褥之右，禮直官、舍人通事引使、副讀祭文官入殿門。殿上簾捲，皇帝於幄内舉哭，殿上下官皆舉哭。使、副讀祭文，就褥位，北向立，俱再拜。内侍官捧祭文奠書案升西階，詣神御坐前，稍西。使、副讀祭文官隨升殿，使、副詣殿上北向立，讀祭文官在祭文奠書案後立。使、副哭，使詣神御殿前一拜跪，三上香，奠祭茶，三奠酒畢，就一拜，興，復位立。内侍捧案詣神御坐，前讀祭文官詣神御坐前一拜跪，啓封，讀祭文奠書訖，就一拜，興。使、副祭文官俱降西階，下殿歸位，並再拜。皇帝於幄内舉哭，殿上下官皆舉哭。使人權退至幄殿下，面幄殿立，讀祭文官於使、副後褥位直身立，次舍人通事引使、副升殿，讀祭文官依舊立，受書傳語訖，降階，與讀祭文官合一班立定，更不宣班，再拜。舍人班前代奏萬福，使出班，奉慰。舍人班前代奏，歸班，再拜，喝賜跪受。

再拜，引出。次引三節入，四拜。起居通事班前，代奏萬福，喝賜跪受，並如上儀。

淳熙十五年二月，宰執進呈禮官閤門國信所定弔慰使副、德壽宫宰執以下皆用常服。周必大奏：「昨顯仁時，北使、副至，已是祔廟，故用常服。今大行太上皇帝在殯，且别宫無嫌，陛下方縗絰受弔，臣等亦難冠裳侍立，况啓殯、發引，服如初喪，固未除也。」上曰：「宰執、侍從，當如大祥，服四脚幞頭、縗絰去杖，正得中矣。」

按：歷代國恤儀制，惟東漢史稍詳。至唐，而爲李義府、許敬宗輩所削，盡亡其禮，故唐史無可考者。宋九朝史及會要所載雖詳，而儀注亦多未備。今姑摘其可考者，録於此，自請謚以下，至及虞祔廟，則見山陵門。

校勘記

〔一〕並不以金銀錦綵飾　「錦」字原脱，據通典卷八〇禮四〇補。

〔二〕其宫殿中當臨者　「當臨」原脱，據通典卷八〇禮四〇補。

〔三〕朝夕各十五舉音　「朝」上原有「當」，據通典卷八〇禮四〇删。

〔四〕按禮文　「文」字原脱，據通典卷八〇禮四〇補。

〔五〕不忘親之義也　「義」原作「人」，據通典卷八〇禮四〇改。

〔六〕盡同奔赴山陵　「奔」字原脱，據通典卷八〇禮四〇補。
〔七〕以爲凶事非臣子所宜言　「言」字原脱，據新唐書卷二〇禮樂一〇補。
〔八〕議者以爲司空公得其人　「其」字原脱，據柳河東集卷二一豐崇二陵集禮後序補。
〔九〕内諸使司　「使司」原倒，據五代會要卷八服紀乙正。下同。
〔一〇〕皇帝釋服後　「後」字原脱，據五代會要卷八服紀補。
〔一一〕未御八音　「未」原作「不」，據馮本及五代會要卷八服紀改。
〔一二〕至小祥　「祥」下原有「日」，據五代會要卷八服紀删。
〔一三〕又准奏　「准奏」原倒，據五代會要卷八服紀乙正。
〔一四〕諸道州府臨三日釋服　宋會要禮二九之一作「所在軍府三日出臨釋服」，宋史卷一二二禮二五作「諸州軍府臨三日釋服」。似此處脱「軍」字。
〔一五〕群臣服布斜巾四脚　「群臣」涉上原脱，「斜巾」原脱，據宋會要禮二九之一、宋史卷一二二禮二五補。
〔一六〕皇子　「皇」字原脱，據宋史卷一二二禮二五補。
〔一七〕婦人素縵　「素」字原脱，據宋會要禮二九之一補。
〔一八〕上服素紗幞脚折上巾　上一「上」原作「止」，據宋會要禮二九之一改。
〔一九〕三上表乃聽政　「上」字原脱，據宋會要禮二九之三七補。
〔二〇〕居則縗麻以終喪　「以」字原脱，據宋會要禮二九之三八補。
〔二一〕軍民至祔除朝臣祔廟許嫁娶三京諸路至卒哭東京至祔廟百官三年毋聽樂　宋會要禮二九之三八作「三京諸

路軍民至卒哭，東京至祔廟，靈駕所過州縣畢，山陵文武官至三年乃聽用樂」。

〔二二〕自四月十五日諸路禁　「自」下原有「至」，據宋會要禮二九之三八、宋史卷一二二禮二五及上下文刪。

〔二三〕待制　宋史卷一二二禮二五同原刊。宋會要禮二九之四六「待制」上有「輔臣」。

〔二四〕則三年之制略如古矣　原脱「則」，「古」原作「今」，據宋史卷一二二禮二五補改。

〔二五〕時世異宜　「世」原作「異」，據宋史卷一二二禮二五改。

〔二六〕乃詔候周期服吉　「周」原作「用」，據元本、慎本、馮本及宋史卷一二二禮二五改。

〔二七〕今行不由門下　「今」原作「令」，據宋史卷一二二禮二五改。

〔二八〕自副將而上成服日朝晡臨故校哭於本營　繫年要録卷一〇八高宗紹興七年正月條作「宣撫使至副將以下即軍中成服，將校哭於本營，三日止」。又宋史卷一二二禮二五亦有「諸軍就屯營三日哭」及「諸軍三日哭而止」之文。據此，通考此處「日」字上疑脱「三」字。又，「故校」疑是「將校」之誤。

〔二九〕亦必有以佑助　「有」字原脱，據宋史卷一二二禮二五補。

〔三〇〕後所有縗服　「後」，宋史卷一二二禮二五無。

〔三一〕適二日不進膳　「適」字原脱，據宋史卷一二二禮二五補。

〔三二〕如晉武魏孝文實行三年之喪　「之」字原脱，據宋史卷一二二禮二五補。

〔三三〕後來武帝竟欲行之　「之」字原脱，據宋史卷一二二禮二五補。

〔三四〕改服皂幞頭　「皂」字原脱，據中興聖政卷六三、朝野雜記乙集卷三孝宗力行三年服補。

〔三五〕上以爲然　原訛作「上不爲然」。據朝野雜記乙集卷三孝宗力行三年服改。

〔三六〕乃周武帝所製之常冠用布一方幅　「乃」下原有「聞」，「用」原作「及」，據朱子大全卷六九君臣服議删改。

〔三七〕覆領四垂　「領」，朱子大全卷六九君臣服議作「頂」。

〔三八〕使之剛强跂立　「跂」，朱子大全卷六九君臣服議作「植」。

〔三九〕而又曰布襴衫者　「衫」字原脱，據朱子大全卷六九君臣服議補。

〔四〇〕而符乃無又承用之者　「又」原作「文」，據朱子大全卷六九君臣服議改。

〔四一〕遂屨韈以赴臨　「屨」原作「履」，據朱子大全卷六九君臣服議改。

〔四二〕四者皆首服獨冠爲古制　「爲」原作「於」，據朱子大全卷六九君臣服議改。

〔四三〕蓋古者冕之遺制也　「冕」原作「絻」，據元本、慎本、馮本及朱子大全卷六九君臣服議改。

〔四四〕謂之哀如父母而無服　「而」原作「之」，據朱子大全卷六九君臣服議改。

〔四五〕今臣民之服　「民」字原脱，據朱子大全卷六九君臣服議及上文補。

〔四六〕但斬縗齊縗用此制　「齊縗」原脱，據朱子大全卷六九君臣服議補。

〔四七〕欲大祥畢更服禫兩月　宋史卷一二二禮二五無「禫」字。

〔四八〕皇帝及百官並純吉服　「官」原作「姓」，據宋史卷一二二禮二五改。

〔四九〕惟有將來啟攢發引禮當復用初喪之服　朱文公集卷一四乞討論喪服札子附書奏稿後「啟攢」作「啟殯」。

〔五〇〕方見父在而承國於祖之服上此奏時無文字可檢　「之」字原脱，「上此奏時無文字可檢」原訛作「向來入此文字」，據朱文公集卷一四乞討論喪服札子附書奏稿後補改。

〔五一〕四脚大袖衫袴帽　「衫」，宋史卷一二二禮二五作「裙」。

〔五二〕中書門下　原「下」下有「省」，據宋史卷一二二禮二五删。

〔五三〕入内都知　宋史卷一二五禮二八作「殿前都知」。

〔五四〕素衫軟脚幞頭　宋史卷一二五禮二八作「素紗軟脚折上巾」。

〔五五〕光堯壽聖憲天體道性仁誠德經武緯文紹業興統明謨聖烈太上皇帝梓宫　「壽聖」原倒，據宋史卷三二高宗九乙正。

〔五六〕或遺留信物　「留」字原脱，據元本、慎本、馮本及宋史卷一二四禮二七補。

卷一百二十三　王禮考十八

山陵 葬禮　上陵

太皞葬宛邱。在陳州。

女媧葬趙城縣東南。在晉州。

炎帝葬長沙。在潭州。

黃帝葬橋山。地理志：「橋山在上郡陽周縣〔一〕，山有黃帝冢。」括地志：「黃帝陵在寧州羅川縣東八十里子午山。隋改爲羅川〔二〕。」宋坊州。

顓頊葬臨河縣。皇覽曰：「顓頊冢在東郡濮陽頓邱城門外廣陽里中。」山海經曰：「顓頊葬鮒魚山之陽，九嬪葬其陰也。」宋澶州。

高辛葬濮陽頓邱城南。皇覽曰：「高辛冢在東郡濮陽頓邱城南臺陰野中。」宋澶州。

唐堯葬城陽穀林。皇覽曰：「堯冢在濟陰城陽〔三〕。劉向曰：『堯葬濟陰邱壠山〔四〕。』」宋鄆州。

虞舜葬九疑山。皇覽曰：「舜冢在零陵營浦縣。其山九谿，皆相似，謂之九疑。傳曰：『舜葬蒼梧，象爲之耕。』」皇甫謐曰「二妃葬衡山〔五〕。」宋永州。

夏禹葬會稽。史記：「禹會諸侯江南，計功而崩，因葬焉，命曰會稽。」皇覽曰：「在山陰縣會稽山，上虞縣七里〔六〕。」越傳曰禹到大越，上苗山，會計，爵德封功〔七〕，因更名苗山曰會稽。因病死，葬，葦棺，穿壙深七尺，上無瀉泄，下無邸水，壇高三尺，土階三等，周方一畝。呂氏春秋曰：「禹葬會稽，不煩人徒。」墨子曰「禹葬會稽，衣衾三領，桐棺三寸。」地理志云：「山上有禹井，禹祠，相傳以爲下有群鳥耘田也。」索隱曰：「葦棺者，以葦爲棺。謂籧篨而斂，非也。禹雖儉約，豈萬乘之主而臣子乃以籧篨裹尸乎？墨子言『桐棺三寸』，差近人情。」括地志：「禹陵在越州會稽縣南十三里。廟在縣東十一里。」

殷湯葬汾陰。皇覽曰：「湯冢在濟陰亳縣北東郭，去縣三里〔八〕。冢四方，方各十步〔九〕，高七尺，上平，處平地。」宋河中府。

自太皞至殷湯十家，宋太祖乾德四年，詔：「各給守陵五戶，蠲其他役，仍令長吏春秋奉祀。」

太戊葬大名內黃縣東南。

武丁葬陳州西華縣北。

太戊、武丁二墓，宋乾德四年，詔給陵三戶，歲一享。

周文王葬京兆咸陽縣。括地志：「文王墓在雍州萬年縣西南二十八里原上〔一〇〕。」

武王葬京兆咸陽縣。皇覽曰：「文王、武王、周公冢皆在京兆長安鎬聚東社中。」

宋乾德四年，詔二家給陵戶，祠祭如太昊〔一一〕。

成王葬京兆咸陽縣。

康王葬京兆咸陽縣。

成王、康王二家，宋乾德四年，詔給守陵三戶，歲一享。

桓王葬河南澠池縣東北。

靈王葬河南城西南桓亭西周山上。

景王葬河南洛陽縣太倉中。

威烈王葬河南洛陽城中西北隅。

以上四墓，宋乾德四年，詔州縣常禁樵採。

周官小宗伯：及執事眡葬獻器，遂哭之。卜葬兆甫竁，亦如之。竁，昌絹反。李依杜，昌鋭反。鄭音穿。兆，墓塋域。甫，始也。鄭讀竁爲穿，杜讀竁爲毳，謂葬穿壙也。疏曰：「亦如上獻明器哭之。但明器材哭於殯門外，此卜葬地在壙所則哭，亦與在殯所哭之相似，故云亦如之。」春官。

冢人：掌公墓之地，辨其兆域而爲之圖，先王之葬居中，以昭穆爲左右。公，君也。圖，謂畫其地形及邱壠所處而藏之。先王，造塋者。昭居左，穆居右，夾處東西。疏曰：「預圖其邱壠之處，後須葬者，依圖置之。造塋者如文王都豐〔一二〕，而葬於畢，即是造塋也。文王當居中，武王以次居昭、穆之位。至平王東遷，葬於洛，則又爲造塋者。葬居其中，而子孫以次居昭、穆。兄死弟及，則以兄弟爲昭、穆，與置廟同也。」凡諸侯居左右以前，卿大夫士居後，各以其族。子孫各就其所出王以尊卑處其前後，而亦併昭穆。凡死於兵者，不入兆域〔一三〕。戰敗無勇，投諸塋外以罰之。凡有功者居前，居王墓之前，處昭、穆之中央。以爵等爲邱封之度，與其樹數，別尊卑也。王公曰邱，諸臣曰封。漢律曰：「列侯墳高四丈，關内侯以下至庶人各有差。」疏曰：尊者邱高而樹多，卑者封下而樹少。爾雅曰：「土之高者曰邱〔一四〕。」是自然高阜。聚土曰封，是人力爲之，故以之分尊卑。引漢律以況周制。大喪既有日，請度甫竁，遂爲之尸。甫，始也。請量度所始竁之處地爲尸者，成葬爲祭墓之尸也。鄭司農云：「既有日，既有葬日也〔一五〕。始窆時，祭以告后土，冢人爲之尸。」疏曰：「大喪謂王喪。謂度甫窆者〔一六〕，謂冢人請於冢宰量度始穿地之處。」

及窆，以度爲邱隧。隧，羨道也。度邱與羨道廣袤所至，窆器下棺豐碑之屬，喪大記曰〔一七〕：「凡封，用綍去碑負引，君封以衡，大夫以咸。」疏曰：「上經已甫窆，此經復云及窆者，此更本初欲窆之時，先量度作邱，作隧道之處，廣狹長短，故文重耳。天子有隧，諸侯已下有羨道。隧道則上有負土，若鄭莊公與母掘地而相見也。羨道無負土，鄭舉羨爲況耳。」

葬於北方北首。疏曰：「言葬於國地及北首者〔一八〕，鬼神尚幽闇，往詣幽冥故也。殯時仍南首者，孝子若猶其生，不忍以神待之。」

龜人：若有祭事，則奉龜以往，喪亦如之。疏曰：「喪謂卜葬宅及日，皆亦奉龜往卜處也。」

大卜：凡喪事，命龜。重喪禮，次大祭祀也。士喪禮則筮宅卜日，天子卜葬兆。疏曰：「天子卜葬日與上同，其宅亦卜之與士異。孝經云卜其宅兆。亦據大夫以上，若士則筮宅也。」

右卜宅。

虞人致百祀之木，可以爲棺槨者斬之。不至者廢其祀，刎其人。刎，勿粉反，徐亡粉反。虞人，掌山澤之官。百祀，畿內百縣之祀也。疏曰：「謂王殯後事也。曰祀者，王畿內諸臣采地之祀。言百者，舉其全數也。既殯旬而布材〔一九〕，故虞人斬百祀之木，可以爲周棺之槨者送之也。必取祀木者，賀瑒云：君者，德著幽顯。若存，則人神均其慶；没，則靈祇等其哀傷也。」檀弓。

柏槨以端長六尺。以端，題湊也，其方蓋一尺。疏曰：「柏槨者，謂爲槨用柏也。天子柏，諸侯松，大夫、士皆雜木也。鄭註方相職云：天子椁柏，黄腸爲裏，而表以石焉。以端者，端，猶頭也，積柏材作槨，並葺材頭也，故云以端。長六尺者，天子槨材每段長六尺而方一尺。註云以端者，此木之端首，題湊嚮內，知其方蓋一尺者〔二〇〕，以庶人四寸之棺，五寸之槨，槨厚於棺一寸。按喪大記，君大棺八寸，君謂諸侯，則天子之大棺或當九寸。其槨厚一尺，故云其方蓋一尺，則槨之厚也。如鄭此言槨材並皆從下壘至上，始爲題湊。湊，嚮也，言木之頭相嚮而作四阿也〔二一〕。如此，乃得槨之厚薄與棺相準。皇氏以爲壘槨材從下即題湊，槨六尺，與槨全不相應。又鄭、何云其方蓋一尺〔二二〕，皇氏之義非也。」棺槨之間，君容柷，大夫容壺，士容甒。柷，昌六反。　間可以藏物，因以爲節。　疏曰：「君容柷者，柷如漆筩，是諸侯棺槨間所容也。若天子，棺槨間則差寬大，故司几筵云柏席用萑。玄謂柏，槨字摩滅之餘；槨席，藏中神座之席是也。諸侯棺槨間亦容席，故司几筵云柏席。諸侯則紛純稍狹於天子，故此云容柷。大夫容壺者，壺是漏水之器，大夫所掌。甒，盛酒之器，士所用也。」君裏槨，虞筐。大夫不裏槨，士不虞筐。裏槨之物，虞筐之文，未聞也。

右井槨。

小宗伯：王崩，及執事眡葬獻器，遂哭之。執事，蓋梓匠之屬，至將葬獻明器之材，又獻素獻成，皆於殯門外，王不親哭，有官代之。疏曰：「檀弓云，既殯旬而布材，與明器云，執事眡葬獻器〔二三〕，遂哭之〔二四〕，謂獻明器之時，小宗伯哭。此明器哀其生死異也。將葬獻明器之材者，見士喪禮。云獻材於殯門外，西面北上，綪主人徧視之，如哭槨獻素獻成亦如之。註云：形法定爲素飾〔二五〕，治畢爲成，是其事也。云王不親哭，有官代之者，按士喪禮〔二六〕，主人親哭，以其無官。今王不親哭〔二七〕，以其有官。有官，即小宗伯哭之是也。」後陳明器一條，並此條通用，當互考。

右獻明器。

世婦：掌喪紀之事，帥女宮而濯摡，爲齍盛。摡，古愛反。摡，拭也。爲，猶差擇。拭，音式，清也。疏曰：「喪紀，謂大喪，朝廟設祖奠及大遣奠時也。」

内豎：若有喪紀之事，則爲内人蹕〔二八〕。内人，從世婦於廟者。内豎爲六宮蹕者，以其掌内小事。疏曰：「此謂喪朝廟爲祖奠遣奠時也，皆爲内外人蹕止行人也〔二九〕。鄭知内人從世婦者，内人卑不專行事，明此内人從世婦而濯摡及爲粢盛也。内豎掌内小事，以其蹕止行人，既是小事，故還使内豎掌小事者蹕也〔三〇〕。」小斂條内有「封人等七官」，大斂條内有「司几筵設几席」，朝夕奠條内有「司服共奠衣服」，朔月月半奠條内有「籩人共薦籩羞，籩外饔實鼎俎」，天子喪斬縗者奠，諸侯喪齊縗者奠，皆此條所通用。此以上兩條，祖奠、遣奠通用，當互考。

右陳朝祖奠。

喪祝：及辟，令啟。鄭司農云：「辟，謂除菆塗椁也〔三一〕。令啟，謂喪祝主命役人開之也。」檀弓曰：天子之殯也，菆塗龍輴以椁加斧於椁上〔三二〕，畢塗屋。疏曰：「除菆塗棺者，天子七月而葬，七日殯，殯時以椁菆塗其棺。及至葬時，故命役人開之。」

右啟。

閽人：喪紀之事，設門燎，蹕宮門廟門。燎，地燭也。蹕，止行者。廟在中門之外。疏曰：「大喪以下，朝廟及出葬之時，宮中及廟門皆設門燎，蹕止行人也。燎，地燭也者，燭在地曰燎，謂若天子百，公五十，侯伯子男皆三十。所作之狀，蓋百根葦，皆以布纏之，以蜜塗其上，若今蠟燭矣。對人手執者，爲手燭，故云地燭也。又云廟在中門之外者，謂若小宗伯云『左宗廟』是也。」設燎條內有「委人共薪蒸，司烜氏共墳燭庭燎，君堂上二燭」三條，並此條所通用，當考。

士師：諸侯爲賓，則帥其屬而蹕於王宮，大喪亦如之。疏曰：「大喪在宮中，謂朝廟亦在宮中爲蹕也。」

内竪：王后之喪，遷於宮中，則前蹕。喪遷者將葬，朝於廟。疏曰：「將葬而往朝七廟，則亦使內竪在車前蹕止行人也。」

大司寇：前王，大喪，亦如之。大喪所前或嗣王。疏曰：「喪是王喪，復云前王，明是嗣王也。言或者大喪〔三三〕，或是先后及王世子皆是大喪。若先后及世子大喪，則王爲正王也〔三四〕。」

小司寇：前王而辟〔三五〕，鄭司農云：「小司寇爲王道辟除姦人也。若今時執金吾下至令尉奉引矣。」后、世子之喪，亦如之。疏曰：「謂后、世子之喪，當朝廟之時，王出入亦爲王而辟也。」

閭胥：凡喪紀之數，聚衆庶。喪紀，大喪之事。疏曰：「王家喪紀，閭胥爲之聚衆庶以待驅使也。」

大司徒：大喪，帥六鄉之衆庶，屬其六引，而治其政令。衆庶，所致役也。鄭司農云：「六引，謂引喪車索也〔三六〕。六鄉主六引，六遂主六紼。」疏曰：「王喪至七月而葬〔三七〕，大司徒則檢校挽柩之事。云衆庶所致役也者，但六鄉七萬五千家，唯取一千人致之使爲挽柩之役也。司農云六鄉主六引，則此經是也。云六遂主六紼者，按遂人職云：大喪，帥六遂之役而致之，掌其政令。及葬，帥而屬六紼。在棺曰紼，見繩體；行道曰引，見用力，互文以見義也。」

遂人：大喪，帥六遂之役而致之，掌其政令〔三八〕，及葬，帥而屬六紼。及窆，陳役。屬音燭，紼音弗。致役，致於司徒給墓上事及窆也。紼，舉棺索也。葬舉棺者，謂載與説時也。用紼旁六執之者，天子具千人，與陳役者主陳列之耳。匠師帥監之，鄉師以斧涖焉。大喪之正棺、殯、啟、朝及引，六鄉役之。載及窆，六遂役之，亦即遠相終始也。疏曰：「殯及引，皆六鄉役之。其墓上事及窆等，六遂役之。墓上則説載，下棺之等，窆謂穿壙之等，不言在廟載事，亦六遂役之，不言者略也。必致於司徒者，司徒雖主六鄉，亦兼掌六遂之役故也。云紼舉棺索者，在棺則曰紼，在道則曰引。六遂之役，不在道，故據在棺而言紼也。云陳役者，謂下棺之時，千人執紼，背碑負引，須陳列其人，故知謂陳列之也。按大司徒職云『大喪，帥六鄉之衆庶，屬其六引』，此遂人云：『帥六遂之役，屬六紼，及窆，陳役。』以六鄉近，使主殯及啟朝爲始；在祖廟之中，將行載棺於蜃車，屬六紼，則六遂爲終也。至於在道言引則還〔三九〕，使六鄉爲始；至壙窆之下棺則還，使六遂爲終，以二處各自爲終始，故云即遠相終始也。」

小司徒：大喪，帥邦役，治其政教。喪役，正棺、引、窆、復土。疏曰：「言正棺者，謂若七月而葬，朝廟之時，正棺於廟。引，謂葬時引柩車自廟至壙。窆，謂下棺於坎。天子六紼四碑，背碑挽引而下棺。云復土者，掘坎之時，掘土向外；下棺之後，反復此土，以爲邱陵，故云復土也。」

鄉師：大喪用役，則帥其民而至，遂治之。治，謂監督其事。疏曰：「言大喪用役，謂若喪時輓六引之等，鄉之大夫既主鄉民，役用鄉民之時，鄉師遂治之。監督，謂監當督察其事。」以上五條，柩行通用。內遂人、小司徒二條，並窆通用，當互考。

喪祝：及朝，御匶。鄭司農云：「朝謂將葬朝於祖考之廟而後行〔四〇〕，則喪祝爲御柩也。檀弓曰：『喪之朝也，順死者之孝心也，其哀離其室也。」故至於祖考之廟而後行。殷朝而殯於祖，周朝而遂葬，故春秋傳曰：『凡夫人不殯於廟，不祔於姑，則弗致也。』晉文公卒，將殯於曲沃就宗廟。晉宗廟在曲沃，故曰『曲沃，君之宗也』。」疏曰：「言及朝者，及，猶至也，謂侵夜啟殯，昧爽朝廟，故云及朝。云御柩者，發殯宮輴車載至廟，其時喪祝執纛居前，以御正柩也。按趙商問周朝而遂葬，則是殯於宮，葬乃朝廟。按春秋，晉文公卒，殯於曲沃，是爲去絳就祖殯，與周禮異，未通其記〔四一〕。答曰，葬乃朝廟，當周之正禮也。其末世諸侯國何能同也？傳合不合，當解傳耳，不得難經。何者？既夕將葬，遷於祖用軸。既夕，是周公正經，朝廟乃葬，故云不得難經。孔子發言，不薨於寢〔四二〕，凡不殯於廟，不祔於姑，則不致。明正禮約，殯於廟，發凡則是關異代，何者？孔子作春秋，以通三王之禮，先鄭引之者，欲見春秋之世，諸侯殯於廟，亦當朝廟，乃殯。」升正柩，諸侯執紼五百人，四紼，皆銜枚。司馬執鐸〔四三〕，左八人，右八人。匠人執羽葆御柩，升正柩者，謂將葬朝於祖，正棺於廟也。五百人，謂一黨之民。御柩者居前導正之。疏曰：「升正柩者，謂將葬朝於祖廟，柩升廟之西階，正於兩楹之間。其時柩北首，故既夕禮云『遷於祖，用軸，升自西階，正柩於兩楹間』是也。執紼之人，口皆銜枚，止喧囂也。司馬夏官主武，故執金鐸，率衆，左右各八人，夾柩，以號令於衆也。以鳥羽注於柄，頭如蓋，謂之羽葆。葆，謂蓋也。匠人主宮室，故執羽葆，居柩前御行於道，示指揮柩於路，爲進止之節也。然周禮『喪祝御柩』，此云匠人者，周禮王禮，此諸侯禮也。按周禮註六鄉主六引，六遂主六紼。經云執紼則應舉六遂，而言黨者，此非辨鄉、遂之殊，正取五百人，是一黨之人數耳。」

喪祝：乃奠。玄謂乃奠，朝廟奠。疏曰：「乃奠者，按既夕禮，朝廟之時，重先，奠從，燭從，柩從。彼奠乃昨夜夕奠，至廟，下棺於廟兩楹之間，棺西設此，宿奠〔四四〕，至明徹去。宿奠，乃設此朝廟之奠於柩西，故云乃奠。」天府：凡吉凶之事，祖廟之中，沃盥執燭。吉事，四時祭也。凶事，后、王喪，朝於祖廟之奠。疏曰：「王及后喪，七月而葬。將葬，當朝六廟，後乃朝祖廟。祖廟中日昃爲祖奠，厥明將去，爲大遣奠，皆有沃盥之事。」

遂師：大喪，共蜃車之役。蜃車，柩路也。柩路載柳四輪，迫地而行，有似於蜃，因取名焉。

稍人：大喪，帥蜃車與其役以至，掌其政令，以聽於司徒。蜃車及役，遂人共之。稍人者，野監，是以帥而致之。既夕禮曰：「既正柩，賓出〔四五〕，遂匠納車於階間。」則天子以至於士柩路，皆從遂來。疏曰：「按遂人職云：『大喪，帥六遂六役而致之。』又云『及葬，帥而屬六綍』。又遂師職『亦共邱籠及蜃車之役』，故知遂人共之也。云稍人，以其監三等采地，是野監，故得並監六遂蜃車之事也。司徒，地官卿，掌徒庶之政令，故稍人帥衆以聽於司徒也。此經上舉天子〔四六〕，既夕下舉士，則其中有諸侯、卿大夫之喪，柩路皆從遂人來，可知。」

巾車：小喪，共匶路，疏曰：「上言大喪據王〔四七〕，不別言后與世子，則此小喪中可以兼之〔四八〕。柩車即蜃車。」祥車曠左。空神位也。祥車，葬之乘車。疏曰：「葬時魂車也。車上貴左，故僕在右，空左以擬神也。」曲禮。以上四條，柩行通用。又至壙條、陳車窆條、喪不以制，此條通用，當互考。

圉人：凡賓客喪紀，牽馬而入陳。喪紀之馬，啟後所薦馬。疏曰：「謂將葬朝廟時，既夕禮『薦馬纓三就者』是也〔四九〕。天子朝廟，亦當在祖廟中陳設明器之時，亦遣人薦馬及纓，入廟陳之，此馬謂擬駕乘車。」廞馬亦如之。廞馬，遣車之馬。人捧之，亦牽而入陳。疏曰：「此遣車則天子九乘載所苞〔五〇〕，遣奠以入壙，皆人捧之，云亦牽而入陳者，亦於祖廟陳此明器也。但遣車及馬，各使人別捧，故上註云『行則解脱之』是也。」柩行通用，内廞馬一條，陳明器通用。士喪有與天子同者三，其終夜燎，及乘人，專道而行。乘人，謂使人執引也。專道人辟之。疏曰：「言士喪與天子三事同。終夜燎一也，乘人二也，專道行三也。柩遷之夜，須光明，故竟夜燎也。乘人，謂人引車不用馬。既夕禮云屬引。鄭引，古者，人引柩專道行，謂喪在路，不避人也。」

右朝祖奠遣車馬。

喪祝：及祖，飾棺，乃載。祖，爲行始。其序，載而後飾。疏曰：「按既夕禮，遂匠納車於階間，却柩而下棺，乃飾棺設帷荒之屬。天子之禮，亦是先載乃飾棺。云其序者〔五一〕，鄭見經先言飾棺，後言乃載車向外〔五二〕，於文例故依既夕禮，先載而後飾。」

右載。

縫人：掌縫棺飾焉。孝子既啓見棺〔五三〕，猶見親之身。既載，飾而以行，遂以葬，若存時居於帷幕而加文繡。喪大記曰：「飾棺，君龍帷之屬。」疏曰：「幕人共帷幕。鄭註云：在旁曰帷，在上曰幕，是存時居於帷幕。而云加文繡者，生時帷幕無文繡，今死恐衆惡其親，故加文繡〔五四〕，即所引喪大記飾棺是也。」衣翣柳之材。衣，於既反。必先纏衣其木，乃以張飾也。柳之言聚，諸飾之所聚。疏曰：「翣即方扇是也。柳，即帷荒是也。二者皆有材，縫人以采繒衣纏之，乃後張飾於其上。」

飾棺：君龍帷，三池，振容，黼荒。火三列，黼三列。素錦褚，加僞荒，纁紐六，齊五采五貝，黼翣二，黻翣二，畫翣二，皆戴圭。魚躍拂池，君纁戴六，纁披六。飾棺以華道路及壙中，不欲衆惡其親也。荒，蒙也。在旁曰帷，在上曰荒，所以衣柳也。士布帷布荒，用白布，君大夫加文章焉。黼荒，緣邊爲黼文，火、黻爲列於其中耳。僞當爲帷，或作於，聲之誤也。大夫以上，有褚以襯覆棺，乃加帷荒於其上。紐，所以結連帷荒者也。池，以竹爲之，如小車笭，衣以青布。柳，象宮室，縣池於荒之爪端，若承霤然。云君大夫以銅爲魚，縣於池下。揄，揄翟也，青質，五色畫之於絞繒，而垂之以爲振容，象水草之動摇，行則又魚上拂池。雜記曰：大夫不揄絞屬於池下，是不振容也。士則去魚，舉象車蓋，蕤縫合雜采爲之，形如瓜瓣，然綴貝絡其上，及旁戴之言值也，所以連繫棺束與柳材使相值，因而結前後披也。漢禮，翣以木爲筐，廣三尺，高二尺四寸，方兩角高，衣以白布。畫者，畫雲氣，其餘各如其象，柄長五尺，車行使人持之而從。既窆，樹於壙中。檀弓曰：「周人墻置翣」是也。綏當作緌，讀如冠蕤之蕤，蓋五采羽注於翣首也。疏曰：「此明葬時尊卑。棺飾：君龍帷者，諸侯柳車邊障，以白布爲之。王侯皆畫爲龍，象人君之德，故云龍帷也。池謂織竹爲籠，衣以青布，掛著於柳上荒邊爪端，象平生宮室有承霤也。天子生有四注屋，四面承霤，柳亦四池象之。諸侯屋亦四注，而柳降一池，闕於後一，故三池也。振容者，振動也。容，飾也，謂以絞繒爲之，長丈餘，如旛，畫旛上爲雉，縣於池下爲容飾，車行則旛動，故曰振容。黼荒者，荒，蒙也，謂柳車上覆，謂鼈甲也。緣荒邊爲白黑斧文，故云。黼荒火三列者，列，行也。於鼈甲黼文之上荒中央，又畫爲火三行也。火形如半環也。黻三列者，又畫爲兩巳相背爲三行也。素錦，白錦也。褚，屋也。於荒下又用白錦以爲屋也。葬在路，象宮室也。故雜記云『素錦以爲屋而行』，即褚是也。加僞荒者，帷，褚邊墻，荒是上蓋，褚覆竟而加帷荒於褚外也。纁紐六者，上蓋與邊墻相雜，故又以纁爲紐連之相著，旁各三，凡用六紐也。齊五采者，謂鼈上當中央形圓如車蓋，高三尺，徑二尺餘。五采，謂人君以五采繒衣也。列行相次，故云五采也。五貝者，又連貝爲五行，交絡齊上也。黼翣二，黻翣二，畫翣二。翣形似扇，以木爲之，在路則障車，入槨則障柩也。凡有六枚，二畫爲黼，二畫爲黻，二畫爲雲氣。諸侯六，天子八，禮器云：『天子八翣，諸侯六，大夫四。』鄭註縫人云：『漢禮器制度，飾棺，天子龍、火、黼、黻皆五列。又有龍翣二，其戴皆加璧也；皆戴圭者，謂諸侯六翣，兩角皆戴圭玉也。』魚躍拂池者，凡池必有魚，故此車池縣絞雉，又縣銅魚於池下。若車行，則魚跳躍上拂池也。正義曰：『振容在下』，是魚在振容間。君纁戴六者，事異飾棺，故更言君也。纁戴，謂用纁帛繫棺，紐著柳骨也。戴，值也，使棺堅。值棺横束有三，每一束兩邊輒角屈皮爲紐三。束有六紐，今穿纁戴於紐，以繫柳骨，故有六戴也。纁披六者，纁謂亦用絳帛爲之，以一頭繫所連柳。纁戴之中，而出一頭於帷，外人牽之，亦有六也。謂之披者，若車登高則引前，以防軒車。適下則引後，以防翻車。欹左則引右，欹右則引左，使車不傾覆也。」

天子七月而葬，五重八翣。

天子葬五重者，謂抗木與茵也。葬者抗木在上，茵在下。士喪禮下篇陳器曰：「抗，木横三縮二，加抗席三，加茵，用疏布。緇翦有幅，亦縮二横三。」此士之禮，一重者以此差之，上公四重。疏曰：「古者爲槨，累木於其四邊，上下不周，致茵於槨下，所以藉棺從上下棺之後，又置抗木於槨之上，所以抗載於土。引士喪禮下篇陳器云云者，以士禮一重，證此經，葬五重三重之義也。皇氏云：下棺之後，先加折於壙上，以承抗席。折，猶庋也。方，鑿連木爲之。蓋如牀，縮者三，横者五，無簀，於上加抗木，抗木之上加抗席三，此爲一重。如是者五，則爲五重。茵者藉棺外下縟，用淺色，緇布爲之。每將一幅，輒合縫爲囊，將茅莠及香草著其中，如今有絮縟也，而縮二横三，每爲一重也。抗木上横三，下縮二，以其在上象天，天數奇，故上三也。下象地，地數耦，故下二也。茵則上直二，下横三。茵既在下，下法地也。上數二，象地，下數三，象天。以天三合地二，人中央也。」

有虞氏之綏，夏后氏之綢練，殷之崇牙，周之璧翣。

綏，亦旌旗之緌也。夏綢其杠，以練爲之旒；殷又刻繒爲重牙，以飾其側，亦飾彌多也。湯以武受命，恒以牙爲飾也，此旌旗及翣，皆喪葬之飾。周禮：大喪葬，巾車執蓋，從車持旌，御僕持翣，旌從遣車，翣夾柩路，左右前後，天子八翣，皆戴璧垂羽，諸侯六翣，皆戴圭。大夫四翣，士二翣，皆戴綏。孔子之喪，公西赤爲志，亦用此焉。爾雅説旌旗曰：「素錦綢杠，纁白縿素，升龍於縿，練旒九。」疏曰：「此明魯布四，代喪葬旌旗之飾。綏註旄，竿頭也。夏則既綢杠以練，又以練爲旒。周人尚文，更以他物飾之。引周禮大喪葬御僕持翣者，明葬有旌旗，亦翣之義。」

右飾棺。

司服：大喪共其廞衣服。廞，陳也。廞衣服所藏於槨中。疏曰：「此則明器之衣服，亦沽而小者也。」自衣服以下，並獻明器條通用。司常：大喪，建廞車之旌。及葬亦如之。葬云建之則行廞車解説之。疏曰：「此謂在廟陳時建之〔五五〕，謂以廞旌建於遣車之上。及葬亦如之，此謂入壙亦建之。云建之則行廞車既解説之者，在廟陳時云建，葬時亦建〔五六〕，惟有在道去之，使人各執遣車，又當各執廞旌是行廞車解説之也。」

車僕：大喪廞革車。言興革車，則遣車不徒戎路，廣、闕、革、輕皆有焉。疏曰：「經不云戎路革路，而云革車，亦是五戎之總名，故知不徒戎路，廣、闕、革、輕皆有可知，若然，王喪遣車九乘，除此五乘之外，加以金、玉、象、木四者，則九乘矣。」

巾車：大喪，飾遣車，遂廞之行之。廞，興也，謂陳駕之行使人次舉之以如墓也。遣車，一曰鸞車。疏曰：「遣車，謂將葬遣送之車入壙者也。言飾者，還以金象革飾之如生存之車，但麤細爲之耳。註，後鄭訓廞爲興，即言謂陳駕之者，解廞爲陳駕也。按車僕云：『大喪，廞革車』，彼廞謂作之，此文既言飾遣車，已是作，更言遂廞之，故以陳駕解廞也。云『行之使人以次舉之以如墓也』者，當在朝廟之時，於始祖廟陳之，明旦，大遣奠之後，則使以次抗舉，人各執其一以如墓也。按冢人云『及葬，言鸞車象人』，是名遣車爲鸞車〔五七〕。」司裘〔五八〕：大喪，廞裘飾皮車。皮車，遣車之革路，故書廞爲淫。鄭司農云：「淫裘，陳裘也。」玄謂廞，興也〔五九〕。若詩之興，謂象似而作之，凡爲神之偶衣物，必沽而小耳。疏曰：「後鄭謂廞，興也，不從先鄭作陳者，以檀弓云『竹不成用，瓦不成味，琴瑟張而不平，竽笙備而不和』，皆是興象所作，明非陳設之禮。若詩之興，謂象似而作之者。象似生時而作，但麤惡而小耳。」

校人：大喪，飾遣車之馬。及葬，埋之。言埋之，則是馬，塗車之芻靈。疏曰：「檀弓孔子云：『塗車芻靈，自古有之。謂爲俑者不仁〔六〇〕。』古者以泥塗爲車，芻靈謂以芻草爲人馬神靈。至周，塗車仍存，但刻木爲人馬，替古者芻靈。今鄭云『塗車之芻靈』，則是仍用芻靈，與檀弓違者，鄭但舉古之芻靈況周耳，非謂周家仍用芻靈也。」窆條內有家人鸞車象之，此條通用，當互考。

圉人：凡喪紀廞馬。詳見朝祖奠條。遣車，視牢具。言車多少，各如所包遣奠牲體之數也。然則遣車載所包遣奠而藏之者，與遣奠天子太牢包九箇，諸侯亦太牢包七箇，大夫亦太牢包五箇，士少牢包三箇，大夫以上，乃有遣車。疏曰：「遣車從葬載牲體之車也。牢具，遣奠所包牲牢之體，貴賤各有數也。一箇爲一具，取一車載之也，故云視牢具。遣車所用無文，因此視牢具。故云。載所包遣奠而藏之者與。與者，疑辭也。云『天子太牢包九箇』以下者，以既夕禮遣奠用少牢以上約之。」

司兵：大喪，廞五兵。廞，興作明器之役器五兵也。士喪禮下篇有「甲冑干笮」。疏曰：「按既夕禮，明器之用器，有弓矢；役器，有甲冑干笮。彼雖不具五兵，此既言五兵，明五者俱有也。故鄭引士喪禮下篇爲證。」司弓矢：大喪，共明弓矢。弓矢，明器之用器也。士喪禮下篇曰用器弓矢。司干：大喪，廞舞器，及葬，奉而藏之。疏曰：「此官云干盾及羽籥，及其所廞，廞干盾而已，其羽籥，籥師廞之。」

樂師：凡喪，陳樂器，則帥樂官。帥樂官往陳之〔六一〕。疏曰：「樂師，謂笙師、鎛師之屬，廞樂藏之者也。云往陳之者〔六二〕，謂如既夕禮陳器於祖廟之前庭及壙道東者也。」

大司樂：大喪，涖廞樂器；及葬，藏樂器，亦如之。涖，臨也。廞，興也。臨笙師、鎛師之屬。興，謂作之也。疏曰：「鄭知臨笙師、鎛師者，按笙、鎛師，皆云『喪廞其樂器，奉而藏之』，司干亦云『大喪，廞舞器』，此不言之，即屬中兼之也。此臨藏樂器，還臨笙師、鎛師等，故彼皆云奉而藏之同。」眡瞭：大喪，廞樂器。疏曰：「大喪，廞樂器，謂明器，故檀弓云：『木不成斲，瓦不成味，竹不成用，琴瑟張而不平，竽笙備而不和，是沽而小耳。』是臨時乃造之。」

笙師：大喪，廞樂器，及葬，奉而藏之。廞，興也。興，謂作之。奉，猶送。

鎛師：大喪，廞其樂器，奉而藏之。疏曰：「此官所廞，謂作晉鼓、鼖鼓。」

籥師：大喪，廞其樂器，奉而藏之。疏曰：「此所廞作，惟羽籥而已，不作餘器。」典庸器：大喪，筍虡。疏曰：「按檀弓，有鐘磬而無筍虡。鄭註云不縣之也〔六三〕，鄭註見此文有筍虡，明有而不縣，以喪事略故也。」

右陳明器。

喪祝：及祖，飾棺，乃載〔六四〕，次第朝親廟四〔六五〕，遂御。鄭司農云：「祖謂將葬祖於庭，象生時出則祖也。祖時，喪祝主飾棺，遂御之，喪祝爲柩車御也，言謂祖爲行始，飾棺，設柳池紐之屬，既飾當還車鄉外，喪祝御之。御之者，執翿居前却行爲節度。」疏曰：「言及祖者，及至也，初朝禰，次朝二祧，次朝始祖后稷之廟，至此廟中設祖祭。按既夕禮，請祖期曰日側，是至祖廟之中而行祖。祖，始也，爲行始。飾棺訖，乃遣車向外〔六六〕，移柩車去載處至庭中，車西，設祖奠云。遂御者加飾訖，移柩車。喪祝執纛却行，御正柩，故云遂御之。」小斂條有封人等七官。大斂條有司几筵設葦席。朝夕奠條內有司服共奠衣服。朔月月半奠條內有籩人共薦籩羞籩、外饔實鼎俎，天子喪斬縗者奠諸侯喪齊縗者奠啟條內有世婦濯溉爲齍盛，內豎爲內人蹕，皆祖奠所通用，當互考。

右祖奠。

大師：大喪，帥瞽而廞，作匶謚。廞，興也。言王之行，謂諷誦其治功之詩。故書廞爲淫。鄭司農云：「淫，陳也，陳其生時行迹爲作謚。」疏曰：「帥瞽矇歌王治功之詩，廞作匶謚者，匶，即柩也。古字通用，以其興喻王治功之詩，爲柩作謚，是以瞽矇職云諷誦詩，謂作謚時也。」

瞽矇：諷誦詩，世奠繫，鼓琴瑟。玄謂諷誦詩，主謂廞作柩謚時也。諷誦王治功之詩，以爲謚。世之而定其繫，謂書於世本也。雖不歌，猶鼓琴瑟以播其音美之。疏曰：「諷誦詩，謂於王喪將葬之時，則使此瞽矇諷誦王治功之詩，觀其行以作謚。葬後當呼之。云世奠繫者，奠，定也，謂辨其昭穆，以世之序而定其繫。繫，即帝繫，世本是也。鼓琴瑟者，詩與世本，二者雖不歌咏，猶鼓琴瑟而合以美之。」

小師：大喪與廞。從大師。疏云：「大師廞作匶謚，故小師從之也。」

大祝：作六辭，以通上下、親疏、遠近。六曰誄。誄，謂積累生時德行以賜之命，主爲其辭也。春秋傳曰：「孔子卒，哀公誄之。」此皆有文雅辭令難爲者也，故大祝主作六辭，或曰誄。論語所謂「誄曰禱爾於上下神祇」。

大史：大喪，遣之日讀誄，遣謂祖廟之庭大奠，將行時也。人之道終於此，累其行而讀之，大師又帥瞽廞之而作謚，瞽史知天道，使共其事，言王之誄謚，成於天道。疏曰：「人之道終於此者，以其未葬已前，孝子不忍異於生，仍以生禮事之。至葬送形而往，迎魂而反，則以鬼事之。故既葬之後當稱謚。故誄生時之行而讀之，此經誄即累也。云大師又帥瞽廞之而作謚者，瞽史既知天道，又於南郊祭天之所稱天以誄之，是王之謚，成於天道也。若然，先於南郊制謚，乃遣之日讀之，既葬後則稱謚。」凡喪事考焉。爲有得失。

小史：大喪，佐大史。卿大夫之喪，賜謚，讀誄。其讀誄，亦以大史賜謚爲節。事相成也〔六七〕。疏曰：「云事相成者，謚法依誄爲之，故云〔六八〕。」惟周公旦、大公望相嗣王發，建功於牧野。及終，將葬，乃制謚法，遂叙謚法。謚者，行之迹；號者，功之表；古者有大功則賜之善號以爲稱也。車服者，位之章也。是以大行受大名，細行受小名。行出於己，名生於人。名，是謚號。壹民無爲曰神〔六九〕，以至無爲神道設教。一德不懈曰簡，一不委曲。靖民則法曰皇，靖，定。平易不訾曰簡，無用訾侮〔七〇〕。德象天地曰帝，同於天地。尊賢貴義曰恭，尊貴賢人，寵貴義士。仁義歸往曰王，民往歸之。敬事恭上曰恭，供奉也。立志及衆曰公，志無私也。尊賢敬讓曰恭，敬有德，讓有功〔七一〕。執應八方曰侯，所執行，八方應之。既過能改曰恭，言自知也。賞慶刑威曰君，能行四者〔七二〕。執事堅固曰恭，守正不移。平正不阿曰君〔七三〕，民從之。愛民悌長曰恭，順長接下。揚善賦簡曰聖，揚人所善得實，所敷得簡。執禮御賓曰恭，迎待賓也。敬祀享禮曰聖〔七四〕，既敬於祀，能通神道。芘親之闕曰恭，修德以益之。照臨四方曰明，以明照之。尊賢讓善曰恭，不專己善，推之於人。譖訴不行曰明，逆知之，故不行。威儀悉備曰欽，威則可畏，儀則可象。經緯天地曰文，成其道。大慮慈民曰定〔七五〕，思樹德。道德博聞曰文，無不知。純行不差曰定，行一不傷。學勤好問曰文，不恥下問。安民大慮曰定，以慮安民。慈惠愛民曰文，惠以成文〔七六〕。安民法古曰定，不失舊意。愍民惠禮曰文，惠而有禮。闢土有德曰襄，取之以義。賜民爵位曰文，與同升。甲冑有勞曰襄，亟征伐。綏土柔民曰德，安民以居，安士以事。小心畏忌曰僖，知難而退〔七七〕。諫慮不威曰德〔七八〕，不以威距諫。有伐而還曰釐〔七九〕，知難而退。剛强直理曰武，剛無欲，强無撓。直，正直。理，忠恕。質淵受諫曰僖，深故能受。威强直德曰武〔八〇〕，與有德者敬。温柔賢善曰懿，性能純善。克定禍亂曰武，以兵往，故能定。心能制義曰度，制事得宜。刑民克服曰成，法以正義，能使服也。聰明叡哲曰獻，有過知之聰。夸志多窮曰武，大志兵行，多所窮極。智質有聖曰獻，有所通，非修道。安民立政曰成，政以安定。五宗安之曰孝，五世之宗。淵源流通曰康，性無忌。慈惠愛親曰孝，周愛親族。温年好樂曰勤〔八一〕，好豐年，勤民事。協時肇享曰孝，協和肇始，常如初。秉德不回曰孝，順於德而不違。安樂撫民曰康，無四方之虞。令民安樂曰康，富而教之。執心克壯曰齊，能自嚴〔八二〕。布德執義曰穆，舜典：四門穆穆。輕輶供就曰齊，輶，有近輕而供成〔八三〕。中情見貌曰穆，性心露也。甄心動懼曰頃，甄情。容儀恭美曰昭，有儀可象，行供可美。敏以敬慎曰頃，疾於所敬。昭德有勞曰昭，能勞謙。柔德教衆曰靜〔八四〕，成衆使安。聖善周聞曰宣〔八五〕，通於善道，聲教宣聞。恭己解言曰靖〔八六〕，恭己正平，少言而中。治而無眚曰平，寬樂令終曰靖，性寬樂義，以善自終。執事有制曰平，不在意。威德剛武曰圉，禦亂患。布綱治紀曰平，施之政事。彌年壽考曰胡，久其年。由義而濟曰景，用義而成。保民耆艾曰胡，六十耆，七十艾。耆意大慮曰景，耆，彊也。彊毅果敢曰剛，釐於義，致志固。布義行剛曰景，以剛行義。追補前過曰剛，勸善以補過。清白守節曰貞，行清白，執志固。猛以剛果曰威，猛則少寬，果，敢行。大慮克就曰貞，幹事能成。不隱無屏曰真〔八七〕，彊毅執正曰威，闢土服遠曰桓，以武力征四夷。治典不殺曰祈，秉常不衰。克敬勤民曰桓，敬以使之。大慮行節曰孝，言成其節。闢土兼國曰桓，兼人故啟土。治民克盡曰使，克盡思慮。能思辨衆曰元，別之使各有次。好和不爭曰安，坐在少斷〔八八〕。行義説民曰元，民説其義。道德純一曰元〔八九〕，道大而德一。始建國都曰元，非善之良，何以始之。大省兆民曰思，大親民而不伇。主義行德曰元，以義爲主。外内思索曰思，言求善。聖善周聞曰宣，聞謂所聞善事。追悔前過曰思，思而能改。兵革亟作曰壯，以數征爲嚴。行見中外曰慤，表裏如一。共圉克服曰壯〔九〇〕，禁圉敵人，能使服之。狀古述今曰譽，勝敵克亂曰壯，勝敵，故能克亂。昭功寧民曰商，商度事宜，所以安民。死於原野曰壯，非嚴何以死難。克教秉政曰夷〔九一〕，秉政不任賢。屢征殺伐曰壯〔九二〕，以嚴整之。安民好静曰夷，武而不遂曰壯，武功不成。執義揚善曰懷〔九三〕，稱人之善。柔質慈民曰惠，賑孤惸，加施惠。慈人短折曰懷，短未六十，折未三十。愛民好與曰惠，與謂施。述義不克曰丁，欲立志義，而弗能成。夙夜敬戒曰敬，敬身急戒。述事不弟曰丁，不孫弟。夙興恭事曰敬，敬以莅事。有功安民曰烈，以武立功。衆方益平曰敬，法常而知。秉德尊業曰烈，業以通德，爲而能尊。令善典法曰敬，非敬何以善之。剛克爲伐曰翼，伐，功也。剛德克就曰肅，成其不敬使爲終〔九四〕。思慮深遠曰翼，好遠思，不任亂。執心決斷曰肅，言嚴果。外内貞復曰白，正而後約始一〔九五〕，不主其國曰聲，生於外家。不勤成名曰靈，任本性，不見思賢齊。未家短折曰傷，未家，未娶。死而志成曰靈，士志不悋命。愛民好治曰戴，愛養其民，天下戴仰。死見神能曰靈，有鬼不爲厲。典禮不倦曰戴〔九六〕，倦過。亂治不損曰靈，不能以治損亂。短折不成曰傷，幼稚而夭傷。好祭鬼神曰靈〔九七〕，請鬼神不致遠〔九八〕。隱拂不成曰隱，不以隱括改其性〔九九〕。極知鬼事曰靈，其智能聰徹之。不顯尸國曰隱，以主國。見善堅長曰隱，美過其令。殺戮無辜曰厲，官人應實曰知，能官人。愎狠遂過曰剌，去諫曰愎，反是曰狠。肆行勞祀曰悼，放心勞於淫祀，言不修德也。不思妄愛曰剌，忌甚。中年蚤夭曰悼，年不稱者。早孤短折曰哀，早未知人事。凶年無穀曰糠〔一〇〇〕，不務稼穡。好變動民曰躁，好改舊，以勞動民。外内縱亂曰荒，家不治，官不知。不悔前過曰戾，知而不改。好樂怠政曰荒，淫於聲樂，怠於政事。怙威肆行曰醜，肆意行威。在國遭憂曰愍，仍多大喪。雍遏不通曰幽，權臣擅命，政令不達。在國逢難曰愍，兵寇之事。早孤殞位曰幽，殞位，即位而卒。禍亂方作曰愍，動祭亂常曰幽，易神之班。使民悲傷曰愍，妨政敗害。柔質受諫曰惠，受諫以爲惠。貞心大度曰厈，心正而名察。名實不爽曰質，名實内外，相應不差。德正應和曰莫，温良好樂曰良，言其人可好可樂。施勤無私曰惠，慈和偏服曰順，思慮果敢曰趮〔一〇一〕，博聞多能曰憲〔一〇二〕，雖多能，不全於大道。嗇於賜與曰愛，滿志多窮曰惑，自足者必不惑〔一〇三〕。危身奉上曰忠，險不辭難。思慮不爽曰原〔一〇四〕，不差所思而得。克威捷行曰魏，有威而敏行〔一〇五〕。好内違禮曰煬，淫於家，不奉禮。克威順禮曰魏，雖威不逆禮。好内怠政曰煬，内則淫朋，外則荒政。怠政外交曰攜，不自明而博外交。去禮遠正曰煬，教誨不倦曰長，疏遠繼位曰昭〔一〇六〕，肇敏行成曰直，彰義揜過曰堅，亡治。内外賓服曰正，華言無實曰夸，好廉自克曰節，廉儉不傷，則不害民。逆天虐民曰煬〔一〇七〕，所尊大而逆。好更故舊曰易，變故改常。名與實爽曰繆〔一〇八〕，愛民作刑曰克，道之以政，齊之以法。擇善而從曰比，比方善而從之。除殘去虐曰湯，亂而不損爲靈。貪亂直亡，而神靈之曲也。隱，哀之方也；景，武之方也。施爲文，除爲武，辟地爲襄，服遠爲桓〔一〇九〕，剛克爲伐，柔克爲懿，履正爲莊，無過爲僖，施而不私爲宣，雲行雨施，日月無私。惠無內德爲獻〔一一〇〕，無內德，謂惠不成也。由義而濟爲景，無志無補，則以其明，餘皆象也。以其明所及爲謚，象其事也。謚法。

賤不誄貴，幼不誄長，禮也。誄，累也，累列生時行迹讀之以作謚，謚當由尊者成。疏曰：「凡謚，表其實行，當由尊者所爲。若使幼賤者爲之，則各欲光揚在上之美，有乖實事，故不爲也。」唯天子稱天以誄之。以其無尊焉。春秋公羊說，以爲讀誄制謚於南郊，若云受之於天然。疏曰：「白虎通云：天子崩，大臣之於南郊稱天以謚之者，爲人臣子，莫不欲褒大其君，掩惡揚善，故至南郊，明不得欺天也。」死，謚，周道也。疏云：「殷以上有生號，仍爲死後之稱，更無別謚。堯、舜、禹、湯之例是也。周則死後別立謚，故總云周道也。」

右謚誄。

大司馬：喪祭，奉詔馬牲。王喪之以馬祭者，蓋遣奠也。奉，猶送也。送之至墓，告而藏之。司尊彝：大喪，存奠彝。存，省也。謂大遣時奠者，朝夕乃徹也。疏曰：「大喪之奠，有彝尊盛鬱鬯，唯謂祖奠厥明將向壙，爲大遣時奠有之。朝夕乃徹也者，按檀弓云：『朝奠日出，夕奠逮日』，則朝奠至夕是朝夕乃徹〔一一一〕。徹之，夕奠至朝乃徹，其大遣亦朝設至夕乃徹。言此者，欲見所奠彝尊朝夕奠存省之意也。」春官。

鬱人：大喪，及葬，共其祼器，遂貍之。遣奠之彝與瓚也。貍之於祖廟階間，明奠終於此。疏曰：「葬時不見有設奠之事，祖祭已前奠小，不合有彝器；奠之大者，唯有遣奠，故知於始祖廟中，厥明將葬之時，設大遣奠有此祼器也。司尊彝云：『大喪有奠彝』是也。以奠無尸，直陳之於奠處耳。言貍之於祖廟階間者，此按曾子問『無遷主者，以幣帛皮圭以爲主命。行反，遂貍之於祖廟兩階之間』，此大遺奠在始祖廟，事訖，明亦貍之於階間也。自此已前，不忍異於生，設奠食，象生而無尸。自此已後，葬訖，反日中而虞則有尸，以神事之，謂之祭，異於生，故云明奠終於此也。」同上。

小祝：大喪，及葬，設道齎之奠，分禱五祀。齎，猶送也。送道之奠，謂遣奠也。分其牲體，以祭五祀，告王去此宮中不復反也〔一二〕。王七祀，祀五者。司命、大厲，平生出入不以告。疏曰：「按既夕禮『祖廟之庭，厥明設大遺奠，包牲取下體』是也。云分其牲體以祭五祀者，謂包牲取下體之外〔一三〕，分爲五處祭也。月令：『春祀户，夏祀竈，季夏祀中霤，秋祀門，冬祀行。』此並是人所由從之處，直非四時合祭，出入亦宜告之，司命、泰厲則否。」小斂條内有封人等七官。大斂條内有司几筵設几席。朝夕奠條有司服共奠衣服。朔月月半奠條内有籩人共籩，外饔實鼎俎，天子喪斬縗者奠諸侯喪齊縗者奠啟條有世婦濯溉爲齍盛，内竪爲内人蹕，皆遣奠所通用，當互考。

右大遣奠。

量人：掌喪祭奠竁之俎實。竁亦有俎實，謂所包遣奠〔一四〕。士喪禮下篇曰：「藏苞筲於旁。」疏曰：「此喪祭文連奠竁，竁是壙内，故鄭以喪祭爲大遣奠解之，是以大司馬喪祭，亦爲遣奠也。又按冢人云：請度甫竁，穿壙之名。此言奠竁，則奠入於壙，是以云所包遣奠也。引士喪禮云，藏苞筲於旁者，苞，謂苞牲取下體葦苞二是也〔一五〕。藏筲者，即既夕禮云筲三：黍、稷、麥，並藏之於棺旁。又曰苞奠者，取遣奠牲下體苞裹之。遣，送行也。」

右包奠。

遂師：大喪，使帥其屬以幄帟先，道野役。使以幄帟先者，大宰也。其餘，司徒也。幄帟先，所以爲葬窆之間，先張神座也。道野役，帥以至墓也〔一六〕。疏曰：「大喪，王喪也。以幄帟先者，謂大宰官使其屬以幄帟先行至壙也〔一七〕。道野役者，謂司徒導引野中之役，以出國城至壙也。大宰之屬幕人共帷幕帟受，故大宰帥之。司徒主衆庶，故令野役也。先張神座者，謂柩至壙，脱載除飾，柩則在地未葬窆之間，須有凶靈神座之所〔一八〕，故知大幕之下，宜有幄之小帳，小帳之内，而有帟之盛塵以爲神座也。」地官。 陳殯具條，幕人掌次，此條適用。 朝祖條，閭胥聚衆庶，大司徒帥六鄉屬六引遂人屬六紼，小司徒帥邦役治其政教，鄉師帥其民而至。 又薦車馬及陳明器兩條，並此章通用，當互考。

鄉士：大喪紀〔一九〕，各掌其鄉之禁令，帥其屬夾道而蹕。屬，中士以下。 疏曰：「大喪紀，當葬所經鄉道，並過六鄉，以是，故各掌其鄉之禁令，當各帥其屬夾道而蹕。 知屬是中士以下者，鄉士身是上士，故云中士以下。」秋官。

方相氏：大喪，先匶。先，去聲。 匶音柩。 葬使之道，道音導。 疏曰：「喪所多有凶邪，故使之導也。」夏官。

喪祝：及葬，御匶出宫，乃代。喪祝二人相與更也。 疏曰：「及，至也，謂於祖廟厥明大奠後引柩車出喪，祝於柩車前却行，御柩車出宫乃代者。 按序官云，喪祝上士二人，故鄭云二人相與更也。」小喪，亦如之。春官。

鄉師：及葬，執纛，以與匠師御匶而治役。匠師，事官之屬，其於司空，若鄉師之於司徒也。 鄉師主役，匠師主衆匠共主葬引。 翿，羽葆幢也。 爾雅曰：「纛，翳也。」以指麾挽柩之役，正其行列進退。 行，户剛反。 疏曰：「言及葬者，及至葬引向壙。 纛，謂葆幢也。 鄉保執葆幢，却在柩車之前，以與匠師御柩，謂在路恐有傾覆，故與匠師御，正其柩而治役者，亦謂監督人也。 此經鄉師是司徒考，明匠師亦是司空考。 冬官，亡，未聞其考。 此據匠師與鄉師，相對以義約之。 故云匠師，冬官考也〔二〇〕。」

司士：作六軍之士執披。披，方寄反。 作，謂使之也。 披，柩車行所以披持棺者。 有紐以結之謂之戴。 鄭司農云：披者，扶持棺險者也。 天子旁十二，諸侯旁八，大夫六，士四。 玄謂結披必當棺束，於束繫紐。 天子、諸侯載柩三束，大夫、士二束。 喪大記曰：「君纁披六，大夫披四，前纁後玄，士二，披用纁。」人君禮文欲其數多，圍數兩旁言六耳，其實旁三。 疏曰：「云六軍之士者，即六鄉之民，以其鄉出一軍，六鄉故名六軍之士也。 天子千人，而云六軍者，以天子千人出自六軍，故號六軍之士，非謂執披有七萬五千人也。 柩車則屋車，車兩旁使人持之，若四馬六轡然。 故名持棺者名披也。 云有紐以結之謂之戴者，喪大記云纁戴者是也。 先鄭云披者，扶持棺險也。先鄭意蜃車行，恐逢道險者有傾覆，故云披持棺險也。云天子旁十二，諸侯旁八，大夫六，士四者，無所依據。後鄭不從。玄謂結披必當棺束於束繫紐者，謂蜃車兩旁皆有柳材，其棺皆以物束之，故云天子、諸侯載柩三束，大夫、士二束，彼喪大記不言天子，此言者，欲見天子無文，約與諸侯同也。」

喪祝：掌大喪勸防之事。勸猶倡，帥前引者。防謂執披備傾虧。疏曰：「勸猶倡，帥前引者，即下經御柩一也〔一二〕。謂執纛居柩路前，却行左右，車脚有高下，則以纛詔告執披者，使持制之，不至傾虧。倡，先也，故云倡，帥前引者。云防謂執披備傾虧者，按夏官司士，作六軍之事執披〔一三〕，故以執披解防，恐柩車傾倒，故云備傾虧。此經勸防，因言所掌事及其行事，下文及朝御柩是也。」小喪亦如之。春官。

大史：大喪，執法以涖勸防。鄭司農云：「勸防引六紼。」春官。

巾車：大喪，及葬，執蓋從車持旌。從，才用反。從車，隨柩路持蓋與旌者，王平生時車建旌，雨則有蓋，今蜃車無蓋，執而隨之，象生時所執者銘旌。

御僕：大喪，持翣。喪大記註引漢禮，以木爲筐〔一三〕，廣三尺，高二尺四寸，方兩角高，衣以白布，畫雲氣，謂之畫翣。畫之以黼，謂之黼翣之類是也。天子用八，在路，夾蜃車兩旁，入壙則樹之四旁。女御，后之喪，持翣。翣，棺飾也，持而從柩車。疏曰：「禮，天子八翣，后喪亦同，將葬，向壙之時，使此女御持之，左右各四人。」

冢人：大喪，及葬，言鸞車象人。鸞車，巾車所飾遣車也，亦設鸞旗。鄭司農云：「象人，謂以芻爲人，言猶語也，語之者，告當行，若於生存者，於是巾車行之，孔子謂爲芻靈者善，謂爲俑者不仁，非作象人者，不殆於用生乎！」疏曰：「及，至也，謂至葬。冢人語巾車之官，將明器鸞車及象人，使行向壙。遣車有鸞和之鈴，兼有旌旗，經直云鸞車，不言鸞旗，故鄭言之。先鄭云，象人，謂以芻爲人者，後鄭不從，以其上古有芻人，至周不用，而用象人，則象人與芻靈別也。鄭引檀弓者，欲破先鄭以芻靈與象人爲一，若然，則古時有塗車、芻靈，至周仍存塗車，唯改芻靈爲象人。」陳明器條通用。春官。

虎賁氏：及葬，從遣車而哭。遣車，王之魂魄所憑依。疏曰：「遣車者，將葬盛所苞奠遣送者之車，其車内既皆有牲體，故云王之魂魄所憑依也。遣車多少之數，天子無文。鄭註雜記云，天子太牢，苞九箇，遣車九乘，苞肉皆取大遣奠之牲體。天子太牢外，更用馬牲，皆前脛折取臂臑，後脛折取骼苞肉各九箇〔一二四〕，皆細分其體以充數也。」夏官。

内豎：王后之喪，及葬，執褻器以從遣車。褻器，振飾頮浴之器。疏曰：「從遣車，若生時從后，后之私褻小器，唯有振飾頮沐之器，故爲此解也。若然玉府云『凡褻器』，鄭註以爲『清器虎子』，不爲振飾頮沐器者，彼據生時，故與床笫等連文；此註褻器，爲振飾頮沐之器者，按特牲，爲尸而有盤匜，並有簞巾，巾爲振飾，盤匜爲盥手，故既夕禮『用器之巾有槃匜』，是送葬之時有褻器也。」天官。

君葬用輴，四綍二碑，御棺用羽葆。輴音輇，市專反。輴當爲「載以輇車」之輇。輇車，柩車也。在棺曰綍，行道曰引，至壙將窆，又曰綍而設碑，是以連言之。碑，桓楹也。御棺，居前爲節度也〔一二五〕。疏曰：「四綍二碑者，綍有四條，碑有二所，此諸侯也。天子則云綍四碑二〔一二六〕。御棺用羽葆者，雜記云：諸侯用匠人執羽葆，以鳥羽注於柄末如蓋，而御者執之居前，以指麾爲節度也。此一經所論，在道之時，未論窆時下棺之節，因在途連言窆時，故云是以連言窆。至窆時下棺，天子則更載以龍輴，故遂師註云蜃車，柩路也，行至壙，乃說，更載以龍輴，是天子殯用龍輴。至壙去蜃車，載以龍輴。云碑桓楹也者，檀弓云三家視桓楹，是僭也。則天子用大木爲碑，謂之豐碑，諸侯則樹兩大木爲碑，謂之桓楹。」士喪有與天子同者三，其終夜燎及乘人專道而行。註見朝祖奠遣車馬下。

右柩行。

巾車：大喪，及墓，嘑啟關陳車。關，墓門也。車，二車也。士喪禮下篇曰：「車至道左，北面立，東上。」疏曰：「鄭知車是二車者，以其遣車在明器之中。按既夕，陳明器在道東西，北上〔一二七〕，此不言明器，而別陳車，是二車可知。天子二車，象生時當十二乘也。士喪禮云『車至道左，北面立東上』者，士無二車，惟據乘車、道車、藁車三乘，此王禮，亦有此三乘車，於後別有二車十二乘，若然，則此車非止二車而已。鄭直云二車者，舉其士喪禮〔三八〕不見者而言耳。」此條朝祖薦車通用，柩行條遂師以幄帟先，朝祖條樂師陳樂器，此條通用，當互考。

方相氏：大喪，及墓，入壙，以戈擊四隅，毆方良。方良，上音罔，下音兩，又如字。壙，穿地中也。方良，罔兩也。天子之槨，柏黃腸爲裏，而表以石焉。國語曰：「木石之怪，夔罔兩。」疏曰：「必破方良爲罔兩者，入壙無取於方良之義故也。云天子之槨柏黃腸爲裏而表以石焉者，欲見有罔兩之義，故引漢法爲證。又檀弓云『天子柏槨以端長六尺』，言槨柏則亦取柏之心黃腸爲槨之裏，故漢依而用之而表之以石，蓋周時亦表以石，故有罔兩也。云國語者，按國語：『水之怪龍罔象，土之怪夔罔兩』，則知方良當爲罔兩也。」

喪祝：及壙，説載除飾。鄭司農云：説載，下棺也。除飾，去棺飾也。四翣之屬，今可舉移安錯之。玄謂除飾便其窆爾。周人之葬，牆置翣。翣，所甲反，亦作萎。疏曰：「脱載，謂下棺於地。除飾，謂除去帷荒。下棺於坎，訖，其帷荒還入壙張之於棺。註云四翣之屬者，按喪大記及禮器，士二翣，大夫四翣，諸侯六翣，天子八翣。周人之葬，牆置翣者，謂帷荒與柩爲障若牆然，故謂之牆。翣在道，柩車旁，人執之。入壙，置之於槨旁，故云置也。」小喪亦如之。小喪，王后世子以下之喪〔三九〕。春官。

掌蜃：掌斂互物蜃物，以共闉壙之蜃。互，户故反。互物，蚌蛤之屬。闉，猶塞也。將井槨先塞下以蜃禦濕也。鄭司農説以春秋傳曰，「始用蜃炭」，言僭天子也。疏曰：「按士喪禮『筮宅還井槨於殯門之外。』註云：『既哭之，則往施之竁中。』是未葬前井槨材乃往施之壙中，則未施壙前，已施蜃炭於槨下，以擬禦濕也。」

稻人：喪紀，共其葦事。葦以闉曠，禦濕之物。疏曰：「春秋左氏傳有『井闉闉塞也』。」地官。

澤虞：喪紀，共其葦蒲之事。葦以闉壙，蒲以爲席。疏曰：「蒲以爲席者，謂抗席，及禮記云『虞，卒哭，苄翦不納者』是也。」地官。

掌荼：掌以時聚荼，以共喪事。疏曰：「按既夕禮『爲茵之法，用縮翦布，謂淺黑色之布各一幅，合縫，著以荼，柩末入壙之時，先陳於棺下。縮二於下，橫三於上，乃下棺於茵上』是也。」

右至壙。

冢人：共喪之窆器。下棺豐碑之屬。朝祖條「小司徒帥邦役」。「遂人，及窆，陳役」〔一三〇〕。並此條通用，當互考。凡封，用綍去碑負引，君封以衡，君命毋譁，以鼓封〔一三一〕。疏曰：「當爲窆，窆謂下棺〔一三二〕。下棺之時，將綍一頭以繫棺緘，又將一頭繞碑間鹿盧，所引之人在碑外，背碑而立，負引者漸漸應鼓聲而下，故云用綍去碑負引也。君封以衡者，貫諸侯禮大物多棺重〔一三三〕，恐柩不正，下棺之時，別以大木爲衡，貫穿棺束之緘，平持而下，備傾頓也。君命無譁以鼓窆者，謂君下棺之時，命令衆人無譁，以擊鼓爲窆時縱捨之節，每一鼓漸縱綍也。天子則六綍四碑，紼既有六，碑但有四，故以前碑後碑各重鹿盧，每一碑用二綍，前後用四綍，其餘兩綍繫於兩旁之碑。」柩行條「君葬四綍二碑」，此條通用，當互考。

鼓人：詔太僕鼓。詳見本篇戒臣民條。

大僕：大喪，始崩，戒鼓，窆亦如之。戒鼓，擊鼓以驚衆也。鄭司農云：窆，謂葬下棺也。春秋傳所謂「日中而堋」，禮記謂之「封」，皆下棺也。音相似，窆讀如「慶封汜祭」之「汜」。堋，補鄧反。汜，方劍反。詳見始死條。遂師：大喪，及窆，抱磿，共邱籠及蜃車之役。蜃車，柩路也。行至壙乃說，更復載以龍輴，役謂執綍者。磿者，適歷，執綍者名也。遂人主陳之，而遂師以名行校之。疏曰：「云共邱籠者，王曰邱，謂共爲邱之籠器以盛土也。謂下棺之後以壙上土反復而爲邱壟，皆須籠器以盛土也。云適歷執綍者名也者，謂天子千人，分布於六綍之上。謂之適歷者，分布稀疏得所名爲適歷也。云遂人主陳之者，按遂人云及窆，陳役是也。遂師抱持版之名字，巡行而校録之，以知在否，故云抱磿也。」地官。

鄉師：及窆，執斧以涖匠師，匠師主豐碑之事，執斧以涖之，使戒其事，故書涖作立。立讀爲涖。涖，謂臨視也。疏曰：「及，至也。窆，下棺也。至壙下棺之時，鄉師執斧以涖匠師，匠師主衆匠，恐下棺不得所須，有用斧之事，故執斧以臨視之。云匠師主豐碑之事者〔一三四〕，按檀弓云：『公室視豐碑，三家視桓楹。』鄭彼註天子斲大木爲之。豐，大也。天子六綍四碑，前後各一碑，各重鹿盧。兩畔各一碑，皆單鹿盧。天子千人，分置於六綍，皆背碑負引，擊鼓以爲縱舍之節，匠師主當之。」

冢人：及窆，執斧以涖。疏曰：「按鄉師云：『執斧以涖匠師。』則此亦涖匠師。兩官俱臨者，葬事大故，二官共臨。」遂入藏凶器。凶器，明器。疏曰：「因上文窆，下棺訖，即遂入壙藏明器。」正墓位，蹕墓域，守墓禁。位，謂邱封所居前後也。禁所爲塋限。疏曰：「墓位即上文昭穆爲左右，須正之，使不失本位。墓域，謂四畔溝兆。蹕，謂止行人不得近之。守墓禁，謂禁制不得漫入也。云禁所爲塋限者，謂禁者以塋域爲限而禁之。」春官。

司常：建廞車之旌，及葬，亦如之。詳見陳明器條。

樂師：凡喪，陳樂器，則帥樂官。及序哭，亦如之。哭此樂器亦帥之。疏曰：「按小宗伯云：『及執事眡葬，獻器遂哭之。』註云，至將葬，獻明器之材，又獻素獻成，皆於殯門外。王不親哭，有官代之，彼據未葬材時小宗伯哭之，此序哭明器之樂器，文承陳樂器之下，而云序哭，謂使人持此樂器，向壙及入壙之時序哭之也。」春官。

大司樂：涖藏樂器。詳見陳明器條。校人：飾遺車之馬及葬埋之。同上。

典瑞：大喪，共贈玉。贈玉，蓋璧也。贈有束帛，六幣璧以帛。疏曰：「贈玉者，按既夕禮，葬時棺入坎，贈用玄纁束帛，即天子加以玉，是贈先王之物也。註云贈玉蓋璧也者，以既夕禮云『士贈用束帛』，明天子亦有束帛也。而小行人合六幣璧以帛，故知贈既用帛，明以璧配之。鄭言此者，恐天子與士異。士用帛，天子用玉，嫌不用帛，故言之也。」春官。大宰：大喪，贊贈玉。助王爲之也。贈玉，既窆所以送先王。

小宗伯：成葬而祭墓爲位。成葬，邱已封也。天子之冢，蓋不一日而畢。位，壇位也。先祖形體託於此地，祀其神以安之。冢人職曰：「大喪，既有日，請度甫竁，遂爲之尸。」疏曰：「云天子之冢蓋不一日而畢者，按檀弓云：『有司以几筵舍奠於墓左，反，日中而虞。」註云『所使奠墓有司來歸乃虞也』，則虞祭在奠墓後，此上文既云詔相喪祭，則虞祭訖矣，於下乃云成葬祭墓爲位，則虞祭不待奠墓有司來歸者，由天子之冢高大，蓋不一日而畢，故設經喪祭在成葬之上也。引冢人職者，證祭墓爲位，時冢人爲尸以祭后土也。」春官。

冢人：凡祭墓爲尸。祭墓爲尸，或禱祈焉。鄭司農云：「爲尸，冢人爲尸。」疏曰：「後鄭知此祭墓爲禱祈者，是墓新成祭后土，此文云凡，故知謂禱祈也。先鄭云『爲尸，冢人爲尸』者，上文祭墓謂始穿地時，此文據成墓爲尸。後鄭以此亦得通一義，故引之在下，是以禮記檀弓云，有司舍奠於墓左，彼是成墓所祭，亦引此，凡祭墓爲尸，證成墓之事也。」

右窆。

晉文公既定襄王於郟，王勞之以地，辭，請隧，隧，王之葬禮。闕地通道曰隧。曰：「王章也，未有代德而有二王，亦叔父所惡也。」宋文公卒，始厚葬，用蜃炭，益車馬，始用殉，重器備。椁有四阿，棺有翰檜。蜃，市忍反。翰，户旦反，一音韓。燒蛤爲炭以瘞壙，多埋車馬，用人從葬。四阿，四注椁也。翰旁飾檜，上飾皆王禮。疏曰：「周禮匠人云『殷人四阿重屋』，鄭玄云：阿，棟也。四角設棟也，是爲四注椁也。士喪禮云：抗木横三縮二，謂於椁之上設此木，縱二横三以負土，則士之椁上平也。今此椁上四注而下，則其上方而尖也。禮：天子椁題凑，諸侯不題凑，不題凑則無四阿。釋詁云：楨翰，幹也。又曰：楨，正也，築牆所立兩木也。翰所以當兩邊障土者也。翰在牆之旁，則知此翰亦在旁也。詩云：會弁如星。鄭玄云：會謂弁之縫中，言其際會之處也。會在弁之上，知此檜亦在上，故以爲棺旁飾。上言飾也。言椁有棺者，則本不當有。宋公所僭，必僭天子。明此蜃炭、四阿、翰檜，皆是王之禮也。」公室視豐碑，言視者，時僭天子也。豐碑，斲大木爲之，形如石碑，於椁前後四角樹之。穿中，於間爲鹿盧，下棺以繂繞。天子六繂四碑，前後各重鹿盧也。三家視桓楹，時僭諸侯，諸侯僭天子也〔一三五〕。斲之形如大楹，耳四，植謂之桓。諸侯四繂二碑，碑如桓矣。大夫二繂二碑，士二繂無碑。疏曰：「凡言視者，不正相當比擬之辭也，故王制云『天子之三公視公侯，卿視伯，大夫視子男』是也。故云言視，僭天子也。形如石碑者，云斲大木爲之〔一三六〕，以禮廟庭有碑，故祭義云

『牲入麗於碑』，儀禮每云『當碑揖』，此云『豐碑』，故知斲大木爲碑也。角樹之者，謂云於椁前後、四椁及兩旁樹之〔一三七〕，角落相望，故云四角，非謂正當槨四角也。穿鑿去碑中之木令使空，於此空間著鹿盧，兩頭各入碑木。綍即紼也，以紼之一頭繫緘，以一頭繞鹿盧，既訖，而人各背碑負紼末頭，聽鼓聲以漸却行而下之，知唯前後碑重鹿盧者，以棺之入槨，南北竪長前後深也。按春秋，天子有隧，以羨道下棺，所以用碑者，凡天子之葬，掘地以爲方壙，漢書謂之方中。又方中之內，先累槨，於其方中南畔爲羨道，以蜃車載柩至壙，說而載以龍輴，從羨道而入，至方中，乃屬紼於棺之緘，從上而下棺入於椁之中〔一三八〕，於此之時，用碑綍也。視桓楹不云碑，知不似碑形，故云如大楹耳。通而言之，亦謂之碑，故喪大記云『諸侯大夫二碑』是也。」

士三虞，大夫五，諸侯七。尊卑，恩之差也。天子至士葬即反虞。疏曰：「知天子至士葬即反虞者，以其不忍一日未有所歸，尊卑皆然，故知葬即反虞。檀弓云『葬日虞，不忍一日離也』。不顯尊卑，是貴賤同然也。」雜記。今按檀弓，葬日虞，以虞易奠。疏曰雜記云諸侯七虞，然則天子九虞也。初虞已葬日而用柔，第二虞亦用柔日，假令丁日葬，葬日而虞則巳日二虞，後虞改用剛，則庚日三虞也。故鄭註士虞禮云，士則庚日三虞。士之三虞用四日，則大夫五虞當八日，諸侯七虞當十二日，天子九虞當十六日，最後一虞與卒哭例同用剛日。此可以補經文之闕，故備録於此。

小宗伯：王崩，既葬，詔相喪祭之禮。喪祭，虞祔也。檀弓曰：「葬日虞，弗忍一日離也。是日也虞易奠。卒哭曰事成。是日也以吉祭易喪祭，明日祔於祖父。」疏曰：「鄭知喪祭是虞祔也，以文承卜葬之下，成葬之上，其中唯有虞祔而已，故以虞祔解之也。葬之朝爲大遣奠，反，日中而虞〔一三九〕，是不忍一日使父母精神離散，故云不忍一日離也。」

司巫：祭祀則共蒩館。蒩，子都反。館所以承蒩，謂若今筐也。士虞禮：苴，刌茅，長五寸，實於筐，饌於西坫上。

甸師：祭祀，共蕭茅。鄭大夫云：蕭字或爲莤，莤讀爲縮，束茅立之，祭前沃酒其上，酒滲下去，若神歆之〔一四〇〕。杜子春讀爲蕭。蕭，香蒿也。茅以供祭之苴，亦以縮酒，苴以藉祭。疏曰：「士虞禮，束茅長五寸，立於几東，謂之苴是也。」

鄉師：大祭祀，共茅蒩。玄謂蒩，士虞所謂苴，刌茅，長五寸束之者是也。祝設於几東席上〔一四一〕，命佐食，取黍稷祭於苴，王取膚祭，祭如初，此所以承祭，既祭，蓋束而去之，守祧職云，既祭藏其墮是與〔一四二〕。刌音忖，去，羌吕反。祧，他彫反。墮，吁恚反，劉相恚反。與音餘。地官。

庖人：共喪紀之庶羞。喪紀，喪事之祭，謂虞祔也。疏曰：「凡喪未葬已前，無問朝夕奠及大奠，皆無薦羞之法。今言共喪紀庶羞者，謂虞祔之祭乃有之。」又曰：「天子九虞，後作卒哭祭。虞卒哭在寢，明日祔於祖廟。今直云虞祔，不言卒哭者〔一四三〕，舉前後虞祔〔一四四〕，則卒哭在其中，共庶羞可知。」天官。

囿人、獸人：共獸。

腊人：共乾肉。

鼈人：共鱻薧。

醢人：共豆實。詳見陳小斂條。地官。

籩人：共籩。詳見朔月半月奠條。

喪祝：掌喪祭祝號。喪祭，虞也。

右虞祭。

措之廟，立之主，曰帝。同之天神。春秋傳曰：「凡君，卒哭而祔，祔而作主。」疏曰：「措，置也。主葬後，卒哭竟，而祔置於廟立主，使神依之也。白虎通云：『所以有主者，神無依，據孝子以繼心也。主用木，木有始終，又與人相似也。』蓋記之以爲題，欲令後可知也。方尺，或曰尺二寸。鄭云『周以栗』，漢書『前方後圓』，五經異義云：『主狀正方，穿中央，達四方。天子長尺二寸，諸侯長一尺。天神曰帝。』今號此主同於天神，故題稱帝云，文帝、武帝之類也。崔靈恩云：『古者帝王生死同稱。』今云措之廟立之主曰帝者，蓋是爲祀時有主入廟稱帝之義。記者録以爲法也。」又曰：「凡君，卒哭而祔。卒哭者，是葬竟虞數畢後之祭名也。孝子親始死哭，晝夜無時。葬後虞竟，乃行神事，故卒其無時之哭，猶朝夕各一哭，故謂其祭爲卒哭。卒哭明日而立主，祔於廟，隨其昭穆，從祖父食。卒哭主暫時祔廟畢，更還殯宮，至小祥作栗主入廟，乃埋桑主於祖廟門左埋重處，故鄭云虞而作主。至祔，奉以祔祖廟。既事畢，反之殯宮。然大夫、士亦卒哭而祔，而左傳唯據人君有主者言之，故云凡君。鄭註祭法云：『大夫士無主也。』此言凡君，明不關大夫士也。崔靈恩云：『大夫士無主，以幣帛祔，祔竟，並還殯宮，至小祥而入廟也。』又檀弓云：『重，主道也。』鄭註引公羊傳云：『虞主用桑，練主用栗。』則似虞已有主。而左傳云：『祔而作主。』二傳不同。按説公羊者，朝葬日中則作虞主。若鄭君以二傳之文雖異，其意則同，皆是虞祭，總了然後作主，以作主去虞實近，故公羊上係之於虞，作主謂之虞主〔一四五〕。又作主爲祔所須，故知左氏據祔而言〔一四六〕。古春秋左氏説既葬反虞，天子九虞。九虞者，以柔日。九虞，十六日也；諸侯七虞，十二日也；大夫五虞，八日也；士三虞，四日也。既虞，然後祔死者於先死者，祔而作主，謂桑主也。期年然後作栗主。檀弓云『虞而立尸，有几筵』〔一四七〕。鄭以爲人君之禮，唯立尸未作主也。」

右作主。

魯文公二年作僖主。主者，殷人以柏，周人以栗，三年喪終，則遷入於廟。疏曰：「主所用木，終無正文。公羊傳曰：『主者曷用？虞主用桑，練主用栗。』左傳唯言祔而作主，一而已，非虞、練再作。公羊之言，不可通於此也。」作主，非禮也。元年四月葬，二年乃作主，遂因葬文，通譏之。凡君薨，卒哭而祔，祔而作主，特祀於主。既葬，反虞則免喪，故曰卒哭，哭止也。以新死者之神祔之於祖。尸柩已遠，孝子思慕，故造木主，立几筵，特用喪禮祭於寢，不同於宗廟。凡君者，謂諸侯以上，下通於卿大夫。烝嘗禘於廟。冬祭曰烝，秋祭曰嘗。新主既特祀於寢，則宗廟四時嘗祀，自如舊也。二年禮畢，乃同於吉。疏曰：「君既葬，反虞則免喪。與葬不相遠，共在一月之內，故杜每云『既葬卒哭，縗麻除』。謂之卒哭者，卒此無時之哭。自此之後，唯朝夕哭耳。天子、諸侯則於此除哭。全不復哭也。」

勉齋黃氏曰：「按杜預『天子、諸侯既葬除喪服，諒闇以居心喪，終制，不與士庶同禮』之議，見晉書本傳。於左氏傳註，遂有既葬反虞則免喪之說。司馬公嘗言其失矣。然其言乃曰縗麻，主於哀戚。然庸人無縗麻，則哀戚不可得而勉。又謂杜預辯則辯矣，不若陳逵之言質略而敦實也。愚謂縗麻之制，乃古先聖人沿孝子之情爲人制服。蓋天理人心之所不容已者，豈專爲庸人而設以勉其哀戚哉？杜預違經悖禮，淪斁綱常，當爲萬世之罪人，坐以不孝莫大之法，而特言其不若陳逵之言質略而敦實，非所以明世教也。先師朱文公曰：「左氏所傳祔而作主，則與禮家虞而作主者不合；烝嘗禘於廟，則與王制喪三年不祭者不合。杜氏因左氏之失，遂有國君卒哭除之說。」

作僖公主者何？爲僖公作主也。主狀正方，穿中央，達四方。天子長尺二寸，諸侯長一尺。主者曷用？虞主用桑〔一四八〕，禮：平明而葬，日中而反。虞，猶安神也〔一四九〕。用桑者，取其名與其麤觕，所以副孝子之心。禮：虞祭，天子九，諸侯七，卿大夫五，士三。其奠處猶吉祭。練主用栗。謂期年練祭也。埋虞主於兩階之間〔一五〇〕，易用栗也。夏后氏以松〔一五一〕，殷人以柏，周人以栗。松猶容也，想見其容貌而事之，主人正之意也。柏，猶迫也。親而不遠，主地正之意也。栗，猶戰栗，謹敬貌，主天正之意也。禮士虞記曰：「桑主不文，吉主皆刻而謚之。」蓋爲禘祫時別昭穆也。虞主三代同者，用意尚麤觕，未暇別也。用栗者，藏主也。藏於廟室中，常所當奉事也，質家藏於室。作僖公主何以書？譏。何譏爾？不時也。其不時奈何？欲久葬而不能也。禮作練主當以十三月，文公亂聖人制，欲服喪三十六月。十九月作練主，又不能卒竟，故以二十五月也。日者重失禮鬼神。立主，喪主於虞，其主用桑。吉主於練。其主用栗。作僖公主，譏其後也。僖公薨，至此已十五月。作主壞廟有時日，於練焉壞廟。壞廟之道，易檐可也，改塗可也。檐，以占反。禮：過高祖則毀其廟，以次而遷。將納新神，示有所加。疏曰：「按莊公之喪已二十二月，仍譏其爲吉禘。今方練而作主，猶是凶服。而曰吉主者，三年之喪至二十五月猶未合全吉，故公子遂有納幣之譏。莊公喪制，未二十五月而禘祭，故譏其爲吉。此言吉者，比之虞主，故爲吉也〔一五二〕。然作主在十三月，壞廟在三年喪終，而傳連言之者，此主終入廟，入廟即易檐，以事相繼，故連言之，非謂作主壞廟同時也。或以爲練而作主之時則易檐改塗，故此傳云於練焉壞廟。於傳文雖順，舊説不然，故不從之。直記異聞耳。糜信引衛次仲云：宗廟主皆用栗，右主八寸，左主七寸，廣厚三寸，若祭訖則納於西壁埳中，去地一尺六寸。右主謂父也，左主謂母也。何休、徐邈並與范註同。云天子尺二寸，諸侯一尺，狀正方，穿中央，達四方。是與衛氏異也。白虎通亦云藏之西壁，則納之西壁中。或如衛説。去地高下，則無文以明之。」

校勘記

〔一〕上郡陽周縣　「陽周」原作「同陽」，據史記卷一五帝紀一注引地理志改。

〔二〕隋改爲羅川　「羅川」原作「罷川」，據史記卷一五帝紀一注引地理志改。

〔三〕堯冢在濟陰城陽　「陰」字原脱，「城陽」原倒，據史記卷一五帝紀一注引皇覽補乙。

〔四〕劉向曰堯葬濟陰邱壠山　史記卷一五帝紀注引皇覽作「劉向曰堯葬濟陰，丘壠皆小」。

〔五〕皇甫謐曰二妃葬衡山　「皇甫謐」原作「或」，據史記卷一五帝紀一注改。

〔六〕在山陰縣會稽山上虞縣七里　史記卷二夏本紀二注引皇覽作「禹冢在山陰縣會稽山上。會稽山本名苗山，在縣南，去縣七里」。似此處有删節。

〔七〕越傳曰禹到大越上苗山會計爵德封功　史記卷二夏本紀二注引皇覽作「越傳曰禹到大越，上苗山，大會計，爵有德，封有功」。似此處有删節。

〔八〕湯冢在濟陰亳縣北東郭去縣三里　「濟陰」原作「方陰」，「去縣」原作「吉州」，據史記卷三殷本紀注引皇覽改。

〔九〕冢四方方各十步　下「方」原涉上而脱，據史記卷三殷本紀注引皇覽補。

〔一〇〕文王墓在雍州萬年縣西南二十八里原上　「萬年縣」原作「萬平縣」，據史記卷四周本紀四注引括地志改。

〔一一〕宋乾德四年詔二冢給陵户祠祭如大昊　「詔」字原脱，據長編卷七太祖乾德四年冬十月條補。

〔一二〕造塋者如文王都豐　「都」，周禮冢人賈疏作「在」。

〔一三〕不入兆域　「域」字原脱，據周禮冢人補。

〔一四〕爾雅曰土之高者曰邱　下「曰」字原脱，據周禮冢人賈疏補。

〔一五〕既有葬日也　「既」字原脱，據周禮冢人鄭注補。

〔一六〕謂度甫竁者　「度」字原脱，據周禮冢人賈疏補。

〔一七〕喪大記曰　「曰」字原脱，據周禮冢人鄭注補。

〔一八〕言葬於國地及北首者　「國」，禮記檀弓下作「北」。

〔一九〕既殯旬而布材　「旬」原作「司」，據禮記檀弓下孔疏改。

〔二〇〕知其方蓋一尺者　「者」字原脱，據禮記檀弓上孔疏補。

〔二一〕言木之頭相嚮而作四阿也　「之」字原脱，據禮記檀弓上孔疏補。

〔二二〕其方蓋一尺　「蓋」字原脱，據禮記檀弓上孔疏補。

〔二三〕執事眡葬獻器　「器」字原脱，據周禮小宗伯鄭注補。

〔二四〕遂哭之　此三字原脱，據周禮小宗伯賈疏補。

〔二五〕形法定爲素飾　「飾」原作「旆」，據元本、慎本及周禮小宗伯賈疏改。

〔二六〕按士喪禮　「按」原作「夫」，據周禮檀弓上賈疏改。

〔二七〕今王不親哭　「令」，周禮檀弓上賈疏作「此」。

〔二八〕則爲内人蹕　「人」原作「之」，據馮本及周禮内豎改。

〔二九〕皆爲内外人蹕止行人也　「内」原作「外」，據周禮内豎賈疏改。

〔三〇〕故還使内豎掌小事者蹕也　「使内」原倒，「掌小事者」原脱，據周禮内豎賈疏乙補。

〔三一〕辟謂除菆塗椁也　「謂」原作「爲」，「除」字原脱，據周禮喪祝鄭注改補。

〔三二〕菆塗龍輴以椁加斧於椁上　「以椁」原脱，「於」原作「如」，據周禮喪祝鄭注補改。

〔三三〕言或者大喪　「大喪」原脱，據周禮大司寇賈疏補。

〔三四〕則王爲正王也　下一「王」字原脱，據周禮大司寇賈疏補。

〔三五〕前王而辟　「而」字原脱，據周禮小司寇補。

〔三六〕謂引喪車索也　「引」字原脱，據周禮大司徒鄭注補。

〔三七〕王喪至七月而葬　「喪」字原脱，據周禮大司徒賈疏補。

〔三八〕掌其政令　此四字原脱，據周禮遂人補。

〔三九〕至於在道言引則還　「在」原作「大」，據周禮遂人賈疏改。

〔四〇〕朝謂將葬朝於祖考之廟而後行　「之」字原脱，據周禮喪祝鄭注補。

〔四一〕未通其記　「其記」原脱，據周禮喪祝賈疏補。

〔四二〕不薨於寢　此四字原脱，據周禮喪祝賈疏補。
〔四三〕司馬執鐸　「執」原作「報」，據禮記雜記下改。
〔四四〕棺西設此宿奠　原訛作「設几宿奠」，據元本、慎本及周禮喪祝賈疏改。
〔四五〕賓出　「賓」原作「殯」，據元本、慎本、馮本及儀禮既夕禮改。
〔四六〕此經上舉天子　「上」字原脱，據儀禮既夕禮賈疏補。
〔四七〕上言大喪據王　「上」字原脱，據周禮巾車鄭注補。
〔四八〕則此小喪中可以兼之　「小」字原脱，據周禮巾車鄭注補。
〔四九〕既夕禮薦馬纓三就者是也　「者是也」原脱，據周禮圉人賈疏補。
〔五〇〕天子九乘載所苞　「載」，周禮圉人賈疏作「戰」。
〔五一〕云其序者　原訛作「之其序載而後飾者」，據周禮喪祝賈疏改。
〔五二〕後言乃載車向外　「車向外」三字原脱，據周禮喪祝賈疏補。
〔五三〕孝子既啓見棺　「既」字原脱，據周禮縫人鄭注補。
〔五四〕故加文繡　「故」，周禮縫人賈疏作「更」。
〔五五〕此謂在廟陳時建之　「陳時」原倒，據周禮司常賈疏乙正。
〔五六〕葬時亦建　「建」字原脱，據周禮司常賈疏補。
〔五七〕是名遣車爲鸞車　「名」原作「各」，據元本、慎本、馮本及周禮巾車賈疏改。
〔五八〕司裘　「裘」原作「喪」，據周禮司裘改。下同。

〔五九〕玄謂廞興也　「玄」原作「言」，據周禮司裘賈疏改。

〔六〇〕謂爲俑者不仁　「俑」原作「備」，據元本、慎本、馮本及周禮校人賈疏改。

〔六一〕帥樂官往陳之　「帥」原作「師」，據元本、慎本、馮本及周禮樂師鄭注改。

〔六二〕云往陳之者　「者」字原脱，據周禮樂師賈疏補。

〔六三〕不縣之也　「也」原作「彼」，據禮記檀弓上改。

〔六四〕及祖飾棺乃載　「乃載」原脱，據周禮喪祝補。

〔六五〕次第朝親廟四　此六字原脱，據周禮喪祝賈疏補。

〔六六〕乃遣車向外　「遣」，周禮喪祝賈疏作「還」。

〔六七〕事相成也　「也」字原脱，據周禮小史鄭注補。

〔六八〕謚法依誄爲之故云　「云」原作「也」，據周禮小史賈疏改。

〔六九〕壹民無爲曰神　蘇洵謚法卷一作「聖不可知曰神」，古今圖書集成（以下簡稱集成）禮儀典卷一〇九謚法部作「民無能名曰神」。

〔七〇〕無用皆侮　集成禮儀典卷一〇九謚法部作「不信皆侮」。

〔七一〕敬有德讓有功　「功」原作「敵」，據元本及集成禮儀典卷一〇九謚法部改。

〔七二〕能行四者　「者」原作「也」，據集成禮儀典卷一〇九謚法部改。

〔七三〕平正不阿曰君　集成禮儀典卷一〇九謚法部作「從之成群曰君」。

〔七四〕敬祀享禮曰聖　謚法卷一作「行義合道曰聖」。集成禮儀典卷一〇九謚法部作「敬賓厚禮曰聖」。

〔七五〕大慮慈民曰定　諡法卷二同原刊。唐會要卷七九諡法上作「大慮静民曰定」。

〔七六〕惠以成文　「文」，集成禮儀典卷一○九諡法部作「政」。

〔七七〕知難而退　集成禮儀典卷一○九諡法部作「思所當忌」。

〔七八〕諫慮不威曰德　「慮」，集成禮儀典卷一○九諡法部作「争」。

〔七九〕有伐而還曰釐　「伐」，集成禮儀典卷一○九諡法部作「罰」。

〔八○〕威强直德曰武　唐會要卷七九諡法上、諡法卷一作「威强睿德曰武」。集成禮儀典卷一○九諡法部作「威强敬德曰武」。

〔八一〕温年好樂曰勤　諡法卷三作「能修其官曰勤」。集成禮儀典卷一○九諡法部作「温柔好樂曰勤」。

〔八二〕能自嚴　「自」原作「有」，據集成禮儀典卷一○九諡法部改。

〔八三〕輕輜供就曰齊輜有近輕而供成　集成禮儀典卷一○九諡法部作「資輔就共曰齊，資輔佐而共成」。

〔八四〕柔德教衆曰静　「教」，集成禮儀典卷一○九諡法部作「安」。

〔八五〕聖善周聞曰宣　諡法卷一作「善聞周達曰宣」。

〔八六〕恭己解言曰靖　諡法卷二作「恭仁鮮言曰靖」。

〔八七〕不隱無屏曰真　「真」原作「貞」，據諡法卷二改。

〔八八〕坐在少斷　「坐在」，集成禮儀典卷一○九諡法部作「坐而少斷」。

〔八九〕道德純一曰元　諡法卷一作「思能辯衆曰元」。集成禮儀典卷一○九諡法部作「道德純一曰思」。

〔九○〕共圉克服曰壯　唐會要卷七九諡法上作「敵國克服曰壯」。集成禮儀典卷一○九諡法部作「睿圉克服曰壯」。

〔九一〕克教秉政曰夷 「教」，集成禮儀典卷一〇九謚法部作「殺」。

〔九二〕屢征殺伐曰壯 唐會要卷七九謚法上作「屢行征伐曰壯」。

〔九三〕執義揚善曰懷 「懷」，集成禮儀典卷一〇九謚法部作「德」。唐會要卷七九謚法上同原刊。

〔九四〕成其不敬使爲終 集成禮儀典卷一〇九謚法部作「成其懋使爲終」。

〔九五〕正而後約始一 集成禮儀典卷一〇九謚法部作「正而德始終一」。

〔九六〕典禮不倦曰戴 「倦」，集成禮儀典卷一〇九謚法部作「愆」。下同。

〔九七〕好祭鬼神曰靈 「神」原作「交」，據謚法卷四改。

〔九八〕請鬼神不致遠 「請」，集成禮儀典卷一〇九謚法部作「瀆」。

〔九九〕不以隱括改其性 「括」原作「括」，據元本、慎本、馮本及集成禮儀典卷一〇九謚法部改。

〔一〇〇〕凶年無穀曰糠 「糠」，集成禮儀典卷一〇九謚法部作「荒」。

〔一〇一〕思慮果敢曰趮 「趮」，集成禮儀典卷一〇九謚法部作「明」。謚法卷三作「意深慮遠曰趮」。

〔一〇二〕博聞多能曰憲 「憲」原作「慮」，據謚法卷三改。

〔一〇三〕自足者必不惑 「惑」原作「足」，據集成禮儀典卷一〇九謚法部改。

〔一〇四〕思慮不爽曰原 集成禮儀典卷一〇九謚法部作「思慮不爽曰厚」。

〔一〇五〕有威而敏行 「敏」原作「繁」，據集成禮儀典卷一〇九謚法部改。

〔一〇六〕疏遠繼位曰昭 「昭」原作「遠」，據謚法卷四改。

〔一〇七〕逆天虐民曰煬 謚法卷四同原刊。「煬」，集成禮儀典卷一〇九謚法部作「抗」。

〔一〇八〕名與實爽曰繆　「繆」原作「終」，據集成禮儀典卷一〇九謚法部改。

〔一〇九〕服遠爲桓　「桓」原作「袒」，據元本、愼本、馮本及集成禮儀典卷一〇九謚法部改。

〔一一〇〕惠無内德爲獻　「惠」上原有「鄉」，據唐會要卷七九謚法上删。

〔一一一〕是朝夕乃徹　此五字原脱，據周禮司尊彝賈疏補。

〔一一二〕告王去此宫中不復反也　「反」原作「及」，據周禮小祝鄭注改。

〔一一三〕謂包牲取下體之外　「牲」原作「生」，據元本、愼本、馮本及周禮小祝賈疏改。

〔一一四〕謂所包遣奠　「奠」字原脱，據周禮量人鄭注補。

〔一一五〕苞謂苞牲取下體葦苞二是也　「二」，周禮量人阮元校量人條作「一」。

〔一一六〕帥以至墓也　「墓」原作「幕」，據周禮遂師鄭注改。

〔一一七〕謂大宰官使其屬以幄帟先行至壙也　「謂」下原有「使」，「使」原作「帥」，據周禮遂人賈疏删改。

〔一一八〕須有凶靈神座之所　「凶靈」原脱，據周禮遂人賈疏補。

〔一一九〕大喪紀　「大」原作「夫」，據元本及周禮鄉士改。

〔一二〇〕故云匠師冬官考也　「故云」原脱，據周禮鄉師賈疏補。

〔一二一〕即下經御柩一也　「下」字原脱，據周禮喪祝賈疏補。

〔一二二〕作六軍之事執披　「事」原作「士」，據周禮司士改。

〔一二三〕以木爲筐　「筐」，元本、愼本、馮本及周禮御僕鄭注作「匡」。

〔一二四〕後脛折取骼苞肉各九箇　「苞肉」，周禮虎賁氏阮元校虎賁氏條作「肩斷」。

〔一二五〕居前爲節度也　「居」原作「車」，據禮記喪服大記改。

〔一二六〕綍四碑二　「二」字原脱，據禮記喪服大記補。

〔一二七〕陳明器在道東西北上　「北上」，周禮巾車賈疏作「面」。

〔一二八〕士喪禮　「喪」字原脱，據周禮巾車賈疏補。

〔一二九〕王后世子以下之喪　「世子」原脱，據周禮喪祝賈疏補。

〔一三〇〕遂人及窆陳役　「役」原作「後」，據周禮遂人改。

〔一三一〕以鼓封　「封」原作「窆」，據禮記喪服大記改。

〔一三二〕當爲窆窆謂下棺　下一「窆」字原作「之」，據禮記喪服大記孔疏改。下同。

〔一三三〕君封以衡者貫諸侯禮大物多棺重　「者」、「諸」二字原脱，據禮記喪服大記孔疏補。

〔一三四〕云匠師主豐碑之事者　「者」字原脱，據周禮鄉師賈疏補。

〔一三五〕諸侯僭天子也　「僭」，禮記檀弓下鄭注作「下」。

〔一三六〕形如石碑者云斵大木爲之　此十一字原脱，據禮記檀弓下孔疏補。

〔一三七〕角樹之者謂云於椁前後四椁及兩旁樹之　「角樹之者謂云於椁前後四椁」原訛作「槨前後」，據禮記檀弓下孔疏補改。

〔一三八〕棺入於椁之中　「棺」原作「壙」，據禮記檀弓下孔疏改。

〔一三九〕日中而虞　「中」原作「也」，據周禮小宗伯賈疏改。

〔一四〇〕若神歆之　「歆」原作「歛」，據元本、慎本、馮本及周禮甸師鄭注改。

〔一四一〕祝設於几東席上　「東」原作「柬」，據周禮鄉師鄭注改。
〔一四二〕既祭藏其墮是與　「與」，周禮鄉師鄭注作「也」。
〔一四三〕不言卒哭者　「哭」字原脱，據周禮庖人賈疏補。
〔一四四〕舉前後虞祔　「祔」字原脱，據周禮庖人賈疏補。
〔一四五〕作主謂之虞主　「作主」原脱，據禮記曲禮下孔疏補。
〔一四六〕故知左氏據祔而言　「知」字原脱，據禮記曲禮下孔疏補。
〔一四七〕有几筵　「几」原作「尸」，據禮記曲禮下孔疏改。
〔一四八〕虞主用桑　「用」原作「乃」，據元本、慎本、馮本及公羊義疏文公二年條改。
〔一四九〕虞猶安神也　「虞」上原有「反」，據公羊義疏文公二年條删。
〔一五〇〕埋虞主於兩階之間　「主」字原脱，據公羊義疏文公二年條補。
〔一五一〕夏后氏以松　「氏」字原脱，據公羊義疏文公二年條補。
〔一五二〕故爲吉也　「吉」原作「言」，據穀梁正義文公二年條改。

卷一百二十四　王禮考十九

山陵

秦二世葬始皇驪山。始皇初即位，穿治驪山，及併天下，天下徒送詣七十餘萬人，穿三泉，下銅徐廣曰：「一作錮。錮，鑄塞。」正義曰：「顏師古云：三重之泉，言至水也。」而致椁，宮觀百官奇器珍怪徙藏滿之。正義曰：「言冢內作宮觀及百官位次，奇器珍怪徙滿冢中。藏，才浪反。」令匠作機弩矢，有所穿近者輒射之。以水銀爲百川江河大海，機相灌輸，正義：「灌音館。輸音戍。」上具天文，下具地理。以人魚膏爲燭，徐廣曰：「人魚似鮎，四脚。」正義曰：「廣志云：『鯢魚聲如小兒啼，有四足，形如鱧，可以治牛，出伊水。』異物志云：『人魚似人形，長尺餘，不堪食。皮利於鮫魚，鋸材木入。項上有小穿，氣從中出。秦始皇冢中以人魚膏爲燭，即此魚也。出東海中，今台州有之。』按今帝王用漆燈冢中，則火不滅。」度不滅者久之。正義：「度音田洛反。」二世曰：「先帝後宮非有子者，出焉不宜。」皆令從死。死者甚衆。葬既已下，或言工匠爲機，藏皆知之，藏重即泄。大事畢，已藏，閉中羨，正義曰：「音延，下同。謂冢中神道。」下外羨門（一），盡閉工匠藏者，無復出者。樹草木以象山。皇覽曰：「墳高五十餘丈，周迴五里餘。」正義曰：「關中記云：『始皇陵在驪山。泉本北流，障使東西流。有土無石，取大石於渭（山）諸山。』括地志云：『秦始皇陵在雍州新豐縣西南十里。』」

漢舊儀：「驪山者，古之驪國。晉獻公伐之而取二女，曰驪姬。此山多黃金，其南多美玉，曰藍田，故始皇貪而葬焉。使丞相李斯將天下刑人徒隸七十二萬人作陵，鑿以章程，三十七歲，錮水泉絶之。塞以文石，致以丹漆，深極不可入。奏之曰：『丞相臣斯昧死言：臣所將隸徒七十二萬人治驪山者，已深已極，鑿之不入，燒之不然，叩之空空，如下天狀。』制曰：『鑿之不入，燒之不然，其旁行三百丈，乃止。』」

漢高祖十年秋七月癸卯，太上皇帝崩，葬萬年。師古曰：「三輔黄圖云：『高祖初居櫟陽，故太上皇因在櫟陽。十年，太上皇崩，葬其北原，起萬年邑，置長丞也。』」赦櫟陽囚死罪已下。臣瓚曰：「萬年陵在櫟陽縣界，故特赦之。」

漢舊儀：「太上皇萬年邑千户。徙天下民貲三百萬以上，與田宅，守陵。」

十二年，夏四月甲辰，帝崩於長樂宫。五月丙寅，葬長陵。自崩至葬凡二十三日。長陵在長安北四十里。已下，已下棺也。皇太子群臣皆反至太上皇廟。群臣曰：「帝起細微，撥亂世反之正，平定天下，爲漢太祖，功最高。」上尊號曰高皇帝。太子即位，賜視作斥上者，將軍四十金，服虔曰：「斥上，壙上也。」如淳曰：「斥，開也。開二地爲冢壙，故以開斥言之。」鄭氏曰：「四十金，四十斤金也。」晉灼曰：「近上二千石賜錢二萬，此言四十金，實金。下凡言黄金，真金也。不言黄，謂錢也。」二千石二十金，六百石以上六金，五百石以下至佐史二金。

漢興，立都長安，徙齊田、楚昭屈景及諸功臣家於長陵。後世徙吏二千石、高貲富人及豪傑兼併之家於諸陵。長陵邑萬户，奉常屬官，有諸廟寢園令長丞。東園匠令丞，主作陵内器物。又有園郎寢郎。故事，近臣皆隨陵爲園郎，園中各有寢便殿，日祭於寢，月祭於廟，時祭於便殿。寢日四上食。丞相以四時行園。武帝時，人有盜孝文園瘞錢者，丞相嚴青翟坐罪自殺。

惠帝七年八月戊寅崩，九月辛丑葬安陵。自崩至葬凡二十四日。安陵在長安北三十五里，去長陵十里。

文帝治霸陵皆瓦器，不得以金銀銅錫爲飾。後七年六月己亥，帝崩，遺詔霸陵山川因其故，無有所改。應劭曰：「因山爲藏，不復起墳，山下川流不遏絶〔二〕，就其水名以爲陵號。」令郎中令張武爲復土將軍，如淳曰：「主穿壙窴瘞事也。」師古曰：「穿壙，出土下棺也〔三〕。已而窴之，又即以爲墳，故云復土。復，反還也，音扶目反〔四〕。」發近縣卒萬六千人，發內史卒萬五千人，藏槨穿復土屬將軍武。乙巳，葬霸陵。師古曰：「自崩至葬凡十日也。霸陵在長安東南。」

景帝五年春，作陽陵邑。張晏曰：「景帝作壽陵，起邑。」夏，募民徙陽陵。後三年正月甲子，帝崩。二月癸酉，葬陽陵。自崩至葬凡七日〔五〕。陽陵在長安東北四十五里。

惠帝安陵，文帝霸陵，景帝陽陵，邑各萬户，徙民與長陵等。

武帝建元二年，初置茂陵邑。武帝自作陵也。本槐里縣之茂鄉。

建元六年四月，高園便殿火。董仲舒言：「魯哀公時，桓、僖宮災，亳社災，天皆焚其不當立者以示魯。今高園殿不當居陵旁，於禮亦不當立，與魯災同。」

後元二年二月丁卯，帝崩。三月甲申，葬茂陵。自崩至葬凡十八日。茂陵在長安西北八十里。

元帝時，貢禹奏言：「武帝棄天下，昭帝幼弱，霍光專事，不知禮正，妄多藏金錢財物，鳥獸魚鼈牛馬虎豹生禽，凡百九十物，盡瘞藏之，又皆以後宮女置於園陵，大失禮，逆天心，又未必稱武帝意也。昭帝晏駕，光復行之。至孝宣皇帝時，陛下惡有所言，群臣亦隨故事，甚可痛也。唯陛下深察古道，諸園陵女亡子者，宜悉遣。獨杜陵宮數百，誠可哀憐也。漢法：天子即位一年而爲陵，天下貢賦三分之一供宗廟，一供賓客，一供山陵。武帝歷年久長，比崩，陵中至不復容物，由霍光暗於大體，奢侈過度也。」更始之敗，赤眉入長安，破茂陵，取陵中物，不能減半。

昭帝元平元年四月癸未，帝崩。六月壬申，葬平陵。自崩至葬凡四十九日。平陵在長安西北七十里。

茂陵富人焦氏、賈氏陰積貯炭葦諸下里物。死者歸蒿里，葬地下〔六〕，故曰下里。昭帝大行時，方上事暴起，用度未辦。田延年奏：「商賈預收方上不祥器物，冀其疾用，欲以求利，非民臣所當爲。請沒入縣官。」從之。

宣帝黄龍元年十二月甲戌，帝崩。初元元年正月辛丑，葬杜陵。自崩至葬凡二十八日。杜陵在長安南五十里。

漢舊儀：「武帝治茂陵，昭帝平陵，邑皆取二千石將相守陵，故三陵多貴，皆三萬户至五萬户。」

元帝永光四年，分諸陵屬三輔。以渭城壽陵亭部原上爲初陵。詔曰：「安土重遷，黎民之性；骨肉相附，人情所願也。頃者有司緣臣子之義，奏徙郡國民以奉園陵，令百姓遠棄先祖墳墓，破業失産，親戚别離，人懷思慕之心，家有不自安之意。是以東垂被虚耗之害，關中有無聊之民，非久長之策也。詩不云虖？『民亦勞止，迄可小康，惠此中國，以綏四方。』今所爲初陵者，勿置縣邑，使天下咸安土樂業，亡有動摇之心。布告天下，令明知之」

竟寧元年五月壬辰，帝崩。七月丙戌，葬渭陵。自崩至葬五十五日。渭陵在長安北五十六里。

有司言：「乘輿車牛馬禽獸皆非禮，不宜以葬。」奏可。

成帝永始元年七月，詔曰：「朕執德不固，謀不盡下，過聽將作大匠萬年言昌陵三年可成，作治五年，中陵、司馬殿門内尚未加功。天下虚耗，百姓罷勞，客土疏惡，終不可成。朕惟其難，怛然傷心。夫『過而不改，是謂過矣』。其罷昌陵及故陵勿徙吏民，令天下毋有動摇之心。」

二年，詔曰：「前將作大匠萬年知昌陵卑下，不可爲萬歲居，奏請營作，建置郭邑，妄爲巧詐，積土增高，多賦斂繇役，興卒暴之作。卒徒蒙辜，死者連屬，百姓罷極，天下匱竭。常侍閎前爲大司農中丞，數奏昌陵不可成。侍中衛尉長數白宜早止，徙家反故處〔七〕。朕以長言下閎章，公卿議皆合長計。長首建至策〔八〕，閎典主省大費，民以康寧。閎前賜爵關内侯，黄金百斤。其賜長爵關内侯〔九〕，食邑千户，閎五百户。萬年佞邪不忠，毒流衆庶，海内怨望，至今不息，雖蒙赦令，不宜居京師。其徙萬年燉煌郡。」

陳湯與將作大匠解萬年相善。自元帝時，渭陵不復徙民起邑。成帝起初陵，數年後，樂霸陵曲亭南，更營之。萬年與湯議，以爲：「武帝時工楊光以所作數可意自致將作大匠，及大司農中丞耿壽昌造杜陵〔一〇〕，賜爵關内侯，將作大匠乘馬延年以勞苦秩中二千石；今作初陵而營起邑居，成大功，萬年亦當蒙重賞。子公妻家在長安，兒子生長長安，不樂東方，宜求徙，可得賜田宅，俱善。」湯心利之，即上封事言：「初陵，京師之地，最爲肥美，可立一縣。天下民不徙諸陵三十餘歲矣，關東富人益衆，多規良田，役使貧民，可徙初陵，以彊京師，衰弱諸侯，又使中家以下得均貧富。湯願與妻子家屬徙初陵，爲天下先。」於是天子從其計，果起昌陵邑，後徙内郡國民。萬年自詭三年可成，後卒不就，群臣多言其不便者。下有司議，皆曰：「昌陵因卑爲高，積土爲山，度便房猶在平地上，客土之中不保幽冥之靈，淺外不固，卒徒工庸以鉅萬數，至難脂火夜作，取土東山，且與穀同賈。作治數年，天下徧被其勞，國家罷敝，府藏空虛，下至衆庶，熬熬苦之。故陵因天性，據真土，處執高敞，旁近祖考，前又已有十年功緒，宜還復故陵〔一一〕，勿徙民。」上迺下詔罷昌陵。

時營起昌陵，數年不成，復還歸延陵，制度奢泰。光禄大夫劉向上疏諫曰：「昔孝文皇帝居霸陵，北臨廁，服虔曰：「廁，廁近水也。」李奇曰：「霸陵山北頭廁近霸水，帝登其上以遠望也。」意悽愴悲懷，顧謂群臣曰：『嗟乎！以北山石爲椁，用紵絮斮陳漆其間，應劭曰：「斮，斬也。陳，施也。」孟康曰：「斮絮以漆著其間也。」師古曰：「美石出京師北山，今宜州石是也。故云以北山石爲椁。紵絮者，可以紵衣之絮也〔一二〕。斮而陳其間，又從而漆之也。紵音張吕反，斮音側角反。」豈可動哉！』張釋之進曰：『使其中有可欲，雖錮南山猶有隙；使其中無可欲，雖無石椁，又何慼焉！』師古曰：「錮謂鑄塞也。云錮南山者，取其深大，假爲喻也。」夫死者無終極，而國家有廢興，故釋之之言爲無窮計也。孝文寤焉，遂薄葬，不起山墳。

「易曰：『古之葬者，厚衣之以薪〔一三〕，藏之中野，不封不樹。師古曰：「厚衣之以薪，言積薪以覆之也。不封，謂不聚土爲墳也〔一四〕。不樹，謂不種樹也。衣音於既反。」後世聖人易之以棺椁。』棺椁之作，自黄帝始。黄帝葬於橋山，師古曰：「在上郡陽周縣。」堯葬濟陰，邱壟皆小，葬具甚微。晉灼曰：「邱壟，冢墳也。」舜葬蒼梧，二妃不從。師古曰：「二妃，堯之二女。」禹葬會稽，不改其列。鄭氏曰：「不改樹木百物之列也。」如淳曰：「列，壟也。墨子曰：『禹葬會稽之山，既葬，收餘壤其上，隴若參耕之畝，則止矣。』」晉灼曰：「列，肆也。淮南子云『舜葬蒼梧，不變其肆』，言不煩於民也。」師古曰：「鄭説是也。淮南所云『不變其肆』，肆者故也，言山川田畝皆如故耳，非別義也〔一五〕。晉氏失之。」殷湯無葬處。師古曰：「謂不見傳記也。」文、武、周公葬於畢，李奇曰：「在岐州之間。」臣瓚曰：「汲郡古文畢西於豐三十里。」師古曰：「二説皆非也。畢陌在長安西北四十里也。」秦穆公葬於雍槖泉宮祈年館下，樗里子葬於武庫，文穎曰：「秦惠王異母弟也。」師古曰：「樗里子且死，曰：『葬我必於渭南章臺東，後百年當有天子宮夾我墓。』及漢興，長樂宮在其東，未央宮在其西，武庫正直其上也。」皆無邱隴之處。此聖帝明王賢君智士遠覽獨慮無窮之計也。其賢臣孝子亦承命順意而薄葬之，此誠奉安君父，忠孝之至也。

「夫周公，武王弟也，葬兄甚微。孔子葬母於防，稱古墓而不墳，師古曰：「墓謂壙穴也。墳謂積土也。」曰：『丘，東西南北之人也，不可不識也。』師古曰：「東西南北，言周遊以行其道，不得專在本邦，故墓須表識。識音志。」爲四尺墳，遇雨而崩。弟子修之，以告孔子，孔子流涕曰：『吾聞之，古者不修墓。』蓋非之也。延陵季子適齊而反，其子死，葬於嬴、博之間〔一六〕。師古曰：「二邑並在泰山，其子死於其間。」穿不及泉，斂以時服，封墳掩坎，其高可隱，孟康曰：「隱蔽之，纔可見而已。」臣瓚曰：「謂人立可隱肘也。」師古曰：「瓚説是也。隱音於靳反。」而號曰：『骨肉歸復於土，命也，魂氣則無不之也。』夫嬴、博去吳千有餘里，季子不歸葬。孔子往觀曰：『延陵季子於禮合矣。』故仲尼孝子，而延陵慈父，舜禹忠臣，周公弟弟，其葬君親骨肉，皆微薄也；非苟爲儉，誠便於體也。宋桓司馬爲石槨，仲尼曰：『不如速朽。』李奇曰：「宋桓魋爲石椁〔一七〕，奢泰，故激以此言。」秦相呂不韋集知略之士而造春秋，亦言薄葬之義，皆明於事情者也〔一八〕。

「逮至吳王闔閭，違禮厚葬，十有餘年，越人發之。及秦惠文、武、昭、嚴襄五王，師古曰：「嚴襄者，謂莊襄，則始皇父也。」皆大作邱壟，多其瘞藏，咸盡發掘暴露，甚足悲也。秦始皇帝葬於驪山之阿，師古曰：「阿謂山曲也。」下錮三泉，上崇山墳，其高五十餘丈，周回五里有餘；石椁爲遊館，李奇曰：「壙中爲遊戲之觀也。」師古曰：「多累石作椁於壙中，以爲離宮別館也。」人膏爲燈燭〔一九〕，水銀爲江海，黃金爲鳧鴈。珍寶之藏，機械之變，孟康曰：「作機發木人之屬，盡其巧變也。」晉灼曰：「始皇本紀令匠作機弩矢，有所穿近，輒射之。又言工匠爲機，咸皆知之，已下，閉羨門，背殺工匠也。」師古曰：「晉說是也。」棺椁之麗，宮館之盛，不可勝原。師古曰：「言不能盡其本數。」又多殺宮人，生薶工匠，計以萬數。天下苦其役而反之，驪山之作未成，而周章百萬之師至其下矣。項籍燔其宮室營宇，往者咸見發掘。師古曰：「言至其墓所者發掘之而求財物也。」其後牧兒亡羊，羊入其鑿，師古曰：「鑿謂所穿冢藏者，音在到反。」牧者持火照求羊，失火燒其藏椁。自古至今，葬未有盛如始皇者也，數年之間，外被項籍之災，內離牧豎之禍，師古曰：「離，遭也。」豈不哀哉！

「是故德彌厚者葬彌薄，知愈深者葬愈微。無德寡知，其葬愈厚，丘隴彌高，宮室愈麗〔二〇〕，發掘必速。由是觀之，明暗之效，葬之吉凶，昭然可見矣。周德既衰而奢侈，宣王賢而中興，更爲儉宮室，小寢廟。詩人美之，斯干之詩是也。上章道宮室之如制，下章言子孫之衆多也。師古曰：「宮室如制，謂『殖殖其廷，有覺其楹，君子攸寧』也。子孫衆多，謂『維熊維羆，男子之祥；維虺維蛇，女子之祥』也。」及魯嚴公師古曰：「即莊公也。」刻飾宗廟，多築臺囿，師古曰：「解在五行志。」後嗣再絕，孟康曰：「謂子般、閔公皆殺死也。」春秋刺焉。周宣如彼而昌，魯、秦如此而絕，是則奢儉之得失也。

「陛下即位，躬親節儉，始營初陵，其制約小，天下莫不稱賢明。及徙昌陵，增埤爲高，師古曰：「埤，下也，音婢。」積土爲山，發民墳墓，積以萬數，營起邑居，期日迫卒〔二一〕。師古曰：「卒讀曰猝。」功費大萬百餘。應劭曰：「大萬，億也。大，巨也。」死者恨於下，生者愁於上，怨氣感動陰陽，因之以饑饉，物故流離以十萬數，師古曰：「物故，謂死也。流離，謂亡其居處也。」臣甚惛焉。師古曰：「惛謂不了，言惑於此事也。惛音昏。一曰焝，古閔字，憂病也。」以死者爲有知，發人之墓，其害多矣；若其無知，又安用大？師古曰：「安，焉也。」謀之賢知則不說，以示衆庶則苦之；師古曰：「說讀曰悅。其下亦同。」若苟以說愚夫淫侈之人，又何爲哉！陛下慈仁篤美甚厚，聰明疏達蓋世，宜弘漢家之德，崇劉氏之美，光昭五帝、三王，而顧與暴秦亂君競爲奢侈，比方邱壠，師古曰：「顧，猶反也。」說愚夫之目，隆一時之觀，違賢知之心，亡萬世之安，臣竊爲陛下羞之。惟陛下上覽明聖黃帝、堯、舜、禹、湯、文、武、周公、仲尼之制，下觀賢知穆公、延陵、樗里、張釋之之意。孝文皇帝去墳薄葬，以儉安神，可以爲則；秦昭、始皇增山厚藏〔二二〕，以侈生害，足以爲戒。初陵之橅，宜從公卿大臣之議，應劭曰：「橅音規摹之摹。」師古曰：「謂規度墓地，應音是也。韋玄成傳及蕭望之傳規橅音義皆同，其字從木。」以息衆庶。」書奏，上甚感向言，而不能從其計。

永始四年，出杜陵諸未嘗御者歸家。宮人無子，乃守園陵也。

綏和二年三月丙戌，帝崩。四月己卯，葬延陵。自崩至葬凡五十四日。延陵在扶風，去長安六十二里。

哀帝元壽二年六月戊午，帝崩。九月壬寅，葬義陵〔二三〕。自崩至葬凡百五日。義陵在扶風，去長安四十六里。

平帝元始元年，詔義陵民冢不妨殿中者勿發。如淳曰：「陵上有宮牆，象生制度爲殿屋，故曰殿中。」師古曰：「此說非也。殿中，謂壙中象正殿處。」

二月乙未〔二四〕，義陵寢神衣在柙中，丙申，旦，衣在外牀上。哀帝陵也。衣在寢中，今自出在外牀上。師古曰：「柙，匱也。」寢令以急變聞，非常之事，故云急變。用太牢祠。

五年十二月丙午，帝崩，葬康陵。在長安北六十里。

東漢皇帝葬儀，以木爲重，高九尺，廣容八歷，裹以葦席。巾門、喪帳皆以簟。車皆去輔轓，疏布惡輪。走卒皆布褠幘。太僕四輪輈爲賓車，大練爲屋幭。中黄門、虎賁各二十人執紼。司空擇土造穿。太史卜日。謁者二人，中謁者僕射、中謁者副將作，油緹帳以覆坑。方厄治黄腸題湊便房如禮。漢舊儀略載前漢諸帝壽陵曰：「天子即位明年，將作大匠營陵地，用地七頃，方中用地一頃，深十三丈，堂壇高三丈，墳高十二丈。武帝墳高二十丈，明中高一丈七尺，四周二丈，内梓棺柏黄腸題湊，以次百官藏畢。其設四通羨門，容大車六馬，皆藏之内方，外陟車石。外方立，先閉劍户，户設夜龍、莫邪劍、伏弩，設伏火。已營陵，餘地爲西園后陵，餘地爲婕妤以下，次賜親屬功臣。」漢書音義曰：「題，頭也。湊，以頭向内，所以爲固也。便房，藏中便坐也。」皇覽曰：「漢家之葬，方中百步，已穿築爲方城。其中開四門，四通，足放六馬，然後錯渾雜物，杅漆繒綺金寶米穀，及埋車馬虎豹禽獸。發近郡卒徒，置將軍尉侯，以後宫貴幸者皆守園陵。元帝葬，乃不用車馬禽獸等物。」大駕，太僕御。方相氏黄金四目，蒙熊皮，玄衣朱裳，執戈揚楯，立乘四馬先驅。周禮曰：「方相氏，大喪先柩，及墓入壙，以戈擊四隅，毆方良。」鄭玄曰：「方相，放想也，可畏怖之貌。壙，穿地中也。方良，罔兩也。天子之椁，柏，黄腸爲裏，表以石焉。國語曰『木石之怪，夔、罔兩』。」旂之制，長三仞，十有二游，曳地，畫日、月、升龍，書旐曰「天子之柩」。謁者二人立乘六馬爲次。大駕甘泉鹵簿，金根容車，蘭臺法駕。喪服大行載飾如金根車。皇帝從送如禮。太常上啟奠。夜漏二十刻，太尉冠長冠，衣齋衣，乘高車，詣殿止車門外。使者到，南向立，太尉進伏拜受詔。太尉詣南郊。未盡九刻，大鴻臚設九賓隨立，群臣入位，太尉行禮。執事皆冠長冠，衣齋衣。太祝令跪讀謚策，太尉再拜稽首。治禮告事畢。太尉奉謚策，還詣殿端門。太常上祖奠，中黄門尚衣奉衣登容根車。東園武士載大行，司徒却行道立車前。治禮引太尉入就位，大行車西少南，東面奉謚策〔二五〕，太史令奉哀策立後。太常跪曰「進」，皇帝進。太尉讀謚策，藏金匱。皇帝次科藏於廟。太史奉哀策葦篋詣陵。太尉旋復公位，再拜立哭。太常跪曰「哭」，大鴻臚傳哭，十五舉音，止哭。太常行遣奠皆如禮，請哭止哭如儀。

晝漏上水，請發。司徒、河南尹先引車轉，太常跪曰「請拜送」。載車著白系參繆紼，長三十丈，大七寸爲輓，六行，行五十人。公卿以下子弟凡三百人，皆素幘委貌冠，衣素裳。校尉百三人，皆赤幘不冠，絳紗單衣，持幢幡，候司馬丞爲行首，皆銜枚。羽林孤兒、巴俞櫂歌者六十人，爲六列。鐸司馬八人，執鐸先。大鴻臚設九賓，隨立陵南羨門道東，北面；諸侯、王公、特進道西，北面東上；中二千石、二千石、列侯直九賓東，北面西上。皇帝白布幕素裏，夾羨道東，西向如禮。容車幄坐羨道西，南向，車當坐，南向，中黄門尚衣奉衣就幄坐。車少前，太祝進醴獻如禮。司徒跪曰「大駕請舍」，太史令自車南，北面讀哀策，掌故在後，已哀哭。太常跪曰「哭」，大鴻臚傳哭如儀。司徒跪曰「請就下位」，東園武士奉下車。司徒跪曰「請就下房」，都導東園武士奉車入房。司徒、太史令奉謚、哀策。晉時有人嵩高山下得竹簡一枚，上有兩行科斗書之，臺中外傳以相示，莫有知者。司空張華以問博士束皙。皙曰：「此明帝顯節陵中策也〔二六〕。」檢校果然。是知策用此書也。

東園武士執事下明器。禮記曰：「明器，神明之也。」孔子謂爲明器知喪道矣，備物而不可用也。」鄭玄注既夕曰：「陳明器，以西行南端爲上。」筲八盛，容三升，鄭玄注既夕曰：「筲，畚種類也，其容蓋與簋同。」黍一，稷一，麥一，粱一，稻一，麻一，菽一，小豆一。甕三，容三升，醯一，醢一，屑一。鄭玄注既夕曰：「屑，薑桂之屑。」黍飴。載以木桁，覆以疏布。甒二，容三升，醴一，酒一。載以木桁，覆以功布。瓦鐙一。彤矢四，軒輖中，亦短衛。彤矢四，骨，短衛。既夕曰：「翭矢一乘，骨鏃短衛。」鄭玄曰：「翭猶候也，候物而射之矢也。四矢曰乘。骨鏃短衛，亦示不用也。生時翭矢金鏃，凡爲矢，五分笴長而羽其一。」通俗文曰：「細毛翭也。」彤弓一。卮八，牟八，鄭玄注既夕曰：「牟，盛湯漿。」豆八，籩八，形方酒壺八。槃匜一具。鄭玄注既夕曰：「槃匜，盥器也。」杖、几各一，蓋一。鐘十六，無簴。鎛四，無簴。爾雅曰：「大鐘謂之鏞。」郭璞注曰：「書曰『笙鏞以間』，亦名鎛。」磬十六，無簴。禮記曰：「有鐘磬而無簨簴。」鄭玄曰：「不懸之也。」壎一，簫四，笙一，篪一，柷一，敔一，瑟六，琴一，竽一，筑一，坎侯一。禮記曰：「琴瑟張而不平，竽笙備而不和。」干、戈各一，笮一，甲一，胄一。既夕謂之役器。鄭玄曰：「笮，矢箙。」輓車九乘，芻靈三十六匹。鄭玄注禮記曰：「芻靈，束茅爲人馬，謂之芻靈，神之類。」瓦竈二，瓦釜二，瓦甑一。瓦鼎十二，容五升。匏勺一，容一升。瓦案九。瓦大杯十六，容三升。瓦小杯二十，容二升。瓦飯槃十。瓦酒罇二，容五斗。匏勺二，容一升。

祭服衣送皆畢，東園匠曰「可哭」，在房中者皆哭。太常、大鴻臚請哭止如儀。司徒曰「百官事畢，臣請罷」，從入房者皆再拜，出，就位。太常導皇帝就贈位。司徒跪曰「請進贈」，侍中奉持鴻洞。贈玉珪長尺四寸，薦以紫巾，廣袤各三寸，緹裏，赤纁周緣；贈幣，玄三纁二，各長尺二寸〔二七〕，廣充幅。皇帝進跪，臨羨道房户〔二八〕，西向，手下贈，投鴻洞中，三。東園匠奉封入藏房中。太常跪曰「皇帝敬再拜，請哭」，大鴻臚傳哭如儀。太常跪曰「贈事畢」，皇帝促就位。續漢書曰：「明帝崩，司徒鮑昱典喪事，葬日，三公入安梓宮，還，至羨道半，逢上欲下，昱前叩頭，言：『禮，天子鴻洞以贈，所以重郊廟也。陛下奈何冒危險，不以義割哀？』上即還。」容根車遊載容衣。司徒至便殿，並輦騎皆從容車玉帳下。司徒跪曰「請就幄」，導登。尚衣奉衣，以次奉器衣物，藏於便殿。太祝進醴獻。几下，用漏十刻。禮畢，司空將校復土。

皇帝、皇后以下皆去麤服，服大紅，還宮反廬，立主如禮〔二九〕。桑木主尺二寸，不書謚。虞禮畢，祔於廟，如禮。漢舊儀曰：「高帝崩三日，小斂室中牖下〔三〇〕。作栗木主，長八寸，前方後圓，圍一尺，置牖中，望外，內張綿絮以彰外，以皓木大如指，長三尺，四枚，纏以皓皮四方置牖中，主居其中央〔三一〕。七日大斂棺，以黍飯羊舌祭之牖中。已葬，收主。爲木函，藏廟太室中西墻壁埳中，望內，外不出室堂之上。坐爲五時衣、冠、履、几、杖、竹籠。爲俑人，無頭，坐起如生時〔三二〕。皇后主長七寸，圍九寸，在皇帝主右旁。高皇帝主長九寸。上林給栗木，長安祠廟作神主，東園秘器作梓棺，素木長丈三尺，崇廣四尺。」

先大駕日游冠衣於諸宮諸殿，群臣皆吉服從會如儀。皇帝近臣喪服如禮。醳大紅，服小紅，十一升都布練冠。醳小紅，服纖。醳纖，服留黃，冠常冠。近臣及二千石以下皆服留黃冠。百官衣皂。每變服，從哭詣陵會如儀。祭以特牲，不進毛血首。司徒、光禄勳備三爵如禮。

太皇太后、皇太后之喪，合葬，羨道開通，皇帝謁便房，太常導至羨道，去杖，中常侍受，至柩前，謁，伏哭止如儀。辭，太常導出，中常侍授杖，升車歸宮也。已下，反虞立主如禮。諸郊廟祭服皆下便房。五時朝服各一襲在陵寢，其餘及宴服皆封之篋笥，藏宮殿後閣室。

世祖建武二年，以皇祖、皇考墓爲昌陵〔三三〕，置陵令守視；後改爲章陵，因以舂陵爲章陵縣。

六年四月，幸長安，始謁高廟，遂有事於十一陵。

十年八月，幸長安，祠高廟，遂有事於十一陵。

十一年三月，幸章陵〔三四〕，祠園陵。

十八年二月，幸長安。三月〔三五〕，祠高廟，有事於十一陵。

二十二年，幸長安，祠高廟，有事於十一陵。以後幸長安謁陵，不録。

古不墓祭，漢諸陵皆有園寢，承秦所爲也。説者以爲古宗廟前制廟，後制寢，以象人之居前有朝，後有寢也。月令有「先薦寢廟」，詩稱「寢廟奕奕」，言相通也。廟以藏主，以四時祭。寢有衣冠几杖象生之具，以薦新物。秦始出寢，起於墓側，漢因而弗改，故陵上稱寢殿，起居衣服象生人具，古寢之意也〔三六〕。建武以來，關西諸陵以傳久遠，但四時特牲祠；帝每幸長安謁諸陵，乃太牢祠。自雒陽諸陵至靈帝，皆以晦望二十四氣伏臘及四時祠。廟日上飯，太官送用物，園令、食監典省，其親陵所宮人隨鼓漏理被枕，具盥水，陳嚴具。

二十六年，初作壽陵。初作陵，未有名，故號壽陵，取長久之義。將作大匠竇融上言園陵廣袤，無慮所用。説文曰：「南北曰袤，東西曰廣。」廣雅曰：「無慮，都凡也〔三七〕。」謂諸園陵都凡制度也。帝曰：「古者帝王之葬，皆陶人瓦器、木車茅馬，使後世之人不知其處。太宗識終始之義，景帝能述遵孝道，遭天下反覆，而霸陵獨完受其福，豈不美哉！謂赤眉入長安，惟霸陵不掘。今所制地不過二三頃，無爲山陵，陂池裁令流水而已。」

光武葬原陵，山方三百二十三步，高六丈六尺。垣四出，司馬門寢殿鐘虡皆在周垣内，堤封田十二頃五十七畝八十五步。帝王世記曰：在臨平亭之南，西望平陰，東南去雒陽十五里〔三八〕。帝以中元二年二月戊戌崩，三月丁卯葬。

明帝永平元年正月，帝率公卿已下朝於原陵，如元會儀。

漢制：正月五供畢，以次上陵。西都舊有上陵。東都之儀，百官、四姓親家婦女、公主、諸王大夫、外國朝者侍子、郡國計吏會陵。晝漏上水，大鴻臚設九賓〔三九〕，隨立寢殿前。鐘鳴，謁者治禮引客，群臣就位如儀。乘輿自東廂下〔四〇〕，太常導出，西向拜，止旋升阼階，拜神坐。退坐東廂，西向〔四一〕。侍中、尚書、陛者皆神坐後。公卿群臣謁神坐，太官上食，太常樂奏食舉，舞文始、五行之舞。禮樂闋，君群臣受賜食畢〔四二〕，郡國上計吏以次前，當神軒占其郡國穀價，民所疾苦，欲神知其動静。孝子事親盡禮，敬愛之心也。周徧如禮。最後親陵，遣計吏，賜之帶佩。八月飲酎，上陵，禮亦如之。

致堂胡氏曰：「送死之禮，即遠而無近，至於墓則終事盡矣。人子孝思不忘，則專精於廟享而已矣。蓋墓藏體魄而致生之，是不智也。廟以宅神而致死之，是不仁也。此聖人制禮明乎幽明之故，仁智合而理義全也。既已送形而往安於地下，迎精而反主於廟中，而又致隆於陵園，如元會儀，上食奏樂，郡國奏計，言民疾苦，是反易陵廟之理，以體魄爲有知，虚廟祏而不重設，復舉廟中之主而祭於陵所，皆違禮也。夫喪葬即遠，豈得已而爲之？不可沐浴而不斂也，故爲之斂；不可斂而不殯也，故爲之殯；不可殯而不葬也，故爲之葬。首爲中制，以節賢者之過，而引不肖者之不及也。若遂孝子思慕無窮之心，則葬之之不得見，曷若存之於殯之爲近，殯諸客位之爲近，曷若勿斂、勿浴、勿飲、勿含之可以稱吾之不忍也。原情至此，則大聖至愚，均於不行，故不若循禮中節之爲當也。明帝此舉，蓋生於原廟。蔡邕不折衷以聖人之制，而直論其情，情豈有既哉！使明帝移此情於四時太廟之祭，簠簋籩豆、尊彝鼎俎，惟禮之循，而兢兢業業監於光武成憲損益修明之期乎？至治其爲孝也，雖聖主何以晏駕詔曰〔四三〕：『加諸。』」

永平七年，陰太后崩，柩將發於殿，群臣百官陪位，黃門鼓吹三通〔四四〕，鳴鐘鼓，天子舉哀。女侍史官三百人皆着素，參以白素，引棺挽歌，下殿就車，黃門宦者引以出宮省。太后魂車，鸞路，青羽蓋，駟馬，龍旂九旒，前有方相，鳳凰車，大將軍妻參乘，太僕妻御，女騎夾轂悉導〔四五〕。公卿百官如天子郊鹵簿儀。後和熹鄧后葬，按以爲儀，自此皆降損於前事也。

陰太后崩，帝追慕無已，當謁原陵，夜夢先帝、太后如平生歡，悲不能寐，即按曆，明旦吉，遂率百官上陵，其日降甘露於陵樹，令百官采取以薦。帝伏御床，視太后鏡奩中物，感動悲涕，令易脂澤，裝具，左右悲泣，莫敢仰視。

明帝葬顯節陵，山方三百步，高八丈。無周垣，爲行馬四出，在殿北〔四六〕，堤封田七十四頃五畝。帝王世記曰：「故富壽亭也〔四七〕，西北去雒陽三十七里。」帝以永平十八年八月壬子崩，其月壬戌葬。帝初作壽陵，制令流水而已，石椁廣一丈二尺，長二丈五尺，無得起墳。東觀記曰：「陵東北作廡，長三丈五步出外爲小厨，財足祠祀〔四八〕。」萬年之後，掃地而祭，杅水脯糒而已。杅，飲器。方言曰：「盌謂之盂。」說文曰：「糒，乾飯也〔四九〕。」過百日，唯四時設奠，置吏卒數人，供給灑掃，勿開修道。敢有所興作者，以擅議宗廟法從事。

章帝欲爲原陵、顯節陵起縣邑，東平王蒼上疏諫曰：「竊見光武皇帝躬履儉約之行，營建陵地，具稱古典，詔曰：『無有山陵陂池，裁令流水而已。』孝明皇帝奉承無違。至於自所營創，尤爲儉省。古者邱壟且不欲其著明，況築郭邑、建都郛哉？又以吉凶俗數言之，亦不欲無故繕修邱墓。」帝從而止。

章帝敬陵，山方三百步，高六丈二尺。無周垣，爲行馬四出，司馬門右殿鐘虡在行馬内，寢殿園省在東，園寺吏舍在殿北。堤封田二十五頃五十五畝。帝王世紀曰：在雒陽東南，去雒陽三十九里。帝以章和二年正月壬辰崩，三月癸卯葬。

和帝慎陵，山方三百八十步，高十丈，無周垣，爲行馬四出，司馬門右殿鐘虡在行馬内，寢殿園省在東，園寺吏舍在殿北。堤封田三十一頃二十畝二百步。帝王世紀曰：在雒陽東南，去雒陽四十一里〔五〇〕。帝以元興元年十二月辛未崩，次年三月甲申葬。

殤帝康陵，山周二百八步，高五丈五尺。行馬四出，司馬門寢殿鐘虡在行馬中，因寢殿爲廟，園吏寺舍在殿北，堤封田十三頃十九畝二百五十步。帝王世紀曰：高五丈四尺。去雒陽四十八里。帝以延平元年八月辛亥崩，九月丙寅葬。

安帝恭陵，山周二百六十步，高十五丈，無周垣，爲行馬四出，司馬門右殿鐘虡在行馬内，寢殿園吏寺舍在殿北，堤封田一十四頃五十六畝。帝王世紀曰：高十一丈，在雒陽西北，去雒陽十五里。帝延光四年三月丁卯幸葉，崩於乘輿。辛未發喪，四月己酉葬。

順帝憲陵，山方三百步，高八丈四尺。無周垣，爲行馬四出，司馬門右殿鐘虡在司馬門内，寢殿園省寺吏舍在殿東，堤封田十八頃十九畝三十步。帝王世紀曰：在雒陽西北，去雒陽十五里。帝以建康元年八月庚午崩，九月丙午葬。

冲帝懷陵，山方百八十三步，高四丈六尺。爲寢殿行馬四出，門園寺吏舍在殿東，堤封田五頃八十畝。帝王世紀曰：西北去雒陽十五里。帝以永嘉元年正月戊戌崩，其月己未葬。

沖帝崩，將北卜山陵，李固議曰：「今處處寇賊，軍興用費加倍，新創憲陵，賦發非一，帝尚幼小，可起陵於憲陵塋内，依康陵制度，其於役費三分減一。」乃從固議。

質帝静陵，山方百三十六步，高五丈五尺，爲行馬四出，門寢殿鐘虡在行馬中，園寺吏舍在殿北，堤封田十二頃五十四畝。因寢爲廟。帝王世紀曰：在雒陽東，去雒陽三十二里。帝以本初元年閏六月甲申崩，七月乙卯葬。

桓帝宣陵，帝王世紀曰：山方三百步，高十二丈，在雒陽東南，去雒陽三十里。帝以延熹九年十二月辛丑崩，次年二月辛酉葬。

靈帝熹平元年正月，車駕上原陵，諸侯王、公及外戚家婦女、郡國計吏、匈奴單于、西域三十六國侍子皆會焉。如會殿之儀禮，樂闋，百官受賜爵，計吏以次上〔五一〕，嚮殿前上先帝御坐，具言俗善惡，民所疾苦。司徒掾蔡邕慨然嘆曰〔五二〕：「吾聞古不墓祭〔五三〕，而朝廷有上陵之禮如此其備也。」察其本意，乃知孝明至孝惻隱，不易奪也。」或曰，「本意云何？」對曰：「西京之時，其禮不可得而聞也。光武帝始葬於此。明帝嗣位逾年，群臣朝正，感先帝不復見此禮，乃率公卿百僚就陵而朝焉。瓜葛之親，男女畢會。郡計吏各向神坐而言，庶幾先帝魂神聞聽之也。」

靈帝文陵，帝王世紀曰：山方三百步，高十二丈，在雒陽西北，去雒陽二十里。帝中平六年四月丙辰崩，六月辛酉葬。

獻帝禪陵，帝王世紀曰：在河内山陽之西南，去雒陽三百一十里〔五四〕。

校勘記

〔一〕下外羨門　「門」原作「閉」，據史記卷六秦本紀六改。

〔二〕山下川流不遏絶　「山」原作「上」，「流」原作「淹」，據元本、慎本、馮本及漢書卷四文帝紀四注引應劭曰改。

〔三〕出土下棺也　「下棺」原倒，據漢書卷四文帝紀四注引師古曰乙正。

〔四〕音扶目反　「音」字原脱，據漢書卷四文帝紀四注引師古曰補。

〔五〕自崩至葬凡七日　「七」原作「十」，據漢書卷四文帝紀四注引師古曰改。

〔六〕葬地下　「下」字原脱，據漢書卷九〇田延年傳補。

〔七〕徙家反故處　「處」字原脱，據漢書卷一〇成帝紀一〇補。

〔八〕長首建至策　「長」原涉上而脱，據漢書卷一〇成帝紀一〇補。

〔九〕其賜長爵關内侯　「爵」原作「爲」，據漢書卷一〇成帝紀一〇改。

〔一〇〕耿壽昌造杜陵　「耿」原作「景」，據漢書卷七〇陳湯傳改。

〔一一〕宜還復故陵　「還」原作「遠」，據漢書卷七〇陳湯傳改。

〔一二〕可以紵衣之絮也　「紵」原作「著」，據漢書卷三六劉向傳注引師古曰改。

〔一三〕厚衣之以薪　「之」字原脱，據漢書卷三六劉向傳補。

〔一四〕不封謂不聚土爲墳也　「聚」原作「遂」，據漢書卷三六劉向傳注引師古曰改。
〔一五〕非别義也　「别」原作「列」，據漢書卷三六劉向傳注引師古曰改。
〔一六〕葬於嬴博之間　「葬」字原脱，據漢書卷三六劉向傳補。
〔一七〕宋桓魋爲石椁　「宋」原作「非」，據漢書卷三六劉向傳注引李奇曰改。
〔一八〕皆明於事情者也　「情」字原脱，據漢書卷三六劉向傳補。
〔一九〕人膏爲燈燭　「人」下原有「魚」字，據漢書卷三六劉向傳删。
〔二〇〕宫室愈麗　漢書卷三六劉向傳作「宫廟甚麗」。
〔二一〕期日迫卒　「期」原作「其」，據漢書卷三六劉向傳改。
〔二二〕秦昭始皇增山厚藏　「昭」字原脱，據漢書卷三六劉向傳補。
〔二三〕九月壬寅葬義陵　「九」原作「八」，據漢書卷一一哀帝紀一一改。
〔二四〕二月乙未　「二」原作「六」，據漢書卷一二平帝紀一二改。
〔二五〕東面奉謚策　「謚」字原脱，據後漢書志六禮儀下補。
〔二六〕晳曰此明帝顯節陵中策也　「晳」、「此」二字原脱，據後漢書志六禮儀下補。
〔二七〕各長尺二寸　「二」原作「三」，據後漢書志六禮儀下改。
〔二八〕臨羨道房户　「户」原作「中」，據後漢書志六禮儀下改。
〔二九〕立主如禮　「主」字原脱，據元本、慎本、馮本及後漢書志六禮儀下補。
〔三〇〕小斂室中牖下　「室」原作「空」，據後漢書志六禮儀下注引漢舊儀改。

〔三一〕主居其中央　「主居其中」原脱，據元本、慎本、馮本及後漢書志六禮儀下注引漢舊儀補。

〔三二〕坐起如生時　「時」原作「前」，據後漢書志六禮儀下注引漢舊儀改。

〔三三〕以皇祖皇考墓爲昌陵　下一「皇」字原脱，據後漢書卷一四城陽恭王祉傳補。

〔三四〕十一年三月幸章陵　「三」原作「二」，據後漢書卷一下光武紀改。

〔三五〕三月　二字原脱，據後漢書卷一下光武紀補。

〔三六〕古寢之意也　「古」原作「名」，據後漢書志九祭祀下改。

〔三七〕廣雅曰無慮都凡也　「廣雅曰」三字原脱，據後漢書卷一下光武紀注引補。

〔三八〕東南去雒陽十五里　「五」字原脱，據後漢書志六禮儀下補。

〔三九〕大鴻臚設九賓　「大」字原脱，據後漢書志四禮儀上補。

〔四〇〕乘輿自東厢下　「東」字原脱，據後漢書志四禮儀上補。

〔四一〕西向　「向」字原脱，據後漢書志四禮儀上補。

〔四二〕舞文始五行之舞禮樂闋君群臣受賜食畢　上一「舞」、「群」二字原脱，據後漢書志四禮儀上補。

〔四三〕晏駕詔曰　此四字原脱，據後漢書志六禮儀下注引丁孚漢儀補。

〔四四〕黄門鼓吹三通　「通」原作「動」，據後漢書志六禮儀下注引丁孚漢儀改。

〔四五〕鳳凰車大將軍妻參乘太僕妻御女騎夾轂悉導　「車」原作「率」，「女騎夾轂」原脱，據後漢書志六禮儀下注引丁孚漢儀改補。

〔四六〕四出在殿北　此處有删節。據後漢書志六禮儀下注引作「四出司馬門。石殿、鍾虡在行馬内。寢殿、園省在東。園寺吏舍在殿北」。

〔四七〕故富壽亭也　「富」原作「當」，據後漢書志六禮儀下注引帝王世紀改。

〔四八〕財足祠祀　「財」原作「裁」，據後漢書卷二明帝紀二注引東觀記改。

〔四九〕方言曰盌謂之盂説文曰糒乾飯也　原訛脱作「方言盌也糒乾糧也」，據後漢書志六禮儀下注引方言、説文改補。

〔五〇〕在雒陽東南去雒陽四十一里　原脱作「在雒陽四十一里」，據後漢書志六禮儀下注引帝王世紀補改。

〔五一〕計吏以次上　「上」字原脱，據後漢書卷六〇蔡邕傳下及東漢會要卷七禮七補。

〔五二〕司徒掾蔡邕慨然嘆曰　「掾」字原脱，據後漢書卷六〇蔡邕傳補。

〔五三〕吾聞古不墓祭　「不」原作「之」，據後漢書卷六〇蔡邕傳下及東漢會要卷七禮七改。

〔五四〕在河内山陽之西南去雒陽三百一十里　此處有删節。據後漢書志六禮儀下注引帝王世紀作「在河内山陽之濁城西北，去濁城直行十一里，斜行七里，去懷陵百一十里，去山陽五十里，南去雒陽三百一十里」。

卷一百二十五　王禮考二十

山陵

魏武王崩，遺令無藏金玉珍寶高陵。建安二十五年正月庚子崩，二月丁卯葬。

文帝黃初三年十月〔一〕，表首陽山東爲壽陵。

帝自作終制曰：「禮，國君即位爲椑，存不忘亡也。椑音扶歷反。臣松之按：禮，天子諸侯之棺，各有重數；棺之親身者曰椑。昔堯葬穀林，通樹之，禹葬會稽，農不易畝，呂氏春秋：堯葬於穀林，通樹之；舜葬於紀，市廛不變其肆〔二〕；禹葬會稽，不變人徒。故葬於山林，則合乎山林。封樹之制，非上古也，吾無取焉。壽陵因山爲體，無爲封樹，無立寢殿、造園邑、通神道。夫葬也者，藏也，欲使人之不得見也。骨無痛癢之知，冢非棲神之宅。禮不墓祭，欲存亡之不黷也，爲棺槨足以朽骨，衣衾足以朽肉而已。故吾營此邱墟不食之地，欲使易代之後不知其處。無施葦炭，無藏金銀銅鐵，一以瓦器，合古塗車、芻靈之義。棺但漆際會三過，飯含無以珠玉，無施珠襦玉匣，諸愚俗所爲也，季孫以璠璵斂，孔子歷級而救之，譬之暴骸中原。宋公厚葬，君子謂華元、樂莒不臣，以爲棄君於惡。漢文帝之不發，霸陵無求也；光武之掘，原陵封樹也。霸陵之完，功在釋之；原陵之掘，罪在明帝。而釋之忠以利君，明帝愛以害親也。忠臣孝子，宜思仲尼、邱明、釋之之言，鑒華元、樂莒、明帝之戒，存其所以安君定親，使魂靈萬載無危，斯則賢聖之忠孝矣。自古及今，未有不亡之國，亦無不掘之墓也。喪亂以來，漢氏諸陵無不發掘，至乃燒取玉匣金縷，骸骨並盡，是焚如之刑也，豈不重痛哉！禍由乎厚葬封樹。『桑、霍爲我戒』，不亦明乎？其皇后及貴人以下，不隨王之國者，有終沒皆葬澗西，前又以表其處矣。蓋舜葬蒼梧，二妃不從，延陵葬子，遠在嬴、博，魂而有靈，無不之也，一澗之間，不足爲遠。若違今詔，妄有所變改造施，吾爲戮尸地下。」戮而重戮，死而重死。臣子爲蔑死君父，不忠不孝，使死者有靈〔三〕，將不福汝。其以此詔藏之宗廟，副在尚書、祕書、三府〔四〕。

按：魏武父子遺令，俱欲薄葬，世傳曹公疑冢七十有餘，其防患至矣。秦始皇、高齊、神武俱厚葬，且殺匠徒以滅口。然易代之後，不免發掘。三人俱英雄而未著識達，則曹爲優云。

始武帝葬高陵，有司依漢立陵上祭殿。至黄初三年，詔曰：「先帝躬履節儉，遺詔省約。子以述父爲孝，臣以繫事爲忠。古不墓祭，皆設於廟。先帝高平陵上殿皆毁壞，車馬還廐，衣服藏府，以從先帝儉德之志。」遂革上陵之禮。及齊王在位九載，始一謁高平陵。

七年，帝崩，葬首陽陵。自殯及葬，皆以終制從事〔五〕。五月丁巳崩，六月戊寅葬。

明帝將送葬，曹真、陳群、王朗等以暑熱固諫，乃止。

孫盛曰：「夫窀穸之事，孝子之極痛也。人倫之道，於斯爲重。故天子七月而葬，同軌畢至。夫以義感之情，猶盡臨隧之哀。況乎天性發中，敦禮者重之哉？魏氏之德，仍世不基矣。昔華元厚葬，君子以謂棄君於惡，群等之諫，棄孰甚焉。」

明帝景初三年〔六〕，帝崩，葬高平陵。正月丁亥崩，二月癸丑葬。

帝崩，殯於九龍殿。尚書訪曰：「當以明皇帝謚告四祖，祝文於高皇稱玄孫之子，云何？」王肅曰：「禮稱曾孫某，謂國家也。荀爽、鄭玄説皆云『天子諸侯事曾祖已上，皆稱曾孫』。」又訪：「按漢既葬，容衣還，儒者以爲宜如文皇帝故事，以存時所服。」王肅曰：「禮雖無容衣之制，今須容衣還而後虞祭，宜依尸服卒者上服之制。生時褻服，可隨所存，至於制度，則不如禮。孔子曰『祭之以禮』，亦謂此也〔七〕。諸侯之上服，則今服也。天子不爲命服，然亦所以命服之上也。按漢氏西京故事，月游衣冠，則容衣也。言冠以正服，不以褻衣也。」尚書又訪：「容衣還，群臣故當在帳中，常填衛見？」王肅曰：「禮不墓祭，而漢氏正月上陵。神座在西序，東向，百辟計吏前告郡之穀價，人之疾苦，欲先帝魂靈聞知。時蔡邕以爲『禮有煩而不可去，事亡如存』，況今無填衛之禁，而合於如事存之義。可見於門内，拜訖入帳，臨乃除服。」

晉武帝泰始二年八月，詔曰：「此上旬，先帝棄天下之日，便已周年。思慕煩毒，欲詣陵瞻侍，以盡哀憤。主者具行備。」安平王孚、尚書令裴秀等奏：「陛下至孝，縗麻雖除，哀毁蔬食，有損神和。今雖秋節〔八〕，尚有餘暑，謁見山陵，悲感摧傷，宜降抑聖情，以慰萬國。」帝曰：「朕得奉瞻山陵，以叙哀憤，體氣自佳耳。」又曰：「今當見山陵，何心無服，其以縗絰行。」詳見國恤門。

晉宣王遺令：「子弟群官皆不得謁陵。」景、文遵旨。武帝猶再謁崇陽陵，景帝陵。一謁峻平陵，文帝陵。然遂不敢謁高原陵，宣帝陵。至惠帝復止也。

晉尚書問：「按禮，天子七月葬。新議曰：禮無吉駕象生之飾〔九〕，四海遏密八音，豈有釋其縗絰以服玄黄黼黻哉！雖於神明，哀素之心已不稱矣。輒除鼓吹吉駕鹵簿。」孫毓駁：「尚書顧命，成王新崩，傳遺命，文物權用吉禮。又禮，卜家占宅朝服。推此無不吉服也。又巾車飾遣車〔一〇〕，及葬，執蓋從，方相玄衣朱裳〔一一〕，此鹵簿所依出也〔一二〕。今之吉駕，亦象生之義，凶服可除。鼓吹吉服，可設而不作。」摯虞曰：「按漢魏故事，將葬，設吉凶鹵簿，皆有鼓吹。新禮無吉駕導從之文。虞按禮〔一三〕，葬有祥車曠左，則今之容車也。春秋鄭大夫公孫蠆卒，天子追賜大輅，使以行禮。又士喪禮，有道車、乘車〔一四〕，以象生存。此兼有吉駕明文。既有吉駕，則宜有導從〔一五〕。宜定新禮設吉服導從，其凶服鼓吹宜除。」

銘旌建太常。畫日月星辰。杜云：「九仞，旒委地。」杜元凱喪服要集云。遣車易以轝牀轝。奠祭之具及器藏物，皆覆以白練。

漢魏故事，大喪及大臣之喪，執紼者輓歌。新禮以爲輓歌出於漢武帝役人之勞，歌聲哀切，遂以爲送終之禮。雖音曲摧愴，非經典所制，違禮設銜枚之義〔一六〕。方在號慕，不宜以歌爲名，除不輓歌。摯虞以爲：「輓歌因倡和而爲摧愴之聲，銜枚所以全哀，此亦以感衆。雖非經典所載，是歷代故事。詩稱『君子作歌，惟以告哀』，以歌爲名，亦無所嫌。宜定新禮如舊。」詔從之。

武帝崩，葬峻陽陵。四月己酉崩，五月辛未葬。

惠帝崩，葬太陽陵。十一月庚午崩〔一七〕，十二月己酉葬。

元帝崩，葬建平陵。明帝徒跣至於陵所。永昌元年閏十一月己丑崩，次年二月葬，係太寧元年。

元帝崩，後諸公始有謁陵辭陵之事。蓋由眷同友執〔一八〕，率情而舉也。成帝時，中宮亦年年拜陵，議者以爲非禮，遂止。穆帝時，褚太后臨朝，又拜陵，帝時幼也。孝武崩，驃騎將軍會稽王道子曰：「今雖權制釋服〔一九〕，至於朔日月半諸節，自應展情陵所，以一周爲斷。」於是至陵，變服單衣，煩瀆無准，非禮意也〔二〇〕。及安帝元興元年，左僕射桓謙奏〔二一〕：「百僚拜陵，起於中興，非晉舊典，積習生常，遂爲近法。」尋武帝詔，乃不使人主諸王拜陵。及義熙初，又復江左之舊。

自漢、魏以來，群臣不拜山陵，王導以元帝睠同布衣，匪惟君臣而已，每一崇進皆就拜，不勝哀戚。由此詔百官拜陵，自導始。

明帝崩，葬武平陵。七月戊子崩，九月辛丑葬。

成帝咸康七年，皇后杜氏崩。有司奏，大行皇后陵所作凶門柏歷門，號明陽端門。詔曰：「門如所處。凶門柏歷，大爲繁費，停之。」按蔡謨說，以二瓦器盛始死之祭〔二二〕，繫於木，裹以葦席，置庭中，近南，名爲重〔二三〕，今之凶門是其象也。禮，既虞而作主〔二四〕，今未葬，未有主，故以重當之。禮稱爲主道，此其義也。范堅又曰：「凶門非禮。禮有懸重，形似凶門。後人出之門外以表喪〔二五〕，俗遂行之。薄帳，即古弔幕之類也。」

是時，又詔曰：「重壤之下，豈宜崇飾？陵中惟潔掃而已。」有司又奏，依舊選公卿以下六品子弟六十人爲輓郎。詔又停之。

成帝崩，葬興平陵。六月癸巳崩，七月丙辰葬。康帝徒行送葬至閶闔門，乃升素輿至陵所。

康帝崩，葬崇平陵。九月戊戌崩，十月乙丑葬。

穆帝永和八年，峻平崇陽二陵崩。景帝、文帝陵。帝臨三日，遣殿中都尉王惠如洛陽，以衛五陵。

穆帝崩，葬永平陵。五月丁巳崩，七月戊午葬。

哀帝崩，葬安平陵。二月丙辰崩，三月壬申葬。

簡文帝崩，葬高平陵。七月己未崩，十月丁卯葬。

孝武帝崩，葬隆平陵〔二六〕。九月庚申崩，十月甲申葬。

安帝義熙十二年，劉裕北伐，秦將姚光以洛陽降，兼司空高密王恢之修謁五陵。

安帝崩，葬休平陵。十二月戊寅崩，正月庚申葬。

恭帝崩，葬冲平陵。

宋崔元凱喪儀云：「銘旌，今之旐也。天子丈二尺，皆施跗樹於壙中。遣車九乘，謂結草爲馬，以泥爲車，疏布輤，四面有障，置壙四角。以載遣奠牢肉，斬取骨脛，車各載一枚〔二七〕。」

武帝崩，葬丹陽建康縣蔣山初寧陵。五月癸亥崩，七月己酉葬。

武帝母孝懿蕭皇后崩，遺令：「漢世帝后陵皆異處，今可於塋域之内别爲一壙〔二八〕，一遵往式。」乃開别壙，與興寧合墳。

初，武帝微時，貧約過甚，孝皇之殂，葬禮多闕。帝遺旨太后百歲後不須祔葬，至今故稱后遺令云。

文帝每歲正月謁初寧陵，孝武明帝亦每歲拜初寧、長寧陵。

文帝崩，葬長寧陵。二月甲子崩，三月癸巳葬。

孝武帝崩，葬丹陽秣陵縣巖山景寧陵。五月庚申崩，七月丙午葬。

明帝崩，葬臨沂縣莫府山高寧陵〔二九〕。正月己亥崩，七月戊寅葬。

齊高帝崩，奉梓宮於東府前渚升龍舟〔三〇〕，葬於武進泰安陵。於升龍舟卒哭，內外反吉。三月壬戌崩，四月丙午葬。

武帝崩，葬景安陵。七月戊寅崩，八月丙寅葬。

明帝崩，葬興安陵。

梁武帝崩，葬脩陵。五月丙辰崩，十二月乙卯葬。

簡文帝崩，葬莊陵。十月壬寅崩，次年侯景平，以四月乙丑日葬。

陳永定三年七月，武帝崩。尚書左丞庾持云〔三一〕：「晉宋以來，皇帝大行儀注，未祖一日，告南郊太廟，奏策奉謚。梓宮將登轀輬，侍中版奏，已稱某謚皇帝。遣奠，出於階下〔三二〕，方以此時，乃讀哀策。而前代策文，猶稱大行皇帝，請明加詳正。」國子博士、知禮儀沈文阿等謂：「應劭風俗通，前帝謚未定，臣子稱大行，以別嗣主。近檢梁儀，自梓宮將登轀輬，版奏皆稱某謚皇帝登轀輬〔三三〕。伏尋今祖祭以奉策謚，哀策既在庭遣祭，不應猶稱大行。且哀策篆書，藏於玄宮，請依梁儀，以傳無窮。」詔可。

武帝崩，六日成服，時朝臣共議大行皇帝靈座俠御人所衣服吉凶之制〔三四〕，博士沈文阿議，宜服吉服〔三五〕。劉師知議云：「既稱成服，本備喪禮。按梁昭明太子薨，成服俠侍之官，悉著縗斬，唯著鎧不異，此即可擬。愚謂六日成服，俠靈座須服縗絰。」中書舍人蔡景歷、江德藻、謝岐等同師知議。時以二議不同，乃啟取左丞徐陵決斷。陵云：「山陵鹵簿吉部伍中〔三六〕，公卿以下導引者，爰及武賁、鼓吹、執蓋、奉車，並是吉服，豈容俠御獨爲縗絰？若言公卿胥吏並服縗絰〔三七〕，此與梓宮部伍有何差別？若言文物並吉，司事者凶，豈容衽絰而奉華蓋〔三八〕，縗衣而升玉輅邪？同博士議。」謝岐議曰：「靈筵祔宗廟，梓宮祔山陵〔三九〕，實如左丞議。但山陵鹵簿，備有吉凶，從靈輿者儀服無變，從梓宮者皆服苴縗。爰至士禮，悉同此制〔四〇〕，此自是山陵之儀，非關成服。今謂梓宮靈扆，共在西階，稱爲成服，亦無鹵簿，直是爰自胥吏，上至王公，四海之内，必備縗絰。按梁昭明太子薨，略是成例，豈容凡百士庶，悉皆服重，而侍中至於武衛，最是近官，反鳴玉紆青，與平吉不異〔四一〕？左丞既推以山陵事，愚意或謂與成服有殊。」衆議不能決，乃具録二議奏聞。上從師知議。

武帝崩，葬萬安陵。六月丙午崩，八月丙申葬。

文帝崩，葬永寧陵。四月癸酉崩，六月丙寅葬。

宣帝崩，葬顯寧陵。正月甲寅崩，二月癸巳葬。

後魏道武帝崩，葬盛樂金陵。天賜六年十月戊辰崩，永興二年七月甲寅葬。

明元帝崩，葬雲中金陵。十一月己巳崩，十二月庚子葬。

太武帝崩，葬雲中金陵。

文成帝崩，葬雲中金陵。五月崩，八月葬。

獻文帝崩，葬雲中金陵。

孝文太和十四年，太皇太后馮氏崩，帝哀毁過禮，諸王公詣闕上表，請時定兆域，及依漢魏故事，並太皇太后終制，既葬，公除。詔曰：「自遭禍罰，慌惚如昨，奉侍梓宫，猶希髣髴。山陵遷厝，所未忍聞。」王公復上表固請，詔曰：「山陵可依典册喪服之宜，情所未忍。」帝欲親至陵所，詔：「諸常從之具，悉可停之。其武衛之官，防侍如法。」葬太后於永固陵。帝謁陵，王公固請公除。不從。

按：「古者天子之喪，七月而葬。左傳以爲同軌至。荀卿子曰：『天子之喪，動四海，屬諸侯。』又曰：『天子七月，諸侯五月，大夫士三月，皆使其須足容事，事足容成，成足容文，文足容備，曲容備物之謂道矣。』須，待也，謂所待之期也。事，喪具也。道者，委曲容物備物者也。蓋以萬乘之尊，四海之廣，喪期至於三年，則必備物盡禮，以致其孝，勿之有悔焉耳。此古孝子之心也。秦、漢以來，習爲短喪之制，例以既葬釋服，於是惟恐葬期之不促。自兩漢至六朝，人主之喪，大行在殯，少有及兩月者，是天子而不克行大夫、士之禮也。魏孝文力行古道，獨爲三年之喪，而其臣狃於歷代之制，固請釋服。欲釋重服，則必先促葬期，而帝答詔曰：『侍奉梓宫，猶希彷彿；山陵遷厝，所未忍聞。』固請而始葬，既葬而終不釋服，賢矣哉！」

孝文帝崩，葬長陵。四月丙午崩，五月丙申葬。

初，帝孝於文明太后，乃於永固陵東北里餘營壽宮，遂有終焉瞻望之志。及遷洛陽，乃自表瀍西以爲山陵之所，而方山虛宮號曰萬年堂云。方山，即永固陵。

宣武帝崩，葬景陵。正月丁巳崩，二月甲午葬。

孝明帝崩，葬定陵。二月癸丑崩，三月乙酉葬。

齊神武帝葬於鄴西北漳水之西，號義平陵。

齊世子澄虛葬神武於漳水之西，潛鑿成安鼓山石窟佛頂之旁爲穴，納其柩而塞之，殺其群匠。及齊之亡也，一匠之子知之，發石取金而逃。

文宣帝崩，葬武寧陵。十月甲午崩，次年二月丙申葬。

孝昭帝崩，葬文静陵。

武成帝崩，葬永平陵。十二月辛未崩，次年二月甲申葬。

周文帝崩，葬成陵。

孝閔帝崩，葬静陵。

明帝崩，葬昭陵。四月辛丑崩，五月辛未葬。

武帝崩，葬孝陵。六月丁酉崩，七月己未葬。

宣帝崩，葬定陵。五月己酉崩，七月丙申葬。

隋文帝崩，葬太陵，與獨孤后同墳異穴，士庶赴葬者，皆聽入視陵内。七月丁未崩，十月己卯葬。

煬帝初葬吴公臺下，後改葬雷塘。

唐高祖崩，葬獻陵，在京兆府三凉縣界。五月六日崩，十月庚寅葬。

貞觀九年，高祖崩，詔定山陵制度，令依漢長陵故事〔四二〕，務存崇厚。時限既促，功役勞弊，祕書監虞世南上封事曰：「臣聞古之聖帝明王，所以薄葬者，非不欲崇高光顯，珍寶異物，以厚其親。然審而言之，高墳厚壠，珍物必備，此適所以爲親之累〔四三〕，非曰孝也。是以深思遠慮，安於菲薄，以爲長久萬代之計，割其常情，以定之耳。今爲邱壠如此，其内雖不藏珍寶，亦無益之。萬代之後，人但見高墳大冢，豈謂無金玉也？臣之愚計，以爲漢文霸陵，既因山勢，雖不起墳，自然高敞。今之所卜，地勢即平，不可不起。宜依白虎通所陳周制，爲三仞之墳，其方中制度，事事減少。事竟之日，刻石於陵側，書明丘封大小高下之式〔四四〕，明器所須，皆以瓦木，合於禮文，一不得用金銀銅鐵。使後代子孫，並皆遵奉。一通藏之宗廟，豈不美乎！且臣下除服，用三十六日，已依霸陵。今爲墳壠，又以長陵爲法，非所依也〔四五〕。伏願深覽古今，爲長久之慮。」書奏，不報。

虞世南又上疏曰：「漢家即位之初，便營陵墓，近者十餘歲，遠者五十年〔四六〕，方始成就。今以數月之間，而造數十年事，其於人力，亦以勞矣。漢家大郡五十萬户，即日人衆，未及往時，而工役與之一等，此臣所以致疑也〔四七〕。」又公卿上奏，請遵遺詔，務從節儉。太宗乃令中書侍郎岑文本謂曰〔四八〕：「朕欲一如遺詔，但臣子之心〔四九〕，不忍頓爲儉素。如欲稱朕崇厚之志，復恐百代之後，不免有廢毁之憂。朕爲此不能自决，任卿等平章，必令得所，勿置朕於不孝之地。」因出虞世南封事，付所司詳議以聞。

司空房玄齡等議曰：「謹按漢高祖長陵高九丈〔五〇〕，光武陵高六丈，漢文、魏文並不封不樹，因山爲陵。竊以長陵制度，過爲宏侈，二丈立規，又傷矯俗。光武中興明主，多依典故，遵爲成式，實謂攸宜。伏願仰遵顧命〔五一〕，俯順禮經。」詔曰：「朕既爲子，卿等爲臣，愛敬罔極，義猶一體，無容固陳節儉，陷朕於不義也。今便敬依來議。」於是山陵制度，頗有減省。

唐凡國陵之制，皇祖以上至太祖陵，皆朔、望上食，元日、冬至、寒食、伏、臘、社冬一祭。皇考陵，朔、望及節祭，而日進食。又薦新於諸陵，其物五十有六品。始將進御，所司必先以送太常與尚食，滋味薦之如宗廟。

貞觀十三年正月一日，太宗朝於獻陵。先是日，宿衛設黄麾仗，周衛陵寢，至是質明，七廟子孫及諸侯百寮、蕃夷君長，皆陪列於司馬門内。太宗至小次，降輿納履，哭於闕門，西面再拜，慟絶不能興。禮畢，改服，入於寢宫，親執饌，閱視高祖及先後服御之物，匍匐床前悲慟。左右侍御者〔五二〕，莫不歔欷。

十八年，帝謂侍臣曰：「昔漢家皆先造山陵，既達始終，身復親見，又省子孫經營，不煩費人功，我深以此爲是〔五三〕。古者因山爲墳，此誠便事。九嵕山孤聳迴絶〔五四〕，因而旁鑿，可置山陵處，朕有終焉之理。」乃詔：「營山陵於九嵕山之上，足容一棺而已，務從儉約。又佐命功臣，義深舟楫，追念在昔，何日忘之，漢氏相將陪陵，又給東園秘器，篤終之義，恩意深厚。自今以後，功臣密戚及德業佐時者，如有薨亡，賜塋地一所，及賜以秘器，使窀穸之時，喪事無闕，凡功臣密戚請陪陵葬者聽之。以文武分爲左右而列；墳高四丈已下三丈已上。若父祖陪陵，子孫從葬者，亦如之。」若宮人陪葬，則陵戶爲之成墳。凡諸陵皆置留守，領甲士，與陵令日知〔五五〕，巡警左右，兆域内，禁人無得葬埋。古墳則不毁之。

獻陵陪葬名氏：楚國太妃萬氏、館陶公主、河間王孝恭、襄邑王神符、清河王誕、韓王元嘉、彭王元則、道王元慶、鄭王元懿、虢王元鳳、酆王元亨、徐王元禮、滕王元嬰、鄧王元裕、魯王元夔、霍王元軌、江王元祥、密王元曉、并州總管張綸、榮國公樊興、平原郡公王長楷、譚國公邱和、巢國公錢九隴〔五六〕、刑部尚書劉德威、刑部尚書沈叔安。

十年十一月，葬文德皇后長孫氏於昭陵。帝爲文，刻之石，稱：皇后節儉，遺言薄葬。以爲盜賊之心，止求珍貨。既無珍貨，復何所求？朕之本意，亦復如此。王者以天下爲家，何必物在陵中乃爲己有？今因九嵕山爲陵，鑿石之工纔百餘人，數十日而畢，不藏金玉人馬器皿，皆用土木形具而已。庶幾姦盜息心，存殁無累，當使百世子孫，奉以爲法。

上念后不已，於苑中作層觀望昭陵，嘗引魏徵同登，使視之。徵熟視曰：「臣昏眊不能見。」上指示之。徵曰：「以爲陛下望獻陵。若昭陵，則臣固見之矣。」上泣爲毁觀。

太宗崩，葬昭陵。在京兆府醴泉縣，因九嵕層峰，鑿山南面，深七十五丈〔五七〕，爲玄宮。緣山旁巖〔五八〕，架梁爲棧道，懸絶百仞，繞山二百三十步，始達玄宮門。頂上亦起遊殿。五月己巳崩，八月庚寅葬。文德皇后即玄宮後，有五重石門，其門外於雙棧道上山起舍，宮人供養，如平常。及太宗山陵畢，宮人亦依故事留棧道，惟舊山陵使閻立德奏曰〔五九〕：「玄宫棧道，本留擬有今日，今既始終永畢，與前事不同。謹按故事，唯有寢宫安神供奉之法，而無陵上侍衛之儀，望除棧道，固同山嶽。」上嗚咽不許，長孫無忌等援引禮經，重有表請，乃依奏。

上欲闡揚先帝徽烈，乃令匠人琢石，寫諸蕃君長貞觀中擒服者頡利等十四人，列於陵司馬北門内〔六〇〕。

昭陵陪葬名氏：越國太妃燕氏、趙國太妃楊氏、紀國太妃韋氏、賢妃鄭氏、才人徐氏、鄭國夫人、彭城郡夫人、蜀王愔、趙王福、紀王慎、越王貞、嗣紀王澄、曹王明、蔣王惲、清河公主駙馬程知亮、晉國公主駙馬韋思安、豫章公主駙馬唐善識、新興公主駙馬長孫曦、蘭陵公主駙馬竇懷哲、高密公主駙馬段綸、長樂公主駙馬長孫冲、遂安公主駙馬王大禮、南平公主駙馬劉元懿、衡陽公主駙馬阿史那社爾〔六一〕、新城公主駙馬韋政舉、城陽公主駙馬薛瓘、長廣公主駙馬楊師道、襄城公主駙馬蕭鋭、長沙公主駙馬豆盧讓、安康公主駙馬獨孤彦雲、臨川公主駙馬周道務、普安公主駙馬史仁表、中書令馬周、中書令岑文本並男方倩、中書令崔敦禮、英國公李勣、衛國公李靖、虞國公温彦博、宋國公蕭瑀、申國公高士廉、梁國公房玄齡、鄭國公魏徵、高陽公許敬宗、趙國公長孫無忌、莒國公唐儉、吏部侍郎馬載、户部尚書李大亮、兵部尚書房仁裕、禮部尚書張復胤、國子祭酒孔穎達、禮部侍郎孔志約、工部侍郎孔元惠、太常卿褚亮、禮部尚書虞世南、工部尚書閻立德、吏部侍郎姜晦、太常卿姜皎、殿中監唐嘉會、學士姚思廉、衛尉卿魏叔玉、光禄卿姜遠、祕書監岑景倩、宗正卿李芝芳、光禄卿房光義並男原州别駕暉、咸陽縣丞曜、衛尉卿房光敏並男閬州刺史誕、清河郡主婿贈鴻臚卿竇庭蘭、金州刺史虞正松、洪州刺史吴黑闥、晉州刺史裴藝、寧州刺史竇義節、衛州刺史蕭鄴、吏部郎中馬覬、幽州都督長孫敞、原州都督李政明、臨淮公李規、琅琊公王珍、常山公李倩、千金公李俊、中山王李琚〔六二〕、汝州别駕房漸、左清道率房恒、江夏王道宗、雍州長史李弼、夔國公弘基、觀國公楊仁恭、原州都督史幼虔、陝王府司馬史爲謙、芮國公豆盧行業、西平郡王李琛、簡州刺史李震、安南都督姜簡、薛國公阿史那忠、鄂國公尉遲敬德、嘉國公周仁護、丹陽公李客師、鴈門公梁建方、虢國公張士貴、胡國公秦叔寶、周國公鄭仁泰、大將軍薛咄摩、大將軍蘇泥熟、大將軍漢東公李孟嘗、芮國公盧寬、大將軍尉遲寶林、大將軍阿史那道真、大將軍邱行恭、大將軍賀蘭整、大將軍張世師、大將軍許洛仁、大將軍張延師、大將軍瑯琊王騈、大將軍懷德公于伯億、左金吾大將軍梁仁裕、大將軍史大奈、大將軍卞波利〔六三〕、大將軍姜確、大將軍可汗阿史那步真、大將軍史奕、大將軍李森、大將軍阿史那德昌、大將軍公孫雅靖、右監門將軍執失善、左金吾將軍房先忠、内侍張阿難、横野軍都督拔拽、都督渾大寧、于闐王尉遲光、盧國公程知節、將軍仇懷古、將軍杜君綽、將軍麻仁靖、將軍賀拔儼、將軍何道、將軍楊思訓、將軍元仲文、將軍豆盧承基、將軍斛思正貴、將軍徐定成、將軍康野、將軍段志玄、將軍薛萬鈞、將軍元思元、將軍李承祖、將軍薛承慶、右衛郎將軍尉遲昱、左衛郎將軍姜昕、中郎將殷存爽、天册府記室薛收、右衛大將軍李思摩、薩寶王贊普、新羅王女德貞。初，長孫無忌自於昭陵封内，先造墳墓，至上元元年九月七日，許歸葬。

永徽二年，有司言：「先帝時，獻陵既三年，惟朔、望、冬至、夏秋伏、臘、清明、社上食，今昭陵喪期畢，請上食如獻陵。」從之。

六年正月朔，高宗謁昭陵，行哭就位，再拜，擗踊畢，易服，謁寢宮。入寢，哭踊，進東階，西向拜號，久，乃薦太牢之饌，加珍羞，拜哭奠饌。閱服御而辭，行哭出寢北門，御小輦還。

顯慶五年，詔歲春、秋季一巡，宜以三公行陵〔六四〕，太常、少卿貳之，太常給鹵簿，仍著於令。

高宗崩，葬乾陵，在京兆府奉天縣界。弘道元年十二月四日崩，次年八月庚寅日葬。

乾陵陪葬名氏：章懷太子賢、懿德太子重潤、澤王上金、許王素節、邠王守禮、義陽公主、新都公主、永泰公主、安興公主、特進王及善、中書令薛元超、特進劉審禮〔六五〕、尚書左僕射豆盧欽望、左僕射楊再思、右僕射劉仁軌、左衛將軍李謹行、左武衛將軍高侃。

始，貞觀禮歲以春、秋仲月巡陵〔六六〕，至武后時，乃以四季月、生日、忌日遣使詣陵起居。景龍二年，右臺侍御史唐紹上書曰：「禮不祭墓，唐家之制，春、秋仲月遣使具鹵簿衣冠巡陵〔六七〕。天授之後，乃有起居，遂爲故事。夫起居者，參候動止，事生之道，非陵寢法。請停四季及生日、忌日、節日起居，準式二時巡陵。」手敕曰：「乾陵歲冬至、寒食以外使，二忌以內使朝奉。他陵如紹奏。」至是又獻、昭、乾陵皆日祭〔六八〕。太常博士彭景直上疏曰：「禮無日祭陵，惟宗廟月有祭。故王者設廟、祧、壇、墠爲親疏多少之數，立七廟，一壇、一墠。曰考廟、曰王考廟、曰皇考廟、曰顯考廟，皆月祭之。遠廟爲祧，享嘗乃止。去祧爲壇，去壇爲墠，有禱焉祭之，無禱乃止。又譙周祭志：『天子始祖、高祖、曾祖、祖、考之廟，皆月朔加薦，以象平生朔食，謂之月祭，二祧之廟無月祭。』則古皆無日祭者。今諸陵朔、望食〔六九〕，則近於古之殷事；諸節日食，近於古之薦新。鄭注禮記：『殷事，月朔、半薦新之奠也。』又，『既大祥即四時焉』。此其祭皆在廟，近代始以朔、望諸節祭陵寢，唯四時及臘五享廟。考經據禮，固無日祭於陵。唯漢七廟議，京師自高祖下至宣帝，與太上皇、悼皇考陵旁立廟，園各有寢、便殿，故日祭於寢，月祭於便殿。元帝時，貢禹以禮節煩數，願罷郡國廟。丞相韋玄成等又議七廟外，寢園皆無復。議者亦以祭不欲數，宜復古四時祭於廟。後劉歆引春秋傳『日祭，月祀，時享，歲貢。祖禰則日祭，曾高則月祭，二祧則時享，壇、墠則歲貢』。後漢陵寢之祭無傳焉，魏、晉以降，皆不祭墓。國家諸陵日祭請停如禮。」疏奏，天子以語侍臣曰：「禮官言諸陵不當日進食。夫禮以人情沿革，何專古爲？乾陵宜朝晡進奠如故。昭、獻二陵日一進，或所司苦於費，可減朕常膳爲之。」

武后崩，將合葬乾陵，給事中嚴善思建言：「尊者先葬，卑者不得入。今啟乾陵，是以卑動尊，術家所忌。且玄闕石門，冶金錮隙，非攻鑿不能開，神道幽靜，多所驚瀆。若別攻隧以入其中，即往昔葬時神位前定，更且有害。曩營乾陵，國有大難〔七〇〕，易姓建國二十餘年，今又營之，難且復生。合葬非古也，況事有不安，豈足循據？漢世皇后別起陵墓，魏、晉始合葬。漢積祀四百，魏、晉祚卒不長，亦其驗也。今若更擇吉地，附近乾陵，取從葬之義，使神有知，無所不通；若其無知，合亦何益？山川精氣，上爲列星。葬得其所，則神安而後嗣昌；失其宜，則神危而後嗣損。願割私愛，使社稷久長。」中宗不納。

中宗崩，葬定陵，在京兆府富平縣界。六月二日崩，十一月己酉葬。

睿宗崩，葬橋陵，在京兆府奉天縣界。五月十二日崩，十月庚午日葬。

致堂讀史管見言：「明皇於睿宗孝養素薄，故其崩也五月而遽葬，以爲薄於其親。」然愚嘗考之，自漢以來，並未嘗守天子七月而葬之制，如隋以前歷代葬期，多只在一兩月之内，蓋以預規山陵，而嗣君又急於從吉故也。雖至孝如晉武帝、魏孝文，亦迫於其臣下之請，不免徇近代之制。惟以禍亂不克葬者，方有數月之淹，如梁武帝父子是也。至唐高宗崩，五月而葬，則以升遐之後，方營山陵，故少遲於前代，虞世南諫疏可見。及太宗預爲壽域，則又不及五月。高宗以後，或遲或速，大概不越五、六月，雖少遲於近代，而終未能復古禮，明皇蓋亦循故事耳。致堂豈未之考邪？

橋陵陪葬名氏：節愍太子重俊、宜城公主、金城公主、長寧公主、城安公主、定安公主、鄎國公主、彭國公主、駙馬李思訓〔七一〕。

開元十七年，玄宗因拜橋陵至金粟山，睹岡巒有龍盤鳳翔之勢，謂左右曰：「吾千秋後，宜葬於此。」後遂追先旨葬焉。

天寶二年制：「每歲以九月一日薦衣於陵寢」，又以「寒食薦餳粥、鷄毬、雷車，五月五日薦衣、扇。」

十三載制：「獻、昭、乾、定、橋五署改爲臺，令、丞各陞一階。」自後諸陵，例皆稱臺。

皇帝謁陵

行宫距陵十里，設坐於齋室，設小次於陵所道西南，大次於寢西南。侍臣次於大次西南，陪位者次又於西南，皆東向。文官於北，武官於南，朝集使又於其南〔七二〕，皆相地之宜。

前行二日，遣太尉告於廟。皇帝至行宫〔七三〕，即齋室。陵令以玉册進署。設御位於陵東南隅，西向，有岡麓之閡，則隨地之宜。又設位於寢宫之殿東陛之東南，西向。罇坫陳於堂户東南。百官、行從、宗室、客使位神道左右，寢宫則分方序立大次前。

其日，未明五刻，陳黄麾大仗於陵寢。三刻，行事官及宗室親五等、諸親三等以上並客使之當陪者就位。皇帝素服乘馬，華蓋、繖、扇，侍臣騎從，詣小次。步出次，至位，再拜，又再拜。在位皆再拜，又再拜。少選，太常卿請辭，皇帝再拜，又再拜。奉禮曰：「奉辭。」在位者再拜。皇帝還小次，乘馬詣大次，仗衛列立以俟行。百官、宗室、諸親、客使序立次前。皇帝步至寢宫南門，仗衛止。乃入，繇東序進殿陛東南位，再拜；升自東階，北向，再拜，又再拜。入省服玩，拭拭帳簀〔七四〕，進太牢之饌，加珍羞。皇帝出罇所，酌酒，入，三奠爵，北向立〔七五〕。太祝二人持玉册於户外，東向跪讀。皇帝再拜，又再拜，乃出户，當前北向立。太常卿請辭，皇帝再拜，出東門，還大次，宿行宫。

若太子、諸王、公主陪葬柏城者，皆祭寢殿東廡；功臣陪葬者，祭東序。爲位奠饌，以有司行事。

或皇后從謁，則設大次寢宮東，先朝妃嬪次於大次南，大長公主、諸親命婦之次又於其南，皆東向。以行帷具帳謁所，内謁者設皇后位於寢宮東，大次前，少東。先朝妃嬪位西南，各於次東，司贊位妃嬪東北，皆東向。皇帝既發行宮，皇后乘四望車之大次，改服假髻，白練單衣。内典引導妃嬪以下就位。皇后再拜，陪者皆拜。少選，遂辭，又拜，陪者皆拜。皇后還寢東大次，陪者退。皇后鈿釵禮衣，乘輿詣寢宮，先朝妃嬪、大長公主以下從。至北門，降輿，入大次，詣寢殿前西階之西，妃嬪、公主位於西〔七六〕，司贊位妃嬪東北，皆東向。皇后再拜，在位者皆拜。皇后繇西階入室，詣先帝前再拜，復詣先后前再拜，進省先后服玩，退西厢東向立，進食。皇帝出〔七七〕，乃降西階位。辭，再拜，妃嬪皆拜。謁大次更衣，皇帝過，乃出寢宮北門，乘車還。

天子不躬謁，則以太常卿行陵。所司撰日，車府令具軺車一馬清道，青衣、團扇、曲蓋繖，列俟於太常寺門。設次陵南百步道東，西向。右校令具薙器以備灑掃〔七八〕。太常卿公服乘車，奉禮郎以下從。至次，設卿位兆門外之左，陵官位卿東南，執事又於其南，皆西向。奉禮郎位陵官之西，贊引二人居南。太常卿以下再拜，在位皆拜。謁者導卿，贊引導衆官入，奉行、復位皆拜。出，乘車之他陵。有芟治，則命之。

自開元十七年以後，無親謁陵故事。

元宗崩，葬泰陵，在京兆府奉天縣界。四月五日崩，次年三月辛酉葬。

泰陵陪葬名氏：贈揚州大都督高力士。

肅宗崩，葬建陵，在京兆府醴泉縣界。四月十八日崩，次年三月庚午日葬。

建陵陪葬名氏：尚父汾陽王郭子儀。元和九年，左金吾衛大將軍郭釗奏：「亡祖子儀陪葬建陵，欲於墳所種植松楸。」敕：「如遇年月通便陵寢修營，宜令所司許其種植。」

寶曆二年二月，太常奏：「追尊孝敬皇帝以下四陵，宜停朝拜事。孝敬皇帝恭陵、讓皇帝惠陵、奉天皇帝齊陵、承文皇帝順陵。前件四陵，昔年追尊大號，皆是恩制，緣情而行，當時已不合經典。今乃二時朝拜，上擬祖宗，切以情禮之差，過猶不及。謹按禮記及歷代禮文並國朝故事，皇帝旁親無服，又云五代而親屬盡。伏以四陵，親非祖宗，事無功德，緣情權制，禮合變更，有司因循，尚爲常典。況今宗廟之上，遷代已遠，尊卑降殺，朝拜須停。」敕旨依奏。

代宗崩，葬元陵，在京兆府富平縣界。五月二十日崩，十月己酉葬。

無陪葬。

葬代宗時，發引，帝見轀輬車不當馳道，移指丁未之間，問其故，有司曰：「陛下本命在午，不敢衝也。」上哭曰：「安有枉靈駕而謀自利乎？」命改轅直午而行。

貞元十四年，令有司修葺陵寢。以昭陵舊宫先因火焚毁，故詔百官詳議。議者多云「舊宫既被焚爇，請移就山下」。或有議請修舊宫者。上意亦不欲移，由是復以山上爲定。於是遣左諫議大夫、平章事崔損完修八陵使，及所司計獻、昭、乾、定、泰五陵各造屋三百七十八間，橋陵一百四十間，元陵三十間，唯建陵不復創造，但修葺而已。所緣陵寢中帷幄床蓐一事已上並令制置，上親閱焉。

德宗崩，葬崇陵，在京兆府雲陽縣界。正月崩，十月葬。

無陪葬。

順宗崩，葬豐陵，在京兆府富平縣界。正月崩，七月葬。

無陪葬。

憲宗崩，葬景陵，在京兆府奉天縣界。正月崩，五月葬。

景陵陪葬名氏：惠昭太子寧、孝明太后鄭氏、懿安太后郭氏、賢妃王氏。

穆宗崩，葬光陵，在京兆府奉天縣界。正月崩，十一月葬。

光陵陪葬名氏：恭僖太后王氏、正獻太后蕭氏。

敬宗崩，葬莊陵，在京兆府三原縣界。十二月崩，次年七月葬。

莊陵陪葬名氏：悼懷太子普。

文宗崩，葬章陵，在京兆府富平縣界。正月崩，八月葬。

無陪葬。

武宗崩，葬端陵，在京兆府三原縣界。三月崩，八月葬。

端陵陪葬名氏：賢妃王氏。

宣宗崩，葬正陵，在京兆府雲陽縣界。八月崩，次年二月葬。

正陵陪葬名氏：婕妤柳氏。

懿宗崩，葬簡陵，在京兆府富平縣界。七月崩，次年二月葬。

無陪葬。

僖宗崩，葬靖陵，在京兆府奉天縣界。三月崩，十二月葬。

無陪葬。

昭宗崩，葬和陵，在河南府緱氏縣界。

梁太祖崩，葬宣陵，在洛京伊闕縣。六月五日崩，十月十日葬。

後唐同光三年六月，敕：「關内諸陵，頃因喪亂，類遭穿發，多未掩修。其下宫殿宇法物等，各令奉陵州府據所管陵園修製，仍四時各依例薦饗。逐陵各差近陵百姓二十户放雜差役充陵户〔七九〕，以備灑掃。其壽陵等一十陵，亦一例修掩，量差陵户。」仍授尚書工部郎中李途京兆少尹，充奉修諸陵使〔八〇〕。

後唐莊宗崩，葬雍陵，在洛京新安縣。四月崩，次年七月葬。

明宗崩，葬徽陵，在洛京洛陽縣。十一月崩，次年四月葬。

末帝泰清三年，車駕北幸，路當徽陵，乃至陵所朝謁。

晉高祖崩，葬顯陵，在洛京壽安縣。六月十三日崩，十一月十日葬〔八一〕。

漢高祖崩，葬睿陵，在洛京都城縣。正月二十七日崩，十一月二十七日葬。

隱帝崩，葬潁陵，在許州陽翟縣。十一月二十一日崩，周廣順元年八月十二日葬〔八二〕。

周太祖崩，葬嵩陵，在鄭州新鄭縣。正月十七日崩，四月十二日葬。

先時，帝屢戒晉王曰：「昔吾西征，見唐十八陵無不發掘者，此無他，惟多藏金玉故也。我死當衣以紙衣，斂以瓦棺，速營葬，勿久留宮中。壙中無用石，以甓代之。工人徒役皆和雇，勿以煩民。葬畢，募近陵民三十户，蠲其雜徭，使之守視，勿修下宮，勿置守陵宮人，勿作石羊、虎、人、馬，惟刻石至陵前。云周天子平生好儉約，遺令用紙衣瓦棺，嗣天子不敢違也。汝或違吾，吾不福汝。」

世宗顯德元年六月，車駕征太原回，拜嵩陵，至陵所，哀泣感左右，祭奠而退，賜奉陵將吏及近郊人金帛有差。

世宗崩，葬慶陵，在鄭州管城縣。六月十九日崩，十一月一日葬。

恭帝崩，葬順陵，在慶陵之側。

校勘記

〔一〕文帝黃初三年十月　「三」原作「二」，據三國志卷二魏書文帝紀二改。

〔二〕市廛不變其肆　「市」原作「布」，據元本及三國志卷二魏書文帝紀二改。

〔三〕使死者有靈　「靈」，三國志卷二魏書文帝紀二作「知」。

〔四〕尚書祕書三府　「府」原作「省」，據三國志卷二魏書文帝紀二改。

〔五〕皆以終制從事　「制」原作「祭」，據三國志卷二魏書文帝紀二改。

〔六〕明帝景初三年　「三」原作「二」，據三國志卷三魏書明帝紀三改。

〔七〕亦謂此也　「謂」原作「爲」，據通典卷七九禮三九改。

〔八〕今雖秋節　「今雖」原脱，據晉書卷二〇禮中補。

〔九〕禮無吉駕象生之飾　「飾」原作「旆」，據晉書卷二〇禮中改。

〔一〇〕又巾車飾遣車　「飾」原作「旆」，據晉書卷二〇禮中改。

〔一一〕方相玄衣朱裳　「朱」字原脱，據周禮方相氏補。

〔一二〕此鹵簿所依出也　「依」原作「從」，據通典卷七九禮三九改。

〔一三〕虞按禮　「虞」原作「愚」，據通典卷七九禮三九改。

〔一四〕有道車乘車　「道」，晉書卷二〇禮中作「稿」。

〔一五〕既有吉駕則宜有導從　通典卷七九禮三九作「既有導從」。

〔一六〕違禮設銜枚之義　「之」字原脱，據晉書卷二〇禮中補。

〔一七〕十一月庚午崩　「一」原作「二」，據元本、慎本、馮本及晉書卷五懷帝紀改。

〔一八〕蓋由眷同友執　「眷」原作「義」，據晉書卷二〇禮中改。

〔一九〕今雖權制釋服　「權」字原脱，據晉書卷二〇禮中補。

〔二〇〕非禮意也　「意」字原脱，據晉書卷二〇禮中補。

〔二一〕左僕射桓謙奏　晉書卷二〇禮中作「尚書左僕射桓謙奏」。

〔二二〕以二瓦器盛始死之祭　「盛」字原脱，「祭」原作「際」，據馮本及晉書卷二〇禮中補改。

〔二三〕名爲重　「名」原作「門」，據晉書卷二〇禮中改。

〔二四〕禮既虞而作主　「既」原作「記」，據晉書卷二〇禮中改。

〔二五〕後人出之門外以表喪　「之」、「外」二字原脱，據通典卷七九禮三九補。

〔二六〕隆平陵　「隆」原作「陵」，據晉書卷一〇安帝紀改。

〔二七〕車各載一枚　「載」字原脱，據通典卷七九禮三九補。

〔二八〕今可於塋域之内別爲一壙　「内」原作「外」，據宋書卷四一孝懿蕭皇后傳改。

〔二九〕葬臨沂縣莫府山高寧陵　「臨沂」原作「臨沙」，據宋書卷八明帝紀改。

〔三〇〕奉梓宮於東府前渚升龍舟　「奉」字原脱，據南齊書卷二高帝紀下補。

〔三一〕庾持云　「持」原作「特」，據元本、慎本、馮本及隋书卷八禮儀三改。

〔三二〕出於階下　通典卷七九禮三九同原刊。隋書卷八禮儀三作「出於陛階下」。

〔三三〕版奏皆稱某謚皇帝登輼輬　「稱」字原脱，據隋書卷八禮儀三補。

〔三四〕時朝臣共議大行皇帝靈座俠御人所衣服吉凶之制　陳書卷一六劉師知傳無「時」。又原脱「所」，據是書補。

〔三五〕宜服吉服　下一「服」字原脱，據陳書卷一六劉師知傳補。

〔三六〕山陵鹵簿吉部伍中　「山陵」原脱，據陳書卷一六劉師知傳補。

〔三七〕若言公卿胥吏並服縗絰　「絰」，陳書卷一六劉師知傳作「苴」。

〔三八〕豈容衽絰而奉華蓋　「衽」原作「杖」，據陳書卷一六劉師知傳改。

〔三九〕梓宮祔山陵　「祔」原作「還」，據陳書卷一六劉師知傳改。

〔四〇〕悉同此制　「制」原作「置」，據陳書卷一六劉師知傳改。

〔四一〕與平吉不異　「平」字原脱，據陳書卷一六劉師知傳補。

〔四二〕令依漢長陵故事　「令」字原脱，據唐會要卷二〇陵議補。

〔四三〕此適所以爲親之累　此句原作「此通爲親累」，據唐會要卷二〇陵議改補。

〔四四〕書明丘封大小高下之式　「明丘」原作「令」，據唐會要卷二〇陵議改。

〔四五〕非所依也　唐會要卷二〇陵議作「恐非所宜」，較勝。

〔四六〕遠者五十年　「五十」原倒，據唐會要卷二〇陵議乙正。

〔四七〕此臣所以致疑也　「以」字原脱，據元本、慎本及唐會要卷二〇陵議補。

〔四八〕太宗乃令中書侍郎岑文本謂曰　唐會要卷二〇陵議作「太宗乃謂中書侍郎岑文本曰」。

〔四九〕但臣子之心　「但」原作「朕」，據唐會要卷二〇陵議改。

〔五〇〕長陵高九丈　「丈」原作「尺」，據唐會要卷二〇陵議改。

〔五一〕伏願仰遵顧命　「顧」原作「故」，據馮本及唐會要卷二〇陵議改。

〔五二〕左右侍御者　「者」字原脱，據唐會要卷二〇陵議補。

〔五三〕不煩費人功我深以此爲是　「煩」原作「頓」，又脱「我深以此爲是」句，據唐會要卷二〇陵議改補。

〔五四〕九嵕山孤聳迴絶　唐會要卷二〇陵議「九」上有「我看」二字，「絶」作「繞」。

〔五五〕與陵令日知　「日」，唐會要卷二一陪陵名位無此字。

〔五六〕巢國公錢九隴　「錢九隴」原作「錢九龍」，據舊唐書卷五七錢九隴傳改。

〔五七〕鑿山南面深七十五丈　「面」原作「西」，「丈」原作「尺」，據唐會要卷二〇陵議改。

〔五八〕緣山旁巖　「緣」字原脱，據唐會要卷二〇陵議補。

〔五九〕惟舊山陵使閻立德奏曰　「惟」原作「准」，據唐會要卷二〇陵議改。

〔六〇〕列於陵司馬北門内　原脱訛作「列於北司馬門内」，據唐會要卷二〇陵議補正。

〔六一〕阿史那社爾　「社」原作「杜」，據舊唐書卷一〇九阿史那社爾傳、唐會要卷二一陪陵名位改。

〔六二〕中山王李琚　「李琚」原作「李裾」，據舊唐書卷一〇七本傳及唐會要卷二一陪陵名位改。

〔六三〕大將軍卞波利　唐會要卷二一陪陵名位作「大將军王波利」。

〔六四〕宜以三公行陵　「三」原作「王」，據新唐書卷一四禮樂四改。

〔六五〕特進劉審禮　「審」原作「番」，據舊唐書卷七七本傳、唐會要卷二一陪陵名位改。

〔六六〕貞觀禮歲以春秋仲月巡陵　「秋」字原脱，據新唐書卷一四禮樂四補。

〔六七〕春秋仲月遣使具鹵簿衣冠巡陵　「遣」，新唐書卷一四禮樂四作「以」。

〔六八〕至是又獻昭乾陵皆日祭　「日」下原有一「日」字，據新唐書卷一四禮樂四删。

〔六九〕今諸陵朔望食　「陵」字原脱，據新唐書卷一四禮樂四補。

〔七〇〕國有大難　「國」原作「因」，據新唐書卷二〇四嚴善思傳改。

〔七一〕橋陵陪葬名氏節愍太子重俊宜城公主金城公主長寧公主城安公主定安公主鄎國公主彭國公主駙馬李思訓
按唐會要卷二一陪陵名位作「定陵陪葬名氏：節愍太子重俊、宜城公主、長寧公主、城安公主、定安公主、永壽公主、駙馬韋鐵、駙馬王同皎」。又作「橋陵陪葬名氏：惠宣太子業、惠莊太子撝、惠文太子範、金仙公主、梁國公主、鄎國公主、駙馬李思訓」。通考此處當有舛誤。

〔七二〕朝集使又於其南　「其」字原脱，據新唐書卷一四禮樂四補。

〔七三〕皇帝至行宫　「至行」原倒，據新唐書卷一四禮樂四乙正。

〔七四〕抆拭帳簀　「抆」原作「收」，據元本、慎本、馮本及新唐書卷一四禮樂四改。

〔七五〕北向立　「向」字原脱，據新唐書卷一四禮樂四補。

〔七六〕妃嬪公主位於西　開元禮卷四五、通典卷一一六禮七六作「其妃嬪、公主等陪從，立於皇后之南」。

〔七七〕皇帝出　「出」字原脱，據新唐書卷一四禮樂四補。

〔七八〕右校令具蕹器以備灑掃　「蕹」原作「雜」，據新唐書卷一四禮樂四改。

〔七九〕充陵户　三字原脱，據五代會要卷四雜録補。

〔八〇〕充奉修諸陵使　原訛倒作「完修奉諸陵使」，據五代會要卷四雜録改乙。

〔八一〕十一月十日葬　「十一」原作「十」，據五代會要卷一帝號改。

〔八二〕周廣順元年八月十二日葬　原脱「周廣順元年」五字，據五代會要卷一帝號補。

卷一百二十六　王禮考二十一

山陵

宋宣祖安陵，舊在京城東南隅。太祖乾德元年，改卜陵寢，得地於河南府鞏縣南訾鄉鄭封村〔一〕。二年，以宰相范質爲改卜安陵使，翰林學士竇儀等爲禮儀使〔二〕，吏部尚書張昭爲鹵簿使，皇弟開封尹爲橋道頓遞使。未幾，質免相，以開封尹代充改卜使兼總轄五使事，奉修新陵〔三〕。皇堂下深五十七尺〔四〕，高三十九尺，陵臺三層正方，下層每面長九十尺。南神門至乳臺，乳臺至鵲臺，皆九十五步。乳臺高二十五尺，鵲臺增四尺。神墻高九尺五寸，周回百六十步，各置神門、角闕〔五〕。

有司言：「改卜陵寢，宣祖合有哀册及文班官各撰挽歌二首。吉仗用大駕鹵簿。凶仗用大升輿、龍輴、鵝茸纛、魂車、香輿、銘旌、哀謚册寶車、方相、買道車、白幰弩、素信幡、錢山輿、黄白紙帳、暖帳、夏帳、千味臺盤、衣輿、拂纛、明器輿、漆梓宫、夷衾、儀椁、素翣、包牲、倉瓶、五穀輿、瓷甒、瓦甒辟惡車〔六〕。」詔曰：「特與少府同製凶器。」又言：「進玄宫有鐵帳覆梓宫，藉以樱櫚褥，鐵盆、鐵山以燃漆燈。宣祖衮冕，昭憲皇后花釵〔七〕、翬衣，贈玉。十二神、當壙、當野、祖明、祖思、地軸及留陵刻漏等，並望修製。」從之。

有司言：「按儀禮『改葬緦』注云：『服緦者，臣爲君也，子爲父也，妻爲夫也，必服緦者，親見尸柩，不可以無服〔八〕，緦三月而除之。』後魏孝明帝改葬文昭皇太后，崔光上言，請至尊、皇太子、群臣並服緦麻。既葬而除。漢戴德云：『改葬無祖奠』，蓋祖奠設於柩車之前以謂爲行始〔九〕，謂之祖爾。至改葬，在墓已久，告遷而已。今請皇帝服緦麻，皇親及文武臣護送靈駕者，皆服緦麻。既葬而除。不設祖奠，止於陵所行一虞之祭〔一〇〕。宣祖謚册、謚寶在廟室中〔一一〕，合遷置陵内。其玄宫内贈玉、鎮圭〔一二〕、劍佩、旒冕、玉寶，並以珉玉、藥玉製，綬以青錦。」詔諸親、群臣，先爲孝明皇后制服，當服以會葬。安陵中玉圭、劍佩、玉寶等皆用于闐玉。孝明孝惠陵内用珉玉、藥玉〔一三〕，餘從其奏。三月丙戌，改命樞密直學士薛居正爲鹵簿使，啟故安陵，奉安宣祖、昭憲皇后、孝惠皇后梓宫於幄殿。癸卯，靈駕發引，所過州、府、縣、鎮，長吏、令、佐，素服出城奉迎並辭，皆哭。四月乙卯，掩玄宫。自發引至是〔一四〕，皆廢朝，禁京城音樂。乾德四年九月，命内人詣鞏縣安陵薦寒衣，遂爲定式。自是寒食亦往。其後定制，每歲春、秋仲月，遣太常、宗正卿朝拜祖宗及后陵。先齋三日，牲用少牢，一獻。國初，安陵以太牢奉肉。服本品祭服。唐禮，具本品鹵簿，乘輅，後寢。奉御書祝版，逐陵復上起居表。其儀：祭日質明，禮生引奉禮先升，奉幣。次卿詣褥位，解劍脱履，升，奉幣，跪。奠訖，再拜。降，復位。次詣罍洗，訖，升，詣神座前，執爵奠酒，俛伏，興。俟太祝讀文訖，再拜，降階，佩劍納履，復位。禮生贊「拜」，在位皆再拜。詣焚版幣位，東向，俟焚火半，退。次詣諸陵，奉行皆如儀。後以卿闕，分遣宗正寺、太常禮官常參行故事。

十二月，皇后王氏崩〔一五〕，有司言：「孝明、孝惠皇后謚册，按禮，皇后謚成於廟，將來定謚訖，讀於太廟，然後上謚。」禮儀使扈蒙奏：「謚曰：『白虎通后夫人於何所謚？以爲於廟，臣子共定謚，白之於君，然後加之，婦人天夫，故但敬之而已。』又唐元和中，順宗皇后王氏崩，緣是憲宗之母，禮官遂引賤不誄貴，幼不誄長之文。又云古者皇后之謚，則讀之於廟，言受成於祖宗也。今詳后夫人者，有太后，有皇后。若其尊卑不同，不異其制，則夫典禮之訓，有失厥中。欲請凡母后之謚，則定於廟而讀之，受成於祖宗，乃幼不誄長之意也。皇后之謚，取天夫之義，自君之命也，可今請孝明皇后謚號，俟百官議定，制下後，行册之前，命官告太廟，告訖，上於靈座。」從之。

開寶九年，帝幸西京，至鞏縣，親謁安陵，奠獻，號慟久之，左右皆泣下。

會要：「漢儀：『乘輿謁陵太官上食，太常薦樂舞，如吉祭。』國朝謁陵，皆輟樂，舉哭，素服行事，故列於凶禮。」

是年十月，太祖崩，卜葬。以翰林學士杜彦圭爲山陵按行使，齊王廷美爲山陵使兼橋道頓遞使〔一六〕，又有禮儀鹵簿儀仗使，皆以侍官爲之。次年三月，奉册寶，告於南郊，讀於靈座前。四月，啟攢宮，上與群臣皆服如初喪。群臣朝晡臨殿中〔一七〕，退易常服出宮城〔一八〕，發引，上親啟奠、祖奠，出，詣明德門外，行遣奠之禮，讀哀册。又詣大升輿前，哭盡哀，再拜，奉辭，釋縗還宮，靈駕發至都城外，百官奉辭訖，凶仗如安陵，進增轀輬車，及神帛肩輿，鹵簿三千五百三十九人。乙卯，葬永昌陵，在河南鞏縣。附宣祖永安陵。己未，神主將至，群臣出都城奉迎，安於大明殿。自啟攢前三日至奉安神主，皆廢朝。五月己卯，祔廟，亦廢朝，仍禁京城音樂。十月崩，次年四月葬。

至道三年三月，太宗崩，以雍王元份爲山陵使，餘四使及按行使、副如前制。有司言：「大駕鹵簿萬八千九百三十六人，全用其數。慮山塗近隘〔一九〕，車騎填委，望加裁定。」詔：「用其半。」皇堂深百尺，方廣八十尺，陵臺方二百五十尺，置守陵户五百人〔二〇〕。作殿以設聖容。朝暮上食，四時祭享。

十月丁酉，靈駕發引，以太宗玩好弓劍、筆硯、琴棊之屬〔二一〕，列於仗内。僧道威儀奉引。繪聖容，二冠服〔二二〕，一常服。設輦殿置仗中。有司言：「發引畢，皇帝當改御吉服。」上不忍，止以縗服還宫。乙酉，葬永熙陵。甲寅，神主至，奉安於含光殿。上服鞾袍，步出殿門，迎拜，嗚咽流涕，前導神主至殿。階下群臣就列。安神畢，拜奠而退。十一月，祔廟。上服鞾袍前導神主，由西上閤門出乾元門外，奉辭，餘如永昌陵之儀。

元德皇后李氏真宗生母。三月崩，十月葬。以至道三年十月追尊，先殯於普安禪院。咸平元年，議改卜園陵。二年，命使按行園陵地，議立陵名。禮官言：「周顯德末，都省集議。故事，帝后同陵謂之合葬，同塋謂之附葬。漢吕氏陵在長陵西百餘步，以同塋兆而無名號。又唐穆宗二后，王氏生恭宗，蕭氏生文宗，並附葬完陵之側。今園陵鵲臺在永熙陵封地之内，恐不須別建陵號。」從之。

景德元年〔二三〕，皇太后李氏崩。四月，司天監言：「奉詔集衆官以諸家葬書選定園陵年月。今歲甲辰，年分未到，宜用閏九月二十三日權攢於壬地。其修陵至丙年始吉。」詔禮官詳定。上奏曰：「伏以宗廟之儀，享祀爲大。若三年不祭，則闕孰甚焉。再三詢問，日官復有論列，安敢以禮官博士之議，拒馮相保章之説？況事繫園陵，理務便宜。今參詳喪葬之議，古有變禮，合祔自乎姬旦，始墨由乎晉襄，書之簡編，亦無譏議。禮云，葬者，藏也，欲人之不得見也。既不欲穿壙動土，則莫若就司天所擇之地依葬訖，王后之殯居，棺以龍輴欑木題湊蒙槨上，四注如屋以覆蓋盡塗之，如今埋重。如不欲入土，則至時焚之。如此，則是用攢禮而存葬名。所冀粗合經典，便可行虞祭升祔神主，祭享宗廟。」宰相請依禮官之議，詔可。

景德三年八月，詔：「以來春朝拜諸陵，凡百費用以官物充，增修館驛以備行宫，從臣百司儲擬供御，並從省約。諸司需索非有敕命，州縣不得供給，道路不得廣役夫丁修治，鄰近州府長吏不得擅離本任赴行在，諸道不得以進奉爲名科配。起居表章附驛置以聞。」

宰臣王旦言：「行宫損壞，要須修葺。」上曰：「此亦勞民所至，但飭州縣廨舍處之。百司非有司事祗應，不令扈從。」

九月一日，太常禮院言：「朝陵準故事，合排小駕鹵簿。唐貞觀中，太宗朝獻陵，宿設黄麾仗，周衛陵寢。今請逐陵寢並周設黄麾仗。又古之記事，必書方册。方，即今祝版也。方則燔之，册則藏於其室。唐制，前一日，陵令以玉册進御親書，近臣奉出，陵令受之。今請酌中，造竹册四副，祝畢焚之。又舊設百官位於陵所，從祝官及皇親、並客使分於神道左右。貞觀中並陪列於司馬門内。今望準舊儀施行。又舊儀，詣寢宫到大次之時，設百官位，奏請行禮。今望令預先入赴寢殿立班。又貞觀中，皇帝至小次，素服乘馬。檢會今年正月内，車駕朝拜明德攢宫，止特服素白之衣。當時皇帝在大祥之内，今既服除拜陵，望止服淡黄袍。又按貞觀、永徽故事，朝陵皆先親後尊，拜辭訖，出還大次，便進發，今望準故事先朝永熙陵。又儀注，每至陵，奏請行事及辭，皇帝皆兩次再拜，陪位官每陵亦各兩次再拜，今請皇帝詣安陵參辭，四度再拜，永昌、永熙陵各兩度設拜。舊儀，逐寢殿上食，備太牢之饌，珍饈庶品。近禮以羊豕代太牢。今請備少牢之祭，設奠、讀册畢，復詣寢宫上珍饈庶品，别行致奠之禮。又舊儀，前發二日，太尉告太廟。今請依禮徧告六室。」詔特服素白衣，行事次序如告太廟，餘悉依所請。十一月詔〔二四〕：「三陵陪葬皇子、皇孫、公主之未出閤者，及諸王夫人之蚤亡者〔二五〕，將來朝拜日，並令有司隨尊卑各設位於諸陵下宫之東序，以致祭焉。」

凡陪葬子孫：安陵一百二十一墳，量設三十位，男子、女子共祝版二。永昌陵十五墳，量設十位，祝版一。永熙陵八墳，量設五位，祝版一。

四年正月二十一日，車駕進發，幸鞏縣朝陵。二十六日，次鞏縣。帝以諸陵密邇，罷鳴鞭及太常奏嚴、金吾傳呼。二十八日，帝乘馬發行宫，至中路，頓進蔬膳。是夕，齋於永安鎮之行宫。二十九日，夜漏未盡三鼓，帝乘馬，却輿輦繖扇〔二六〕，至安陵外，易素服，步入司馬門，行奠獻之禮。次詣永昌陵、永熙陵，又詣下宫。凡上宫用牲牢、册祝，有司奉事，下宫備膳饈，内臣執事，用家人禮，百官皆陪位。又詣元德皇太后陵奠獻，又於陵西南設幄殿〔二七〕，祭如下宫禮。帝每至陵寢，望門而哭。禮畢，徧詣孝明、孝惠、孝章、懿德、淑德、明德皇后陵〔二八〕，又至莊懷皇后陵〔二九〕，遂單騎以内臣從巡視陵闕，及親奠夔王、魏王〔三〇〕、岐王、恭孝太子、鄭王、安王、周王諸墳。辰後，暫至幄次更衣，復詣諸陵奉辭。初，有司以朝拜無奉辭之禮，帝感慕哀切，未忍遽去，故復往焉。至午而還，左右進繖，帝以陵闕在望，却之。度昭應水，許進焉，至行宫始御常膳。仍遣官祭一品墳、皇親諸親冢。

大中祥符三年詔：「將來祀汾陰，還時朝拜諸陵，大略如景德四年之禮。」

乾興元年二月，真宗崩，以宰相爲山陵使，餘如舊制。六月，參知政事王曾言奉詔按視山陵，定皇堂之制。深八十一尺，上方百四十尺。宰相等請以前後所降天書置陵中。十月己酉，葬永定陵，自啟攢至祔廟如舊禮。

内侍雷允恭爲山陵都監，司天邢中和爲允恭言：「今山陵上百步，法宜子孫，類汝州秦王墳。」允恭曰：「如此何故不就？」中和曰：「恐下有石并水耳。」允恭曰：「先帝獨有上，無他子，若如秦王墳，何故不用？」中和曰：「山陵事重，踏行覆按，動經日月，恐不及七月之期耳。」允恭曰：「第移就上穴，我走馬入見太后言之，安有不從？」允恭素貴横，人不敢違，即改穿上穴。及允恭入白太后，太后曰：「此大事，何輕易如此！出與山陵使議可否。」允恭見丁謂言之。謂亦知其非，而重違允恭，唯唯而已。允恭乃入奏太后曰：「山陵使無異議矣。」既而上穴果有石，石盡水出。王曾以謂擅易陵地，意有不善，密奏之。太后大驚，乃誅允恭，謂貶崖州司户。始，丁謂請名陵曰鎮陵，及謂貶，馮拯謂三陵皆有「永」字，故易曰永定陵。然永安乃永安縣名也，宣祖陵止名安陵，又不知翼祖已名定陵，於是復追改翼祖陵爲靖陵。議者譏拯不學，當時無正之者。

景祐初，滄州觀察使守節言：「寒食節例遣宗室拜陵，而十月令内司賓往，非所以致恭。」乃詔宗室正刺史以上一員朝拜，罷永定薦納之非禮者。

四年，減柏子户〔三一〕，安陵、永昌、永熙各留四十户〔三二〕，永定五十户，會聖宮十户。

嘉祐八年三月晦，仁宗崩，發諸路卒四萬六千七百八十人修奉山陵〔三三〕。學士王珪言：「古者賤不誄貴，幼不誄長。禮：『天子稱天以誄之。』近制，惟詞臣撰議，即降詔命，頗違稱天之義，欲稽典禮，集中書門下御史臺五品以上庶僚於南郊告天，議定，然後連奏以聞。」詔從之。遂爲定制。

十月甲辰，葬永昭陵。庚子，虞。丙午，祔。初，永安縣官月朔朝定陵，望朝三陵。韓琦言昭陵未有朝日。乃令縣官朔望分朝諸陵。

治平四年正月，英宗崩，遺詔山陵務從省約，所歷郡縣，無科率煩民。八月癸酉，葬永厚陵，禮如舊制。

元豐八年三月，神宗崩。十月乙酉，葬永裕陵。

紹聖元年四月〔三四〕，太史請徙去永裕陵禁山民墳一千三百餘，以便國音。帝曰：「徙墓得無擾乎！若無所害，則勿令徙，果不便國音，當給官錢，以資葬費。」

元符三年春正月，哲宗崩。八月壬寅，葬永泰陵〔三五〕。

諸陵儀制：治平四年，永厚陵置使、副使二，增募奉先軍一指揮。昭陵東南禁地占民田者，優買償之。熙寧五年，建昭孝院，奉永昭、永厚陵，以官田給。始詔文臣兩省武臣閤門使以上，道陵下聽朝謁。故事，歲遣朝陵官自宣祖至真宗、章惠皇后總以太常、宗正卿二人，其餘九陵，則通遣郎中或清望官二人分詣。太常、宗正卿闕，以尚書省四品、兩省五品以上，或大卿監充。又闕，遣以次官。獨永定陵輪宗寺及太常禮院官一人春秋朝享，因之檢察陵事，以陵臺令陪位。若非時祭，則遣陞朝官。其永厚陵準永定陵故事，應諸陵奉祀。牙床什器，各以東闕庭藏之。元豐二年，詔增陵園地爲七十有五步，以應生火中五十之數。禁昭陵東北山口路勿耕鑿，中有民田則給其直，或易以官地。舊以兆域南地十頃有畸資官費，而監護官循習以爲圭田。帝詔曰：「陵寢重事，今守吏不法如此，不可不深加懲治。其選强毅官劾治以聞。」

初，永熙陵之艮巽，方築隄以鎮土，至是因日官有請，乃命爲隄，於永厚陵及濮園之東，行鎮土法，各於其方以珍寶玉爲獸瘞之。

詔：「朝陵官非嘗任執政事，止奠獻，薦新，其勿進湯、特拜。應諸陵官物，皆籍。二年一遣官檢察。陵臺令通治陵事，隸太常寺，仍專按視陵域，或內外林木，歲以數申寺。其典領官月一出所藏衣冠及應供奉之物，以時展閱暴凉。」

六年，太常博士何洵直言：「自秦、漢即陵爲寢，有事生之具。今祠陵官具牲牢俎豆以祭服行禮，而朝獻景靈宮純用時王之制。陵寢義當一體，其朝陵薦牙盤食，獻官止以常服。六陵下宮及會聖宮門，各視廟社，宮門立戟二十四。」皆從之。復詔：「朝陵自今各遣官太常寺輪長貳，餘以宗室、遥郡防禦使。永安陵下宮之南，令加舊地十步三尺，仍視其制度增修永厚陵〔三六〕，其永昌、永熙陵亦繕治之。陵官輒離陵所，以擅去官守法論。若宮人朝陵，毋以伎樂迎送。昭陵下宮，帝后同幄薦獻。安陵以合祔及昌、熙、定陵悉無諸后神像，長至、元正、清明節，帝后異宮，酌獻、上食皆不豫饗。」七年，因何洵直之請，乃命各設后位，遂選官定薦獻供奉式焉。

高宗建炎元年五月一日，詔〔三七〕：「應永安軍祖宗陵寢，西京應天禪院、會聖宮影殿西墳，可差西京留守及臺官一員日下前去躬親省視，如合修奉去處，一面措置，仍密具奏聞。南墳委汝州守臣依此。」又詔：「河南府鎮撫使翟興〔三八〕，團結本處義兵，保護祖宗陵寢。」

紹興元年四月，隆祐太后孟氏崩，遺詔擇近地權殯，俟息兵歸葬園陵。棺取周身〔三九〕，勿拘舊制，以爲他日遷奉之便。六月，殯於越州會稽縣上亭鄉上許里。謚曰昭慈獻烈。攢宮方百步，下宮深一丈五尺，明器止用鉛錫。置都監、巡檢各一員，衛卒百人。生日忌辰、旦望節序，排辦如天章閣之儀。以香火院爲泰寧寺。虞主還溫州，於溫州行祔廟之禮。

二年，知紹興府張守言：「頃嘗備位政府，今叨領藩符，伏睹昭慈獻烈皇后攢宮，近在本府界，望許臣攢宮朝謁。」從之。自是守臣皆從其請。

三年，禮部太常寺言：「春秋二仲薦獻諸陵禮，於行在法惠寺設位行望祭禮。」從之。自此每歲薦獻，率循此例。

紹興七年正月，道君皇帝、寧德皇后凶問至，上舉哀成服，命王倫爲奉迎梓宮使。六月，宰臣張浚等詣南郊請謚，廟號徽宗。閏十月，户部尚書章誼等言：「梓宮未還，久廢謚册之禮〔四〇〕。請依景德元年明德皇后故事，行埋重、虞祭、祔廟之禮，及依嘉祐八年、治平四年虞祭畢而後卒哭，卒哭而後祔廟〔四一〕，仍於小祥前卜日行之。異時梓宮之至〔四二〕，宜遵用安陵故事，行改葬之禮，更不立虞主。」從之。

九年正月，太常寺言：「徽宗及顯肅皇后將及大祥，雖未置皇堂，若不先建陵名，則春秋二仲有妨薦獻。請先命宰臣上陵名。」宰臣秦檜等請上陵名曰永固，詔恭依。

是年，以金人歸河南地，命大宗丞士㒟、兵部侍郎張燾祗謁陵寢。

二人至西京，朝拜陵寢，民夾道驩迎，遂入柏城，披荊履蘖，隨宜葺之而去。及還，奏言：「諸陵下石澗水〔四三〕，自兵興以來，涸竭幾十五年，二使到日，水即大至，父老驚嘆，以爲中興之祥。」上問諸陵寢如何，燾不對，惟言萬世不可忘此賊。上爲之黯然。

時方庭實爲三京、淮北宣諭使，至西京，先朝謁陵寢，見永昌而下皆遇驚犯，泰陵至暴露，庭實解衣覆之。歸日痛哭流涕，爲上言之，由是大忤秦檜。

十月，禮部言〔四四〕：「永安軍等處今已收復，委知軍詣諸陵逐位檢視，除永定、永昭、永厚、永裕、永泰陵園內並無損動，內永安、永昌、永熙陵神臺壘裂，損枳橘柏株木，未敢一面擅行補飾，合就差所委修飾官奏告行禮。」詔令河南府委官如法補飾，不得滅裂。

十二年四月，禮部太常等言：「徽宗皇帝、顯肅皇后梓宮至，宜權設龍德別宮〔四五〕，以備安奉迎見梓宮。皇帝及百官宜依永安陵改葬故事。」從之。詔：「侍從臺諫禮官修奉陵寢或攢宮。」工部尚書莫將等請依景德元年明德皇后權攢故事，修奉攢宮。詔恭依。八月，車駕詣臨平鎮迎奉二梓宮。九月，發引。十月，掩攢，在昭慈攢宮西北五十步，用地二百五十畝。十三年，改陵名曰永祐。

朝野雜記：「徽宗初葬五國城。後七年，虜人乃以梓宮還行在。梓宮將至，上服黄袍乘輦，詣臨平奉迎，登舟易緦服，百官皆如之。既至行在，寓於龍德別宮，以故待漏院爲之，在行宮南門外之東〔四六〕，帝后異殿。先是，選人楊煒獻書於執政李光，以梓宮可還〔四七〕，真僞未辨。左宣義郎王之道亦貽書諫官曾統乞奏〔四八〕，命大臣取神櫬之最下者斲而視之，然後奉安。既而禮官請用安陵故事，梓宮入境，即承之以槨。有司預製衮冕、翬衣以往，至則納槨中，不改斂。」

又曰：「徽宗梓宮將還，宰相秦檜白令侍從、臺諫、禮官赴尚書省集議。靈駕既還，當崇奉陵寢，或稱攢宮。禮部員外郎眉山程敦厚希檜意，獨上奏言：『仍攢宮之舊稱，則莫能示通和之大信；而用因山之正典，則若亡存本之後圖。臣以爲宜勿徇虛名，而當示大信。』於是議者工部尚書莫將等乃言：『太史稱歲中不利大葬，請用明德皇后故事，權攢。』許之。議狀遠引明德而近捨昭慈，似有所避也。其後高宗遺誥，亦稱攢，迄今遂循故事。」

又曰：「永祐之權攢也，宰相秦檜不欲行，乃命信安孟王忠厚以樞密使爲之。及營思陵，備置五使，遂命右相周益公掩攢宮，從所請也。時左相王季海以母老惡凶事，故不欲行。然陵成而王卒罷永阜之役，既命左相留仲至，未葬而仲至罷逐〔四九〕。右相趙子直亦不欲行，乃以少傅保寧軍節度使郭師禹爲總護使，而命參知政事余處恭持節道梓宮。既葬，師禹封永寧郡王，子直遂得罪。慶元末，永崇陵將復土，右相謝子肅亦不行，乃命平原王韓侂胄焉。山陵非宰相護送，遂爲故事。」

十三年十月，禮部太常等言：「將來郊祀禮畢，合奏謝諸陵。昭慈聖獻皇后攢宮、永祐陵攢宮，已差官行禮；內諸陵權於臨安府法惠寺設位望祭、差南班宗室二員行禮。」從之。

二十年正月，臣僚言：「陵廟之祭，月有薦新。永祐諸陵，缺而未議。望令有司討論舉行，其新物令逐宫預行關報紹興府排辦。」從之。

三十一年，淵聖皇帝凶問至，以六月舉哀成服。七月，宰相陳康伯等率百官謁南郊請謚，廟號欽宗。其餘並如徽宗典禮。

建炎以來朝野雜記：「欽宗之喪，舉哀於天章閣南，以學士院爲几筵殿，遥上陵名曰永獻陵〔五〇〕，暨乾道中，朝廷遣使求陵寢地，虜人許以遷奉，且並歸靖康梓宫，朝廷難之，虜人乃以禮陪葬於鞏縣云。」

顯仁皇太后韋氏崩，祔於永祐陵攢宫。詔：「兩攢宫禁地内有遷士庶墳冢屋宇，及收買士庶田産山林地段，專委守臣同檢察宫陵所攢置告諭，先估實直，倍數支還，取人户收領，毋令人吏乞覓騷擾。」

殿中侍御史汪澈言：「竊惟攢宫之地，舊占百步。去冬新立四隅，回環不啻二十里，居民悉已遷徙，屋廬悉已毁撤，寸土尺木，率居於官，今皆爲禁地，而士庶邱墓，錯雜其中，陰陽家流或謂盡宜挑去，以肅静陵域。且有内將外從天柱門三男方位之説。或謂暫爲攢宫，不必挑去。是故上貽聖慮，命臣躬親前去看定。臣遵奉睿訓，周視四隅，見得士庶墳冢，元計九百三十八穴，除近已挑去一百七十二穴外，有七百六十六穴見存。竊以攢宫經今三十餘年無有議其非者，今二十里之内，乃云盡合挑移，始有紛紛之論。太史局各守其説，皆虚誕浮誣，不可取信。臣請以史傳及祖宗故事明之。秦樗里子死，葬於渭南章臺之東，曰『後百歲是當有天子之宫夾我墓』。至漢興，長樂宫在其東，未央宫在其西，武庫正直其墓，且以天子之宫密近，而當時不聞遷其墓也。以今觀之，一百七十二穴業已挑去而築實之，無可奈何。而見存七百六十六穴纍纍相望，雖山林掩蔽，皆在禁地。若一旦悉令挑去，恐頓泄地氣，兼於人情，有所未安。欲下紹興府專委守臣出榜，備坐宫陵制内所載，曉諭民間。如對界内舊墳有願遷出，仰召保聞説，經府自陳，令巡尉監視，聽其遷出；如不願者，仍舊。」從之。

孝宗乾道六年，以起居郎范成大爲祈請使，之虜請陵寢地。

先時，上賜宰臣陳俊卿手札曰：「朕痛念祖宗陵寢，淪於腥羶四十餘年，今欲特遣范使就彼祈請，卿以爲如何，可密奏來。」俊卿以爲未可，坐罷相，知福州。乃遣成大行，令學士院草國書，以陵寢所在，欲求河南地爲辭。成大將行，祕書少監李燾等皆不以爲然。國子博士邱宗山輪對，論其無益啟侮。上不樂曰：「卿家祖先墳墓爲人占據，莫亦須理會否？」答云：「臣但能訴之，不能告之。」上赫怒。成大既出疆使還，其國書云：「和約再成，界山河以如舊；緘音遽至，指鞏、洛以爲言。援曩時無用之文，瀆今日既盟之好。既云廢祀，欲伸追遠之懷；止可奉遷，即俟刻期之報。至若未歸之旅櫬，亦當並發於行塗。」明年，遣趙惟賀虜主生辰，復附國書，略曰：「惟列聖久安之陵寢，既難一旦而驟遷；則靖康未返之衣冠，豈敢先期而獨請？」其後虜人徙葬欽宗於鞏原，而荆、襄諜報乃謂虜以十萬騎奉還陵寢以來，中外洶洶，邊帥咸請增戍。後卒無事。

淳熙十四年，高宗崩，宰相王淮等上陵名曰永思。詔：「攢宫遵遺誥，務從儉約，凡修營百費，並從内庫及封樁錢物，毋侵有司經常之費。諸路監司、州軍府監止進慰表，其餘禮並免，仍不得以進奉攢宫爲名，有所貢獻。」

按：行使蕭燧等言：「相視到大行太上皇帝神穴地段，係在徽宗皇帝攢殿籬圍之外正西北，顯仁皇后攢殿近上正西向南，乞差官覆按施行。」詔户部侍郎葉翥充覆按使。

紹熙五年，孝宗崩，宰相趙汝愚等上陵名曰永阜。詔於永思陵下宫之西修蓋攢宫。

建炎以來朝野雜記：「紹興初，六飛駐越，昭慈聖獻皇后上賓，因卜地權殯於會稽上皇村，蓋便於修奉也。及卜祐陵，遂就其側，併舉顯肅、憲節二后祔焉。顯仁、高宗繼從其兆，則迫隘已甚矣。高宗之葬也，趙子直時守蜀，手疏論會稽攢宫淺薄，可爲深憂，宜復祖宗山陵之制。朝論不從。於是自昭慈之西，連用五穴，山勢漸遠，其地愈卑矣。孝宗將殯，子直爲樞密使，建議以攢宫本非永制，實居淺土，蔽以上宫，初期克復神京，奉遷神駕，雖其志甚美，而其事實難。且死者無終極，國家有廢興，豈宜徒徇虚名，以基實禍？識者深以爲然。時日官荆大聲已卜地思陵之傍，開深五尺，下有泉石。近例神穴深九尺。按行使趙德老以爲土肉淺薄不可用。子直乞改卜，意欲以中軍寨爲之，而宰相留仲至以爲不然。於是德老與覆按使謝子肅附其説，乃命大聲改卜於新穴之東，視新穴纔高一尺一寸五分，而已。孫從之爲覆按使〔五一〕，還言當少寬時日，別求吉兆。而内廷左右，以上久居喪次，内外不便，皆主速葬之説。乃詔侍從、臺諫，限三日集議。議者皆言神穴未安，自合展期改卜。況朝廷禮文，何嘗盡循古制，豈必拘七月之期？奏，劉德修所草也。

「朱晦翁時在經筵，復上奏論臺史國音之説不可信。又言：『今穴視前穴高一尺一寸五分，則是開至六尺一寸五分，即與舊穴五尺之下有水石處高低齊等，如何却可開至九尺而其下二尺八寸五分者無水石邪？臣自南來，經由嚴州及富陽縣，其江山之勝，雄偉非常。説者又言臨安縣乃錢氏故鄉，山川形勢，寬平邃密，此必有佳處可用，而臣未之見也。竊見近年地理，出於江西、福建爲尤盛。望下兩路帥臣監司，疾速搜訪，量給路費，多差人兵轎馬津遣赴闕，令於近甸廣行相視。』或謂晦翁之意似屬蔡元定季通也。所謂國音者，蓋近世庸妄之説，以五音盡類群姓，而謂冢地向背，各有其宜，以國姓論之，必當用離山坐南向北之地。晦翁謂以禮而言，則死者北首；若以術言，則凡擇地者，必論主勢之强弱〔五二〕，風氣之聚散，水土之淺深，穴道之偏正，力量之全否，然後可以較其地之美惡。政使實有國音之説，亦必先此五者以得形勝之地，然後其術可得而推。若曰其法果驗，不可改易，則洛、越諸陵，無不坐南向北，固已合於國音矣，又何吉之少而凶之多邪？疏入不報。其後卒定永阜攢陵於會稽，子直請如故事建陵，臺諫同列又以後喪踰前喪而止〔五三〕，故永陵亦因之〔五四〕。若成穆、成恭二后，則先葬於赤山，慈懿皇后則殯於南山淨慈寺。」

慶元六年，光宗崩，丞相謝深甫等上陵名曰永崇。

按：行使、副韓邈、黄鑑言：「判太史局荆大聲等相視得大行太上皇帝神穴係在永阜陵西，永思陵下宮閑地段，委是國音，王氣聚秀之地，依得尊卑次序，可以安建。」既而差官覆按，從之。

開禧三年，成肅太后崩，於永阜陵正北祔殯。

吏部尚書陸峻等言：「伏睹列聖在御，間有諸后上仙。緣無山陵可祔，是致别葬。若上仙在山陵已卜之後，無有不從葬者。其他諸后，葬在山陵之前，有神靈既安，並不遷祔。惟元德、章懿二后，方其葬時，名位未正，續行追册。其成穆皇后，孝宗登極即行追册，改殯所爲攢宫，典禮已備，與元德、章懿二后事體不同〔五〕，所以更不遷祔。竊稽前件典禮，祇緣喪有前後，勢所當然，其於禮意，却無隆殺。今來太皇太后上仙從葬阜陵，依得上件典故。」從之。成穆，孝宗正妃，未登位薨；成肅，孝宗繼妃，登位後立爲后。

校勘記

〔一〕鞏縣南訾鄉鄭封村　宋會要禮三七之一作「鞏縣西南四十里訾鄉鄧村」。長編卷四太祖乾德四年閏十二月辛未條作「鞏縣西南四十里鄧封鄉南訾村」。宋史卷一二三禮二五作「鞏縣西南四十里訾鄉鄧封村」。疑「鄭」乃「鄧」之訛。

〔二〕竇儀等爲禮儀使　「禮儀使」原作「儀仗使」，據宋會要禮三七之一、宋史卷一二二禮二五改。

〔三〕奉修新陵　「修」字原脱，據宋史卷一二二禮二五補。

〔四〕皇堂下深五十七尺　「七」字原脱，據宋會要禮三七之一、宋史卷一二二禮二五補。

〔五〕角闕　「闕」原作「鬬」，據宋會要禮三七之一、宋史卷一二二禮二五改。

〔六〕辟惡車　原訛脱作「惡事」，據宋會要禮三七之一、宋史卷一二二禮二五改補。

〔七〕昭憲皇后花釵　「皇后」原脱，據宋會要禮三七之一、宋史卷一二二禮二五補。

〔八〕必服緦者親見尸柩不可以無服　「必」、「見」、「以」三字原脱，據宋史卷一二二禮二五補。

〔九〕蓋祖奠設於柩車之前以謂爲行始　「謂」，宋史卷一二二禮二五無此字。疑衍。

〔一〇〕止於陵所行一虞之祭　「止於」原脱，據宋史卷一二二禮二五補。

〔一一〕宣祖謚册謚寶在廟室中　宋史卷一二二禮二五作「宣祖謚册謚寶舊藏廟室」。

〔一二〕其玄宮内贈玉鎮圭　「玄宮」，宋史卷一二二禮二五作「皇堂」。

〔一三〕孝明孝惠陵内用珉玉藥玉　「用」原作「圭」，據宋史卷一二二禮二五改。

〔一四〕自發引至是　宋史卷一二二禮二五作「自發引至揜皇堂」。

〔一五〕十二月皇后王氏崩　「十二月」原作「十月」，據長編卷四太祖乾德元年十二月甲申條、宋史卷一二三禮二六改。

〔一六〕齊王廷美爲山陵使兼橋道頓遞使　下一「使」原脱，據宋會要禮三七之四補。

〔一七〕群臣朝晡臨殿中　原訛作「朝晡臨」，據宋會要禮二九之五、宋史卷一二二禮二五改補。

〔一八〕退易常服出宮城　「退」字原脱，據宋會要禮二九之五、宋史卷一二二禮二五補。

〔一九〕慮山塗近隘　宋會要禮三七之五作「慮道途往復爲難」。

〔二〇〕置守陵户五百人　宋會要禮三七之五作「置衛兵五百人守奉」。

〔二一〕以太宗玩好弓劍筆硯琴棋之屬　「玩好」原倒，據宋史卷一二二禮二五乙正。

〔二二〕繪聖容二冠服　「二」原作「三」，據元本、慎本及宋史卷一二二禮二五改。

〔二三〕景德元年　「元」原作「三」，據宋史卷一二三禮二六改。

〔二四〕十一月詔　按宋史卷一二三禮二六此詔繫於景德四年正月，非「三年十一月」。

〔二五〕及諸王夫人之蚤亡者　「者」字原脱，據宋史卷一二三禮二六補。

〔二六〕却與輦繖扇　「扇」字原脱，據長編卷六五真宗景德四年正月丁卯條補。

〔二七〕又於陵西南設幄殿　宋史卷一二三禮二六同。長編卷六五真宗景德四年正月丁卯條「西南」作「南」。

〔二八〕淑德明德皇后陵　「淑德明德」原倒，原脱「陵」，據長編卷六五真宗景德四年正月丁卯條乙補。

〔二九〕又至莊懷皇后陵　「莊」字原脱，據長編卷六五真宗景德四年正月丁卯條補。

〔三〇〕魏王　二字原脱，據長編卷六五真宗景德四年正月丁卯條補。

〔三一〕減柏子户　「柏」原作「桓」，據元本、慎本、馮本及宋史卷一二三禮二六改。

〔三二〕安陵永昌永熙各留四十户　「十」字原脱，據宋史卷一二三禮二六補。

〔三三〕發諸路卒四萬六千七百八十人修奉山陵　宋史卷一二二禮二五作「發諸路卒四萬六千七百人治之」。

〔三四〕紹聖元年四月　宋史卷一二二禮二五作「紹聖四年」。

〔三五〕八月壬寅葬永泰陵　「八」原作「七」，據宋會要禮三七之一五、宋史卷一二二禮二五改。

〔三六〕永厚陵　「永」字原脱，據宋會要禮三七之一〇補。

〔三七〕建炎元年五月一日詔　「詔」原作「赦」，據宋史卷一二三禮二六改。

〔三八〕河南府鎮撫使翟興　繫年要録卷五建炎元年五月條作「西京統制官翟興」。

〔三九〕棺取周身　「棺」，宋史卷一二三禮二六作「梓」。

〔四〇〕久廢謚册之禮　原「禮」下有「不行」二字，據宋史卷一二三禮二六删。

〔四一〕卒哭而後祔廟　原「卒哭」涉上而脱，據宋史卷一二三禮二六補。

〔四二〕異時梓宫之至　「之」字原脱，據宋史卷一二三禮二六補。

〔四三〕諸陵下石澗水　「石」字原脱，據繫年要録卷一二九高宗紹興九年六月條、宋史卷一二三禮二六補。

〔四四〕十月禮部言　按宋會要禮三七之一七、一八載禮部言事繫於紹興九年七月，宋史卷一二三禮二六作「十年三月」。

〔四五〕龍德别宫　「别」字原脱，據宋史卷一二二禮二五補。

〔四六〕在行宫南門外之東　「在行」原倒，據朝野雜記甲集卷二乙正。

〔四七〕以梓宫可還　「可」，朝野雜記甲集卷二作「雖」。

〔四八〕諫官曾統乞奏　「乞奏」原倒，據朝野雜記甲集卷二乙正。

〔四九〕未葬而仲至罷逐　「罷」字原脱，據元本、馮本及朝野雜記甲集卷二補。

〔五〇〕遥上陵名曰永獻陵　下一「陵」字原脱，據朝野雜記甲集卷二補。

〔五一〕孫從之爲覆按使　「孫從之」，朝野雜記逸文永阜殯陵議作「孫從」，無「之」字。

〔五二〕必論主勢之强弱　「論」，朝野雜記逸文永阜殯陵議作「先」。

〔五三〕臺諫同列又以後喪踰前喪而止　「諫」字原脱，據朝野雜記逸文永阜殯陵議補。

〔五四〕故永陵亦因之　「永陵」原作「崇陵」，據朝野雜記逸文永阜殯陵議及下文改。

〔五五〕與元德章懿二后事體不同　「元德」原脱，據宋史卷一二三禮二六補。

卷一百二十七　王禮考二十二

山陵 葬禮

南郊請謚

請謚於南郊。先是，太常寺已依例集謚號於尚書省。侍從、臺諫、兩省官、監察御史以上赴尚書省集謚，郎官以上書謚，考功擬謚。詔恭依。謚號既定，翰林學士撰謚議。謚議既定，攝太傅上謚議投進入内。次日奉皇帝命，上謚册寶於靈座前。攝太傅以宰臣爲之。

南郊請謚儀注

其日，文武百僚並赴南郊幕次，各服其服。行事官服祭服，陪位官服常服，吉帶。有司設權置謚議匣案褥位於午階下，稍西，東向；次設禮料〔一〕，御史臺、閤門太常寺分引文武百僚入詣午階下之南，北向立。次引奉禮郎、太祝、太官令詣陪位班之前褥位，北向立。次引讀謚議官詣謚議案之後褥位立。次引舉謚議官詣讀謚議官之後褥位立，次禮直官引太傅詣階下稍東，西向，褥位立。贊者曰「拜」，在位官皆再拜。奉禮郎、太祝、太官令升壇，各就位立。禮直官引太傅詣盥洗位，搢笏，盥手，帨手，執笏〔二〕；詣爵洗位，搢笏，洗爵，拭爵，執笏，升壇；詣昊天上帝神位前，搢笏，跪，三上香。奉禮郎搢笏，跪，奉玉幣授太傅。凡執事並搢笏，事已執笏〔三〕。太傅受玉幣，奠玉幣，執爵，三祭酒於茅苴，奠爵，執笏，俛伏，興，少立。太祝跪讀祝文，太傅再拜，降壇，復位，少立。禮直官再引太傅詣謚議案權置位〔四〕，立，舉謚議官跪，舉謚議匣興。執事者先捧謚議案詣昊天上帝神位前當中，置於褥位，太傅搢笏，捧謚議匣，升壇，至位，跪奠。謚議置於案上，執笏，興，少退立。次讀謚議官詣謚議官後立，舉謚議官跪舉謚議，讀謚議官跪讀謚議，訖，復位。舉謚議官奠謚議，舉謚議匣興。執事者先捧案降壇，置於褥位，舉謚議官舉匣降壇，太傅後從，至權置位置定。太傅、舉謚議官俱復位立。贊者曰「拜」，在位官皆再拜。次考功郎官詣謚議權置位前立，舉謚議官詣謚議案，舉謚議以授，考功郎官受之，加於笏上，退歸本班。太傅率行事官詣望燎位，有司取祝版幣帛升燎壇。燎訖，文武百僚退。令書謚議官並歸幕次〔五〕。考功郎官以謚議付本部以俟，書畢投進。

皇太后謚，則攝太尉率百官詣太廟告於祖宗。

后謚告太廟儀注

前一日，有司進入内中。至日，文武百僚徑赴告廟處奉上册寶。太尉、讀册寶官、舉册寶官並入内，於殿門外幕次，俟謚册寶降出，至殿門上。太尉以下迎拜訖，權退，俟謚册寶入門，於殿西階下，東向，權置位定册北寶南。太尉以下權退歸幕次。有司實設酒脯，排辦訖。御史臺、閤門分引文武百僚入就位。禮直官引班首以下立定，次引太尉詣殿下東西向立、奉禮郎、太祝、太官令立於庭中，北向，西上立〔六〕。讀册寶官、舉册寶官立於册寶之後，東向，以北爲上，立定。禮直官贊拜，贊者曰「拜」！在位官皆再拜，訖，先引奉禮郎、太祝、太官令各入就位，次禮直官引太尉詣盥洗位，搢笏，盥手，帨手，洗爵，拭爵，執笏升階，詣僖祖室香案訖，搢笏，跪，上香，再上香，三上香。奉禮郎西向跪。奉幣，太尉受幣，奠幣，執爵，三祭酒於茅，奠爵，執笏，俛伏，興，少立，俟。太祝東向，搢笏，跪讀祝文訖，太尉再拜訖。次詣翼祖室，次詣宣祖室，次詣太祖室，次詣太宗室，次詣真宗室，次詣仁宗室，次詣英宗室，次詣神宗室，次詣哲宗室，次詣惠恭皇后室，行禮，並如上儀。訖，降階，復位立。禮直官引太尉詣册權置位，搢笏，奉册，舉册官搢笏舉册至殿上當中褥位，跪，奠册，執笏，興。少退立。舉册官跪，舉册，讀册官搢笏，跪，讀册文訖，執笏，興，舉册文，訖，執笏，興。舉册官舉册，降階，至權置位，置册後立〔七〕。次引太尉降階，詣寶權置位，搢笏，奉寶。舉寶官搢笏，舉寶至殿上當中褥位，跪，奠寶，執笏，興，少退，立。舉寶官跪，舉寶，讀寶官搢笏，跪，讀寶訖，執笏，興。舉寶官舉寶，降階，至權置位置定，於寶位後立。太尉降階，復位，西向立。禮直官贊拜，贊者曰「拜」！在位官皆再拜，有司奉册寶至幄，文武百僚退。太尉以下詣望瘞位立定，有司瘞幣帛祝版訖，各宿册寶幄之側。據紹興元年隆祐太后儀注，餘依此。

謚册謚寶

攝太傅既率百官請謚進謚議入内訖，次日，候内降出謚册，謚寶官次日率百官上於靈座前。攝太傅係上册寶官。又詔宰執一員奉册寶，不攝。一員讀册文攝中書令，一員讀寶文攝侍中。又差舉册官、舉玉官。以郎中等官爲之。皇帝謚寶用玉一紐，以執政篆寶文。如高宗謚寶，則以「聖武文憲孝皇帝之寶」字爲文，餘並倣此。皇后謚寶，曾垂簾者用玉，不曾垂簾者用金。

上謚册寶於靈座前儀注

前一日，上謚册寶，太傅等官並常服、黑帶、去魚，詣殿門外幕次，太常寺贊引，祗應人禮部職掌及儀衛親從官等，並於殿門外隨地排立，以俟進請謚册寶。内侍官請降謚册寶，將出。次引奉謚册官、奉謚寶官於内侍處，受册寶於殿門上幄次，權置定。次禮直官、贊者引太傅以下詣殿門下，隨地立班，再拜訖，如值雨或泥濘，免拜。權退，側身立，俟有司奉迎儀衛進行。太傅以下從至幄次，權安奉訖。太傅以下退歸本司宿齋。其日，文武百僚入詣幕次，有司設權置册寶褥位於殿下，東向。次奉謚册寶入，太傅以下行禮官並後從，至殿階下東向，權置位册北寶南，太傅以下權退歸幕次，俟有司排辦畢備，御史臺、閤門、太常寺分引文武百僚詣殿東裏外隨地之宜，立班定。次禮直官引讀册中書令、讀寶侍中詣册寶之後褥位立，次引舉寶官於讀册中書令、讀寶侍中之後立，次引奉謚册寶官詣册寶案之東，南向立，次引奉上謚册寶太傅詣殿下褥位西向立定。禮直官贊，太傅躬拜，在位官皆再拜訖。次引太傅升殿，詣香案前，搢笏，三上香，跪，一酹茶，三奠酒，執笏，俛伏，興，再拜訖。降階，復位，少立。次再引太傅詣殿下褥位北向，俛伏，跪，奏稱「太傅臣某言：奉詔謹奉上大行皇帝謚册寶」。奏訖，俛伏，興，退，復位。奉謚册官詣册案前立。次舉册官詣册案前〔八〕，搢笏，跪，舉册匣，興。凡舉册寶，皆禮部職掌助舉。職掌先捧册案升殿，詣殿上香案前，置於褥位，北向立〔九〕。次奉謚册官搢笏，奉謚册，次引太傅詣册匣之後〔一〇〕，搢笏，興，少退，稍西，褥位，東向立。舉册官執笏，興，少立。次引讀册中書令升殿，詣册案之後，北向立。舉册官搢笏，跪，舉册。讀册中書令搢笏，跪，讀册訖，執笏，興，降，復位。舉册官奠册，舉册匣，興。職掌先捧册案於殿上，稍東，褥位，置定。舉册官舉册匣跪置於案上，舉册官執笏，興，降，復位。初，讀册官讀册將畢，次引奉册寶官詣寶案前，舉寶官搢笏，跪，舉寶盝，興。職掌先捧寶案升詣殿上香案前，置於褥位，北向。次奉謚寶官搢笏，奉寶盝。次引太傅降階，於寶盝之後搢笏。次奉謚寶官以寶盝授太傅，太傅受訖，奉謚寶官執笏，退，復位，立。次舉寶官舉行，太傅升殿至褥位，北向，跪奠寶盝於案上，太傅執笏，興，少退，稍西，褥位，東向立。次舉寶官執笏，興，少立。次引讀寶侍中升殿，詣寶案之後，北向立，舉寶，搢笏，跪，舉寶。次讀寶侍中搢笏，跪，讀寶訖，執笏，興，降，復位，立。舉寶官奠寶，舉寶盝，興。職掌先捧寶案於殿上，稍東，褥位置定。舉寶官舉寶盝跪，於案上舉寶，執笏，興，降，復位，立。次引太傅降，復位，西向立定。禮直官贊，太傅躬拜，在位官皆再拜。如值雨泥濘，隨宜於殿裏外並廊上攢那立班。次移班，稍東，進名。班首出班致詞，復位，再拜。奉慰，退謚册寶於本殿安奉，令本殿官交割，權行收掌，至發引日降出，付禮部陳列，奉上謚册寶，合用擡擎謚册寶。輦官二十四人，人員節級二人，執擎治册寶法物〔一一〕；天武官二十二人，人員一人；儀衛、皇城司親事二十人，人員一人，令御輦院、殿前司、皇城司、衛仗司，依數差撥照應，又俟發引日於梓宫前儀衛司排列。抬擎依此。追謚寶册於攢宫。

啓攢

前三日，奏告天地、宗廟、社稷、宫觀。其日，俟總護使先差執政一員爲之。行啓攢禮畢，奏，還梓宫還殿安奉訖〔一二〕行事、陪位官並服初喪服，內不曾製孝服者常服黑帶。就位立班。皇帝服初喪之服，詣帳，即御座。簾降，引太常卿當幄前跪，奏請皇帝行啓攢祭奠之禮。簾捲，前導官導皇帝出幄，詣殿上褥位，西向立。奏請拜，皇帝再拜，舉哭；在位官皆再拜，舉哭。前導皇帝詣香案前北向立。奏請皇帝三上香，跪。內侍進茶、酒，奏請皇帝酹茶，三奠酒。俛伏，興。奏請少立，讀祝文訖。奏請哭，再拜。皇帝哭，再拜；在位官皆哭，再拜。前導皇帝還褥位，西向立。奏請拜，皇帝再拜，在位官皆再拜。前導官導皇帝歸御幄。簾降，奏禮畢，百官奉慰，如上儀。自是百僚並服初喪服，朝一臨。臨退，不易服。至發引奉辭靈駕畢，易常服黑帶。自啓攢後，祔廟前〔一三〕，臨安府內外禁樂，諸路准此。

發引

三日前，差官奏告用大昇轝並龍輴一副，先下文思院製造。總護使一員，執政爲之。橋道頓遞使一員，侍從爲之。主管梓宮前並回程應干事務一員。內侍爲之。並先差。

紹熙元年四月二十九日〔一四〕，太常寺檢會故事，差攝太傅持節導梓宮，題册寶，監鏁玄宮。太常少卿帥執翣者障梓宮〔一五〕。攝司徒率梓宮官升大舁轝及引梓宮即玄宮。又攝司空復土九鍤。監察御史監鏁玄宮。少府監進龍輴。將作監捧梓宮登龍輴兼鏁玄宮。宗正卿充九虞及掩玄宮。饗官差題虞主官並題神主官。殿前司依例差彈壓將官一員，甲軍一百人，用鹵簿儀仗，依例權以儀衛，服青紫褐衫，執持儀物充代。主管禁衛所先相度差撥，其沿路引導，宿頓、排設，用警場，鼓吹，挽歌，依例係總護使同橋道頓遞使。前二日，都大主管官、禮部、太常寺先就貢院按閱。一警場：合用金鉦一十二人，鼓手六十人，嗚角六十人，逐色教頭共五人。武嚴教頭三人，管轄人員二人，部押使臣一人。一鼓吹：合用鼓吹，令丞職掌。府典史引樂官共一十人，歌色一十六人，篳篥色三十六人，笛色三十六人，簫八人，大鼓一十六人，節鼓一人，金鉦四人，擡擎人兵共一十人。一挽歌：合用押教一人，執色四十八人。挽詞：翰林學士、中書舍人撰二十首，文臣職事官各二首。導引歌詞，學士院撰。前一日，先於太常寺教習，其排設、鼓吹、警場及擡擎、節級、軍兵借差殿前步軍司人，並太常寺所差人吏職級、樂正，係紹興二十九年例借請，本身請給一月候。四日，依條除剋。是日行啓奠、祖奠、遣奠禮。攝太傅後從皇帝行禮。又差攝侍中、少傅等官。所有祭器，用牙牀三張。並先下文思院製造。陪位行事官外，餘文武百官並免立班，於城外奉辭靈駕。其哀謚册寶於梓宮前禁衛內排列，沿路排祭。依例壓祭絹，內宰相、使相各五十匹，侍從、臺諫各三十匹，管軍、知省、知閤、御帶、御藥、門司、直殿等各二十匹，六曹郎官、寺監卿少等各一十匹。淳熙十四年例。其經過州縣，合行排祭，不係經過州縣，並免。至攢宮前一日，差官奏告。紹熙五年閏十月七日〔一六〕，橋道頓遞使司言：「將來梓宮發引渡江，依舊例，梓宮前後官司，除内人船外，並於前兩日渡江，庶得整肅，不致諠嘩。」從之。十日，御史臺又言：「勘會梓宮發引日，百官出城奉辭，合設文臣路祭一座，乞依例應臣選人並照本身料錢每三十貫文省於臨安府送納，令本府排辦候畢，如有支不盡錢，繳納左藏庫。」從之。大行皇后喪免設祭。十一月十四日，詔靈駕發引，其排立、禁衛、諸班直、親從等子並殿前司擺齪經由道路坊巷，官兵折食錢，依淳熙十五年例，令户部日下特與倍支。

啓奠

有司設牙牀、牲牢、禮饌，太傅、宰執、總護使、皇親、侍中、前導官及應陪位官外，餘文武官並免立班，徑赴城外候靈駕奉辭，合行事、陪位官就位立班。皇帝服縗絰〔一七〕，至御幄即座，侍衛之官，各服初喪之服。簾降，太史局報時。前三刻，太常卿當幄前跪奏，請皇帝行啓奠之禮。簾捲，前導官導皇帝出幄，詣殿上褥位，西向立。奏請拜、舉哭。皇帝再拜、舉哭。在位官皆再拜、舉哭。内侍官奉盤匜、帨巾、酒爵以進，奏請去杖、盥手帨手，洗爵拭爵。前導官導皇帝詣靈座前，太傅後從。凡升降及祖奠、遣奠禮，皆太傅後從。奏請跪，三上香，進幣。爵酒官西向跪，進幣，次進爵酒。奏請受幣、奠幣，執爵，三祭酒，奠爵，俯伏，興。奏請執杖少立。哭止，讀文訖。奏請哭，再拜。皇帝哭再拜，在位者皆哭再拜。前導官導皇帝還褥位，西向立。奏請拜靈駕少駐，俟權置定。輦官等並權退，如有皇太后，即服縗服，先詣梓宮前舉哭，行燒香禮。俟皇太后燒香禮畢，然後有司設牙牀行啓奠禮，有皇太子同太傅等官立班。

祖奠

俟啓奠既徹後，有司設牙牀禮饌，應行事、陪位官詣殿下北向立。太常卿當幄前跪奏，請皇帝行祖奠之禮。簾捲，前導官導皇帝出幄，詣殿上，西向，褥位立。奏請拜，舉哭，行禮，並如舉奠之儀。訖，前導皇帝於稍東褥位，西向立。太傅、宰執、前導官、總護使司官屬，權退詣几筵殿門外以俟，前導後從立班。次引皇親南班官於殿下，稍東。有皇太子，則引皇太子升殿，詣皇帝褥位之東，西向立。總護使升殿，於皇太子之後西向立。禮直官引侍中奏請靈駕進發。如行啓奠之禮，少府監帥其屬進龍輴於殿下。輂官等升捧梓宮，太傅持節導梓宮進發。降殿，太常少卿帥執翣者分左右障梓宮〔一八〕。初，梓宮降殿，靈駕前奏請梓宮升龍輴。將作監捧梓宮登龍輴，挽士奉引至門外。侍中奏請靈駕權駐，升太昇轝。皇帝歸幄，簾降。陪位少退，前導官立於御幄前。如有皇太后，即詣梓宮前舉哭，行燒香禮，奉辭還宮。

遣奠

俟少傅率梓宮官〔一九〕係將作監。奉梓宮升太昇轝訖，有司設哀册、牙牀、牲牢、禮饌。次引讀册、舉册官進幣，爵酒官各隨地之宜立，酌酒官於酒罇之後立，陪位官皆立如祖奠之儀。太常卿當幄前跪，奏請皇帝行遣奠之儀。簾捲，前導官導皇帝出幄，詣太昇轝之前褥位立。奏請拜舉哭，盥手帨手，洗爵拭爵，上香進幣，爵酒受幣，奠幣，執爵，三祭酒，奠爵，俯伏，興，皆如啓奠之儀。奏請執杖少立。哭止，讀哀册官跪讀哀册訖。奏請哭拜如上儀。皇帝權歸幄次。禮直官引侍中奏請靈駕進發，有司率僧道、儀衛、法物等前引靈駕。前導官導皇帝出幄，舉哭，執紼繩。俟大昇轝進發，内侍官割繩，前導官導皇帝歸幄。哭止，簾降。前導官退。皇帝釋縗服，服折上巾、白袍、黑銀帶以俟。還，内管及應奉官就大昇轝前奉辭，易常服，黑帶，從駕。總護使、頓遞使、都太主管官於皇帝幄次朝辭。餘行事官免，又其餘文武百官城外奉辭靈駕訖，進名奉慰。

紹興元年四月二十九日，太常寺言：「明德皇后故事，行遣奠禮、讀哀册奉辭訖，皇帝吉服還内，縗服並焚之。」係大行太皇太后發引之日，檢會故事。

大行皇后啓攢發引

皇帝服忌日之服，黑鞓，犀帶，絲鞋，親行祭奠燒香之禮。致欽不拜。陪位立班，臣僚並吉服入，易帶立班，於啓攢行禮時一臨而止。自餘發引前夜祭告，並啓奠、祖奠、遣奠行禮，陪位官陪位官以親王總護使，南班宗室，本宅親屬。及會葬，從梓宫。臣僚並服初喪之服。至攢宫，掩攢奉辭訖，易常服，退。所有縗服，候禮畢毁棄。自啓攢之日，至發引前，後殿不視事。其發引、啓奠、祖奠，並係總護使行禮，俟梓宫發引，升龍轝，至和寧門降龍輴，升大昇轝，皇帝親行遣奠之禮。讀哀册，皇帝致欽不拜。及梓宫進發，百官常服、黑帶奉辭，於城外訖，赴後殿門外進名奉慰。親王、宗室、本宅親屬，並隨行。

慶元六年十一月二十九日，延和殿宰執進呈「大行皇后發引訖，免臣僚路祭」。上曰：「此乃文具，不須得，止奉辭足矣。」十二月二日，詔：「大行皇后梓宮將來發引，可出麗正東偏門。」又詔梓宮發引，攝侍中奉梓宮升、降、進發、權駐，差吏部侍郎費士寅攝太傅持節導梓宮，監掩攢宮，差總護使吴環攝太傅帥奉梓宮官奉升大昇轝，又引梓宮，並攝少保差太常少卿俞豐。係恭淑皇后故事，餘倣此。

掩攢

掩攢並神主祔廟，用虞主一，神主一，大匱二，小匱二，腰輿二，汲水鐵浴桶二，索全。矮香案一，紫羅衣子全。白羅拭巾二，長八尺，小尺。筆硯墨一副，白羅巾二。各長八尺，小尺。皇后用青羅巾二。襯藉神主、虞主。紫羅褥子二，浴斛趺座二，錦褥子全。曲几二，衣子全。油絹帕二，各三幅。罩匱羅夾帕二，各三幅，大行皇帝用黄羅，皇后用紅羅。並祏室法物等。並先下文思院製造。攢宮内安設：用黝三疋，纁二疋，下左藏庫支供，選堪好物帛。贈玉一段。盛黝，纁。贈玉匣牀及帕，鑰匙全。下文思院製造。監掩攢宮，差攝太傅併差監察御史。復土九鍤。差攝太保以侍從等官爲之。其日，俟大昇輿詣宮。侍中詣大昇輿前，俛伏，跪，奏稱「侍中臣某言，請靈駕降轝，升龍輴，詣獻殿」。奏訖，俛伏，興。有司捧梓宮升龍輴入，詣獻殿上訖，俟掩攢日時，前行遷奠禮。有司於梓官前陳設祭器，實設禮料畢，先引陪位官，並立定。次引奉禮郎已下入，就位立定。次行禮總護使詣殿，梓宮前立。贊者曰「躬拜」，總護使再拜，在位官皆再拜，舉哭。次引奉禮郎、太祝、太官令各入，就位立定，次引行禮總護使詣盥位盥手帨手，洗爵拭爵，詣酒罇所，跪，執爵，俟太官令酌酒訖，興。詣梓宮，跪，上香。奉禮郎奉幣行禮。總護使再拜舉哭，在位官皆舉哭。總護使復位，又再拜。在位官再拜訖，哭止。

次引總護使詣望瘞位立，奉禮郎、太祝、太官令重行立定。有司瘞祝幣訖，退，俟掩攢時至，引侍中詣梓宮前俛伏，跪，奏稱「侍中臣某言，請靈駕赴攢宮」。奏訖，俛伏，興。有司捧遷梓宮，少傅引梓宮即攢宮畢，權退，俟梓宮進皇堂訖。次引將作監掩攢宮，太傅、監察御史並監掩攢宮。次引少保復土九鍤，俟掩攢宮將畢，内謁者浴虞主訖，以羅巾拭訖，引内謁者詣攢宮，俛伏，跪，奏稱「内謁者臣某言，請神靈上虞主」。奏訖，俛伏，興。扶侍、夾侍啓匱覆訖，捧腰輿。内侍捧遷虞主，升腰輿，至獻殿上，南向，權置定。次引内謁者詣虞主腰輿前，俛伏，跪，奏稱「内謁者臣某言，請虞主降輿升座」。内侍捧虞主即座訖，權退，俟掩攢宮訖。次詣虞主前，行虞祭禮。是日，百官進名奉慰，總護使率應在攢宮官奏表奉慰。

淳熙十五年三月十有八日，右丞相周必大等言：「檢點故事，山陵五使，係隨神主還京。徽宗攢之時，緣紹興七年先已立虞祔廟，總護使所以徑赴行在。至後來顯仁皇后掩攢，誤用變禮。今來神主在塗，事體不同，臣等欲參酌典故，導從渡江，餘行事官自依已降指揮，先回。」從之。

虞主神主

紹興七年閏十月二十五日，朱震充題神主虞主官。按後漢禮儀志：桑木主尺二寸，不書謚。又按杜佑通典載，儀注虞祭之禮，止言太祝捧主匱置於座，啓匱於前，捧出神主。不言題謚祔廟之禮，則曰「享前一日質明，太祝以香湯浴栗主，拭以羅巾，題栗主官盥洗，捧栗主就褥，題神主墨書訖，以光漆重模之」。則是唐制惟題栗主，亦不題虞主也。宋朝仁宗皇帝上僊，吕夏卿奏請虞主不題謚。詔兩制及待制以上官與禮官會議。翰林學士承旨孫抃等奏，乞如夏卿所奏。從之。今欲乞依漢、唐及仁宗山陵故事，虞主更不題謚，俟祔廟前期一日，恭依敕命，書題神主。詔恭依。二十九年十一月十三日，太常寺又言：「顯仁皇后將來掩攢宮，合行九虞祭，依禮例掩攢宮畢，行第一虞，其第二、第三、第四、第五虞，並係在路，合於宿頓，宗正卿行禮。其第六虞在京日，係在瓊林苑。今欲乞渡江訖，令宗正卿行禮，禮畢，迎虞主入慈寧宮奉安，皇帝服袍履導於慈寧宮門外，有司奉安訖，皇帝行安神之禮。其第七、第八、第九虞，依典故，皇帝行禮，百官陪位。」或差有司侍祠，則百官便不陪位。詔恭依。三十二年二月二十七日，太常少卿王普言：「謹按通典，神主之制，有匱有趺。其匱底蓋俱方，底自下而上，蓋從上而下與齊。今太廟祖宗帝后主之匱，有蓋無底，雖於祏室牙牀各設趺座，然祭享遷奉之時惟匱，蓋以覆神主在中，不免欹側動搖，有乖嚴奉，豈渡江之後，失其舊制邪？茲者，恭文顯德仁孝皇帝神主，虞主之匱，欲依通典，並造底蓋，仍乞漆造祖宗帝后神主匱底，庶得合於禮制，兼亦便於遷奉。」詔依。

第一虞至第六虞祭

太常卿既行掩攢宮之禮，並如遷奠之儀，惟不用陪位官。掩攢之後，總護使以下並易常服、黑帶。

奉迎虞主

依例用細仗五百人，常鼓吹一百三十人。下兵部、太常寺差撥，及神主祔廟日同。山陵等使並隨還京，文武百僚合出城奉迎，虞主官並常服、黑帶。其日，威儀、僧道、儀衛、親從等，並詣權安虞主幄次前排立。禮直官引禮儀使升詣虞主香案前，搢笏。上香，再上香，三上香，執笏。降，復位，再拜。在位官皆再拜，訖。次引禮儀使、都大主管官以下詣虞主幄前褥位立班定，禮直官贊「躬拜」，禮儀使拜，在位官皆再拜。次引禮儀使升詣虞主香案前，搢笏。三上香，執笏。降，復位，再拜。在位官皆再拜，訖。次引禮儀使、都大主管官升，詣殿，幄分，立定。禮直官引内謁者詣虞主腰輿前，俛伏，跪，奏稱「内謁者臣某言，請虞主進行。」奏訖，俟虞主進行至宮門外。禮儀使以下並權退，以俟皇帝行奉迎之禮。其僧道、儀衛、親從等，止於宮門外，退。虞主將至，皇帝自内服履袍歸御幄，簾降。禮直官、太常博士、太常卿於幄前俟虞主將至殿前，扶持夾侍，捧腰輿入殿。禮直官、太常卿當幄前俛伏，跪，奏稱「太常卿臣某言，請皇帝奉迎虞主，行安神之禮」。奏訖，俛伏，興，退，復位。簾捲，前導官導皇帝出幄，詣殿門内奉迎虞主升殿，至殿上，權駐。前導官導皇帝於殿上稍東褥位少立。次引内謁者詣虞主腰輿前，俛伏，跪，奏稱「内謁者臣某言，請虞主降輿升座，權安奉」。奏訖，俛伏，興，退。内侍扶捧虞主升座，啓匱於後，以巾覆之，訖，少退。前導官導皇帝詣殿下褥位西向立，奏請拜，皇帝再拜，訖。前導官導皇帝升殿，詣虞主香案前，奏請皇帝上香，再上香，三上香。又奏請皇帝再拜，訖。前導官導皇帝降階復位，西向立，俟内侍啓巾，捧匱，覆虞主訖，前導官導皇帝歸御幄，簾降。禮直官、太常博士引太常卿當幄前，俛伏，跪，奏稱「太常卿臣某言」。禮畢，奏訖，俛伏，興。前導官導皇帝還内，百官進名奉慰。次宗正卿以酒脯行安神禮，如有太皇太后、皇太后，俟内侍奉虞主升座後，前導官導皇帝權歸御幄。次提舉官奏請太皇太后、皇太后詣虞主前，北向立。內侍官啓匱於後，以羅巾覆之，訖，少退。太皇太后、皇太后行安神燒香禮，如宮中之儀。訖，退。

淳熙十五年二月，宰執進呈虞主祭乃吉禮，合用靴袍。上曰：「只用布折上巾、黑帶布袍可也。」

第七至第九虞祭

並皇帝親行禮，間日而祭。其日，有司設牙牀、牲牢、醴饌。行禮前，御史臺、閤門、太常寺先引文武百官詣几筵殿裏外立班定。次禮直官引讀文官詣殿上東向立，進幣。爵酒官詣殿上西向立。酌酒官於殿上酒罇之後，北向立定。次禮直官、太常博士引太常卿詣幄前立定。皇帝入御幄，簾降。禮直官、太常博士引太常卿當幄前，俯伏，跪，奏稱「太常卿臣某言，請皇帝行虞祭之禮」。奏訖，俯伏，興，退，復位。簾捲，前導官導皇帝出幄，詣殿上褥位，西向立。內侍啓虞主匱於後，以羅巾覆之，訖。奏請皇帝再拜。在位官皆再拜。以內侍進盤匜沃，內侍奏請皇帝帨手。內侍進爵，又奏請皇帝洗爵。內侍進巾，又奏請皇帝拭爵，訖。前導官導皇帝詣虞主前，奏請皇帝跪，三上香，進幣。爵酒官搢笏，跪，先進幣，次進爵酒。又奏請皇帝受幣，奠執爵，三祭酒於茅苴，奠爵，訖，俛伏，興。又奏請少立，讀祝文官搢笏，跪，讀祝文，訖。奏請拜，皇帝再拜。在位官皆再拜。前導官導皇帝還褥位，西向立。奏請拜，皇帝再拜，在位官皆再拜，訖。內侍啓虞主巾，捧匱，覆虞主訖。前導官前導皇帝歸御幄，簾降。禮直官、太常博士次引太常卿當幄前，俛伏，跪，奏稱「太常卿臣某言」。禮畢，訖，俛伏，興，退，復位。前導官退，陪位行事官以次退。文武百僚進名奉慰。第八、第九虞並如上儀。第七、第八、第九虞祭禮例，間日行禮。九虞既畢，以祔廟前二日，皇帝親行卒哭之禮。如太史局所選祔廟日辰稍遠，則合三日一虞，九日行九虞。禮畢，以祔廟前二日卒哭。

大行皇后掩攢後行禮

行第一虞，虞主將回，行第二虞，禮畢，奉迎几筵殿安奉，皇帝行安神燒香禮，如宫中之儀，畢，次行第三虞、第四虞、第五虞、第六虞、第七虞、第八虞、第九虞，並係太常卿行事。逐日一祭，祭禮畢，次行卒哭祭，次迎奉祔廟。

卒哭

其日，有司設牙牀、牲牢、醴饌行事，陪位官就位立班。皇帝御幄，簾降。次引皇太子、宰執、從駕官立班。太常當幄前跪，奏請皇帝行卒哭之祭。簾捲，前導皇帝出幄，詣殿上褥位，西向立。内侍啓虞主匱，於後以白羅巾覆之。皇太后虞主，覆以青羅巾。奏請拜，皇帝再拜，在位官皆再拜。内侍奉盤匜、帨手巾、酒爵以進，奏請皇帝盥手帨手，洗爵拭爵。前導官前導皇帝詣虞主前，奏請皇帝跪，三上香，進幣。爵酒官跪，進幣。次進爵酒。奏請皇帝受幣，奠幣。執爵酒，三祭酒於茅苴，奠爵，俛伏，興。奏請少立。讀祝文官跪讀祝文，訖。奏請拜，皇帝再拜，在位官皆再拜。前導官導皇帝還褥位，西向立。内侍啓虞主巾，捧匱，覆虞主。前導官導皇帝歸御幄，簾降。奏「禮畢」。百官進名奉慰。

大行皇后卒哭

係南班宗室正任行禮，百官吉服，赴後殿門進名奉慰。

神主祔廟

用細仗二百人，紹興十五年四月添作五百人。差官奏告仍行享太廟，别廟禮差。初獻、亞獻官差侍從一員題祔廟神主，神主祔廟合添一室，先令兩浙運司計會太常寺修蓋，又造室牌一面，先進請御書，修製畢。

皇帝行寧神奉辭之禮

其日，儀仗、鼓吹、僧道、儀衛等於門外排立。皇帝詣几筵殿前御幄，簾降。太常卿當幄前跪，奏請皇帝行寧神奉辭之禮。簾捲，前導官導皇帝出幄，詣几筵殿上褥位，西向立。内侍啓虞主匱於後，以白羅巾覆虞主訖，皇太后虞主，則用青羅巾。奏請拜，皇帝再拜。前導官導皇帝詣虞主香案前，奏請皇帝三上香，又奏請皇帝再拜。前導官導皇帝詣殿門外御幄，簾降。輦官擎腰輿，詣几筵殿下置定。内謁者詣虞主前跪，奏請虞主降座升輿進行。奏訖，内侍啓羅巾，以匱覆虞主，扶持夾侍。捧腰輿官奉虞主升腰輿，輦官擎輿進行。虞主將至宫門，御幄簾降。前導官導皇帝步導虞主進行至宫門。前導官導皇帝詣褥位，西向立。内謁者侍虞主前跪，奏請虞主少駐，扶持夾侍，輦官以下並權退。有司陳香案等，前導官導皇帝詣香案前，北向。奏皇帝再拜，又奏請皇帝三上香，又奏請皇帝再拜。前導官導皇帝歸御幄，簾降。奏禮畢，輦官擎虞主腰輿進行，儀仗、鼓吹、威儀、僧道、儀衛前引，禮儀使、都大主管官後從，詣太廟。皇帝還內。

其日，以鼓吹、金吾仗及本殿儀衛、從物導引虞主祔太廟，親王、南班宗室皆騎導，文武百僚吉服陪位，設登歌宮駕樂舞。其謚册寶於虞主前陳列，至太廟，收奉於册寶殿，其虞俟祔廟畢，赴太廟册寶殿權行安奉。

大行皇后祔廟

紹興七年，徽宗及顯肅皇后祔廟。有司言：「今梓宮未還，乞依景德元年明德皇后故事〔二〇〕，行埋重虞祭、祔廟之禮。」太常寺言：「檢會山、園陵故事，梓宮發引日，皇帝於宣德門外奉辭，百僚於板橋奉辭。其掩皇堂日，奏請神靈上虞主訖，埋重於皇堂隧道。次行第一虞，至瓊林苑行第七虞。祭畢，迎虞主於集英殿。皇帝於殿門奉迎，百僚於板橋奉迎。至殿，皇帝行安神燒香之禮，訖。次有司行第八虞，至第九虞。祭畢，皇帝行卒哭之祭。至祔廟前一日，皇帝齋於垂拱殿。祔廟日，自集英殿導至宣德門外奉辭。有司奉虞主至太廟，行祔廟之禮，於故事即無該在廟門外埋重之文〔二一〕。今來欲比附故事，於祔廟前擇日自几筵殿迎重，於報思廣孝觀權行安奉。是日，皇帝先次几筵前燒香，如行宮之儀。畢，還內。次宰執率百僚燒香。畢，退。禮儀使率合迎重，有司奉迎詣本觀俟時，奏請神靈上虞主，訖，埋重於本觀利方。次太常卿行第一虞祭。夙興，第二虞祭。已後，每日依禮例行一虞祭至第七虞祭，畢，迎奉虞主還几筵殿日，百僚於行宮門外奉迎，至几筵殿門，皇帝服履袍奉迎，前導虞主升殿，畢，次詣逐位行禮，訖，還內。次有司行第八、第九虞祭，至祔廟前二日，皇帝行卒哭之禮。祔廟前一日，皇帝齋於內殿，有司不奏刑殺文書。至祔廟日，皇帝自几筵殿導虞主至行宮門外奉辭畢，禮儀使奉虞主詣太廟，奏請神靈上神主訖，以次行祔廟之禮。今來欲依明德皇太后攢殯故事，先行虞祭畢，次行卒哭，而後祔廟。若將來迎奉梓宮到，合遵用永安陵故事，行改葬之禮，更不立虞主。」從之。

校勘記

〔一〕次設禮料　「料」原作「科」，按本卷下文有「有司於梓宮前陳設祭器，實設禮料畢」句。據此改。

〔二〕禮直官引太傅詣盥洗位搢笏盥手帨手執笏　集成禮儀典卷一〇七謚法無「帨手」。

〔三〕事已執笏　「事已」原在「執笏」下，據元本、慎本、馮本及集成禮儀典卷一〇七謚法乙正。

〔四〕禮直官再引太傅詣謚議案權置位　「案」原作「茶」。馮本亦作「案」。按集成禮儀典卷一〇七謚法作「案」。又本卷下文有「舉謚議官詣謚議案」句。據改。

〔五〕令書謚議官並歸幕次　「幕」字原脱，按是卷下文有「太尉以下權退歸幕次」句，據補。

〔六〕太官令立於庭中北向西上立　按下有「舉册寶官立於册寶之後東向以北爲上立定」句，疑此處上「立」爲衍。

又，下「立」字之下脱「定」字。

〔七〕至權置位置册後立　按下文有「至權置位置定，於寶位後立」句，疑此處有脱文。

〔八〕次舉册官詣册案前　「前」字原脱，據上下文補。

〔九〕置於褥位北向立　「位」、「立」二字原脱。按下文有「少退，稍西，褥位，東向立」。據此補。

〔一〇〕次引太傅詣册匣之後　「次」原作「以」，按上下文均有「次引太傅降階，於寶盝之後搢笏」句，據此補。

〔一一〕執擎治册寶法物　按此處云上謚册寶於靈座前儀注事，則其「執擎治册寶法物」中的「治」，恐是「謚」之誤。

〔一二〕遷梓宫還殿安奉訖　「遷」原作「還」，據集成禮儀典卷六〇喪葬注引周必大奏言改。

〔一三〕自啓攢後袝廟前　原「後」下有「未」，據集成禮儀典卷六〇喪葬注引周必大奏言删。

〔一四〕紹熙元年四月二十九日　按集成禮儀典卷五九喪葬注引太常寺奏言作「紹興元年四月二十九日」。

〔一五〕太常少卿帥執翣者障梓宫　「帥」字原脱，按本卷下文有「太常少卿帥執翣者障梓宫」。據補。

〔一六〕紹熙五年閏十月七日　按集成禮儀典卷五九喪葬注引太常寺奏言作「紹興五年閏十月七日」。

〔一七〕皇帝服縗絰　「絰」字原脱，據集成禮儀典卷六〇喪葬注引通考補。

〔一八〕太常少卿帥執翣者分左右障梓宫　「執」原作「節」，據集成禮儀典卷六〇喪葬注引通考及上文改。

〔一九〕俟少傅率梓宫官　「宫」原作「官」，據集成禮儀典卷六〇喪葬注引通考改。

〔二〇〕明德皇后故事　「德」字原脱，據宋會要禮三七之一六及上文補。

〔二一〕於故事即無該在廟門外埋重之文　「在」，集成禮儀典卷五九喪葬注引通考作「載」。